公図の研究

〔5訂増補版〕

藤原勇喜

株式会社 朝陽会

五訂版増補にあたって

今、日本では、高齢化の進展や人口減少社会が到来する中で、所有者・相続人不明土地、空屋・所有権放棄不動産の問題などの諸現象に適時適切な対応が求められている。また一方では、まち・ひと・しごと創生総合戦略が策定され、地域の活性化、都市の再生などが取り組むべき課題として注目されている。これらの諸施策を実施するためには、基盤整備として登記所備付地図の整備を図る必要があるが、現在その備付けの割合は、全国で約五六％にとどまっており、その他は、特に都市部は、地図のような現地復元性を有しない土地台帳付属地図（いわゆる公図）などの地図に準ずる図面となっているところが多いことから、登記所備付地図の整備の推進は、表示登記の充実はもちろん都市部の再開発の進展を図るためにも喫緊の課題であるといえる。そこで、従来から、①全国における地図作成作業を拡充する「登記所備付地図作成作業第二次一〇か年計画」、②新たに大都市の枢要部や地方の拠点都市を対象とする「大都市型登記所備付地図作成作業一〇か年計画」及び③東日本大震災の被災県などを対象とする「震災復興型登記所備付地図作成作業三か年計画」が策定・実施されており、地籍調査も都市部を含め全国的に実施されているところである。

このような諸情勢の中において、公図の果たす役割は依然として大きく、都市部を含め全国的にまだまだ重要な役割を果たしている。平成一八年にスタートした公図による筆界特定制度もその利用件数が増加し、その意義・役割は極めて大きく、その内容も一層充実してきている。

このようないずれの施策も、各施策の基盤となる地図の整備、特に登記所備付地図の整備は喫緊の課題であるが、同時にそれまでの間、地図に準ずる図面（公図）の維持・管理とその活用、その応用に係る知識をもち、経験を積むことが極めて重要である。また、最近問題となっている所有者・相続人不明土地問題などについてもその土地の沿革にかかわる公図の存在が大きな意義と役割を有していると考えられる。

そこで本書は、最近の社会経済状況の変化も考慮し、土地の沿革とその有する意義などの視点も加味して、公図に関するあらゆる角度からの最近の研究成果と情報をも網羅し、かつ丁寧に解説して、わかりやすく説明を加え、増補版としてより一層の充実した内容とした。

ぜひご活用いただければと思う次第である。

平成三〇年六月

著　者

五訂にあたって

二一世紀に入り、日本社会は、規制緩和、市場原理、自己責任、事後監視型社会へと大きく変化してきている。このような社会においては、社会活動が公正かつ透明なルールに基づいて行われるとともに、国民一人ひとりの権利が十分に守られることの必要性がますます高まり、法律的にはまさに自己決定・自己責任社会、契約社会へと変貌を遂げている。その基調にあるのはボーダレス社会と高度情報通信社会の到来であろう。

登記制度についても、明治三二年から続いた不動産登記法が全面的に改正され、平成一七年三月七日から新不動産登記法が施行されている。この新法により、不動産登記につきオンライン申請が可能となり、高度情報化社会にマッチした不動産登記制度としてスタートしており、また、申請人の本人確認制度や登記原因証明情報の必須化も実現し、より一層の利便性の向上と正確性の確保が図られた不動産登記制度として更なる充実・発展が期待されている。

この新しい不動産登記法の施行と並行して、土地の筆界特定制度が不動産登記法等の一部改正法により、平成一八年一月二〇日からスタートしている。筆界をめぐる紛争の予防・解決に役立つ制度としてその活用が期待されている。

筆界特定のために重要な役割を果たす公図については、すでに平成七年からその情報化が図られており、筆界等の情報を数値化して地図管理システムに入力する作業が行われている。そのため、公図の閲覧はもちろん、写しの請求についてもコンピュータから出力した図面に証明書を付して利用者に交付するということも可能になり、すでに実施されている。地図データを電子化し、登記のコンピュータ化の一環として組み込む地図のコンピュータ化も新不動登記法の下で可能となり、いよいよ実現段階に入っている。

地図の作成については、国土調査による地籍図の作成作業が平成一二年度から第五次一〇箇年計画に入っており、都市部での実施に積極的な取組みがなされている。また、都市部における地図の整備は、内閣に設置された都市再生本部において示された、いわゆる「平成地籍整備」の方針に基づき、平成一六年度から都市再生の推進という政府の重要施策の一環として行われ、法務省と国土交通省の協力の下で積極的に推進され、法務省・法務局自体が行う、地図混乱地域を中心とする登記所備付地図（法一四条地図）作成作業も大幅に規模の拡大が図られている。地方分権の推進に伴う地方分権推進計画においては、平成一二年四月から、平成一七年三月までの五箇年間において法定外公共物である里道、水路等の市町村への譲与が実施され、その手続等についての法整備もなされて、すでに実施されている。これらの事業はいずれも公図と深いかかわりをもつものであり、公図をめぐる新たな動きとして注目される。地価が下落傾向を脱し都市部を中心に上昇傾向に転じつつある今日、依然として土地需要は高く、土地取引の中で公図の果たす機能と役割は極めて大きいものがある。

今回の改訂は、公図をめぐるこれらの諸情勢を踏まえながら、公図は、旧台帳の附属地図であって、土地の位置、形状、境界線、面積等の概略を明らかにする「一応の権威ある資料である」（東京地判昭六三・一〇・二七判例タイムズ一七六・一四五）ことの意味の重みを改めてかみしめ、また、測地成果二〇〇〇による二一世紀の新たなスタートという意味をも込めて、これまでの公図に関係する法令の改正、判例、学説、先例、実例等をすべて網羅し、改めて再検討し加筆、修正を加えたものである。各界の方々に御活用いただければと思う次第である。

なお、本書は長きにわたり印刷局から発行してまいりましたが、今回から㈱朝陽会から発行することになりました。引き続きよろしくお願いいたします。

平成一八年一〇月

著　者

初版はしがき

土地台帳附属地図、いわゆる公図は、昭和三五年の土地台帳法の廃止により、その法的根拠を失ったが、地図に準ずる図面として依然として重要な機能を営んでいる。このことは不動産取引の活発な都市部において顕著である。

すなわち、公図は不動産取引における現地を特定するための重要な取引資料として、あるいは境界確定訴訟等における重要な訴訟資料としての機能をもっている。と同時に、一方では公図を過信したため生ずる弊害も少なくない。公図を信頼して土地を買ったが、公図で示されたところには該当する土地が存在しない、あるいは形、広さ等が全然異なるというようなこともなくはない。そういった場合には、公図のもつ機能の限界についての理解が重要な意味をもつ。

また、長年住んできた土地が公図上では他人の土地になっている、あるいは形、広さが異なるといったことも絶無とはいえない。そういった場合の解決策を考える場合にも、公図のもつ意義と機能についての基本的理解が大切である。

本書は、公図のもつそういった基本的な機能、あるいはその限界につき、つぶさに考察を加え、その理解を深めるとともに、公図の訂正等をはじめとする種々の困難な事例の紹介、その整理、分析を通してその背景にある基本原理を修得することを目的とするものであり、いわば公図の正体とでもいうべきものを浮彫りにしようとするものである。

なお、本書は、「時の法令」（大蔵省印刷局発行）に昭和五九年六月から六〇年七月まで連載したものを主体として更に加筆をしたものである。

登記実務に携わる方はもちろん、広く不動産取引に関係する方々の参考にしていただきたいと思う次第である。

著　者

昭和六〇年一二月

目次

附　録

1 はじめに

(一) 土地の沿革と公図

(i) 筆界は、公法上のものであり、事実としてそこに存在する筆界を発見し、認定をする。つまり、筆界は、発見して認定するわけであるから、原始筆界は、新たに作るものではないということになる。この筆界に対して公図がどういう役割を持ってくるかということが重要なポイントになるので、公図の沿革、ひいてはその対象となる土地の沿革について若干の考察を加えておくこととする。

土地というものが歴史的にどの時点で価値を持ってきて取引の対象になってくるかということは大変重要なことであるが、歴史的には縄文時代には土地はまだあまり価値がなかったといわれている。その時代は獲物を追いかけて生活しており、定住という事実がないわけであるから、土地に資本を投下する必要はない。したがって、土地の価値はそれほどなかったといわれている。土地に対する価値が出てくるのは、弥生時代になって、農耕、つまり、稲作が盛んになり、その土地で定住して生活をするということで、土地に対する資本投下ということが行われてきてからである。そういう状況の下で、土地の支配ということが発生し、やがては特定の支配勢力の拡大という状況の中で、豪族といわれる地方の巨大な勢力が登場するようになり、その一番の集大成が、大和朝廷という勢力であったといわれている。

しかしながら、その勢力も六四五年の大化の改新によって蘇我氏が滅亡し、天皇制に代わるという歴史を歩む。そして、六四六年には改新の詔ということで公地公民制が施行され、土地の私有性はこの時点で廃止され、全て天皇の下に公地公民制に移る。これから約一〇〇年土地は国有となる。七〇一年の大宝律令（律六巻・令一一巻の古代の法典であり、大宝元年、つまり七〇一年にただちに施行。七一八年の養老律令施行まで、律令国家最盛期の基本法典である。律令国家というのは、「律令」という法律に基づいて国が運営されている国家のことをいい、「律」は、刑法にあたり、「令」は国家統治組織や官吏服務規定などを含んだ行政法一般のことをさすといわれる。四世紀に成立した大和政権は、大王《おおきみ》（天皇）を中心とする畿内豪族の連合政権であり、長らく氏姓《しせい》制度と称する支配体制をとってきたといわれる。この制度は「氏《うじ》」（血縁的組織）の首長である氏上《うじのかみ》が、朝廷から「姓《かばね》」という政権内の地位をもらい、国家運営にたずさわるというシステムである。しかし、六四五年の大化改新以後、国家の中央集権化がすすみ、遣唐使により唐の「律令」の詳細が明らかにされると朝廷でも律令制度にきりかえたといわれる。本格的な律令は、前述した文武天皇の七〇一年に編纂された「大宝律令」である。七一八年の「養老律令」は、この大宝律令に多少の改変を加えたものであると伝えられている）(1)。によって土地は口分田として国民に貸与し、そして、物納（物品で租税などを納めること）をさせることになるわけであるが、やはり自分の土地ではないということもあってかあまり働かない。生産性が上がらないわけである。そこで、七二三年に「三世《ぜ》一身の法」を施行し、開発・開墾したらその土地を三世代所持してよいという内容のものであるが、三世代目になり、終りの年に近づくにつれて余り働かないとか、逃亡するとかといったことが多発したといわれる。

それから、七四三年には、墾田したら、「永年」所有を認めるという墾田永年所有法が施行され、開墾した者にはその土地の個人所有を認めるということになったわけである。身分により開墾地の面積規制があったものの、原則として土地が自由化されたということである。

[1] はじめに

六四五年からほぼ一〇〇年再び土地は公有から私有に移ることになった。これが後の荘園の起源となり、まさに荘園豪族が力を持ち、最初は社寺、貴族が荘園の寄贈を受けて力を持つ、やがて武士が荘園を支配するということになってきて武士政権に入って行くことになる。

そこで、荘園を通じて領家であるとか、本家であるとか、何々家だとかいって権力が何重構造にもつながってくるという、非常に複雑な権力構造を持った社会になったわけである。墾田永年私財法によって、はじめに開拓・開墾に乗り出したのは、財力を有する寺社や貴族であり、彼らによって開墾された土地を初期荘園と呼んでいるが、一〇世紀以降になると初期荘園は衰退したといわれ、開発領主（有力農民）が作人《さくにん》（農民）や万人（農奴）を使って土地を開拓し、それを貴族や寺社に寄付する寄進地系《きしんち》荘園が主流となったといわれる。そして、その後、荘園の開発領主は武装化して武士となってゆく。(2) 武士が歴史に登場するのは九世紀のことである。七四三年の墾田永年私財法によって律令制度が崩壊し、全国に荘園が乱立しはじめると、在地地主（開発領主）は土地を守るために武器をとり、武装グループをつくるようになった。これが武士団の発祥であるといわれる。

やがて武士団は、地方に下った賜姓《しせい》皇族や貴族を棟梁と仰いで集結し、大武士団を形成するようになる。九世紀後半頃には、武士の有する武力は、次第に朝廷貴族の身辺警護にも用いられるようになり、武士は貴族の周囲に「さぶらふ」者ということで「侍」と呼ばれるようになったといわれる。(3)

このように荘園の開発領主は武装化して武士になってゆく。武士は、鎌倉・室町幕府といった武士政権のもとでは、御家人（鎌倉・室町幕府の将軍譜代《ふ》の武士、つまり、代々その主家に仕える武士）となることで本領安堵《あんど》といって土地の所有を保証された。

荘園の土地を直接耕作するのは農民であるが、開発領主、領家、本家というように、一つの土地にはいくつかの中間搾取層が存在したといわれる。豊臣秀吉は、兵農分離令を出して中間搾取層を排除し、一地一作人制を確立する。これにより荘園制度は消滅することになる。

つまり、荘園というものを通じて領家だとか本家であるとか、何々家であるとかいって権力が何重構造にもつながってきて、非常に複雑な権力構造を持った社会になっていた。そこで、豊臣秀吉が、複雑な権力構造を全部廃止して、一つの土地の一つの地主、いわゆる一地一主にして正確に石高を調べるということで太閤検地を一五九四年頃から実施した。これが検地帳といわれる公の帳簿である。今の不動産の登記簿の表題登記に該当するようなものではないかと推測されるが、検地帳というのはまさしく土地の石高を中心に、この村にどれだけの石高があるかというようなことが判明するように、各行に一筆ごと書くということで、現在使用している「筆」というのはこの時代にできた概念ではないかとも考えられる。

一方、石高はわかったけれども、村人の誰が所持していたかとか、まだ所有権という概念はないので、各村人がどこの土地を耕作し、管理していたかということは、「名主加判制」という名寄帳（奥書帳）を作成して、この帳簿によりこの土地は誰が耕作しているかということが明らかになったと考えられる。その後一六〇〇年に関ヶ原の合戦があって、徳川幕府の時代になる。一六四三年には田畑の譲渡が禁止されるが、その頃すでに石高を表す検地帳、今の表示登記の世界と、それから村主を表わす名寄帳、今の権利の登記の世界が産声をあげていた。歴史的にはその時代にスタートしていたといっても過言ではないのではないかと思われる[(4)]。

江戸幕府はこの制度を引き継ぎ、土地は農民のものとなったが、税収確保のため、田畑永代売買の禁令（江戸幕府が一六四三年に出した田畑の永代売買を禁止した法令。本百姓の没落防止を目的としたが、質流れによる移動は合法であったので実効はなかったといわれる。一八七二年つまり明治五年解禁している。）や分地制限令などを出して、農民から土地売買の自由を奪っている。土地が再び自由化されるのは、地租改正令が出された明治時代に入ってからのことである。

1　はじめに

前述したように、江戸時代において確立した幕藩体制は厳重な身分階層制を構成しつつ、一方では農民から重い現物貢租を基に成立した政治組織であって、その全てが諸国領主の土地領有を土台としており、一般的には領主が村を単位として田畑を一枚ごとに測量して、その生産力（石高）を評定し、これを持主名とともに公簿に書き上げ、村全体の村高を算出して末尾に記載したといわれ、この公簿を検地帳（水張、見図帳ともいわれということである）といっている。この検地帳作成の目的は、農民からの徴税であったから、この検地帳が農民貢租の根本台帳となり、あらゆる賦課はこの検地帳の石高を基準としたと考えられる。そして、この検地帳は、「百姓永代家禄」ともいわれ、新検地がなされない限りは、いつまでもその効力を持つとされていたようである。

土地の調査方法などについては各時代によって異なるとしても、封建領主の政治的・経済的支配力が強化される中で、時代の経過とともにその調査に精密さが加えられてきたようである。そのことは、前述した一五九四、九五年に実施された太閤検地に見ることができ、それまで各地の大名が各々行っていた検地を組織化し統一的な基準の下で、全国的な規模で実施している。

この検地に基づいてできた検地帳の記載内容は、記載を連記して村単位に作成しており、地番はなかったようであるが、地番はなくても、検地帳上の順番（筆順）が特定の土地表示になっているとみられ、「一筆の土地」という呼称は、検地帳の一行に一枚の田畑を記載するところから、生まれたといわれる。

一枚一枚の土地を記載するという点では、後の土地台帳と同じ性質を持っているといえるし、検地帳の編製の仕方は、現登記簿の地番区域ごとに土地の地番順に編製していることにも共通している。検地によって決定された地位《ちぐらい》（土地の等級）、例えば、「上田」と記載してあれば、「上」がその土地の地位であり、「田」が地目を表示しているのではないかと考えられる。土地の位地と面積が確定されれば、その土地の石高（収穫高）の見積りができ、それが徴税のための基本になるといった仕組みになっていたのではないかと考えられる。

具体的には、まず検地前に村境、田畑の境を明らかにしたうえで、村ごとに土地の番号をつけ、一枚の田畑ごとにその番号・反畝歩と持主名を記した札を建てて、落地のないようにする（この札は測量が終われば抜きとる）。そして各筆の測量がなされ、その面積が確定すると土地の位附《くらいづけ》（地位）の決定と石盛（各土地の収穫見積りの決定）がなされる。

このような順序で検地がなされ、面積、地位（上田・中田・下田などの等級）、石盛（収穫見積り）が決定し、公簿に記載され、出来上がったものが検地帳ということになる。

この検地帳は正副二通あり、正本一通は村名主へ、謄本一通は代官に渡すという方法がとられていたようである。土地掌握の制度を村単位で行うという方法は、その後の土地制度に受け継がれることになる。封建領主の土地領有を土台としていた幕藩体制が崩壊していった理由の一つがこの土地制度の形骸化にあるといわれている(5)。

地租改正というのは、明治政府による土地制度および税制の根本的改革のことをいい、一八七三年（明治六年）公布の地租改正法で、現物貢租を金納（地価の三パーセント）に改め、旧来の土地保有権者を土地所有権者として確定し、政府の財政的基礎を固め、商品経済化、土地の売買、賃貸借を促進し、農村経済に大変動をもたらした改革である。

そして第二次世界大戦後、寄生地主制度（小作農民には土地を貸し付けて高率の小作料を取得するだけで、自らは農業経営にたずさわらない制度のことを寄生地主制度といい、わが国では、寄生地主制が明治維新の地租改正を契機として発展し、第二次世界大戦後の農地改革まで存続していた）を撤廃する目的から農地改革（農地の所有制度を改革すること）が行われた。農地改革とは特に、ＧＨＱの指令に基づき第二次大戦後の民主化の一環として一九四七年～五〇年に行われた土地改革のことをいい、その中味としては、不在地主の全所有地と在村地主の貸付地のうち都府県で平均一町歩、北海道で四町歩を超える分とを、国が地主から強制買収して小作人に売り渡す。この結果、地主階級は消滅し、旧小作農の経済状態は著しく改善されたといわれる。この農地改革により、多くの小作農が土地を得て自作農になった。(6)

（1） 河合 敦・「早わかり日本史」五八ページ
（2） 前掲（1）六六ページ
（3） 前掲（1）八〇ページ
（4） 拙講・登記研究七六二号四ページ
（5） 登記簿「検地帳」登記研究三四五号表紙。
（6） 前掲（1）六七ページ

(ii) 明治六年から地租改正事業に着手し、徴税のための土地の調査をする。所有者、所在、面積、用途（地目）、そのための筆界の確定をする。当初は封建時代のものを引継いだ検地帳に基づいて地券を発行したといわれている。しかし、二重に記載したり、脱落している土地があったり、新しく開墾した土地を記載していなかったりということで、開始間もなく苦情が出たといわれる。そこで、新しい調査をしなければならないというので、明治六年から地租改正事業を始めた。なぜ「改正？」と思ったりもしていたのであるが、検地帳の改正なんだなと私なりに理解をしているわけである。この地租改正事業は、明治六年から同一四年まで約八年間でほぼ改正させたといわれている。

ところで、この地租改正事業であるが、国民は所有権が与えられ、おらが所有地ということで、本当にありがたがって喜んで調査に協力したそうである。しかし、その面積で税金が徴収されるということであるから、縄のびといって、巻尺等で土地を測るときに強く引っ張って図る。そして、その後定規をあててその縄の長さを測るときには、縄は普通の状態になっているから、引っ張った状況のときに比べればやや縮んでいる（短くなっている）と考えられ、その分だけ面積が小さく計測されると考えられる。その結果、台帳に記載された土地の面積が実際の土地の面積よりも小さくなる。税金は台帳の面積によって徴収されるので、国民としては、気持ちがこのような方法に傾いたようである。

(iii) 地租改正による調査は、当時の測量技術の稚拙さ、未熟さ、杜撰さということもあるが、さらに前述したような事情もあって、あまり精度がよくない。現地における地押しは、村人主体で行われ、官吏が検査をしたといわれる。実際には道路の周辺などは精度がいいところが多いようであるが、これは、役人が大体道路の周辺などを検査するということがあって、検査の対象となるようなところは精度がいいのではないかと言われている。そういう状況の下で地券台帳附属地図が作られ、台帳と一体となって利用されていた。

(iv) 明治七年の「地所名称区別改定（明治七年一一月七日太政官布告第一二〇号）により全国の土地について官有・民有に大別され、地番が付されているが、官有のうち道路・水路・堤防・河川などについては地番は付されていない。

明治二二年三月二二日法律一三号により、「地券ヲ廃止シ地租ハ土地台帳ニ登録シタル地価ニヨリ其記名者ヨリ之ヲ徴収ス。」とされ、同時に土地台帳規則（明治二二年三月二二日勅令三九号）が施行された。(1) ここに地券台帳の時代から土地台帳の時代に変わってくる。そして、明治二九年に税務署ができまして大蔵省所管として組織ができあがっていく。そういう沿革を経て、戦後台帳制度の移管と一元化という問題につながってくる。昭和二五年の台帳制度の法務府への移管、台帳と不動産登記の二元処理の時代を経て、昭和三五年に表示登記制度ができ、表示の登記と権利の登記として台帳制度は不動産登記制度に一元化される。

(v) 地図に準ずる図面

1 はじめに

前述のように、昭和三五年に土地台帳法が廃止され、土地の区画を明確に公示する法一七条（現在の法一四条）地図を整備することを目標として「表示に関する登記」が新設され、地積測量図の提出が義務化された。しかし、土地台帳時代の申告図の意識から抜けきれず、土地の分別は権利を分ける登記（権利分割説）として、およそ位置を図化した地積測量図が提出され、分割部分を誤ったものなどもみられたようである。

昭和五二年に不動産登記法施行細則が改正され（一〇条ノ二、四二条ノ四）また、昭和五二年九月三日法務省民三第四四七三通達により、不動産登記事務取扱手続準則が制定され、同準則二九条により、旧土地台帳法施行細則第二条の地図に準ずる図面としての要件を充足すると認められる場合には、これを地図に準ずる図面として備え付けるものとし、また、従来の尺貫法からメートル法に改められ、縮尺は二五〇分の一、五〇〇分の一を基本とし、測量図には境界様式の記載、近傍の恒久的地物からの位置関係の表示等により、筆界点位置の特定を図り（細則四二条ノ四）、そして、平成五年の不動産登記法の改正により、二四条ノ三の規定が置かれ、これらの図面につき地図に準ずる図面としての法的位置付けを与えている。現不登法一四条及び一二〇条にも同視の規定がある。ちなみに法一四条は、その四項において、「第一項の規定にかかわらず、登記所には、同項の規定により地図が備え付けられるまでの間、これに代えて、地図に準ずる図面を備え付けることができる。」その五項は、「前項の地図に準ずる図面は、一筆又は二筆以上の土地ごとに土地の位置、形状及び地番を表示するものとする。」と規定し、その旨明らかにしている。(2)

（1）　友次英樹「土地台帳の沿革と読み方」二一〜三ページ
（2）　拙講・登記研究七六二号一〇ページ

(二) 土地台帳法と公図

(1) 地租法の制定

明治初年の地租改正事業の方針としては、地価を課税標準とし、その地価は五年ごとに改訂する方針であったが、この方針が変更され、一般に地価の修正を必要とする場合には前もってこれを布告することとしたため、地租の課税標準である永久的性質を帯びることになり、明治初年に地租の改正が行われて以来、約五〇年の間、経済の発展、交通機関の進歩、その他諸般の事情により土地の利用状況が著しく変動をきたしたにもかかわらず、宅地についての地価の修正を行った以外には、一般的な地価の修正は行われなかった。

このような状況の中で大正一五年に至り、政府は税制の整理に着手し、地租を国税として存置すること及びその課税標準を従来の地価から賃貸価格に改めることに決定する方針を採り、大正一五年三月法律第四五号をもって土地賃貸価格調査法を公布し、全国の各土地について賃貸価格が決定された。

そして、昭和六年三月三一日法律第二八号をもって「地租法」が公布され四月一日から施行された。

これによれば、税務署に土地台帳を備え、「土地の所在、地番、地目、地積、賃貸価格及び所有者の氏名、住所」等を登録することとされ、従前の土地台帳はこれを地租法による土地台帳とみなされた（附則第一の一条）。なお、地租条例は廃止された（附則九一条）（登研四二三号五〇ページ）。

(2) 土地台帳法の制定

昭和二二年三月三一日法律第三〇号をもって土地台帳法が公布され、翌四月一日から施行された。

これによれば、政府は土地台帳を備え、「土地の所在、地番、地積、賃貸価格、所有者の氏名、住所」等を登録することとされ（同第五条）、地租法による土地台帳は、これをこの法律による土地台帳とみなされた（附則第二条)。

土地台帳法の公布に伴い、昭和二二年三月三一日勅令第一一三号をもって「土地台帳法施行規則」が公布され、税務署に土地台帳を備え、管内の土地に関する事項の登録を行うこととされ(同第三条)、さらに、同日大蔵省令第三四号をもって「土地台帳法施行細則」が公布され、土地台帳の様式が定められた(第一条)。

なお、地租法、地租法施行規則及び地租法施行細則は廃止された。

(3) 昭和二五年土地台帳法の一部改正

シャウプ勧告に基づく昭和二四年の税制改正において、地方自治の本旨に基づく自治行政の財源確保のため、地方税法の全面改正が行われ、これまでの府県税であった地租、家屋税が廃止された。そして、市町村が固定資産税を課することとなり、その課税標準はそれまでのような賃貸価格とはせず、毎年市町村において認定する土地、建物の価格を基準とすることとされた。その結果、従来のように府県税たる地租の課税標準を国の機関である税務署で決定し、その登録をする必要がなくなった。そこで、税務署において土地台帳事務をつかさどる必要がなくなったので、かかる事務を、これと最も関係の深い不動産登記の事務をつかさどる登記所に移管し、併せて、土地台帳及び家屋台帳の事務と不動産登記事務との間に、ある程度の手続上の簡素化を図るとともに、従来通り市町村に土地台帳、家屋台帳の副本を備え、市町村の課税上の支障を生じないよう相互の連絡を図ることとなった。

そこで、昭和二五年七月三一日法律第二二七号によって、「土地台帳法等の一部を改正する法律」が公布された。これにより、登記所において土地台帳を備え、その登録の事務をつかさどることとされた。なお、従前の土地台帳は改正後の規定による土地台帳とみなされた(附則第四項)。

右法律の公布に伴い、昭和二五年七月三一日政令第二四六号をもって、土地台帳法施行規則の全部改正が行われ、「土地台帳法施行令」が公布されるとともに、同日法務府令第八八号をもって土地台帳法施行細則の全部改正が行われた。

これにより、改正後の土地台帳施行細則第二条において、登記所には、土地台帳のほかに地図を備えることが規定されたが、その地図のほとんどのものは、明治二〇年前後に作製され税務署に備えられていたものを保管したものであり、いわゆる公図といわれるものである（登記研究四二三号五五ページ）。

(4) 昭和三五年不動産登記法の一部改正

前述のごとく、土地台帳及び家屋台帳を税務署から移管を受けた登記所においては、従前から存した不動産の権利関係を明確にするための公簿（登記簿）と税務署から移管を受けて権利の客体である不動産自体の物理的状況を明らかにするための公簿（土地台帳及び家屋台帳）とが分離しており、それぞれ別個独立の制度としてその事務をつかさどっていた。このような制度の下においては、その利用者は、不動産の物理的状況の変動については、台帳申告と登記申請とを別々にしなければならないなど二重の手数と費用の負担を余儀なくされ、他面、登記所側においても、二重の手続をしなければならなかった。

そこで、この登記制度と台帳制度の二元的構成に伴う不便を解消するため、これらを統合一元化する必要があった。そのためには、まず、旧来の大福帳式の登記簿をバラバラにした上、これを加除できるようなバインダー式の登記簿に編てつ替えを行い、台帳と登記簿の表題部とを一本化する必要があった。

このため、昭和二六年四月二〇日法律第一五〇号をもって、不動産登記法の一部が改正され、登記簿のバインダー化が行われることになったが、この作業を全国の登記所について短期間で行うことは、人的にも予算的にも困難であったため、同法附則第三項において、右の作業に関し必要な事項は、法務府令で定めることとされ、この府令は、同年六月二九日法務府令第一一〇号として公布され、同年七月一日から施行された。

こうして、バインダー化作業は、全国の登記所において順次進められ、ここにおいて、いよいよ台帳制度と登記制度を統合一元化すべく、登記簿に土地台帳又は家屋台帳の機能をも果たさせるため、不動産登記法に土地、建物の現況を常時明確にするための登記手続（不動産の表示に関する登記手続）の規定を盛り込むなどの法改正が行われることになった。

そして、昭和三五年三月三一日法律第一四号をもって「不動産登記法の一部を改正する法律等の法律」が公布された。この一条において不動産登記法の一部改正が行われ、不動産の表示に関する登記制度の新設に伴う規定の新設等がされ、第二条において土地台帳法及び家屋台帳法が廃止された。ここにおいて、現行の不動産の表示に関する登記制度が誕生し、今日に至っている。(1)

ただ、「…新法の所期する地図を新設するには、多額の予算的裏付が必要であるが、早急にその整備を期待することは困難である。そこで、新法に基づく地図が整備されるまでの間における地図の取扱いについては、便宜的な取扱いとして、従来どおり前記細則第二条の規定による地図に所要の修正を加え、一応暫定的に土地の所在及びその区画を明らかにする取扱いをせざるを得ないから、改正法律附則第二条第二項の登記簿と台帳の一元化の期日指定があった登記所については、法一七条（現不登法一四条）の規定による地図が整備されるまでの間は、暫定的に、土地台帳の付属地図（この地図は、改正法律附則第二条第二項の指定期日後は、法律的には地図としての効力を失うものである）を便宜利用する」よう通達されている（昭和三七年一〇月八日民甲二八八五号法務省民事局長通達）。

1 はじめに

現在の不動産の表示に関する登記は、一九六〇年（昭和三五年）の不登法の改正によって創設され地図の規定（改正前不登法一七条）に始まる。それまでの不動産登記制度は、権利の客体である不動産の物理的状況を明らかにする機能は、専ら土地台帳および家屋台帳に委ね、登記は権利関係を公示するといういわゆる二元的管理を行ってきたが、この昭和三五年の法改正により登記制度と台帳制度を一元化し、登記制度の中で土地および建物の物理的状況を明確にすることになった。

これに伴い、登記簿に記録された事項と相まって、各筆の土地の位置および区画を明確にし、権利の登記の前提として、まず権利の客体である不動産を特定すべきであるという制度上の要請から、登記所に地図を備えるべき責務を国が負うことになったのである。

しかしながら、その後における諸情勢の変化や法務省独自で地図を作成する条件が整っていなかったこともあり、いまだにすべての地域に地図が備え付けらている状況ではないのが現状である。

そこで、一九九三年（平成五年）の不登法改正において、登記所に地図を備え付けるまでの間、これに代えて地図に準ずる図面を備えつけることができるとされ（改正前不登法二四条ノ三）、現不登法一四条四項はその規定を引き継ぐものである。

この地図に準ずる図面の大半は、登記所に保管されている旧土地台帳地図（いわゆる公図）であるが、一九六〇年の不動産の表示に関する登記創設された際に、土地台帳法が廃止され、これによって旧土地台帳附属地図は法令上の根拠を失うことになった。

しかし、この旧土地台帳附属地図は、地図が整備されるまでの間、その維持・管理や訂正手続などについて適宜従来通りの取扱いがされ（昭和三七・四・二〇民甲一一七五号民事局長通達、昭和三七年一〇月八日民甲二八八五号法務省民事局長通達等）、また、表示に関する登記の事務処理や不動産取引における唯一の公的な資料として広く活用されてきた。そこで、このような実情に鑑み、一九九三年（平成五年）の不動産登記法の一部を改正する法律（平成五年法律二二号）によって、旧土地台帳附属地図に法的の位置づけが与えられ、その公開および維持・管理をする根拠が与えられた（旧不登法二四条ノ三）。

地図に準ずる図面は、一筆または二筆以上の土地ごとに土地の位置、形状および地番を表示するものとされており（不登法一四条五項）、地図のように各筆の土地の区画および地番を表示し、土地を特定する機能まではないもの土地の相対的位置関係を表示することができなければならないものとされている(2)。

なお、地図に準ずる図面として備え付けられている図面は、次に掲げる図面であって、地図として備え付けられていないものである。ⅰ旧土地台帳法施行細則二条の地図（旧土地台帳附属地図）のほか、ⅱ国土調査法二〇条一項の規定により送付された地籍図ならびに土地改良登記令五条二項三号、土地区画整理登記令四条二項三号、新住宅市街地開発法等による不動産登記に関する政令六条二項の土地の全部についての所在図（不動産登記規則一〇条五項ただし書及び六項）。

ただし、このような図面であっても、①現地の占有状況等と図面上の表示との間で大幅なかい離がある地域（いわゆる地図混乱地域）であることが明らかであり、現に便宜的閲覧にも供されていないもの、または供されていても地図混乱地域である旨が図面上に表示されているもの、②破損もしくは汚損が著しく、または毀損もしくは滅失のおそれがある等の理由で便宜的閲覧に供されていないもの、③その他閲覧に供することが相当でない事由があるため、現に便宜的閲覧にも供していないものについては、地図に準ずる図面としての要件を欠き、または地図に準ずる図面として備え付けることを適当としない特別の事情があるものとして、地図に準ずる図面として備えつけていない（平成五年七月三〇日民三第五三二〇号法務省民事局長通達第一の一(2)・登記研究五四八号一三一ページ）(3)。

(5) 地図または地図に準ずる図面の訂正

地図または地図に準ずる図面は、登記官が登記所に備え付けるべき性質のものであり、地図等に誤りがあるときは、当然に登記官が職権でその訂正をしなければならないものであるが、数多い地図等の中でこうした誤りを登記官がすべて発見することは不可能である。このため平成一七年改正前不登法下においては、登記官の職権発動を促す意味において、所有者その他の利害関係人が地図等の訂正の申出をすることができるとしている（旧不動法準則一一三条一項は、「地図若しくは地図に準ずる図面又は建物所在図に誤りがあるときは、所有者その他の利害関係人は、その訂正の申出をすることができる。この場合において、土地の境界又は建物の位置若しくは形状の訂正の申出書には、土地の所在図、地積の測量図又は建物の図面を添付しなければならない。」）が、この場合、登記官には地図等の訂正の申出に対しては応答義務はないものと解されていた。(4) しかし、現行不登法の下では、「地図に表示された土地の区画又は地番に誤りがあるときは、当該土地の表題部所有者若しくは所有権の登記名義人又はこれらの相続人その他の一般承継人は、その訂正の申出をすることができる。地図に準ずる図面に表示された土地の位置、形状又は地番に誤りがあるときも、同様とする。」と規定し（不登法規則一六条一項）、「登記官は、申出に係る事項を調査した結果、地図又は地図に準ずる図面を訂正する必要があると認めるときは、地図又は地図に準ずる図面を訂正しなければならない。」と規定している（不登法規則一六条一二項）。なお、このような地図等の訂正の申出が創設された場合であっても、改正前不登法下における登記官による地図等の職権による訂正手続も認められている（不登法規則一六条一五項）。

（1） 新井克美「公簿及び公図の沿革並びに地積更正登記手続等に関する一考察（4）」登記研究四二三号六〇ページ
（2） 藤下健「不動産登記法の一部を改正する法律の解説」民事月報平成六年号外四四ページ、登記研究五四八号五二ページ
（3） 鎌田薫・寺田逸郎編「新基本法コンメンタール・不動産登記法」五四ページ
（4） 前掲（3）五四ページ

(三) 土地所有権の創設

地租改正に代表される明治初年の措置により土地所有者が確定し、江戸時代の複雑で慣習的な権利関係が整理され、所有権を中心としたものに構成された。

(1) 近代的土地所有権

① 明治時代以前の土地所有

前述のように、中世の荘園秩序においては、単一の土地について複数の「識《しき》」と呼ばれる権利が成立していたといわれ、例えば、大貴族である本家職、小貴族である領家職、現地の荘官である預所職、在地の有力者である名主職、実際に土地耕作に当たっている作人である作職や更に小作をしている者は下作職を持っていたといわれ、各々の「職」は、一方ではそこから得る権利としての面と他方で上級者に対して何らかの給付を行う義務という面が存在し、近代的土地所有権という面からみると誰に土地所有権があるかは判然としない状況であった(1)。

そして、この重層的な「職の体系」を最終的・決定的に解体させたのが太閤検地であったといわれる。太閤検地により農民は検地帳に登録され、土地の「所持」を保障されたが、その年貢納入の責任を負うことになる。太閤検地を受けて、江戸時代では大名や大名家の有力武士は土地支配権を有し、政治的・公法的な土地支配権である土地「知行」をなしうるとされたが、知行は一定領域について政治的支配権を行使し、租税を賦課する権限を有していたが、この知行に関する権限は、明治維新後は秩禄処分などにより政治的に解体されたといわれる。江戸時代の農民や商人が土地に対して有していた「所持」の権利は、売買・質入れなどの対象であり、相続ができ、所持人はその土地を貸すことができたといわれる。また、幕府等の権力がその「所持」を取り上げるときは一定の代償を交付したといわれる(2)。この意味においては、「所持」は近代法における土地所有権に近いものであったということになる。

しかし、「所持」には、身分的制限の存在、一地両主の存在、地域的慣習的多様性などの点で近代的な土地所有権とは異なっていたといわれる。身分的制限では、武士身分の者は、農地について所持ができなかったといわれ、また、農地身分も武家地の所持は許されなかったといわれる。また、「一地両主」というのは、一つの土地に複数の所持が成立し得るということであり、永小作人も、地主もともに「所持」があると考えられ、質権設定があった場合にも質入人と質取人のいずれも「所持」があると考えられていたといわれ、江戸時代の「所持」は、近代的土地所有権のような単一性は有しなかったといわれる。(3)

② 土地私有制度

(i) 永代売買禁制の廃止

一八七二年（明治五年）二月一五日太政官布告五〇号は土地所有権の自由を認め、永代売買ができ、どの身分でも土地を自由に取得できることとした。つまり、土地所有についての身分的制限を廃止し、国家が日本全体について土地法令を発出する権限を有することを明らかにし、近代の私的土地所有権の基礎を作ったといわれる。(4)

(ii) 地租改正条例

一八七三年（明治六年）の地租改正条例は、田畑について旧来の土地税制を廃止し、土地の所有者に地券を交付してその名義人に国税である地租を毎年課税し、その額は土地の対価の三％であると規定している。

③ 地券制度

地券制度は一八七二年（明治四年）一二月二七日太政官布告六八二号（東京府下武家地町地の称を廃止し地券発行地租収納する）に従って一八七二年（明治五年）に発行された壬申《じんしん》地券は、地券が土地所有を示す証券であること、公益のために必要な土地収用の場合には相当の補償がなされること、外国人に売却等の処分をしてはならないこと、土地利用の仕方は自由であることなどが記載されているといわれ、従来の伝統的なものと異なる所有権がここに創設されたといえる。(5)

地券発行により個人個人の土地私有の権利が明確になり、一筆一筆の土地について地券が交付された。そのためには煩雑な作業が必要であり、土地の調査、所有者の確定、地価の決定、地券・地図・台帳の作成などの煩雑な作業が必要であった。

土地調査では、一筆ごとの土地に番号（地番）を付けており、現在の登記簿に使われている地番の多くはこの時に由来していると考えられる。そして、土地の利用状況に従って田、畑などの地目を決定し、各筆の面積を測量している。地積が大きいと地租が高くなるために、実際の面積より地券上の面積が小さくなる（縄のび）ようにした例もあるといわれている。所有者の確定では、耕作者が所持人であるときは耕作者に地券を交付し、小作地では小作人にではなく、所持人に地券が交付されたといわれ、質権の設定がある土地は原則として質入人だけに地券が与えられたといわれている。ここに「一地両主」は認められなくなり、近代的土地所有権の単一性が確立したことになる。地券の所持者は、地価の三％の地租を納税する義務を負い、この義務を果たさなかった場合には、滞納処分により土地は公売された。江戸時代においては農地についての年貢は村請の制度があり、村が一種の連帯責任を負っていたといわれる。しかし、こうした村請の制度は明治時代には廃止されており、土地についても個人所有という観念が強化されたことになる(6)。

地租は、明治維新後しばらくは国税収入の大部分を占めた。明治時代における近代国家の建設は土地とりわけ農地からの税が財源であったといわれ、土地所有者はそれだけ重い負担を負ったということになる。地券上には、地番、地目、地積、所有者、地価地租額などを記載し、町村は、土地の特定のために、地図と地券台帳を備え付けており、現在の登記所にある公図の原型がこの時期の土地調査で作成されたといえる(7)。

④　地券の交付

この時期における土地所有権の確定、とりわけ官有地と民有地の区別がいかなる法律上の性格を有するかについ

1　はじめに

ては、創設説と確認説の二つの考え方がある。

(i) 確認説と創造説

確認説は、地券発行、官民有区分等は諸法令によって認められた所有権を単に確認する効果を有するにすぎないとし、江戸時代においては土地所有権そのものは存在していなかったとしても、当該土地に関する多くの権利者・関係者のうちで最も現在の土地所有権に近い権利が所有権に高められることになる。したがって、確認説に従えば、地券を交付されていないからといって土地の所有権を失うことはないということになり、創造説によれば、官民有区分処分は、土地所有権の帰属を創設的に設定し、官有地と民有地の所有権の帰属を確定する行政処分であるとする。創造説によれば、地租改正に伴い、土地を官有とする処分がなされれば、従前支配進退所持していた者があっても当該土地は国の所有とされる。

(2) 土地境界の性質

地券交付によって定められたのは、土地に対する権利関係だけではなく、地券交付時においては、土地そのものについて境界が示された。この場合の土地境界の性質が問題となるが、自己の所有地を一筆ではなく多数の筆に区分することが可能であることから明らかになるように、土地の境界それ自体は所有権界を意味せず、土地所有権の単位を示すものである。この意味での土地の境界は土地所有権の対象となる一筆、一筆の土地の境を明らかにする公法的な線としての性格を持っている。したがって、土地所有権界は合意で定めることができるが、筆界は定めることはできない(最判昭和三一年一二月二八日民集一〇巻一二号一六三九ページ)(8)。民事訴訟で所有権界を定めるためには所有権確認訴訟により、筆界を定めるには筆界確定訴訟によることになる。

(四) 土地担保制度

(1) 公証制度

地券制度の後、不動産担保制度に関する一連の法制度が制定された。これが公証制度である。地券は、土地の所有者を示すのには適切な制度であるが、担保権を公示するには公的な機関の帳簿等による記録（公示）が適切である。一八七三年（明治六年）に地所質入書入規則が制定された。この制度は、土地担保のための初めての法制度であり、質入（現在の質権に相当）と書入（現在の抵当権に相当）について、町村戸長役場に奥書割印帳という帳簿を備え付け、これに記載して公証した（明治六年一月一七日太政官布告一八号）[9]。更に、政府は、一八七五年（明治八年）に「建物書入質規則並ニ建物売買譲渡規則」を制定し、建物の売買、担保権設定の公証について規定している（明治八年九月三〇日太政官布告第一四八号「建物書入質規則並ニ売買譲渡規則」）[10]。それによれば、建物については、町村戸長役場に建物譲渡と書入のための奥書割印帳を設け、建物の売買と書入の公証をしている[11]。我が国の不動産登記制度の大きな特徴である土地と建物の分離は、既にここにみることができる。

(五) 土地売買譲渡規則

一八八〇年（明治一三年一一月三〇日太政官布告第五二号「土地売買譲渡規則」）の土地売買譲渡規則は、戸長役場が土地売買のための奥書割印帳を備え付け、売買の都度割印帳に記載し、所有権の公証をすることを定めている。この時点で地券の土地所有権の公証（証拠）という私法上の機能は、この戸長役場の奥書割印に移り、地券の役割は地租納税者の表示に限られることになった[12]。明治初年に土地所有権を表象するものとして登場した地券の役割がこの時点で後退したということになる。

（1） 稲本洋之助・小柳春一郎、周藤利一「日本の土地法・歴史と現状（第二版）」二一ページ

(2) 前掲（1）三ページ
(3) 前掲（1）三ページ
(4) 前掲（1）四ページ
(5) 前掲（1）五ページ
(6) 前掲（1）六ページ
(7) 前掲（1）七ページ
(8) 前掲（1）一二ページ
(9) 新井克美「登記手続における公図の沿革と境界」一九七ページ
(10) 前掲（9）二二〇ページ
(11) 前掲（1）一三ページ
(12) 前掲（1）一三ページ。前掲（9）二四四ページ

2 公図とは

(一) 公図を無条件に信頼することは危険

今日における社会の進歩・発展は、大量の人口移動を伴い、土地利用の状況に大きな変化をもたらした。そして、不動産、特に土地についての所有や利用の態様が社会経済の変動に伴って大きく変化し、下落傾向に下止まりの状況が見える今日、依然として高水準にある地価、それに起因する土地の細分化、土地の立体的利用等の現象が生ずるに至っている。

また、それに伴って、土地に関しての権利意識等も変化し、核家族化、都心回帰、所得の向上などの諸要素があいまって人口減社会においても根強い土地需要があると同時に、旧時においては地域社会の構成員による土地の区画の承認関係が存在し、各土地はその用途や石垣、道路、側溝、さらには目印として存在していた古木、岩等によって紛争の解決も容易であったものが、近時はこの承認関係がくずれ、旧来の事実上の境界があっても、それを争うケースが少なくない。かかる関係において、公図がなんらかの形で機能し、旧所有者はもちろん、新所有者でさえも、境界をはっきり確認しないままに、ある程度公図をたよりにして土地を取得するなど公図に依存する意識は、依然として、かなり強いものが見受けられる。

このような現象を反映してか、公図にまつわる争いは減少するどころか、ますます多くなっている感がある。それは公図に必ずしも現地を正しく反映していないものがあることにも起因していると言えなくもないが、一つには、公図を無条件に信頼することによって思わぬ事態を招くという、いわば公図に対する過度の信頼に起因する場合も決して少なくないであろう。結局、こういうことは、公図というものの性格とか効力等といったものが必ずしもよく知られていないことが一つの原因になっているようにも思われる。

そこで、公図というのはいったいどういうものなのか、言い変えれば「公図の正体」とでもいうべきものを紹介し、公図に対する正しい理解を得ることが不動産取引にとって、ひいては不動産登記制度を理解するうえにおいて極めて重要であり、そのことが取引の安全と円滑を図る上で、その一助となると考えられる。

(二) 暫定的措置として存在

今まで説明してきたように、公図は、旧土地台帳法施行細則（昭和二五年法務府令八八号）二条一項の「登記所には、土地台帳の外に、地図を備える」という規定により、登記所が保管している旧土地台帳法所定の土地台帳附属地図のことである。すなわち、登記簿と台帳の一元化（昭和三五年三月三一日法律一四号）前の土地台帳制度の下においては、土地台帳のほかに土地の区画及び地番を明らかにするため地図を備えていたが、この旧土地台帳附属地図を公図というのである。そのうちの大多数のものは、従来、税務署において租税徴収のための資料として保管していたものであるが、昭和二五年に台帳事務が登記所に移管されたことに伴い[1]、土地台帳とともに登記所に移されてきたものである（昭和二五年法律二二七号による旧土地台帳法の改正）。

その後、不動産登記法の一部改正（昭和三五年法律一四号）により、旧土地台帳法（昭和二二年法律三〇号）が廃止され、公図はその法的根拠を失ったが、なお不動産登記法一七条（現一四条）所定の地図が整備されるまでの暫定的措置として登記所に保管され、土地の異動等に伴う所要の修正等を加えて一般の閲覧等に供されている。すなわち、不動産登記法一七条（現一四条）に規定する地図に準ずる図面として取り扱うこととされている（不登法一四条四項・五項、不登法規則一〇条五項・六項、不登事務取扱手続準則一三条）。これは、土地の登記簿の表題部の記載事項（土地の所在・地番・地目・地積）のみでは、土地が現地のどこに位置するのか、その形状あるいは区画がどのようなものであるかを明らかにすることができないので、土地の区画とか地番を明確にした地図を備え付けることによって、土地の位置・形状を明らかにする必要があるからである。

その後、平成五年の不動産登記法の改正（同年一〇月一日施行）によって、この公図は、地図に準ずる図面として不動産登記法上の位置付けが与えられ（不登法二四条ノ三）、その閲覧、写しの交付の制度が設けられた(2)（不登法二四条ノ三第三項、登記手数料令二条五項、三条三項）。新不動産登記法においても同旨の規定が置かれている（不登法一四条四項・五項、一二〇条、不登規則二〇〇条、二〇二条、二〇三条、二〇四条、不登事務取扱手続準則一三四条、登記手数料令二条三項、五条二項等）。

地図（法一四条）は、登記された各筆の土地について、これらの境界線を基準地球楕円面上に水平投影して図上に表示し、その形状、位置、面積などによって各土地を明示したものであり、その方法は、地球上の位置関係が明確である国家三角点等を基礎として測量された図面である。したがって、現地において登記された土地の区画が、自然的（洪水、地震等）または人為的（宅地造成等）な原因によって土地の形質が変更されたり、あるいは隣接土地との境界紛争が生じた場合には、地図から逆に現地においてその筆界を復元できる能力（現地復元能力）を有している。

2 公図とは

これに対し、地図に準ずる図面は、前述のごとく、平成五年の不動産登記法の一部改正によって地図に準ずる図面に関する規定が新設され、登記所に法一四条地図が備え付けられるまでの間、それに代えて備え付けられることになり、その大半は明治時代に作成された旧土地台帳附属地図（いわゆる公図）である。

これは、国家基準点に準拠した測量がされておらず、現地復元能力を有していないため、地図に比べて著しく精度が低いが、土地の配列等の相対的位置関係（位置及び形状）をおおむね確認できる図面である。したがって、地図のない地域においては、登記事務処理や不動産取引において広く利用活用されている重要な図面である。(3)

（1）府県税たる地租家屋税が廃止され、市町村が固定資産税を課することになったので、国の機関である税務署が、土地台帳及び家屋台帳を所管し賃貸価格の調査決定をする必要がなくなったことによる。吉野衛『注釈不動産登記法 総論（上）』一二一ページ。移管にいたる諸事情については、座談会「不動産の台帳登録及び表示登記制度の回顧、現状、展望（1）」登記インターネット二巻六号九ページ

（2）藤下健「不動産登記法の一部を改正する法律の解説」民事月報四八巻六号五〇ページ、中村巽「地図に準ずる図面（公図）の閲覧制度の新設（平成五年不動産登記法一部改正）について」民事月報四八巻八号六ページ

（3）杉本京子「素朴な質問Q&A③（地図（法一四条）と地図に準ずる図面の違いは何ですか？）」法務通信六五五号三九ページ

3　地券制度と土地の所有権

明治維新になって、日本は正に経済的自立が喫緊の課題となる。一方では、ヨーロッパは産業革命を経て、植民地探しをしている時代である。日本は早く文明開化をし、開かれた近代国家として、資本の蓄積をして、そして国民に所有権を認めて近代国家として進展しなければならないわけである。そこで、まず第一に手を着けたのが法的には明治五年（明治五年二月一五日太政官布告第五〇号）の地券制度であったといわれている。この地券制度により国民に所有権を認める。

まず、徳川時代の一六四三年（寛永二〇年）に田畑の譲渡売買が禁止されていたのを解禁し、町民や村民に土地に対する所有権を認める。「おらが所有権、おらが地券」と言って、ものすごく国民が喜んだといわれる。

当時の明治政府としては、土地の所有権を認め、前述した検地帳に基づいて地券を与えた。ところが、その検地帳には記載漏れがあったり、東西が逆になっていたりということで、このままでは内容が正確でないということで、大騒動になったといわれる。ここに前述のように地租改正事業が開始されることになる。

この地租改正事業（明治六年七月二八日太政官布告第二七二号）は、土地の官民有区分と地租の対象となる地価の決定処分及び全国的な土地の実測調査による図面の調整を目的とするものであった。このように地租改正事業は、「土地の官民有区分と地租の対象となる地価の決定処分及び全国的な土地の実測調査による図面の調整」という目的で行われた。当時の人口は、約三五〇〇万人であったといわれる。不動産登記制度は国の制度であるが、国というためには三つの要素が必要であり、領土、日本は約三八万平方キロメートル、そのうちの約七割ぐらいが山林原野地帯であるといわれ、平地というのは約三割ぐらいであるといわれる。それからこの国土と民と主権があって国家が成立する。当時土地の筆数は約八五〇〇万筆から八七〇〇万筆ぐらいであったといわれ、現在は二億筆ぐらいあるといわれている。この作業は、村人が中心になって筆界を確認し、測量していった。国民は、明治五年の地券制度で所有権が与えられ、「おらが土地、おらが所有権」といってものすごく喜んで一生懸命協力したといわれる。だからこそ、明治六年から明治一四年の八年間で一応の完成をみている。

このようにして行われた地租改正の特色をまとめてみると、①当時の国民はこの地租改正による調査に大変協力的であったといわれ、②国民が測量し、村役人が検査をしているということもあってか、③縄伸びがあるといわれている。つまり、村人としてはその地積を基にして税金を払わなければならないから、縄をグーと引っ張って測って、それをちょっと放すと縮まる。実際に測るときには、縄が縮んでいて、実際の面積よりも小さく測れるといい、そういう手法（縄伸び）を用いたといわれている。④村役人が検査に来るわけであるが、大体道路にそって検査をするであろうということで、検査官が通るであろう道のそばはかなり正確に図面が作られていて、道路の周わりは精度が比較的よいという特色があるといわれている。⑤具体的な作業は、一つ一つの区画を明確にし、地番を付して所有者を明確にして、図面を作成している（字切図、改租図）。⑥そして、地番を付した民有地と赤線（道路）、青線（水路）に着色した官有地に区分している[1]。

わが国は、この地租改正によって現物貢租を金納制（例えば地価の三％）に改め、従来の土地耕作権者（保有権者）を土地所有権者として確定し、国の財政的基盤を固め、殖産興業、商品経済化、土地の流動化を促進し、農村経済に大きな変動をもたらした。

このように地租改正は、土地を課税物件とする租税についての制度改革であり、明治六年の地租改正条例に基づき同年から明治一四年にかけて実施されたことは前述したとおりである。それまでの石高表示に基づく現物貢租を廃止して、実測による地積と公に査定した収穫量に基づいて定まる地価を課税標準とする金納制に改められたということである。(2)

(一) 地押調査

地租改正による字切図等には、かなり精度の悪いところもあり、もう一度測り直しをしなければならないところがあるということで、地租条例により再度調査をすることになるが、この調査が地押調査といわれる調査である。市町村によっては図面の精度が相当に悪いところもあり、また、大福帳式帳簿の手入れが悪く虫食状態になっているとか、湿気が出て、しみが随所に入っているといったところもあるということで、当時の内務省が地租条例(明治一七年三月一五日太政官布告第七号)を出して統一を図ったといわれている。

その後昭和六年以後は地租法となり、昭和に入ってからは地方の財源とすべきであるという意見が強くなり、昭和一五年には地方分与税中の還付税となって、その税収は道府県に分与することとされた。そして、昭和二二年には都道府県の独立税となり、さらに、昭和二五年にシャウプ勧告に基づき現在の固定資産税に吸収されている。この地租は、明治初期から中期にかけて租税収入の大きな部分を占め、農業部門の剰余価値を地租として吸い上げ、それを他の産業部門の育成のための財政支出に充てたという点で、日本の近代化に果した役割は大きいといわれる。(3)

(二) 土地台帳制度の創設と地券制度の廃止

いわゆる第一次地租改正が明治六年から明治一四年、第二次地租改正が明治一八年から明治二一年、この二つの改正事業によって地租改正は終わることになる。

その後明治二二年に「土地台帳規則」（明治二二年三月二二日勅令第三九号）が制定され、地券制度が廃止される（明治二二年三月二二日法律第一三号）。そして、地券台帳とその図面は引き続き「土地台帳及びその附属図面として活用されることになる。

(三) 近代的土地所有権の確立

我が国の江戸時代における封建的な土地所有は、前述したように地券制度、地租改正等によってほぼ解体され消滅したと考えられる。つまり、江戸時代においては、基本的には領主の領有権と生産者である農民の所持権があったわけであるが、前者は版籍奉還、廃藩置県等によって廃絶されたといわれ、後者の農民の所持権は、地券交付、地租改正事業の過程で、地主・小作人関係間における「一地両主」という分割所有権的なものが否定され、「一地一主」の原則が確立されたといわれているが、その中味は、地主の権利のみが単一の所有権として法認され、小作人の権利は単なる用益的権利としてしか法認されなかったといわれている。そしてこの地主に認められた所有権は、土地に関して言えば、その土地の使用、収益、処分の自由を内容とするものになったわけである。

このように明治初期に行われた諸改革において土地所有権が法認されたのは、前述のように、当時の明治政府にとって最大かつ緊急の課題であった欧米先進資本主義国家に対抗し得る日本近代国家体制を構築するための財政的必要性から、専ら租税収取を目的とした担税者確定という観点からなされたものであるといわれ、そこには近代的土地所有権の確立という意識は希薄であったといわれている。(4)

ただ、このようにして成立した土地所有権ではあるが、法形式的には、土地についての近代的私的所有権と見ることもでき、この近代的私的所有権として、明治憲法はその二七条において、所有権の不可侵を規定し、明治二三年に公布されたボアソナード教授起草にかかる旧民法財産編第三〇条、そして明治二九年公布の現行民法二〇六条においても、「所有者は、法令の制限内において、自由にその所有物の使用、収益及び処分をする権利を有する。」旨規定し、制定法上は確立された近代的所有権制度になったと言うことができるのではないかと考えられる。(5)

(1) 拙稿「公図の沿革とその役割(2)」民事研修六八八号七九ページ
(2) 前掲(1)八〇ページ
(3) 法律学小辞典八九九ページ
(4) 川島武宜ほか「新版注釈民法(7)」三〇六ページ(山中永之佑)、拙稿「公図の沿革とその役割」(民事研修六八八号八三ページ
(5) 拙稿前掲民事研修六八八号八四ページ

3 地券制度と土地の所有権

4 公図の沿革

我が国の地図の歴史は、古くは大化の改新当時における班絵の証拠としての田籍、田図にまでさかのぼることができるといわれているが、現在の公図は、明治六年以降一四年までの間になされた地租改正の際に作成された地租改正図（改租図、字切図《あざきりず》、字限図《あざきりず》、字図《あざず》等とも略称される）が基本となっている。すなわち、地租改正図は政府の命により作成されたものであるが、短期間になし遂げられたものであり、また、当初は測量技術も未熟で、団子絵図（談合図）的なものが多く（一般に野取《のとり》絵図とも称される）、一筆の土地の形状が現地と適合せず、あるいは脱落地、重複地等があり、位置が東西転倒しているものもあった。しかも、これらの地図の作成後異動に係る土地があっても、その書入れ未了のまま取引がされる状況もあったようである。(1)

そこで、明治一八年に「実地取調順序」（実地取調につき発せられた大蔵郷訓示）、明治二〇年に「地図更正ノ件」が示され(2)、町村をして再測させ、おおむね明治二〇年から二二年の間にかけて地押調査図が作成された。これに伴い、従来まちまちであった地図作成及び備付方法等の統一を図るため、明治二〇年六月に「町村地図調製式及更正手続」（明治二〇年六月二〇日大蔵大臣内訓第三八九〇号「地図更正ノ件」の別冊）が示されている。

〔町村地図調製式及更正手続（抄）〕（明二〇・七・一五　福島県訓令甲二五〇）

第一項　地図ヲ調製スルニハ別紙町村製図略法ニ拠ルモノトス但シ従来ノ分間法等ニ拠ルモ便宜タルヘシ

第二項　地図ハ村図字図ノ二種ヲ製スルモノトス村図ニハ（イ）号雛形ノ如ク毎字ノ地形ヲ画キ字図ニハ（ロ）号雛形ノ如ク毎筆ノ地形ヲ画クモノトス
第三項　市街地ハ全市街ヲ数区ニ区画スルカ若クハ一町毎ニ（ハ）号雛形ニ倣ヒ其地図ヲ調製スルモノトス
第四項　地図ハ（イロハ）号雛形ニ依リ其符号及書式ニ従ヒ調製スルモノトス
第五項　町村図ハ五間ヲ以テ曲尺一分（即チ三千分ノ一）トシ字図ハ一間ヲ以テ曲尺一分（即チ六百分ノ一）トス
第六項　地図ノ用紙ハ美濃紙ヲ用ヒ裏打ヲ為スモノトス
第七項　字図ハ美濃紙ヲ用フト雖トモ大ナルモノハ二枚以上ヲ継合セ又小ナルモノハ一枚中ニ二字以上ヲ画クモ妨ナシ
　但シ僅ニ紙幅ニ余レルモノハ紙片ヲ張足シ折返置クモノトス
第八項　町村図ハ一部字図ハ正副各一部ヲ府県庁及戸長役場ニ備置クモノトス
第九項　地図調製後土地ノ異動ニ係ルモノハ府県庁及戸長役場ニ於テ其願届書ニ就キ第八項ノ副図ニ其時々貼紙ヲ以テ修正スルモノトス
　但畦畔ヲ設クルモノノ如キハ副図ニ其線点ヲ画シ廃スルモノハ其虚線ヲ画スヘシ
第十項　地図調製後道路河川ノ位置変更スルカ又ハ鉄道ノ敷設等其他ノ事故ニ由リ町村ノ大体ニ変易ヲ来シ其儘差置キ難キモノハ再製スルモノトス
第十一項　地図ハ年々異動地ヲ修正セシ副図ニ就キ正図及副図共十ケ年毎ニ更ニ調製シ年月ヲ記載シ図者之ニ記名捺印スルモノトス
　但本図明瞭ニシテ其儘使用シ得ラルヘキモノハ新調スルノ限ニアラス
第十二項　棚田ノ如キ一筆内細小ノ区画アリテ一々畦畔ヲ記入シ難キモノハ枚数ヲ掲記シ別紙ニ記載添付スルモ

妨ケナシ

別紙　町村製図略法〔省略〕

この地押調査図は、平板測量と同様の方法による測量によって行うこととされており（もっともすべてが平板測量で行われたとは限らない）、当時としては比較的進歩した技術で作成されたものであるが、現在の測量方法と異なる点は、図根《ずこん》測量が行われていないことである。しかし、当時としては、比較的進歩した測量方法によっていることがうかがわれ、この方法が実行されて作成された地図であるとすれば、ある程度の信頼は置ける。(3) 改租図は、一筆限図を集めて字限図を、さらにそれを集めて一村全図を作成するという方法がとられていたといわれており、(4) また、改租図がある程度正確なものである場合には地押調査図を作成しなかった地方もあって、その精度に問題があるものも多い。ことに、山林、原野については歩測、目測によることも認められていたようであり、見取図的なものが大半であるといわれている。そして、この改租図が地押調査図として公開されていることも否定できない。

地押調査図は、明治二二年(5)に土地台帳規則が制定されたことに伴い、土地台帳附属地図として、正本は府県庁（後に明治二九年一〇月に税務署発足後は税務署）に、副本は地元市町村役場又は区戸長役場に保管されることになったが、(6) その後、台帳事務の登記所への移管に伴って、昭和二五年以降は登記所において保管されることになった。(7)

これにより、登記所において土地台帳を備え、その登録の事務をつかさどることとされ、従前の土地台帳は改正後の規定による土地台帳とみなされた。また、この法律の公布に伴い、土地台帳規則の全面改正が行われ、土地台帳法施行令(8)が公布されるとともに、土地台帳法施行細則が定められた。(9) この改正後の土地台帳法施行細則第二条において、登記所には、土地台帳のほかに地図を備えることが規定されていることは前述のとおりであるが、この地図は、地租改正時に作成され、その後、税務署に備えられていたものを保管したものである。

その後、昭和三五年に登記簿と台帳の一元化を図るべく、不動産登記法の改正を行った。これにより登記簿に台帳の機能をも果たさせるべく、土地・建物の現況を明確にするための不動産の表示に関する登記手続の規定が置かれた。ここにおいて、不動産の表示に関する制度が独立の制度として誕生するのであるが、この改正法の一七条は登記所に地図を備える旨規定していた（新不登法は、一四条に同旨の規定を置いている）。この地図は土地の区画及び地番を明確にするものであり、地図によって現地を復元できる精度の高いものが予定されている。しかし、従前、登記所に備えられていた公図は、前述した歴史的経緯等から考え、同法に基づく地図とはいえないことは明らかである。もっとも、公図は、前述のごとく、明治六年に地租改正が実施され、地番が定められた当時に数年かかって作製されたものが引き継がれたものであり、区画と地番を明らかにしたものであるから、境界確定の本質が明治初年に設定された地番と地番の境界を発見することにある（通説）ことを考えれば、公図はその資料として重要な意義を有することになる。

（1）「見取図程度の地図の機能とその維持管理について」（研究資料）民事研修二五〇号一五五ページ

（2）明治一八年二月一八日大蔵郷訓示。明治二〇年六月二〇日大蔵大臣内訓

（3）澤睦「一七条の地図その他登記所備置の図面」不動産登記講座Ⅱ総論(2)三八八ページ。なお、地押調査は、明治一八年からであり、「地図更正ノ件」は明治二〇年に示されているので、正確には、地押調査図がすべて平板測量によっているとは限らない。

（4）村松俊夫『境界確定の訴』一四三ページ

（5）明治二二年三月二二日勅令三九号

（6）ここにおいて、地租改正事業の手段として考案されたといわれる地券制度は、その存在意義を失うことになる。地券は主に土地の所有権を証明し、併せて地租を把握するためのものであったが、前者については登記法の制定（明治一九年八月一一日法律一号）、後者は土地台帳規則の制定によりその意義を失い、明治二二年三月二三日法律第

一三号により廃止された。新井克美「公図、地積及び公図の沿革並びに地積更正登記手続等に関する一考察」登記研究四四二号六三ページ

(7) 「土地台帳法の一部を改正する法律」昭和二五年七月三一日法律二二七号

(8) 昭和二五年七月三一日政令二四六号

(9) 昭和二五年七月三一日法務省令八八号

5　公図の現状

●備付け地図の半数が公図

(一)　法務局備付けの枚数

現在（平成三〇年四月一日）、法務局に備え付けられている地図の総枚数は約七二二万枚である。そのうち、地籍図といわれるもの、すなわち国土調査法に基づいて作製され、登記所に送付されてきた地籍図(1)が約三〇一万枚、土地区画整理登記令六条二項二号の規定あるいは土地改良登記令六条二項二号の規定等によって提出された所在図等(2)が約一〇四万枚、法務局で自ら作製した図面が約二万四千枚、そして、公図が約二三六万枚である。この公図は法務局に備え付けられている地図の約三三%を占めることになり、全国的にみて不動産登記法一四条の地図が整理されるまではこの公図が活用されている状況にある。特に市街地、準市街地については国土調査があまり進捗していないため、ほとんどの地域が公図によって処理されている。ちなみに、この約七二二万枚のうち、不動産登記法一四条に規定する地図として備え付けられているものは約四〇七万枚であり、毎年増加しているが、その七四%程度が地籍図である。

(二)　公図の精度による分類

法務局に備え付けられている公図には、いろいろな精度のものがあることは、公図の沿革から考え、十分理解できることであり、しかも、それぞれの公図がその精度を異にするので、精度によって公図を分類することは、本来難しいわけであるが、これを大きく通常程度のものと見取図程度のものに分けてみると、法務局に備え付けられている公図約二〇七万枚のうち、ほとんどのものが普通程度のものである。したがって、法務局に備え付けられている公図のうち、かなりのものが通常程度の精度を有しているということができる。

(1) 市長から送付された地籍図の写しを不動産登記法一四条所定の地図として備え付けることは、取消しの対象となる登記官の処分に当たらない。最高裁平成一六年九月二一日決定（民事月報六〇巻六号九六ページ、なお同旨の判例として平成一七年一二月一四日福岡高裁判決〔民事月報六一巻四号五六ページ〕がある）は次のように述べている。

「行政不服審査法一条にいう「行政庁の処分」とは、その行為により直接国民の権利義務を形成し又はその範囲を確定することが法律上認められているものをいうと解されることから、審査請求の対象となる「登記官の処分」についても、登記官が行う行為のうちで、その行為により、国民の法律上の地位ないし具体的権利義務関係に直接影響を及ぼすものに限られる。これを本件についてみるに、国土調査法に基づく国土調査は、国土の開発及び保全並びにその利用の高度化に資するとともに、併せて地籍の明確化を図るため、国土の実態を科学的かつ総合的に調査することを目的とするものであり、その一環として地方公共団体等が行う地籍調査は、毎筆の土地につき、その所有者、地番及び地目の調査並びに境界及び地積に関する測量を行い、その結果を地図及び簿冊に作成することを目的としているので、地籍調査自体は、土地の現況を調査記録するという事実行為にすぎないし、その結果作成される地籍図も、上記目的達成のための行政庁における内部資料にとどまり、これによって当該土地の権利関係、境界等を直ちに具体的に確定する効力を有するものではない。地籍図が、このように権利を確定する性質を有していないものである以上、登記官が地方公共団体から送付を受けた地籍図の写しを不動産登記法一七条（現一四条）地図として登記所に備え付ける行為（国土調査法二〇条一項、不動産登記法事務取扱手続準則二八条（現一二三条））は、国家の法律上の地位ないし具体的権利義務関係に直接影響を及ぼすものであるとはいえないから、本件裁決は

[5] 公図の現状

適法であり、不動産登記法一七条（現一四条）の地図を備え付けること自体に行政処分性もないことから、請求に理由がない。」

（2）北海道には、土地連絡査定図、土地処分図、植民区画図等がある。

6 公図の見方

●概して実際より小さく作図されているものが多い

二一世紀を迎えた現在からみて、公図がどの程度正確であるかは、必ずしも一律に論ずることはできないが、少なくともこれを全く無視したり、度外視したりすることはできないし、また、すべきでないと考えられ、距離、角度、面積等の定量的な面を別にすれば、位置、形状等の定性的な面については相当重要視できるといえる。そこで、ここではまず、公図をみる場合に一般的に心得ておかねばならないと思われる若干の点について簡単に触れておきたい。

(一) 縮尺

公図は、村図、(1)字図の二種を調整し、紙は美濃紙を用い、裏打ちをして作成されている。そして、村図は、毎字《あざごと》(字単位)の地形を画き、五間を曲尺一分(三〇〇〇分の一)とし、字図は毎筆《ふでごと》(筆単位)の地形を画き、一間を曲尺一分(六〇〇分の一)とし、各図面には「三千分ノ一、一分ヲ以テ五間トス」とか、「一分一間トス」と記入し、さらに、題号、調整の年月日、製図者の氏名がこれに記入されていた。

(1) 村図を公図とみることができるか否かについては疑問がないわけではないが、ここでは、広義において公図とみることができるのではないかと解している。

(二) 表現例

公図の表現例は、おおむね次のようにされている。

道（赤道(1)、里道(2)）	赤
道（青道(3)、青地、のり地）	青
水路	水色
堤	ねずみ色
山	(山)
溜池	(溜)
墓地	(墓)

地図が地目別に色分けされている場合の配色は、次のようになっている場合が多い(4)。

田	黄色
畑	薄茶色
宅地	薄い赤
原野	黄緑

また、田畑等の農地に付随する畦畔・のり地等で、公図上、当該地が実線により区画され、この部分に地番が付されず、また、土地台帳にも外《そと》書き又は内《うち》書きした跡の認められないもの、すなわち台帳に登録されたことのないものは、「畦畔」又は「二線引畦畔」と称される。(5)公図には、土地の境界線は一本の線で表示されているが、畦畔は二本の線で表示されており、その二本の線に囲まれている狭長な地番の付されていない土地である。

二線引畦畔は、公図上当該部分が、淡墨色、青色、黄色、茶色に着色されたものがあるほか、無着色のものもあり、また「キシ（又は岸）」表示のものもある。地域によっては、潤間《はざま》、青地《あおち》、土手地《どてち》と呼ばれることもある。

現地の形状は、公図上の色分けにより、明確な区別ができないが、山間部に所在するものは、おおむね「のり地」となっているもので、概して大畦畔であり、平坦部分においては、おおむね田畑をとりまくような形状の狭小な畦畔となっている。(6)

(三) 作成の仕方

公図は、測量経験のない村民が、簡易な測量方法によって一筆ごとに地図を作成し、これを基礎として「字限図」すなわち公図を作成し、さらに、字限図を寄せ集めて「町村図」を作成する仕組みになっていたことはすでに述べたとおりであるが、地図を作成する場合には、まず大きいものを測り、それを小さく分けていくというのが測量の大原則であるといわれる。なぜかといえば、小さなものを測量して、これを寄せ集めて大きな地図を作成すると個々の測量誤差、作図誤差が累積され、その精度が低くなるためである。(7)ちなみに、公図の作成の仕方は、その反対の方法をとっているものが多く、現時点で考えれば、この面も考慮して精度をみていく必要があるといえる。

(四) 縄のび

公図は、その多くのものが、明治の初期又は中期において地租徴収のための資料として作成されたものであるため、前述のように村民は地租をできるだけ少なくしたいということからか（その真意は必ずしも明らかではないが）、縄のびが行われ、現況より小さく作図されているといわれる。(8) もちろん、公図は、測量技術の未熟さ、作成の仕方等に起因して、その精度が低く、現況とは必ずしも一致しないわけであるが、そのほとんどのものが現況より小さく作図されているところに特色があるわけである。

(五) 土地の利用状況

地租改正は、耕地、市街地、山林原野を中心に実施されたといわれているが、このことが耕地・宅地の公図と山林原野の公図とではその精度に差があったと思われる。(9) 特に山林原野については、官有地と私有地、官公林と私有山林との区分という大問題があり、また、土地が広くこれを丈量することが非常に困難であるとともに、山林原野が全国民有地の七割を占めていたが、地租額からみるとその割合は少なかったという事情も手伝って、(10) 耕地、宅地ほどには十分な調査測量が行われなかったようである。したがって、市街地、農村地域については、当時の測量成果としては、かなりの精度はあったと考えられるが、山林原野地域については、かなり精度が低いといえる。

(1) 公図上に赤色で着色した細長い無番地の土地

(2) 里道とは、道路法による道路（高速自動車道、一般国道、都道府県道、市町村道）に認定されていない、いわゆる認定外道路のうち、公図上赤線で表示されているものである。里道という言葉の由来は、明治九年六月八日太政官達六〇号「道路等級ヲ廃シ国道県道里道ヲ定ム」によるようであり、そこでは、全国の道路を、国道・県道・里道に分類し、さらに、それぞれを一等から三等までに分類している。一等里道はいくつかの区をつなぎ、あるいは隣の区に通じる道路であり、二等里道は、用水や堤防、牧畜、坑山、製鉄所等のような施設のために当該区の人民の協議によって別段に設ける道路であり、三等里道は、神社仏閣や田畑の耕作のために設ける道路であるとされている。ただ、里道の幅については、「里道ニ至テハ要スルニ該区ノ利便ヲ達スルニ在テ其関係スル所随テ小ナレハ必ス之ヲ一定スルヲ要セス」として、その幅員を一定にすることを要しないとされており、明確な規定はない（国道は五ないし七間、県道は四、五間として明確に規定されている）。もっとも、里道だからといって幅員が全く定まっていないわけではなく、明治八年七月八日地租改正事務局議定「地所処分仮規則」第四章道路堤塘処分ノ事三条は「道路堤塘ハ各地凡ソ定リタル幅員アルヘシ若シ耕地ヨリ其幅員内ヲ犯シ切開タルカ又ハ宅地ニ取囲ヒタルモノアルトキハ其歩数ハ旧道敷堤塘ニ復シ耕地宅地ノ方差除キ取調ヘキ事」と規定しているし、明治八年六月二三日鳥取県伺・地租改正事務局第四号所収は、地押調査の際、「村往還道」九尺、「作場道」は六尺に統一してよいかと事務局に伺いを立てていることからも分かるように、地方によっては里道の幅員についておおよその基準を設けていたようである。

また、里道はその由来をよく調べてみると、かつては人々が足繁く往来した重要な生活道路であったり、村民共同の墳墓地に至る道路であったりすることから、例えば、墳墓地に通じる道路であったならば、当時の生活実態にもよるが、一般的には、大八車が通れるだけの幅員の存在が推定されるし、逆に車の通行が困難な山間部の里道であったならば、人がすれちがえる程度の幅員があれば十分だと推定できるのである。寳金敏明「法定外公共用物の基礎知識」民事研修三五七号九一ページ

（3）　公図上に青色で着色した細長い無番地の土地

（4）　広島法務局『地図訂正の手引』一三ページ

（5）　前掲二線引畦畔関係資料二ページ。なお、畦畔、のり地等の取扱いについては、畦畔、のり地等のうち土地台帳又は不動産登記簿（附属図面を含む）に「私人名義で登載されてなく、地番の付されていないものは明治維新後における土地制度の沿革からみて国有地である。畦畔、のり地等のうち、土地台帳又は不動産登記簿（附属書面を含む）に私人名義で登載されており、地番の付されているものは民有地である。したがって、土地台帳又は不動産登記簿に「内畦畔」又は「外畦畔」と記載されているものは、本地と一体となって地番が付され、私人名義で登録されているものであるから、民有地である。また、土地台帳又は不動産登記簿附属図面（いわゆる公図）は、明治初

年の地租改正の際に作成された地引絵図又は字限図を基礎とし、明治一八年から実施された地押調査によって更正したものであるが、これらの公図において、青、薄墨等に着色されている畦畔、のり地等であっても地番が付され、かつ私人名義になっているもの、又は本地と畦畔、のり地の間が点線、朱線等実線と区別して画かれている畦畔、のり地等は本地と同筆であって、これらは民有地である」という旨の大蔵省通達が昭和四一年一月七日蔵国有第二一号大蔵省国有財産局長発各財務局長宛の通達が出されている。同資料二ページ。また、この関係については、塚田利和「二線引畦畔について」登記研究四〇六号～四〇八号に詳しく紹介されている。また、最近では、野村瞕作「二線引畦畔は国有地か㈠～㈦」登記インターネット六巻一二号、同七巻一号、二号、三号、四号、五号、八号に詳しく紹介されている。

(6) 同右資料三ページ
(7) 大久保武彦『地図の見方』六二ページ。新井・前掲登記研究四二八号六三ページ
(8) 最判昭三三・一〇・二一（判例時報一六六号七九ページ）、新井・同右六二ページ
(9) 村松・前掲『境界確定の訴』一五二ページ
(10) 同右一五二ページ

7 公図の性質

●現地復元性がない

登記は、不動産取引の安全と円滑に奉仕するものであるから、登記簿には、権利の客体である不動産の現況を正確に表示する必要がある。昭和三五年の不動産登記法の改正によって、新たに不動産の表示に関する登記の制度が設けられたが、不動産の表示として、土地の地目・地積等がいかに明確に記載されていても、その土地の所在が現地において特定されなければ、取引の安全と円滑をはかることができない。そのためには、各筆の土地の区画及び地番を明示し、その位置及び区画を現地において復元しうる地図が必要である。そのためには、地図は現地復元性のあるものでなければならない。

このような趣旨から、改正後の不動産登記法一七条（現不登法一四条）は、登記所に地図を備える旨定めたのであるが、同条にいう地図は、現地復元性を有する地図のことである。

吉野衛氏は、この現地復元性につき、次のように解説されている。(1)

「地球は複雑なダ円形であり、海あり、山あり、平地ありといった高低の差も激しいので、各筆の土地の位置及び筆界を正確に表示するためには、土地の形質の変更があっても変動することのない地球上のある原点を基準として測量された筆界点と、各筆界点間の距離を明らかにしなければならない。しかも、この距離は、一定の高さ（標高）の面における水平距離によって表示しないと、場所によってその精度が異なってくる。そこで、陸地における一定距離をある一定の地球面に投影することが必要となってくるが、この地球面は計算によって仮想された回転ダ円体であり、わが国は測量法第一一条によりベッセルの算出した長半径（六、三七七、三九七・一五五メートル）、扁平度（二九九、一五二八一三分の一）をもつダ円形（準拠ダ円体）を採用しているので、これに投影しなければならない。さらに日本の陸地を平面とみなしてもさしつかえない程度の小区画に分け、準拠ダ円体面上の距離をその平面の距離に補正することが必要である。こうして補正された水平距離を測量するためには、区画内に一つの原点を定め、これを通る子午線の投影をX軸、これに直角で交わる軸をY軸として、各筆界点をその座標値をもって特定しなければならない。この座標を平面直角座標というのであるが、本条にいう『地図』はこのような平面直角座標値をもって表示された筆界点によって各筆の土地の位置及び筆界を明らかにした図面であるのが理想である。現在、わが国には国土調査法に基づく基準点測量を行なうために、本土について一四の平面直角座標系が制定されているが、このように座標系に基づいて筆界点の座標値が決定されれば、たとえ土地の形質が全く変更されてしまっても、この筆界点を図示する地図によって、現地を復元することが可能である」

　ところが、前述のごとく、公図のほとんどは、明治六年の地租改正から明治中期にかけて完成されたものであり、測量等は、まず地元の住民、戸長、総代人等が行い、地元では自らの手で、あるいは専門家に頼んで一筆ごとの筆《ひっ》限《ぎり》図《ず》を作成し、これをつないで字限図、村限図を作成し、政府の官吏は右の測量等に誤りがないかどうかを現地に赴いて確認するという仕組みになっていた。このように、公図は、人民が丈量し、官吏が検査したものを基礎としたもので、丈量及び検査が必ずしも正確ではないものもあり、また、公図は、宅地、田畑、山林、原野等によってその精度を異にし、なかにはかなり粗雑なものもあったので、明治一八年ごろからは、地図更正すなわち手直しがされた。この地図更正の結果その精度も高くなり、明治二二年の土地台帳規則（同年勅令三九号）の施行から昭和二五年の地方税法（同年法律二二六号）の施行に至るまで、課税台帳たる土地台帳の附属図面として、明治二九年一〇月からは国の税務官署において所管されていたわけである。公図はこのように、地租徴収の目的から作成され、課税台帳としての土地台帳の附属地図として、台帳諸表とともに、長い間国の税務官署において所管され、土地の所有者、土地の地目、面積等を把握して地租徴収の基礎資料とするために作成されたものであり、権利関係を公示して不動産取引の安全をはかるという登記制度の観点から作成されたものではない。したがって、同じく土地の事実状態を示す地図ではあっても、現地復元性に重きを置いたものではないのである。(2)

つまり、土地台帳は、税金の徴収のための基礎資料ということを中心として作られていたため、田とか畑とかの地目、そして収穫の上で何等級の土地であるか、すなわち上田であるか、中田であるか、下田であるかということ、またそれを金額で表すべき賃貸価格というものが一番の関心事であり、各筆の土地がどういうふうに隣接しあっているのか、どういう形をしているのかといった点はあまり重要視されなかったのである。(3) したがって、この土地台帳制度の下における公図に現地復元性が期待できないのは、ある意味では当然であるといっても過言ではないであろう。

（1）吉野・前掲『注釈不動産登記法』三八六ページ
（2）賀集唱「公図の効力」不動産登記講座Ⅱ総論⑵三九七ページ
（3）枇杷田泰助「地図のはなし」法務通信三六七号七ページ。なお、このことは、作成の目的が根本的に違うということを考えれば、当然のことともいえる。

8 公図の維持・管理

(一) 従来の取扱い

このように公図は古い歴史を有するが、この公図の維持・管理がどのようにしてなされてきたかにつき考察しておこう。ここでは、特に、台帳事務が法務省に移管されてから台帳と登記簿が一元化されるまでの間における公図の処理について触れておきたい。現在までの公図の維持・管理は、基本的にはこの当時の処理の仕方を引き継いでいると考えられるからである。もっとも現在は、平成七年から公図についても情報化が図られ、筆界等の情報を数値化して地図管理システムに入力する作業が行われている。現不動産登記法の下においても、現在、登記所で実際に運用されている地図管理システムに登録されている地図又は地図に準ずる図面は、不登法一四条六項の規定による電磁的記録に記録された地図又は地図に準ずる図面（電子地図）として取り扱うものとしている（平成一七年二月二五日付法務省民二第四五七号法務省民事局長通達第一、一一、(1)）。そして、これら同システムに入力している地域においては、分筆・合筆・地図訂正等の図面処理はすべて同システムを用いてコンピュータ処理されている。このように、社会の情報化の中で公図の維持・管理の仕方も大きく変わってきているが、しかし、そうではあってもかつての公図の維持・管理の仕方を考察しておくことは極めて重要である。そのためには、まず土地台帳事務取扱要領を参考としなければならない(1)。すでに説明したように、公図は土地台帳法施行細則二条一項により、登記所には土地台帳のほかに、地図を備えるという規定により備え付けられ、同条二項において、地図は土地の区画及び地番を明らかにするものでなければならないとされていた。そして、この地図に関する事務は、土地台帳に関する事務として法令に定められるもののほか、この要領により取り扱うものとされていたのである（要領第二）。

同要領第一八によれば、

（地図の新設）

第十八　あらたに作成した地図を土地台帳法施行細則第二条の地図とするには、左の各号によらなければならない。

一　当該地図に記載された各筆の土地の状況が土地台帳の記載事項に符合するかどうか、その他その地図が土地台帳法施行細則第二条の地図として相当であるかどうかを調査する。

二　前号による調査の結果当該地図が土地台帳法施行細則第二条の地図として相当であると認めたときは、その適当な箇所に「昭和何年何月何日調製」と記載し、かつ、地図調製の旨を登記所に掲示する。

三　前号の手続をとったときは、その旨を法務局又は地方法務局の長に報告し、かつ、市町村長に通知する。

2　あらたに地図を作成した場合において、旧地図があるときは、これを三十年間保存しなければならない。

とされ、また、土地の分筆、合筆がされたような場合における**地図の整理**については、要領第五一により、次のように定められていた。

（地図の整理）

第五十一　地図の整理は、左の各号により取り扱わなければならない。
一　地図の整理は、墨又は朱を用い、なるべく細字、細線により鮮明に記載する。
二　異動に係るものは、所要の箇所に薄美濃紙をもって貼紙（浮貼）を施し、修正又は訂正をする。ただし、原図において明りょうに修正し、又は訂正し得るものについては、次号から第六号までにより処理する。
三　あらたに土地台帳に登録する土地については、各筆の境界線を画し、地番を記入する。
四　分筆の場合には、地図に黒線を画し、地番を記入する。
五　合筆の場合には、その境界線を朱抹し、存続地番はそのまま存置し、その他の地番を朱抹する。ただし、地番区域内の字を異にする土地の合筆の場合には、従前の境界線を点線をもって表示しておくものとする。
六　地図の訂正の場合には、訂正すべき境界線若しくは地番を朱抹し、所要の黒線を画し、又は地番を記入する。
七　地積の狭少なもの又は地図の区画が狭少で地番の記入が困難なものについては、適宜の符号を附して、余白にこれを記載する。
八　土地の異動が頻繁で地図が錯雑している土地にあっては、原図を謄写して余白に貼付し、これによって整理する。
2　土地改良事業（換地処分）又は土地区画整理事業の施行地域については、確定図をもって、国土調査の施行地域については、地籍図をもって、土地台帳法施行細則第二条の地図とする。この場合において、その施行地域が現存の地図の一部に関するものであるときは、その部分を貼紙その他の方法により表示し、これに「昭和何年何月何日土地改良事業（又は土地区画整理事業若しくは国土調査）施行地」と朱書するものとする。

新たに土地台帳に登録すべき土地が生じたとき、あるいは土地の分筆又は合筆をしようとするときは、土地の所有者は、これを登記所に申告しなければならない（土地台帳法一八条、二六条）。この申告書には、地積の測量図を添付しなければならない（土地台帳法施行細則一二条）。この**地積測量図**に関しては、要領第五九、第六〇に規定されていた。

（地積測量図）

第五十九　申告書に添付すべき地積の測量図には、方位及び三しゃ法による地積の計算表（三しゃ法により地積の計算をすることが困難である土地につきプラニメーターを使用して地積の計算をした場合には、その計算表）をも記載させるものとする。

2　地積の測量図には、作成者が記名押印しなければならない。

（地形図）

第六十　申告書に地積の測量図を添付すべき場合において、当該測量図の縮尺が土地台帳法施行細則第二条の地図の縮尺と異なるときは、当該測量図のほか地形図を添付させるものとする。

2　前項の地形図は、土地台帳法施行細則第二条の地図と同一の縮尺により、方位並びに当該土地の形状及び屈曲点間の間尺を記載し、かつ、作成者において記名押印したものでなければならない。

また、**地積訂正の申告**をするときは、同要領第七一において次のように定められ、

（地積の訂正の申告）

第七十一　地積訂正の申告書には、地積の測量図を添付させるほか、当該土地が他人の所有地（国有地を含む。）に接続するときは、接続地所有者の連署を受けさせるか又はその者の承諾書を添付させ、若し接続地所有者の連署又は承諾書が得られないときは、その理由を記載した書面を添付させるものとする。

また、**地図訂正**のときは、第七三において、次のように定められていた。

（地図の訂正の申告）
第七十三　地図の記載に誤があることを発見したときは、土地台帳法施行細則第十五条の規定に準じ、地図訂正の申告をすることができるものとする。

地積測量図作製の基礎となる**地積の測量**は、第七八において、次のように定められ、

（地積の測量）
第七十八　地積の測量は、左の各号により行わなければならない。
一　測量は、平板式又はトランシット式その他の精密な方法による。
二　距離は、すべて境界点から水平に測定する。
三　畦畔、小径、小池は本地に量入する。
四　測量図の縮尺は、六百分の一の割合による。ただし、地積の特に狭少なもの、又は広大なものについては、適宜の縮尺によってさしつかえない。この場合には、その割合を註記する。

五　宅地及び鉱泉地の測量については、厘（一間の百分の一）未満の端数は切り捨て、その積算上勺未満の端数は切り捨てる。

六　宅地及び鉱泉地以外の土地の測量については、五厘未満の端数は切り捨て、五厘以上一分（一間の十分の一）未満は五厘とし、その積算上歩未満の端数は切り捨てる。ただし、一筆の土地の地積が一歩未満のものは、勺位まで残し、勺未満の端数を切り捨てる。

2　測量の結果申告地積と測量地積との差が左の範囲内であるときは、その申告を相当と認めることができる。

田、畑、塩田	同　百分の三以内
その他の土地	同　百分の七以内

また、**実地調査**に関しては、同要領第七七に規定されていた。

（調査事項）

第七十七　実地調査においては、左の事項を調査するものとする。

一　土地の所在、地番、地目及び地積

二　土地の所有者並びに質権及び百年より長い存続期間の定のある地上権を有する者の住所及び氏名又は名称

三　移動の種類及び年月日

四　方位並びに土地の区画、形状及び隣接地との関係

五　その他必要な事項

地図が滅失したときは、同要領第一七において、

（土地台帳及び地図の再製）
第十七　土地台帳が滅失したときは、左の各号により、これを再製するものとする。
一　市町村に土地台帳の副本がある場合には、これにより、土地台帳の副本がない場合には、既登記の土地については、登記簿により、未登記の土地については、所有者等の協力を求めて登録する。
二　新用紙の沿革欄には、同欄における記載の末尾に「昭和何年何月何日再製」と記載し、登記官吏が押印する。
2　地図が滅失したときは、市町村備付の地図その他の資料に基き、又は土地所有者等の協力を得て再製するものとする。
3　再製を要する土地台帳に登録すべき土地又は再製を要する地図に表示すべき土地につき、土地異動の申告があったときは、前二項により当該土地に関する台帳又は地図を再製した上でこれを処理するものとする。ただし、早急に地図の再製が困難な場合には、当該申告が地積に異動のないものであり、かつ、その申告を相当と認めるときは、その申告により、しからざるときは、実地調査を行った上でこれを処理するものとする。

と規定され、**地図の閲覧**については、同要領第九三において、次のように規定されていた。

（地図の閲覧）
第九十三　土地台帳の閲覧の申請をする者の請求があるときは、土地台帳とともに便宜地図をも閲覧させてさし

つかえない。この場合には、土地台帳の閲覧申請書のほかに、地図の閲覧申請書を徴する必要はない。

2 地図を閲覧させる場合には、その破損を防止するよう十分注意しなければならない。

3 地図の閲覧は、地図の保存等のため必要があると認めるときは、これを制限してさしつかえない。

このように地図（公図）の処理がなされていたのであるが、若干留意する必要があるのは、地図（公図）の閲覧である。

地図（公図）については、土地台帳法自体にはなんらの規定がなく、土地台帳法施行細則二条によって設けることになっている関係上、土地台帳そのものと地図（公図）とは密接な関係を有するというものの、制度上両者は別個のものとされていた。したがって、土地台帳法の規定によって土地台帳自体の閲覧が許されるからといって、当然に地図の閲覧が許されるものではなく、このことは、土地台帳の謄本の交付請求についても同様であった。しかし、土地台帳法による申告をする場合には、地図（公図）を閲覧して図面上一定の土地の状況がどのようになっているかを知っておく必要があることもあるので、地図（公図）の閲覧を絶対に許さない取扱いをすることは、申告者にとって極めて不便な場合を生ずる。従来、地図の原本を保管していた税務署においては、その閲覧を許さず、その写しを保管している市町村において便宜これを閲覧させていたようであるが、改正後は、事務に妨げとならない限り、登記所においても便宜これが許されることになった。すなわち、土地台帳の閲覧を申請する者の請求があるときは、便宜地図（公図）をも閲覧することができることとされたのである。しかし、これは便宜の取扱いとして認められたのであるから、申請があるからといって必ずこれに応じなければならない筋合いのものではなく、殊に、地図の滅失・毀損・汚損等の生ずるおそれのある場合には、閲覧を合理的に制限するのが相当であるとされていた。(2)

このようにして、公図の取扱いがなされてきたが、すでに説明したように、登記所においては、いまだ法一七条（現一四条）地図が十分には整備されていないこと、公図が各筆の正確な区画を明確にするものではないとはいうものの、土地の位置あるいは形状、境界等の概略を明らかにする資料として利用価値があるところから、不動産登記法一七条（現不登法一四条）の規定による地図が整備されるまでの間は、便宜従来どおりの取扱いをし(3)、地図に準ずる図面として取り扱われている（不登法一四条四項・五項）。もっとも、要領第五一に規定する国土調査法五条による地籍図、土地改良登記令五条二項三号による所在図、土地区画整理登記令四条二項三号による所在図は法一七条（現一四条）地図とすることができる(4)（不登規則一〇条五項・六項、不登準則一三条、一四条）。

(二) その後の取扱い

公図は、その精度において必ずしも十分であるとはいえないとしても、法一七条（現一四条）地図の整備が完了するまでの間は、各筆の土地の位置・形状・境界線・面積等の概略を明らかにするための公的な資料として、現実の不動産取引においても、分合筆等の登記手続においても、重要な機能を営んでいることは既述のとおりである。

そこで、この公図の維持・管理がどのような形で行われてきたかを理解しておくことは意義あることであると考えられるので、ここでは、その要点を説明しておきたい。

まず、**公図の修正又は訂正手続**については、昭和三七年一〇月八日民事甲第二八八五号法務省民事局長通達により基本的な考え方が示されている。

（照会） 旧土地台帳法施行細則第二条の規定による地図は、不動産登記法第十七条の規定による地図ではないので、その誤りの訂正の申出があったとしてもこれに応ずべきでなく、また一般的に右地図の整理の必要がないものと解してよろしいか（土地台帳事務取扱要領第五一条参照）。

（回答）　不動産登記法第十七条の規定による地図が整備されるまでの間は、便宜従来どおりの取扱いをし（昭和三十六年一月十四日民事㈢発第三八号当局第三課長依命通知参照）、その手続については、不動産登記事務取扱手続準則第九六条（編注＝現行第一一三条第一項）、第七九条（同第九一条）及び第九八条（同第一一五条第一項）の規定に準じて処理するのが相当である。


　なお、土地台帳事務取扱要領第六十第一項により地形図の提出を要する場合において、地図の記載が土地の現況と相違するため、現況による地形図に基づく地図の修正又は訂正が困難なものについては、地形図の提出を要しない。この場合における地図の修正又は訂正は、申告書に添付された地積の測量図に基づいて可能な範囲において（例えば、地図に正確な分割線を記入することができない場合は、おおよその位置に分割線を点線（又は朱線）で記入して分割後の地番をそれぞれ記入し、又地図の記載が土地の現況と著しく相違するため、右の手続をもできない場合は、「5の1 5の2に分割」の振合で記載する。）修正又は訂正をすれば足りる。


すなわち、公図の維持・管理は、従来の取扱いと同様にすることとされているのである。

また、公図の閲覧についても、従来の取扱いによっている。[5]

そのほか、**公図の複製**については、昭和二六年一月三一日民事甲第一二五号法務省民事局長電報回答により、次のように処理され、

（照会）　現在登記所に備えてある台帳附属地図が破損甚だしいため修理不能につき、複製し、爾今公図として使用して差しつかえないか、いささか疑義あり指示を請う。

（回答）　照会の件、台帳附属地図を複製使用することはさしつかえない。

公図の送付の可否については、昭和三九年七月二八日民事甲第二六九二号法務省民事局長電報回答により、次のように処理されている。

(照会) 一元化完了庁について裁判所から旧土地台帳法附属地図の送付の嘱託があったがこれに応ずることはできないものと考えますが、旧台帳の取扱いについて昭和三六・三・二民甲五三四号通達第一項但書の趣旨からいささか疑義ありますので至急御指示を願います。

(回答) 問合せの件、貴見のとおり。おって、便宜、該地図の写しを作成送付するのが相当である。

ところで、このようにして公図の維持・管理がされてきているのであるが、現実には、公図と現況が必ずしも一致しない地域がある。これは、一つには、前述のような公図作成技術の未熟により、当初から現況に符合しなかったものも少なくないと考えられるが、そのほかにも、①公図を無視した宅地造成、私設区画整理が行われたことによるもの、②耕地整理、区画整理が途中で中止されたことによるもの、③自作農創設特別措置法による売渡図面に誤りがあったことによるもの、④国からの払下げ地図に誤りがあったことによるもの、⑤災害等により現地の境界が不明になったことによるもの、⑥前掲の昭和三七年の法務省民事局長通達の「なお書」による処理を行ったため、公図の該当欄に切り込みがなされず、また、欄外に、例えば、「5の1 5の2に分筆」のごとく記載されていることによるもの[6]等が考えられる[7]。

これらの要因は、相互に重なりあっている場合も考えられるわけであるが、特に①の要因のように、造成した現地の区画とは別に、公図に合わせた机上による分筆登記の申請は、到底許されず、宅地分譲等を業とする者にはその点の理解を十分求めなければならないと同時に、法務局としても実地(現地)調査等によるチェック機能の充実、強化を図らなければならない。

いずれにしても、公図に依存する国民の意識がかなり強いことにかんがみるとき、この公図の維持・管理のもつ意味は極めて大きいといえよう。

(三) 地図の整備

公図（地図に準ずる図面）を含めた現在の地図整備は、平成元年に策定された「地図整備の具体的推進方策」[8]、平成九年に示された「今後の地図整備の方向について」[9]に基づいて行われている。

1 地図整備の具体的推進方策（平元・一・三一民三第一七八号法務省民事局長通知）

第一　地図の現状と問題点
不動産登記制度の下において、地図（「地図に準ずる図面」を含む。以下同じ。）は、土地登記簿の記載と相まって、権利の客体である各筆の土地の位置及び筆界を明確に表示するものとして位置付けられ、表示に関する登記事務の適正・迅速な処理を図り、不動産取引の安全を確保するうえにおいて必要不可欠のものである。
ところで、法務局及び地方法務局における地図の備付けの状況は、昭和六三年四月一日現在で、次のとおりである。
① 国土調査事業による地籍図　約一七〇万枚　約九万㎢
② 土地改良・土地区画整理事業による土地の所在図　約八〇万枚　推定面積約四万㎢
③ 旧土地台帳附属地図（いわゆる「公図」）　約二三四万枚（地籍図換算約五〇〇万枚）　推定面積約一七万㎢
④ 法務局作製にかかる地図　約二千枚　約四五㎢

⑤　地図のない地域　約五、三七〇km²

（注）登記対象土地面積（昭和六一年度国土庁調べ）

（全国土）　（国有林）

三七・八万km²―七・四万km²＝三〇・四万km²

民有林	一七・九万km²
農用地	五・五万km²
宅　地	一・五万km²
河川水路	一・三万km²
道　路	一・一万km²
原　野	〇・三万km²
その他	二・八万km²

上にみるように、地図の整備は、近年徐々に進んではいるものの、依然として旧土地台帳附属地図（以下「公図」と言う。）がその大半を占めており、表示の登記事務処理もそれに依存しているのが現状である。公図は、明治初期に地租徴収を目的として作成されたもので、その基礎となる丈量の方法等が明らかでなく、また、その精度についてもバラつきがある。例えば、作成当時、山林または原野であった地区についての精度はかなり低く、地区によっては、位置・形状についても正確でないものもある。なかには、その精度を論ずる以前のもの、すなわち、図上の土地の位置・形状が現地と全く相違しているものも散見される。

8　公図の維持・管理

一方、地域によっては、もともと、公図の備え付けがない部分（「地図のない地域」）も存在し、公図の存する地域にあっても、近時における私的な区画整理や宅地の乱開発、表示登記の申請漏れ、不適切な登記申請等により、地図と登記簿ないし現地とが大幅にかい離し、いわゆる「地図混乱地域」を生じている。これらの「地図のない地域」や「地図混乱地域」に在る土地については、その取引が阻害され、登記事務処理等の面においても著しい支障をきたしていることは、周知のとおりである。

更に、公図は、昭和二五年までは、徴税資料として税務署に保管されていたものであるが、その時代に分合筆等の手入れが十分になされていなかったこと等の病理現象を内包していたため、法務局への移管後も分合筆等の手入れを行うことが出来ないまま放置されているものも多数存在している。

地図が現在抱えている問題点は、以上に述べたところに止まらない。この点は、従前から随所で指摘されていたところであるが、特に、昭和六二年のブロック表示登記専門官会同においては、本省提出協議問題に関連して、各局から網羅的に示されるに至った。その主要なものは左記のとおりである。

① 空白地、重複地番が存在する。
② 町名変更等に伴う行政界又は地番の修正がされていない。
③ 重複地図、閉鎖未了地図等が存在する。
④ 使用頻度が高いこと等により、損傷、破損が著しい。また、コイン・コピーの使用が、損傷、破損等を増大させている。
⑤ 筆界線や地番の記載が不鮮明となっている。
⑥ 不定型かつ大判の和紙で作製されたものが多く、取り扱いが不便である。
⑦ 地図が現地を正確に反映していないことから、地図訂正を要する事案が多い。
⑧ 国土調査事業による地籍図に筆界未定地が多く、登記事務処理上の隘路となっている。

なお、上記の問題点のうち、地図の破損・損傷については、その対策として、和洋紙で作製されている公図をポリエステル・フィルム（マイラー）に再製する作業を進めているところであるが、予算事情等の制約もあり、再製を要する公図がいまだ多数存在しているのが現状である。

以上のような状況を見たとき、現在法務局に備え付けられている地図の姿は、そのあるべき本来の姿にないといわざるを得ない。このような地図行政の現状については国会の審議の場においてもしばしば取り上げられ、地図整備を積極的に推進すべき旨の指摘がされているが、最近の第一一二回国会においても、不動産登記法及び商業登記法の一部を改正する法律案に対する附帯決議事項の一つとして、盛り込まれている。

第二　地図整備の現状とその必要性

右にみたとおり、地図の整備が不十分な状況にあることから、登記所の窓口には地図に関する相談が殺到し、登記所の事務を停滞させる一因となっている。特に、地図混乱地域に在る土地については、表示に関する登記の申請の受理を停止している実情にあるため、その所有者等の地図整備に対する要請は格段に強いものがある。このような状況を踏まえると、不動産取引の安全の確保及び適正な登記事務処理を実施する上で、地図の整備は、重要かつ緊急の課題であるといわなければならない。

もとより、法務局においても、従前から地図整備のための努力をかさねてきた。地図再製（マイラー化）作業（昭和四七年度から実施　再製原図　約八七万枚、再製後の地図約一一八万枚）、基準点設置作業（昭和五二年度から実施　六七地区　約三五㎢）、法一七条地図作製作業（昭和四三年度から実施　四六地区　約四五㎢）等は、いずれもその具体的な現われにほかならない。しかしながら、従来の地図整備方策は、登記所が眼前にある膨大な登記事件の処理に追われていた実情等に災いされて、ともすれば計画的、全体的な視点を欠き、問題の生じたところを部分的、後追い的に解消するに止まっていたという面を否定できない。

しかしながら、近時表示に関する登記をめぐって複雑・困難な問題が増加してくるにつれて、法務局においても、これまでの地図整備のありかたを根本的に見直そうとする動きがみられ、一部の局にあっては、現に地図整備のための準備作業に着手するなど、全国的に地図整備に対する認識が高まりつつある。

地図整備は、その将来方向を展望するとき、次に述べるように、コンピュータ処理する方式の導入が図られるべきであるが、全国の法務局に、国家基準点に結びつけられた各筆界点を座標値によって表示する地図（以下「数値地図」という。）を備え付け、その座標値をコンピュータで管理する体制を整えるには、技術上、予算上等の制約から、相当の年月を要することが見込まれる。それまでの間、日常の表示登記事務処理を適正に行うためには、法務局が現に保有する地図の大半を占める公図の活用を図る方策を講ずる必要がある。公図は、従来から、その有する精度の範囲内において、土地の位置・形状を表示するという重要な機能を果たしてきたが、今後も法一七条地図（現法一四条地図）が完備されるまでは、その機能を営み続けなければならない。加えて、将来数値地図を作製するに当たっては、各筆の位置・形状等を表す精度の高い素図を作成することが必須の前提要件であるが、公図は、この素図を作成するうえで重要な役割を担うものである。このように、公図は、将来にわたって活用が図られるべきものであり、そのためには、公図が抱えている各種の欠陥を段階的に修正・補完し、適正に維持・管理することが、必要不可欠である。

第三　地図整備の将来方向

地図整備の基本的課題は、いうまでもなく高精度の地図を確保することである。そのための方策としては種々のものが想定されるところであるが、登記事務に電子情報処理組織（コンピュータ・システム）を用いて処理する方式が導入されつつある現状にかんがみるときは、地図情報を、登記情報と一体として電子情報処理組織によって処理する方式をとることが、最も合理的かつ効果的な方策であると考えられる。地図をコンピュータ処理する方式は、登記所の事務処理及び利用者サービスの両面において多岐にわたるメリットが期待できるところであるが、現時点で予測できるその主なものを挙げると次のとおりである。

一　事務処理上のメリット

①　分合筆登記等の処理においては、各筆界点の座標値を入力すると、コンピュータが自動的にその土地の地積を計算し、表題部の地積欄に記録するとともに、各筆界線を記入する仕組みとなるから、地図の修正及び面積計算等がより正確かつ迅速に行える。

②　分合筆・地図訂正等における隣接地の取り込み及び土地の二重登記を防止することができる。

③　コンピュータで地番の管理がされるため、重複地番や不存在地番等の問題が解消する。

④　土地の各筆界点が座標値で管理できるので、地積の正確性が確保される。また、不当な地積更正登記等を防止することができる。

⑤　数値管理により、図面のない地図となるので、地図への書き入れ等の維持管理を適切かつ容易に行うことができる。

⑥　土地の地番を入力すれば、その土地の地図が出力されるから、地図の検索が容易になる。

⑦　筆界点の数値を基礎として、建物所在図を容易に作製することができる。

⑧　建物の二重登記を防止することができる。

二　利用者のメリット

①　必要に応じて、地図情報を登記事項と一体として入手することが可能となる。

②　申請人の請求に応じて、地図の拡大、縮小、部分抽出等が容易にできる。

③　現地での筆界が不明となった場合でも、各筆界が数値で管理されるので、現地復元が容易となる。

④　筆界点の数値を基礎として測量することができるから、土地の位置特定のための調査・測量が容易となる。

⑤　私的な区画整理や土地の乱開発等による地図混乱地域の発生を防止できる。
⑥　公共事業実施のための筆界の確認、測量図の作製等が容易となる。

第四　地図整備の基本的方針

一　登記簿と地図の一筆対査

前述した公図の欠陥は、従前から公図が内包する一般的な問題として指摘されてきたところであるが、これらの欠陥が具体的にどの部分にどの程度存在するのか、その実態は必ずしも明らかではない。そこで、地図整備の具体的推進方策の第一歩としては、まず、登記所が保管する地図の全部を点検し、重複地図、閉鎖未了地図等を整理したうえ、登記事務処理上基本となる地図（以下「基本地図」という。）を選別する。次に定められた基本地図と登記簿の各筆の表示とを一筆ごとに照合対査し、その欠陥の実態を明らかにする。この一筆対査作業は、将来、地図のコンピュータ化を図るための準備作業としても欠くことのできないものである。

この対査作業によって当面得られる成果は、次のとおりである。

①　地図の材質、破損の程度、作製方法、使用可能性等が明らかになる。
②　地図のない地域が判明する。
③　地図及び登記簿について重複地番、二重登記、地図上又は登記簿上の不存在地番等が判明する。
④　分合筆等に伴う地図修正未済部分が明らかになる。
⑤　町名変更による行政界、地番修正未了部分が明らかになる。

これらの成果が得られれば、その基本地図の持つ障害部分を修正・補完することにより、表示に関する登記事務において適切な対応が可能になるとともに、地図整備等の具体的な全体計画を策定することが可能となる。

二　数値地図（コーディネイツマップ）の整備

地図のコンピュータ化を図るためには、その前提として、コンピュータ処理に適合する地図を整備しなければならない。その適格を有すると考えられる地図は、数値地図（コーディネイツマップ）である。数値地図においては、筆界点は、一定の基準点からの座標値として表示されるから、この座標値をコンピュータが保有している一筆ごとの登記情報に付加することにより、地図情報と登記簿の登記情報との一体的な管理が可能となる。

数値地図は、現在のところ国土調査事業の成果としての地籍図にも取り入れられており、一部の登記所には備え付けられているが、その数はきわめてわずかなものに止まっている。将来的には、全国の法務局に、登記の対象となる土地の全部について、一定以上の精度を有する数値地図を備える必要がある。なお、数値測量に基づかない地籍図等であっても、座標読取機（デジタイザー）等を用いて筆界点に座標値を付与することにより数値地図とすることも可能である。

この数値地図は、一般的には、登記所に備えられるべき法一七条（現一四条）地図としての適格をも有するものとなろう。

第五　地図整備の具体的推進方策

登記所に数値地図を備え、その維持管理をコンピュータによって行う体制を整備するためには相当の期間を必要とすることが予想される。このため、それまでの間は、現に法務局が保管している地図の整備を図って、その機能を活性化していく必要がある。この地図整備も、それ自体膨大な予算と労力を要するから、段階的に実施することとならざるを得ない。したがって、その方策は、当面の緊急対策として実施するものと中・長期的な対策として実施するものに分けられる。

一　当面の緊急対策

(1)　登記簿と地図の調査・一筆対査・整理作業

基本地図の選別、不要地図の閉鎖等を行い、全登記所の登記簿と地図の各筆の地番をすべて照合・対査して地図の実態を把握するとともに、その結果を一定のマスターファイルに整理するため、以下の各作業を計画的に実施する。

ア　重複地図等整理作業

管轄区域内の土地について基本地図を選別し、重複地図、不要地図の整理・閉鎖等を行い、国土地理院発行の国土基本図等をもとにその備え付け状況が一覧できる基本地図一覧図（ゼネラルマップ）を作成する。

具体的には、別紙(1)（七二ページ以下）の基本地図一覧図等作成作業要領によるものとする。

イ　登記簿と地図の一筆対査作業（パーセル・リサーチング）

基本地図と登記簿とを一筆ごとに照合、対査、点検し、修正未済箇所等の有無について調査を行う。

具体的には、別紙(2)（七九ページ以下）の地図整備作業要領による。

ウ　地図修正作業

分合筆等に伴う修正が未了の地図につき修正を行う。また、地図及び登記簿の重複地番・不存在地番等を整理補正して、地図と登記簿の地番の一本化を図り、併せて二重登記を解消する。

具体的には、別紙(2)の地図整備作業要領による。

(2)　地図再製（マイラー化）作業

損耗又は破損した地図のほか、和洋紙及びアルミケント紙の地図についても、今後の使用に伴い汚損又は破損のおそれが多分に予想されるうえ、既存の地図が大判であること等のためその取扱いが不便であることなどにかんがみ、すべての地図をポリエステル・フィルムによって再製する。この再製作業は、原図に基づき正確に行うものとし、再製地図の検収に当たっては、原図のとおり作製されているか否かを入念に点検・確認するものとする。

また、再製済み原図についても、その保存性を向上させるため、裏打ち補修を実施する。

(3) 法一七条(現一四条)地図作製作業の実施

地図のコンピュータ化を目指し、これまで実施してきた地図作製モデル作業の実績を踏み台として、より合理的・効率的な数値測量による法一七条(現一四条)地図の作製作業を行う。

この地図作製作業は、今後とも、職員の研修要素を加味したモデル作業としての位置づけのもとに実施するが、これまでのような全職員を対象とする研修ではなく、一定範囲の職員を対象とする測量講習の一環として以下の点に配慮しつつ実施するものとする。

① 職員の負担の軽減を図るため、図根測量、一筆地調査、細部測量、地積測定、地図及び地積調査書の作成等の作業は、委託方式により実施することとし、委託する業者(以下「作業実施機関」という。)については、公共嘱託登記土地家屋調査士協会を含めて検討する。

② 法務局職員が担当する作業は、地元市町村に対する協力依頼、関係官公署に対する折衝、地元住民に対する立会説明等とする。また、職員の研修をも目的とすることから、一筆地調査及び細部測量の一部については、職員が作業実施機関とともに実施するものとする。

③ 作業地域は、市街地及び準市街地であって、他の公的機関により地図が作製されない地域を選定する。

この選定に当たっては、当該地域のうち地図混乱地域又は地図のない地域であって、地図づくりの必要性が高く、土地所有者等関係者の協力が得られる見込みのある地域等を優先させるものとする。

④ 作業面積は、一地域おおよそ一㎢とする。

(4) 基準点設置等作業

地図混乱地域又は地図のない地域で、前記の法一七条地図作製作業の実施が困難な地域については、別に定める基準点設置作業規程に基づいて基準点を設置し、当該地域内の各筆の土地の位置を基準点を利用して特定することにより、表示に関する登記の事務を処理する。このほか、基準点設置の成果につき国土調査法第一九条第五項の規定による指定を受けて、当該地域への国土調査事業の導入の推進、いわゆる集団和解方式による地図の作製等を図る。

また、法一七条（現一四条）地図作製作業及び基準点設置作業により設けられた基準点は、土地及び建物の位置の特定を図る上で重要なものであり、その維持管理を図る必要があることから、基準点維持管理規程（仮称）の制定を検討するものとする。

二 中・長期的方策

(1) 数値簿等の収集・管理

地図整備の最終目標は、地図情報をコンピュータにより処理することにあるから、外部団体が数値法により測量した成果としての資料は可能なかぎり収集しておく必要がある。そのため、今後実施される国土調査、土地区画整理、土地改良、民間による大型開発プロジェクト等の事業において数値測量の方法が採られる場合には、その成果資料の提出につき協力方を要請するとともに、将来的にはその義務化を図る。

一方、現に登記所が保有する数値地図（一部の地籍図等にこれがみられる。）及び今後法務局に送付される数値地図については、その数値簿をフロッピーディスク等に記録すると共に、分・合筆等に基づく数値簿の修正、数値簿の公開の方法等を定めた管理規程を定め、その維持・管理の適正化を図る必要がある。

また、数値地図については数値地図である旨を明記し、当該地域内の土地の分筆等に伴う測量は、数値法によって行うよう指導を行い、将来的には数値測量の義務化を図る必要がある。

(2) 基準点設置作業

地図混乱地域又は地図のない地域における基準点設置の拡大を図り、当該地域への国土調査事業の導入を積極的に要請するほか、いわゆる集団和解方式による地図混乱地域の解消、地図のない地域における地図作製等を働きかける。また、これらの地域の土地について分筆登記の申請が集団的にされている場合には、提出されている地積測量図を接合し、それを調査素図として、基準点を設置し、数値地図づくりの準備を行う。

(3) 法一七条地図作製作業の実施

職員の研修要素を加味したモデル作業として、市街地又は準市街地における地図混乱地域若しくは地図のない地域を優先的に、引き続き実施していく。

(4) 既存の数値地図の収集と活用

国土調査事業の早期実施が期待できない地域については、各市町村等が作製している戦災復興図や土地連絡(整理)図等のうち、数値地図として保管されているものがある場合は、これらの地図中に利活用できるものが存在することも考えられるから、これらの地図について調査し、必要なものを収集する必要がある。

また、数値を持たない地図であっても、局地的には高精度を有し、現地の位置・形状を正確に反映するものについては、たとえば、図上の特定の点を現地と対応させて座標値を付与することも可能であるから、この方法により公図を数値地図化する方法についても調査・検討を実施していく。

(5) 国土調査事業の推進の働きかけ

地図の最大供給源である国土調査事業は、全国土について実施されることが予定されているが、三大都市圏を中心とする都市部については、農山村部に比べて立ち遅れが目立つ現状にあることから、今後とも都市部地域に対する国土調査事業の推進方について積極的に働きかけるものとする。

(6)　地図のコンピュータ化

地図のコンピュータ化のための調査・研究を行い、数値法による処理方式のシステムを開発するとともに、一定の地域について数値地図が作製された場合には、その成果をコンピュータに入力し、本格実施のための実験・検証を実施する。また、公図のコンピュータ化については、イメージ処理方式によることも考えられるから、この方法による場合における分合筆等に伴う公図の修正方法について調査・研究を行う。そして、これらの条件が整備された登記所ごとに、順次、地図のコンピュータ処理を本格的に実施していく。

第六　作業主体等

登記簿と地図の一筆対査作業、各種地図等整備作業、数値地図作製作業等は、その作業量は膨大であり長期にわたる作業期間を必要とすることから、職員のみによって行うことは不可能である。そこで、これらの作業は、例えば、(社)公共嘱託登記土地家屋調査士協会、(財)民事法務協会、法務局ＯＢ職員その他民間専門会社等に外部委託をして実施していく。

地図のコンピュータ化については、民事局(第三課　現二課)が主体となって行うなかで、各種の問題点の抽出・把握・検証等を行い、システムの開発を研究していく必要がある。

もとより、上記の作業を実施していくためには、膨大な経費を必要とするところであるが、この点については、全体計画を早急に確立し、予算当局の理解を得るため、最大限の努力を払う。

別紙(1)

基本地図一覧図等作成作業要領

(目的)

参考

地図整備作業線表

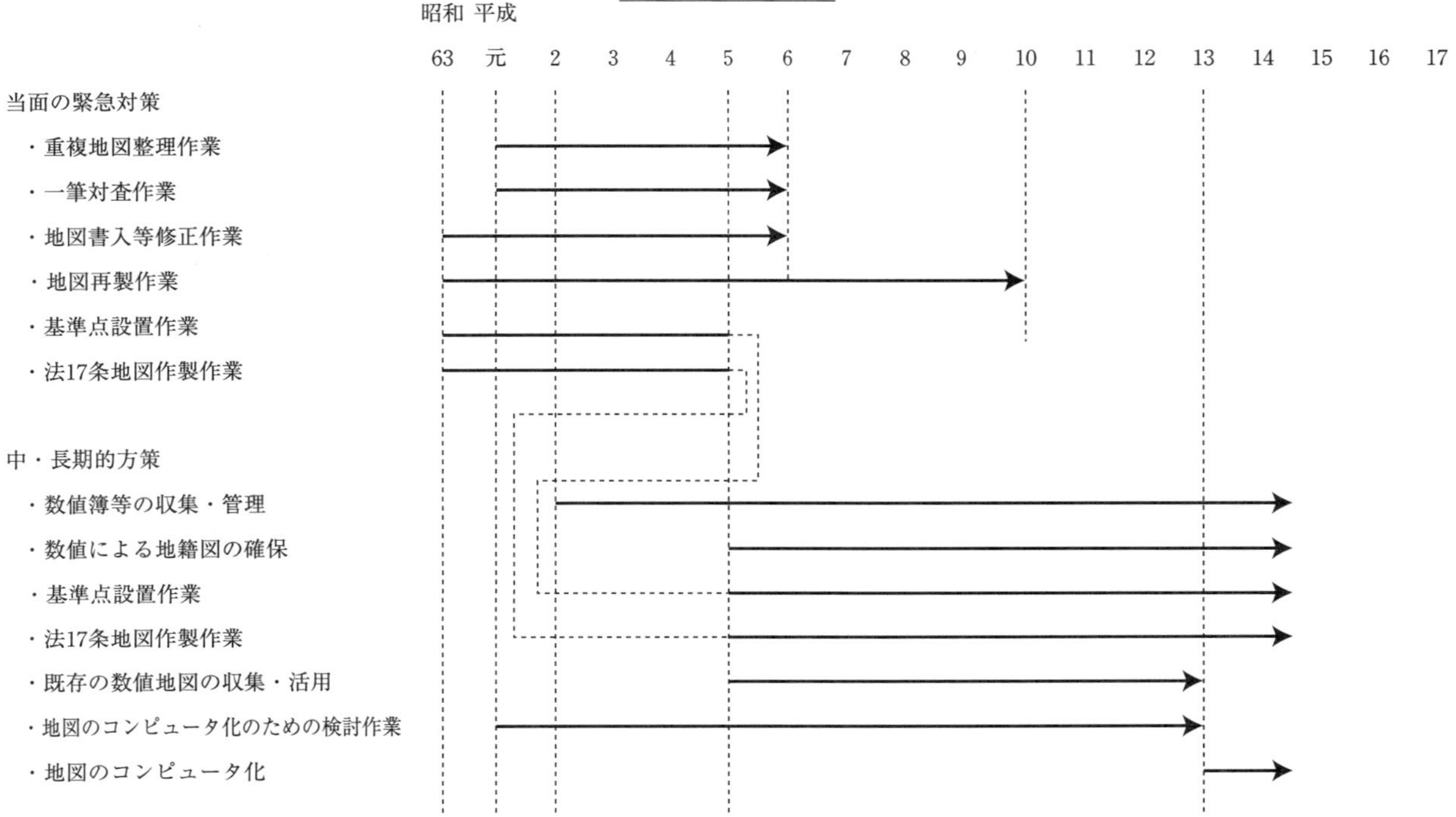
昭和 平成
63 元 2 3 4 5 6 7 8 9 10 11 12 13 14 15 16 17
当面の緊急対策
・重複地図整理作業
・一筆対査作業
・地図書入等修正作業
・地図再製作業
・基準点設置作業
・法17条地図作製作業
中・長期的方策
・数値簿等の収集・管理
・数値による地籍図の確保
・基準点設置作業
・法17条地図作製作業
・既存の数値地図の収集・活用
・地図のコンピュータ化のための検討作業
・地図のコンピュータ化

第一　この要領は、不動産登記法（以下「法」という。）第一七条に規定する地図及び不動産登記事務取扱手続準則（以下「準則」という。）第二九条に規定する地図に準ずる図面のうち、登記事務処理上基本となる地図（以下「基本地図」という。）について、その備付け状況を明確にする一覧図の作成等の作業を円滑に実施するために必要な事項を定め、各登記所における基本地図を明確にし、もって、適切な地図管理体制の確立及び地図に関する適正な事務処理に資することを目的とする。

（作業内容）

第二　この作業は、次に掲げる事項について実施するものとする。

一　保管地図の分類
二　保管地図の整理
三　基本地図一覧図の作成
四　基本地図一覧図の提示・修正
五　地図保存簿の整備・調製
六　作業の計画・点検・検収
七　現地調査・情報収集
八　面積測定

（作業担当）

第三　この作業担当は次によるものとする。

(1)　職員の担当する作業

ア　地図保存簿の整備・調整

イ　基本地図一覧図の掲示・修正
ウ　各作業の計画・点検・検収
(2) 公共嘱託登記土地家屋調査士協会等（以下「公嘱協会等」という。）に委託して行う作業
ア　地図の整理
イ　基本地図一覧図の作成
ウ　面積測定
(3) 職員及び公嘱協会等が共同して行う作業
ア　地図の分類
イ　現地調査・情報収集

（保管地図の分類・整理）
第四　保管地図の分類及び整理は次により行うものとする。
(1) 地図の分類作業は、現に各登記所が保管する地図を市区町村別に別表に掲げる地図の種類ごとに分類し、各地図の材質、縮尺、規格、送付又は提出年月日、備付年月日、精度区分（法第一七条指定地図、国土調査法第一九条第五項指定地図、通常程度の地図、見取り図程度の地図の区分）、再製作業の必要性の緊急度、再製作業を実施した場合の再製後の換算枚数等を調査する。
(2) 基本地図の精度区分、再製作業の必要性の緊急度は地図保存簿の備考欄に下記により記入するものとする。
ア　基本地図の精度区分
一七条地図以外の地籍図等の精度の高い地図………甲
通常程度の地図…………………………………………乙

見取図程度の地図……………………………………丙

イ　再製作業の必要性の緊急度

緊急にマイラー化を要するもの……………………A

二～四年内にマイラー化を要するもの……………B

五年以降にマイラー化を要するもの………………C

(3)　基本となる地図のうち、法一七条地図及び地籍図以外の地図については、別表の略称並びに同一市区町村に同種類の地図が存する場合には、その地域毎に記号を付し、その記号を冠記した適宜の番号（例　改―A―1）を付すものとする。

(4)　(1)の作業の結果、同一種類の地図（原図と副図等）、一定地域に異なる種類の地図の重複保管、あるいは、閉鎖未了等の地図が存する場合には、それぞれの地図の適格性等を判断して基本地図とすべき地図を選別し、その他の地図については、準則第三一条の規定による閉鎖の処理をするものとする。

(5)　重複して地図が存する場合に、閉鎖すべき地図の基準はおおむね次によるものとする。

ア　精度が異なるときは、精度の低い地図

イ　精度が等しく縮尺が異なるときは、縮尺の小なる地図

ウ　精度、縮尺が等しいときは、損傷の大なる地図

(6)　地図の一部を閉鎖する場合において、書入未済のため当該部分を区分できないときは、書入等の修正を実施した後に一部閉鎖の処置をするものとする。

(7)　地図の全部又は一部を閉鎖するときは、地図の適宜の個所に「平成　年　月　日基本地図一覧図等作製作業により閉鎖（一部閉鎖）」と記載して登記官が押印するものとする。

(8) 地図の全部を閉鎖したときは、地図保存簿に所定の記載をするものとする。地図保存簿に登載されていない地図を閉鎖したときは、地図保存簿に登載した後、所定の記載をするものとする。

(9) (4)の作業の結果により判明した基本地図に基づき、各市区町村ごとに保管地図一覧表（別紙様式）を作成し、地図保存簿に編てつするものとする。

（実地調査）

第五　第四(1)の作業の結果判明した重複地図について、そのいずれを閉鎖すべきか判断できないときは、必要に応じて実地調査により現地との整合性を調査し、より整合性の高い地図を基本地図とし、その他の地図については第四(4)の措置をとるものとする。

（市区町村等保管地図の収集）

第六　地図のない地域について、市区町村等の保管にかかる地図の有無を調査し、地図がある場合には現地調査を実施し、現地及び土地台帳又は土地登記簿との整合性が確認できるものについては、地図又は地図に準ずる図面として備え付けるものとする。

この場合には、地図の適宜の個所に市区町村等の保管にかかる地図の写しである旨と備え付け年月日を記載しておくものとする。

市区町村等保管地図について、その備付けを可とするときは、備付けまでの顚末及び備付けを可とする理由を記載した登記官作成に係る書面を地図保存簿に編てつするものとする。

（基本地図一覧図の作成）

第七　基本地図一覧図は次により作成するものとする。

(1) 市区町村ごとに、国土地理院又は市区町村作成の一万分の一ないし二万五千分の一程度の地形図等（以下「地形図」という。）を準備する。

⑵　⑴の地形図に、別表に掲げる地図の種類ごとに、各基本地図の調製区域を黒の太線をもって明確に線引きし、別表に掲げる地図の略称及び色分け区分に従い、該当の略称を記載して色分けを行うものとする。この色分け区分は各局で統一し、彩色は色鉛筆によって行い、かつ、下の文字等が判別できるように彩色するものとする。なお、別表に掲げられていない地図については、別表に追加し、適宜、略称を付すものとする。

⑶　⑵の彩色に当たっては、法第一七条地図に指定された地域については斜線等による表示を、地図のない地域については彩色をしない方法による表示をするものとする。

⑷　地図の調製区域を地形図のどの部分に図示すべきか判断できないときは、登記簿、土地台帳、地積測量図、土地所在図等を調査するとともに、関係市区町村、当該地図調製の実施機関等に照会する等により、正確に図示するように努めるものとする。

⑸　地図のない地域で、国もしくは地方公共団体の所有地である地域については、「国有地」、「県有地」等と記載するものとする。

（地図保存簿の整理）

第八　本作業の結果に基づき、準則第五〇条第一項第五号の規定に基づく地図保存簿に、同条第四項の規定による所要の記載をなすものとする。

ただし、既存の地図保存簿の修正に代えて、新たな地図保存簿を調製しても差し支えない。

二　地図保存簿は、地番区域ごとに整備・調製することを原則とする。ただし、これによることが困難な場合には、基本地図の種類毎に調製するものとする。

三　地図保存簿の地図の番号欄には、第四⑶により付した地図番号を記載するものとする。

四　第一項ただし書の地図保存簿には、基本地図のみを登載するものとする。

（面積測定）

第九　第七において作成された基本地図一覧図から、別表に掲げた地図の種類ごとにプラニメーター等を用いて面積を測定し、「保管地図一覧表」の面積欄に記入するものとする。

（作業の点検）

第一〇　作業の点検は、各作業毎にその成果を点検するものとする。

（基本地図一覧図の提示・修正）

第一一　基本地図一覧図は、事務室の見易い場所に掲示し、その活用を図るものとする。

二　新たな基本地図を備え付けたとき又は基本地図を閉鎖したときは、本要領に基づき所要の修正をするものとする。

三　基本地図が法第一七条地図に指定されたときは、第七(3)による修正をするものとする。

別紙(2)

地図整備作業要領

（目的）

第一　この要領は、登記事務処理上基本となる地図（地図に準ずる図面を含む。以下、単に「地図」という。）について、調査・修正を行い、地図を整備することにより、表示に関する登記事務の適正かつ円滑な処理を図ることを目的とする。

（作業の内容）

別　表　　　　　　**基本地図の種類、略称、色分け区分**

番号	種　　　類	略称	色分け区分
1	法務局作成にかかる法第17条地図	法	
2	国土調査による地籍図	国	
3	土地改良法による土地の所在図	改	
4	土地区画整理法による土地の所在図	区	
5	旧土地台帳法による附属地図	台	
6	新住宅市街地開発法による不動産登記に関する政令による土地の所在図	新	
7	首都圏の近郊整備地帯及び都市開発区域の整備に関する法律による不動産登記に関する政令による土地の所在図	首	
8	近畿圏の近郊整備区域及び都市開発区域の整備及び開発に関する法律による不動産登記に関する政令による土地の所在図	近	
9	流通業務市街地の整備に関する法律による不動産登記に関する政令による土地の所在図	流	
10	開拓地確定図	開	
11			
12			
13			
14			
15			

別紙様式

保管地図一覧表

平成　　年　　月　　日現在

市区町村名	

地図の枚数等 ＼ 地図の種類	保管地図				基本地図とした地図				⑨閉鎖した地図	⑩換算枚数	面積	備考
	①ポリエステルフィルム	②アルミケント紙	③和洋紙	④(①＋②＋③)計	⑤ポリエステルフィルム	⑥アルミケント紙	⑦和洋紙	⑧(⑤＋⑥＋⑦)計				
	枚	枚	枚	枚	枚	枚	枚	枚	枚	枚	・km^2	
											・	
											・	
											・	
											・	
											・	
											・	
											・	
											・	
											・	
計											・	

(注) 1．法17条地図に指定された地図については、(　) 書きにより各欄上段右側に内数で計上する。
2．国土調査法第19条第５項に指定された地図については、((　)) 書きにより、各欄上段左側に内数で計上する。
3．⑩欄は、⑦欄計上の地図を再製するとした場合の再製後の枚数である。

第二　本作業の内容は次のとおりとする。
一　土地登記簿に記載された地番と地図に表示された地番について、一筆ごとに対査・照合を行う。
二　分合筆等による修正未済箇所について修正を行うための資料の収集を行う。
三　分合筆等による修正未済箇所について地図等の修正を行う。

（作業担当）
第三　この作業担当は次によるものとする。
(1)　職員が担当する作業
各作業の計画・点検・検収
(2)　公共嘱託登記土地家屋調査士協会等（以下「公嘱協会等」という。）に委託して行う作業
ア　登記簿と地図の一筆対査・照合
イ　地図の修正
(3)　職員及び公嘱協会等が共同して行う作業
資料の収集

（一筆対査）
第四　一筆対査作業は、土地登記簿と地図を一筆ごとに次の事項について調査・照合・点検を実施し、修正未済箇所が判明した場合は地図等修正調書（別紙様式1）に記載するものとする。
ア　登記簿上に記載されている土地について、地図上の表示の有無
イ　重複登記、重複地番等の有無
ウ　分筆又は分筆等の修正の有無

別紙様式1

地図等修正調書

立件年月日	平成　年　月　日	立件		調査		地図調査		記入	
立件番号	等　　　　号	地図記入		図面整理		校合		通知	

市区町村名	
地番区域名	

① 地番	②地図の種類及び番号		③ 修正未済の内容		④ 修正の資料	⑤ 修正不能の理由	⑥ 修正年月日	備考
	種類	番号	地図	登記簿				
							年　月　日	

エ　地図の汚損又は破損等による地番、筆界線等の不明部分の有無
オ　行政区画等の区域の名称変更、地番変更等による修正の有無
カ　地図のない地域についてその筆数及び登記簿上の面積

（地図等修正調書）
第五　第四により判明した地図等の修正未済部分については、登記簿、地積測量図、旧土地台帳、市町村保管地図、市町村保管にかかる分筆申告書副本、その他の資料の収集・調査を行い、修正の可否を判断し、可とするものについてはその資料の名称を地図等修正調書の④欄に、また否とするものについてはその理由を⑤欄に記載し、不動産登記事務取扱手続準則（以下「準則」という。）第九一条所定の手続きをするものとする。ただし、実地調査書の作成は省略することが出来るものとする。
二　修正の可否が判断できないときは、登記官の指示を受けるものとする。
三　第一項の地図等修正調書及び関係資料は、別途これを保存するものとし、職権表示登記書類綴込帳とは別に編てつするものとする。なお、職権表示登記事件簿の備考欄には、その旨を記載するものとする。
四　地図等修正調書は、準則第二六条の訂正票に代えるものとする。

（地図等の修正未済部分についての修正）
第六　地図等の修正は、地図等修正調書により、各種資料に基づき行うものとする。
二　前項の修正を行った場合は、地図等修正調書の⑥欄にその年月日を記入するものとする。
三　地図等の修正が否とされたものについて、後日修正可能となった場合には、その部分につき新たに地図等修正調書を作成し、準則第九一条所定の手続きをするとともに、地図等の修正を行うものとする。この場合には、前項による記載のほか第五第一項の調書の備考欄に立件年月日及び番号を記入するものとする。

四　第五第三項及び第四項は前項の場合に準用する。
五　第三項の調書及び関係資料は、第五第三項の地図等修正調書に合綴するものとする。
六　重複登記であることが明らかな場合は、準則九二条所定の手続をなし、申請がないときは職権抹消の措置をとるものとする。ただし、職権抹消の措置をとることが不適当と判断されるときは、特段の措置はとらないものとする。
七　地図のない地域については、その筆数及び登記簿上の面積を適宜の方法により把握するものとする。

（地図の修正要領）
第七　地図の修正作業は、準則第一一五条に定めるところによるほか、次の方法により行うものとする。
ア　地図の一部が、破損・汚損等により地番又は筆界線等が不明である場合には、資料等により、その部分を地図の余白に謄写するものとする。
イ　分筆登記の伴う修正遺漏について、分割線が資料により確認できない場合には、地籍図の筆界未定地の表示方法に準じて「3－1＋3－2」の例により表示するものとする。
ウ　合筆登記に伴う修正遺漏について、合筆後の土地が数葉の地図に分属することとなる場合には、合筆後の土地について「3（1/3）、3（2/3）、3（3/3）」の例により分属表示するものとする。

（作業の点検）
第八　作業の点検は、各作業毎にその成果を点検し、特に地図の修正について、書入線の精度、地番の記載誤り又は脱落等の有無について留意するものとする。
二　前項の点検の結果、不適当なものについては直ちに所要の修正を行い、再点検をするものとする。

（地図混乱地域の情報収集）

別紙様式２　　　　　　　　**地図混乱地域調査表**

<table>
<tr><td>所　　　在</td><td colspan="2"></td><td>面積</td><td colspan="2"></td></tr>
<tr><td>情報入手の方法</td><td colspan="5"></td></tr>
<tr><td>解消を図るための方策</td><td colspan="5"></td></tr>
<tr><td>実体調査実施年月日</td><td colspan="2">年　月　日</td><td colspan="2">基準点設置作業実施年月日</td><td>年　月　日</td></tr>
<tr><td colspan="6">地域に属する地番</td></tr>
<tr><td colspan="6">解消が図られた方策とその年月日</td></tr>
<tr><td colspan="6">特記事項</td></tr>
</table>

第九　地図混乱地域における不適切な分・合筆、地積訂正等の登記の申請を防止するため、当該地域についての情報を市区町村等から可能な限り収集するものとする。

二　収集した情報は、地図混乱地域調査表（別紙様式2）に記録し、以後における登記事務処理の資料として活用するものとする。

三　地図混乱地域が解消し、新たな地図が備付けられたときは、前項の調査票は、雑書綴込帳に編てつするものとする。

四　当該地域を可能な範囲において、基本地図一覧図に適宜の方法で表示してさしつかえない。

2　地図整備の方向（平九・八・二七民三第一四八八号法務省民事局第三課長通知）

第一　はじめに

法務局における地図の整備については、平成元年に策定された「地図整備の具体的推進方策」（平成元年一月三一日付け法務省民三第一七八号民事局長通知）（以下「方策」という。）に基づいて、各種の施策が実施されているところである。

この「方策」は、それまでの地図整備の諸施策の在り方を見直し、これを体系的・計画的に推進する目的の下に策定されたものであるが、そこにおいては、地図のコンピュータ化が将来の地図整備方策の基軸として位置付けられている。また、平成四年度に策定された「法務局を整備、強化するための総合計画」においても、長期的視野に立った地図整備の推進が課題として掲げられ、その柱の一つとして地図のコンピュータ化の導入が挙げられている。

民事局においては、このような将来の方向を見据えて、平成元年度から、地図のコンピュータ化の調査・研究を行ってきたところであるが、近時における高度情報化社会の進展に伴い、民間レベルのみならず、政府レベルにおいても平成六年一二月の「行政情報化推進基本計画」の閣議決定や「地理情報システム（ＧＩＳ）関係省庁連絡会議」の設置等の施策が打ち出されるなど、法務局が所管する地図行政を取り巻く環境は大きく変化しつつある。

すでに、「方策」においては、地図整備の基本的課題は、高精度の地図を確保することであるとされ、そのための方策としては、登記事務を電子情報処理組織を用いて処理する方式が導入されている現状にかんがみ、地図情報と登記情報とを一体的に処理する方式を導入することが最も合理的かつ効果的な方策であるとした上、この方策を導入した場合、登記所の事務処理上及び利用者サービスの両面において多岐にわたるメリットが期待できるとして、当時考えられた多くの事項を掲げている。

これを現時点で改めて、特に利用者サービスの観点からそのメリットを見てみると、この間のコンピュータ技術の著しい進展に伴い、地図データを基盤データとして、これに登記事項データ、更には登記所が保管する地積測量図、建物図面等の各種データをも結び付けて利用する、いわゆる登記所版ＧＩＳを構築することが可能な状況となっている。もちろん、これらに住宅地図データ、地理データ等の各種データも追加することも技術的には可能であり、高度情報化時代における利用者サービスの観点から見れば、登記所において土地建物に関する高度な情報を提供できる可能性がある。

このような現下の情勢にかんがみ、従来から進めてきた地図のコンピュータ化構想及び将来の地図整備の方向を具体化する必要に迫られている。

この「今後の地図整備の方向」は、その具体化の第一歩として、地図管理システムの導入から地図のコンピュータ化に至るまでの道筋、入力した後の地図情報の精度の向上策等について現段階における考え方を取りまとめたものである。

第二　地図管理システム

1　導入の背景

現在、登記所に保管されている地図のうち、登記簿と現地との関係を明らかにできる不動産登記法一七条地図として備え付けられた地図（以下「一七条地図」という。）は、約二七〇万枚あり、このうち国土調査法に基づき実施された地籍調査において作成された地籍図が約八割以上を占めている。

ところで、この地籍調査については、近時の測量技術、情報処理技術等の著しい進歩を背景として、昭和六一年に地籍調査作業規程準則（昭和三二年総理府令第七一号）等の大幅な改正がされ、細部測量については、数値法による精度の高い測量によることとされた。これにより作成された地籍図は、国家基準点に結び付けられた各筆界点を平面直角座標により表示し、管理する地図であることから「数値地図」と呼ばれている。平成元年度頃から、法務局に国土調査の成果として送付された地籍図の大部分がこの数値地図であり、また、土地改良事業又は土地区画整理事業等によって作成される土地所在図等についても同様に数値法によって作成されるものが多くなってきており、現在、一七条地図のうち約七六万枚がこの数値地図となっている。

しかし、登記所においては、従来、このような精度の高い数値地図を管理・利用するシステムがなく、依然として分筆線等の地図への書き入れは手書きによる方法によらざるを得ない実情にあった。

そこで、平成五年度に初めて数値地図の精度の維持・管理を目的として「数値地図管理システム」を試行的に全国一〇の法務局・地方法務局に導入し、さらに、平成七年度には、数値地図のみならず、登記所が保管するすべての地図を対象とした「地図管理システム」を全国四〇の法務局・地方法務局に導入するとともに、平成五年度配備分についてもバージョンアップを図り、「地図管理システム」と同様の機能の向上を図った。

2　基本的方向

(1)　地図管理システムの位置付け

上記のとおり、平成七年度までに全国五〇の法務局・地方法務局に「地図管理システム」が配備されたが、このシステムは登記所の事務処理の形態に合わせた専用機でなかった。そこで、導入以来各局において試行的にこのシステムを事務処理に使用してもらい、この試行に基づく各局からの意見により各種改善・改良を重ねてきた結果、おおむね登記の事務処理に使用することが可能であると評価できるまでに至った。

したがって、今後は、地図管理システムを単に事務処理の能率化策に止まらず、地図のコンピュータ化のための事前準備としての明確な位置付けの下の本システムの運用を行い、来るべき地図のコンピュータ化に向けてのノウハウの蓄積を行うものとする。

なお、平成九年度の新規配備までには、一部積み残したシステムの改善を行うものとする。

(2)　システムの概要

資料参照

(3)　入力対象地図

入力対象地図は、登記所備え付け地図の全部とする。

(4)　入力（数値化）の方法等

現地座標データを有する地図は当該データにより入力し、当該データを有しない地図はベクトル変換（デジタル化）により入力する。

これらの入力作業は、外部業者に委託して行うものとする。

3　今後のスケジュール

(1)　システムの配備計画

システム配備の拡大は、予算状況、地図のコンピュータ化の検討状況等を見ながら行うこととなるが、当面、平成九年度を初年度とする六カ年計画により、大規模支局等への配備を目指すものとする。

なお、具体的な配備に当たっては、登記事務のコンピュータ化の進捗状況、地図整備作業の進捗状況等を総合的に勘案して、検討するものとする。

(2) 法整備等

平成一一年度を目処に、地図を磁気ディスクをもって調整することができる旨の所要の法的措置を講ずるとともに、コンピュータ化までの経過措置として、システムに記録された情報を地図として法制度上認知し、その写しの交付等の制度を設けるものとする。

4 システム推進の具体的方策

(1) システムの標準化

現在、操作性を若干異にする二つのメーカーの機種が導入されているところ、今後の本システムの拡大配備に当たっても、メーカー及び機種の統一はしないこととする。

なお、操作性を含めたシステムの標準化については、地図の実験的コンピュータシステムの開発作業の中において研究を進めるものとする。

(2) 入力（数値化）受託業者

今後のシステムの拡大配備に伴う入力地図の増加に対応するため、入力受託業者の複数化を図っていくものとする。

なお、この入力作業については、登記情報システムの場合と同様に、法務局・地方法務局単位で行う体制が望ましいので、関係団体を軸とした第三セクター方式の採用を含め、その見通しについて検討する。

(3)　入力（数値化）事前準備作業及び入力確認作業

入力委託に当たっては、事前準備作業及び数値化後のデータの点検・検収が必要であるが、これらの作業は、既存地図整備作業と密接に関係するものである。そこで、既存地図整備作業と本作業とを可能な限り一体化した作業として位置付け、これらのうちデータの検収等を除いた外部委託が可能な部分については、これを一括して公共嘱託登記土地家屋調査士協会等に委託する方策について早急に検討する。

なお、既存地図整備作業が完了している庁における本作業のみの外部委託についても、その可否について併せて検討する。

(4)　システム運用支援

当分の間、メーカーによるシステム運用支援体制は継続するものとする。

(5)　経費

地図管理システムの拡大配備に伴い、地図の入力委託及びシステムの導入・運用には相当額の経費を要することとなるが、今後とも、登記情報システムの推進に伴う予算状況を見ながら、本システムの拡大に要する経費の確保に努める。

第三　地図のコンピュータ化構想

1　基本

平成元年から行ってきた地図のコンピュータ化のための調査・研究を踏まえ、登記情報システムと連動した独立のシステムの構築を目指す。

2　情報の高度化

登記所が保管する地積測量図、建物図面、地役権図面等についてもコンピュータシステムに入力する方向で検討する。

なお、地積測量図等の登記所保管の図面については、地図のコンピュータ化の運用開始前であっても、地図管理システムへの入力を開始する方向で検討する。

さらに、登記所の地図情報に対するニーズ等を踏まえ、中長期的には、現行の登記情報以外の情報（住宅地図データ、地理データ等）と連動した地図情報の高度化についても検討する。

3 情報の提供

(1) 磁器ディスクをもって調整された地図についての情報の提供は、システムから出力した写しの交付をもってのみ行うものとし、現行の地図の閲覧の制度は、廃止する方向で検討する。

(2) 利用者サービスの向上の観点から、地図情報と登記情報とを連動させた新たな情報の提供、オンラインによる地図情報等の提供についても検討を行う。

4 今後のスケジュール

(1) 実験的コンピュータシステムの開発

平成一〇年度までには、これまでの地図のコンピュータ化の調査・研究の成果及び「地図管理システム」で培われたノウハウを踏まえ、地図の実験的コンピュータシステムの開発を行う。

(2) 室内実験システムの室内実験及び検証

(1)に基づいて、平成一一年度には、登記情報システムと連動した実験的コンピュータシステムの室内実験及び検証を行う。

(3) パイロットシステム実験

登記特別会計の予算状況及び室内実験の結果を踏まえ、基本的には、平成一二年度中に登記所の現場においてパイロットシステム実験を行うものとする。
(4)　コンピュータ化のための法整備と運用開始
以上の諸作業の進行状況及び登記特別会計の予算状況にもよるが、平成一三年度末までには所要の法改正作業を行い、平成一四年度中の運用開始を目指すものとする。
5　予想される問題点
(1)　運用開始に伴う問題
データのバックアップ体制、システムのサポート体制等
(2)　資金計画
システムへの移行及び運用等に要する経費については、新規財源の確保策について検討するとともに、登記情報システムの進捗状況との関係をも見ながら、その資金計画を策定する必要がある。
(3)　情報の収集等
地籍調査事業等における数値測量の数値データが、それぞれの事業の成果として、登記所に送付される制度の法的整備について、関係省庁と協議する必要がある。
第四　地図のコンピュータ化に伴う地図整備の推進
1　法務局の組織体制の整備
地図の数値化を始めとする地図整備の諸作業の緊急性・重要性にかんがみ、これを着実に推進することができるようにするため、表示登記専門官を拡大配置するなど、組織体制の整備について検討する。
2　地図整備作業の見直し
既存地図整備作業を地図の数値化の事前準備作業として位置付け（第2の4の(3)参照）、作業内容及び作業方法の

見直しを図る。

なお、和紙、アルミケント地図のマイラー化作業は、原則として廃止する。ただし、当面、緊急性のあるものについては限定的に継続することとするが、この場合であっても地図の数値化を前提とした作業方式（マイラー図面とともに数値データをも納品させるいわゆる数値マイラー化方式）に変更することとする。
3　公共基準点情報収集作業
国、都道府県、市区町村等が設置した基準点情報についても積極的にこれを収集するものとし、その情報をシステムに登録して活用する。
4　基準点情報の公開
システムに登録された基準点情報を一般に公開し、数値法による分筆測量の推進（制度化）を図ることを検討する。
5　準地図情報の精度の向上策
数値情報（官民界公共座標値）の収集、現地調査確認、地積測量図の活用等、地図に準ずる図面の精度の向上を図るための方策について検討する。
6　法一七条地図作製作業の推進
法一七条地図の作製作業は、今後とも積極的に推進するものとし、この作業においては、トータルステーション、地図管理システムを活用するとともに、成果品である数値情報を同システムに登録し、活用する。
7　基準点設置作業
基準点設置作業は、今後とも積極的に推進するものとし、その成果品である基準点情報をシステムに登録して活用する。

8　公図の維持・管理

8　閉鎖地図の管理方法

マイラー化前の旧土地台帳附属地図、地図管理システムに登録した後のマイラー図面等の閉鎖地図をイメージ（カラー）によりコンピュータシステムに入力し、保管・管理する方策について検討する。

【地図管理システムの概要】

1　システムの機能

(1)　登記所に備え付けている地図について、各筆の土地の筆界に関する図形情報（筆界点座標値及び結線データ）及び属性情報（所在、地番、計算面積、地図の分類、地図の種類、座標値の種別、地図番号、精度区分、縮尺、方位、座標系番号または記号、材質、作成年月日、備付年月日等）のデータベースの構築、管理（約一〇〇万筆相当）

(2)　数値法により作製された地籍図等の基準点成果の管理

(3)　規格又は縮尺の異なる地図の一体的な管理

(4)　分筆等の異動履歴の管理

(5)　再製又は新たな地図の備付けにより閉鎖された地図の管理

(6)　土地の地番、地図番号、地図の種類、地域コード等による複数検索

(7)　土地の図形情報及び属性情報について、一筆単位、図面単位及び任意の集成図形単位による図面表示並びにプリンタ又はプロッタによる出力

(8)　筆界点等の任意座標又は機械座標からの公共座標への一括変換

(9)　地積測量図等のイメージ（ラスター）情報からデジタル（ベクトル）情報への変換（地積測量図の図形及び筆界点座標値の審査に対応）

(10)　分筆等の処理における地積測量図等のイメージ入力等による異動修正処理

8 公図の維持・管理

地図整備のスケジュール

事業区分＼年度	平成元～7	8	9	10	11	12	13	14	15	16	17	18	
登記情報システム													
地図コンピュータ化の調査研究		実験的システム構築の研究 国民のニーズ調査											
地図のコンピュータ化			仕様書 システム開発	案内実験	実験結果 検証	(パイロット実験・検証)		運用開始					
地図管理システム配備	支局等に配備拡大(地図のコンピュータ化の事前準備)												

⑾　分筆等における審査、異動処理及び図形の描画等複数の処理の同時処理
⑿　属性情報に基づく各種集計表（索引表、種類別枚数調書、保存簿等）の出力
⒀　図形情報及び属性情報に基づく再製（マイラー化）
⒁　トータルステーションに対応（システムの図形情報等からの復元測量も可能）
⒂　トラバース計算、面積計算、辺長計算、交点・延長点計算、街区計算等の測量計算機能
⒃　デジタイズ（座標読取）機能
⒄　地積測量図作製機能
⒅　建物図面、各階平面図作製機能

2　システムの主な構成

⑴　CPU（本体）
⑵　CRT（カラーディスプレイ）（20インチ）
⑶　LBP（レーザービームプリンタ）（A3版）
⑷　デジタイザー・X・Yプロッタ一体型（A1版）
⑸　イメージスキャナー（A3版モノクロ）
⑹　無停電電源装置（1.0KVA）

3　地図管理システム

㈠　システムの導入

1　数値地図管理システム

登記所に保管されている不動産登記法第一七条地図として備えられた地図は、全国で約二八〇万枚ある。現在、そのうち約二一〇万枚が数値地図となっている（平成一三年四月一日）。

数値地図とは、国家基準点に結び付けられた各筆界点を平面直角座標により表示し、管理する地図であることから、数値地図と呼ばれている。登記所においては、従来このような精度の高い数値地図を管理・利用するシステムがなく、依然として分筆線等の地図への書入れは手書きによる方法によらざるをえない実情であった。

そこで、平成五年度に初めて数値地図の精度の維持・管理を目的として数値地図管理システムが試行的に全国一〇の法務局・地方法務局に導入され、さらに、平成七年度には、数値地図のみならず登記所が保管するすべての地図を対象とした地図管理システムが残り全国四〇庁の法務局・地方法務局に導入された。また、平成五年度に導入された数値地図管理システムは、バージョン・アップを図り、地図管理システムと同様の機能の向上が図られた。

2　地図管理システムの位置づけ

地図管理システムは、今後、単なる事務処理の能率器具にとどまらず、地図のコンピュータ化のための事前準備としての明確な位置づけの下にシステムの運用を行い、来るべき地図のコンピュータ化に向けてのノウハウの蓄積を行うものとされている。

今後は、副図方式での公図の閲覧、写しの交付等、乙号事件処理がなされている。

3　副図方式

現在登記所ではマイラー紙・和紙等により作成された図面を地図・地図に準ずる図面として取り扱っている。平成七年度からこれらの地図等を順次管理システムに入力し、図形情報及び属性情報としてコンピュータにより管理するようになった。

これら同システムに入力してある地域においては、分筆・合筆・地図訂正等の図面処理はすべて同システムを用いてコンピュータ処理することとし、その結果、従来の地図・地図に準ずる図面（以下「原図」という）には何ら処理を行わないこととなった。

副図とは、同システムに入力されている地図を出力装置を使用して紙に印刷したものをいい、同システムに入力してある地域の地図の閲覧等の乙号事件の事務処理は、全てこの副図で対処することとなっている。この方式を、副図方式という。

㈡　数値情報

①　地図管理システムには、数値情報として、備付地図の土地の区画等に関する図形情報（筆界点座標値、結線データ）及び属性情報（所在、地番、方位、縮尺、地図の分類、地図の種類等）を初期データとして登録する。

②　この数値情報の上に土地・建物に関する電子情報、地積測量図・建物図面・地役権図面の情報、行政情報（資産税、上下水道、都市計画、その他）等多方面の情報を重ね合わせて活用を図る構想（ＧＩＳ構想）が、ＧＩＳ関係省庁連絡会議等において研究されていることは前述のとおりである。

㈢　事務処理

１　目的

この地図管理システムは、登記所備付けの地図・地図に準ずる図面（公図等）に表示してある土地の区画、筆界点、地番等を図形情報、属性情報の数値に置き換えた数値情報の管理及び分筆、合筆等の事務処理に地図管理システムを用いてそれらの処理の適正・円滑化を図ることを目的としている。

２　地図管理システムを用いた登記事務処理

地図管理システムを用いた登記事務処理は、次のように取り扱われている。

⑴　甲号事務処理

ア　分筆、合筆、地積更正等の登記の申請又は地図訂正の申出等があった場合の審査においては、次のことを地図管理システムにより行うことができる。

地図管理システムに登録されている地図に関する土地の図形情報及び属性情報を図面に表示し、又は紙に印刷（地図上の面積、辺長を同システムの地積測量図の様式で画面に表示又は紙に印刷可能）し、分筆等の登記の申請書に添付された地積測量図等と照合し審査する。

イ　地図管理システムに登録されている図形情報等の修正は、次のとおり行う。また、その結果は同システムの地積測量図の様式で印刷され、その内容を確認することができる。

(ア)　分筆による修正

a　分筆登記による図面処理は、申請書に添付された地積測量図、分筆地形図に基づき、イメージスキャナー、マウス又はキーボード等を用いて、分割後の土地に関する図形情報等（分割点、結線データ及び地番等）を地図管理システムに登録する。

b　地図管理システムに登録されている筆界点座標値が数値法による測量成果（磁気媒体等に登録された筆界点座標値を直接同システムに入力処理したもの）に基づくものである場合には、分割後の土地に関する図形情報等の登録は、原則として、次の方法により行われている。

①　申請書に添付された地積測量図に、国家基準点等に基づく筆界座標値（以下「公共座標値」という）が記載されているときは、当該座標値を登録する。ただし、既存の筆界点座標値については、更新して登録することを要しない。

②　申請書に添付された地積測量図に公共座標値の記載がないときは、既存の筆界線上に分割点を登録した上、結線データを登録する。ただし、分割点が筆界点と同一である場合には、結線データのみ登録する。

c　地図管理システムに登録されている筆界点座標値が図上測定（地図等をイメージスキャナーで読み取り登録したもの）によるものである場合には、右記b②に準じて登録する。

(イ)　合筆による修正

合筆登記の図面処理は、申請書に基づき、消除すべき筆界線、筆界点等の図形情報（結線データ及び地番）を消除する。

(ウ)　地図訂正による修正

筆界線又は地番の訂正は、分筆又は合筆の登記の図面処理に準じて処理する。

ウ　分筆登記等により登録済の図形情報を修正したときは、履歴情報（修正の前後の所在、地番、筆界点座標値、修正の事由、年月日等）を履歴ファイルとして保存する（自動保存機能がある）。

(2)　副図処理

ア　地図管理システムをする時期・方法

地図管理システムを用いて分筆・合筆・地図訂正等の処理を行ったときには、処理に係る部分を含む地図全部（従来の図面一枚分）を地図管理システムの出力装置を用いて印刷し、副図を作成する。

原図と副図を一体として備え付けた場合において、その地域について、さらに分筆等の処理を行ったときは、その都度副図を作成する。

イ　副図の管理・保管

副図は、原図（マイラー図面等）と同一の収納袋（ツレール袋）に収納・保管し、備付地図と一体として取り扱う。

副図には、「隣接字名、町名」・「図面の分属図」が表示されない。また、「法第一七条地図」・「甲号図面」・「乙号図面」・「国調法一九条五項指定」など図面の分類が地図管理システムの通常の操作方法では印刷できない。よって、原図と同一の収納袋に収納・保管し、副図の表題不足分を原図で補うものである。

再度副図を作成し、これを原図と同一の収納袋等に収納・保管したときは、従前の副図は適宜廃棄する。

ウ　副図を作成した場合の原図への処理

原図に『この図面は平成　年　月　日以降の修正がされていませんので裏面の副図（紙）をご覧ください。』などの注意書きを記したシールを貼付（年月日は、初めて副図を作成した日を記載）する。

エ　副図を作成した場合の副図への処理

副図を作成した時点でゴム印・朱肉で「法第一七条地図」・「甲号図面」・「乙号図面」・「国調法一九条五項指定」・「副図」等の事項を副図の左肩に押印し、原図に表示されているが、通常の地図管理システムの操作方法では副図に印刷されない事項を補記する。

オ　分筆・合筆等の処理をした場合の地図管理システムのバックアップ

分筆・合筆等の処理をしたときは、当分の間その地積測量図、分筆図等の写し又はシステムに入力した物件の目録を作成し、保管する。

(3)　乙号事務処理

副図が作成されている地図・地図に準ずる図面の閲覧、又は地図（法一七条地図）の写しの交付の請求があった場合には、原図と一体として収納・管理されている副図を閲覧に供し、又は当該副図を用いて地図の写しを作成し、交付する（有料）。

なお、地図管理システムに入力されている地図の写しの交付の申請については、同システムを用いて直接地図の写しを作成することもできる。

(四) 地図整備方策

1 平成元年一月三一日一七八号法務省民事局長通知による地図整備

前述した平成元年一月三一日付けの「地図整備の具体的推進方策」は、将来の地図のコンピュータ化を地図整備方策の機軸とし、法一四条地図整備作業、既存地図整備作業、地図混乱地域対策事業といった個別事業を段階的に進めていくというものである。

(1) 法一四条地図作製作業

この法一四条地図作製作業は、昭和四三年から実施してきたものであるが、昭和六三年まではモデル作業という位置付けであり、職員の研修、経費や技術面の検証等を目的としていた。

しかし、平成元年の前記通知以後は、国土調査法による地籍調査の実施が難しい場所、特に地図と現地が大きくくい違っているような地図混乱地域を中心として、これまでのモデル作業の実施を踏まえ、住民や自治体から強い要請のある地域を実施していくことになり、以後今日までもそういった地域を中心に本格的に実施してきている。ただ、実施面積は、予算、人員等に制約があり、ごく限られた地域を対象にした事業となっており、現在までのところ約四〇〇〇枚から四五〇〇枚ぐらいの地図が作成されている程度である。

もっとも、現在は、平成地籍整備の中で実施すると位置付けられており、従来よりは拡大して実施されている。(10)

(2) 既存地図整備作業

今まで述べてきたように公図は、その作製時期、作製目的、精度等が多種多様であり、その中には、記載された地番区域や地番が重複していたり、登記簿上存在するものの公図には存在しない土地があったりというようなことがあるため、これらの公図を含めた既存地図の整備作業を行っている。この作業の内容としては、まず、登記所の保管地図の状況を把握し、その地図の分類をする。その後、登記簿と地図（公図）を一筆ごとに対査して修正作業をする。また、同一地域に複数の地図、いわゆる重複地図がある場合にはその整理をする。そして最後に登記所にある地図について一覧性のある基本地図一覧図を作成する。この作業は引き続き実施していく。

(3)　地図混乱対策

全国には約八〇〇くらいの地図混乱地域があるといわれており[11]、この地域を対象として現在積極的に法一四条地図作成作業を実施していること前述のとおりである。しかし、実施主体である法務省・法務局にも、予算、実施体制等についての制約があり、これらの地域すべてに直ちに法一四条地図作成作業を実施することは困難な状況にある。

そこで、法務省・法務局は、年次計画で地図混乱地域対策事業を実施している。この作業には二つの柱があり、一つは、実態調査の実施である。地図混乱地域というのは、地図と現地が著しく異なっている地域のことであるが、この地図混乱の状況がどの程度のものであるのか、どのような経緯でこのような状況になったのか、どのような解決方法があるのかといった点を中心に調査を行う。二つ目は、基準点設置作業を行う。平面直角座標系に基づいた基準点を設置し、その後における当該地域の表示登記が円滑に行われるようにする。すなわち、そこに基準点を設置した上で、分筆や地積更正の登記をするに当たっては、この基準点に基づいて測量をし、作成された地積測量図を提出する。この地積測量図には公共座標が与えられているので、以後この測量図を収集すれば、将来的にはその地域についてある程度正確な図面を作っていくことができ地図整備に役立てることができる。このようなことから今後も地図混乱地域対策事業を行っていくことが重要である[12]。

2　平成九年八月二七日民三第一四八八号法務省民事局第三課長通知による地図整備

平成六年一二月二五日に閣議決定された行政情報化推進基本計画では、行政の総合性の確保、簡素化・効率化の一層の推進、国民ニーズへの対応等を図っていくために行政の情報化を総合的・計画的に推進する方向性が示されている。また、平成七年九月には、地理情報システム（ＧＩＳ）関係省庁連絡会議が発足し、各行政機関による地理情報システム（ＧＩＳ）の効率的な整備及びその相互利用を関係省庁の密接な連携の下に促進させるものとしている。このように、まさに電子化に向かって政府が方針を示した時期に、法務省・法務局が所管する地図行政について、地図のコンピュータ化に対する道筋について基本的な考え方を示したのが、この平成九年の通知である。

そして、この通知は、地図の精度の維持管理を行うために導入された地図管理システムを将来の地図のコンピュータ化の契機と位置付けた上で、法務局がこれまで実施してきた法一四条地図作成作業、既存地図整備作業、地図混乱地域対策事業を更に積極的に実施するという方向性が示されている。[13]

３　地籍調査等による地図整備

⑴　国土調査法に基づく地籍調査による地図整備

法一四条地図の大半は地籍調査の成果である地籍図である。この地籍調査は、日本の国土面積約三七万平方キロメートルのうち、国有地や河川、公有水面を除いた約二八・五万平方キロメートルを要調査面積として実施している。この国土調査は、昭和二六年に制定された国土調査法に基づいて実施されており、要調査面積の約四割に当たる約一三・一平方キロメートルの面積が完了しているといわれている。[14] ただ、完了した面積の大半は農村部、山林部ということである。都市部（人口集中地区）は、ＤＩＤ（Densely Inhabited District）とも呼ばれているが、この都市部における地籍調査の進捗状況は、約一万二〇〇〇平方キロメートルあるＤＩＤのうち二割弱が完了しているにすぎないということで、残り約一万平方キロメートルは地籍調査が完了していない。その結果、登記所に備え付けられた都市部にある図面の大半は、公図等の地図に準ずる図面であるということになる。

⑵　土地区画整理、土地改良等の事業による地図の整備

このほか、土地区画整理、土地改良等の事業に基づく成果図による地図整備も行われている。土地区画整理法や土地改良法等に基づく事業は、いずれも土地の区画、形質を変更させ、従前の土地に換地処分によって新たな区画を与えるものである。この事業は、形成的に新たに筆界を創設するものであり、整備された図面が作製され、地図の整備が推進されることになる。前述した地籍調査は、実施主体である市町村からその成果が登記所に送付され、法務局はそれに基づき職権により登記簿を訂正し、法一四条地図として備え付けることになるが、土地区画整理事業、土地改良事業は、従前の土地の登記を抹消し、再度新たな土地を起こしていくという考え方に基づくものであるから、登記申請という手続になる。その登記申請の手続の中で一個一個の土地の所在図及び地積測量図を提出する代わりに、区画整理事業、土地改良事業等に基づいて作成された図面（土地所在図等）を提出し、備えるということになる。これらの事業は、換地処分の公告がなされることによって効力を生じ、併せて事業施行者から登記の申請がなされる。このときに添付書面として土地の所在図が提出されて、これを登記所に法一四条地図として備えつけることになる。[15]

4 地図管理システム

(1) 地図管理システム導入の背景

既に述べたように地図管理システムは、平成五年度から導入されている。平成五年度の当時は、地図をコンピュータ化するということよりも、むしろ地図の処理の適正化としての位置付けが大きかった。当時国土調査では、昭和六一年に地籍調査作業規程準則等の改正がなされ、基本的には数値法による精度の高い地籍図が送付されるようになったにもかかわらず、登記所では相変わらず分筆や合筆等による地図への書き入れを手作業でせざるを得ないという状況にあった。公図上の土地の筆界点には、国家座標に連結した座標値は入っていないので、どうしてもそうせざるを得なかった。そこで、公図にも座標値を与えることとし、公図上の土地の筆界点をデジタイザ等で読み取って、その各筆界点に任意座標を与えることによって、地図管理システムの中で公図を数値データとして管理する方法をとったわけである。ただ、不動産登記法の改正前（平成一七年三月七日前）においては、法律自体が紙の地図を前提としていたので、閲覧等については、紙の地図によるほかなく、いわゆる副図方式をとっていたことは前述のとおりである。すなわち、地図の書入れ等は、地図管理システムですが、原図である紙の公図には行わず、書き入れた地図管理システムから出力した図面を印刷してこれを閲覧に供する、あるいは写しを交付するということになっていた（コンピュータ化されれば、証明書として提供される）。つまり、分筆線等の書き入れをする場合には、地図管理システムですが、それを改めて印刷し、この原図とともに維持管理するということで改正前不動産登記法との整合性をとっていたのである。

(2) 改正不動産登記法の下における地図管理システムに登録された地図又は地図に準ずる図面（公図）の取扱い

改正不動産登記法の下では、現在、登記所で実際に運用している地図管理システムに登録されている地図又は地図に準ずる図面（公図）も、不動産登記法一四条六項の規定による電磁的記録に記録された地図又は地図に準ずる図面（電子地図）として取り扱われる。(16)

ただし、この電子地図の取扱いをするためには、各登記所の実情に応じ、相応の準備期間を要することから、不動産登記法施行日以降に準備が整い次第、各登記所の判断により、その取扱いを開始する。(17)この準備作業は、①電子地図の取扱いの開始日及び電子地図の閲覧方法等について周知すること（登記所の適宜の箇所への掲示や各法務局又は地方法務局のホームページへの掲示等が考えられる）、②地図管理システムに登録された電子地図を閲覧に供する際には、電子地図の内容の全部を出力したもの（以下「補完図」という）を用いることから、その出力作業等が考えられる。

この地図管理システムに登録された電子地図は、もともと制約のあるシステムであるため、次のような取扱いをすることとされている。

ア　地図管理システムに登録された電子地図を閉鎖する場合には、新規則一二条二項の規定にかかわらず、登記官の識別番号の記録を要しない（施行通達第一、一一、(1)、ウ）。

イ　地図管理システムに登録されている電子地図の副記録は、毎日の業務終了後に同システムに記録されている情報と同一の情報を磁気テープに記録させる方法で差し支えない（施行通達第一、一一、(1)、エ）。

ウ　地図管理システムに登録された電子地図を閲覧する場合、新規則二〇二条二項の規定による電子地図の情報の内容を出力した書面のほか、請求者が地図又は地図に準ずる図面の平面直角座標系の番号又は記号、図郭線及びその座標値、精度区分等の情報の閲覧を希望するときには、補完図及び閉鎖した地図又は地図に準ずる図面を併せて閲覧に供するものとする。なお、この補完図について分筆登記等の異動が生じたときであっても、再度、この補完図を出力する必要はないものとされている（施行通達第一、一一、(1)、オ）。

もっとも、このように公図が電子化されたとしても、公図のもっている性格、すなわち、公図は、明治政府が、徳川時代の財政の基盤である年貢に代わるものとして地租を徴収することにし、初めは地券を発行した。明治六年には地租改正条例を公布し、いわゆる公図を作成していった。この公図は地租の徴収のための資料として作製したもので、今のように不動産取引を目的とするものではなかった。したがって、地租徴収の対象の土地がどこにあって、どのくらいの地租を徴収できるかが分かれば足りたであろうと思われる。もちろん作成担当者は正確を期したと考えられ、正確な公図も多いのであるが、なかには、おおよその見当がつけばそれで足りるといったものもあったのではないかと推測される。この明治以来の公図は、その後、マイラー化され、そして今日コンピュータにより電子化されることになるが、ただ、元の物が明治時代に作成された公図である限り、その正確性については十分留意してみていく必要があるといえる。(18)

5　平成地籍整備（民活と各省連携による地籍整備の推進）

(1)　必要性

平成一四年度に成立した都市再生特別措置法に基づく都市再生のための一施策として、平成一五年六月二六日に、内閣に設置された都市再生本部から「民活と各省連携による地籍整備の推進」という方針が示されている。都市の再生の拠点として、都市開発事業等を実施すべき地域を指定し、そこで集中的かつ重点的に事業を実施するということである。この事業を円滑に遂行していくためには、現地を特定して、登記された土地の区画及び地番を明確にするための地図が必要である。しかし、都市部は、地籍調査も進捗が遅れており、整理された地図は少ない。大半は公図で処理をしている。勿論公図にも結構精度の良いものもあるが、ただ現地の境界を復元できるまでのものは少ない。逆に、現地の境界を特定することさえ困難な地図混乱地域も都市部に多いといわれている。[19]また同時に、都市部の地図整備は非常に難しい。地価も高く、権利関係も輻輳している。このような状況を踏まえ、政府の方針として都市部の地図整備を重点的に実施するという位置付けがされたものと考えられる。

(2)　概要

平成地籍整備の概要は、五年間で都市部の五割を実施し、一〇年間で概成、すなわちおおむね完了させる。作業の内容は、三つに分割される。一つは、「基礎的調査の推進」ということであり、二つは、「地籍調査素図の整備」であり、三つは、「電子化と正式地図」という作業である。それぞれの作業において成果図を作成されることになっている。[20]

（1）　昭二九・六・三〇民甲第一三二一号法務省民事局長通達。なお、国有地は台帳には登録されなかった（土地台帳法四四条、要領第四）。

(2)　新谷正夫・川島一郎『改訂土地家屋台帳法解説』八四ページ
(3)　昭三六・一・一四民三発第三八号法務省民事局第三課長依命通知、昭三七・一〇・八民甲第二八八五号法務省民事局長通達
(4)　昭和三七年三月二〇日民甲第三六九号法務省民事局長通達
　　不動産登記法第十七条の規定による地図の備付けについて
　不動産登記法第十七条の規定による地図及び建物所在図は、登記簿と台帳の一元化が完了した登記所において逐次整備する予定であるが、登記所に備付けの土地台帳法施行細則第二条の規定による地図で、国土調査法による地籍図、土地改良法による確定図及び土地区画整理法による換地図に基づいて作成されたものは(地籍図については、これをそのまま台帳附属地図としたものを含む。)、原則として標記の地図としてさしつかえないものと考えるので、この旨貴管下登記官吏に周知方しかるべく取り計らわれたい。
　昭和三七年三月二九日民三発第一二五号法務省民事局第三課長回答
　　不動産登記法第十七条の地図について
当管内、鳥取市は現在区画整理並びに土地改良事業を施行中でありますが、このうち終了した一部については、既に縮尺六百分の一によって作成された整理確定図が提出され、登記所備付け図面として使用しており、その他の部分については、実質的に確定測量を終り従前のものと同じ規格で原図を調製済の区域と、なお、今後測量を要する区域とがある状況であります。このような現状において、今後不動産登記法第十七条の地図との関係を如何にするかについて、施行者よりの問合せもあり、将来の見通し等についても聊か疑義がありますので、至急つぎの点につき御指示仰ぎたくお伺いいたします。
　記
一　現在備付の整理確定図に基づく旧土地台帳法施行細則第二条の地図は、確定測量による正確な図面であるが、他の土地台帳附属図面と同様、町界或は字界又は数筆の土地毎に一枚の図面として作成され、その規格も統一されておらない現状である。
　また、不動産登記事務取扱手続準則(案)第二十五条の要件(平面直角座標系の名称、または記号……もっと

も、これについては記入可能……、基本測量三角点及び基準点の位置等の記入。）を備えていない。

このような地図であっても、当該地域については、図面の正確さが確認されれば不動産登記法第十七条の地図として取り扱うことができるか。

二　前項、若しできるとすれば、今後なお、確定測量を要する残存区域についても、従前のとおりの縮尺（六百分の壱）によって、確定図を調製し、地図の規格等についても従前の例を踏襲する取り扱いでよいか、但し、可能な限り不動産登記事務取扱手続準則（案）第二十五条の要件を備え、且つ、同第二十二条の規格に副うよう留意する。

三　区画整理並びに土地改良事業施行中のもので、今後確定測量を行う地域については、国土調査等の関係をも考慮し、縮尺は五百分の壱とし、図面の備えるべき要件並びに規格については、不動産登記事務取扱手続準則(案)にすべて準拠しなければ、不動産登記法第十七条の地図として取り扱うことはできないか。

（回　答）

本年二月六日付鳥法登第四八号をもって問合せのあった標記の件については、次のように考える。

記

一、不動産登記法第十七条の地図とすることができる（昭和三十七年三月二十日民事甲第三六九号民事局長通達参照）。

二、貴見の取り扱いでさしつかえない。

三、二により了承されたい。

(5)　昭二五・七・三一民甲第二一一一号法務省民事局長通達、昭二六・三・八民甲四五七号法務省民事局長通達、昭三九・一二・二民甲第三九〇一号法務省民事局長回答

(6)　民事研修二八八号六〇～六一ページ

(7)　このような場合には、可能な限りあらかじめ地図訂正をすることが望ましい。なぜなら、このような便宜措置をした土地の隣地を分筆する場合においても、やはり分筆線の位置が図上で不明となり、同様な便宜措置をとらざるを得ないことになるからである。「見取程度の地図の機能とその維持管理について」民事研修二五〇号一五七ペー

ジ
(8) 登記研究五〇一号一二三ページ、同四九五号一二二ページ
(9) 登記情報四四三号二三ページ
(10) 秦　愼也「地図整備の推進方策について」登記インターネット六巻一一号六五ページ
(11) 秦・前掲書六八ページ
(12) 秦・前掲書六九ページ
(13) 秦・前掲書七〇ページ
(14) 秦・前掲書七一ページ
(15) 秦・前掲書七三ページ
(16) 不動産登記法の施行に伴う登記事務の取扱いについて（施行通達）（平成一七年二月二五日法務省民二第四五七号法務省民事局通達）第一、一一、(1)
(17) 秦　愼也「不動産登記法の改正に伴う表示登記の取扱い」登記情報五三一号四三ページ
(18) 佐藤忠治「筆界調査委員の課題」法務通信六六一号三五ページ
(19) 秦・前掲登記インターネット七六ページ
(20) 秦・前掲登記インターネット七八ページ

9 公図の機能

●法律上の効力はないが、公証力を有する

(一) 公図の効力

前述のとおり、公図は、現在でも登記所に保管されているが、公図が地図管理システムに入力されている地域においては、分筆、合筆、地図訂正等の図面処理はすべて同システムを用いて行われている。その結果、その地域においては、公図には何らの処理が行われていない。同システムに入力されている公図は、出力装置を使用して紙に印刷した副図（従来の公図は原図といっている）を用い、閲覧等の事務処理を行っている。平成五年の不動産登記法の改正までは、公図は登記所の内部的参考資料として保管し、行政上のサービスとして便宜閲覧に供されているにすぎなかったが、公図が、関係土地の位置、形状及び地番を公証するものとして、事実上重要な機能を有しており、実質的には、地図に近い扱いを受けていることにかんがみ、平成五年の同法の改正（一〇月一日施行）により、閲覧の制度の規定が置かれ、平成一三年四月一日からは写しの交付の制度が置かれていた（不登法二四条ノ三第三項）。この公図の重要性は、新不動産登記法の下でも変わっていない（新不登法一四条四項・五項、一二〇条）。

(二) 公証資料

(1) 筆界特定機能

図解による復元誤差

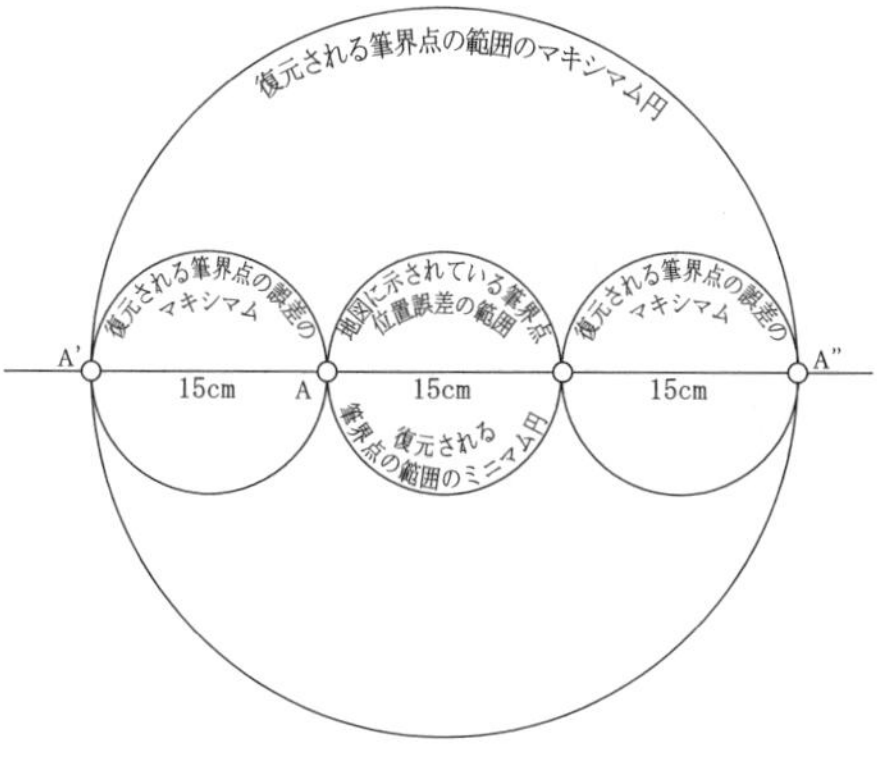

現地復元能力

土地の筆界を確認する場合において、公図の備付けがあっても、これを図解法によって復元する場合には、公図そのものの誤差のほかに、次のような復元誤差を伴うのが通例である。(1)

左の図において、縮尺五〇〇分の一の公図上の筆界点が〇・三ミリメートルで図示されている場合、この点は、現地において一五センチメートルの幅をもち、さらにこれに復元誤差が伴うので現地に復元される筆界点の位置は、A′からA″（四五センチメートル）の範囲となる。(2) この復元誤差のほかに、図面自体の誤差が加わると、公図には、単に土地のおおよその筆界を示す能力しかないということになる。

しかしながら、法一四条地図の備え付けられていない地域では、公図のもつ公証資料としての価値は大変重要であり、その復元は、現地に存する物証や人証等も考慮して行うことになる。(3)

ところで、公図のもつ現地の区画を特定する機能を考える場合において、区画を示す明確な地物、地形が存在し、その区画が公図の示す形状とほぼ合致する場合は問題がないが、現地が公図の示す形状と著しく異なるときは、それが図面作製の過誤によるものであるか、あるいはその後の現地占有の改変によってもたらされたものであるかについての判断は非常に難しく、結局、他の物証や人証を検討して決定しなければならない。明治年間の地租改正時に公図が調製された一般的な経緯はすでに述べたところであるが、それぞれの所有地に境界標識を設置し、これを十字分間法（材木で縦横共に長さ一尺二寸ほどの十字形に切り組み、角度を測量）あるいは平板法（地押調査）等を用い、実測の上で調製されているので、原則的には、現地の状況がそのまま図化されているものと考えられ、したがって、公図の形状や区画の示すところを筆界（土地の広がりの周辺界）の第一義的根拠とすることができよう。

筆界の意義　土地の境界は一筆の土地と一筆の土地との公法上の境界線であるが、この境界は、人間が利用する土地を、その地形と、その経済的利用様式との合致を考えて区画し、地番を付し(4)、生成されたと考えられる(5)。

ここにいう境界というのは、土地と土地の境を表す用語として、登記とのかかわりにおいて用いているのであるが、土地の境界という言葉を所有権の及ぶ範囲を表す用語として使用する場合もある。ここでは、公図とのかかわりにおいて境界を考えるのであるから、登記された一筆の土地の範囲を表す言葉として、すなわち「筆界」と同じ意味で使用し、ただ、実体的側面からながめる場合に境界、登記的側面からながめる場合に筆界という言葉を使用することとしたい（旧不登法施行細則四二条ノ四第二項、新不登規則七七条一項七号・八号）。なお、新不動産登記法は、筆界を「表題登記がある一筆の土地とこれに隣接する他の土地との間において、当該一筆の土地が登記された時にその境を構成するものとされた二以上の点及びこれらを結ぶ直線をいう」と定義している（一二三条）。

筆界の性質　境界、すなわち筆界には、二つの異なった性質のものが考えられる(6)。

その一つは、実体上の境界が先にあり、これを公簿に表示するもので、例えば、幕府又は領主の貢納確保のための領主法から、私的所有と自由売買を認めた近代国家法に移行し、明治初年における地租改正事業によって、土地の一つひとつを確定し、地番を付して所有者を確定し、地押丈量を経て図面を作成し、公簿（地券台帳）に登載したときに、現在登記されている土地の境界が定まったものと理解できるが(7)、そういう意味での境界（筆界）である。

その二は、分筆、合筆等の登記処理とそのときの登記官の処分によって筆界が発生、消滅するが、その場合の境界（筆界）である。明治以降このような公法上の形成行為によって作られてきた境界（筆界）も多い。

いずれにしても、公図は、過去に生成し、あるいは区画した歴史的境界（筆界）の現在での認識を可能ならしめるための有力な公証資料といえよう。

(2) 土地台帳制度の下における土地の特定

土地の所在と筆界を示すことによって土地は具体的に特定されるが、現在の不動産登記制度の下においては、その特定機能を自ら果たすことになっている。かつてその機能をもっていた土地台帳を、いわゆる一元化によって登記制度にとりこんだときから、不動産登記制度は、土地特定を自らの制度のなかで行う使命を背負うことになった。(8)

ところで、かつて土地の特定機能をもっていたといわれる土地台帳制度の下における土地の特定が、どのような性質のものであったかについては、すでに述べたところではあるが、公図の公証資料としての意義を考える場合には、この点が重要な視点となるので、ここで簡単に振り返ってみると、一般的には次のように説明されている。

「従来土地台帳は、土地の状況を明確に把握し、地租（府県税）の課税標準たる土地の賃貸価格の均衡適正を図るのが目的であって、そのために土地の客観的状況を把握登録するとともにその賃貸価格を登録していた。地租の徴収は、この台帳を基礎として行われていたのであって、土地台帳そのものが、地租徴収のための課税台帳であった。台帳に土地の所在、地番、地目、地積等を登録するのも、それ自体が目的ではなくして、賃貸価格の均衡適正を期するための土地の状況の把握方法としてであった。しかし、地方税法の改正により、地租に代わるべき固定資産税は、市町村税となり、且つ、土地の賃貸価格をもって課税標準とすることなく、別に市町村長が決定する土地の価格（適正な時価）をもってその課税標準としたので、従来の土地の賃貸価格制度は、存置の理由を失ってしまった。ここにおいて、土地台帳の存在目的も、おのずから改められ、その事務所管庁を税務署から登記所に改めると同時に、台帳をもって専ら土地の状況を明確にする地籍簿たらしめることとなったのである。不動産登記簿が、土地に関する権利関係を登録して公示するのに対して、土地台帳は、当該土地自体の状況を明確にするのである。土地の状況を明確にする方法としては、一定の事項を登録することによって、各筆の土地の種別、大小、使用目的等を表示するのである(9)」

つまり、土地台帳は、税金の徴収のための基礎資料として作られていたため、地租の計算の基礎になる面積、すなわち地積と、納税者である所有者等の把握が重要視されたのであり、登記制度の下においては不動産を特定するという観点から重要な意味をもつ各筆の土地がどういうふうに隣接しあっているか、どういう形をしているかといった点は、土地台帳制度の下ではそれほど重要なことではなかったのである。要は、二反五畝なら二反五畝の田んぼがあって、それが上田かどうか、納税者がだれかということがわかれば徴税はできたわけで、土地台帳の記載事項とか、その附属地図（公図）等は、現在の不動産登記法の下で考えられている土地の特定に関する問題意識と同じような意識で考えられていたわけではないのである(10)。

(3) 不動産登記制度とのつながり

にもかかわらず、公図が筆界の認定のための貴重な資料とされるのは、一つには、公図のほかに資料となるものが少ないということもあるが（不登法一七条（現一四条）に規定する地図がある地域は別として）、元来、土地台帳制度は課税のためのものであるとはいえ、それは土地の状況を登録し、その把握した客観的状況を基礎として土地の保存登記がされたのであって、土地台帳制度と不動産登記制度とは沿革的に密接不可分の関係にあり、しかも、土地台帳上における土地の異動の結果は、直ちに不動産登記に反映される仕組みになっていた（昭和三五年改正前の不動産登記法七九条）ことも一つの理由といえよう。さらには、地域によっては、土地の位置関係はもとより、その形状、縮尺に至るまで、ほとんどが現地と一致する公図が存在するということも大きな理由となっている。

すなわち、明治年間における公図の調整要領によると、①公図作成当時の占有界を基準として測量を行い、一筆ごとの絵図を作成した上、これを継ぎ合わせて公図が作成された（明治六・一〇・四租税寮改正局、地租改正ニ付人民心得書（千葉県））。②測量には、六尺を一間とする間竿《けんざお》（豊臣時代以来、検地を行うとき、土地の広さを測るために用いた竹製の竿《さお》）を用い、最小単位を三寸とし、三寸（九・〇九センチメートル）以下は切り捨てられた。また、地方官による定地検査においては、一反歩につき一〇歩（三三・〇五八平方メートル）内外の増減誤差が認められていた（明治八・五・三〇地租改正事務局議定、明治八・六・一二同局別報第三号達（丈量間竿ニ付達））。③明治一七年三月一五日太政官布告第七号地租条例第五条において、曲尺六尺を一間とし、一間を一歩とすることに定められ、続いて、明治一八年二月一八日大蔵大臣訓示主秘第一〇号によって、全国的な地籍調査が実施されたが、これは主に脱落地や開墾地についての調査を行ったものであり、特に粗雑な一部地方においてのみ再丈量が行われたようである。④山林、原野は、大略耕地丈量に準じて行うものとされたが、山岳地は斜面側面を測り、深山・幽谷・柴草山等広大な土地については周囲の里程を測り、そのおおよその反別をもって地積が定められた（明治九・三・一〇地租改正事務局別報第一六号達、山林原野調査法細目一条一節~五節）。⑤官有地については、地引絵図に色分けされた（明治八・七・八地租改正事務局議定、地所処分仮規則第一章第八条）。その他、畦畔や崖地、開墾地等の帰属等については、細密な指令がなされている[11]（前述地所処分仮規則第一章~第七章）。

このように、公図は、ある地域においては、いわゆるダンゴ図（談合図）的なものが存在し、筆界確認の資料とするには、ほど遠い内容のものもあるが、反面、土地の所在する位置はもとより、形と広がりまでほとんど現地と一致する公図も存在するので、このような公図は、土地の公証資料として極めて重要な機能を営むのである。

(4) 筆界の認定

公図はこのように公証資料として重要な機能を営むが、その機能には若干の強弱があり、例えば、距離（したがって、道路の正確な位置及び幅員を問題とするような場合には、公図のみを根拠として、公図上の幅員を測定し道路の幅員を推定するようなことは、その合理性に疑問が生じる）、角度等の定量的な面においては不正確さがみられるなど、筆界特定の決定的な資料にはなりえないが、各筆の筆界が直線であるか曲線であるか、それぞれの土地がどの方向に配列されているかというような定性的な面からは一定の評価ができる（東京地判昭四九・六・二四判時七六二号四八ページ。本書一三九ページ参照）。

また、公図による筆界の決定機能にも若干の差がある。土地のある範囲を人為的に区画し（自然に形成された境界にそって区画する場合と、全く新しく人為的に区画する場合が考えられる）[12]、個々の土地ごとに地番を付して登記をすれば、これが法律上の一筆の土地として取り扱われ、これが地図に図示される。そして、この筆界は、当該土地がはじめて公簿に公示されたときに創設され、以後分合筆の登記が行われない限り、所有者といえどもこれを異動させることができない。したがって、土地の取引において、その目的とする土地を特定するということは、まさにこの創設され、現に存する筆界を現地においてその創設時の形状に復元し、これを確認することを意味する。

したがって、本来ならば公図に図示された線が土地の筆界を決定することになるはずであるが、今までの公図の沿革等から考え、公図にその機能を期待することは難しい。もちろん、公図により、現地において客観的な筆界を知りうる場合には、これによることはいうまでもないが、公図と現地の物的・人的資料とが合致しない場合には、そのいずれにより筆界を確認すべきかということが問題となる。

基本的な認識としては、現況に基づいて公図が調整されている場合は、現況が優先し、区画設計による図面等に基づき現地の区画割りが行われている場合には、図面を優先させるという原則が成り立つ[13]。もっとも、この場合の現況というのは、公図作製当時の現況という意味であり、現在の現況に合わせるという趣旨ではない。公図作製当時とは現地の状況が変化したということになれば、筆界は異動することはないのであるから、公図作製当時の現況を基準にして、分筆、合筆の処理をするほかない。この公図作製当時の現況は、①公図その他の地図のほか、②公簿面積との関係、③占有関係、④境界標識（境界木、石、杭、穴、塚、埋炭等）、⑤自然地形、⑥林相・樹齢、⑦検証、⑧鑑定、⑨証言・供述等によって判断することになる。

(5) 筆界認定における留意点

① 公図に基づいて境界調査をする場合には、公図の内容だけではなく分合筆経緯や地目、等級等の表示等も併せて見る必要がある。

② 公図は、字単位に行った地租改正事業の成果であり、当時、一枚の公図の描画されている各筆の土地の測量は同一人が行い、この場合には、土地所有者はもとより、村役人等が立ち会って測量したものであるから、一枚の公図に描画されている各筆の土地の縄伸び率はおおむね同一のものと考えることができる。

③ 公図は地租徴収目的のために作成された地図であるから、地価の高い市街地は当然として、耕地地域についての測量は当時としてはそれなりの技術に基づいて行われている。ただし、山林原野については杜撰《ずさん》なものもあった。

④ 公図上直線で描画されている土地の境界線は、現地においては多少の屈折している場合も十分ありうると理解すべきである。これに対して、公図上屈折した線で描画されている場合には、その土地の現地における境界線が直線であると考えることはできない。かかる場合には、屈曲点の位置や角度については問題があるものの、これを現地が直線であるからといって、直ちに当該土地の境界線を直線であると判断するのは誤りであると考えるのが相当である。(14)

(6) 筆界の具体的確認

公図によって直ちに筆界を確認（発見）できない場合には、どのようにして筆界を確認（発見）することになる

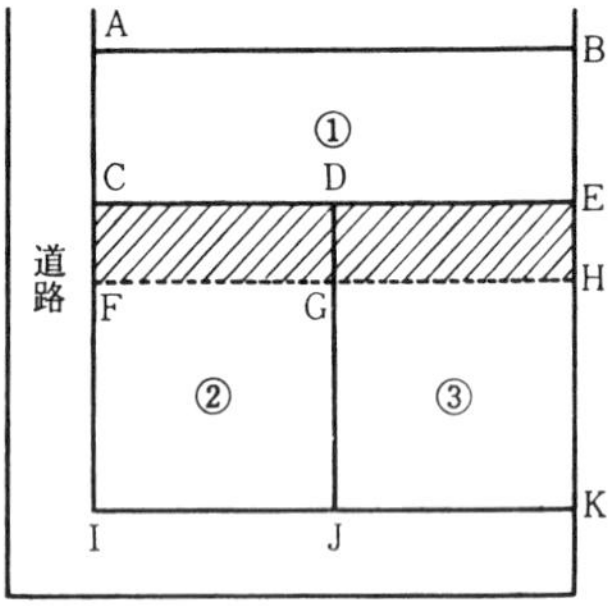

のであろうか、これは、各筆のもつ各種の条件により異なるので、明確な基準を示すことは困難である。

もとより、不動産取引の対象になる土地は陸地である。すなわち、人間が日常生活を営む上で必要な地球の表面を、春分、秋分における潮の満潮位をもって陸地と海とに分け[15]、その陸地を更に細分化し、ある区画された一定の広がりを一個の土地として取引し、この一個の土地を一不動産として一登記用紙をおこし、一筆の土地として公示するのである。言い換えれば、一定の連続した広がりをもつ土地を取引単位に応じて人為的、法律的に区画し、登記された土地の現地における区画、すなわち土地の筆界は、登記官が登記簿の表題部に登記することによって法律的に定まると考えられる。

ところで、この公図による具体的な土地の筆界確認機能を考えるにあたっては、次のような点に留意する必要がある。

第一に、土地の筆界と所有権界又は占有界とは必ずしも一致しないということである。例えば、右の図にみられるように、①A－B－E－Cの土地の所有者が、隣接する②C－D－J－I、③D－E－K－Jの土地の一部分（C－E－H－Fの斜線部分）を時効取得し、①の土地の所有者の所有権界がA－B－H－Fに改変されたとする。この調査において、①の土地の所有者が、F－H線を②、③の土地との境界であると主張しても、これが①の土地と②、③の土地との筆界になるのではない。①の土地との筆界は、当該土地が登記された当時の四角形A－B－E－Cであることに変わりないのである[16]。

第二は、公図の示す形状と現地の形状が著しく相違するときは、それが公図作製時の過誤によるものか、土地の個数を変更する分筆、合筆の登記における地図の手入れ等の過誤によるものか、さらにはその後の現地の占有の改変によるものかについて、十分慎重に検討しなければならない。

公図には筆界創設時におけるその形状がそのまま図化されているものと考えられるので、公図のもつ信頼度を上回るような確たる反証のない限り、公図を第一義的根拠とせざるをえない。そして、通常は公図に図示された形状等を基礎にして常識的に妥当な位置に存する物的証拠や、当該地域に存する土地の筆界に関する関係者相互間の認識を考慮して、その土地の筆界を現地に復元する。(17)

第三は、土地の筆界の確認は、現実には関係人の立会いを求めるとともに、各種の公証資料と現地の状況(18)を照合して行われるが、公図に示された土地の筆界線の位置及び区画形状に対応する現地の位置及び区画形状を確認することが重要である。

この点については、土地家屋調査士の調査測量実施要領（日本土地家屋調査士会連合会昭和五五年九月一日）が参考となるので紹介しておこう。

同要領第一七条は、一項において、土地の筆界を確認する場合には、次の各号によるものとしている。

一　現地において境界標又はこれに代わるべき恒久的地物（以下「境界標等」という）により土地の区画が明確であって地積の測量図又は地図に記載された位置及び形状がそれぞれの精度に応じて誤差の限度内で一致し、かつ、当事者間でそれらの境界標を土地の境界として承認しているときは、これをもって筆界とみなして差し支えない。

二　現地の状況が恒久的地物によって判然と区画されている場合で、既存資料又は現地精通者の証言等により目的地の位置、形状、周辺地との関係が矛盾なく確認され、かつ、当事者間に異議がないときは、その区画をもって筆界とみなして差し支えない。この場合において、土地の形状及び面積が地図等、又は公簿と相違しているときは委託者に地積更正又は地図訂正の必要があることを助言するものとする。

三　現地の状況が前各号に該当しない場合には、第二〇条による筆界の復元測量を行うものとすると規定し、第二項においては、境界が明確でない場合において、現地立会いのうえ境界を確認するときは、別紙㈥の基準を参考とするものとする。

ただし、これと異なる慣習がある場合及び所有者又は管理者の間において別段の協議がなされる場合は、このかぎりでないとする。そして、別紙㈥においては、次のように詳細に基準を定めている。

別紙㈥

各種境界の参考基準（立会いの上で確認すること）

一　山林の境界

人為的に分割された場合を除き、おおむね山の尾根又は谷によって定められている。又、樹齢、樹種の差異及び伐採、植林等の山林区分が境界となっている場合が多い。なお、山林に農地が隣接している場合、農地の管理権は、陰害のための刈り上げ場（通称グロ）に及ぶが、所有権は山林にあり、境界は山すそである例が多い。

二　堤防敷と民有地との境界

㋑　堤防に小段（犬走り）が付されている場合は、のり尻を境界とするのが通例である。（第一図）

㋺　堤防に小段が付されていない場合は、のり尻より約一メートル隔てた位置を境界とする場合がある。（第二図）

㋩ 堤防ののり尻に側溝が付されている場合は、側溝の外側を境界とするのが通例である。（第三図）

㋥ 小川の場合

第一図…昔ながらの石積護岸を施した民有地の中を流れる小川であり両岸の石垣も民間で維持修繕を行っている。このような場合は先ず石垣の根元が境界と思えば大概間違い無い。（明治時代に多い。）

第二図…護岸石垣の積石の尻まで河川敷である。もっぱら昭和中頃までの普通河川に見られる例に多い。（このようなものは大正時代から昭和の初めにかけて県で護岸を改修した場合。）

第三図…昭和以後のものと考えてよい。境界Ａの場合は護岸石垣が隣地の民有地側の工作によって害を受けないよう必要最小限の幅員一メートルを国有地とし残し護岸を作ってある。昭和十二年、十三年以降のものに多く見受けられる。境界Ｂのように川堤を道路にしている場合は道幅一ぱいを河川敷と定めている場合が多い。

三 公有水面と民有地との境界

干満の差ある公有水面と民有地との境界は、春分、秋分における満潮位を、その他の水流水面については、

第１図（二㋑）

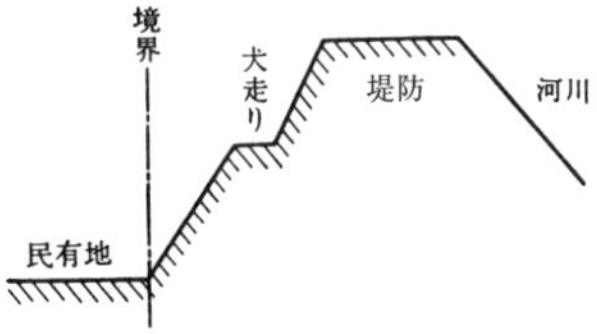

第２図（二㋺）

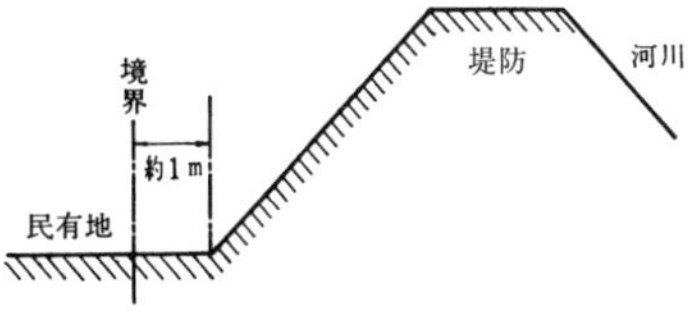

第３図（二㋩）

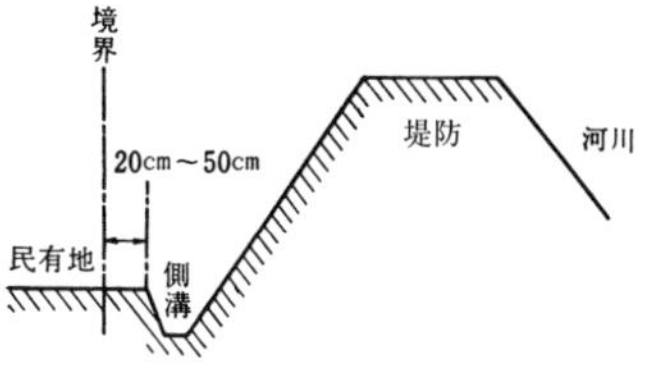

高水位を標準として定められる。

第四図…水面に面した宅地の場合で大正十年公有水面埋立法ができるまでは石垣の根が界であったが、埋立法による護岸は最高満潮位を境界と定められている。

四　農地・畦畔の境界

㋑　かんがい用水路と農地との境界は、両側に泥揚地がある場合は、泥揚地ののり尻を境界とするのが通例である。（第四図）

㋺　高低差のない農地間にある畦畔は、落し水の関係ある場合は、落し水を落す田の所属とし（第五図）、その他の場合には畦畔の中央を境界と

第1図（二㊂）

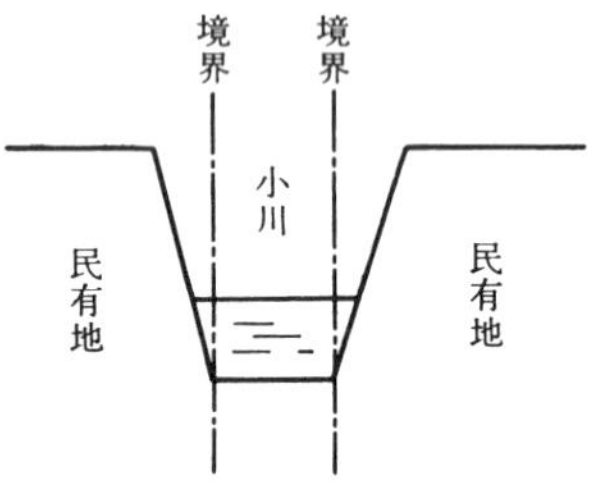

第2図（二㊂）

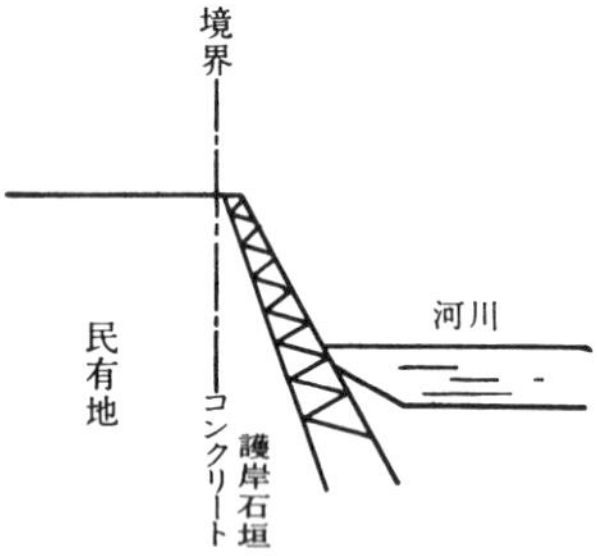

第3図（二㊂）

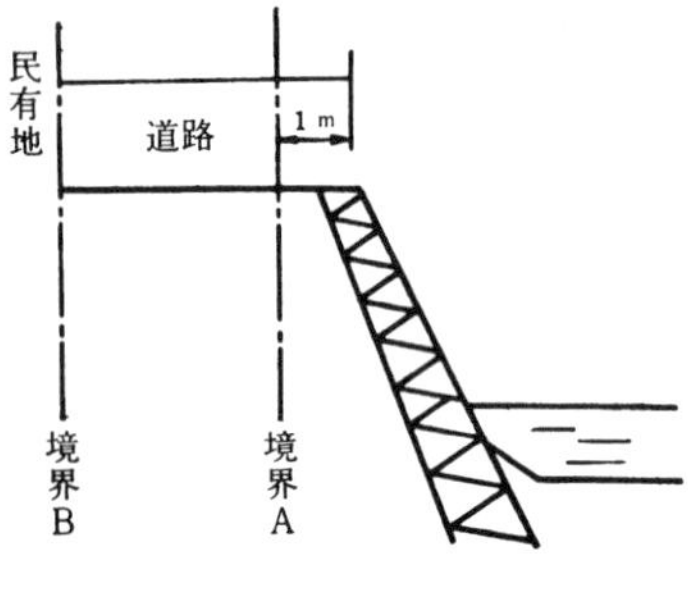

第4図（三）

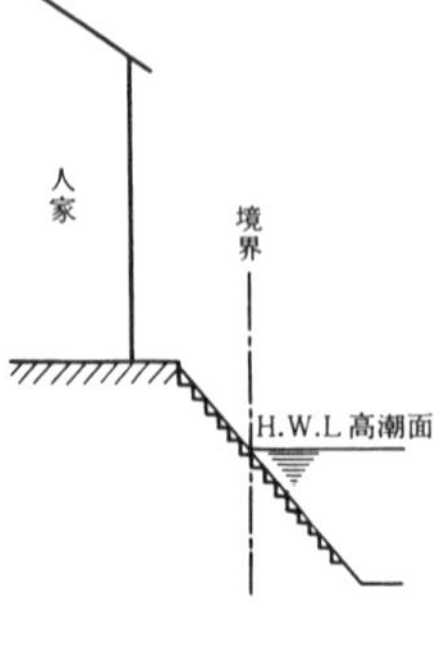

するのが通例である。（第六図）

㋩ 高低差のある農地間の畦畔は、傾斜がおおむね十五度以上の場合は高地の所属とし（第七図）、その他の場合は刈草の線又は中央を境界とするのが通例である。（第八図）

㋥ 階段畑の境界は、傾斜地ののり尻を境界とするのが通例である。（第九図）

ただし、傾斜地を造成したような場合は、のり面の刈草の線が境界となっている場合がある。

五 宅地の境界

㋑ 接近した家屋がある土地で明確な境界がない場合は、両建物の庇合の中心を境界と解することがで

第4図（四㋑）

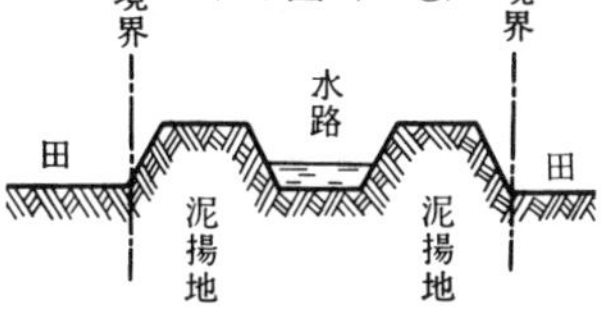

第5図
（四㋺）

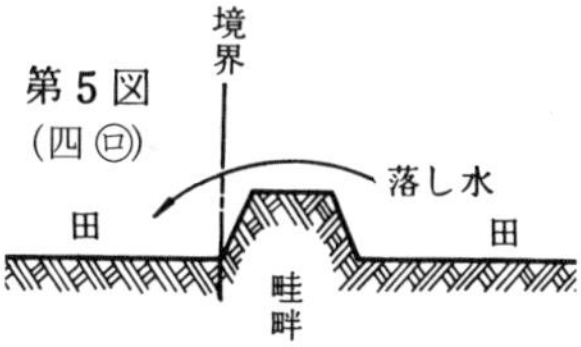

第6図
（四㋺）

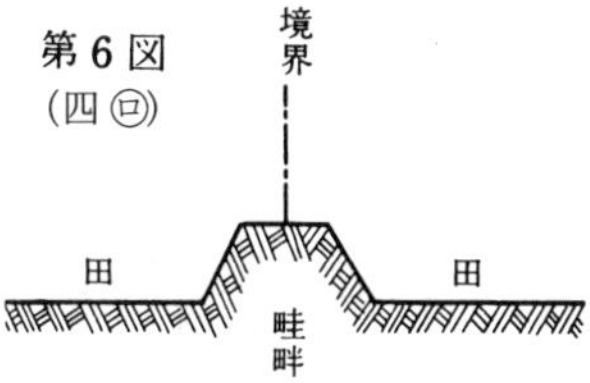

第7図
（四㋩）

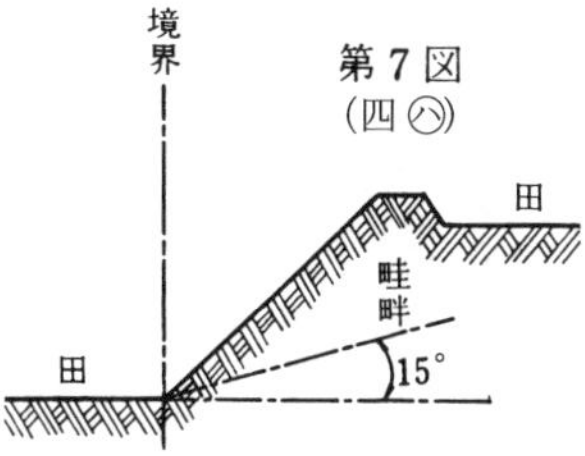

第8図
（四㋩）

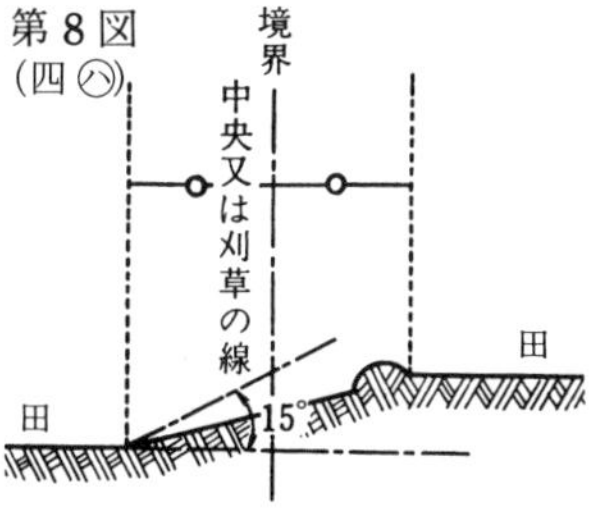

第9図
（四㋥）

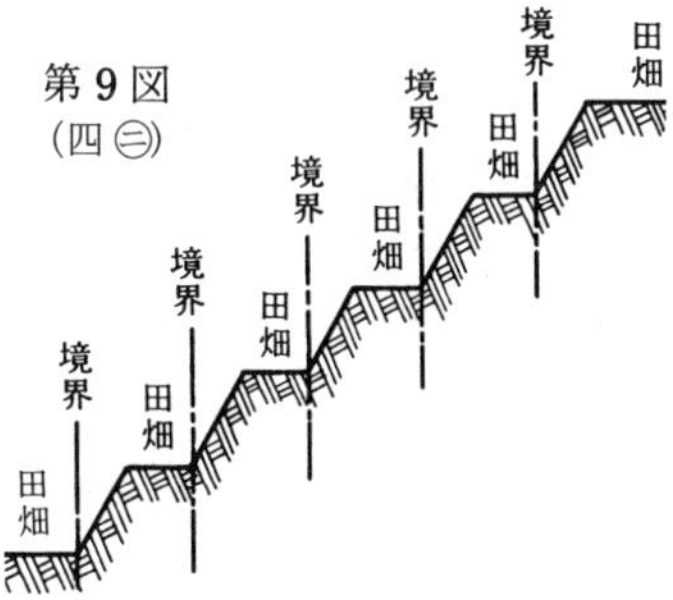

きる。ただし一方だけに汲取用通路等の専用部分がある場合は別である。（第10図）

㋺ 建物の反対側が空地で明確な境界がない場合は、軒先の先端を境界とする例がある。（第一一図）

㋩ 擁壁により隣地と界し擁壁下に溝がない場合は、擁壁の下端（基礎面）を境界とするのが通例である。（第一二図）

㋥ 擁壁により隣地と界し擁壁下に溝がある場合は、おおむね擁壁の下端を境界とするが（第一三図）、高地側からこの溝に汚水等を流している場合は、低地側の溝の利用状況を勘案し、溝の中心線または溝の全部を高地側に含めて境界とするのが通例である。（第一四図・第一五図）

なお、現在土地家屋調査士の調査・測量実施要領は改訂されている（平成九年四月二五日）。現在の要領は、筆界の確認につき、その第二一条㈠、㈡において次のように規定している。

㈠ 既存の地積の測量図、法一七条地図及びその他の数値資料が存する場合において、現地における境界標又はこれに代わるべき構築物により土地の区画が明確であって、位置及び形状がそれぞれの資料のもつ精度に応じた誤差の限度内であり、か

第10図（五㋑）

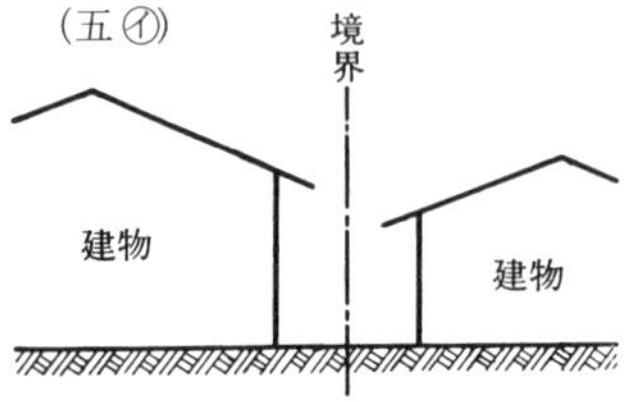

第11図（五㋺）

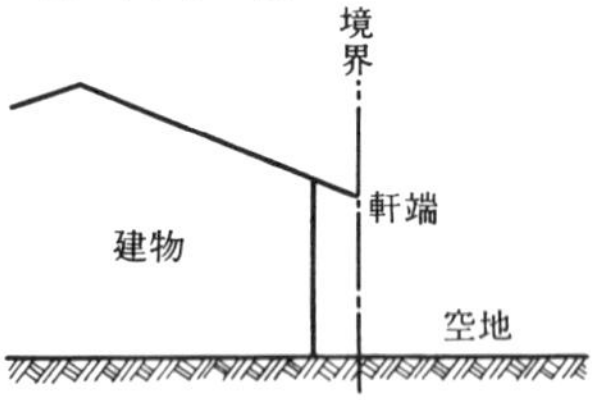

第12図（五㋩）

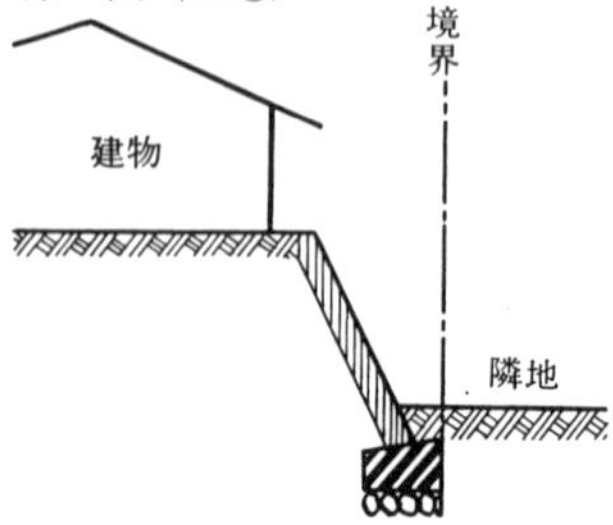

つ、当事者間でそれらの境界標等を土地の境界として認めているときは、これをもって筆界として差し支えない。

㈡ 前号の資料が存しない場合において、現地の状況が境界標又はこれに代わるべき構築物等により、土地の区画が明確であり、既存資料又は現地精通者の証言等により対象地の位置、形状、周辺地との関係が矛盾なく確認され、かつ当事者間に異議がないときは、その区画をもって筆界として差し支えない。なお、土地の形状及び面積が、法務局備え付けの地図等又は登記簿上の地積と相違しているときは、委託者に地図訂正又は地積更正等の必要性があることを助言するものとする。

第13図（五㈡）

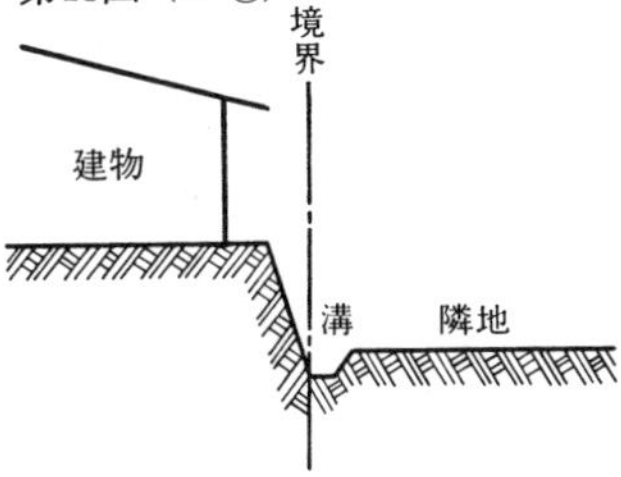

第14図（五㈡）

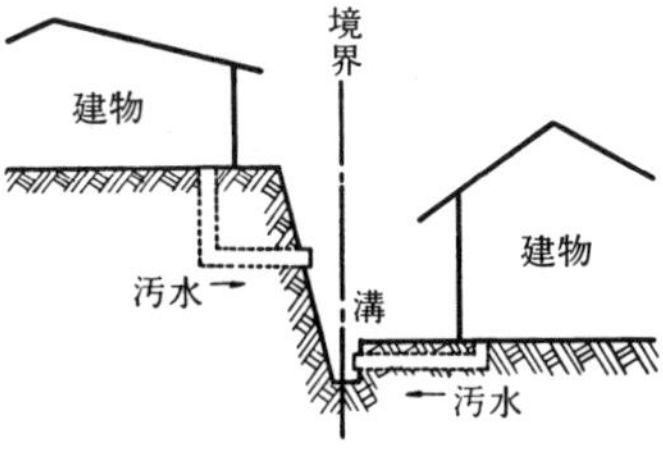

第15図（五㈡）

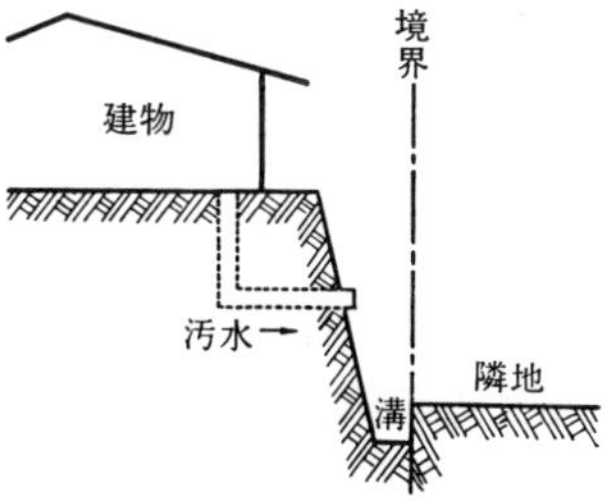

この要領第一七条に関連して平成九年同要領別紙第七（参考図）が示されている（平成九年六月五日土地家屋調査士、調査・測量実施要領Ｉ一〇三ページ、なお、平一七年二月一日同要領別九三も同旨）。

なお、筆界の確認につき、平成一七年二月一日の同要領は、その三九条に左記の通り規定している。これは不動産登記法の改正を踏まえたものであると解され、基本的な考え方に変更はないと考えられる。

第三九条　筆界の確認は基礎測量又はこれに類する測量の成果を基礎として、次の各号により行うものとする。

(1)　既存の地積の測量図、登記所備付けの地図及びその他の数値資料が存する場合において、現地における境界標又はこれに代わるべき構築物等により土地の区画が明確であって、位置及び形状がそれぞれの資料のもつ精度に応じた誤差の限度内であり、かつ、当事者間でそれらの境界標等を土地の境界として認めているときは、これをもって筆界と判断して差し支えない

(2)　前号の資料が存しない場合において、現地の状況が境界標又はこれに代わるべき構築物等により土地の区画が明確であり、既存資料、現地精通者の証言等により対象地の位置、形状、周辺地との関係が矛盾なく確認され、かつ、当事者間に異議がないときは、その区画をもって筆界と判断して差し支えない

なお、土地の形状及び面積が登記所備付けの地図等又

別紙７（第21、22条関係）

参考図　道水路等公共物に接続している国有畦畔の一般的例示

（昭42.5.31　関財財調～56
関東財務局長から角財務部長、出張所長あて）

①　道路と畑及び田と接続している場合の畦畔の所属

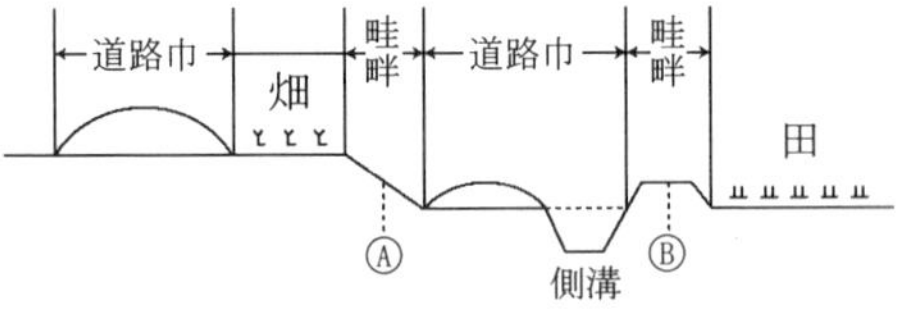

上の場合、Ⓐ畦畔は畑の所有地の占有を推定する。また、Ⓑ畦畔は田の所有者の占有を推定する。（側溝は水路としては取扱われない。道路の一部だからである。）

② 田と道路と水路と接続している場合の筆界及び畦畔の所属

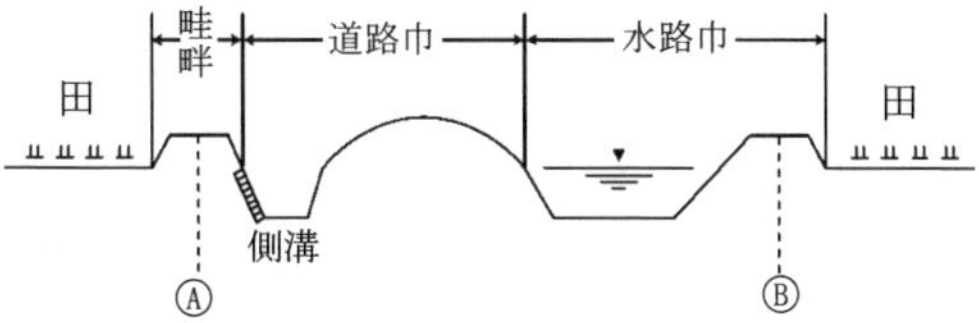

上の場合、Ⓐ畦畔は田の所有者の占有を推定するが、（従って取得時効援用の対象となる。）Ⓑ畦畔は、公共物である水路のための畦畔であるから、時効の対象とはならないものとして取扱う。

③ 小用排水路のときの畦畔の所属（田面高の等しいとき）

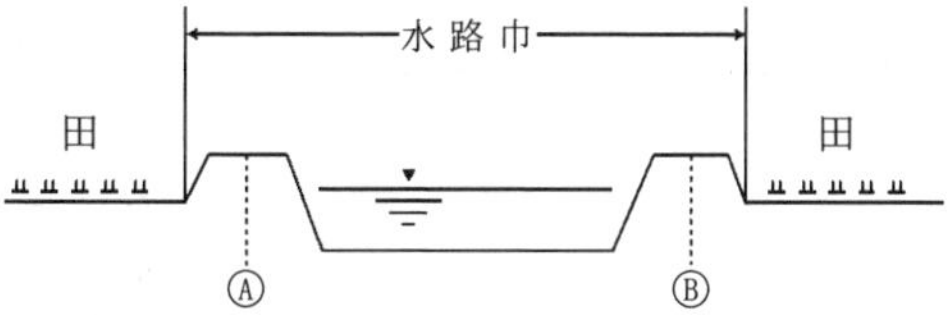

上の場合、いずれも水路畦畔であるから、田の所有者の占有は認められない。従って、畦畔の法尻（のりじり）が左右の田との筆界である。

④ 田面高が異る場合の畦畔の所属

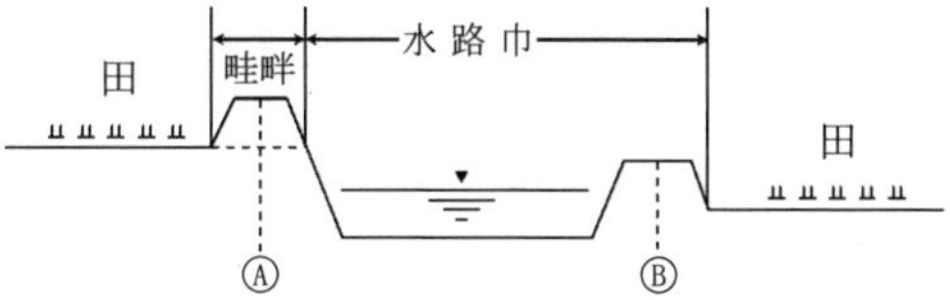

上の場合Ⓐ畦畔については田面を延長した部分までについて田の所有者の占有を推定する。Ⓑ畦畔は水路畦畔であるから、田の所有者の占有は認められない。

⑤　宅地に沿う水路溝畔と畑との筆界

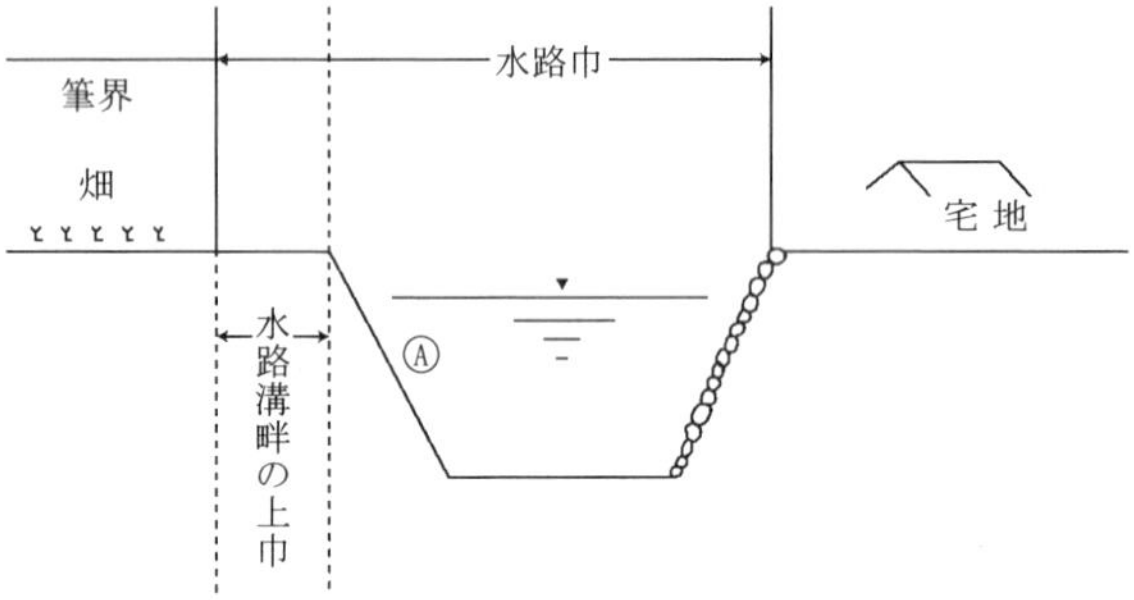

上の場合、水路溝畔の上幅（通常45cm）については占有は認められない。

⑥　大用排水路の場合

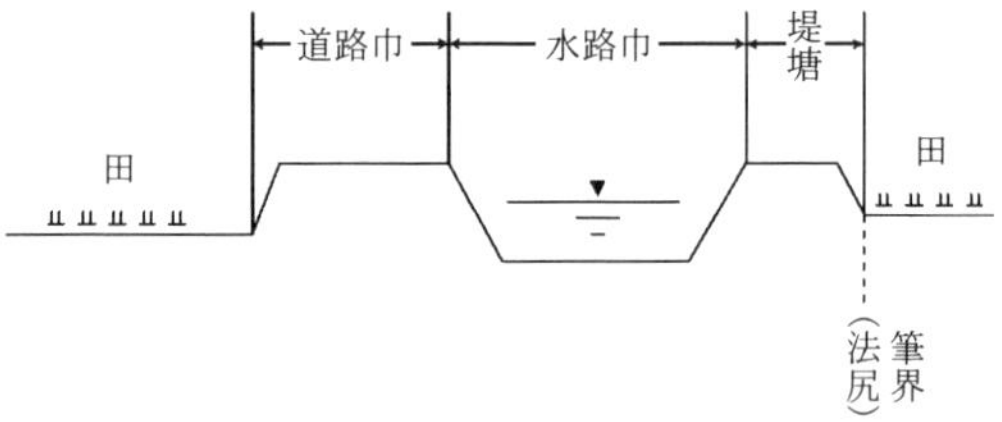

上の場合、堤塘敷については占有は認められない。従って、田と堤塘敷との境界は図のように堤塘敷の法尻である。また、田と道路との境界は、路畦畔の法尻である。

⑦　高低差のある田畑の畦畔の所属（通例）

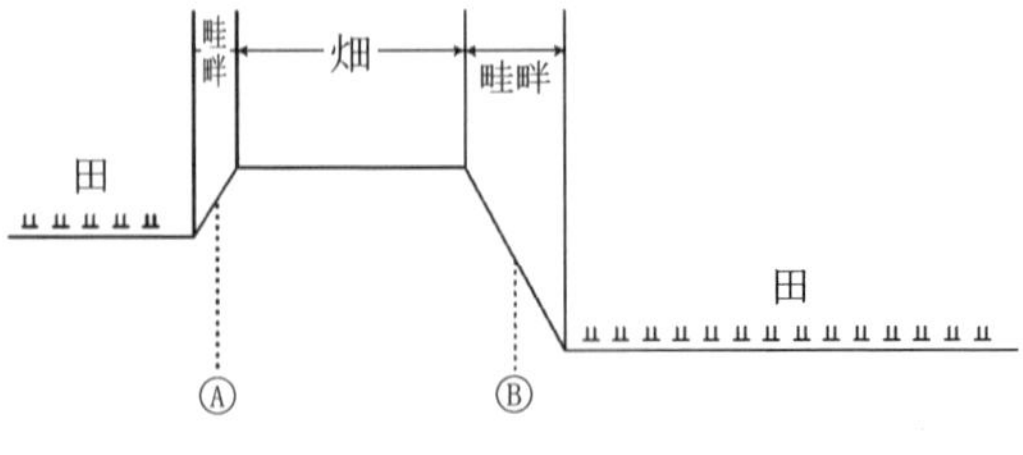

上の図の場合は、Ⓐ畦畔もⒷ畦畔も畑の所有者の占有を推定する。但し、これと異る慣習が地方にある場合は、その慣習にしたがう。

⑧ 田面高の異る場合の一般的筆界

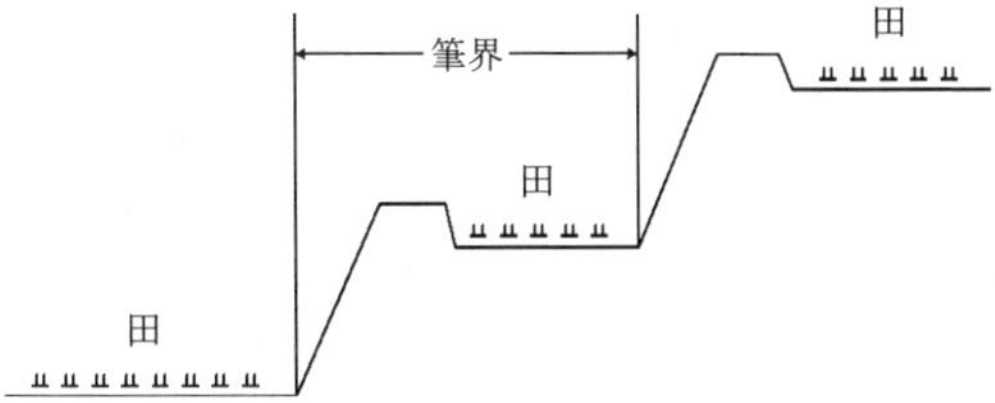

棚田式の場合の筆界は、第８図のように上方の田の畔下《くろした》（法尻）が筆界である。しかし、公図が二線引の場合は、畔（斜面）の部分が二線引に該当するものとして取り扱われるから、筆界は異動する。この場合は、上方の田の所有者が斜面の部分を占有しているものと推定して処理することとなる。但し、地方にこれと異る慣習がある場合は、その慣習による。

⑨ 田と山林原野と畑とが接続している場合の筆界

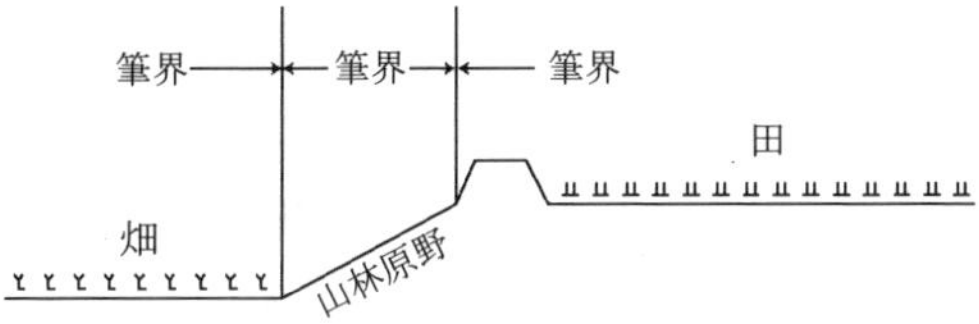

公図上の筆界が一本の線で表示されている場合の現地での筆界は上の図のように取り扱われるのが通例である。上の図で、「山林原野」の部分が持主のいない場合は、畦畔以外の土地（脱落地）として取り扱われる場合である。この場合、下方の畑との境界は、当該山林原野の法尻である。

は登記簿上の地積と相違しているときは、委託者に対し地図訂正又は地積更正等の必要性があることを助言するものとする。

(3) 第三八条（画地調整）・第四〇条（筆界確認の協議）又は第五〇条（復元測量）に基づき確認されたものは、筆界として差し支えない

(7) 公図による筆界確認の具体的事例

公図に基づく筆界の特定について、具体的事例を紹介しながら考察することにしよう。(19)

① 公図が優先する事例

〔事例1〕 公図上は、B点に顕著な屈折点が認められるが、現況のA–C間は直線であり、A–C間以外の公図上の形状と現況とはほぼ合致する。登記簿上の各筆の地積と現況の①番、②番の面積との割合は、①番のほうがやや多い。

現況の①番と②番には、約一メートルの高低差が認められる。

この事例の場合には、筆界創設時からA–C間が直線であったことを立証するに足りる証拠が存しない限り、公図

事例1

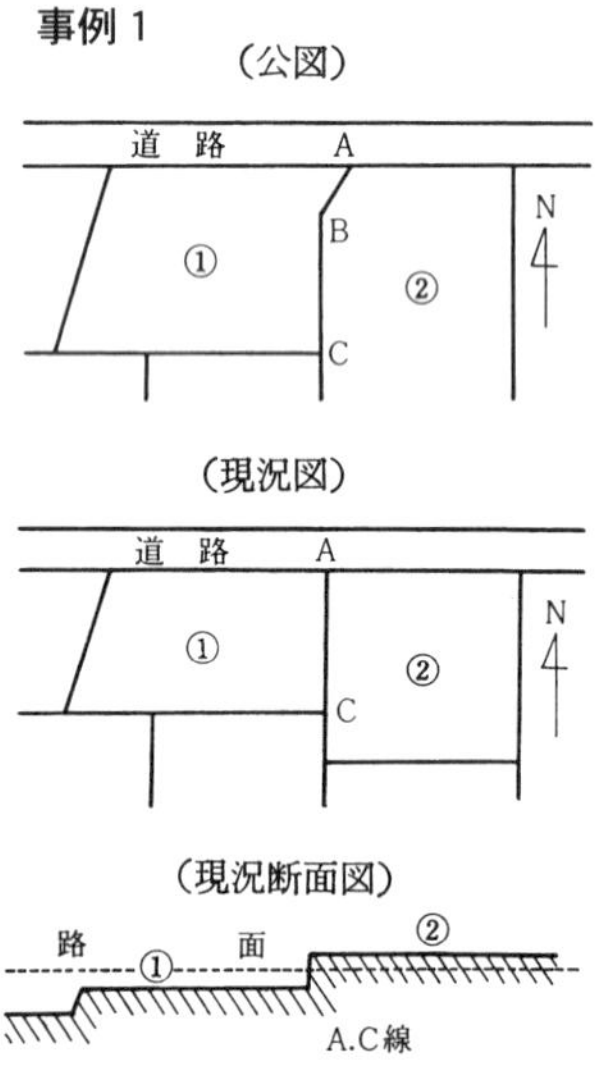

事例2

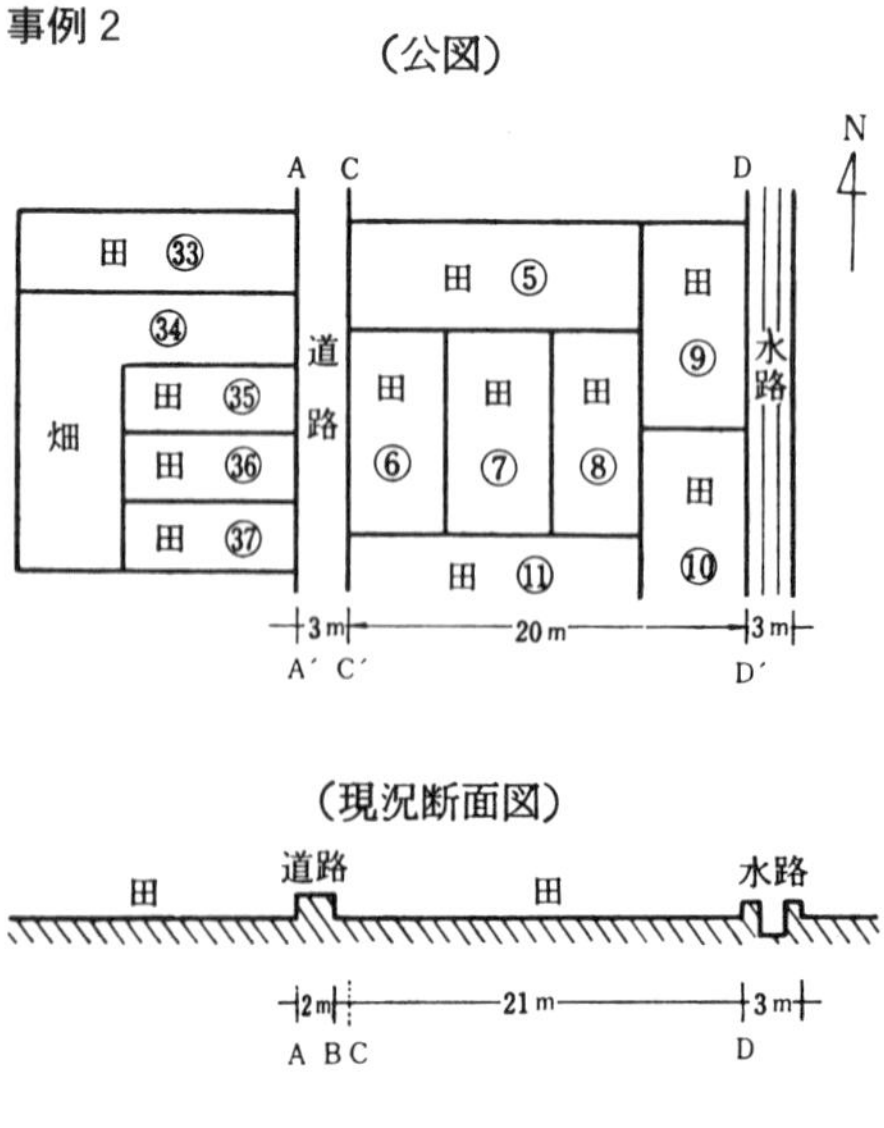

の形状をもって筆界を復元するのが通常例である。

〔事例2〕　道路の西端（A-A′）から水路の西端（D-D′）までの距離は、公図、現況ともに二三メートルであり、現況の道路幅は二メートル（公図三メートル）であるが、最近において改変された形跡は見受けられない。

また、道路と田面との高低差は約五〇センチメートルであって、道路と接しない⑦番～⑩番及び道路の西側に存する㉝番～㊲番の現況面積はそれぞれ公図の地積とほぼ合致するが、現況道路のC-C′線に接する⑤番、⑥番、⑪番の現況面積は公図の地積に比べていずれも多い。

この事例の場合には、⑤番、⑥番、⑪番の現況は、道路部分を二メートル包含するものと推測され、反証のない限り幅員三メートルをとったところにその筆界を復元するのが通常である。

〔事例3〕　登記簿上の各筆の地積は一反割（九九一・七三平方メートル）であり、公図上の各筆の形状も同型合同であるが、現況の⑬番の面積は一反三畝歩（一二八九・二五平方メートル）で登記簿上の地積よりも三畝歩（二九七・五一平方メートル）多いのに対し、その隣接地⑭番の現況の面積は七畝歩（六九四・二一平方メートル）で登記簿上の地積に比べ三畝歩少ない。

⑬番、⑭番以外の各筆の現況面積は、いずれもおおむね一反歩である。

これは開墾地等に多い事例である。状況から判断すると、⑬番と⑭番の所有者間の合意によりその占有界（所有権界）が改変されたものと推測されるが、土地の筆界はこれによって異動する性質のものではなく、筆界創設時の形状、すなわち公図に図示された形状に

事例 3

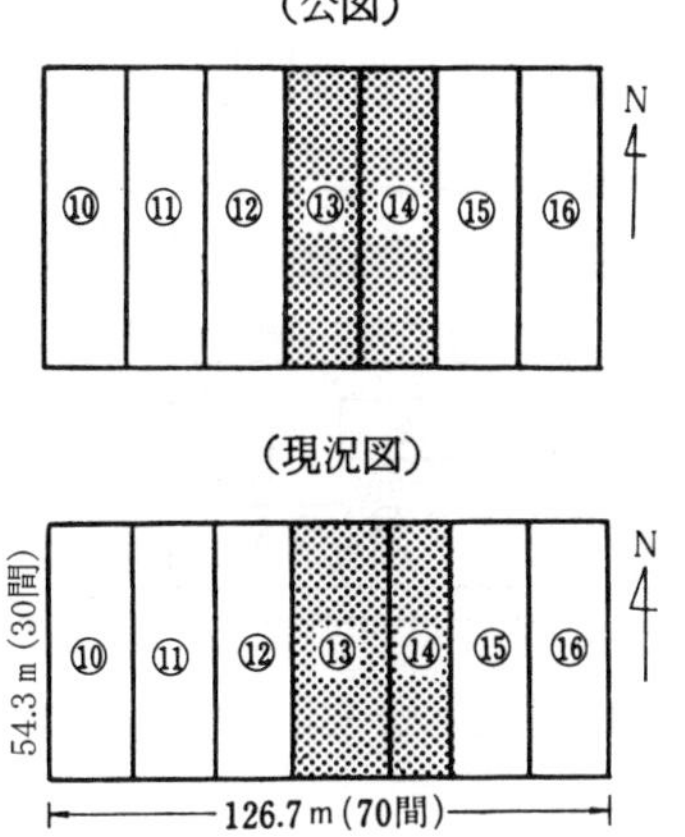

より復元するのが通常である。

〔事例4〕 ⑪番～⑬番は同一所有者であり、現況は内部の道路がなくなり、家屋の敷地として一体化し使用されている。現況の道路内部の面積は、⑪～⑬番の登記簿上の地積の総和とほぼ等しいものとなっている。

この事例のように、隣接地を同一人が所有している場合は、利用上の利便のためこれらを一体化して使用していることが多いが、各筆の筆界の復元は事例3の要領により、公図のとおり取り扱うのが通常である。

② 参考基準（前掲別紙㈥＝本書一二四ページ以下）を活用する事例

〔事例5〕 C－E間の距離は公図のそれとほぼ一致するが、現況の畦畔は公図が示す①番、②番間のA－B線よりも明らかに西側に存する。

各筆の登記簿上の地積は、公図により求められる面積にほぼ一致する。

土地の筆界を特定、復元するにつき現地に存する物証もその重要な手がかりとなるが、それが公図に照らし常識的

事例4

（公図）

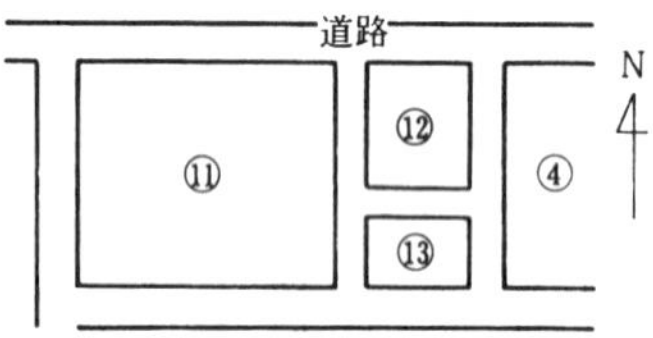

（現況図）

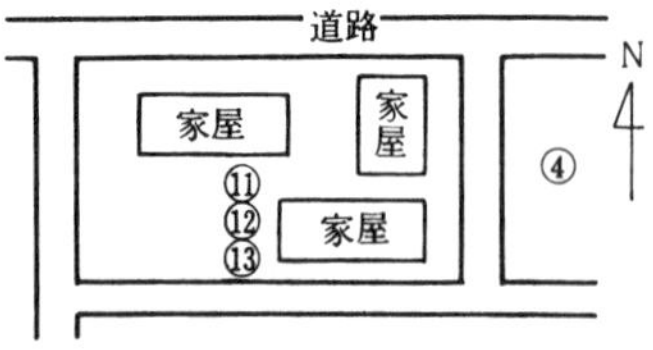

事例5

（公　　図）

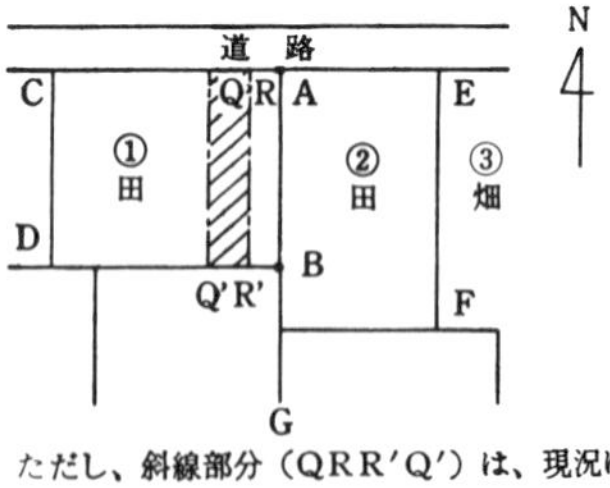

ただし、斜線部分（QRR'Q'）は、現況に存する畦畔部分

（現況断面図）

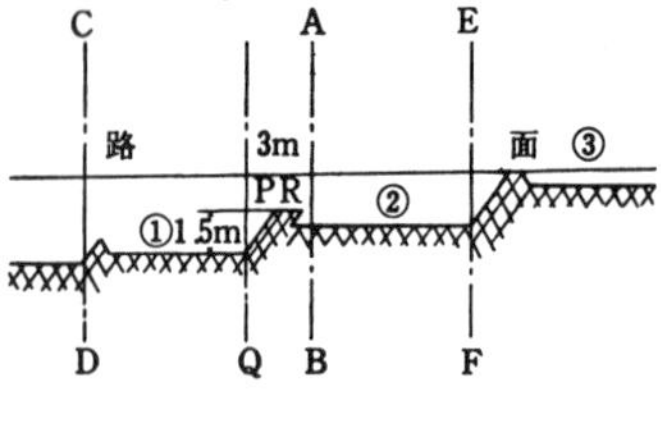

に妥当な位置に存するか否かの検討をしなければならない。

この事例の場合は、畦畔がこれに当たり、本来的にはA-Gの見通し線上に存すべきものがその位置に存しないところに問題があるのであるが、仮にA-Gの見通し線上に畦畔が存したとした場合、幅のある畦畔のどこをもって筆界とするかは、一般に次のような慣行による。しかし、地域によってこれと異なる慣習があるときはその慣習が優先することはいうまでもない（以下同じ）。

平坦地にあって高低差のない①番、②番間に落とし水の関係（一二七ページ第5図参照）があるときは、その畦畔は落とし水を落とす②番の所属とするのが通例である。

落とし水の関係がない場合（一二七ページ第6図参照）は、畦畔の中央をもって筆界とされるのが通例である。

高低差のある農地間の畦畔は、傾斜がおおむね一五度以上の場合（一二七ページ第7図参照）は高地の所属とし、その他の場合（一二七ページ第8図参照）は刈草の線又は畦畔の中央をもって筆界とされるのが通例である。

〔事例6〕　階段畑の筆界は、一般に斜傾地のり尻をもって筆界とされるが、所有区分のある傾斜地が開墾や造成されているときは、そののり面の中央をもって筆界とされる場合がある。

③　現状判断を要する事例

事例6

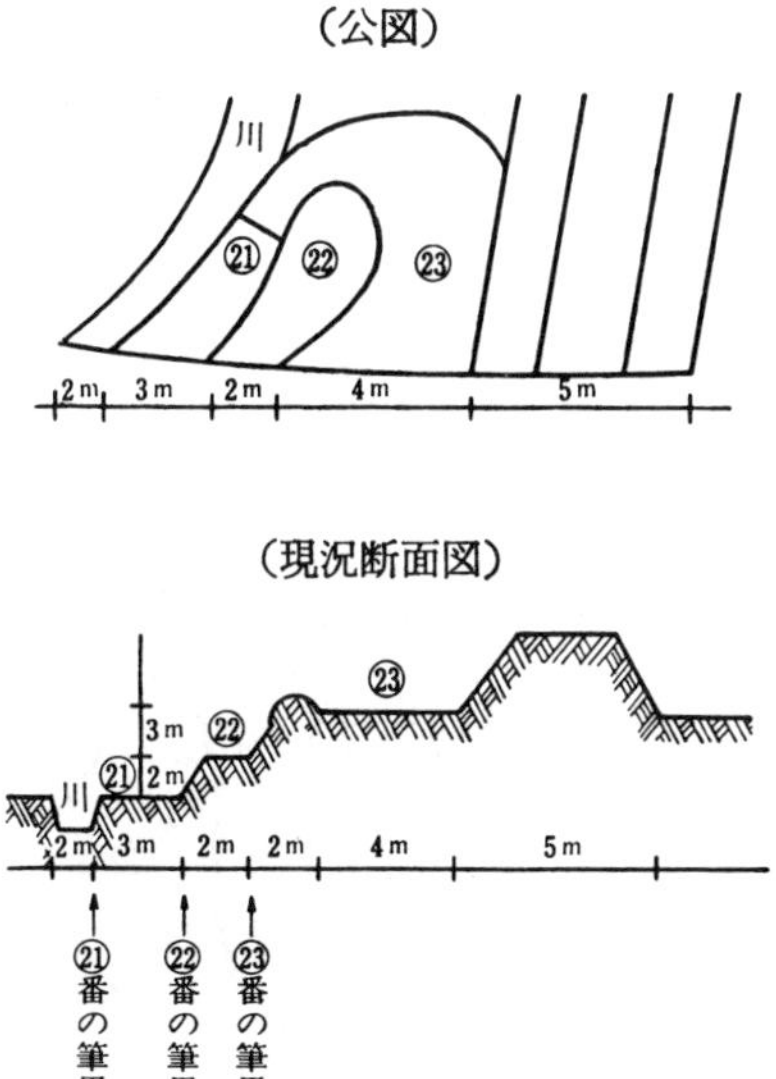

〔事例7〕　大字甲の公図と大字乙の公図のA—H間は、同一の山の尾根である。

現況は、明確な地形、地物が存在し、その形状は大字甲の公図とほぼ合致するが、D点において大字乙の公図の⑫番のD点に符号しない。局地的な測量に基づき調整されている公図にあっては、この事例のように公図間において接合をさせることができないものが少なくない。原則的には、公図が図示する形状をもって土地の筆界特定の第一義的根拠としてきたが、当事例においてはその根拠自体が否定されることになり、公図の補完資料である現地に存する物証、人証の正しい評価以外に筆界特定の決め手はないものといえよう。

〔事例8〕　河川に接する①番、②番は、その浸触を受けて高水位時における流水水面はB—B′線に至り三〇年を経過する。

常時水流水面下に没した土地は私権の対象とはならず、不動産登記法（八一条ノ八第二項）上その部分は滅失したものとして取り扱われるので、①番、②番の土地の筆界はB—B′線によることになる。仮に将来A—A′線に築堤工事が完成し、滅失部分の原状回復が図られたとしても、当該部分

事例8

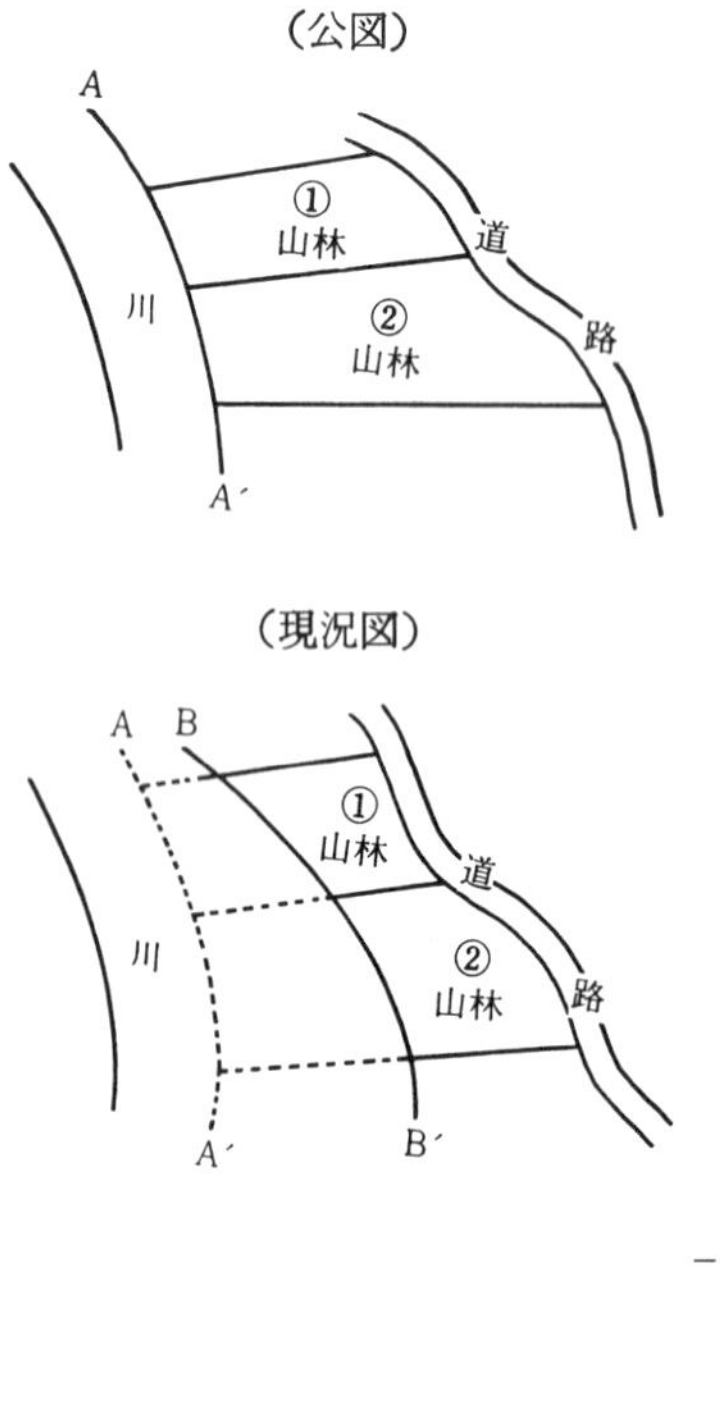

事例7

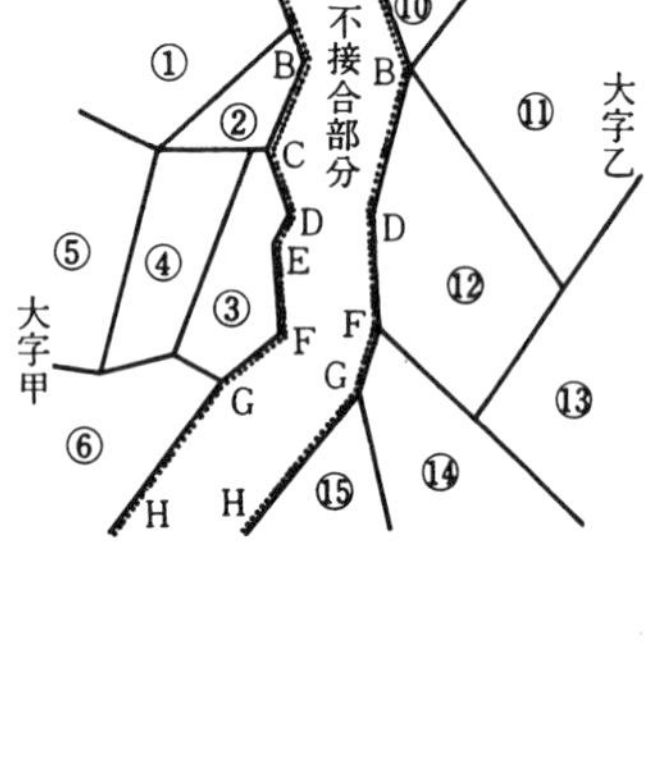

は従前の土地とは関係なく、新たな土地が誕生したものとして取り扱うことになろう。

(8) 判例による評価

① 公図の証明力

公図は、各筆の土地の位置・形状・境界線・面積等の概略を明らかにすることができるので、登記官が不動産の表示に関する登記事務を処理するために利用していることはもちろん、一般社会人が不動産の取引をする場合の調査資料としても利用されているが、そのほか各筆の土地の位置及び地番については、ある程度の事実上の証明力を有するものとして、訴訟においては一つの有力な証拠資料として用いられている。

公図の証明力については以下のような判例があげられる。

○水戸地判昭三九・三・三〇（下裁民集一五巻三号六九三ページ）

「公図は、もともと測量技術がまだ十分に発達していなかったときに、一筆の土地ごとに測量して作成した図面をよせ集められてつくられたものであるため、各土地の関係位置などの点は大体において正確だとしても…」として各土地の位置関係は正確であるとしている。

○長野地判昭四三・四・二三（判例時報五三五号三四ページ）

土地台帳並びに公図は、不動産登記簿と同様に登記所に備え付けの公簿とされていたことから、公図についても、その記載は当該土地の区画、地番につき……従来、一般にかなり強度の証明力を有するものとして取り扱われていたことは否めないところである。しかしながら……土地台帳ならびに公図は不動産登記簿とは異なり、本来権利関係の登録、公示を目的とするものではなく、土地についての事実状態の把握を目的とするものであるから、証明力といえども絶体的なものではなく、当該土地に関する争訟においては、一つの証拠資料となり得るというだけのものにすぎず、もとより、これに対し反証を挙げていうことができることはいうまでもない。

○東京地判昭四九・六・二四（判例時報七六二号四八ページ）、同旨東京地判平五・一一・三〇（判例タイムズ八七三号一五七ページ）、福岡高判平一四・六・二七（登記情報五二三号一四七ページ）

《証拠略》によると、東京法務局××出張所備付の本件関係土地の公図は、別紙図面㈡のとおりであるところ、公図上の甲土地の表示は東北側上部において細長い三角形でその下部は大体長方形の形状をしていること、そこで右公図と鑑定実測図を対照すると、原告主張のＡＢＣＤ線を境界とみると公図と同一の形状となるのに対し、被告ら主張のＡＧＫ線を境界とみると上部三角形の部分がなくなって公図と現況とが一致しなくなることが認められる。

ところで、公図は土地台帳の附属地図で、区割と地番を明らかにするために作成されたものであるから、面積の測定については必ずしも正確に現地の面積を反映しているとはいえないにしても、境界が直線であるか否か、あるいはいかなる線でどの方向に画されるかというような地形的なものは比較的正確なものということができるから、境界確定にあたって重要な資料と考えられる。したがって、公図と現況とを対照して境界をみる場合は、両者が一致するような線が境界としてより合理性があるということができる。そうすると公図上からは原告主張のＡＢＣＤ線は境界として十分な合理性がある。

○東京高判昭三二・一・三〇（判例タイムズ六八号九三ページ）

公図と雖もその制度如何により直ちに現地を検出することが困難な場合もあるが、公道等は比較的良好な精度を保つのが通例であり、甲第五号証の公図も、××山道とこれより分岐する小径（この小径の位置に格段の異動のないこと前示のとおり）との分岐点を基準に現地と対照すれば、惣領分の位置的関係並びに右分岐点以南の××山道の湾曲部に至る距離的関係を除いては（かかる作図上の過誤を来したであろう理由については前説示参照）大体現地の地形と一致し、比較的良精度と認められるというのであるから、右分岐点より以北に位する本件両地の位置、境界を判定するには、原則として右関係部分につき良精度と認められる公図と対照してこれを定めるのが相当である。

○東京高判昭五三・一二・二六（判例時報九二八号六六ページ）

「…各筆の土地のおうよその位置関係、境界線のおうよその形状については、その特徴をかなり忠実に表現しているのが通常である…」

○東京地判昭五五・一二・一八（登記情報五二三号一四八ページ）

「…明治初年に租税徴収を主目的として作成された地引絵図、字限地図を基本としているという沿革上の理由や当時の測量技術等の関係から、しばしば土地の位置、形状を明らかにする程度の不完全なものが多い。」「公図に記入される分筆線は専ら分筆申請者の提出図面の記載に依拠するために、その分筆線が分筆の結果生じる土地と隣接地との現実の位置関係を正確に示すものとは即断できない…」

○東京高判昭六二・八・三一（判例時報一二五一号一〇三ページ）

ところで、一般に「公図」と呼ばれている旧土地台帳附属地図は、地租徴収の資料として作成されたという沿革、作成当時における測量技術の未熟等にかんがみ、不正確なものであることはおよそ否定し難く、それ自体では係争土地の位置及び区画を現地において具体的に特定する現地復元力を有しないものとされている。そこで、訴訟の実際においては、かかる公図に加えて、筆界杭、畦畔等の物的証拠及び古老や近隣の人の証言等の人的証拠によって、当該土地の位置や区域を特定しているのであるが、このことは裏を返せば、公図の証拠価値はかかる物的、人的証拠によってはじめて決まるものであり、かかる物的、人的証拠がないときは、公図のみでは何の役にも立たず、本証としてはもちろんのこと反証としてもその証拠価値を認めることができないことにならざるを得ない（証言や本人供述であれば経験則に照らしてそれ自体の証拠価値を判断することができるのであるが、公図にあってはそれができないのである）。

○東京地判昭六三・一〇・二七（判例時報一二九七号六九ページ）

(1)　公図は、明治六年地租改正に伴い作成された野取絵図（改租図）を基礎とし、明治二〇年大蔵大臣内訓「地図更正ノ件」、「町村地図調整式及更正手続」により、これを更に正確にした更正図を基本としていること。

(2)　右更正図は、明治二二年土地台帳規則の制定に伴い土地台帳とともに管理され、事務処理上土地台帳附属地図として取り扱われていたが、昭和二五年七月三一日、土地台帳法の一部改正によって、税務署から登記所に移管されたこと。

(3)　右土地台帳法の改正に伴い制定された土地台帳法施行細則によって、登記所に地図を備えることが初めて明文化された（同細則二条）が、新しく地図を作成したわけではなく、税務署から引き継いだ右地図を同細則二条の土地台帳附属地図として取り扱っていたこと。

(4) その後、昭和三五年の不動産登記法の改正によって、土地台帳法が廃止され(軽井沢出張所については昭和四〇年一月一日に廃止を適用された。)、土地台帳と不動産登記簿との一元化が実施されるとともに、新たに一七条として登記所に地図を備える旨の規定が設けられたが、公図は、土地台帳法施行細則二条所定の地図(土地台帳附属地図)であって、不動産登記法一七条所定の地図には該当しないものであるから、右土地台帳法の廃止によって、公図はその法的根拠を失ったこと。

(5) しかしながら、不動産登記法一七条所定の地図が整備されるまでの間、便宜従来どおり、公図を閲覧に供する取扱がなされることとなったこと。

右の各事実によれば、公図は、当初租税徴収を目的として作成されたという沿革的理由から必ずしも精度の高い地図ではないが、単なる私人が作成したものではなく、国が関与して作成したものであり、不動産に関する権利関係を公示する官署である登記所において閲覧の用に供されていることから、不動産登記法一七条所定の地図が整備されていない地域においては、各筆の土地の位置、形状、境界線、面積等の概略を明らかにする一応権威ある資料として、現実の不動産取引に際して広く利用されているものということができる。

なお、土地台帳事務取扱要領(昭和二九年六月三〇日民事甲第一三二一号民事局長通達)第一八条によれば、新たに作成した地図を土地台帳法施行細則二条の地図とするには、当該地図に記載された各筆の土地の状況が土地台帳の記載事項に符号するかどうか、その他、その地図が土地台帳法施行細則二条の地図として相当であるかどうかを調査しなければならない旨規定されていた(《証拠略》によれば、右取扱要領は、土地台帳法の廃止に伴い形式的には廃止されたが、その後の事務処理は右取扱要領に従って行われていたことが認められる。)。

○福岡地判平成一三・一二・二七(登記情報五二三号一四七ページ)

「…その土地の形状や方位、方角についてはある程度信用できる……といわれている…」

② 公図の原本

○前橋地判昭四〇・五・一七（判例タイムズ一七六号一四五ページ、登記先例解説集三三三号三二一ページ）

ところで、現在××法務局に備付けられている地図は、明治政府が明治六年七月から明治一四年の間に改租のために調整したものであって、その図面の作成に当たっては、政府の一般方針としては、先ず検地のため人民から土地の地番、反別等を記載した地引絵図なるものを差し出さしめたうえ、町村吏が実地に臨み四隣の地主を立会わして官、民有地の別なく一筆毎にその所有を検し、その報告に基いて官吏が更めて現地に臨み地主および村総代人を会集して地引絵図と照合して誤りなきを期したうえ完成したものであることは世人の知るところであって、被告○○本人尋問の結果によると本件法務局図面は、△△村戸長が、実地を調査し、先ず、一筆毎の野帳を作成し、明治六年にこれを税務署に提出し官吏がこの資料に基いて作成したものであることが認められるので以上の事実をあわせると本件法務局図面は、本件土地の位置、境界について相当の正確性を有し、その記載は、証拠資料として信用するに足りるものと考える。しかして現在市町村備付図面は、前記法務局図面を謄写したものであることはこれまた一般の知るところであるから、本来両図面は、完全に一致すべき筋合のものである。しかるに本件にあっては、前記のとおり公図面の様相は著しく相異し、どうしてこのように異なる地図が二様に作成されたのかその間の事情は必ずしも明らかではない。現地検証の結果によると前記×川は発電所に利用されている相当規模の河川であって、原告主張の位置に一、一一七番の土地が存在するものとすればその東側境界は、右河川によって画されているものと認められるのにその表示を欠き同東側は空白のまま装置されその境界の記載を欠き、かつ同土地のみが異常に広大な面積を占め、その地形も極めて不自然である等の事実からみると、役場図面が法務局図面と相違を来したのは前記鑑定の結果からみると役場図面を作成するに当ってひとえにその謄写に誤りを犯したものか、または正確な検地を行わずして別途に作成したものと推認する外はない。他に一、一一七番の土地が一、一一〇番の土地と隣接していると認めるに足る的確な証拠はない。

したがって本件各土地の位置関係は、いつに法務局図面の図示するところによるべきものと考える。

○東京地判昭四三・九・二六（判例時報五五六号七一ページ）

登記所備付けの公図では、公図上一筆の土地の中央部に帯状の畦畔の存在を示す記載があるが、税務事務所の公図にはその旨の記載がされていない。

右両者の記載が何故に異なるに至ったかについてこれを明らかにする証拠はないが、このような場合、畦畔の存在の認定は、登記所備付けの公図と税務事務所備付けの公図の優劣によるべきであり、一般的には、正本である登記所備付けの公図が最も有力な手がかりを提供するのであるから、この記載を採用すべきである。

○横浜地裁横須賀支部判昭四五・二・六（訟務月報一六巻四号二六ページ）

地券制度が土地台帳制度に改められ、土地台帳が当初は地租賦課のため府県において保管され、更にその後、税務署に引き継がれ、最終的に法務局に移管されたことから考察し、法務局備付けの公図が公図の原本である。

③　無番地の土地の所有権者

○福岡高裁宮崎支部判昭三一・三・二六（訟務月報二巻五号五二ページ）

（要旨）元来、民有地は、土地台帳法等により有租地・免租地を問わず、堤防や道路であっても登記所及び市町村役場に備付けの土地台帳に登録され、字図に記載されているのであって、必ず双方共に地番が付されているが、官有地は土地台帳法の適用がないため、例外はあるにしても、土地台帳には登録されず、地番も付されていないのが原則である。本件内堤防は地番もなく、土地台帳にも登録されていないから、民有地ではなく官有地である。

④　めがね地

○東京地判昭四三・九・二六（判例時報五五六号七一ページ）

（要旨）畦畔又は土手敷を中間にして左右西側に同一地番の土地が一筆の土地として存在し得ることはあり得るが、かかる場合、一般の公図上は、右飛び地が同一地番に属することを示すため、飛び地にまたがって「○)○」又は「~」の符合が付されてこれを結びつけているのが通例であり、また、一般の公図上各地番の境界を示す黒線の内側に点線又は赤線が引かれて、民有畦畔の存在を示していることがある。本件土地部分によって東西に分離される形となっている土地を結び付けるべき「○)○」又は「~」の表示は見受けられず、また、本件土地部分に存在する三線引きの記載中中央の一線が赤色であることは、先に認定したとおりである。

これらの証拠は、何らかの理由で、民有「てび」（民有畦畔）の存在が公図上に、国有畦畔と差別することなく、記入されたのではないかとの推測を生ぜしめるに十分である。

（1）中村隆監修「登記のための測量学」登記先例解説集一七巻九号五八ページ
（2）同右一七巻九号五八ページ
（3）同右一七巻九号五九ページ
（4）土地台帳法第四四条により、国有地には同法が適用されず、国有地には地番が付されなかった。また、同法附則第六条により、伊豆七島にも同法は適用されなかった。

(5) 本川淳磨「境界発見に関する一考察」判例時報一〇九二号一三ページ
(6) 津島安秋「地図の変更・訂正とその手続」不動産登記講座Ⅲ総論(2)四〇四ページ
(7) 村松俊夫『境界確定の訴』〔増補版〕一五八ページ。新井・前掲登記研究四二四号四九ページ
(8) 枇杷田・前掲法務通信三六七号三ページ
(9) 新谷・川島前掲『改訂土地家屋台帳法解説』一〇ページ
(10) 枇杷田・前掲書七ページ
(11) 中村監修・前掲登記先例解説集一七巻九号五八ページ
(12) 公図は、現況に基づいて調製されているのであるが、そのほか、区画設計による図面に基づき現地の区画が行われている場合がある。例えば、北海道地区の連絡査定図は、屯田兵村や殖民選定区画として、計画的に区画設計がされ、また、戦後行われた農地改革による未墾地売渡しの場合も、配分計画図を作製し、これに基づいて現地の開拓が行われているので、これらの場合には、図面によって現地が区画されたことになり、図面の土地の特定に占める機能は大きい。中村監修・前掲登記先例解説集一七巻九号六〇ページ
(13) 中村監修・前掲登記先例解説集一七巻九号六〇ページ
(14) 新井克巳「公図と境界」民法と登記上四六五ページ、「不動産登記実務基礎講座第二二四（その3）」登記情報五二三号一四九ページ
(15) 昭三一・一一・一〇民甲第二六一二号法務省民事局長事務代理回答、昭三三・四・一一民三第二〇三号法務省民事局第三課長事務代理回答、昭三四・六・二六民甲第一二八七号法務省民事局長通達。もっとも最判昭六一・一二・一六民集四〇巻七号一二ページは、単に最高満潮位を基準とすべき旨判示する。
(16) 中村監修・前掲登記先例解説集一八巻二号九四ページ
(17) 中村監修・前掲登記先例解説集一八巻五号一〇〇ページ。承認というのは、現地における筆界を確認・発見するという意味であって、いわゆる当事者が勝手に筆界を決めることではない。
(18) 松尾英夫「訴訟からみた地積更正登記申請事件」登記研究三八三号四四ページは、具体的に境界を確認する場合の物的・人的証拠として次のように述べている。

物的証拠としては、地図類のほか次のように例示する。

(1) 物的証拠

① 境界石、コンクリート柱、木柱、境界木

境界石、コンクリート柱、木柱、境界木については、石、木の種類等、各地の慣習によって相違する。したがって、その慣習を調査する必要がある。境界石は御影石を使う場合が多い。境界木の利用状況は概ね次のとおりである。

北海道　とどまつ、からまつ、なら、くり、とうひ
東　北　まつ、すぎ、うつぎ、けやき、ひば、からまつ、さくら
関　東　うつぎ、うちころし、あすなろ
中　部　しようごい、かすうすぎ、りようぶ、からまつ
近　畿　あせび、まつ、すぎ、ひのき、つが、ひいらぎ
中　国　まつ、すぎ、ひのき、ひいらぎ、もろき、しで、くり、ふくらしば、あすなろ、りようぶ、もみ
四　国　もみ、まつ、とが、やまもも
九　州　きんちく、あすなろ、まつ、すぎ、ひのき、かや、あせび、つばき、けやき、くすのき、あおぎり、はぜ、たぶのき

そして、何時、誰がどのようにしてこれらを設置したか、あるいはその後移動したかどうか等についても調査する。また、境界石、境界木といっても大きいものになるとその石、木のどの点が境界なのか明確でないものもあろう。

② 地形

道路、山道、崖、岩、岸、谷、沢及び尾根なども判断の資料となる。

③ 林相、樹齢

山林の境界を判断する場合には、地主が植林しているときは、林相、樹齢の相違がその境界を物語るであろう。山林の形態としては種々あるが、天然林、人工林、単純林、混淆林、針葉樹林、濶葉樹、葉樹、

同齢林、異齢林、平地林、山岳林、陰樹（日陰に耐えるもの）、陽樹（日陰に耐えないもの）がある。また樹齢は切株の年輪、枝の数等によって判断することができる。

④ 所有、占有の状況

当該土地の所有占有の状況も参考となる。しかし、山林のような場合には、隣接地双方が併存的に占有していることもあるから注意を要するであろう。占有状態を明確にするためには、その土地の管理状態を調べる必要がある。山林の場合の管理で主要なものは、下刈り、除伐（不良木の除去）、間伐（すかし切り）、枝打ち、つる切りなどである。そして、その伐根の灌木、雑草等の残存状況を調べればよい。

⑤ 周辺地の公簿上の面積、地図上の面積及び実測上の面積

周辺地の公簿上の面積、地図上の面積及び実測上の面積の比率が一定している場合には、その地図の形状も現地に適合しているとみてよい場合が多かろう。

(2) 人的証拠

申請人（当該土地所有者）、前所有者、隣接地所有者、当該土地上の建物所有者、附近の古老、造成工事人、取引仲介人等の供述を参考にすることもある。

(19) この部分は、中村監修・前掲登記先例解説集一八巻五号九九ページ以下を引用させていただいた。

(三) 公図と境界確定訴訟

土地の調査における境界の確認は、公法上定まっている境界を現実に客観的に発見すること（東京高判昭三九・一一・二六高裁民集一七・七・五二九。本書一五三ページ参照）であるが、その発見は必ずしも容易でなく、各種の人証、物証等を総合的に評価して判断すべきものであることは、前述のとおりである。このことは、形式的形成訴訟であるといわれる境界確定の訴訟においても等しくいえることである。

境界確定訴訟は、現行法令上明確な根拠規定がなく、判例及び実務慣行上認められているものである。その性質は、形式的形成訴訟であるとする考え方が判例、通説である。この考え方によれば、判決によって訴訟の目的である権利関係を変動させることを目的としているが、他の類型の形成の訴えとは異なり、形成の基礎となる法規又は形成要件を欠き、法律上の主張としての請求がないということになる。したがって、境界確定訴訟は、その実質は、非訟事件であり、公法上の境界（筆界）を定めるものであるということである。

この境界確定訴訟では、通常の民事訴訟で認められている処分権主義及び弁論主義の適用がなく、原告は、隣接する土地との間の筆界線を定めることを申し立てればよく、確定を求める特定の筆界線を示す必要はない（最判昭四一・五・二〇最高裁判所裁判集民事八三号五七九ページ）。仮に原告が特定の筆界線を主張したとしても、原告の主張した線を超えた筆界線を定めることもできる。したがって、境界確定訴訟については、請求棄却の判決をすることができず、判決をもって境界を合理的に定めなければならない（最判三八・一〇・一五民集一七巻九号一二二〇ページ）。

ところで、この境界確定訴訟については、次のような問題点ないしは疑問点が指摘されている（登記簿「境界確定訴訟と登記実務について」登研六二五号九三～九七ページ）。

① 現行の境界確定訴訟には、登記官や土地家屋調査士などの、境界に関して専門的知識を有する者の審理への関与が十分でないこと

② 訴訟資料の面でも当事者が必ずしも境界に関する十分な資料をもっているとは限らないこと

③ 隣接地所有者間の紛争のみを対象としていることもあり、内容的に相矛盾する複数の判決が出される可能性があること

④ 判決の内容が、登記官の実地調査等の結果によると不合理なものであっても、判決の是正を求める制度がな

く、また、判決が出されても、その結果を登記することとはされておらず、境界確定訴訟と登記手続との連携がないこと

⑤ 判例は、境界確定訴訟の当事者適格は、隣接地所有者にのみ認められるとしており（最判昭三一・一二・七民集一〇巻一二号三八ページ）、隣地の所有者が分からないときは、境界確定訴訟の制度を利用することができないこと

⑥ 境界確定訴訟は長期間に及ぶことが多いこと

以上のような諸点が指摘されているのであるが、いずれにしても境界確定訴訟は、判決確定までに相当長期間を要すること、また、隣人同士で争うことになるため、隣人関係を壊したくない等の理由により、あまり利用されておらず、その機能を必ずしも十分に発揮しているとはいえないことが、不動産取引の活性化を妨げる一因になっているという認識から、新たに裁判外の境界線紛争解決制度（ＡＤＲ）を創設するための検討がなされた。

このような紛争解決機関として、例えば、各法務、地方法務局ごとに、地図や地域の実情に詳しい境界問題の専門家（登記官、土地家屋調査士、弁護士等）により構成される委員会を設置する。その委員会は、当事者からの境界確定の申立て等に基づき審理を行った上、法務局長等に対し意見を具申し、法務局長等は、委員会の意見に基づき境界を確定する処分を行う。登記官はこの処分を受け、その内容にそった所要の手続を行う。法務局長等の処分には行政処分性を認めることにより、処分に不服がある当事者は裁判所に取消訴訟を提起してその処分につき争うことができるといった内容の制度である（前掲登研六二五号九八ページ）。このような検討結果を受けて、新しい筆界特定制度が不動産登記法等の一部改正法をもって創設され、平成一八年一月二〇日から施行されている。この制度による筆界の特定には行政処分性は付与されておらず、したがって、前述の裁判所の境界確定訴訟による解決に置きかえることはできないが、当事者の理解と協力、そして専門的説明と説得によって筆界の発見という共通の事実

認識が譲成されることになり、本当の意味での、筆界をめぐる紛争の予防・解決に役立つ制度となることが期待される。

ところで、前述のように土地の筆界は、公法上の境界としての性質を有しているので、所有権界とは異なり、私人間の合意や時効取得によって移動することはあり得ない（私人間の合意につき最二小判昭三一・一二・二八民集一〇巻一二号一六三九ページ、取得時効につき最判昭四三・二・二二民集二二巻二号二七〇ページ）。

土地の地番と地番との境界は公法上のものであって関係当事者の合意で土地の境界を定めることはできず（最判二小昭三一・一二・二八民集一〇巻一二号一六三ページ、盛岡地裁一関支部判昭四〇・七・一四判時四二一号五三ページ、最三小判昭四二・一二・二六民集二一巻一〇号二六二七ページ等）(1)、裁判所は、まず客観的に存在している境界線を発見することに努力し、それが不明な場合は、係争地域の占有状況、隣接両地の公簿面積と実測面積との関係、公図その他の地図、境界標識等を証拠によって確定し、それらの事実を総合的に判断して合理的な理由のもとに境界線を確定する（東京高判昭四八・八・三〇東高時報（民）二四巻八号一五八ページ、大審判昭一一・三・一〇民集一五号六九五ページ）。もっとも、境界確定訴訟は、所有者を異にする両土地（この点については、取得時効が絡んだ事例につき例外を認めた判決がある＝最判昭五八・一〇・一八判時一一一一号一〇二ページ）が、隣接する場合において、境界についての争いがある所有者間（地上権者、賃借権者、抵当権者等には当事者適格がない）において境界を確定することを目的とするものであって、所有関係をはなれ（すなわち両土地が同一所有者に属する場合も含め）、一定の地番の土地とこれに隣接する他の地番の土地との境界を発見し又は設定するためのものではないから、境界確定訴訟における公図の機能もその範囲においてであるということになる。土地が共有である場合には、共有者全員が訴えを提起し、または訴えられることを要する固有必要的共同訴訟である（最判昭四六・一二・九民集二五巻九号一四五七ページ）が、共有者のうちに境界確定の訴えを提起することに同調しない者がいる場合、その余の共有者は、隣接する土地の所有者と訴えを提起することに同調しない者とを被告として境界確定の訴えを提起することができる（最判平一一・一一・九登記情報四六一号一九三ページ、民事法情報一五二号二二ページ）。境界確定の訴えの有する特質に着目したものであろう。

以下、主要なものを紹介しておこう（なお、前橋地裁の昭和四〇年五月一七日判決は、前掲「めがね地」の項とも重複するが、この項では意味合いが異なるので掲載した）。

○東京高判昭三九・一一・二六（高裁民集一七巻七号五二九ページ）

土地境界確定の訴においては、裁判所は、当事者の申立に拘束されずに、裁判所が相当と判断するところに従って境界を確定すべきであるとされているが、これはもちろん、境界の確定が、裁判所の自由裁量に委されていることを意味するものではない。すなわち、裁判所は、まずできるだけ客観的に存在している境界線を発見するよう努力しなければならないのはもちろんであり、その不明な場合に、いかにして境界線を定むべきかについては、法律は具体的にはなにも規定しているところはないが、古くから、裁判所の取扱と外国の立法例などによれば、係争地域の占有の状況、隣接両地の公簿面積と実測面積との関係を主にし、このほか公図その他の地図、境界木又は境界石、場合によっては林相、地形等を証拠によって確定し、それらの各事実を総合して判断するを要するとされているし、このことは条理に合したものと解せられる。特に、境界線を確定することは直接に隣接地の所有土地の範囲を確定するものではないが、多くの場合それに対し重大な影響をもつものであるから、隣接地の実測面積と公簿上の坪数の関係は、それがなくとも境界線が明らかに定められるような特別な場合を除いては、必ずこれを確定して、双方の関係を参酌して定むべきである。このことは、わが国でも裁判実務上相当古くから現在まで行われている実務上の慣行ともいえる裁判所の取扱であることは、当裁判所に顕著なところである。もしこれらの証拠資料によっても境界を知ることができないときには、衡平の原則から争いのある地域を平分して境界を定めるなどしなければならない（大審判昭一一・三・一〇民集一五巻六九五ページ参照）、いずれにしても裁判所は、常に合理的な理由づけのもとに境界を確定しなければならない。

○福岡高判昭四六・五・一七（判例時報六四五号八二ページ）

境界確定の訴は、隣接する土地の境界が事実上不明なため争がある場合に、裁判によって新たにその境界を確定することを目的とするものであって、その境界を確定するにあたっては、公図その他の地図、隣接両地の公簿面積と実測面積との関係、占有関係、境界標識、林相その他地形等を証拠によって確定し、それらを総合判断したうえ、合理的理由のもとにこれを確定すべきことはいうまでもない。ことに、境界線を確定することは、直接には隣接土地の所有権の範囲を確定するものではないが、多くの場合これが所有権の範囲に重大な影響を及ぼすものであるから、隣接土地の公簿面積と実測面積の関係は、それがなくても境界線を明らかに確定しうるような特別の場合を除いては、必ずこれを明確にして境界確定の資料とすべきである。

○東京高判昭三二・一・三〇（判例タイムズ六八号九三ページ）

問題は飛地籍惣領分の位置的関係であるが、同鑑定人の説明によるも、従来同鑑定人が各種の地籍図帳を調査したところによれば、特種の事例を除き大部分は、飛地籍を公図上に表示する場合には、正確な位置的関係を深く考慮することなく、特に場所的所在の表示に重点を置き作図する結果、かかる差違を生ずることあるべきものと思料される点が多いので、本係争の事例も同様の事例と判断されるというのであるから、前顕甲第五号証に図示されている惣領分の位置記載は作図上の過誤であると推定するのが相当である。（中略）

尤も前示鑑定人の説明にもあるとおり、公図と雖もその精度如何により直ちに現地を検出することが困難な場合もあるが、公道等は比較的良好な精度を保つのが通例であり、甲第五号証の公図も、△△山道とこれより分岐する小径（この小径の位置に格段の異動のないこと前示のとおり）との分岐点を基準に現地と対照すれば、惣領分の位置的関係並びに右分岐点以南の△△山道の湾曲部に至る距離的関係を除いては（かかる作図上の過誤を来したであろう理由については前説示参照）大体現地の地形と一致し、比較的良精度と認められるというのであるから、右分岐点より以北に位する本件両地の位置、境界を判定するには、原則として右関係部分につき良精度と認められる公図と対照してこれを定めるのが相当である。

○水戸地判昭三九・三・三〇（下裁民集一五巻三号六九三ページ）

しかしながら、右の公図の記載との比較だけによって、これまで挙げた諸事実ないし資料の存在にも拘らず、直ちに原告の主張を正当とみなすことは困難である。たしかに、境界確定訴訟のほんらいの目的は、公図上記載された境界線の所在を現地において見出すことにあるといってもよいのであるから、境界に関する双方の主張の当否を判定するにあたって、公図の記載との比較が重要な基準となることはいうまでもないけれども、当裁判所に明らかなところによると、一般に、公図は、もともと測量技術が未だ十分に発達していなかったときに、一筆の土地ごとに測量して作成した図面をよせ集めてつくられたものであるため、各土地の関係位置などの点は大体において正確だとしても、各筆の土地相互間の境界線の細部の形状などについてはかなり大まかに記載されていて、必ずしもあてにならない場合も少なくないように思われるから、土地の現況その他境界の確定に当たって実際上重視される客観的な資料がいろいろ存在する場合に、たまたま一方の主張する境界線の形状が公図上の境界線の形状により類似するというだけで、他の資料を一切無視して直ちに一方の主張を正当とみなすことは、到底妥当といい難い。殊に、本件のような宅地相互間の境界の確定にあたってはたとえば境界付近の堅固な建物や塀、雨水溝などの位置が、多年関係者が認めて来た両地の境界の所在を示す標識として、実際上きわめて重視されるのがふつうなのである。かような見地から見て、本件のごとく、前記一ないし三に判示したような塀、垣根、建物など、長年月にわたって関係者によって暗黙に認められて来た境界の所在をうかがわせるに足りる。客観的な事物ないし資料がいくつも存在して被告の主張の正当性をうらづけていて、しかも、被告主張の境界線も、幾分曲ってはいても、ほぼ公図上の境界線と同一方向に走っていて、その形状において公図とそれほど甚しいくいちがいがないというような場合には、原告主張の境界線の、公図の記載との類似にも拘らず以上判示した一切の資料を綜合して、被告主張の境界線を正当と認める方が一般の通念ないし慣行とも合致するゆえんと考える（公図の記載と現況とが甚しくくいちがうような場合には、固有の境界確定訴訟では、公図を基準として判断し、現況の点は、所有権確認訴訟等における時効の主張の判断によって別個に処理する方が筋が通るのかも知れないけれども、本件の程度の場合は、強いてそのように考えることは、紛争の解決として甚だ実際に合わないうえんなやり方というべきである）。

○前橋地判昭四〇・五・一七（判例タイムズ一七六号一四五ページ）

ところで、現在地方法務局に備付けられている地図は、明治政府が明治六年七月から明治一四年の間に改租のために調整したものであって、その図面の作成に当たっては、政府の一般方針としては、先ず検地のため人民から土地の地番、反別等を記載した地引絵図なるものを差し出さしめたうえ、町村吏が実地に臨み四隣の地主を立会わしめて官、民有地の別なく一筆毎にその所有を検し、その報告に基いて官吏が更めて現地に臨み地主および村総代人を会集して地引絵図と照合して誤りなきを期したうえ完成したものであることは世人の知るところであって、被告○○本人尋問の結果によると本件法務局図面は、△△村戸長が、実地を調査し、先ず、一筆毎の野帳を作成し、明治六年にこれを税務署に提出し官吏がこの資料に基いて作成したものであることが認められるので以上の事実をあわせると本件法務局図面は、本件土地の位置、境界について相当の正確性を有し、その記載は、証拠資料として信用するに足るものと考える。しかして現在市町村備付図面は、前記法務局図面を謄写したものであることはこれまた一般の知るところであるから、本来両図面は、完全に一致すべき筋合のものである。しかるに本件にあっては、前記のとおり公図面の様相は著しく相異し、どうしてこのように異る地図が二様に作成されたのかその間の事情は必ずしも明らかではない。現地検証の結果によると前記××川は発電所に利用されている相当規模の河川であって、原告主張の位置に一、一一七番の土地が存在するものとすればその東側境界は、右河川によって画されているものと認められるのにその表示を欠き同東側は空白のまま放置されその境界の記載を欠き、かつ同土地のみが異常に広大な面積を占め、その地形も極めて不自然である等の事実からみると、役場図面が法務局図面と相違を来したのは前記鑑定の結果からみると役場図面を作成するに当ってひとえにその謄写に誤りを犯したものか、または正確な検地を行わずして別途に作成したものと推認する外はない。他に一、一一七番の土地が一、一一〇番の土地と隣接していると認めるに足る的確な証拠はない。

したがって本件各土地の位置関係は、いつに法務局図面の図示するところによるべきものと考える。該図面によれば一、一一七番の土地と一、一一〇番の土地の間には一、一一四番、前記一、一一五番の一、二、および同一、一一六番の各土地が介在し、南北に相隔たっていることが認められる。

よって、原告が本件において求めている一、一一七番の土地と被告の所有する一、一一〇番の土地とは隣接していないのであるから、この部分について原告の境界確定を求める請求は失当として棄却すべきものとする。

○東京高判昭三九・一二・一一（東高時報一五巻一二号二五四ページ・判例タイムズ一七二号二〇〇ページ）

よって判断するに、土地の境界確定の訴においては、係争土地の公簿上の面積と実測上の面積との対比の結果が境界確定の一つの資料となりうることはもちろんであるが、常に必ずこれを境界確定の資料としなければならないものではなく、他の事実関係から面積の対比の結果と異なる境界を確定することもまた当然なしうるところである。原判決は、その理由二において認定した事実に基づき本件各土地の境界をその主文第一項のとおり確定したのであって、原判決挙示の証拠によれば、右事実の認定はこれを首肯することができ、右事実関係のもとにおいては、本件各土地の境界を原判決主文第一項のとおり確定するのが相当と認められるから、原判決に所論の違法はない。」同趣旨のものとして東京高判昭四六・九・八がある。「境界を確定するに当たっては、地形、地積の比較対照、建物等地上物件の位置等は重要な事項であることは勿論であるが、常にこれをもって境界を確定することを要するものではなく、他に有力な証拠があって右の事実全部又は一部と相容れない判断がされる余地もある。」

○東京地判昭四三・九・二六（判例時報五五六号七一ページ）

(3) 結局、畦畔の存否の認定は、公図と税務事務所の公図の優劣によるべきこととなり、当裁判所としては、公図の記載と税務事務所の公図の記載が異るときは、正本たる公図の記載によるべきであるとの証人○○の証言を採用し、本件においても、一応、公図の記載を採用すべきものと考える。

(三) 証人△△は、以上とややおもむきを異にし、四一四番の土地が水田であった当時のことを見分しているが、その内に畦畔または通路等は存在せず、ただ「てび」と呼ばれる水よけの仕切りが存在したように記憶する旨証言し、証人××は、別紙図面上からも明白なとおり、本件土地が国有畦畔であるとすれば、四一四番の土地は、古くから、国有畦畔により左右に完全に分離されていたこととなり、このような飛び地が一筆の土地として地番を同じくして存在することは考えられないから、少くとも国有の畦畔は存在しなかったと考えるのが相当であると証言している。

証人××の証言に関連するものとして、証人□□は、国有の畦畔または土手敷を中間にして左右両側に同一地番の土地が一筆の土地として存在することはありうるが、かかる場合、一般の公図上は、右飛び地が同一地番に属することを示すため、飛び地にまたがって「。)。」または「~」の符号が付されてこれらを結びつけているのが通例であり、また、一般の公図上各地番の境界を示す黒線の内側に点線または赤線が引かれて、民有畦畔の存在を示していることがあると証言しており、公図検証の結果によれば、本件土地部分によって東西に分離される形となっている四一四番の一の土地を結びつけるべき「。)。」または「~」の表示は見受けられず、また、本件土地部分に存在する三線引きの記載中中央の一線が赤色であることは、さきに認定したところである。

これらの証拠は、何らかの理由で、民有「てび」の存在が、公図上に、国有畦畔と差別することなく記入されたのではないかとの推測を生ぜしめるに十分である。

(四) 《証拠略》によれば、不動産登記簿上、四一四番の土地は、地目田の際「八畝二一歩」すなわち「二六一坪」の地積とされ、宅地への地目変更に際して、丈量増により「二六六坪六合九勺」に変更されているところ、昭和三四年、同番の二「一一八坪四合八勺」が環状七号道路用地として実測の上分筆されたので、同番の一として残存した地積は、登記簿上、「一四八坪二合一勺」となったことが認められる。

ところで、《証拠略》からも明白なとおり、本件土地は同番の一の内にあってこれを二分する形となっているところ、昭和三五年六月ころ、このことと関係なく、同番の一(同番の三の分筆は前記認定のとおり昭和三六年二月ころであるから、ここにいう同番の一は、右分筆前のものである。)および本件土地部分を含めてこれを同番の一として測量したものとしての実測図が存在し、これによれば、そのいわゆる同番の一の地積は「一三七坪八合八勺」であり、登記簿上の「一四八坪二合一勺」を相当下廻っているのみならず、このようにして実測された同番の一および二の地積の合計は、計数上「二五六坪三合六勺」となり、地目田の際の「二六一坪」にも満たない結果となることが認められる。

このことは、四一四番の土地に関しては、本件払下げ問題の発端となった前記1、㈡、4認定の四一二番の土地の場合と全く事情が異なることを示しているものといいうるであろう。

㈤ 《証拠略》によれば、四一四番の三として☆☆へ売却された土地部分は、明らかに、公図上、本件土地の南端の延長部分として同様に着色され、線引きされた部分を含んでいると認められるにかかわらず、その部分を含めて同番の三として分筆、売買が行なわれ、原告から、☆☆に対し、売買による所有権移転登記が行なわれている。

右移転登記手続に関連して、国有畦畔云云の問題が生じたとの立証はない。

㈥ (1) 以上を綜合し、当裁判所は、前記㈡、(3)において認めたとおり、本件土地該当部分に関する公図の記載すなわち、公図上、本件土地該当部分に薄ねずみ色の着色および三線引きの記載が存在すること自体は、これを認めるが、その意味内容は、民有「てび」の存在を示すにすぎず、本件土地は、四一四番の一の土地と別個に存在するものではなく、右土地の一部を構成するものであり、したがって、前記1、㈡、(2)において認定したところにより原告らの所有に属するに至っていたものと判断する。

(2) この場合、公図上の本件土地部分に関する記載と四一二番の六、四一三番の五等の記載が同一であるかどうかは、それがいかように判断されるにせよ、前記㈠から㈥までの認定の経緯よりして右(1)の認定を覆えすには足らないと考えられ、他に右(1)の認定に反する証拠はない。

(七) 果して然らば、本件土地を四一四番の一の土地とは別個の国有畦畔であるとした被告の認定は、誤りであり、引いては、本件土地の所有権の帰属につき誤りを犯しているものというべきである。

○山梨簡判昭五三・五・三〇(判例時報九三七号一〇〇ページ)

しかしながら、右公図の記載との比較だけによって、直ちに原告主張を正当とみなすことは困難である。公図は区画と地番とを明らかにするもので、土地台帳法施行細則第二条によって土地台帳に附属されたものであるが、実際の作成は明治六年地価台帳制を施行した当時、数年かかって作成された図面が引継がれたものであることは裁判所に顕著な事実であり、この図面は測量技術の不完全から現在不正確な面もみられるが、境界が直線であるか、そうでないか、或は曲線か、どの方向なのか、というような地形的のものは比較的正確で、距離角度などの点に不正確さが強く表われているといわれている(前掲境界確定の訴二〇ページ参照)。そうすると、土地の現況、その他境界に当って実際上重視される客観的な資料が存在する場合に、たまたま一方の主張する境界線の位置が公図上の筆界線の位置に類似するというだけで、他の資料を一切無視して直ちに一方の主張を正当とみなすことは到底妥当といいがたい。

そこで、本件をみるに、前記認定のとおり被告主張の境界線上にほぼ沿って石垣が存在し、また、それに沿って原告が造ったぶどう棚支線、柿の木が存在すること、及び原告の先代並びに原告が旧石垣の位置について右○○、右××、右△△らに対し異議の申し入れをしたことがなかったことを考え合わせると、これらの旧石垣は、長年月にわたって各所有者によって境界として暗黙に認めて来たものと認められ、しかも、被告主張の境界線も、右実測図のO点からH点、D点に向うにつれて、ごく浅い角度で何度か曲がっている延長のC、D線が、ほぼ公図上の筆界線と同一方向に走っていて、その位置において公図上の筆界線とそれほど甚しいくいちがいが存しないといわなければならない。

○東京高判昭五三・一二・二六（判例時報九二八号六六ページ）

ところで公図は実測図と異り、線の長さ、面積について正確を期待できないことはいうまでもないが、各筆の土地のおうよその位置関係、境界線のおうよその形状については、その特徴をかなり忠実に表現しているのが通常であるから、原判決は右甲第五号証を事実認定の用に供しながら、しかも後背地境界線を単純な一本の直線であると認定する以上、特段の理由を附すべきが当然であると思われるのに、これを附していないのであって、原判決には経験則違背または理由不備の違法があるといわねばならず、右違法は原判決認定の面積関係の比較が正当かどうかに疑を抱かしめ、延いて判決の結論に影響を及ぼすことは明らかで、この点に関しては論旨は理由があり、その余の論旨について判断するまでもなく原判決は破棄を免れない。そして更に事実上の点につき審理を尽くさせるため、本件を原審に差し戻すのが相当である。

よって民事訴訟法第四〇七条に従い、主文のとおり判決する。

土地の共有者のうちに境界確定の訴えを提起することに同調しない者がいる場合に、その余の共有者がその者を被告として境界確定の訴えを提起することが認められた判例として次のものがある。

○最二小判平一一・一一・二六（民事法情報一五二号二二ページ、登記情報四六一号一九三ページ、石川明「境界確定訴訟の当事者適格」登記インターネット三巻七号二六ページ）＝甲地のうち乙地との境界の全部に接続する部分を譲り受けた乙地所有者と残部分を譲り受けた者とが甲乙両地の境界確定の訴えの当事者適格を有するとされた事例

〔判決要旨〕 甲地のうち、乙地との境界の全部に接続する部分を乙地所有者Aが、残部分をBがそれぞれ譲り受けた場合において、甲乙両地の境界に争いがあり、これを確定することによって初めてA及びBがそれぞれ取得した土地の範囲の特定が可能になるという事実関係のもとにおいては、A及びBは、甲乙両地の境界確定の訴えの当事者適格を有する（民事訴訟法第一編第三章 当事者、第二編第一章 訴え）。

境界確定の訴えは、登記された土地の境界の確定を求める訴えであり、この訴えの当事者適格を有する者は、その境界確定に最も利害関係を有する者、すなわち、境界を接する各土地の所有者であることを原則とする。しかし、紛争の形態によっては、境界の両側が同一所有者に属する場合でも、境界を確定することが必要な場合があれば、その境界確定に最も利害関係を有する者に原告適格を認めるべきことになろう。

本件は、このような事例を提供するものである。

事実関係を単純化すると、原告Bは係争境界の東側に甲、丙、丁三筆の土地を所有し、その西側に被告Aは一筆の土地乙を所有しているが、甲土地のうち境界に接する一部分は既に被告Aに譲渡されていたものの、その旨の分筆、移転登記は未了であった。甲、丙、丁三筆と乙土地との境界には争いがあり、その結果、右譲渡に係る甲土地部分の範囲も当事者間に争いがあった。

このような事実関係のもとにおいて、原告は甲、丙、丁三筆の土地と被告所有の乙土地との境界確定を求めたが、甲、乙の境界の両側は被告Aが所有していることになるため、A、Bが当事者適格を有するかが問題となった。

本判決は、甲乙両地の境界を確定することによって初めてBが取得した土地の範囲の特定も可能になるという紛争の実体を取り上げ、Aの原告適格を肯定した。

登記の記載上、甲土地と乙土地とは境界を接しているから、この境界を確定する必要があるとすれば、その当事者はA、Bを措いてない。そうすると、ここでの問題は、A、B間の紛争が所有権の範囲の確定によって解決されるものなのか、各筆の境界の確定を要するものなのかと置き換えて考えることもできよう。本件において、境界の位置にかかわらず、譲渡された甲土地の範囲が確定できるならば、あるいは甲、乙の境界の確定は不要であったともいえるかもしれない。しかし、譲渡された甲土地は乙土地と接しているのであるから、甲土地の範囲を確定するには、結局、境界の確定が必要であるといえそうである。

従来の判例によれば、甲、乙間に別の土地があり、甲、乙が接していない場合（最一小判昭五九・二・一六判時一一〇九号九〇ページ）、各筆が境界を接していても、一方の所有者が他方の土地全部を時効取得し、両筆の所有者が同一となった場合（最三小判平七・七・一八裁判集民事一七六号四九一ページ）には、両地の所有者は境界確定の原告適格を欠くとされるが、各筆が境界を接している場合に、一方の所有者が他方の土地の境界の一部に接する部分を時効取得したとき（最三小判昭五八・一〇・一八民集三七巻八号一一二一ページ）(2)、一方の所有者が他方の土地の境界全部に接する部分を時効取得したとき（最三小判平七・三・七民集四九巻三号九一九ページ）(3)は、原告適格が肯定されている。また、一筆の土地の一部について所有権を時効取得した者が債権者代位権に基づく境界確定訴訟を提起できるか否かについては、相隣接する係争土地について処分権能を有しない者（残地部分については所有権を有しない）は、境界確定訴訟の当事者にはなり得ず、このことは代位形式の場合も同様であるとしてこれを否定し（千葉地判平一三・六・五みんけん五五〇号三四ページ）(4)境界確定訴訟において当事者の主張する境界が一致した場合における訴えの利益については、境界確定訴訟判決には、対世効があることを理由にこれを認めている（最判平一六・一・二二みんけん五六七号二七ページ）(5)。

境界確定の資料としての公図と客観的資料

○水戸地判昭三九・三・三〇（判決・下民集一五巻三号六九三ページ、登記先例解説集二一巻九号一八三ページ）＝境界確定訴訟は、公図に記載された境界線の所在を現地に見いだすことといってよいが、境界の確定に当たって実際上重視される客観的な資料が多く存する場合は、これらを無視して公図に記載された境界線を正当とすることは妥当ではない。

○山梨簡裁判昭五三・五・三〇（判決・判例時報九三七号一〇〇ページ）＝公図は区画と地番を明らかにするものであり、境界線の形状や方向などの地形的なものは比較的正確であるが距離や角度などに不正確さが表われていることから、土地の現況その他境界を判断するに当って実際上重視される客観的な資料を一切無視して、公図上の筆界線に類似した境界線を正当とみることはできない。

○東京地判昭四九・二・一三（判例時報七五二号六四ページ、登記先例解説集二一巻九号一八六ページ）＝公図訂正の申出は登記官の職権行使をうながすものであって、利害関係人の一方が他方に対し、登記請求権類似の公図訂正請求権を有するものではない。

○宇都宮地判昭三七・三・一五（下民集一三巻三号四二二ページ・登記先例解説集二一巻九号一八七ページ）＝公図の地番の記載に誤りがあるときは、当該地番の所有者は、利害関係人に対し、登記所に対する地番訂正の申告に協力すべきことを請求しうる。

○東京地判昭五五・六・二六（訟務月報二六巻一一号二〇三〇ページ、登記先例解説集二一巻九号一八八ページ）＝旧土地台帳附属地図は不動産登記法令に何らの根拠がない上、登記官の右地図の訂正又は不訂正の行為は権利者の法律上の地位に直接影響を及ぼすことはないから、右登記官の行為は不動産登記法一五二条にいう審査請求の対象となる「登記官ノ処分」には当たらない。

法務局備付公図と公図の原本

○横浜地判横須賀支部昭四五・二・六（訟務月報一六巻四号三五二ページ、登記先例解説集二一巻九号一八九ページ）。法務局備付けの公図が公図の原本である。

その他、次のようなものがある。

○東京地判昭四七・一・二六（判例時報六七一号六〇ページ）＝市街地内の宅地の境界確定訴訟において、公図との比較、公簿地積の沿革等について詳細な判断の過程を示した事例

○東京地判昭四九・六・二四（判例時報七六二号四八ページ）＝市街宅地の境界確定訴訟において、係争土地の占有状況及び実測の経過及び公簿地積、実測面積及び公図上の計算面積との比較を詳細にした上、占有状況によらずに公図と同一の形状を境界と認定した事例

○東京地判昭五一・四・三〇（下裁民集二七巻一～四号二四六ページ）＝土地境界確定訴訟において、境界不分明の場合に、両土地の公簿面積と実測面積の割合をしんしゃくして、境界を定めた事例

○仙台高判昭四五・一二・一六＝山林と宅地間の面積比較は無意味であるとし、「登記簿上の地目が当初から現在まで山林と宅地である場合、実測面積と登記簿上の面積比較を資料とすることは特段の事情のない限り妥当ではない。」とした事例

○東京高判昭五四・六・一九＝山林の面積については公図の記載に重点を置かないのが相当であるとし、「山林の公簿面積自体正確性を欠くことの多いことからして、原審が公簿面積と実測面積の対比及び公図の記載に重点をおかなかったこと……地方の習慣たる『うしころし』の存在を主として境界を確定したことは是認できる。」とした事例

○東京高判昭五二・二・一七＝境界標識として石積みの慣行を認め、「○○県○○町の付近に於いては古くから山林の境界を表示する方法の一つとして境界線に飛び飛びに自然石を並べたり又は石積みをきずいたりする慣行があり、土地の古老で同町一帯の山林のことにくわしい○○○○、○○○○等の意見によれば前示石積みはまぎれもなく、右慣行に従ったもので、南北の境界を表示している。」とした事例

○仙台高判昭四五・一二・一六＝崖地に当たらないとして上層の地への所属を認めず、「崖地処分規則（地租改正事務局明治一〇・二・八別報六九号）一条『オヨソ甲乙地ノ中間ニアル崖地ハ上層ノ所属トスベシ　ソノ従来ヨリ下底所属ノ確認アルモノハ旧慣ノママニ据置クベシ』、三条『従来ヨリ崖地半腹ヲモッテ境界トセルモノハ上条ニ照準シ実況ニ応ジ各個ニ処分スベシ』と規定されている。…けれども係争地の斜面部分の現況は雑木、雑草、ささなど密生する二〇度ないし二五度の勾配であり、しかも明治四三年頃の埋立て工事以前においては、それが一段と緩やかな斜面であったことから、社会通念に照らし…現状においてもこの程度の傾斜をもって崖地とは認めがたく、従って本件には右法条の適用はない。」とした事例

○東京高判昭五六・七・二二＝縄のびを重視して標石の線を境界線と認定し、いわゆる縄のび分を分筆にあたってどのように配分したのかも明らかでないから、登記簿上の面積、実測上の面積を重視して境界を定めるのは相当ではないとし、標石、占有状況、公図の線を対比して標石の線を境界と認定した事例

○最判昭三三・一〇・二一＝長さを按分したものであり、いわゆる縄のびがある場合において、相隣接する土地の境界線が不明であり、これを両土地の図面上の両側境界線の長さによって確定しようとするためには、まず両地の反対境界線を確定し、その間の長さが図面表示の長さと異なる場合には、他に特段の事情のないかぎり、その差異を図面上の両地の長さに按分して帰せしめ、もって、両地の境界線を確定すべきであるとした事例

○東京地判昭四六・四・二八＝証拠上、境界の確定ができないとして、双方主張の境界線の中間線をもって境界と

した事例
○東京高判昭四八・一二・一二＝売買の経緯から縄のび分を分筆後の土地に配分した事例
○東京地判昭五七・八・三一＝係争地の属する地番の争いにつき、公図上の地形を尊重した事例
○徳島地判昭三〇・六・一七＝コンクリート塀線及び登記簿面積により境界を認定した事例（コンクリート塀より五寸外側の線を境界とする主張を排斥したもの）
○大阪地判昭五四・一・一六＝水路と民地との境界につき基点をそれぞれ認定して境界線を確定した事例

(1)○最二小判昭三一・一二・二八（民集一〇巻一二号一六三九ページ）
（理由）原審における上告人の主張は、一七五番山林中に境界を区劃してその一部を売り渡したというのではなく、一筆の土地たる一七五番山林の隣地一六〇番の四山林との境界を所論の線と指示して引渡を了したというのであるから、右にいう境界とは異筆の土地の間の境界である。しかし、かかる境界は右一七五番山林が一六〇番の四山林と区別されるため客観的に固有するものというべく、当事者の合意によって変更処分し得ないものであって、境界の合意が存在したことは単に右客観的境界の判定のための一資料として異議を有するに止まり、証拠によってこれと異なる客観的境界を判定することを妨げるものではない。原判決には所論の違法はない。
○盛岡地裁一関支部判昭四〇・七・一四（判例時報四二一号五三ページ）
（理由）土地の地番と地番との境界は公法上のものであって関係当事者の合意で左右することのできない性質のものであり、当事者の任意の処分が許されないものであるから、当事者の任意の処分ができることを前提とする和解または調停ができないことはいうまでもなく、したがってかかる調停をしてもそれが無効であることは原告主張のとおりである。

しかしながら、《証拠略》によれば本件調停は、原告が自己所有土地内に被告が立入ってその立木を伐採し、同土地が被告所有の土地であると主張しているとして、その土地が原告の所有に属する旨の確認を求める調停事件において成立したものであるところ、同条項第一項は原告が○○市○○町字二〇番の山林を所有し、被告が同字二一

番の一の山林を所有し、その各山林が隣接していることは争いがないが、その接触する部分がいずれの所有権の範囲に属するのかについて争いがあるため、その双互の所有権の範囲の一側面を確認したものであり、かつ同条項の第二項により被告の所有地に属するものとされた部分の一部分の所有権を原告に移転することを約したものであることが認められ、この事実を覆えすに足りる証拠はない。そして右第一項が単に境界を定めた趣旨であるとすれば、かえって他の条項特に第二項を合理的に解釈することが困難となるであろう。

しかして、当事者間に争いのある場合に双互の土地所有権の限界について当事者が合意することは何ら差支えなくこれは当事者の処分の許される事項であると考えられるから、この点においては本件調停条項第一項が無効であると解すべきではない。

○最三小判昭四二・一二・二六（民集二一巻一〇号二六二七ページ）

（理由） 原判決は、本件各所有権確認請求を審理するにあたり、前提として本件各土地の境界を確定しているが、境界確定については、上告人○○と被上告人らとの間に合意が成立したことのみに依拠していること明らかである。

しかし、相隣者間において境界を定めた事実があっても、これによって、その一筆の土地の境界自体は変動しないものというべきである（昭和三一年一二月二八日当裁判所第二小法廷判決・民集一〇巻一二号一六三九ページ参照）。したがって、右合意の事実を境界確定のための一資料にすることは、もとより差し支えないが、これのみにより確定することは許されないものというべきである。

○東京高判昭三七・七・一〇（下裁民集一三巻七号一三九〇ページ）

土地の経界は公法上のものであって、関係当事者の合意で左右することのできない性質のものであるから、関係当事者の和解で経界を定めた事実があっても、これにより固有の経界自体が変動するものでないこと、原判決が上告人主張の(イ)(ハ)の両点を結ぶ線が係争土地の経界であると認めたものであること、右経界は上告人と被上告人の管理人である訴外○○との間に成立した和解で定められた線と一致するものであることは、上告人主張のとおりである。しかし、原判決の記載によれば、原判決は上告人のいうように、右和解が成立したことによって右(イ)(ハ)の両点を結ぶ線が係争土地の経界に変ったと判示しているものではなく、その挙示する諸証拠に基いて、係争土地の占有関係、現地の状況等を認定したうえ、上記和解の成立したことをも一つの証拠資料として参酌した結果、これらを綜合して右和解で定められた(イ)(ハ)の両点を結ぶ線が、当初から存在する係争土地の固有の経界であると認定したものであることが明らかであるから、原判決には上告人主張のような違法はなく、また上告人引用の最高裁判所判例は本件に適切でなく、論旨は採用できない。

○大阪高判昭三八・一一・二九（下裁民集一四巻一一号二三五〇ページ）

原審が、被上告人は本件係争地上の立木伐採に先立つ昭和二九年三月頃、訴外○○との間で、被上告人の所有地（二八七番地）と右訴外人所有地（二八五番地）の境界を、原判決添付図面(ハ)(ニ)(ホ)(ヘ)を順次結んだ線と定め、同年七月その旨記載した書面（乙第一号証）を作成し、更に同三三年六月二六日、△△簡易裁判所において、右と同趣旨、及び、仮に右両地の真実の境界が右図面(ハ)(ト)(リ)を順次結んだ線であるとすれば、同訴外人は同日限り右協定線より東側の土地（本件係争地）を被上告人に対し譲渡する旨の和解をした事実を認定し（原判決挙示の証拠によれば右事実を肯認することができる。）、従って、仮に本件両地の境界線が上告人主張の通りで、上告人が本件係争地上の立木を前記訴外人から買受けたとすれば、同訴外人は本件立木を上告人と被上告人の双方に対して譲渡したことになるものであるところ、上告人が立木所有権取得につき明認方法等の対抗要件を具備したことについては、なんらの主張立証もないから、結局上告人は自己の所有権取得をもって被上告人に対抗し得ない旨判示していることは、原判決理由の記載によって明かである。而して原審は、前記協定線を協定した際既に裁判上の和解と同趣旨の仮定的所有権譲渡がなされ、裁判上の和解によってこれを更に確認した事実を認定しているものであることは、判決全部を通読して窺われるところであって、土地の境界線が協定された場合において真実の境界線と協定線が相違しているときは、特別の意思表示がない限り、両境界線にはさまれた土地は一方から他方へ譲渡される暗黙の合意がなされていると認めるのが相当であるから、原審が右の趣旨で、上告人の本件立木所有権が被上告人に対抗できないと判断したことに違法な点がない。

上告人は、原判決言渡後前記二八五番地の土地について所有権移転登記を受けたからこれによって対抗力を具備したと主張するけれども、上告人が原審において右主張をしていないことはその主張自体からみて明かなところであるから、右主張は本件についての上告理由としてこれを採用することができない。

○東京高判昭五一・一・二八（東高時報二七巻一号一四ページ・判例時報八〇五号六五ページ・判例タイムズ三三

七号二二三ページ・金融法務八〇七号二六ページ）

地番を異にして隣接する両土地の地番上の境界の確定について合意が成立した意味と解される余地もあるところ、所有者を異にする両土地が隣接し、その境界に争いがある場合において所有者双方がその両土地が各別異の地番に属することを前提として、その地番上の境界を合意をもって定めることは右各地番をもって特定される所有地の限界が実地において当該合意線で相接することを合意することにあって、その合意は私権の自由な処分ないし所得を伴うにすぎない行為として有効であると解することができる。右合意の結果として、現況と公図との一致が計られる場合であっても、また公図との不一致が生ずる場合であっても、右の合意行為自体は、地番の区画に対する公的機関の作用に関することを目的とするものではなく、結果として生ずる公図との不一致の是正も、もともと現況と公図が一致していなかった場合と同様に、公的機関との関係において分筆合筆等の手続によって処置されれば足りることであって、公図と異る現況をもって所有権を行使していることが私法上違法無効を生じないのと同様に、公図上の表示と一致しない位置形状の境界線を実地に即して合意すること自体に私法上の違法無効をいうべき理由はないものと解されるから、原審における上告人の右主張が前示のようにいずれに解されるかにかかわらず、この主張に対する判断を原判決がなんら示していない点に所論違法があり、その違法は判決の結果に影響を及ぼすことが明らかといわなければならない。

同第三について。

境界確定訴訟は、所有者を異にする両土地が隣接する場合において、境界について争いがある所有者間において境界を確定することを目的とするものであって、所有関係をはなれ、一定の地番の土地とこれに隣接する他の地番の土地との境界を実地に即して発見しまたは設定するためのものではないから、右両土地が同一所有に属する場合において、その所有者が両土地の境界の確定を求めるについては訴の利益を有しないものといわなければならないところ、原判決は、ＡＤを結ぶ直線以南の所論係争地が被上告人の所有に属することを判断しながら、その所有に属する土地内において所論七六六番の土地と同七六五番一の土地との境界をＡＤ′を結ぶ直線であると確定して被上告人のために判決しているところに無益な境界を確定した違法があるものといわなければならず、その違法は判決の結果に影響するところが明らかである。論旨は理由があり、原判決はこの点につき前記第四点との関連において破棄をまぬがれない。

（2） 今村隆「境界に接属する土地全部の時効取得と境界確定の訴えの当事者適格」（消極）みんけん四七二号四一ページ

（3） 西森政一「境界の全部に接続する土地部分の時効取得と境界確定の訴えの当事者適格」みんけん四七一号五七ページ

（4） 新谷貴昭「債権者代位権に基づく境界確定訴訟の提起の可否（否定）」みんけん五五〇号三四ページ

（5） 兼田加奈子「境界確定訴訟において当事者の主張する境界が一致した場合における訴えの利益の有無（積極）」みんけん五六七号二七ページ

四 公図と境界確定協議

⑴ 手続の概要

法定外公共用財産等の境界確定手続は、他の国有財産のそれと同様、原則としては隣接民有地の所有者の立会いを求めて協議し、現地及び図面上で境界を確定する（国有財産法三一条の三）。隣接民有地の所有者が立ち会って協議したけれども不調に終わった場合は、筆界は未確定のままなので、境界確定訴訟を提起する。

隣接所有者に立会いを求める通知を発しても、その者が正当な理由がなく立ち会わない場合には、市町村職員立会いのうえ境界を調査し、さらに国有財産地方審議会に諮問して境界を決定する（同法三一条の四）。そして、決定した境界を隣接所有者に通知する。その者がこれに同意すれば決定どおりに境界が確定し、不同意の返事があれば、境界は未確定のままなので、境界確定訴訟を提起することになる。同意とも不同意とも返事がないときは、同意があったものとみなし、境界が確定した旨を通知し、公告して手続を終了する（同法三一条の五）。

(2) 法的性質

かつての境界査定処分が公権力を背景とした行政処分であるとされていた(1)(旧国有財産法一〇条、一一条、一四条)が、現行国有財産法の定める上述の境界確定協議等が行政処分であるかどうかは争いがある。しかし、同法の立法経緯や、同法が隣接地所有者の明示ないし黙示の同意がない限り境界確定の効力を認めていないことなどをかんがみると、同法三一条の三に定める境界確定協議は、国と隣接地所有者の間の所有権の範囲を定める私的契約(和解類似の無名契約)と解すべきであるし、同条の四に定める境界決定手続も、非権力的な事務であると解される。(2)(3)もっとも、境界決定手続については、これを相手方の不同意を解除条件とする行政処分とみる学説も有力である。(4)

（1） 東京高判昭三五・九・二一訟務月報六巻一〇号一八九五ページ
（2） 境界確定協議に関する同旨の裁判例として、東京地判昭五六・三・三〇判例時報一〇〇七号四五ページ、最判昭六二・四・一七民事研修三八四号三五ページ。市事務決裁規程に基づく道路査定の処分性につき、同旨・横浜地判昭五五・七・一六判例時報九九四号四二ページ、塚本孝次郎『国有財産法精解』(昭四〇)四九七ページ、倉田卓次「境界確定の訴について(2)」訟務月報二二巻一〇号(昭五〇)二四九八ページ
（3） 国有財産法上の境界確定協議等が私的契約ないし私法上の行為であるとすれば、これらを行政処分とみることは困難であり、また、法文上も境界確定協議等を行政処分と解すべき根拠規定は見当たらないので、境界確定協議等に対する行政不服審査の申立ては不適当であり、同様に、行政処分取消訴訟その他の抗告訴訟も不適法である。寳金敏明「法定外公共用物の基礎知識」民事研修三七四号一〇〇ページ。同「国有財産法上の境界確定協議の効力が問題となった事例」民事研修三八四号三八ページ
（4） 金子宏「国有財産の管理と処分」ジュリスト一八六号(昭三四)二八ページ。原龍之助『公物営造物法〈新版〉』(昭四九)一八二ページ。田中二郎『新版行政法中巻全訂第二版』(昭五一)三一三ページ。杉村章三郎『財政法〈新版〉』(昭五七)三四三ページ　等

(3) 境界確定協議等の資料としての公図

① 境界確定協議書等の審査

登記実務においては、分筆地積更生登記申請に係る土地が公図にある里道・水路等に隣接するときは、境界確定協議書、境界明示指令書等を申請書に添付するのが一般的な取扱いであり、この場合、これらの書面上に記された境界確定又は境界明示自体の適否について検討がなされる。もっとも、境界確定協議は所有権の範囲を定める私的契約であり、それによって形成される境界もいわば私的境界にすぎないのであるから、この境界確定協議書の存在は公的境界を確定するための一資料にすぎない。

② 公図による境界確定

里道・水路等と民有地との境界確定においては公図が強く機能するところであり[1]、したがって、この場合の境界確定は、公図上に存在する右里道・水路を現地において再現ないしは復元することが中心となり、通常、境界杭、明示鋲などの明認方法で界線を明らかにし、その成果を適宜の紙面上に図示することになる。この境界は公図作成当時の里道・水路の現況を境界確定時点において再現したものと理解しなければならない。

公図上にある里道・水路等は、原則として、確実な各種の証拠資料により反対証明がなされないかぎり、公図作製当時の公図に精度の格差があっても、図示どおりの位置・形状をもっておおよそ現地に存在していたものと推定されると考えられる。したがって、長年の日時の経過、付替えなどの諸事情等、後発的原因により、公図と異なって存在する現況上の里道・水路等と民有地との境界をもって境界とすることは許されない。のみならず、現存しない里道・水路等の境界確定についても、公図の図示と異なる境界の確定はなしえないものと考えられる。公図は単なる参考資料にすぎず、現場での合意、あるいは現況で境界確定をし、里道は幅員があればそれで十分であるといった認識は妥当しない。

③　公図の精度と境界確定

およそ公図は明治初期に作製され、当時の作製経緯・方法の程度は高くなく、したがって、精度は比較的低いと考えられるが、市街地、村落地、農耕地、山地など地域によって精度の高低があるのもまた事実であり、これらの事情を前提にして境界確定の適否の判断をしなければならない。すなわち、その参照すべき公図の精度を的確に判定したうえ、仮に相当程度精度があるとして、公図に図示の里道・水路等と民有地との境界確定は、図示どおりの形状でもってなされるべきであって、これと異なるものは認められない場合が多いと考えられる。

④　具体的事例

図1＝この事例は、二番の土地を分筆するに際して添付される境界確定協議書の例示図面であるが、公図の地域が市街地に準じた地域であり、精度がかなりあるという前提で考えると、このよう

図1

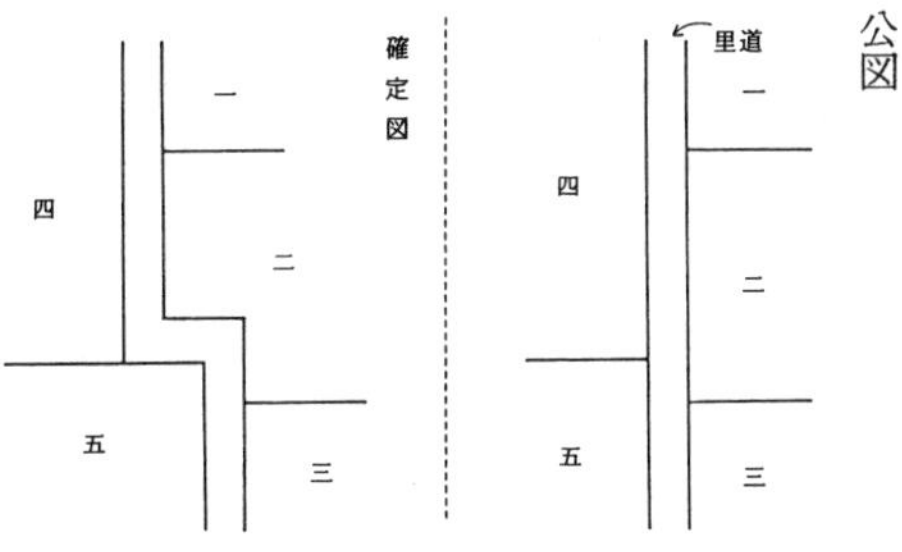

図2

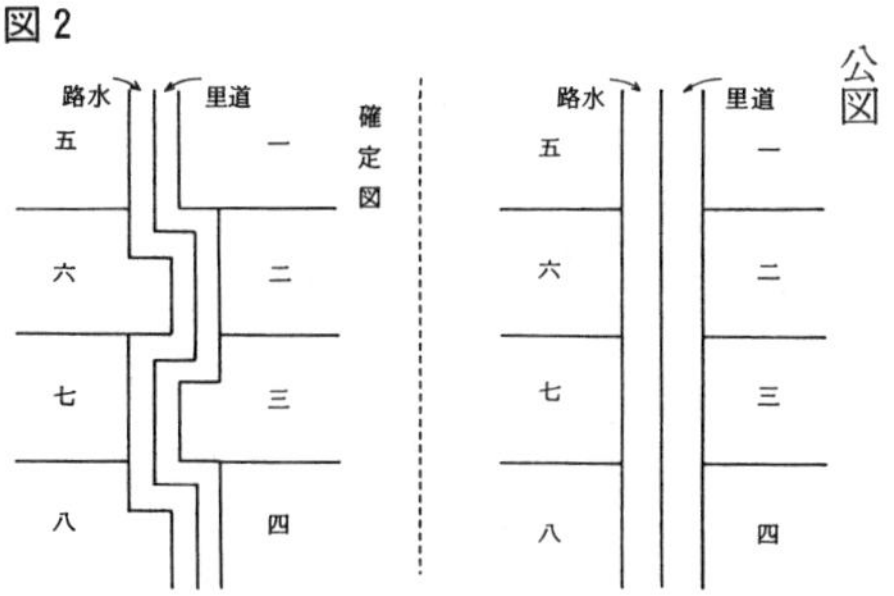

な形の境界確定は認容できないと判断するのが一般的である。

図2＝この事例は、農耕地の場合の境界確定であって、公図の精度はやや低いと考えられる地域であるが、この事例のごとく農耕の用に供するために、人馬、牛車が通行する里道、かんがい用の水路が公図作製当時蛇行していたとは考えられないので、境界確定図は正当とは認められないのが一般的である。

図3＝この事例は、市街地に近い農耕地の場合であるが、公図の精度は低いとはいえない地域であり、公図は二線引水路より幅員がある水路で用悪水路のようである。したがってこの場合も、境界確定図の通りには認めることができないのが一般的である。

図3

公図

確定図

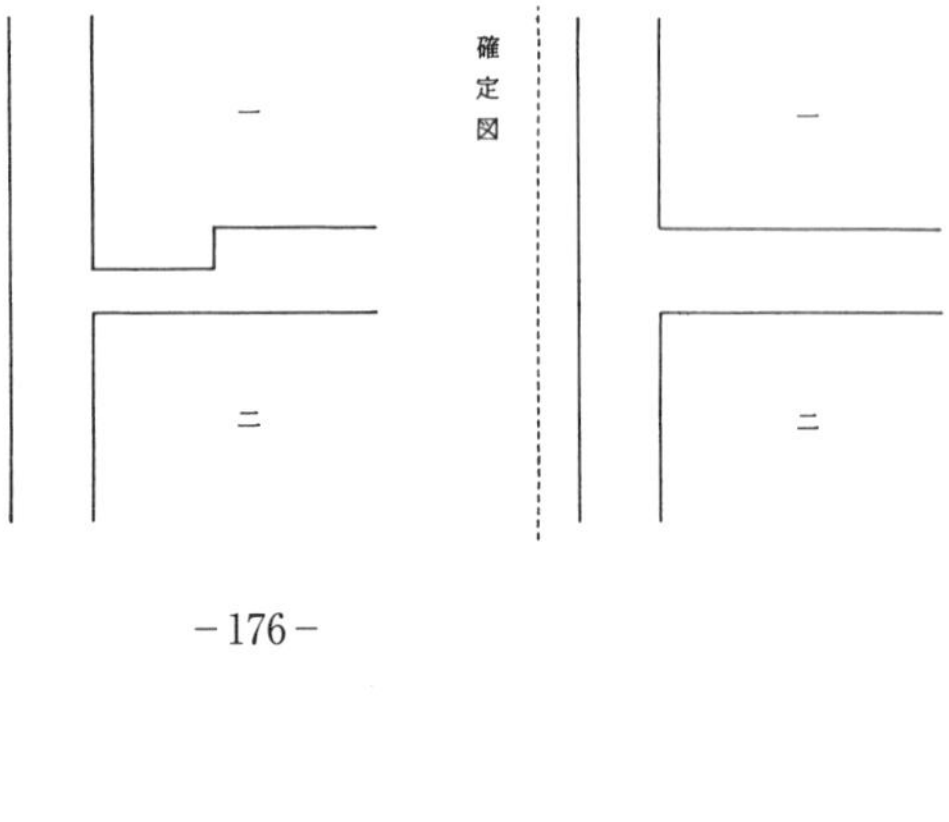

(4) 境界確定協議と境界確定訴訟

昭和三二年の国有財産法の改正により、国有財産に属する土地と私有地との境界が不明の場合の協議、決定に関する規定（国有財産法三一条の三以下）が置かれた結果、私有地間の境界の場合と異なり、国有地と私有地間の境界（所有権の範囲）は、同法所定の協議又は決定による確定が可能となった。しかし、協議不成立又は決定に対する不同意の場合は、一般の場合と同じく境界確定訴訟によらなければならないこと前述のとおりである。また、境界確定訴訟の場で、境界確定協議の効力が争われることがあるが、境界確定協議は私的行為であり、それによって形成される境界はいわば私的な境界にすぎないのであるから、公法上の境界を確定する手続である境界確定訴訟においては、境界確定協議の存在は、公的境界を確定するための一資料にすぎない。

〔参考判例〕

○国有道路敷地と私有地間の境界が確定された事例＝東京高判昭五五・三・一八（判例時報九六三号三七ページ以下）

○公図の写しに関する錯誤を重要な部分の錯誤ととらえず、境界確定協議を有効であるとした事例＝最高判昭六二・四・一七（民事研修三八四号三五ページ）

(5) 境界確定協議と地籍調査

現在、地籍調査法に基づく地籍調査が進められているが、地籍調査が終了している地域にあっても、河川、公共用悪水路、堤、井溝、公衆用道路などのいわゆる長狭物については、通達[2]によって法定の境界確定手続を経ないままのものがある。その場合に申請があれば、境界確定協議等を経る必要がある。

（1） 拙著「地図（公図）と法定外公共物の譲与」登記研究六四三号五三ページ
（2） 昭和四九年八月五日国土庁土地局長から各都道府県あて四九国土国二号通達

(五) 公図の閲覧と写しの交付

(1) 法務省先例等からみる公図の閲覧（従来の取扱い）

公図が不動産取引において重要な機能を営むのは、公図の閲覧を通してである。しかし、公図は、不動産登記法第一七条に規定する地図ではないので、地図の閲覧等に関する不動産登記法上の規定は置かれていなかった。しかし、平成五年の不動産登記法の改正により、公図は地図に準ずる図面としての法的位置付けが与えられ、その閲覧請求権についての規定が置かれた（不登法二四条ノ三）。平成一三年四月一日からは写しの交付も請求することができる（同法同条）。新不動産登記法の下においても基本的な考え方は同様である（一四条四項・五項、一二〇条）が、その詳細は、後記(2)において考察することとし、まずは、これまでの法務省先例における取扱いをみておこう。

まず、昭和二五年に土地台帳事務が法務省に移管され、昭和三五年に土地台帳と不動産登記簿の一元化が図られるまでの公図の閲覧については、昭和二五年七月三一日民事甲第二一一一号法務省民事局長通達でその取扱方が示されている。

「八、申告又は登記申請の正確を期し得るようにするために、土地台帳、家屋台帳の閲覧の制度があらたに設けられたが（土地台帳法第三十七條の三、家屋台帳法第二十二條）、申請人の請求があるときは、土地台帳と共に地図（土地台帳法施行細則第二條）をも便宜閲覧させてさしつかえない。この場合、台帳の閲覧申請書の外に、地図の閲覧申請書を徴する必要はないが、その取扱については特に慎重を期し、地図の滅失、毀損、汚損等の生ずることのないように十分注意しなければならない。」

また、この閲覧についての趣旨を敷えんするものとして、昭和二六年三月八日民事甲第四五七号法務省民事局長通達がある。

土地台帳法施行細則第二條の地図の閲覧について

さきに昭和二十五年七月三十一日附民事甲第二、一一一号本官通達をもって、土地台帳の閲覧を申請する者の請求があるときは、土地台帳とともに地図をも閲覧させてさしつかえない旨指示しておいたが、右は、閲覧制度の存しない地図についての便宜的措置にすぎず、申請人の請求があるときは、必ず地図の閲覧をさせなければならない趣旨でないことは勿論であって、むしろ地図の毀損汚損等を防止するためには、申告の正確を期するため真にやむをえない必要の存する場合に限って閲覧させる等、閲覧を合理的に制限することが適当であり、且つその方法等についても地図の保存に関し一層の配意が望ましいので、この点特に遺憾のないようにされたく、貴管下登記官吏にもこの旨周知方然るべく取り計らわれたい。

すなわち、旧土地台帳法当時は、土地台帳の閲覧につき申請者の請求があるときは、土地台帳とともに任意に地図（公図）を閲覧に供することができるが、同時に、地図（公図）の保存等のため必要があるときは、これを制限してもさしつかえないとされていたのである（昭二九・六・三〇民甲第一三二一号法務省民事局長通達「土地台帳事務取扱要領」第九三）(1)。

その後、昭和三五年に土地台帳と不動産登記が一元化されたが、この一元化後の公図の閲覧については、昭和三六年三月二日民事甲第五三四号法務省民事局長通達において、

登記簿、台帳の一元化の指定期日以後における旧土地台帳又は旧家屋台帳等の閲覧等の取扱いについて

標記の件については、当分の間、便宜左記の取扱いをするのが相当と考えるので、この旨貴管下登記官吏に周知方しかるべく取り計らわれたい。

記

一、旧土地台帳又は旧家屋台帳の閲覧又は謄本の交付及び地図の閲覧は、従前と同様の取扱いによる。ただし、裁判所から、旧土地台帳又は旧家屋台帳の送付の嘱託があったときは、原本を送付してさしつかえない。

二、前項の閲覧又は謄本の交付については、手数料を徴収しない。

三、第一項により処理した件数は、登記統計年表に計上することを要しない。

とされ、従前どおりの取扱いをすることとされた。そのほか昭和三九年には、次の二つの先例が出されている。

昭和三九年七月二八日民事甲第二六九二号民事局長電報回答

旧土地台帳法附属地図の送付の可否について

一元化完了庁について裁判所から旧土地台帳法附属地図の送付の嘱託があったがこれに応ずることはできないものと考えますが、旧台帳の取扱いについて昭和三六、三、二民甲五三四号通達第一項但書の趣旨からいささか疑義がありますので至急御指示を願います。

（回答）客月二十日付電報番号第二〇三号で問合せの件貴見のとおり。おって、便宜、該地図の写しを作成送付するのが相当である。

すなわち、公図は不動産登記法第二二条（登記所外持出禁止の規定）の適用はないが、裁判所からの送付の嘱託があった場合には、これに応じないで、便宜、写しを作成して送付することとされた。

昭和三九年一二月二日民事甲第三九〇一号民事局長回答

旧土地台帳附属地図の閲覧について

標記については、昭和二十六年三月八日付民事甲第四五七号貴職ご通達に基づき、申請人の請求を必ずしも許容することとせず、極力これを合理的に制限するように努めているものでありますが、最近における登記事務処理の実情としましては、更に右ご通達の趣旨を強化することとし、左記理由により、原則として閲覧を禁止し、分筆の登記の申請等のため、やむを得ないと認められる場合にのみ許容する取扱いをすることはできないでしょうか。何分の御指示を仰ぎたく、お伺いいたします。

記

一、旧土地台帳附属地図の閲覧には、特に広いスペースを要しますので、庁舎の狭隘を一層著しくし、登記事務全体の円滑な処理を阻害します。
二、乙号事件の処理の点から見ても、かなりの負担となってます。
三、地図自体の損傷が一段とその度を加えます。
四、毎年度補修費の配付をいただき、管下各庁の実情を十分勘案し、極めて効率的に補修を実施していますが、現状では、補修率の完全性が至難であります。
五、法令上の根拠がありません。

(回答) 本年九月九日付第五九四六号をもって問合せのあった標記の件については、従前の取扱いの範囲内で合理的に制限するのが相当と考える。

また、参考となる登記実例としては、次のようなものがある。

土地台帳附属地図の閲覧について

問 土地台帳法には登記所に備えてある地図の閲覧手数料の収納の規定がなきため地図の閲覧を拒絶せられたり。依って地図の閲覧は永久に出来ぬものなりや、又ありとせば如何なる手続方法によるや御教示願います。

答 土地台帳附属地図についての閲覧制度はないが、実務の取扱上土地台帳の閲覧とともに同地図をも便宜閲覧させているが、地図の保存に支障が生ずる虞があるとき又閲覧することが真にやむを得ない場合以外には合理的に制限しているようである（昭二五・七・三一民甲二、一一一号、同二六・三・八民四五七号）。

（登記研究七七号三六ページ）

土地台帳附属地図を複写し、その証明の可否

問　土地台帳附属地図を写し、この複写した地図について土地台帳附属地図を複写したものである旨の証明は受けられませんか。

答　所問の証明はできないものと考える。

（登記研究八二号四二ページ）

土地台帳附属地図の謄本の請求の可否

問　土地台帳附属地図の謄本の請求はできませんか。

答　土地台帳法第三十七條の三の規定に照し、土地台帳附属地図の謄本の交付を請求することはできないものと考える。

（登記研究八二号四二ページ）

土地家屋台帳の写真撮影について

問　犯罪捜査のため、その捜査機関が、土地台帳、家屋台帳若しくは図面又は申告書若しくは附属書類を写真機により撮影したいとの申出があった場合は、閲覧としての申請書の提出があれば、認めてよろしいか。

答　貴見のとおり。

（登記研究九五号四一ページ）

結局、これらの実例は、公図の閲覧は、便宜的に許されている（したがって、手数料を要しない）が、保存上弊害がある場合には、合理的に制限ができ、また、公図は不動産登記法一七条に規定する地図ではないので、現行法令に何らの根拠を有する図面ではなく、写し等の交付の請求はできないとする考え方を示すものである。

そのほか、公図そのものについてではないが、関連するものとして次のようなものがある。

申告書及び所在図の閲覧について

問　土地家屋台帳の申告書及びその附属書類又は家屋所在図の閲覧は請求をなすことができないでしょうか。

答　土地台帳又は家屋台帳の閲覧の申請書を提出し、台帳とともに申告書等の閲覧を申し出た場合には便宜これを許容してもよいと考える。

（登記研究九六号四二ページ）

閉鎖土地台帳謄本の交付について

問　民有地が「国有」になったので閉鎖した土地台帳又は「滅失」によって閉鎖した土地台帳について、その土地台帳の謄本の交付ができるか。

答　いずれの原因により閉鎖した場合でも、その閉鎖土地台帳の謄本を交付することができる。

（登記研究九六号四三ページ）

(2) 現在の取扱い

平成五年一〇月一日の不動産登記法の改正により、公図は地図に準ずる図面としての位置付けが与えられ、利害関係のある部分に限り閲覧請求権が認められた（旧不登法二四条ノ三第三項、平成五・七・三〇民三第五三二〇号法務省民事局長通達）。(1)

前述のように、平成一三年三月三一日までは、利害の関係ある部分に限り地図に準ずる図面の閲覧を請求することができるとされていたが、平成一一年の情報公開法の制定に伴う不動産登記法の一部改正により、平成一三年四月一日から地図に準ずる図面の全部又は一部の写しの交付を請求し、又はその閲覧を請求することができることとされた（旧不登法二一条）。今回の改正で、利害の関係ある部分に限るとしていた閲覧の制限が撤廃されただけでなく、その写しの交付も認められることになった。

閉鎖された地図に準ずる図面（旧準則二九条）についても、同様である（平成一三・三・一六法務省民二第四四四号法務省民事局長通達、登記研究「カウンター相談133」六四五号一一一ページ）。

訴訟、地図訂正その他特別の事情があり、閲覧する必要がある場合で、地図に準ずる図面（又は法一七条〔現一四条〕地図）とともに閲覧請求するときには、従来通り格別に手数料を納付することなく、閉鎖された地図又は閉鎖された地図に準ずる図面の閲覧請求ができることとされている(2)（平成一三・二・一六法務省民二第四四五号法務省民事局長通達）。

新不動産登記法の下においては、地図、建物所在図及び地図に準ずる図面（以下この項においては「地図等」という）について、電磁的記録に記録することができるとしている（一四条六項）。そして、①地図等を電磁的記録に記録した場合には、従前の地図等の全部又は一部を閉鎖する（不登規則一二条一項・四項）、②電磁的記録に記録する地図にあっては、紙の地図に記録する事項（不登規則一三条一項）のほか、各筆界点の座標値をも記録しなければならない（不登規則一三条二項）、③電磁的記録に記録されている地図等の公開方法については、「当該記録された情報の内容を証明した書面」の交付を請求すること及び「当該記録された情報の内容を書面に出力して表示するもの」の閲覧を請求することができる（不登法一二〇条、同規則二〇二条二項）。

今回の不動産登記法の改正では、現在、登記所で実際に運用している地図管理システムに登録されている地図又は地図に準ずる図面も法一四条六項の規定による電磁的記録に記録された地図又は地図に準ずる図面（以下この項では「電子地図」という）として取り扱うとしている（平成一七・二・二五民二第四五七号法務省民事局長通達第一、一一、㈠）。

ただし、この電子地図の取扱いをするためには、前述のごとく、各登記所の実情に応じ相応の準備期間を要することから、法施行日以降に準備が整い次第、各登記所の判断により、その取扱いを開始することになっている。したがって、この電子地図の取扱いが開始されている登記所においては、公図が地図管理システムに登録されている場合には、「当該記録された情報の内容を証明した書面」の交付を請求することができ、閲覧については、「当該記録された情報の内容を書面に出力して表示するもの」を閲覧することができる。

なお、電子地図を閲覧する場合、電子地図の情報の内容を出力した書面のほかに、請求者が地図又は地図に準ずる図面の平面直角座標系の番号又は記号、図郭線及びその座標値、精度区分等の情報の閲覧を希望するときは、補完図（電子地図の内容の全部を出力したもの）及び閉鎖した地図又は地図に準ずる図面（公図等）を併せて閲覧に供するものとしている（前記平成一七・二・二五日通達第一、一一、㈠オ）。

新不動産登記法の下において地図又は地図に準ずる図面（公図等）につき、前述のような取扱いがされるということは、①分筆や地積更正の登記における筆界線の記録作業を数値を用いて行うことができ、事務処理の適正化・効率化を図ることができること、②登記所における事務のすべてを電子情報処理組織で行うことができ、事務処理全体の効率化が図られること、③地図情報の証明書を電子情報処理組織を用いて行うことができ、地図の公開の迅速化が図られること、④インターネットを利用した地図情報と登記情報の提供が可能となり、国民の皆様方の利便性の向上を図ることができる、という大きなメリットが期待される。(3)

判例は、現地に存在する道路が、公図上の道路と一致するか否かを吟味することなく、漫然と両者が一致することを前提に境界（所有権界兼筆界）の位置を判定した事例につき審理のやり直しを命じている。(4)

（1）中村巽「地図に準ずる図面（公図）の閲覧制度の法制化について」登記研究五五〇号五五ページ以下
（2）登記研究「カウンター相談133」六四五号一一三ページ
（3）秦愼也「不動産登記法の改正に伴う表示登記の取扱い」登記情報五三一号四〇ページ
（4）寳金敏明「境界の理論と実務」一一〇ページ、平成八年九月一三日野山宏「最高裁民事破棄判決の実情(1)」判時一五九八号七ページ

(3) 判例からみる公図の閲覧

判例は、公図は、その精度において必ずしも十分とはいえないとしても、不動産登記法一七条（現一四条）地図に準ずる重要な機能を営んでいるので、その取扱いにあたっては、同法一七条（現一四条）地図に準じた慎重な配慮が要請されるとする。

すなわち、東京地方裁判所昭和四八年五月三〇日判決（判時七〇四号三六ページ）は、「登記官は、公図を申請人に閲覧させるに際しては、申請人の閲覧状況を十分に監視するとともに、閲覧の前後には公図の記載を点検確認するなどして申請人による改ざんを防止するとともに、万一改ざんがされた場合にはすみやかにこれを発見して訂正するなど、公図に虚偽の事項が公示されることを未然に防止する注意義務があり、また、不動産取引する者は、取

引に当たって公図と登記簿を閲覧しただけでは、取引上必要とされる調査を十分に尽したとはいえず、公図は、取引上重要な調査資料ではあるが、その沿革、性格からして、不動産取引をする者は、他の資料によっても十分調査すべき義務を要求される」として次のように判示する（理由中主要部分のみ）。

（登記所備付の公図の沿革と性格）

＜証拠＞によれば、登記所備付の公図の沿革は次のとおりであることが認められる。

すなわち、明治初年地券交付が行なわれた際に、地引絵図が作成され、その後明治六年の地租改正に伴い、政府の命により統一的な基準に基づいて野取絵図（改租図）が作成されたが、右地図は現況と相違するものが少くなかったため、明治二〇年六月二日大蔵大臣内訓第三八九〇号により町村地図調整式及更正手続が定められ、これに基づき更正図（地押調査図）が作成された。その後昭和二二年三月二二日土地台帳規則の制定に伴い、右更正図は土地台帳附属地図となり、以後一般に公図と呼ばれるようになり、同年六月二〇日大蔵省訓令第四四号に基づき右土地台帳附属地図は、以後土地台帳とともに、現在の税務署にあたる国の機関である収税部出張所に保管されることになった。その後、昭和二五年七月三一日法律第二二七号により土地家屋台帳に関する事務が税務署から登記所に移管されたため、右附属地図も登記所に移管され、現在その正本を登記所が副本を地元役場が保管しているが、昭和三五年三月三一日法律第一四号による不動産登記法の改正により登記簿と台帳の一元化が計られ、新たに同法第一七条として登記所に地図を備える旨が規定された。

以上の沿革に徴すれば、公図は、旧土地台帳法施行細則第二条所定の地図であって、不動産登記法第一七条（現一四条）所定の地図には該当しないものというべきである。

（現実の不動産取引における公図の機能と登記官の注意義務）

ところで、＜証拠＞を総合すれば、前記昭和二五年に台帳事務が税務署から登記所に移管された後は、[1]昭和二五年七月三一日民事甲第二一一一号民事局長通達ほかの通達に基づき登記所において閲覧人の請求により土地台帳とともに公図を閲覧させる取扱がなされ、前記昭和三五年の不動産登記法改正後も一七条地図が整備されるまでの間はなお従前どおり公図を閲覧に供する取扱がなされていること、登記所でも土地の分筆登記をした際には公図上に分筆線を記入していること、前記台帳事務の登記所への移管により、公図は、それまでの租税徴収を目的とした課税台帳的な性格を失い、各筆の土地の位置および筆界を明らかにするための地積図的なものに性格が変ったこと、公図は当初租税徴収を目的として作成されたという沿革的理由から必ずしも精度の高い図面ではないが、単なる私人が作成したものではなく、国家が関与して作成したものであり、かつ、前記のように不動産に関する権利関係を公示する官署である登記所において閲覧の用に供されていることから、各筆の土地の位置、形状、境界線、面積等の概略を明らかにするための一応の権威ある資料として現実の不動産取引に際して広く利用されていること、一七条（現一四条）地図は、旧不動産登記事務取扱手続準則（昭和四六年三月一五日民事甲第五五七号法務省民事局通達）によりその作成方法につき厳格な要件が定められ、その地図としての正確性が期待され得る図面であるが、現在のところ、いまだ東京ほか少数の地域でモデル作業が行われている段階にとどまり、全国的に整備されておらず、昭和四七年四月一日現在における全国の登記所保管地図総枚数のうち、一七条（現一四条）地図の占める割合はわずか二・〇八パーセントに過ぎず、[2]〇〇地方法務局管内登記所には一七条地図は全く備えられていないこと、以上の各事実が認められ、右認定を左右するに足りる証拠はない。

以上の事実によれば公図はその精度において必ずしも十分とはいえないとしても一七条地図の整備が完了するまでの間は、各筆の土地の位置、形状、境界線、面積等の概略を明らかにするための公的な資料として、現実の不動産取引においても、又、分筆等の登記手続においても、一七条地図に代る重要な機能を営んでいるものと認められるから、その取扱にあたっては、一七条地図に準じた慎重な配慮が要請されるものというべきである。ところで右公図を閲覧させる事務は不動産登記という公証事務に密接な関連を持つ国の事務であり、従ってこの事務を管掌する登記官は国の公権力の行使に当る公務員に該当すると解するのが相当である。そして不動産登記法施行細則第三七条が一七条地図について閲覧は登記官の面前でさせなければならないと定めていることを考えあわせると、登記官は、公図を申請人に閲覧させるに際しては、その面前でさせるなどの方法により申請人の閲覧状況を十分に監視するとともに、閲覧の前後には公図の記載を点検確認するなどして、閲覧人による改ざんを防止するとともに、万一改ざんがなされた場合には速やかにこれを発見して訂正する等の措置をとり、もって公図に虚偽の事項が公示されることを未然に防止すべき注意義務があるというべきである（当時施行中の昭和三八年四月一五日法務省民事局長通達）。

（過失相殺）

＜証拠＞によれば、原告は訴外〇〇と本件土地の売買契約を締結するにあたり、登記済証、登記簿謄本、および本件公図を調査し、訴外〇〇の代理人である前記訴外△△から現地で本件土地の境界および面積について簡単な説明を聞いただけで本件土地が二二九番の一であり、訴外〇〇に属するものであると即断し、訴外〇〇が二二九番の一を取得したのは前年末で、その登記は本件売買の話が持ち込まれた僅か一週間前にすぎない等疑点が存するにもかかわらず、本件土地に関する分割の経緯、所有権移転の経過、面積、境界線、周辺土地所有者との紛争の有無、他に本件土地につき所有権を主張する者があるかどうか等の諸点について周辺の土地所有者や前所有者等にあたって確認をしなかったばかりか、売主である訴外〇〇本人には、売買契約の際に××登記所で初めて出会ったもので同人自身に対しては現地における指示説明は勿論、本件土地の入手経路や前記諸点について格別質問をするなどの配意をしないまま、購入方の申入れを受けた後僅か二日を経て契約を締結するなど取引に際しての調査が極めて杜撰粗略であったことが認められ、加えて、前記一2に判示の事実によれば、本件公図上における本件土地該当部分の地番の記載は、文字の重複記載や抹消により不明瞭になっており、かつ「二二九―一」の記載は、他の記載と異り鉛筆書であったというのであるから、少し注意して検討すればその記載に不審な点があることは容易に看取しうるはずであったにもかかわらず、原告本人尋問の結果および弁論の全趣旨によれば、右記載の意味でなされた経過等について××登記所担当係官に対し質問や確認の措置をとらなかったばかりか、本件公図の副本保管先である××市役所において調査、確認をするなどの挙に出てなかったこと（証人□□は、不動産取引業者である同人が取引するに当っては、変更等の記載をより迅速に現わす市役所備付の公図を登記所備付の公図より優先的に利用する旨証言しており、又、検証の結果によれば、××市役所備付の公図上本件土地該当部分の区画は明瞭に「二三六―三」と表示されていることが認められる）が認められ、右認定に反する証拠はない。

これらの事実によれば、原告は不動産取引にあたる者として通常払うべき注意を著しく欠いたものといわざるを得ず、(3)……」

（1）従来、地図の原本を保管していた税務署においては、その閲覧を許さず、その写しを保管している市町村において便宜これを許していた。新谷・川島・前掲「改訂土地家屋台帳法解説」八四ページ

（2）なお、土地台帳法の改正（昭和二五年七月三一日）によって土地台帳についての閲覧制度が設けられた（同法三七条の三）にもかかわらず、公図の閲覧の規定が設けられなかった趣旨は必ずしも明らかではないが、公図の精度とかかわりがあるように思われる。

（2）現在は五〇％程度を占めている。

（3）登記簿閲覧の監視について、登記官に過失があるとした事例としては、広島地裁昭和四三年三月六日判決等がある。

㈥　公図と賠償義務

公図は、不動産取引の重要な資料であることから、公図の管理をめぐる国家賠償請求事件も少なくない。

判例は、公図について一般的には、①現在登記所に保管されてはいるが、不動産登記法一七条（現一四条）所定の地図ではなく、現地復元性に重点をおいていないものであり、特に山林部についての正確性は相当程度限定されている、②しかしながら、公図は右一七条（現一四条）地図が整備されるまでの間は、それに代わるものとしての機能が期待されており、現実の不動産取引においても不動産の位置、形状等を確認する上で重要な資料とされている、③登記所においてもそのことを認識して公図を閲覧等に供しているものと解されるとした上で、公図上他の土地と取り違えて地番が表示されているとか、現実には存在しない土地が記載されているとかいったことのために閲覧者等に不測の損害を与えるような場合は、事実関係のいかんによっては損害賠償責任が問題となりうる余地があるとしている(1)。

従来の判例では、国の責任を肯定したものとしては、公図の改ざんに関し登記官の公図閲覧監視及び保管上の過失を肯定した東京地方裁判所昭和四八年五月三〇日判決（訟月一九巻八号六五ページ、本書一八六ページ以下）、公図上の誤った書込みを放置した過失を肯定した東京地方裁判所昭和五五年八月二八日判決（判時九八九号七一ページ）、公図が再製された際に地番が誤記され、同時に作成された町地図にも同様の誤りがあったのに、登記官において右誤記を看過し、町への通知もしなかった登記官の過失と町地図の記載を信じて所有権移転登記を経由した者に土地の所有権が時効取得されたことによる損害との因果関係を肯定した東京地方裁判所昭和六三年一〇月二七日判決（判時一二九七号六八ページ）がある。一方、国の責任を否定した裁判例としては、被害者は、売主Aの示した図面とAの指示した現地との対応関係すら確認していないのであるから、Aの言を信用してAの指示する土地を本件土地であると思ったにすぎず、改ざんされた公図を信用したために現地の認識を誤ったものとはいえないから、本件公図の改ざんと本件土地の現地との対応関係を誤認して売買代金を支払ったことによる損害との間に相当因果関係を認めることができないとする東京地方裁判所昭和四八年九月一七日判決（訟月一九巻一三号三五ページ）、公図上に表示されている土地が現地に存在しない場合にも登記官の公図に対する実質的調査義務を怠ったとはいえないと判示した東京地方裁判所昭和五七年四月二八日判決（判タ四七八号七七ページ）、土地の境界の記入が漏れていたことと境界を誤認して取引をしたこととの間に相当因果関係がないとした東京地方裁判所昭和五九年一月三〇日判決（判時一一一九号八五ページ）、登記簿上の記載及び公図上の形状は、現地の土地を本件土地と誤信したことの一つの契機になっているにすぎないとして登記簿上の記載及び公図上の形と損害との間の相当因果関係がないとした昭和五九年六月二八日福島地裁白河支部判決（訟月三一巻二号一九五ページ）及びその控訴審判決である昭和六〇年六月二六日仙台高等裁判所判決（訟月三二巻三号五四七ページ）、公図に境界の記入が遺漏していたことと、これにより境界を誤信して土地を取得した者の損害との間の相当因果関係を否定した東京高等裁判所昭和六〇年一二月一二日判決（法務省訟務局・登記に関する国家賠償事件裁判例集一六九九ページ）、購入当時所在が明確であった土地について、公図の表示の誤りが一因となって他人に時効取得されたとしても、通常人が権利保全のために行うはずの調査を尽くしていれば時効取得は生じるはずがないから、公図の表示の誤りと時効取得されたことによる損害との間には相当因果関係はないとした東京地方裁判所平成二年八月三〇日判決（登記先例解説集三五一号一八四ページ。平成二年一二月二六日東京高裁判決により原審の判断維持）、法務局備付けの公図を信頼して土地を購入した者が、その後、第三者との土地所有権確認訴訟に敗訴し、右土地所有権の一部を失ったとする損害賠償請求につき、右所有権の喪失は、売主の説明を全面的に信用し現地において境界の確認及び実測をしないで買い入れたことに起因するものであるから、公図の不備（本件土地の境界線の記入漏れ）との間に相当因果関係があるとはいえないとして、請求を棄却した原審の判断を是認した最高裁判所平成元年七月四日判決、登記官の公図改製（縮尺三〇〇〇分の一の公図を縮尺五〇〇分の一の公図に改製）の際の過失により、土地に対する支配を排除されたとする損害賠償請求につき、公図は土地所有権の範囲を確定する一資料にすぎず、これにより土地所有権ないし占有権の範囲が確定されるものではないなどとして、公図の改製と本件土地に対する支配の侵害との間には相当因果関係がないとした静岡地方裁判所沼津支部平成二年二月二八日判決（民月四六巻三号五〇ページ）、公図上、甲地が他人所有の乙地に包含されていたため、乙地の競売により甲地の所有権を喪失したのは、登記官が公図と登記簿に土地の現況を正確に反映させるべき義務を怠ったことによるものであるとする損害賠償請求につき、甲地が乙地に包含されていたとは認められないから、乙地の競売により甲地の所有権を失ったとは認められないとした東京地方裁判所平成二年七月二六日判決（民月四六巻三号五五ページ）、公図の不備と所有権移転登記ができなかったこととの相当因果関係を否定した津地方裁判所四日市支部平成三年九月二五日判決、同事件について一審判決を維持した名古屋高等裁判所平成四年二月二六日判決（いずれも登記先例解説集三八八号二五八ページ）、公図の地番表示の誤りと所有権喪失との因果関係を否定した京都地方裁判所平成四年四月三〇日判決（登記先例解説集三八八号二六一ページ）、公図上の区画の不明と所有権喪失との因果関係を否定した東京地方裁判所平成六年一二月二〇日判決（登記先例解説集四〇一号四七二ページ）、公図の記載の誤りと購入土地の誤りとの因果関係を否定した神戸地方裁判所平成八年五月一三日判決（登記情報四二六号三六七ページ）、公図訂正と土地の開発不許可との因果関係を否定した大津地方裁判所平成七年三月二八日判決、同事案につき、原審の判断を維持した大阪高等裁判所平成八年一二月一三日判決（いずれも登記情報四二六号三二五～三三〇ページ）、公図の不備と土地購入との相当因果関係を否定した東京地方裁判所平成八年二月二六日判決（登記情報四二六号三五二ページ）、同事件につき原審の判断を維持した東京高等裁判所平成九年三月二七日判決、同事件につき原審の判断を是認した最高裁判所平成九年一〇年二八日判決（いずれも登記情報四五〇号一五三～一六〇ページ）、公図の訂正と販訴による損害の発生との因果関係を否定した山口地方裁判所平成一二年一一月一三日判決（登記インターネット三巻五号二九〇ページ）等がある。

以下は参考判例である。

○登記官は土地の表示に関する登記申請の処理に当たっては、単に申請書の添付書類を調査するだけでは足りず、旧土地台帳附属地図を参照し、場合によっては現地調査するなどして、重複登記を防止する注意義務があるとされたもの（福岡地判昭五六・二・一二訟務月報二七巻六号一〇八四ページ）

（理由）　請求原因２（登記官の過失）について

登記官の登記事務処理上の注意義務として、不動産登記法その他の法条に原告主張のような調査義務の記載のあることは当事者間に争いがない。

被告は、登記官の義務について定めた右各規定は、登記事務処理についての一般的な取扱基準を定めたものに過ぎず、すべての登記申請についてこれらの調査をしなければならないわけではなく、申請書の添付書類によって申請事項が相当と認められる場合には実地調査を省略できる旨主張するが、重複登記を防止すべき義務は登記制度の趣旨から登記官の最も基本的な注意義務であることは明らかであり、そのため、特に表示に関する登記申請については、原告主張のとおり登記官に実質的調査権が認められているのであるから、登記官は、右申請を処理するにあたっては、単に申請書の添付書類を調査するだけでは足りず、申請のあった土地について、旧土地台帳附属地図を参照し、場合によっては、現地調査をするなどの調査をして、重複登記を防止する注意義務があるというべきである。

ところが〈証拠略〉によると、本件の場合、二七九番一の土地から第一土地及び第二土地の各分筆登記申請を受けた登記官が現地調査はもちろん、旧土地台帳附属地図を参照するなどの調査を何らしなかったことが認められ、右事実によれば、請求原因1㈠、㈡記載の重複登記を現出せしめた点について、当該登記官には職務上必要とされる調査義務を怠った過失があるといわなければならない。

○登記官が山林の分筆登記申請に対して申請書及び添付書面の地積の測量図により分筆した結果、登記に表示される面積が実際の地積の約一〇〇〇分の一になった場合において登記官には故意過失がないとされたもの（岐阜地裁高山支部判昭五七・八・二四判例時報一〇七一号一二〇ページ）

（理由）

第二　一　そこでつぎに、本件絵図について検討する。

㈠　本件絵図のようなものを一般に公図と呼んでいる。公図とは旧土地台帳法施行細則（昭和二五年法務省令第八八号）第二条第一項に基き登記所が保管していた土地台帳附属地図である。

ところで、公図は明治六年の地租改正から明治中期にかけて完成されたものであって、測量等はまず地元の住民、戸長、総代人等が行い、一筆毎の筆限図を作成し、これをつないで字限図、村限図を作成した。そして、官吏は右の測量に誤りがないかどうかを現地に赴いて確認するという仕組みになっていた。そのような仕組みの上、当時の測量技術の未熟さからみて精度は低く、又市街地、田畑、山林、原野等によってその精度を異にしていた。明治一八年ごろからは地図の更正が行われるようになったが、これも或る程度地方民の自治に委せ図面はまず地主で作成し、これを官吏が実地にあたって検査し補正するという方式が採用された。

右のような公図はもともと地租徴収の目的から作成され課税台帳としての土地台帳の附属地図として台帳

諸表とともに長い間税務官署において管理されて来たものである。従って、公図は土地の事実状況を把握して地租徴収の基礎資料とするために作成されたものであり、権利関係を公示して不動産取引の安全をはかるという登記制度の観点から作成されたものではない。

このような公図はその作成された当時の仕組み、当時の技術、作成された目的からみてせいぜい土地の位置関係、形状の大略を示すに止まり、一般にその精度は低く充分な信頼を置くことはできない。

㈡ 昭和二五年に台帳事務が登記所に移管されたことに伴い、このような公図も土地台帳とともに登記所に移され、その後昭和三五年法律第一四号による不動産登記法の一部改正により旧土地台帳法（昭和二二年法第三〇号）が廃止され、公図はその法的根拠を失ったが、尚不動産登記法第一七条所定の地図が整備されるまでの応急的暫定的な措置として登記所に保管され、引き続き利用されている（昭和三五年三月三一日法務省令第一〇号不動産登記法施行細則の一部を改正する省令第一六条、付則第七条第一項第五号等）。

二 ところで、昭和三五年法律第一四号によって改正された不動産登記法第一七条は登記所に地図を備える旨規定する。

㈠ 土地の表示に関する登記は、権利の客体となるべき土地の物理的状況を登記簿上において特定して明確に公示するため、土地登記簿の表題部に当該土地の所在、地番、地目および地積を登記することとしている。しかし、これらの文字のみの表示では登記した土地が現地のどこに位置し、その形状ないし区画がどのようなものであるかを明らかにすることはできないので、最も的確に表現できる地図でこれを明確にしようとするものである。

このように右の地図は登記簿の記載と一体となって土地を特定する機能を有するものであるが、この機能が発揮されるためには、登記によって観念的に示されている各筆の土地の区画線を現地について現実に示しうるものであることを要する。即ち、その為には筆界点の位置を求めるための基準となる図根点が現実にもあって、それが図面上にも表示されていること、筆界点が図根点からの距離と方向によって一定の精度で現地を示しうるものであること、現地における図根点が確実に保護されるかあるいは図根点そのものがより高次の図根点から復元することが可能なものであること等のいくつかの要件を具備していることが必要である。

㈡　このような精度の高い図面があまねく登記所に備わることとなれば、右図面に信を置いてする不動産取引の安全はこれまで以上に確保されることになる。

現在、右㈠の要件を備える地図としては土地改良法による確定図、土地区画整理法による換地図の他、国土調査法による地籍図（昭和三一年三月二〇日民事甲第三六号通達を経て昭和四六年三月一五日民事甲第五五七号民事局長通達により、国土調査法第二〇条の地籍図に右不動産登記法第一七条地図の積極的備付が推進されることとなった。準則第三〇条参照）が挙げられるが、国土調査法によって調査主体による事業の計画及び準備、作業工程及びその検査、測量技術等の他測量の実施方法を一べつしても理解できるように、新規調整については多額の予算的裏付を必要とする上、多くの時間と多くの人の労力が予想され、又土地所有者の協力も必要である為、早急に調整を期待するのは困難である。昭和五五年までの地籍調査の実施状況をみても岐阜県の未着手市町村は九五にものぼり（法務省民事局発行『再訂国土調査登記詳解』二二三ページ参照）、本件各土地のような僻地の山林は原告らが主張する分筆登記の昭和四一年ごろには到底そのような調査は実施されて居らず、地籍図のような不動産登記法第一七条所定の地図は存在しないのである。

従って、前記一㈡のとおり旧土地台帳附属地図が利用されるのも致し方ないといえる。

第三　一　分筆登記申請は申請書の副本と地積の測量図を提出する（法第三五条第八一条ノ二第二項）。

登記官は申請書を受け取り受付帳に記載したときは、受付番号の順序に従って遅滞なく申請に関するすべての事項を調査することを要する（法第四八条。不動産登記法施行細則（以下、特に断わらないで細則という時は不動産登記法施行細則をいう）第四七条）。

登記の申請書およびその添付書類を審査の結果、実地調査を必要と認めた場合には、準則の定めるところにより所要の実地調査を行わなければならない。

その結果、登記官は登記の申請が適法であると認めたときは、受付番号の順序に従って遅滞なく申請にかかる事項を登記しなければならない（法第四八条）。

二㈠　地積の測量図とは各筆の土地について、方位、地番、隣地の地番並びに地積及び求積の方法を記載したものをいう（細則第四二条ノ四第一項）。

⑴　即ち、第一に地積図は分割後の土地の位置、範囲（分割線）を図をもって示し、登記官がこれを資料として分割線を決定する為にある。

⑵　第二に、分割後は分割線を地図に記入し（準則第一〇三条第四号）公示するが、地積測量図も保存し（細則第一五条ノ二第三七条ノ四）より詳細に公示する為である。

⑶　第三に地積計算及びその正確さを登記官に示すとともに公示によって一般に対して担保しようとする為である。

㈡　登記官は事情の許す限り積極的に不動産の実地調査を励行し、その結果必要があるときは、不動産の表示に関する登記を職権でしなければならない（昭和三八年四月一五日民事甲第九三一号民事局長通達。準則第七八条（現行第八一条））。

実地調査をする際の利害関係人に対する通知等の諸般の手配、所有者及び隣地所有者の立会、質問検査の趣旨説明等の規定が準則第八八条ないし第九〇条（旧第八六条ないし第八九条）に規定されており、又、岐阜地方法務局土地建物実地調査実施要領（昭和四一年六月一五日訓令第二号）にも細部の規定があり、殊にその第一六条には土地の境界を確認するには利害関係人に立会を求めて、その同意の有無について調査するものとし、又地積の精度を確認するには右に確定した境界により形状の一辺もしくは検線（照査線）をテープ測定または便宜な方法により実地測量し、地積測量図と符号するかどうかを調査するものとするとある。

実地調査の結果、当該土地について表示に関する登記を必要とするときは、登記官は当該登記の申請に必要とされている所要の各種の図面を作成し、申請書に添付された図面と同様の取扱い及び処理をしなければならない（準則第八八条第四項第五項（旧第八六条第四項第五項））。

登記官が職権で作成した地積の測量図は土地図面綴込帳に編綴して永久保存し（細則第一五条ノ二第一項第三七条ノ四第一項）、閲覧に供し公示する。

三㈠　確かに法第一七条所定の地図が整備された上での右一の分筆登記手続の結果は、そのような地図に信頼を置いてする不動産取引の安全がより確実に担保されるといえる。

これに基いた上での地積の測量図は右二㈠(1)ないし(3)の機能を可成り充分に果し得る。即ち、分割線が正確に図示され、それが細線で記入された地図は抽象的不可視的な幅のない境界線を常に現地に向って投影示現していると考えることが可能となる。

そして又、地積も可成り正確で信頼できる上、これを踏まえての登記官の実地調査もより容易に、且つより精密度の高い地図の作成が期待されるのである。

㈡　然しながら、前記第二項二㈡でみるように法第一七条所定の地図が現在全ての登記所に備っているとは限らない。

(1)　土地台帳制度のもとでは地積図の他地形図を添付させていたが、これは事実上不可能であったから、登記簿と台帳が一元化された後においてはそのような地形図の提出は求められていない。

然し、前記第二項一(二)のとおり法第一七条の規定による地図が整備されていない土地については、旧土地台帳法施行規則第二条の規定による地図につき従前の取扱いが暫定的になされているのであるから、そのような旧地図に分割線を記入し、当該分筆後の各筆の土地の所在を明らかにすることとされており、地積の測量図に基いて旧地図を修正する。この場合において旧地図の記載が現地の地形と相違するために、地積の測量図による分割線の記入が困難なものについては可能な限度において修正すれば足りるとされている（昭和三七年一〇月八日民事甲第二八八五号民事局長通達）。

(2)　又、地積測量図では分割線が明確にされなければならない。分割後の土地のうち、一筆については必ずしも求積及びその方法を明らかにすることを要しないとされている（準則第一二一条（旧第一〇九条））。

(三)　従って、法第一七条所定の地図作成は前記第二項二(二)でも検討したように人的物的にも多くの準備と労力と協力とが必要であって、又多くの時間と経費、並びに高度の測量技術を要し一朝一夕にして出来上るものではない。従って、法第一七条の地図備付は、近い将来に備えるといういわばプログラム的な規定といわざるを得ない。従って又、右のような地図に備わらない以上前記第三項二(二)の登記官のする実地調査は事情の許す限り励行しなければならないとは、登記所の機構、人員、職員の能力、予算関係及び事務の繁閑等を綜合的に考慮判断して、実地調査をして職権による登記をすることが事実上可能である場合をいうと解せざるを得ない。

このように、登記制度は公示目的を達成する為の極めて技術的な制度であって、測量技術、図面作成の技術、公簿作成の工夫等、その時々の水準に照らし自ずと制約されるところがあるのである。

四　分筆登記は分筆登記手続が行われることによって実体上の土地の個数と範囲の変更をもたらすから、登記官の処分行為と看られる。

然し、登記官の職責は不動産に関する物理的形状、個数、権利関係の変動を登記簿という公簿に記入し、公示に携わるものであるから、右の処分行為も登記簿という公簿の記載、ないし地図への記入によって処分し、以て公示に資するという形式的処分行為と考えられる。

これは法第一七条所定の地図が整備され実地調査をしたところで、自ら現実の土地に改変を加えることにはならず、その改変は現実にはその土地の所有者の取引に委されたり、ないしは隣地所有者との協議に委されたり、或いは裁判所の形成訴訟の結果に委ねられるのであって、登記官としてはこれら他の要因によって客観的に存在するとされる権利関係ないしは境界線をば現実に確認し、これを登記簿や図面上に正確に記入するところにあるのであり、あくまでも実体上の権利関係ないしは物理的形状等に改変を加え、創造するものではないのである。

第四　以上の現実を踏まえ、本件各分筆登記手続について検討する。

＜中　略＞

二　そうすると、右登記官Ｉは前述の第三項三㈡⑴の昭和三七年一〇月八日民事甲第二、八八五号民事局通達及び準則第一一一条（旧第一〇九条）に準拠して審査をし、これに従って各登記を実行したものであることが判る。

然し、右登記所には未だ法第一七条所定の地図が存在しないことは顕著な事実であるから、分筆登記手続申請をする側もこれを受理する側も結局は旧来の絵図に頼らざるを得ないところであり、又これを頼りに求積が不正確だとしても実地調査をすることは何らの意義もなく、又右登記所をして人跡まばらな本件㈠ないし㈣土地のような可成り広い山林の境界線ないし面積を調査させることも現代の伊能忠敬が存在すれば格別、そうでなければ不可能を強いるものといわなければならず、そのようにすることが却って同登記所に後続する登記事務の渋滞を招くことにもなるのである。

そして又、右のような取扱いであっても、当時の状況としてはその各筆の土地の位置、形状、境界線等の大略は図面上は明らかになったものというべく、その程度の公示としては機能しているから、これを以て満足せざるを得ないのである。

三　観方をかえれば、法第一七条所定の地図以外には公図上に表示された区画がそのまま現地での大きさを必らずしも現わしていないことは一般的に認められているところであって（それ故に我国の不動産取引については意思表示を以てその効力発生要件とし登記はこれを物権変動の成立要件ないしは効力要件ではなく対抗要件とするにとどめ、又登記に公信力を与えていないことも右登記制度の現状と関係がある）、右以上の土地の位置、形状、境界線等の詳細は、これら土地の取引に係る当事者が実際に現地を踏査して筆界標識、境界木（石）等の物証や、隣人ないし古老らの人証によって確認の上これを行うべきことは取引上の常識といってよいところ、右登記制度の不備を見越し、原告らに本件㈠ないし㈣土地を売渡したとされる訴外○○が、公簿上の面積と実際の面積との齟齬があることを奇貨として故意に右各土地を原告らに売渡そうと企図したならば、原告らとしては（殊に原告△△不動産及びその代表者でもあった原告××は不動産業者であることが《証拠略》によって認められるところから右両原告にとっては尚更である）そのような考えに乗ぜられることなく右の常識を弁えて現地の確認をした上で買取の交渉をすべきであったのに、原告××は昭和四一年一二月下旬訴外○○らの案内で現地附近へ赴いたが降雪の為これらを確認しないままであったことが《証拠略》によって窺えるところであり、又、原告□□にもそのような形跡はなく、若し原告らがその主張のような損害を蒙っているのならば、それはそのような不誠実をした訴外○○の欺罔手段に直接乗ぜられた損害というべきものである。従って、その責は貰えるものは貰っていずれへかに遁走した同訴外人がこれを負うべきものであるのに、これをさしおいて被告国に対してその責任を転嫁するのは登記官ひいては国に不可能を強いるものといわざるを得ない。

しかも、右各分筆登記手続が行われた当時は原告らの本件㈠ないし㈣土地買受の事情は全くなく、これらはその後において訴外○○の申入れが端緒となって行われていることが明らかであるから、当時右登記官としては予想出来る事情にない。

四　更に付言するに、原告ら主張の損害の計算も結局は別紙図面のとおりの絵図に基いてしており、これが右三のような実状であるならば、右公図にあらわされた本件各土地の地番の範囲を公図上で測ってみたところで実際の土地との関連性が全くないのであるから実際の土地の面積の手掛りには全くならないものであって右損害計算の根拠とはなり得ないものといわなければならない。

第五　以上のとおり、本件各分筆登記手続については、原告らの主張がいずれも登記官に不可能を強いるものであってこれに何ら故意過失はないし、又その主張する損害の立証も根拠がないに帰するから、原告らの被告国に対する本件各損害賠償の請求はいずれも理由がない。

○登記官の公図複製上の過失により、土地を第三者に時効取得されたとする損害賠償請求につき、町の協力を得て、町の費用負担によって作成された公図を受け入れるに当たっては、登記官は、町から公図を交付された時点において、これが旧公図の記載内容と一致しているか否かを照合し、地番表示の誤りを発見して、これを職権で訂正した上、地番表示の誤りとその訂正内容を町に通知すべき義務があり、登記所の公図と町の地図の法律上の根拠の異なることや、公図を職権訂正した場合にこれを市町村に通知すべきことを定めた明文の規定のないことをもって、登記官の前記義務を否定する根拠とはなし得ないとして、請求の一部が認容されたもの（東京地判昭六三・一〇・二七登記先例解説集三三三号二九七ページ）

（理由）登記官の過失の有無

そこで次に、○○出張所登記官は、本件公図を○○町から交付された時点において、本件公図が旧公図と一致しているか否かを調査し、その結果本件公図に誤記のあることを発見した場合には、職権でその訂正をするとともに、誤記及びその訂正内容を○○町に通知すべき義務があつたか否か（請求原因3㈢）について検討する。

㈠ 公図の沿革と機能

証人○○の証言及び弁論の全趣旨によれば、登記所備付の公図の沿革及び機能は、次のとおりであることが認められる。

(1) 公図は、明治六年地租改正に伴い作成された野取絵図（改祖図）を基礎とし、明治二〇年大蔵大臣内訓「地図更正ノ件」、「町村地図調整式及更正手続」により、これを更に正確にした更正図を基本としていること。

(2) 右更正図は、明治二二年土地台帳規則の制定に伴い土地台帳とともに管理され、事務処理上土地台帳附属地図として取り扱われていたが、明治二五年七月三一日、土地台帳法の一部改正によつて、税務署から登記所に移管されたこと。

(3) 右土地台帳法の改正に伴い制定された土地台帳法施行細則によつて、登記所に地図を備えることが初めて明文化された（同細則二条）が、新しく地図を作成したわけではなく、税務署から引き継いだ右地図を同細則二条の土地台帳附属地図として取り扱っていたこと。

(4) その後、昭和三五年の不動産登記法の改正によつて、土地台帳法が廃止され、（○○出張所については昭和四〇年一月一日に廃止を適用された。）、土地台帳と不動産登記簿との一元化が実施されるとともに、新たに一七条として登記所に地図を備える旨の規定が設けられたが、公図は、土地台帳法施行細則二条所定の地図（土地台帳附属地図）であつて、不動産登記法一七条所定の地図には該当しないものであるから、右土地台帳法の廃止によつて、公図はその法的根拠を失ったこと。

(5) しかしながら、不動産登記法一七条所定の地図が整備されるまでの間、便宜従来どおり、公図を閲覧に供する取扱がなされることとなつたこと。

右の事実によれば、公図は、当初租税徴収を目的として作成されたという沿革的理由から必ずしも精度の高い地図ではないが、単なる私人が作成したものではなく、国が関与して作成したものであり、不動産に関する権利関係を公示する官署である登記所において閲覧の用に供されていることから、不動産登記法一七条所定の地図が整備されていない地域においては、各筆の土地の位置、形状、境界線、面積等の概略を明らかにする一応権威ある資料として、現実の不動産取引に際して広く利用されているものということができる。

なお、土地台帳事務取扱要領（昭和二九年六月三〇日民事甲第一三二一号民事局長通達）第一八条によれば、新たに作成した地図を土地台帳法施行細則二条の地図とするには、当該地図に記載された各筆の土地の状況が土地台帳の記載事項に符合するかどうか、その他、その地図が土地台帳法施行細則二条の地図として相当であるかどうかを調査しなければならない旨指定されていた（証人○○の証言、更に、同証言によれば、右取扱要領は、土地台帳法の廃止に伴い形式的には廃止されたが、その後の事務処理は右取扱要領に従つて行われていたことが認められる）。

(二) 右(一)認定の事実及び前記1認定の事実に基づき判断するに、本件公図及び本件町地図は、いずれも○○町の費用負担によって同時に作成され、いずれもその際再製作業に当たつた業者による旧公図の地番判読の誤りにより本件甲地の地番表示に誤りが生じたものであるが、前記1認定の本件公図再製の経緯に照らせば、少なくとも本件公図が○○地方法務局○○出張所に備え付けられた以降においては、その表示の誤りは公図そのものの誤りとして登記所の責任に帰することは明らかである。そして、公図上における地番表示は、土地の特定において最も基本的な事項であるのみならず、前記㈠認定の公図の沿革及び現実に果たしている機能、役割並びに前記1認定の本件公図及び本件町地図作成の経緯に鑑みれば、○○出張所登記官としては、本件公図を○○町から交付された時点において、これが旧公図の記載内容と一致しているか否かを照合し、本件甲地の地番表示の誤りを発見して、これを職権で訂正した上、右地番表示の誤りとその訂正内容を○○町に通知すべき義務があつたと言うべきであり、しかも、右照合、発見、通知は、登記官としては困難なことではなかつたものと認められる。

しかるに、本件公図上の本件甲地の地番表示の誤りは、昭和六〇年一〇月二日に至るまで訂正されないまま放置され（この点の○○出張所が昭和六〇年一〇月二日に本件公図の訂正処理をしたことについては当時者間に争いがない。）、○○町に通知されることはなかつたのであるから、○○出張所登記官には、右義務を怠つた過失があると認めるのが相当である。

これに対し、被告国は、登記所備付の地図と市町村備付の地図とは法的に関連性はなく、後者の地図は、市町村が独自の権限と責任で作成し備え付けるものであり、また、登記所備付の地図の修正に関しては、その修正内容を市町村に通知すべきことを定めた規定はないから、本件公図備付後に○○町において本件公図と本件町地図とを照合したとの事実のない本件においては、本件町地図の誤りについて登記官に責任はなく、仮に登記所備付の地図の誤りを訂正したからといつて、その訂正内容を市町村に通知しなければならない法律上の義務はない旨主張する。

しかしながら、証人○○の証言によれば、登記所備付の地図を市町村の予算で作成してもらうことがあるだけではなく、市町村が登記所備付の地図を閲覧して市町村備付の地図を再製することも一般的に行われていること、また、登記所備付の地図の誤りを訂正した場合には、登記官の判断により、その旨を市町村に連絡している例も多いことが認められる上、前記認定のとおり、本件公図と本件町地図とは、同一の機会に、○○町の協力により旧公図に基づき作成されたものであって、○○出張所としては公図複製作業の一環としての意味をもち、その際に本件甲地の地番表示の誤りが生じたという特段の事情がある本件においては、本件公図と本件町地図の法律上の根拠が異なることや、登記所が公図を修正した場合に、これを市町村に通知すべきことを定めた明文の規定がないことをもつて、○○出張所登記官の前記義務を否定する根拠とはなし得ないと言うべきである。

従つて、被告国の右主張は採用しがたい。

○法務局備付けの公図を信頼して土地を購入した者が、その後、第三者との土地所有権確認訴訟に敗訴し、右土地所有権の一部を失ったとする損害賠償請求につき、右所有権の喪失は、売主の説明を全面的に信用し現地において境界の確認及び実測をしないで買い入れたことに起因するものであるから、公図の不備（本件土地の境界線の記入洩れ）との間に相当因果関係があるとはいえないとして請求を棄却した原審の判断が是認されたもの（最判平元・七・四登記先例解説集三五四号二五八ページ）

（理由）所論の点に関する原審の認定判断は、原判決挙示の証拠関係及びその説示に照らし、正当として是認することができ、その過程に所論の違法はない。論旨は、ひっきょう、原審の専権に属する証拠の取捨判断、事実の認定を非難するか、又は独自の見解に立って原判決を論難するものにすぎず、採用することができない。

○公図上、甲地が他人所有の乙地に包含されていたため、乙地の競売により甲地の所有権を喪失したのは、登記官が公図と登記簿に土地の現況を正確に反映させるべき義務を怠ったことによるものであるとする損害賠償請求につき、甲地が乙地に包含されていたとは認められないから、乙地の競売により甲地の所有権を失ったとは認められないとされたもの（東京地判平二・七・二六登記先例解説集三五四号二九三ページ）

（理由）　右事実によると、三〇二〇番三の土地は昭和一三年六月一六日分筆後の三一二番一の土地に含まれていなかったことが明らかであるから、右三一二番一の土地からその後分筆された三〇二〇番五の土地と公図上重複することはあり得ず、したがって、公図上三〇二〇番五と記載された部分に三〇二〇番三の土地が内包される形で存在することはあり得ないこととといわなければならない。

○さいたま地裁川越支部判平一五・四・二三（登記インターネット七巻六号二四九ページ）

「原告所有の本件土地が公図上所在不明とされ、その後、訴外Aの建物敷地として事実上取り込まれ、所有権行使が不可能となるなどの損害を被ったのは、被告国の担当職員において、本件土地が「不明」として公図から欠落していることを示す付箋が添付されていたのであるから、本件土地の所在を確認し、図示すべき義務があったのにこれを怠り、フィルム化された新公図から本件土地を欠落させた過失があるなどとして、被告国に対し、損害賠償を求めた事案につき、登記所は、国土調査法に基づく地籍調査の結果である地籍図をいわゆる一七条地図又はこれに準ずべき地図をして備え付けるにすぎず、登記所自らが公図を作成するものではないし、積極的に地図ないし図面上の表示された土地付近の調査を行うなどして確認する法的義務を負うものでもない」として、原告の請求を棄却している。

○登記官の公図改製（縮尺三〇〇〇分の一の公図を縮尺五〇〇分の一の公図に改製）の際の過失により、土地に対する支配を排除されたとする損害賠償請求につき、公図は土地所有権の範囲を確定する一資料にすぎず、土地所有権ないし占有権の範囲が確定されるものではないなどとして、公図の改製と本件土地に対する支配の侵害との間には相当因果関係がないとされたもの（静岡地裁沼津支部判平二・二・二八登記先例解説集三五四号二七四ページ）

（理由）1 公図の作成経緯、精度、証明力及び公図の改製について

（証拠略）及び弁論の全趣旨によれば以下の事実が認められる。

(一) 公図とは、旧土地台帳法施行細則（昭和二五年七月三一日法務府令八八号）二条の規定により土地台帳の外に土地の区画及び地番を明らかにするため登記所に備え付けられていた旧土地台帳附属地図のことをいう。昭和三五年法律第一四号不動産登記法の一部を改正する等の法律により旧土地台帳法（昭和二二年法律三〇号）が廃止され、公図はその法的根拠を失ったが、一七条地図が整備されるまでの暫定的措置として登記所において保管され、また、一般の閲覧及び謄写に供されている。そして公図はそもそも明治初期から中期にかけて地租徴収の基礎資料とする目的をもって作成されたもので、当時は測量技術も発達していなかったこと等から、その精度においては必ずしも十分といえないものがある。また公図は、不動産登記簿のように土地に関する権利関係を登録公示して不動産取引の安全を図るという登記制度上の観点から作成されたものではなく、したがって現地復元性はなく、しかも作成目的が租税徴収にあったため、その後の土地の異動（分合筆）に伴う修正も必ずしも安全にはなされていない。しかし一方、公図は、不動産に関する権利関係を公示する登記所において一般に閲覧の用に供されていることから、未だ一七条地図が全部の土地について整備されるに至っていない現在、その精度において不十分な点はあるにせよ、土地の位置、形状、境界線、面積

などの概略を明らかにするための公的な資料として現実の不動産取引においても広く利用され、重要な機能を営んでいる。

㈡　一般に、宅地分譲等で土地を合併し更に細分割する場合には、わずかの筆数ずつに分割し、その都度公図上に分割線を記入していくと最終段階で筆界線の位置が狂うことが考えられるため、細分割する場合に全筆同時に分割し、これを公図の精度に合わせた地形図的なものを用いて案分記入するか、もしくは、分割後、細分割部分について一括して地図訂正の処理として、地積測量図に基づいて作成した新公図へ改製するかのいずれかの方法がとられている。

㈢　本件土地付近の改製前の公図の縮尺は三〇〇〇分の一であり極めて精度の低いものであつたうえ、分合筆が繰り返し行われ土地が細分化されたため、三〇〇〇分の一の公図上に各土地を表示することが物理的に困難となつた。そこで、この公図をより高精度にするため、昭和四八年一〇月二二日、縮尺五〇〇分の一の地積測量図に基づいて作成された現状の図面を当該地域の公図（本件公図）に改製した。なお、本件土地は、この改製に際しての対象土地に含まれていない。

2　因果関係について

㈠　公図の性質は前記1㈠認定のとおりであるところ、右事実からすれば、公図は土地の所有権の範囲を確定するに際して利用される一つの資料にすぎず、その記載によつて直ちに所有権の範囲が確定されるといつた性質のものではないから、仮に本件公図の改製により、本件公図と甲第四一号証の公図（別紙略図面F）の縮尺を同一にして重ね合わせた場合に公図上本来あるべき原告の土地上に他人の土地が記載されていることになるとしても、そのことのみによつて直ちに原告の本件土地の所有権あるいは占有権が侵害されたことにならないのは明らかである。

○控訴人所有の土地が訴外人に時効取得されたのは、本件土地の所在を公図上の誤った位置に表示した登記官の過失によるものであるとする損害賠償請求につき、控訴人は、本件土地の位置を明確に認識しており、また、本件土地の公図上の所在が現実の所在と異なるとの指摘を受けた際に、関係者等から事情を聴取するなどの所要の調査をすれば右不一致を知り得たとの事実関係のもとでは、公図の誤りが所有権喪失の一因であったとしても、右誤りと損害との間に相当因果関係がないとして、請求を棄却した原審の判断が維持されたもの（東京高判平二・一二・二六登記先例解説集三五四号三〇〇ページ）

〔原審〕　原告所有の土地が訴外人に時効取得されたのは、本件土地の所在を公図上の誤った位置に表示した登記官の過失によるものであるとする損害賠償請求につき、原告は、取得した本件土地の位置を明確に認識していたのに、訴外人による所有権の時効取得を放置していたものであり、また、本件土地の公図上の所在が現実の所在と異なるとの指摘を受けた際に、関係者等から事情を聴取するなどの所要の調査をすれば右不一致を知り得たとの事実関係のもとでは、公図の誤りが所有権喪失の一因であったとしても、右誤りと損害との間に相当因果関係がないとされた（東京地判平二・八・三〇登記先例解説集三五四号三〇二ページ）

（理由）　以上の事実関係及び事案の概要で認定した事実によると、原告は、払下げを受けた土地の場所が当初から明確であったのに、その土地が公図上では別の場所に表示されていたため、払下げを受けた土地は別の場所にあるものとして、他人による本件土地所有権の時効取得を放置していたものである。

この点について、原告は、公図に対する国民の信頼は極めて高度であり、また、公図の誤りを発見するのは困難であったと主張する。

しかしながら、格別の理由がないのに公図の表示のとおりに土地が移転することはあり得ず、また、公図の性質上、そこに表示された土地の位置がその土地の位置を常に表示するものではない。そして、原告は、払下げを受けた当初は本件土地の位置を明確に認識していたのであって、誤った公図の表示を信頼し、本件土地の位置を誤信したままこれを取得したというものではないのであるから、公図の表示に相当な疑念を抱いて然るべきある。

加えて、本件においては、払下げを受けた土地が公図上では現実の所在と別の場所に表示されているとの指摘を受けた際に、関係者等から事情を聞き、物納財産払下申請書を取り寄せてその添付図面と公図とを比較対照すれば、払下げを受けた土地の現実の所在と公図上の表示との齟齬を確実に知ることができ、公図の正確性を弾劾する資料は容易に得られたので、公図の誤りを指摘して本件土地についての原告の権利を保全することは容易であったはずである。なお、原告は、前述のとおり関東財務局に対して本件土地の所在について問い合わせをしているが、確たる資料に基づかずに単に係官に尋ねた程度に過ぎず、取得の経緯に照らすと、そのような状況に置かれた通常人ならば自らの権利保全のために行うはずの調査を尽くしたものということはできない。

そうすると、原告が本件土地所有権を失ったことにより損害を被ったことの原因の一つが公図の表示の誤りであったことは否定できないとしても、右に指摘したような本件における事実関係のもとにおいては、通常ならばこのような損害は生じるはずがないものであって、公図の表示の誤りと右損害との間には、相当因果関係があるとはいえないというべきである。

○控訴人が買い受けたとする土地が、法務局の公図の不備により所有権移転登記ができないとする慰謝料請求につき、本件土地を控訴人が買い受けた証拠がなく、仮に買い受けたものとしても、本件土地は国有地であることが判明しており、公図の不備により所有権移転登記ができないとは認められないとした一審の判断を維持し、控訴が棄却されたもの（名古屋高判平四・二・二六登記先例解説集三八八号二五八ページ）

（理由）　控訴人本人は、原審において、その主張する購入土地が○○県○○郡○○町大字○○字○○内の土地を含み、かつ官有地でない旨を縷々供述するものの、これを裏付ける的確な資料はない。（証拠略）と併せると、控訴人が右の購入土地として占有する土地の一部が○○内の土地であるとする根拠とすることはできないものというべきであり、右占有土地の一部を被控訴人らや○○県が官有地として扱っていることが誤りであると認めることもできない。

また、控訴人主張の購入土地のうちに含まれていることに争いのない○○県○○郡○○町大字○○字○○八四番の一の一部について公図の不整備のために控訴人への所有権移転登記が妨げられていることを認めるべき的確な根拠はない。

○〔原審〕　原告が買い受けたとする土地が、法務局備付けの公図の不備により、長年にわたって所有権移転登記ができないとする慰謝料請求につき、仮に売買契約があったとしても、本件土地は官民境界確定協議の結果、国有地であることが判明しており、公図の不備により、所有権移転登記ができなくなったとの事実を認めることはできないとして、請求が棄却されたもの（津地裁四日市支部判平三・九・二五登記先例解説集三八八号二五一ページ）

（理由）　そこで判断するに、仮に原告主張の各売買契約があったとしても、原告は本件土地のうち国有地部分の所有権を取得することはできないものであるところ、原告が本件土地につき所有権移転登記を得られなかったのは、原告が、本件土地が全て民有地であり原告の所有であると主張してきたことに起因するものというべきであり、本件全証拠によるも、公図（旧土地台帳付属地図）の不備により、本件土地全部につき、本来なら原告への所有権移転登記ができたはずであったのにこれがなくなったとの事実を認めるに足りない。

○原告は、本件土地を七番一の土地として買い受けてこれを占有していたところ、訴外Aから本件土地は七番一九、七番二二、七番、一一番一及び一一番四の各土地の一部であるとして土地明渡訴訟を提起され、それに敗訴したため本件土地の所有権を取得できなくなり、売買代金相当額の損害を被ったのは、登記官が本来七番一九と記載すべき本件土地を七番一と誤って転写したままの公図を閲覧に供し、その職権訂正措置を採らずに放置していたことによるとする損害賠償請求につき、登記官には地番表示を職権訂正する義務があるのにこれを怠っていた過失があるが、原告が、本件土地売買につき通常必要とされる調査を行っていれば本件土地の特定につき重大な疑義の存することは容易に判明し、売買締結には至らなかったことが認められるから、原告主張の損害は、右登記官の過失との間に相当因果関係がないとして、請求が棄却されたもの（京都地判平四・四・三〇登記先例解説集三八八号二六一ページ）

（理由）　およそ国家賠償法による損害賠償責任が認められるには、違法行為と損害との間に相当因果関係が認められること、すなわち、損害が違法行為により通常生ずるべき損害であることが認められることを要するところ、取引関係者が取引対象土地を誤認し何らかの損害を被った場合に、この誤認が正確性を欠く公図と何らかの関連があると認められるものであっても、その者が公図を利用して土地の同一性を確認するために通常行われるべき調査等を怠ったと認められ、これを行えば誤認を容易に回避できたと認められるようなものであるのに、その者が公図を利用して土地の同一性を確認するために通常行われるべき調査等を怠ったと認められるような場合には、損害はその者が公図が閲覧等を供されるに当たり予定された通常の利用方法に従って利用したことによるものではないといえるから、当該公図が閲覧等に供されていたことにより通常生ずる損害には当たらないというべきであり、もっぱら当該利用者の責に帰すべきものであって、当該公図が閲覧等に供されていたことと損害との間の相当因果関係は否定するのが相当である。

○登記所に備えられている公図は、各筆の土地の区画を正確にすべきことを法が要求しているにもかかわらず、被告国は、それを怠り、公図に原告所有地と隣接地である訴外A所有地との間に空間を設け、原告所有地の区画を公図上不明にし、もって別訴において裁判所を事実誤認に導いたことにより、原告は、所有地の一部の所有権を喪失したとして、損害賠償を請求した事案につき、登記所の備付けの公図は、公図作成の沿革等からして、地図としての正確性及び復元性に欠けることは公知の事実であり、右の欠点があることを前提とした上で、土地の位置関係や形状・広狭等を知るために、不動産登記法一七条の地図が備えられるまでの間、これに代わる参考資料として公開されているとした、公図の性格に関する被告国の主張を認め、同法一七条の地図であることを前提とした原告の主張には理由がないとして、請求が棄却されたもの（東京地判平六・一二・二〇登記先例解説集四〇一号四七二ページ）

（理由） 被告国の主張

Ⅰ 土地台帳付属地図（以下公図という）の沿革等について

一 公図は、もともと地租徴収の基礎資料とする目的で明治初期の徴収改正事業の成果として、あるいは明治中期の全国地押調査事業の成果として作成されたものであり、その作成にあたっては、まず、地元住民・戸長・総代人等が素朴かつ未熟な測量技術を用いて、一筆ごとの筆限図を作成し、これをつないで字限図・村限図を作成し、これを当時の官吏が現地に赴いて確認するという手順を踏んだものといわれている。

したがって、公図は必ずしもこれに基づいて現地を復元することが可能なものではないのであり、このことは、広く一般に認識されているところである。

二 公図は、明治二二年制定の土地台帳規則（明治二二年三月二二日勅令第三九号）及びこれを引き継いだ昭和二二年制定の土地台帳法（昭和二二年法律第三〇号）に基づく課税台帳たる土地台帳の付属図面として税務官署において保管管理されてきた。

その後、昭和二五年の地方税法の施行と時期を同じくする土地台帳法の一部を改正する法律（昭和二五年法律第二二七号）が施行され、同法施行細則（同年法務府令第八八号）二条一項の規定により、公図は税務官署から法務局、地方法務局及びその各支局・出張所（以下「登記所」という。）に移管され、以来、公図は登記所に備える地図とされた。

三　ところが、昭和三五年の不動産登記法の一部を改正する等の法律（昭和三五年法律第一四号）の施行に伴い、右土地台帳法が廃止されたことに伴い、同年三月三一日付け法務省令第一〇号「不動産登記法施行細則の一部を改正する法務省令」の一六条において土地台帳法施行規則も廃止された結果、公図は登記所に備える地図としての法的根拠を失うこととなった。しかし、従来の経緯から、登記所の内部資料として登記所で保管が継続されることとなった。その後も、便宜的に従来どおり一般の閲覧等に供されているが、これは不動産登記法一七条の規定による地図が整備されるまでの間の暫定的措置にとどまるものであって、公図には同法二一条一項の適用がなかった。

四　近年に至り、国土調査法二〇条一項の規定により登記所に送付された地籍図等を除き、不動産登記法一七条、一八条で規定し、想定する厳密な測量と調査を経て作成された図面の早期備付けが望めないところから、公図には同法一七条に規定する地図（いわゆる一七条地図）が整備されるまでの間、当該土地に関して作成した図面としての機能が期待されるところとなり、平成五年の不動産登記法の一部改正により同法二四条ノ三の規定が新たに設けられて、同規定により右一七条の規定により作成された地図が備えられるまでの間、これに代えて同地図に準ずる図面としての性格が初めて付与されたものである。

五　公図は、右のような沿革等を有するものであり、各筆土地の相互の位置関係、形状、区画線の長短、面積の広狭等の点においては、現地の実際と符合せず、宅地・田畑・山林等の公図作成時の地目と現況のいかんにより、公図と実際との相違にも大小の差異があり、田畑・山林においてはそれは甚だしく、地図としての正確性及び復原性に欠けることは公知の事実であり、公図は以上のような欠点があることを前提としたうえで、土地の位置関係や形状・広狭等を知るための、あくまでも不動産登記法一七条の規定により作成された地図が備えられるまでの間、これに代えて参考資料として公開し、閲覧・謄写に供されていると解されているものである（仙台高裁昭和六〇年六月二六日判決・訟務月報三二巻三号五四七ページ等）。

六　本件係争地を含む公図についても正確な資料は存しないものの、明治二八年一二月に当時の筑波郡久賀村大字足高六番字鷲ノ臺全図の一部として調整されたものである。

その沿革、作成経緯等については右一で述べた方法に基づいたものと推測され、以後、改製されることなく現在においても閲覧・謄写の用に供されているが、本件係争地以外にも若干の不備が見受けられる。

Ⅱ　公図の記載と損害との間の相当因果関係について

一　公図は右のような問題を有するものであるから、たとえ公図と実際との間に相違があったとしても、特段の事情がない限り、公図を備置し、閲覧・謄写を許した法務局や国にはこれについて何らの責を負うべき筋合いはない（前掲仙台高裁判決）。

本件においては、公図上、原告所有土地と隣接する一三四六番、一三四八番の各土地との間に空白が存在したが、原告はこれにより、原告所有土地の区画を公図上不明ならしめ、前訴において裁判所を事実誤認に導き、原告の所有権を喪失させるという損害を与えたと主張する。しかし、そもそも、公図の性格は前記のとおりであり、かつ、原告が主張する公図の性格は平成五年の不動産登記法改正前のものであることを前提としてその閲覧・謄写を許していたのであるから、そのことをもって国（登記所）に特段の過失があるとはただちに認められない。

二　また、国家賠償法による国の損害賠償責任を肯定するためには、当該違法行為と損害との間に相当因果関係が認められなければならず、すなわち、当該損害が当該違法行為により、通常生ずべき損害であることが認められることを要する。原告が前訴において実質敗訴したことにより被ったと主張する損害は、公図が閲覧等に供されるに当たり、予定された通常の利用方法に従って利用したことに起因するというものではない。

　まして、境界確定においては、前記第一の公図の性格を裁判所は十分に斟酌のうえ、その他一切の資料を考慮して、境界線を確定するのであるから、前訴において原告が敗訴したことが仮に損害ということに当たるとしても、当該公図が閲覧・謄写等に供されていたことによる通常生ずべき損害には当たらないのは明白である。当該公図上、境界線が引かれておらず隣地との境界自体が不明確であったことと、原告の主張する損害との間の相当因果関係は否定されるべきである。

4　さらに、被告国の責任について付言するに、原告は、本件では、公図が不正確であり、それがゆえに原告が前訴で誤った判決を受け、C土地の所有権を失ったと主張するが、登記所に備付けの公図の性格については、この点に関する被告国の主張を正当として是認することができる。してみれば、この点からしても、原告の被告国に対する請求は理由がない。

○別訴において当該土地を購入する和解を余儀なくされたのは、公図の記載の誤りにより本件係争地を含む土地を購入したためであるとして、国に対し、右代金相当額の支払いを求めた事案につき、公図の記載の有無にかかわらず、購入地の状況を見る限り、原告が当該土地と係争地が別個の土地であることをうかがうことは十分に可能であったと推測され、また、原告が係争地が当該土地に属さないとの認識を有していたと認められるとして、請求が棄却されたもの（神戸地判平八・五・一三登記情報四二六号三六七ページ）

（理由） 相当因果関係について

(一) 公図について

(1) 公図は、明治初期から中期にかけて地租徴収の基礎資料とする目的で作成されたものであり、不動産登記簿のように土地に関する権利関係を登録公示して不動産取引の安全を図るという登記制度上の観点から作成されたものではない。また、当時は、測量技術も発達していなかった等からその精度についても必ずしも十分といえず、現地復元性を有しないことはもとより、土地の広狭、配列、位置関係、さらには土地の存否（地番の記載等）についてすら実体と符合していないことが往々にしてあるのは周知の事実である。空地、田畑、山林等の公図作成時の地目と現況の如何により、公図と実際との相違にも大小の差異があり、とりわけ田畑、山林においてはその差異が著しい。

(2) 公図は、不動産登記法一七条による備付けを義務づけられた地図（以下「一七条地図」という。）ではなく、その作成・整備について、不動産登記法その他法律上の根拠を有しない。したがって、登記所が公図を保管管理しているのも何ら実定法上の根拠に基づくものではなく、閲覧についても、平成五年に不動産登記法が改正され、公図の閲覧制度が規定されるまでは、閲覧の要請に事実上応じていたものにすぎない。

このように、公図自体は、公の証明力を有しないものであって、閲覧の許可も、公図の不動産取引において確定的な資料となることを前提にしてなされていたものではなく、土地取引の参考資料として利用する者に対する行政上のサービスとして便宜的に認められていたにすぎない。

(3) したがって、不動産取引に公図を利用する場合には、公図が作成された経緯、制度及び内容等に鑑みて、公権的な証明力を有する図面としてではなく、あくまで不動産取引の補助的資料として利用すべきである。
取引当事者は、取引の対象となる土地の位置、形状、広さ等について、単に公図上の記載によって調査、確認するにとどまらず、隣接土地の登記簿上の地番、所有者等を調査するなどして現地において土地の筆界確認及び実測を行い、土地の現況について適切な調査、確認をすべきである。

(4) それゆえ、公図の記載が誤ったとしても、不動産取引を行うものは自己のなした右判断について責任を負うべきであり（よって、単に公図の機能を根拠として登記官に調査義務を負わせることはできないというべきである。）、公図を信用したことによって、何らかの損害を受けたとしても、その損害は、単に公図の利用方法を誤った結果生じたものである。

(5) 原告は、本件購入にあたり、単に前所有者の○○の説明を聞いたのみで、隣地所有者の立ち会いを求めて境界を確認することもなく、また、実測さえしていないのであるから、不動産取引を行う者に当然要求される一般的な調査（注意）義務を怠ったというべきである。

《証拠略》から明らかなとおり、本件全体土地は、北側を幅員の広い県道に接して面しており、南側は幅員の狭い里道であって、原告が倉庫を建築しても業務用の車両は北側からしか出入りができないのであって、前記のように大がかりに整地工事までし、基礎コンクリートを打って、建物を建築するとすれば可能な限り奥（南側）に建築して道路に面する土地を広く開口するのが自然であるのに、この段階で本件土地にまったく手を触れず、約一年六か月経過後に業者を入れて二度目の整地・土盛り作業に手を付けているのは、むしろ、本件購入時点では本件土地が購入地に属さないとの認識を有していたことを示唆するものである。

三1 思うに、土地の取引に当たり、売主から現地での境界の説明、土地の状況の確認をなし、これに加えて公図の記載を確認することが通常であることは原告の指摘をまつまでもなく推測に難くない事実である。しかし、本件では、売主である○○は、原告に売却した地番の土地の範囲は、屋敷地として占有してきた原告土地の範囲にとどまり本件土地を含まないことは十分に知っていたと認められる事案である。しかも、前記のとおり、原告土地と本件土地の区別は、農村における宅地と農地の区別であり、それが、これまで述べてきた別の筆に属することを窺わしめる事情から、○○が自己の認識や現状を無視した現地指示をしたとは容易に考えがたいというほかない。

2 他に、本件購入後の原告の土地の整地、建物建築の経過を子細に検討しても、右判断を覆すような資料は得られない。

そうであるならば、原告が○○から本件土地を購入したとの事実を認めがたいのであるから、その余の点について判断するまでもなく、原告の本訴請求は失当として棄却を免れない。

○左の事案につき、原審の判断を維持し、控訴が棄却されたもの（大阪高判平成八・一二・一三登記情報四二六号三三〇ページ）

（理由） 公図訂正における被控訴人国の行為の正当性

㈠ 再製後の公図が旧公図と内容が合致しない場合の修正は、トレースの誤りであることが一見して明らかであるから、旧公図によって修正することが可能であり、所有者の申し出を待つまでもなく、登記官が立件して修正することができるのである。この場合、旧公図を見れば一見して再製後の公図の誤りが明らかで、修正を相当とすることが判断できるため、旧公図のみを資料として、そのとおりに修正すればよく、他の資料まで調査する必要はない。そして、空白部分の土地の所有者を十分に確認の上、再製後の公図を旧公図のとおりに訂正したものであるから、何らの違法も存しないし、訂正について登記官の過失もない。

㈡　公図の再製（マイラー化）は、昭和二六年一月三一日民事甲第一二五号、昭和四七年八月三〇日民事三発第七六八号法務省民事局第三課長依命通知（通達）に従ってなされているものであって、立法によるものではなく、登記官が公図を再製するに当たって、個別の国民に対し法的な職務上の義務としての調査義務を負っているものではない。従って、登記官は、旧公図の再製に際して書き写しの誤りを犯したとしても、これが直ちに個々の国民に対する関係において職務上の法的義務に違背したといわれるものではなく、右行為は国家賠償法一条一項の違法性を有するとはいえないものである。

登記官の公図の再製に違法性がない以上は、一七三番の土地の筆界線の移記を脱漏した公図を閲覧に供したことのみをとらえて違法性があるということもできない。

登記官は、再製後の公図の誤りを発見するや、直ちにその訂正手続を行っているのであって、過誤あることを知りながら、これを放置して一般の閲覧に供していたものでもないから、違法ということはできないというべきである。

㈢　公図は、土地台帳の附属地図として取り扱われていたが、昭和二五年の土地台帳法の改正により、土地台帳と共に税務署から登記所に移管され、土地台帳法施行細則（昭和二五年七月三一日法務府令第八八号）に、土地の区画及び地番を明らかにするための地図を登記所に備え付けることが定められたため（同細則二条）、登記所は、実務上、税務署から引き継いだ地図を同細則二条の土地台帳附属地図として取り扱っていた。そして、土地台帳法は、不動産登記法の一部を改正する等の法律（昭和三五年法律第一四号）二条によって廃止され、土地台帳附属地図は法的根拠を失った。公図は、土地台帳法施行細則二条所定の地図であって、不動産登記法一七条所定の地図には該当しないため、土地台帳法の廃止によって法的根拠を欠くにいたったが、不動産登記法一七条所定の地図に準ずる図面として位置付けられ、公図の訂正については同法一七条所定の地図に関する取扱に準じて処理することとされ、従来どおり閲覧に供する取扱がなされることとなった。

公図の備付、閲覧は、平成五年四月二三日法律第二二条により不動産登記法二四条の三が新設され、公図の一部について閲覧請求権が認められるまでは、昭和三七年一〇月八日民事甲第二八八五号法務省民事局長通達によって事実上なされていたものにすぎないのである。

公図は、地租徴収を目的として作成されたという沿革的な理由からしても、現地復元性に重点が置かれておらず、地図としての精度は高くないのであり、土地の位置関係や形状、広狭等を知るためのあくまでも参考資料として閲覧に供されているに過ぎないのである。

このような公図の備付、閲覧の法的根拠、性格からみて、登記官の再製後の公図の備付、閲覧について、違法性及び過失を論ずることは失当である。

3 公図訂正に伴う控訴人の損害の不存在

(一) 控訴人が主張する損害は登記官の行為と相当因果関係がない。

控訴人が一七五番の土地と里道との官民境界確定協議をするために、一七三番の土地と里道との間に存する空白地の所有者の同意を得なければならないのは、土地所有関係の実体に基づくものであって、公図にどのような記載がなされているか、どのような公図訂正がなされたかということとは関係がない。公図の再製、備付、訂正に過誤が存在したとしても、そのことと控訴人が空白地の所有者の同意を得ることができないこととの間に相当因果関係はない。

公図は、現地復元性がなく、実際とは必ずしも符合しないことを前提として便宜閲覧に供されているものである。公図に表示された土地の位置関係や形状、広狭等が現地の実際と符合するかどうかの判断は、専ら公図を利用する者の調査と検討に委ねられるべきものであり、公図と実際との間に相違があっても、特段の事情がない限り、公図を備え付け、閲覧、謄写を許した法務局や国にはこれについて何らの責を負うべき筋合いはないものというべきである。本件においても、不動産取引業等を目的とする控訴人が現地で適切な調査確認をしておれば、容易に空白地の存在が明らかになり、旧公図を確認することも容易であった筈である。控訴人に損害が生じたとしても、それは、控訴人が売主の深沢建設及び控訴人が調査等を依頼した上茶谷土地家屋調査士事務所を全面的に信用したことに起因するものである。

（結論）よって、控訴人の本訴請求は、その余の争点について判断するまでもなく理由がないから棄却すべきであり、右と同旨の原判決は相当であって、控訴人の本件控訴は理由がないから棄却することとし、主文のとおり判決する。

○開発目的で購入した土地を所有する原告が、主位的に、登記官がした違法な公図訂正により本件土地の開発許可が得られなくなったとし、また、予備的に、右登記官が不正確な公図を閲覧に供したことにより、原告は本件土地が開発許可を得られる土地と誤信して購入したものであり、右購入により原告には損害が生じたとして、国に対し、損害賠償を求めた事案につき、一般に公図と呼ばれる土地台帳附属地図は不動産登記法一七条所定の地図とは異なり、実際とは必ずしも符合しないことを前提として、土地の位置関係や形状、広狭等を知るためのあくまでも参考資料として公開し、便宜上閲覧、謄写に供されているものと解するほかはないとした上で、本件公図訂正は、右登記官がマイラー化原図から再製した本件公図とマイラー化原図とを突合した結果、本件公図をマイラー化原図のとおり訂正する必要があると認めたために行われたものであることから、国が責めを負うべき特段の事情はなく、また、公図に表示された土地の位置関係や形状、広狭等が現地の実際と符合するや否やの判断は、専ら公図を利用する者の判断と責任においてなされるべきものであるから、公図と実際の間に相違があっても、公図を備え付け、閲覧、謄写を許した国には、何らの責めを負うべき筋合いはないというべきであるとして、請求が棄却されたもの（大津地判平七・三・二八登記情報四二六号三二五ページ）

（理由）

一　一般に公図と呼ばれる土地台帳附属地図は、土地台帳法施行細則二条所定の地図であって、不動産登記法一七条所定の地図には該当しないが、不動産登記法の一部を改正する等の法律（昭和三五年法律第一四号）二条による土地台帳法の廃止によって効力を失った後も、登記実務上不動産登記法一七条所定の地図に準ずる図面として位置付けられ（不動産登記事務取扱手続準則）、公図の訂正についてもそれに準じて処理されることとなっている（準則一一三条二項）ことは、顕著な事実である。

二　しかしながら、公図は、不動産登記法一七条所定の地図とは異なり、現地復元性のある図面ではなく、実際とは必ずしも符合しないことを前提として、土地の位置関係や形状、広狭等を知るための、あくまでも参考資料として公開し、便宜上閲覧、謄写に供されているものと解するほかはないから、公図に表示された土地の位置関係や形状、広狭等が現地の実際と符合するや否やの判断は、専ら公図を利用する者の判断と責任においてなされるべきものであり、公図と実際との間に相違があっても、特段の事情のない限り、公図を備置し、閲覧、謄写を許した国には、何らの責めを負うべき筋合いはないものというべきである。

○左の事案につき、原審の判断を是認し、上告が棄却されたもの（最判平九・一〇・二八登記情報四五〇号一六〇ページ）

（理由）　所論の点に関する原審の認定判断は、原判決挙示の証拠関係に照らし、正当として是認することができ、その過程に所論の違法はない。論旨は、原審の専権に属する証拠の取捨判断、事実の認定を非難するか、独自の見解に基づき原判決を論難するか、又は原判決の結論に影響しない説示部分の不当をいうに帰し、採用することができない。

○不動産の仲介等を業とする控訴人は、公図の記載を信用して公道に接しているとされる土地を購入したところ、同土地は真実は公道に接しておらず、新たに土地を購入する必要が生じ、また、同土地が購入できない場合に備え、別途売りに出していた土地を道路用地として確保しておく必要が生じたため、同土地の販売を中止せざるを得なくなるなどの損害を被ったが、右損害の発生は、登記官が国土調査修正作業に際し、筆界を記入し修正すべきであったのに、それを怠ったためであるなどとして、国に対し、損害賠償を求めた事案につき、土地の現況を知るためには公図等の記載に頼ることなく、現地を検分することはもとより、不動産登記簿を調査し、その他道路台帳等をも参照することが必要であるとした上で、事実認定によれば、控訴人は公図の表示から公道に接するものと信じ土地を購入したものといえ、公図の不備は決して容認されるものではないが、控訴人が公図から土地を公道であると信じたとしても、右誤信は個別主観的なもので通常ある得るものではなく、誤信により損害を被ったとしても、当然すべき調査等をしなかったことに起因するもので、控訴人の主張する損害と公図の不備には相当因果関係があるとはいえないとして請求を棄却した原審の判断は正当であるとして、控訴が棄却されたもの（東京高判平九・三・二七登記情報四五〇号一五三ページ）

（理由）よって、控訴人の請求を棄却した原判決は相当であり、本件控訴は理由がないからこれを棄却することとし、訴訟費用の負担について民事訴訟法九五条、八九条を適用して、主文のとおり判決する。

○不動産の仲介等を業とする原告は、公図の記載を信用して公道に接しているとされる土地を購入したところ、同土地は真実は公道に接しておらず、道路用地として他の土地を確保する必要が生じ、同土地の販売を中止せざるを得なくなるなどの損害を被ったが、これは登記官が国土調査修正作業に際し、筆界の記入を遺漏したためである等として、国に対し、損害賠償を求めた事案につき、登記官が公図の国土調査修正作業に際し、筆界を記入し修正すべきであったのに、それを怠った公図の不備は決して容認されるべきではないが、原告が公図から隣接土地を公道であると信じたとしても、右誤信は個別主観的なものであり通常あり得るものではなく、誤信により損害を被ったとしても、当然すべき調査等をしなかったことに起因するもので、損害と公図の不備の間には相当因果関係はないとして、請求が棄却されたもの（東京地判平八・二・二六登記情報四二六号三五二ページ）

（理由） ところで、本件公図は、国土調査法の規定により作成された地籍図であるが、地籍図は、国土の総合開発に関する施策を策定し、又はその実施の円滑化を図るために測量等地籍調査を行った成果として作成されるものであって、もとより不動産登記法一七条に定める地図とはその性質、目的を異にするものである。不動産登記法は、不動産取引の安全を図るため、権利の客体としての不動産の現況を特定表示し、併せて不動産に関する権利を公示することを目的としているが、土地の現況を特定表示するためには、所在、地番、地目及び地積の表示のみでは土地を復元するには足りないから、さらに、土地の位置、形状、区画等を明確にする地図（一七条地図）を登記所に備えるものとしている。したがって、一七条地図は、右の登記制度の目的を果たすためのものとして、各筆の土地の位置、形状等を明確に表示するものでなければならず、また、右のような性質のものとして一般に認識されている。地籍図は、一七条地図がその作成、完備に相当の時間、技術、経費を要するものであることから、同種の国家的事業としての国土調査の成果の写しをもって一七条地図が備えられるまでの過渡的措置として閲覧に供されているにすぎないものであって、同法の目的に資するものとして認証されない限り、たとえ地図としての精度が高いものであっても、地籍調査後の土地の変動等によって、現在の土地の所有関係、その形状、接道状況等について正確性を担保できないものであるといわざるを得ない。このことは、地籍図が、同法の改正により地図に準ずる書面として登記所に備えられることになった後においても同様である。したがって、土地の現況を知るためには、なお公図等の記載に頼ることなく、現地を検分することはもとより、不動産登記簿を調査し、その他道路台帳等をも参照することが必要であるといわなければならない。

そこで、進んで検討すると、原告は、本件土地は現況も道路であった上、本件公図及び本件色分地図において、同じように道路として記載されていたのであるから、もはや調べる必要はないし、仮に調べるにしても、本件公図上「八二六番四三」との地番が記載されていなかった以上、原告としては本件土地について調べる術がなかった旨主張し、また同旨の供述をするが、前認定のとおり、原告の調査した本件色分地図において、旧三六の土地については「(建築基準)法第四三条ただし書きの適用をする道」として表示され、公道について「○○市が所有する道路」と表示されているのと明確に区別されていて、登記簿上八二六番三六の土地が公衆用道路とされていることとも食い違うこと、そして、何よりも、原告が取り寄せた新三六の土地の登記簿謄本には、昭和五九年七月一八日付けで「八二六番三六・同番四三に分筆」と記載の上、地積が五七〇平米から五二六平米に改められ、右上欄外にも「国調後分筆」と記載されていたことが認められるのであるから、これだけの資料をもってしても、容易に四三の土地の存在に気づく可能性はあったということができる。さらに、前認定のとおり、道路台帳平面図等に市道でないものと表示されていること、前認定のような旧二二の土地及び四三の土地の取得の経緯、その形状、使用の状況等にかんがみると、本件公図の記載にかかわらず、旧二二の土地に南接する土地が地番を八二六番四三として登記された私有地であって公道ではないことを容易に知ることができたということができ、分筆手続をする際に隣接土地所有者の立会いを求めることによってそれを知ることも難しくなく、原告の依頼した水道業者である株式会社○○が○○市○○局○○営業所に提出した○○装置工事完了届において、八二六番四三の土地を私道と記載していることに照らしても、本件土地を私有地であると知ることに困難はないものと推測される。

したがって、もとより公図の不備は決して容認されるものではないが、たとえ原告が旧二二の土地に南接する土地を公道であると信じたとしても、右の誤信は個別主観的なものであって通常ありうるものでなく、さらに右のとおり誤信して旧二二の土地を購入したことにより損害を被っているとしても、その損害は、旧八二六番二二の土地に南接する土地が私有地であって道路でないことにつき容易に気づきうるのに、本件公図の記載のみを信じて当然にすべき調査等をしなかったことに起因するものであるといわざるをえず、結局、原告の主張する損害と本件公図の不備との間には被告の不法行為を問うべき相当の因果関係があるということはできない。

四　以上のとおりであるから、原告の本訴請求はその余の点について判断するまでもなく理由がないのでこれを棄却することとし、訴訟費用の負担について民訴法八九条を適用して、主文のとおり判決する。

○登記官の過失により公図が真実と異なったものに訂正されたため、別訴で敗訴したとして、損害賠償を求めた事案につき、登記官の地図訂正及び地籍更正に登記官の過失はないとして、原告の請求が棄却されたもの（山口地判平一二・一一・一三登記インターネット三巻五号二九〇ページ）

（理由）　そこで、検討するに、証拠（略）及び弁論の全趣旨によれば、登記官は、○○市長から申出書に基づいて、本件地図訂正及び地積更正を行ったが、右申出を受けた際には、添付資料として、A、Bのほか地図訂正や地積更正される土地の所有者及びその隣接地の所有者の承諾書と印鑑登録証明書の提出を受けたこと、その中には、原告の承諾書と印鑑登録証明書もあったこと、右申出書に添付の図面（訂正後の図面として提出されたもの）

にある本件土地㈠及び㈡と本件土地㈢及び㈣との境界は、地図訂正前の分間図（甲二）にあるそれにほぼ沿ったものであったこと、実際にも、右関係人らは、各土地の所在場所や範囲が右地図訂正及び地籍更正のとおりであることを認め、これに基づく公図の訂正及び登記簿上の地積の更正を承諾していたこと、担当の登記官は、右のような資料及び事実を前提として、本件地図訂正及び地積更正を行ったことが認められ、このような事実経過からすれば、本件地図訂正及び地積更正に原告主張のような登記官の過失はなかったというべきである。

（1）　伊藤進「登記官の注意義務懈怠と損害との因果関係㈠」登記研究五一二号一九ページ以下

㈦　公図と地籍調査

国土調査法（昭和二六年法律一八〇号）第一条は、地籍の明確化を図ることを目的の一つとしている。昭和二六年（法律第一八〇号）に「国土の開発及び保全並びにその利用の高度化に資するため、国土の実態を科学的且つ総合的に調査する」ことを目的として国土調査法が制定され、その後昭和三二年に「あわせて地籍の明確化を図る」旨の一部改正がなされ、不動産登記の特例として、地籍調査成果の職権登記規定及び合筆の代位登記が創設された。現在では、国土調査の三大調査（①土地分類調査、②水調査、③地籍）のうち、地籍調査がその中心的役割を担っている。(1)この地籍調査によって一筆ごとの所有者、地番、地目、境界の調査及び地積の測量がされ、その結果として地図と簿冊に作成される。したがって、地籍調査の作業は、地籍図根測量、地籍細部測量、地積測定、一筆地調査、地籍図及び地籍簿の作成ということになるが、公図が主として機能するのはこのうちの一筆地調査である。

一筆地調査は、単位区域内の毎筆の土地について、その所有者、地番及び地目の調査並びに境界についての調査確認を行う作業であり、地籍調査の作業工程のなかで最も重要な工程であるといわれている。(2)この地籍調査は、筆

界を確定又は創設するものではなく、筆界を発見し、確認して明確化する作業と位置付けられている。(3)

この調査のための重要な資料となるのが、登記簿と公図である。具体的には、登記所に備え付けられている公図から透明紙に現地調査に使いやすい大きさに区分して写し取り又は写真複写によって図面を作り、それに地目、所有者の氏名又は名称、抵当権設定等の有無、字界、公図の名称、番号、縮尺及び方位等を記載して行う。(4) そして、現地調査は、この調査図素図と現地を照合しながら、土地の配列にしたがい、毎筆の土地について、その所有者、地番、地目及び筆界の調査を行い、本来あるべき筆界を発見し、確認していくのである。(5)

あとに詳論する(五〇五ページ以下)が、現在、地籍調査の成果である地籍図を最大の給源として不動産登記法一七条(現一四条)に規定する地図の整備が進められている。その地籍調査もこのように公図を資料として作成される調査図素図を基礎資料として実施されているのである。

(1) 小笠原希悦「国土調査の今後の展望」民事法情報一六二号二二ページ
(2) 「国土調査登記便覧」四五ページ
(3) 最判昭六一・四・四登記研究六二八号一二九ページ
(4) 同右四六ページ。毎筆の土地に関する公簿の管理は登記所で行っているから、登記所に保管する登記簿と公図を地籍調査の資料にしなければならない。したがって、もし、調査図素図の作成に当たって、市町村に保管する土地課税台帳備付資料の地図によったような場合には、作成後遅滞なく登記所の公図及び登記簿と照合しなければならない。もっとも、登記所若しくは市町村にこれらの地図が存在しない場合には、地理院で作成した国土基本図、又は空中写真その他の資料等によって、一筆地調査のための調査図素図を作成することにせざるを得ないであろう。
(5) 同右五〇ページ。地籍調査といえども筆界を新たに創設するものではない。すなわち、現地調査においては、調査図素図と現地を照合しながら、土地の配列にしたがい、毎筆の土地について、その所有者、地番、地目及び筆界の調査を行うことになるが、この場合、調査は、必ず土地の所有者等の立会いを求めて行い、土地の現況が調査図素図の表示と相違しているときは、本来の筆界はどちらであるかを、筆界に関する慣習あるいは文書等を参考にして調査する。この場合において、重要なことは、筆界の認定というのは土地の現況に合わせて筆界を確定するというのではなく、本来のあるべき筆界を発見するということである。現況が本来の筆界と異なっていることは度々あり得ることであり、したがって、現況が本来のあるべき筆界に合致しているか否かを十分に調査しなければならないのである。この場合、現況が本来の筆界であるということであれば、調査図素図の表示が誤まっていたことになり、これを訂正又は修正し、合わせて必要な事項を記入して調査図を作成する。その結果としてそれに基づいて作成された地籍図が法務局に送付されることになり、調査図素図の素材になっている公図を地籍図に基づいて訂正する。このことは、実質的には、公図が本来の筆界を公示していないため、これを訂正することを意味する。したがって、地籍調査の結果である地籍図に基づいて公図を訂正するということは現況に合わせて公図を訂正するということではなく、公図がそもそも本来のあるべき筆界を公示していない、換言すれば、公図が誤って作成されていたために、これを訂正することを意味するのである。そして、このことを裏返せば、地籍調査における筆界の認定は筆界の創設を意味するものではなく、すでにある筆界を発見してそれを確認することを意味するのである。

したがって、このことは、もともと公図は本来の筆界を正しく公示していたが、その後に既登記の土地の一部が長狭物の敷地となったような場合において、この現地の異動に伴う登記手続が行われていない（これらの異動に伴う分筆登記等の手続によって新たに筆界の創設が行われるべきであるにもかかわらず、その手続がなされていない）ために、現況と公図が合致しなくなっているにすぎないような場合とは異なるのである。

このような場合は、本来なすべき登記手続がなされていないために公図と現況が符合しなくなっているにすぎないのであって、このような場合は、本来なすべき手続を行うべきであるにもかかわらず、これを省略して、現況に基づいて地籍図を作成し、公図を訂正するということになると、現況に基づいて、本来あるべき筆界を公示している公図を訂正することになり、とうてい是認できることではないということになるのである。このような場合は、公図を作成した当時は、公図が現況を正しく反映していたにもかかわらず、その後の現況の変化に伴う登記手続がなされなかったために公図と現況がそごすることになったのであるから、本来とるべき登記手続をとって公図と現況が符合するようにすべきであるということになる。

10 公図と土地の分筆・合筆

(一) 現在の処理

土地の分筆の登記とは、一筆の土地を数筆の土地にする登記のことをいい、登記簿の表題部に記載した所有者又は所有権の登記名義人の申請によってこれをする（不登法三九条）。

共有名義の土地を分筆する場合は、分筆登記の申請が保存行為ではなく処分行為であることから、共有者全員でしなければならない。したがって、共有者が他の共有者の意思を無視して勝手に他の共有者を代位のうえ分筆登記を申請することは原則としてできない。しかし、一部の土地を買い受けて所有権を取得した買受人、共有土地の分割を命ずる判決を得た共有者、遺言で土地の一部を遺贈する遺言があった場合の遺言執行者等は、相手の意思に関係なく代位して分筆登記を申請することができるとされている（「平六・一・五民三第二六五号法務省民事局第三課長回答」、民事月報四九巻二号九九ページ「昭四五・五・三〇民三発第四三五号法務省民事局第三課長回答」登記先例解説集一〇巻八号一二ページ、登記研究二七二号六二ページ、登記情報四一三号九八ページ）。

この申請書には、分割後の土地の表示をし、分割後の土地の地積の測量図を添付することとされている。地積の測量図とは、「一筆の土地の地積に関する測量の結果を明らかにする図面であって、法務省令で定めるところにより作成したものをいう」（不登令二条三号、不登規則七三条以下）。

新不動産登記法では、地図及び地図に準ずる図面を電磁的記録に記録できるものとし（不登記一四条六項）、併せて地積測量図についても、法務大臣が定める方式に従い、電磁的記録に記録して作成し、提出することができるものとしている（不登規則七三条一項）。

この地積の測量図は、旧準則一二三条においては分割前の土地を図示し、分割線を明らかにした分割後の土地の地積の測量図でなければならない。ただし、分割後の土地のうちの一筆については、必ずしも求積及びその方法を明らかにすることを要しないとされていた（旧不登事務取扱手続準則一二三条）。これは、あとに述べるように、土地台帳時代の沿革若しくは測量の費用等を考慮して例外的に認められていたものと考えられるが、原則は分筆前の土地全部について実測をすべきものと考えられていた。また、このただし書の趣旨は、求積及びその方法を要しない土地についてその形状を図示することを要しないとする趣旨ではないのであって、その形状は図示しなければならないとされていた（昭三七・一〇・一八民甲第三〇一八号法務省民事局長回答）。そうなると、実測しない部分については法一七条（現一四条）地図若しくは公図に基づいて図示することが考えられるが、法一七条（現一四条）地図による場合はともかくとして、公図に基づいて残余の部分を記載するような場合は、公図の記載が現況と異なり、そのとおりに測量しない部分の図面を作製したのでは現地と合致しないような場合も考えられ、そのような場合には現地を調査測量して求積及びその方法を明らかにすべきものと解されていた。すなわち、この「ただし書」は、分筆前の登記を申請する場合には、本来、分筆後の土地のすべてについて、調査・測量を行わなければならないが、地積測量図上に表示する分筆後の土地のうちの一筆（いわゆる残地）については、求積方法の記載（記録）を省略しても差し支えないとする趣旨であるということである（昭和五二年三月一四日法務省民三第一四七九号民事局第三課長回答）。

しかしながら、これまでの登記実務の現状をみると、分筆の登記に添付される地積測量図の大半は、この「ただし書」による取扱いが常態化し、むしろ分筆後の土地のすべてについて求積及びその方法が明らかにされる取扱いが例外的であるとさえいえるような状況にあった。そのことによって、分筆の登記の申請の対象となった土地の地積が正確に公示されず、後々に紛争や地図混乱等の原因ともなっていたことから、かねてからその是正方策が望まれていた。

このため、平成一七年の不動産登記法の改正に当たっては、従前どおり地積測量図は一筆ごとに作成しなければならないことを原則としつつ、その一方で「分筆前の土地が広大な土地であって、分筆後の土地の一方がわずかであるなど特別な事情があるときに限り、分筆後の土地のうち一筆について新規則七七条一項五号から第八号までに掲げる事項（同項第五号の地積を除く。）を記録（記載）することを便宜省略し差し支えない」（新準則七二条二項）として、例外となるケースの明確化を図っている。これにより、分筆の登記の申請に際しては、上記の特別な事情がない限り、分筆後の土地すべてについて行われた調査及び測量の結果を地積測量図に表示したうえで登記所に提出すべきことが明らかにされた。なお、この取扱いは、従前の旧準則一二三条ただし書の明確化を図ったものであり、同条の理念自体を変更したものではないと解される。しかし、地積測量図に記録（記載）する事項として、旧細則四二条ノ四第二項は、「…地積ノ測量図ニハ土地ノ筆界ニ境界標アルトキハ之ヲ、境界標ナキトキハ適宜ノ筆界点ト近傍ノ恒久的ナル地物ノ位置関係ヲ記載スベシ」としており、現地特定機能は強化されていたものの、国家基準点等の整備が進んでいなかったということもあって、地積測量図は、相対的位置関係を示しているにとどまっていたといえる。しかるに、新規則七七条一項七号は、地積測量図には、「基本三角点等に基づく測量の成果による筆界点の座標値（近傍に基本三角点等が存しない場合その他の基本三角点等に基づく測量ができない特別の事情がある場合にあっては、近傍の恒久的な地物に基づく測量の成果による筆界点の座標値）」を記録（記載）することになっており、基本三角点等（測量法〔昭和二四年法律第一八八号〕第二章の規定による基本測量の成果である三角点及び電子基準点、国土調査法（昭和二六年法律第一八〇号）第一九条第二項の規定により認証され、若しくは同条第五項の規定により指定された基準点又はこれらと同等以上の精度を有すると認められる基準点）が設置されている地域については、この基本三角等に基づく測量の成果による筆界点の座標値が記録（記載）されるので、新規則における地積測量図に関する新たな規定は、今後実施される地図整備における筆界特定に有効な資料となることが期待され、境界標が亡失した場合にも、現地に筆界を復元できる程度の内容のものが求められているといえる。したがって、新不動産登記法の下においては、登記申請に提供（添付）すべき地積測量図は、現地特定機能の充実が図られたということになり、大きな意義を有することになる。(1)

ところで、前述のごとく、分筆の登記の申請において提供する地積測量図においては、本来、分筆後の土地のすべてについて地積の求積方法等を明らかにすべきである。しかし、この原則がすべてのケースに適用されるとすると、申請人にとって多大な経済的負担となる場合も考えられる。

そこで、新準則七二条二項では、分筆後の土地のうち一筆について地積の求積方法、筆界点間の距離及び筆界点の座標値を明らかにすることを要しない場合として、「分筆前の土地が広大な土地であって、分筆後の土地の一方がわずかであるなど特別な事情があるとき」に限り例外を認めることを明らかにしたのである。

この「特別の事情」としては、具体的には例えば、次のようなものが考えられる。

(ア) 分筆前の土地が広大であり、分筆後の土地の一方がわずかであるとき。

「特別の事情」の代表的な例であり、分筆前の土地が広大であって分筆後の土地の一方がそのごく一部である場合である。例えば、広大な土地のうちその一部のごくわずかな部分についてのみ売り渡すために分筆をするケースなどが想定される。なお、広大な土地のごく一部を通路用地等で買収するような事例も同様であろう。

(イ) 地図（新法一四条一項）が備え付けられている場合であって、分筆前の地積と分筆後の地積の差が誤差の限度内であるとき。

地図が備え付けられており、分筆前の地積と分筆後の地積の差が誤差の限度内であるときには、地積測量図上に表示する分筆後の土地のうちの一筆について概測して地積を求めても、その地積が正確なものと推定できるため、本条の「特別な事情」の取扱いとしても地積測量図自体の機能を損なうことはないと考えられる。なお、当然のことであるが、現地における筆界と、地図及び提出のあった地積測量図上の筆界とは一致していなければならない。

(ウ)　座標値が記録されている地積測量図など既存の資料により、分筆前の地積と分筆後の地積の差が誤差の限度内であるとき。

(イ)と同様に、既存の資料により地積測量図上に表示されている分筆後の土地のうちの一筆について概測して地積を求めても、その地積が正確なものと推定できるため、本条の「特別な事情」の取扱いをしても差し支えないと考えられる。

このとき、分筆前の地積と分筆後の地積の差が誤差の限度内であるかどうかの確認方法は、前記(イ)と同様である。

(エ)　道路買収などの公共事業に基づく登記の嘱託が大量一括にされ、かつ、分筆前の地積と分筆後の地積の差が誤差の限度内であるとき。

道路買収などの公共事業に基づく分筆の登記については、官公署等の公共機関が嘱託するが、その登記の嘱託が大量一括にされた場合における当該公共機関の予算の負担を考慮し、例外的に「特別の事情」として取り扱っても差し支えないと考えられる。

(オ)　登記官において分筆前の土地の筆界が確認できる場合であって、かつ、分筆後の土地の一方が公有地に接し、境界確認のための協議や境界明示に長期間を要する場合、隣接地の土地の所有者等が正当な理由なく筆界確認のための立会いを拒否している場合又は隣接地所有者等が行方不明で筆界確認のための立会いができない場合のいずれかに該当するとき。

これは、前記で述べたケースのいずれとも異なる事情によるものである。分筆の登記の申請に当たって分筆前の土地の筆界を確認することは当然であるが、分筆後の土地の一方が公有地に接しており、境界確認のための協議や境界明示に長期間を要する場合、隣接地の土地の所有者等が正当な理由なく筆界確認のための立会いを拒否している場合又は隣接地所有者等が行方不明で筆界確認のための立会いができない場合には、便宜上、「特別の事情」に該当する場合があることが考えられる。ただし、この場合であっても、これらの事情が存することを新規則九三条に規定する調査に関する報告又は実地調査の結果によって登記官が確認する必要があるものと考えられる。例えば、隣接地の土地の所有者等が正当な理由なく筆界確認のための立会いを拒否している場合においては、立会い拒否が正当な理由に基づかないことを認めるに足りる具体的事情を記録した報告書を提出することなどである。

新不動産登記法において、分筆の登記の申請に際して特別な事情がない限り分筆後のすべての土地の求積及びその方法等を地積測量図に表示すべきことが明らかにされたことは、既に述べたとおりである。分筆のための測量をするに当たっては、各筆界の確認が必要となるが、土地家屋調査士が表示に関する登記の申請を代理する場合には、実務上、その調査の結果を調書として添付する取扱いがされている。この場合、分筆の登記の申請における調書は、筆界について隣地所有者の印鑑証明書付きの立会確認書を提出する事実上の取扱いがされていることもあり、これを筆界の正確性を担保する疎明資料として利用している。しかしながら、隣接地の所有者等が筆界の確認に立ち会ったとしても、隣地の所有者等には当該確認書を作成し、又は当該確認書に押印する義務はない。また、これらの確認書や印鑑証明書は、任意的に提出されるものであり、これらの書面の提出がないからといって申請を却下することはできない。このように土地家屋調査士が筆界を確認したが、隣接地所有者の立会確認書を作成することができなかったこと等により、当該立会確認書の提出がないときは、登記官は、原則どおり、実地調査の上、筆界の確認をすべきである。

この地積の測量図は、二五〇分の一の縮尺により作成し、地番区域の名称、方位、縮尺、地番、隣地の地番並びに地積及びその求積の方法、筆界点間の距離、筆界点の座標値、境界標を記載したものでなければならない（不登規則七七条）。しかし、この縮尺によることが適当でないときは、適宜の縮尺によりこれを作成することができる（七七条三項ただし書）。旧準則九七条二項は、市街地地域については一〇〇分の一又は二五〇分の一、村落・農耕地域については二五〇分の一又は五〇〇分の一、山林・原野地域については五〇〇分の一又は一〇〇〇分の一の縮尺で作成するものとされていた（準則九七条二項）。しかし、新規則七七条三項は地積測量図の土地特定機能を強化するという観点から、従前の規定の仕方を修正したものと解される。

地積測量図の記録（記載）事項については、今回の改正によって、「筆界点間の距離」、「基本三角点等に基づく測量の成果による筆界点の座標値（近傍に基本三角点等が存しない場合その他の基本三角点等に基づく測量ができない特別の事情がある場合にあっては、近傍の恒久的地物に基づく測量の成果による筆界点の座標値）」を記録しなければならないこととなっている（不登規則七七条一項六号及び七号）。

旧細則における地積測量図は、二五〇分の一の縮尺をもって作成し、方位、地番、隣接地の地番並びに地積及び求積の方法を記載することとされていた（旧細則四二条ノ四第一項）ほか、境界標あるときにはこの境界標を、ないときには適宜の筆界点と近傍の恒久的な地物との位置関係を記載するものとされていた（旧細則四二条ノ四第二項）。

今回の改正では、これに代えて、前述のごとく「筆界点間の距離」及び「基本三角点等に基づく測量の成果による筆界点の座標値（近傍に基本三角点等が存しない場合その他の基本三角点等に基づく測量ができない特別の事情がある場合にあっては、近傍の恒久的地物に基づく測量の成果による筆界点の座標値）」を記録しなければならないものとされた（新規則七七条一項六号及び七号、準則五〇条）。

これにより、地積測量図は、単に地図を修正又は訂正するための基礎資料にとどまらず、土地の特定機能の充実及び強化を図るための、いわゆる地図の詳細情報としての性格付けが明らかにされたと考えられる。

なお、今回の改正により、地積測量図には必ず座標値の記録をしなければならず、従前の取扱いである地積測量図への恒久的地物との距離及び角度の記録は、例外的な場合を除き、要しないものとなったところであるが、必ずしも、これらの記録を否定するものではなく、現地の特定を容易にする観点からは、地積測量図上に恒久的地物との距離及び角度も記録されることが望ましい。新規則七七条一項八号には、地積測量図に表示する土地の筆界点には、原則として、基本三角点等に基づいて測量された成果である座標値を記録すべき旨が定められた。この基本三角点等とは、測量法（昭和二四年法律第一八八号）第二章の規定による基本測量の成果である三角点及び電子基準点、国土調査法一九条二項の規定により認証され、若しくは同条五項の規定により指定された基準点又はこれらと同等以上の精度を有すると認められる基準点をいい（新不登規則一〇条三項）、この基本三角点等に基づく測量の成果は、平面直角座標系における位置、すなわち地球上の位置を表示するものであり、基本三角点等に基づく測量によりそれぞれの筆界点を復元することが可能となるものである。これにより、登記所に提出された地積測量図は、これまでの地積測量図以上に土地の特定機能が強化され、正確な測量の前提である筆界の確認の明確化に資するものとなる。また、このような基本三角点等に基づく測量によって求められた筆界点の座標値は、今後の地図の電子化にも大いに寄与できるものでもある。

ただし、この基本三角点等は、測量の対象となる土地の近傍に存在することが前提となっており、これが近傍にない場合には、測量に要する経費が膨大となり、申請人等の負担は大きいものとなる。そこで、新規則では、近傍に基本三角点等が存しない場合、その他の基本三角点等に基づく測量ができない特別の事情がある場合にあっては、近傍の恒久的な地物に基づく測量の成果による筆界点の座標値を記録するものとされた（新不登規則七七条一項七号）。このときの「恒久的地物」とは、原則としては、旧細則四二条ノ四第二項にいう「恒久的ナル地物」と同様のものである。例えば、基本測量によって設置された水準点、恒久性のある鉄塔・橋梁等（昭和五二・一二・七民三第五九四一号民事局第三課長通知記の三）のような土地の筆界を現地において特定する場合の基礎となり得ると認められるものであることを要する。ただし、旧細則の下における「恒久的ナル地物」は、基本三角点等をも含む概念であったが、今回の改正では、基本三角点等があれば、この基本三角点等に基づく測量による公共座標値を表示することを要するため、基本三角点等は「恒久的な地物」には該当しないと解するのが相当である。また、「近傍」の程度が常識的な判断にゆだねられることは従前と同様である。

なお、平成一五年六月に内閣に設置された都市再生本部から政府の方針として示された「民活と各省連携による地籍整備の推進」においては、平成一六年度から三か年程度で、都市部全域において基本三角点等と同様、平面直角座標系を基礎とする街区基準点の整備を図ることとしており、この街区基準点の活用を図ることが可能となれば、都市部地域における地積測量図には、おおむね基本三角点等に基づく測量の成果による筆界点の表示が期待されることになろう。

筆界点の座標値を地積測量図に表示するには、その筆界点の座標値が基本三角点等に基づく測量の成果によるものであるときは、当該基本三角点等に符号を付した上、地積測量図の適宜の箇所にその符号、基本三角点等の名称及びその座標値も記録するものとされている（新準則五〇条一項）。なお、地積測量図上に、測量に利用した基本三角点等を表示するときは、必ずしも地積測量図上で筆界点との位置関係を正確に反映した位置に表示する必要はなく、おおむね分かる程度の位置に表示すれば足り、その点に符号を付した後、当該地積測量図の余白に基本三角点等の符号、その名称及び座標値を明らかにした上、各筆界点の座標値を表示する。このときの基本三角点等は、与点として利用したものは、そのすべてを記録しなければならない。

また、近傍の恒久的な地物に基づく測量の成果による筆界点であるときは、当該地物の存する地点に符号を付した上で、地積測量図の適宜の箇所にその符号、地物の名称、概略図及びその座標値も記録するものとされている（新準則五〇条二項）。この場合にも、基本三角点等の位置を表示すると同様に、近傍の恒久的地物の位置を筆界点との位置関係がおおむね分かる程度で表示し、その点に符号を付した後、当該地積測量図の余白に恒久的な地物の符号、その名称及び座標値を明らかにした上、各筆界点の座標値を表示する。この恒久的な地物の座標値は、実際に測量を行う者が任意に付することができるが、可能な限り、既存の成果（登記所に既に提出されている地積測量図において使用された恒久的な地物がある場合など）を用いることが望ましい。

なお、恒久的な地物の概略図の作成は、恒久的な地物の写真その他の画像データを地積測量図上にはり付ける方法で差し支えないものと考えられる。

今回の改正においては、筆界点の座標値を地積測量図に表示するほか、筆界点間の距離も地積測量図上に表示すべきものとされている（新規則七七条一項六号）。これは、地積測量図を目にする一般の国民にとって、地積測量図においてその地積測量図に表示された土地の筆界点間の距離、すなわち辺長が明示されていれば、より便利になると考えられるからである。また、近年の測量技術をもってすれば、地積測量図を作成するための測量が基本三角点等又は近傍の恒久的な地物を基礎とした数値測量により行われ、各筆界点が座標値で求められた場合には、当該土地の辺長を正確に求めることは極めて容易であり、申請人等の負担もさほど問題となるものでないと考えられる。

この地積の測量図の誤差の限度は、当該土地についての地図（法一四条地図）の誤差と同一の限度とするものとする。ただし、当該土地についての地図が存しない場合には、地図を作成するための一筆地測量及び地積測定における誤差の限度と同じく、市街地地域及びその周辺の地域については、国土調査法施行令別表第四に掲げる精度区分甲二まで、村落・農耕地域及びその周辺の地域については精度区分乙一まで、山林・原野地域及びその周辺の地域については精度区分乙三まで（旧準則二五条四項、同九七条三項）とされていた。新法一四条四項に規定する地図を作成するための一筆地測量及び地積測定における誤差の限度については、国土調査法施行令（昭和二七年政令第五九号）別表第五に掲げる精度区分に従って、市街地地域については甲二まで、村落・農耕地域については、乙二まで、及び山林・原野地域については乙三までと分類されている（新不登規則一〇条四項）。

一方、土地所在図及び地積測量図についての作成に当たっての誤差の限度は、前述のごとく、従前は、当該土地について地図が存する場合には当該地図の誤差の限度とし、地図が存しない場合には地図を作成するための誤差の限度（旧準則九七条三項、二五条四項）とされていた。これは、土地所在図及び地積測量図が地図を修正又は訂正するための基礎資料として位置付けられ、地図の精度を維持するためには土地所在図及び地積測量図が地図と同等以上の精度を持つ必要があるとの配慮から設けられていたものである。

しかし、地図が作成された時点では、例えば、山林・原野地域であり、国土調査法施行令別表第五に掲げる精度区分が乙三であったにもかかわらず、その後の宅地開発等によって、市街地地域となった場合には、当該地域の現状を考慮すれば、同精度区分甲二以上を要するものとして取り扱うのが相当と考えられる。特に、地積測量図は、今回の改正により単に地図を修正又は訂正するための基礎資料にとどまらず、土地の特定機能の充実及び強化を図るための、いわゆる地図の詳細情報として位置付けされたことも考慮すべきである。

このようなことから、平成一七年の改正においては、土地所在図及び地積測量図を作成する土地に関する地図の存否にかかわらず、常に地図を作成するための誤差の限度と同一であるものとされている（新不登規則七六条三項及び七七条四項において準用する一〇条四項）。

また、地積の測量図には、土地の筆界に境界標（この境界標は、筆界点にある永続性のある石杭又は金属標その他これに類する標識をいう。細則七七条一項八号）があるときは、当該境界票の表示をする。この境界標の表示を記録するには、境界標の存する筆界点に符号を付し、適宜の箇所にその符号及び境界標の種類を記録（記載）する方法その他これに準ずる方法によってするものとする。

この申請に基づいて、登記官は、筆界の確認、地積の検測等の調査をする。分筆登記の実地調査においては、原則として関係人の立会いを求めた上、地積の測量図及び登記所保管の資料による事前調査の結果と現地及び関係人の供述等を参考にして筆界の位置を確認する。また、地積の検測をするときは、適宜の筆界の直接測定の結果とこれに対応する地積の測量図上の筆界線の換算距離とを照合して行う。このような調査を経て、土地の分筆の登記をした場合には、地図に分割線を記入し、分割後の地番を記載する（準則一六条一項四号）。この処理は地図に準ずる図面（公図）の場合も同様である（準則一六条一項四号）。

土地の合筆の登記とは、数筆の土地を一筆の土地とすることをいい、表題部に記載した所有者又は所有権の登記名義人の申請によりこれを行い（不登法三九条一項）、申請書には合筆後の土地の表示をする（登記令三条別表九）。

土地の合筆の登記の申請書には地積の測量図の添付を要しない（登記令三条別表九）。したがって、合筆後の土地全体の地積測量図を添付して合筆の登記が申請されたとしても、登記簿に表示された地積の合計を合筆後の表示として処理せざるをえない。このような場合は、合筆の登記後に必要があれば地積の訂正をすることになる。

このように合筆の登記は、登記簿上の地積を基礎にしてなされるが、これは登記簿上の公示（したがって、地図についても）が現地を正しく反映しているという前提にたっているものと考えられ、したがって、地図混乱地域等においてはこのような原則どおりの処理をすることには疑問がある。

この申請により土地の合筆の登記をした場合には、地図につき、その境界線を削除（朱抹）し、合併後の地番を記載して従前の地番を削除（朱抹）する（準則一六条一項五号）。公図についても同様である（準則一六条一項五号）。

（1）「登記官の窓」（新不動産登記法における地積測量図）登記インターネット七巻七号一六五ページ以下、「登記簿」（分筆の登記の申請において提供する地積測量図の記載内容について）登記研究六八八号二五七ページ以下、「地積測量図の高度化」（第九七回高等科研修研究報告書）（上）みんけん五八〇号五五ページ以下、同（下）みんけん五八一号五三ページ以下、中山耕治「都市部における法一七条地図作製作業について」登記インターネット七巻八号一二一ページ以下

(二) 土地台帳時代の処理

ところで、土地台帳法の下における分筆等の登記はどのようにしてなされていたであろうか。

分筆又は合筆をしようとするときは、土地所有者は登記所に申告しなければならず（土地台帳法＝昭二二・三・三一法律三〇号＝二六条）、申告書には地積の測量図を添付しなければならないとされた（土地台帳法施行細則＝昭二五・七・三一法務府令八八号＝八条、一二条二項）。申告書に地積の測量図を添付する場合において、当該測量図の縮尺が土地台帳法施行細則第二条の地図（公図）の縮尺と異なるときは、当該測量図のほか地形図も添付すべきものとされていた（土地台帳事務取扱要領＝昭二九・六・三〇民甲第一三二一号法務省民事局長通達＝六〇条一項）。

また、分筆地の地積を定めるには、その一方の地積を測量し、これを現地の地積から控除した残部をもって他の一方の地積とすることができることとされた（同要領第九）。そして、分筆の場合には、地図（公図）に黒線を画し、

地番を記入することとされていた（同要領第一二第四項）。また、合筆の場合は、その境界線を朱抹し、存続地番はそのまま存置し、その他の地番を朱抹するものとされた（同要領第一二第五項）。この取扱いについては、台帳事務と登記事務の一元化後も従来どおりの取扱いとすることが昭和三六年一月一四日民事三発第三八号法務省民事局第三課長依命通知で明らかにされ、また、現在の準則においても同様の規定があること、既述のとおりである。

㈢ 分筆（合筆）線の記入

分筆線の記入という場合には、二つの態様が考えられる。一つは、分筆の申請に基づいて分筆の登記をし、公図に記入をする場合であり、他は、過去において登記上分筆がなされているにもかかわらず、なんらかの理由でこれに対応する公図上の処理がされていないものがある場合にそれらの公図に対する分筆線の記入をする場合である。

分合筆の登記の申請がなされた場合には、分合筆線の位置を誤ることなく正確に公図の修正がされなければならない。もっとも、分筆の効果は、分筆の登記が完了したときに生ずるものと解され、公図にする分筆線及び地番の記入は付随的事務としてなされるものであって、分筆そのものの効果には影響しないものと解されている[1]。例えば、名古屋高等裁判所昭和四九年五月二一日判決（判例時報七六五号七九ページ）は、この点につき次のように判示する。

「土地台帳法（昭和二二年三月三一日法律第三〇号、以下単に土地台帳法という。）による分筆とは、土地の事実上の形状変更とは無関係に、土地台帳上において一筆の土地を二筆以上の土地に変更して土地台帳に登録する処分、すなわち、所轄税務署長（昭和二二年三月三一日勅令第一一三号土地台帳法施行規則（以下、単に規則という。七条参照）が申告によって提出された分筆地形図、測量図等の資料を相当と認めてあるいは職権による実地調査の結果に基づいて土地台帳に土地台帳法五条所定の登録をしたときに分筆行為は完了し、分筆の効果が生ずるものと解するのが相当であって、いわゆる公図に分筆線及び地番を記入するのは、右の如くして分筆された土地の所在・形状を現地において特定する資料たる公図を整えるための附随的事務としてなされていたもので、分筆そのものの効果には影響はないものと解するのが相当である。」

しかし、このことは公図の修正の重要性をいささかもないがしろにするものではなく、やはり、分合筆の登記後の土地の範囲を明確にするものとして極めて重要な機能を有する。

ところで、昭和三七年一〇月八日付民事甲第二八八五号法務省民事局長通達によると、「不動産登記法第十七条の規定による地図が整備されるまでの間は、便宜従来どおりの取扱いをし（昭和三六年一月一四日民事㊂発第三八号当局第三課長依命通知）、その手続については、不動産登記事務取扱手続準則第九六条、第九七条及び第九八条の規定に準じて処理するのが相当である。

なお、土地台帳事務取扱要領第六十第一項により地形図の提出を要する場合において、地図の記載が土地の現況と相違するため、現況による地形図に基づく地図の修正又は訂正が困難なものについては、地形図の提出を要しない。この場合における地図の修正又は訂正は、申告書に添付された地積の測量図に基づいて可能な範囲において（例えば、地図に正確な分割線を記入することができない場合は、おおよその位置に分割線を点線（又は朱線）で記入して分割後の地番をそれぞれ記入し、又地図の記載が土地の現況と著しく相違するため、右の手続をもできない場合は、「5の1 5の2に分割」の振合で記載する。）修正又は訂正をすれば足りる。」とし、分筆線記入に際しては、「おおよその分筆線を点線（又は朱線）で記入して分割後の地番をそれぞれに記入し、又地図（公図）の記載が土地の現況と著しく相違するため右手続もできない場合は 5の1 5の2に分割」の振合で記載する」こととされている。この趣旨は、従来の公図が必ずしも正確なものとはいえない実情にあるところから、現況に合致しない単に形式的な修正を無理にしても意味がないと考えたことによるものと思われるが[2]、このような場合においても、可能な限りあらかじめ公図の訂正をすることが望ましい[3]。なぜなら、このような便宜措置をした土地の隣地を分筆するような場合においても、やはり分筆線の位置が図上で不明となり、同様な便宜措置をとらざるをえないことになるからである[4]。したがって、公図と地積測量図の形状が相違するような場合において、測量図が正しいことが確認できるときは、まず公図の訂正をすべきであろう。

このように、現在では分合筆の登記に際しては特別の場合を除き公図の訂正がされているが、過去においては土地台帳附属地図が徴税用の資料にすぎず、地籍図としての機能を有していなかった時代において分筆線の記入を等閑視していたものが見受けられる。そればかりでなく、一元化完了後においても、地図に対する認識の欠如や、公図の老朽化、それに多忙であることも加わり、公図の手入れを軽視していた時期もあるといわれるが、このように過去の分筆線が記入もれになっている状態は、個々の申請事件について提出された測量図と公図とを照合した際に発覚されることが多い。

このような場合には、あらかじめ過去の分筆線を申出等によって記入し、その後に該当申請にかかる分筆線を記入するのが相当な処理であると考えられる。なぜなら、過去の分筆線を記入しなければ提出された測量図の隣地番の正否がチェックできないはずであり、また、分筆の登記をしても分筆された位置が公図上で正しく記入できないからである[5]。

具体的には、まず、法務局において保管中の資料（旧台帳法時代の分筆申告書又は新法後の地積測量図）の有無を調べ、可能なものについてはそれによって記入する。右の資料がない場合には、関係者に対し分筆線記入の申出を促すのを相当としよう。

例えば、一〇番が一〇筆に分筆されているときには、一〇筆全部について申出することが望ましい。この理由は、仮に、一部が一〇番ないし一〇番五であるというがためには、その部分が一〇番六ないし一〇番一〇でないという確認がなされて初めていえるからであって、これらは一体のものだからである。また、分筆線が記入されることによって生ずる地番並びは、過去の分筆経過と矛盾してはならないので、処理に当たっては、旧台帳等によりあらかじめ分筆経過を調べる必要がある。

次に、分筆線の記入によって公図上に表示されることとなる土地及び元地の所有者の承諾を得るのが相当である。この承諾は事実証明の意味もあり、また万一誤った処理をすることのないようにするためにも望ましい。なお、分筆線記入のなされる土地に隣接する土地の所有者等は、この手続に利害を有しないと考えられるから、原則として、これらの者の承諾は要しないと考えられるが、記入される地番の並びについては旧来から承知している者に当たるから、事案によっては、事実証明の意味での承諾を得ることが相当であると考えられる場合もあろう。

㈣　地番の設定

分筆の登記をした場合には、公図へ分筆線の記入をするとともに、分割後の地番を記入しなければならない。この地番については古い歴史があるので、ここで簡単に振り返ってみることとする。

地番とは、土地の番号を約したもので、特定の土地を表示する名称であると定義できるが、土地台帳法第四条は、「土地には一筆ごとに地番を附し」と規定し、また同法第四四条は「この法律は、国有地には、これを適用しない」と規定しているので、土地に地番が付されるのは民有地に限られる。

ところで、地番という法律用語ができたのは、昭和六年法律二八号地租法であるといわれ(6)、同法の三条に「土地には一筆毎に地番を附し」とあり、第五条に「地番区域」という字句がある（もっとも、実際には地番という用語は相当古くから使用されていたようである[7]。地番は、昭和六年地租法公布以前は、番号、地番、地番号と称され、番号と一定されたのは、明治二二年四月一日大蔵省令一号土地台帳規則施行細則第一条に「土地ノ字番号」と規定されたのがその最初であるといわれる[8]。この地番というのは番地とは異なる（番地という法律用語は明治一九年八月法律一号登記法七条に発見される）。番地は、例えば、五番地といえば、「五番の土地に所在する」という意味を字外に含んでおり、したがって、まず地番が定まることが前提となると思われる[9]。

また、この地番に関連して符号という用語が使用されるが、この符号は分割するという意義をもっているといわれ、符号とは、分割記号又は分割呼称といわれる。昭和二二年法律三〇号土地台帳法第二八条に「分筆前ノ地番ニ符号ヲ附シテ各筆ノ地番ヲ定メル」と規定されているので、地番には、符号付きの地番があるとともに、原則的には、分筆した場合にのみ符号が付される。この符号の種類は、次のように定められていた[10]。

最初用いられた符号は、イ、ロ、ハの片仮名、甲《きのえ》、乙《きのと》、丙《ひのえ》、丁《ひのと》、戊《つちのえ》、己《つちのと》、庚《かのえ》、辛《かのと》、壬《みずのえ》、癸《みずのと》、の十干《じっかん》、子、丑、寅、卯、辰、巳、午、未、申、酉、戌、亥の十二支及び数字であったといわれる。

明治八年七月の「地租改正条例細目第三章地番号ノ事」には、左記（二五一～二五六ページ参照）のとおり、符号付定の方法が定められていた。

これが、土地台帳法第二八条三項に「特別の事情があるときは、前二項の規定にかかわらず、適宜の地番を定めることができる」と規定された所以《ゆえん》であるといわれる。しかるに、土地台帳をみると、一筆は一〇番に据え置き、他の分割筆は一〇番ノ一、一〇番ノ二、一〇番ノ三と符号したものと、一〇番、一〇番ノ二、一〇番ノ三と符号したものとの二種類がある。この場合、一〇番は、「ノ一」と付すべきところを特別の事情として「ノ一」を省いたものとすれば、別に一〇番ノ一をつくることは観念上重複することになる。

この符号は、前述のごとく、原則として分筆の登記の場合に使用されるが、脱落地[11]の整理、重複地番の修正、一

一筆の一部点在図

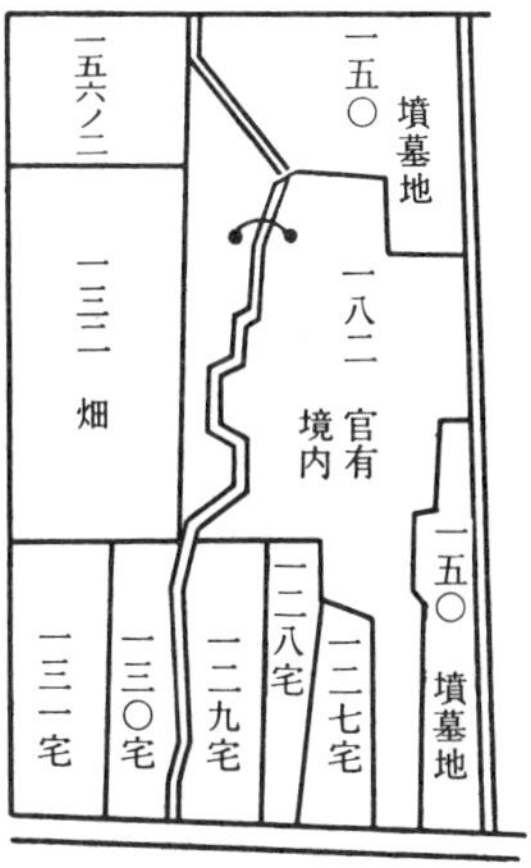

筆の一部（上図のように、土地台帳上は一筆のものにつき一筆の一部が点在するような場合がある）の整理、国有地の払下げ及び埋立て、伏地《ふせち》（布施地ともいい、税を免れるため故意に登録しない土地で脱落地とは異なる）、土地整理、都府県市町村の境界変更、市町村内の町又は字の改廃の場合にも符号が使用されることがある[12]。

第四條　一旦番号ヲ定ムル後売買譲渡等ニ由リ、切歩スルモノ譬ヘハ一番ヲ二箇ニ分裂セハ一番ノ内イ号、ロ号ト為シ、右符号ノ種類イ号ヲ分裂スルトキハ一片ハ元号ニ据置他ノ一片ハ一番ノ内ハ号ト記載スヘキコト。

今、この規定に基いて五回分筆された場合を例示すると左の如くなる。

（第一例）

当初地番	第一回分筆	第二回分筆	第三回分筆	第四回分筆	第五回分筆
一	一ノイ	一ノイ	一ノイ	一ノイ	一ノイ
					一ノヘ
				一ノホ	一ノホ
					一ノト
			一ノニ		
		一ノハ			
	一ノロ				

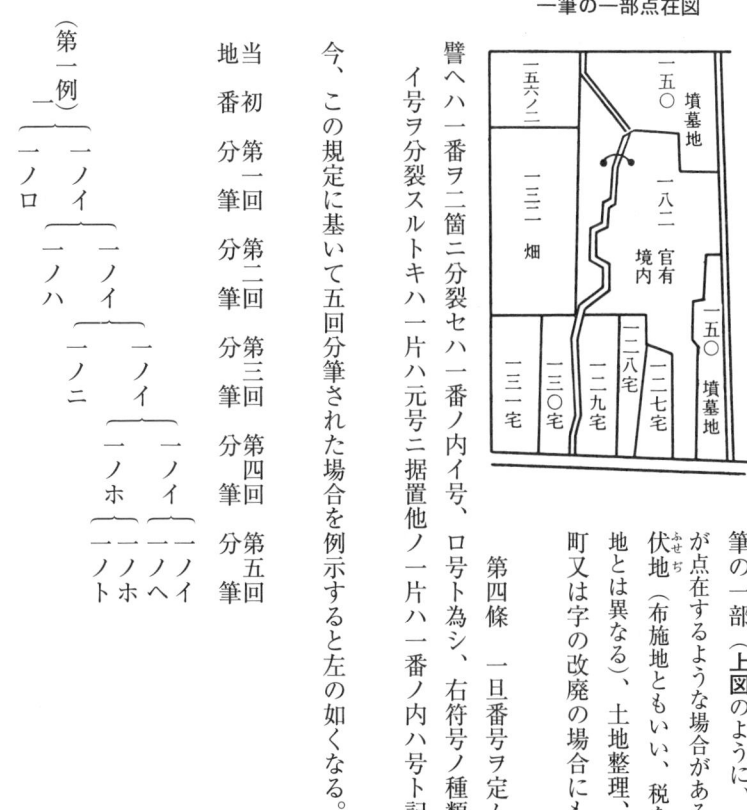

（第二例）

二
二ノ甲
二ノ乙
二ノ甲
二ノ丙
二ノ乙
二ノ戊
二ノ甲
二ノ丁
二ノ乙
二ノ庚
二ノ甲
二ノ己
二ノ乙
二ノ壬
二ノ癸
二ノ甲
二ノ乙
二ノ乙
二ノ乙ノ丙

（第三例）

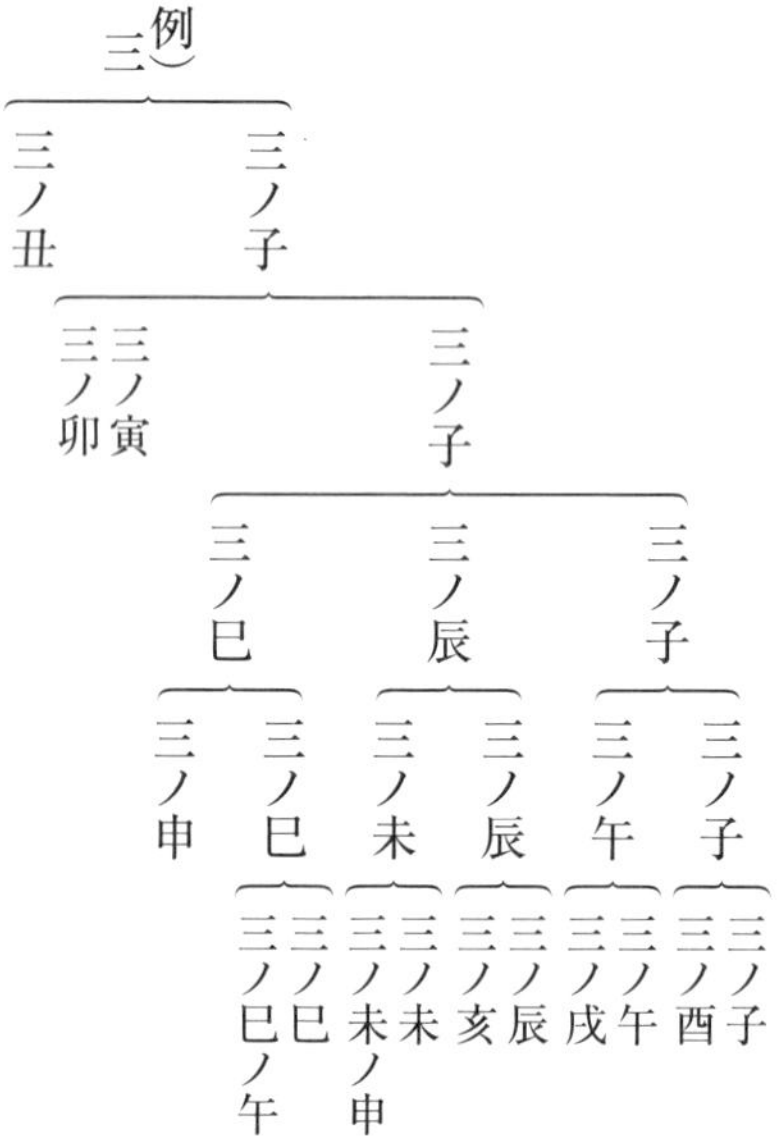
三
三ノ子
三ノ丑
三ノ子
三ノ寅
三ノ卯
三ノ子
三ノ辰
三ノ巳
三ノ子
三ノ午
三ノ辰
三ノ未
三ノ巳
三ノ申
三ノ子
三ノ酉
三ノ午
三ノ戌
三ノ辰
三ノ亥
三ノ未
三ノ未ノ申
三ノ巳
三ノ巳ノ午

（第四例）

- 四
  - 四ノ一
    - 四ノ一ノ一
      - 四ノ一ノ一ノ一
        - 四ノ一ノ一ノ一ノ一
          - 四ノ一ノ一ノ一ノ一ノ一
          - 四ノ一ノ一ノ一ノ一ノ二
        - 四ノ一ノ一ノ一ノ二
          - 四ノ一ノ一ノ一ノ二ノ一
          - 四ノ一ノ一ノ一ノ二ノ二
      - 四ノ一ノ一ノ二
        - 四ノ一ノ一ノ二ノ一
          - 四ノ一ノ一ノ二ノ一ノ一
          - 四ノ一ノ一ノ二ノ一ノ二
        - 四ノ一ノ一ノ二ノ二
          - 四ノ一ノ一ノ二ノ二ノ一
          - 四ノ一ノ一ノ二ノ二ノ二
    - 四ノ一ノ二
  - 四ノ二

こうなって来ると、何が何んであるか全く判からなくなるのみならず、これを図面に表示することは不可能といえる。然しその当時の所産として現在なお左の如き一箇地番がある。

小姓町東前

第百三十九番、第百四十七番、第百四十八番、第百四十八番ノ内一号、第百四十九番、第百四十九番ノ内一号、第百四十九番ノ内二号、第百四十九番ノ内三号、第百四十九番ノ内四号、第百四十九番ノ内五号、第百四十九番ノ内六号、第百四十九番ノ内七号、第百四十九番ノ内八号、第百四十九番ノ内九号、第百四十九番ノ内十号、第百四十九番ノ内十一号、第百四十九番の内十二号合併ノ二十二ノ内二号

旅籠町雁島

第三百十九番、第三百十九番ノ内一号、第三百二十一番、第三百二十二番、第三百二十二番ノ内一号、第三

百二十九番ノ内一号ノ内一号、第三百三十番ノ内一号、第三百三十番ノ内一号ノ内一号、第三百三十二番、
第三百三十二番ノ内一号、第三百六十九番ノ内二号合併ノ二号

大蔵省主税局に於ても、これを統制整理するの必要を感じ、明治三十二年四月官房秘第三四九号を以て、地租条例施行上取扱方の内訓を発した。それに依れば左の如く指示して居る。

一 一筆ノ土地ヲ分割シテ数筆ト為シタルトキハ当初一筆タリシトキノ番号ニ一、二、三、四等ノ単一数字符号ヲ付シテ各筆ノ番号トナスモノトス。

二 本番ニ符号アル土地ヲ分割スルトキハ其ノ一筆ニハ従来ノ符号ヲ存シ他ノ各筆ニハ本番最終ノ符号ヲ追ヒ順次符号ヲ附スルモノトス。但シ単一数字符号以外ノ符号例ヘハ十干、十二支又ハ仮名等ヲ附シタルモノハ前号ニ依ルモノトス例示セハ左ノ如シ

最初ノ地番　第一回分割ヲ為シタルトキ　第二回分割ヲ為シタルトキ

一　番……｛一番ノ一／一番ノ二……｛一番ノ二／一番ノ三

一〇〇番ノ一……｛一〇〇番ノ一／一〇〇番ノ二

一〇〇番ノ一ノ一……｛一〇〇番ノ三／一〇〇番ノ四

一〇〇番ノ一ノ二……｛一〇〇番ノ五／一〇〇番ノ六……｛一〇〇番ノ五／一〇〇番ノ七

一〇〇番ノ甲……｛一〇〇番ノ八
　　　　　　　　　一〇〇番ノ九

一〇〇番ノ亥……｛一〇〇番ノ一〇
　　　　　　　　　一〇〇番ノ一一

一〇〇番ノ甲ノ一……｛一〇〇番ノ一二
　　　　　　　　　　　一〇〇番ノ一三

単一符号以外の符号は土地異動の節これを単一符号に更生して居るが、一齋に改めない限り容易に改定は行はれない。

次で明治三十五年松江税務監督局から左の通りの上申があった。

行政実例

分筆ノ場合地番号取扱方ノ件

明治三二年四月官房秘第三四九号地租條例施行上取扱方御内訓ニ依レハ土地ヲ分割シタルトキハ当初一筆タリシトキノ地番ニ一、二、三、四等ノ符号ヲ附シ分割地各筆ノ番号ト為スヘキ筈ナルモ右ノ如クスルトキハ分割ノ場合ニ於テハ固有ノ地番号ヲ失スルニ至リ往々不便ヲ感スルモノアリ、就中宅地ノ如キハ其ノ地番ハ卽戸籍番号ナルヲ以テ例セバ十番地ニ住居セル者其ノ宅地ノ一部ヲ割キテ分筆スルトキハ居住地番号ハ十番ノ一トナリテ住居ノ地番号ニ變更ヲ来スカ故ニ變更前ノ地番卽十番地ヲ以テ登記又ハ登録ヲ受ケタルモノハ悉ク住所變更ノ登記又ハ登録ヲ申請セサルベカラサルカ如キ煩累ヲ及ホスニ依リ右ノ如キ特別ノ必要アルモノニ限リ分筆ノ場合ニ於テハ其ノ一筆ニハ固有ノ地番号ヲ存シ他ノ分筆地ニハ符号ヲ附スルコトトナス（前

例ノ場合ニ於テハ居住地ノ一筆ハ十番地トシ他ハ十番一、二、三等ト為ス）コトニ取扱ハシメ度

これに対し、主税局は左の如く通牒して居る。

主税局通牒（明治三十五年十二月第七號）

土地地番号取扱方ノ件ハ上申ノ通便宜取扱ハレ可然

（決議要領）地番ハ元来土地整理上ノ須要ニ基ク土地ノ標榜タルニ過キス、故ニ内訓ニ所謂之カ取扱方ハ畢竟其ノ錯雑ヲ避ケ可成一定ヲ期スルヲ目的トシ便宜指示セラレタルニ外ナラサルヲ以テ地番ノ紊亂ヲ来サス且整理上格別差支ヲ認メサル場合ニ於テモ猶絶対的ニ該内訓ノ如ク取扱フヲ必要トセス機宜ニ應シ地主ノ利便ヲ計リ特別ノ取扱ヲ為スハ妨ナキニ由ル

地番は、地押調査において、公共用地である道路、井溝、堤、河川のようなものは除き、その他は土地の状況ないし使用状態、すなわち地目が田畑であろうと宅地であろうと、また所有権のいかんにかかわらず、ある場所に一番とつければ、その隣接地に二番とつけ、また地番の地続きに三番とつけたといわれる。(13) しかし、符号については、分筆の場合は、分筆前の地番を親番にして符号がつくが、例えば、脱落地のような場合には、脱落地を囲む筆のいずれかの地番を親番とする場合もあり、また、脱落地を所有する者の所有する他の土地のいずれかの地番を親番とする場合もあったようであり、国有地の払下げのような場合には、土地台帳法第二〇条に「新たに土地台帳に登録すべき土地を生じたとき」に該当し、その場合には、「当該地番区域内における最終の地番を追ひ、順次にその地番を定めることができる」とされていたので、最終の地番を定める。但し、特別の事情があるときは、適宜の地番を定めることができる。

を追うことができる場合には、符号付地番を付定する必要がない場合もあったわけである。(14)

（1）幾代通・浦野雄幸編『不動産登記法Ⅰ』一八三ページ
（2）登記研究一八〇号五三ページ
（3）分筆登記申請のため隣接地所有者の立会いの下に境界を確認の上実測したところ、登記所備付けの地図と異なる地形となった場合、境界が確定しており、地図（公図）に誤りがあるのであれば、地図（公図）訂正のあとに分筆登記の申請をすべきである。登記研究三七三号八七ページ
（4）「見取図程度の地図の機能とその維持管理について」民事研修二五〇号一五二ページ
（5）二番の一から二番の三を分筆する場合、公図上で、二番の一、二番の二に分筆した当時、公図の修正がなされていないときは、二番の二の分割線を明らかにした図面を添付して所有者から地図（公図）訂正の申告をするか、又は登記官の実地調査によって地図（公図）を訂正したあとに、分筆の申告をすべきである。登記研究二〇二号六四ページ
（6）小栗忠七「所の研究」民事月報一五号・九号外一〇七ページ
（7）同右一〇七ページ
（8）同右一一五ページ
（9）同右一一六ページ
（10）同右一一七～一二二ページ
（11）明治当初においては、官有地と民有地との区別が漠然としていたため、明治六年七月の地租改正条例（太政官布告二七二号）及び同年三月地所名称区別（太政官布告一一四号。明治七年一一月太政官布告一二〇号をもって改正）によって、官有地及び民有地の分界を一応明確にし、また、地租を課するものを明瞭にした。
このように官有地及び民有地の区別を定めると同時に地租改正条例により明治六年から八年の間に全国約一億二〇〇〇万筆の土地について、各筆ごとに所有者及び面積の確認、地価の決定を行い、民有地であることを確認したものについては、地券を与え、また、官有地と認定したものについては、これを官有地として取り扱うこととし、

内務省が管理していた。その後大正一一年四月一日国有財産法（大正一〇年法律四三号）が施行され、官有地は、雑種財産（現在は、普通財産）として内務省から大蔵省に引き継がれて国有財産台帳へ登載された。ところが官有地と民有地とを区別した際に、いずれにも区別しないで認定もれとなったものが、現在行われている国有財産の実態調査や個人からの売払申請等により発見されている。これが脱落地であって土地台帳には登載されていないし、また、土地台帳の附属図面では無番地となっている。この脱落地は、従来から土手代《どてしろ》（東北地方）、青地《あおち》（関東地方）、よさま地（東海地方）等と呼称されている。

（12） 小栗・前掲民事月報一五号・九号外一三三ページ

（13） 同右一二三～一二五ページ

（参考） 明治八年七月八日地租改正事務局議定「地租改正条例細目第三章地番号ノ事」には左のとおり規定されている。

第一條　番号ハ従来ノ本田、畑、宅地、新田ヲ始メ、県廳支廳、裁判所等ノ敷地、社寺ノ上地反高、大縄場試作地、社寺境内地、堤外不定地、池沼、山林、秣場、野地、海岸空地、諸物干場等地所ノ種類ニ拘ハラス一村所属ノ地ハ脱漏ナク地押順ヲ逐ヒ、一筆限一村通シ番付ニスル歟又ハ大村ニテ其地形ノ都合ニヨリ幾個ニ区別シ別段ニ番付スルモ実地紛亂ナキ様処分スヘシ、但道路、畔敷、井溝敷、堤塘、河川等ノ如キハ番外ニ為シ第二章第六條ノ通心得ヘキコト

　第二章

第六條　道路、河川、堤塘及畦畔、溝渠等ハ実測ヲ要セスト雖徑界ヲ判然調査シ従前道敷、道幅等ノ記録有之分ハ其旨記シ置クコト

もっとも、飛地は、一番終わりに番号がつけられ、また小字がある場合には、小字ごとに整理されたようである。

（14） 小栗・前掲民事月報一五号・九号外一三九ページ。国有地にも民法の時効の規定は働く（昭二八・九・一八民甲第一六八八号法務省民事局長回答）。このような土地は、脱落地というよりも、土地台帳に登録されるべき土地が登録されていない場合の、いわゆる無籍地というほうが適当であるように思われる。

五 分合筆の効果

(1) 筆界の創設

筆界は、登記官が分筆又は合筆の手続をなすことによってはじめて変動するものであるが（最一小判昭四三・二・二二）、ともすると、隣地所有者と土地の一部を取引したもの、又は数筆の所有地の利用状況を変更したものについて地図（公図）訂正によって処理して欲しい旨の申出がされる場合がある。

いうまでもなく、このような場合には、地図（公図）訂正によるべきではなく、分筆の登記次いで所有権移転の登記をするか、又は分合筆の登記の手続によるべきものである。したがって、事実を正確に調査する必要があるが、実際には、現地において地形の調査又は古老の言、その他の書証等を動員してはじめて判明するものが多く、机上調査のみで処理することは危険であり、また、それだけに現地において実体を見抜く力も要求されると思われる。

(2) 筆界が紛争中である土地の分筆

分筆の登記は一筆の土地の一部分について一個性を与える登記官の処分であるから、分筆の登記の申請時において分割される土地が、申請にかかる一筆の土地の一部分であることを登記官が認めることができなければ、この申請は却下される（不登法二五条二一号）。

つまり、左図のような場合において、二番の二の土地につき分筆の登記を申請しようとする場合に、登記官がその筆界を確認できなければ、分割しようとする土地が果たして申請にかかる一筆の土地の一部分なのか、それともその隣接地をも含んだ土地なのか不明となり、その申請を受理しえないことになる。しかし、二番一と三番の土地との筆界が不明であっても、二番二の土地は、二番という一筆の土地の一部分であることが登記官において確認できるとすれば、分筆の法的性格からいって、当該分筆の登記申請は受理される。

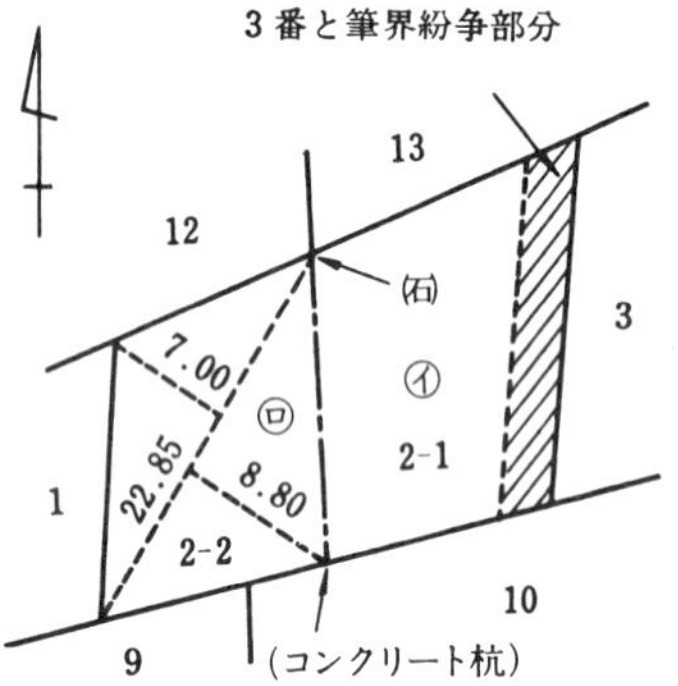

けだし、この分筆の登記を受理した場合においても、二番一と三番との筆界は未定の状態のまま、その確定を将来にまつという従来と同様の状況におかれるだけであって、この状況は、登記官の分筆処分の前後においてなんら変わるところがないものといえるからであるとされている。[1]

しかし、分筆は一筆の土地全体が特定されていることが前提であり、したがって、分割後の土地のすべてについてその位置と範囲が特定されなければならず、分割により実測された部分だけについて特定されればよいというものではない。たとえ実測された土地だけが特定されたとしても、他の筆も特定されない限り、土地を分筆したことにはならないと解すべきである。このことは、不動産登記法三九条の規定、登記令七条別表八、規則七八条（分筆の登記を申請する場合において提供する分筆後の地積測量図には、分筆前の土地を図示し、分筆線を明らかにして分筆後の各土地を表示し、これに符号を付さなければならない）の規定からしても明らかであり、また、準則七二条二項の便宜的な取扱いも、分割前の一筆地の区画が明確であることを前提として認められているものであると解すべきであって、一筆の土地の一部分について紛争がある場合のごとく、一筆の全体が特定されないものまでもその取扱いを認める趣旨ではない。このような観点から、一筆の土地を確定したあとでなければ分筆の登記を受理することはできないと解するのが相当である。[2] 平六・一・五民三第二六五民事局第三課長回答はその旨（分筆登記をするには、隣接する土地との境界の確認ができることが前提となる旨）を明確にしている。昭和四七年二月四日の法務省先例（民三発第一一〇号法務省民事局第三課長回答）も国土調査の際に境界に紛争があって筆界未定とされた土地の代位による分筆登記は、紛争地と全く関係がない旨等が記載された所有者の証明書等が添付され、かつ、登記官において現地を確認できるものである場合には、便宜受理してさしつかえないとする趣旨であり、極めて例外的な処置であるといえよう。

参考判例

○大阪地判平六・九・九（判例タイムス八七四号一三七ページ、登記情報四一三号八九ページ（参考大阪高判平二・七・二五、最判平四・三・二六））

本分筆登記申請の却下処分について

土地の分筆登記とは、一筆の土地を分割して数筆の土地とする登記であるから、その前提として、一筆の土地が存在し、しかもその範囲が正確に把握されていること（分筆元地とされる土地の区画が隣接地を包含していたり、一筆の土地の一部分であってはならない）および分割される土地が一筆の土地の範囲内に存在してることが必要とされるのであり、分筆登記にあたっては、原則として分筆元地と隣接地との境界が明らかでなければならないと解される。

そのため、分筆登記の申請をする際には、方位、地番、隣地の地番および求積の方法等を記載して分割前の土地を図示し、分割線を明らかにした地積測量図を添付することとされており、登記官は、分筆登記の申請がなされた場合、登記申請書および添付の地積測量図等と分筆元地の登記簿や登記所の保管する地図等を照合審査して分筆元地の範囲が明らかであるかを検討し、必要がある場合には実地調査を行ない、当該土地の境界の確認や地積の検測等を行なうこととなる。そして境界が確認できないときは、申請書に掲げられた土地の表示に関する事項が登記官のなした調査と符合しないとして、登記官は右登記の申請を却下しなければならない。

代位による分筆登記は、登記申請に関する通則に従うべきものであるから、通常の分筆登記の申請と異なるところはない。

本件の場合、Y_2は実地調査を実施したのであるが、土木事務所長から立会を拒否されて水路との境界を確認することができなかったのであり、実地調査の結果、申請にかかる土地の位置を特定することができなかったことになるから、当該登記の申請は、申請書に掲げられた土地の表示に関する事項が登記官の調査と符合しないとして、不登法四九条一〇号（現二五条一一号）に基づいて却下するほかはなく、Y_2の処分は適法である。(3)

(3) 分筆手続によって設定された境界の確定訴訟

分筆によって新たに設定された境界が争われる土地境界確定事件の審理に当たっては、境界確定の資料として、登記簿上の地積と関係土地の実測面積との相違を斟酌すべきである。

○福岡高判昭四六・七・二二（判例時報六五三号九三ページ）
およそ分筆手続によって新たに設定された境界が争われる土地境界確定事件の審理に当っては、境界確定の資料として登記簿上の地積と関係土地の実測地積の相違を重視すべきであり、右境界確定事件の審理に当り、関係土地の地積実測の鑑定を申立てた当事者が、争ある境界のいずれの主張を基準としての実測を求めるのかを明らかにしていないときは、裁判所は鑑定を命ずるに先だち、釈明権を行使し、実測すべき土地の範囲を明らかならしめる義務があると解するのが相当である。しかるところ本件について検討するに、原審は上告人からの鑑定申立に基き鑑定を命ずるに当り鑑定申出人において実測する土地の範囲を明白に指示していなかったのに、その趣旨を釈明することなく漫然鑑定を命じ、そのため鑑定人△△の鑑定結果は、目的物の不特定な土地を実測した欠陥を蔵しているのに、原判決はこれを証拠として事実認定の資料に供しており、右事実は判決の主文に影響するものであるから、原審が上告人の鑑定申出に対する釈明権の行使を怠り、その鑑定の結果を事実認定の資料に供したのは審理不尽の違法を犯したといわなければならない。

ところで、上告人が本件境界を争う主たる根拠は、被上告人ら主張の境界による被上告人ら所有地の地積が登記簿上の地積を超えているとするにあると解されるところ、原判決は実測地積と登記簿上の地積に若干の相違のあることを認定しながら、これを境界確定にしんしゃくしない理由として、分筆時の測量方法の杜撰と分割が坪数を基準としたものではなく、既存の建物の位置関係を基準にしたことによる登記簿上の地積の不正確を挙げているが、右の説示が首肯するに足りないものであることは論旨のとおりであって、原判決認定の境界を基準として実測した場合の被上告人ら所有地の地積が登記簿上の地積を著しく超えることが確認された場合には、この事実を境界確定にしんしゃくする必要があることも考えねばならない。

○同旨　東京高判昭三九・一一・二六（高裁民集一七巻六二九ページ）

原判決はその理由において、本件上告人と被上告人との間に争いのある地域の境界の確定のために、その根拠をるる説示するが、上段判示のごとき特別の事情についてなんらの判断もなさず、かつ境界の確定のためにもっとも重要と思われる占有の状況及び本件係争地域を含む各隣接地の公簿面積と実測面積との比較検討についてもなんら判示するところがない。占有の状況はさておくとして、本件記録によれば、本件係争の上告人所有の○○市○○字○○○四○九番の三と被上告人所有の同所四○九番の四とはともに同一地番の土地から分筆されたものであり、しかも広大な山林や原野ではなく、いずれも比較的狭少な宅地（もっとも四○九番の三の土地は、登記簿上は原野となっている）であることが明らかである。従って、右分筆の際には測量がなされたものと推測されるし、殊に、もし同時に分筆なされたものであれば、公簿上の面積と実測面積との関係についても、特別の事由がない限り、大体同一の割合によることが通常であるから右各当事者所有の土地（ないしは四○九番の他の地番の土地も含めて）の実測面積を算出し、これを公簿面積と比較対照してみることは、本件境界の確定のために必要欠くことのできないものといわざるをえない。

（1）中込敏久「地積の測量図の作製及び活用等について」登記先例解説集二〇六号七九ページ。昭四七・二・四民三発第二〇号法務省民事局第三課長回答

（2）細則三七条ノ一〇の規定も同様の趣旨に解される。

（3）共有名義の土地を分筆する場合は、分筆登記の申請が保存行為ではなく、処分行為であることから、共有者全員でしなければならず、したがって、共有者が他の共有者の意思を無視して勝手に他の共有者を代位のうえ分筆登記を申請することは原則としてできない。しかし、一部の土地を買い受けて所有権を取得した買受人、共有土地の分割を命ずる判決を得た共有者、遺言で土地の一部を遺贈する遺言があった場合の遺言執行者等は、相手方の意思に関係なく代位して分筆登記を申請することができるとされている（共有物分割訴訟または和解によって共有物が分割された場合の分筆登記申請につき平六・一・五民三第二六五号法務省民事局第三課長回答（民事月報四九巻二号九九ページ）、遺言による遺言執行者の分筆登記申請につき昭四五・五・三〇民三発第四三五号民事局第三課長回答（登記先例解説集一〇巻八号一二ページ、登記研究二七二号六二ページ、登記情報四一三号八八ページ）

(六) 分筆登記の法的性質

(1) 行政処分性

行政事件訴訟法第三条の「処分」とは、その行為により新たに国民の権利義務を形成し、あるいはその範囲を確認する性質を有し、その行為が国民の権利義務に直接の法的効果を有するものでなければならないところ、分筆登記は、客観的に存在する一筆の土地を土地の物理的形状にはなんらの変動もないままに登記簿上細分化して数筆の

土地とし、その所属籍を変更するにすぎず、また、地積更正登記は登記簿の地積表示を客観的に存在する土地の地積を前提としてそれに合致させるべく変更するにすぎない。登記は、一応争いのない法律事実又は法律関係について公の権威をもって形式的にこれを証明し公の証拠力を与える公証行為であって、いずれも当該土地の権利関係、物理的形状を変更、確定するものではなく、隣接地との境界、外延、範囲に変更を生じるものではないから、当該土地の所有者はもとより隣接地の所有者の権利義務にもなんらの影響を与えるものでもない。したがって、分筆登記、また、あとに述べる地積更正登記も右の「処分」には当たらないと解される。

　登記官の行う分筆登記が抗告訴訟の対象となる処分にあたるか否かにつき従来の判例は、神戸地方裁判所昭和五一年八月二七日判決（訟務月報二三巻一〇号一七六三ページ）及びその控訴審の大阪高等裁判所昭和五二年六月二九日判決（訟務月報二三巻一〇号一七六六ページ）が、分筆登記は客観的に存在する一筆の土地を、土地の物理的形状にはなんらの変動もないままに登記簿上細分化して数筆の土地としてその所属籍を変更するにすぎず、当該土地の権利関係、物理的形状を変更、確定するものではなく、関係土地所有者の権利義務になんらの影響を与えるものでもないとして、消極に解しているほか、東京高等裁判所昭和四五年六月二九日判決（訟務月報一六巻一二号一四一二ページ）が、登記行為一般の処分性を否定する立場から分筆登記の処分性を否定している。しかしながら、これらの裁判例に対して、土地所有者は所有権の一内容として土地分割権を有するから、所有者の申請内容と異なる分筆登記は、右分割権を侵害するものとして処分性を肯定することができるとの考え方（樋口哲夫「登記行政に関する争訟と国家賠償(5)」民事研修二五七号九三ページ、都築弘「地目更正登記の処分性」法律のひろば三六巻五号七三ページ）もある。

　松山地方裁判所昭和五九年三月二一日判決（訟務月報三〇巻八号一五三ページ）は、分筆は、当該土地の区画形質や実体法上の権利関係に直接変動を及ぼすものではないとしつつも、土地所有者は自己の土地を何筆の土地として所有するか、複数の筆として所有するとしてそれぞれの筆をどの位置にどのような形で所有するかの自由を有すること、そして、不動産登記法上、分筆登記は原則として表題部に記載した所有者又は所有権登記名義人の申請によってなされ、かつ、その申請を行うか否かはこれらの者の自由にゆだねられており、登記官は申請が所定の要件を具備する限りこれに応じた分筆登記をしなければならない点に照らすと、不動産登記法は所有者の有する右自由を法的権利として承認しているということができることを理由に、判決要旨のとおり判示して、分筆の処分性を肯定した。

○東京高判昭四四・六・一六（訟務月報一五巻六号六七一ページ）

〔要旨〕　土地の分筆とは、或る土地部分についての事実関係の変動にすぎないから、その申告も、これに基づきなされる台帳上の登録も、いずれも右のような事実関係に関するものに外ならない。また、右申告は、台帳上の登録という行政処分の前提となるいわゆる私人の公法行為であるから、これによって申告者と国との間に法律関係を形成するものではない。

三、ところで、土地台帳は、土地の状況を明確にするための所謂地籍簿であって、主として土地の物体的な状況に関する事項について、所要の登録をするものである（土地台帳法一条、五条および前記法律による改正前の不動産登記法四九条一〇号参照）。そうして、土地の分筆とは、一筆の土地を分けて、同一所有者に属する数筆の土地とすることであるが（土地台帳法二五条）、右はこれを欲する者の申告によって（同法二六条）、土地台帳上の登録、すなわち、或る土地部分の台帳上の所属籍の変更という行政処分としてなされるものである。

してみれば、土地の分筆とは、或る土地部分についての事実関係の変動にすぎないから、その申告も、これに基づきなされる台帳上の登録も、いずれも右のような事実関係に関するものに外ならない。また、右申告は、台帳上の登録という行政処分の前提となるいわゆる私人の公法行為であるから、これによって申告者と国との間に法律関係を形成するものではない。もとより、土地の分筆の登記は、土地台帳上の分筆の登録、従ってその旨の申告を前提とするけれども（前記改正法附則三条一号・二号により適用のある改正前の不動産登記法七九条、八〇条）、そのことの故に、申告の性質が右と別異になるわけのものではない。

四、そもそも、民事訴訟法において、証書真否確認の訴が認められているのは、法律関係を証する書面については、その真否が判決で確定されれば、当事者間では、右書面の真否が争えない結果、法律関係に関する紛争が解決し、或いは、少なくともこれが解決に役立つことが大きいことによるものであるから、その対象となり得るものは、直接法律関係を証する書面に限られる。

ところで、前示土地分筆申告書は、既に説示したところから明らかなように、どのような意味においても法律関係を証する書面ではないから、右の証書真否確認の訴の対象となり得ないものである。

○東京高判昭四五・六・二九（訟務月報一六巻一二号一〇ページ）

登記官が不動産登記簿に所定の事項について記載することは、行政行為である公証行為の範疇に属するものであって、それによって新たに国民の権利義務を形成し、或いは、その範囲を明確にする性質を有するものではない。尤も、右の如くしてなされた記載そのものの意味における不動産の登記は不動産上権利を第三者に対抗するための要件とされているけれども、それは法（民法一七七条等）が特に定めた効果に外ならない。

従って、右登記は、行政事件訴訟の対象たる行政処分ということができないものであるから、控訴人の本訴は不適法という外ない。控訴人としては、よろしく、抹消回復登記を申請するか（登記上利害関係を有する第三者があるときは、その承諾書、又は、その者に対抗することができる裁判の謄本を添付することを要することはいうまでもない。）或いは、更に一歩を進めて、その有すると主張する権利と矛盾する登記の除去を求める訴を提起することによって、その権利の満足ないし実現をはかるべきものである。

○大阪高判昭五二・六・二九（訟務月報二三巻一〇号六九ページ）

行政事件訴訟法三条四項の「処分」とは、その行為により新たに国民の権利義務を形成し、或いはその範囲を確認する性質を有し、その行為が国民の権利義務に直接の法的効果を有するものでなければならないところ分筆登記は、客観的に存在する一筆の土地を土地の物理的形状には何らの変動もないままに登記簿上細分化して数筆の土地としてその所属籍を変更するにすぎず、また地積更正登記は、登記簿の地積表示を、客観的に存在する土地の地積を前提としてそれに合致させるべく変更するにすぎず、一応争のない法律事実又は法律関係について公の権威をもって形式的に之を証明し公の証拠力を与える公証行為であっていずれも当該土地の権利関係、物理的形状を変更、確定するものではなく隣接地との境界、外延、範囲に変更を生じるものではないから、当該土地の所有者はもとより、隣接地の所有者の権利義務にも何らの影響を与えるものでもない。したがって、分筆登記、地積更正登記は右の「処分」にはあたらないといわなければならない。

○佐賀地判昭五二・九・三〇（訟務時報三五号一二ページ）

そもそも処分の取消しの訴えの対象となる行政庁の処分とは、それによって新たに国民の権利義務を形成し、あるいはその範囲を確定する性質を有するものでなければならないところ、登記官が不動産登記簿に所定の事項を記載する登記処分は行政行為である公証行為の範疇に属するものであるが、それは単に特定の事実または法律関係の存否を公に証明するにとどまるものであって、右処分により直接国民の権利義務を形成するとか、その範囲を明確にする性質を有するものではない。もっとも、登記官の登記処分によりなされた登記は不動産上の権利を第三者に対抗するための要件とされてはいるけれども、それは法（民法一七七条等）が特に定めた効果に外ならない。

従って、本件登記処分は処分取消しの訴えの対象となる行政処分ということはできないものであるから、原告の本件訴えは不適法というほかない。

原告としては、すべからく、その有すると主張する権利と矛盾する登記の除去を求める訴えを提起するなど民事訴訟により、その権利の救済をはかるべきであり、またそうすることにより、権利救済の目的は十分達成できるのである。

○松山地判昭五九・三・二一（訟務月報三〇巻八号一四四三ページ）

分筆は、客観的に存在する一筆の土地を、土地の物理的形状や所有権等実体法上の権利関係には何ら変動のないままに、公簿上細分化して数筆の土地とするだけのもので、当該土地についてもその隣接土地についても、区画形質に変動を与えたり実体法上の権利関係に直接影響を及ぼしたりするものではない。これは被告主張のとおりである。しかし、そうだからといって、そのことから直ちに、登記官のなす分筆には行訴法三条の「処分」としての性質がない、としてしまうのは論理の飛躍である。登記は土地に対する権利の得喪変更を第三者に対抗するための要件であるから、土地所有者にとって自己所有地が一筆であるかそれが分筆されて複数の筆になっているか、複数の筆になっているとしてそれぞれがどの位置にどのような地形で存在するかは、それを処分する場合などに実際上重要な意味を持ち得るものである。したがって、土地所有者の、自己の土地を何筆の土地として所有するか、複数の筆として所有するとしてそれぞれの筆をどの位置にどのような形で所有するかの自由（この自由の中には、当然のこととして、自己所有地を意に反して法律上の根拠なく分筆されないということが含まれる。）は、法的保護に値する利益であるということができ、しかも、この利益は、単に法的保護に値するというのみでなく、現行実定法上現に保護されている利益である。すなわち、分筆の登記（現行法上、分筆は、分筆の登記によってのみなされ得る。）は、一筆の土地の一部が別地目となった場合又は一筆の土地の一部が地番区域を異にするに至った場合という極めて限られた例外の場合に登記官が職権でなすのを除けば、すべて、表題部に記載した所有者又は所有権の登記名義人の申請によってのみなされるものとされており（不動産登記法八一条の二第一項、第四項）、しかも、申請を行うか否かは一筆の土地の一部の地目が変更された場合（不動産登記法八一条参照）を除き完全に所有名義人の自由に委ねられている。また、このような申請がなされると、登記官は、申請が所定の要件を具備している限り必ずこれに応じた分筆登記をしなければならないものとされている（不動産登記法四九条）。これらのことは、とりもなおさず、現行不動産登記法が所有者の有する前記自由を法的権利として承認していることを示すものであり、このように考える以外に分筆登記についての前記仕組みを説明する方法はない（なお、分筆登記の申請者は、正確には、登記簿上の所有名義人とされており、所有者とはされていないが、これは、登記ということからの性質上、登記簿上の記載を基礎に手続を進めるのが適切であることから来た結果であり、右のように述べることの妨げにはならない。）

もっとも、本件各分筆及び本件各分筆登記のなされたのは、昭和三五年の法改正前の不動産登記法及び当時の土地台帳法の下においてであり現行法の下においてではないが、右に述べたところは、右改正前においても基本的にはそのまま当てはまる。むしろ、当時は、法律上、分筆は土地所有者の申告に基づき行われるものとされ、分筆後それに基づきなされる登記は所有権に関する登記とされていたので、より強く当てはまるともいうことができる。

登記官の行う分筆は、法によって保護されている右利益に直接影響を与えるものであるから、国民の権利義務に法律上の効果を及ぼすものとして、行訴法三条の「処分」に当たると解するのが相当である。

登記官の行う分筆が行訴法三条の「処分」に当たらないことを理由として本件各訴えが不適法であるとする被告の主張は、採用できない。

(2)　無効確認の訴えの利益

前述の松山地方裁判所昭和五九年判決は以下の理由により訴えの利益は否定する。

「もっとも、公証行為といえども反射的効果として、私人に対し社会生活上の利益を与えあるいは不利益を与えるから行政処分に該当すると解する見地に立ったとしても、本訴は訴えの利益を欠くから、いずれにしても不適法となり却下を免れないものである。

すなわち、抗告訴訟としての無効確認の訴訟は対抗要件である登記の抹消を伴ってはじめて実効を生ずるものであり、このような実効を生じない訴訟は、訴えの利益はないものと解せられるところ、原告勝訴の判決があっても、登記の抹消が認められる場合は不動産登記法第四九条一号及び二号に該当する職権抹消の場合に限られるものと解せられ、本件は右第四九条一号及び二号に当たらないから、登記抹消はなされるに由ないものと認められる。けだし、同法第四九条一号及び二号は当然無効であり、当該登記自体からそれが明白であるから、職権をもって抹消すべきものとされているのであるが、同条三号以下の場合は手続的に瑕疵があり、実体的に無効の疑いが濃厚な登記であっても、いったん登記簿上に登記が現出された以上は右登記はその名義人の利益に属するものであり、抗告訴訟によって登記抹消をなしうるとすれば、登記名義人になんら防御の機会を与えずに登記を奪うことになって、登記名義人の利益を害し、ひいては取引の安全をも害する結果となるからである。したがって、かかる登記を抹消しうるのは当該登記名義人の申請に基づくか、同人に既判力の及ぶ判決に基づく場合に限ると解すべきであって、不動産登記法一四九条以下に基づくのほかに別途に抗告訴訟により登記の除去を認める合理性は見いだし難いものである。」

○東京地判昭四五・一一・二〇（判例時報六二六号六五ページ）

要するに原告所有の土地が原告の知らないうちに何者かにより分筆されてしまったから右分筆登記が無効であることの確認を求めるというのである。しかし、原告所有の土地が分筆されたからといって、そのこと自体によっては所有権等原告の私法上の権利関係に特段の消長を来すわけではないから、原告の本訴は右主張自体より判断して訴の利益がないことが自ら明らかである。よって、本件訴は不適法である。

○東京地判昭四五・二・九（昭和四四年（行ウ）第一三四号）

本件訴えは被告のした所論分筆登記という公証行為が当然無効であるとしてその無効確認を求めるものであるが、他に回復登記、合筆登記等を——登記上利害関係を有する第三者がある場合には、その承諾書又はこれに対抗することができる裁判の謄本を添付して——申請することによってその目的を達することができるのであるから、行政事件訴訟法三六条の規定の趣旨に徴し、確認の利益を欠くものというべきである。

○岡山地判昭四五・五・二一（昭和四二年（行ウ）第一二号）

本件訴のような行政処分の無効確認を求める訴は、行政事件訴訟法第三六条所定の要件を具備しなければ、許されないものであるところ、まず、原告は本件処分に続く処分により損害を受けるおそれがある者とは言えない。分筆登記処分はそれ自体で完結した行政処分であり、その後に、さらにこれを前提とした登記処分、すなわち分筆や合筆の登記あるいはその甲区、乙区欄に各種登記等の処分がなされることがあっても、これらはいずれもさきの分筆登記処分とは別異の新たな処分と言うべきであって、両者は同一物あるいは同一権利に関してなされた処分という面において関連しているにすぎず、前記条項にいわゆる続行処分と目すべきものではない。したがって、原告が新たな別異の登記処分によってなんらかの損害を受けるおそれがあるとしても、これをもって本件処分に続く処分によって損害を受けるおそれがある者とはなしえないのである。

また、原告は、その主張の本件現地における一一二坪余の土地は、登記簿上土地㈣、㈤、㈥として表示されている土地にほかならないと言うのであるから、登記簿上土地㈠、㈡、㈢として表示されている土地の権利者が、現地における右一一二坪余の土地を不法に侵奪していることを理由に、これに対して所有権に基づく訴を提起するか、あるいは右権利者の有する登記が不実であることを理由に、これに対して抹消登記手続を求める訴を提起する等によって、自らの権利を防衛することができるから、結局、原告は、本件処分の無効確認を求めるにつき法律上の利益を有する者と言えないか、あるいは該処分の無効を前提とする現在の法律関係に関する訴によって目的を達することができない場合にあたるとは言えない。

⑶　その他の参考事例

①　土地台帳上存する分筆元地が実在しない場合の処理方法（昭三二・一一・二八民甲第二七〇五号法務省民事局長回答）

（要旨）　数次にわたる分筆の結果、台帳上元番の地積が存するが実際には存在しない土地が生じた場合は、分筆した各筆の土地を分筆元地に合筆後地積の訂正をなすべきであるが、分筆元地以外の分筆地全部について第三者が所有権移転の登記を受けている場合には、分筆元地についても、当該第三者のための所有権移転の登記をした後、右の合筆及び地積訂正の処理をなすべきであって、現地の存しない元番の土地台帳を閉鎖することはできない（本章第三節第三款五八四ページ参照）。

② 分筆の登記申請書に添付する地積測量図（抄）（昭三七・一〇・一八民甲第三〇一八号法務省民事局長回答）

（照会） 分筆の登記申請書に添付する地積測量図は、不動産登記法第十七条による地図の備付がない土地の場合、分割後の土地のうち求積及びその方法を明らかにしない元地の一筆についてはその形状全部を図示することなく境界線及び隣接地番（元地番）を表示するのみでさしつかえないか。

（回答） 不動産登記事務取扱手続準則第百六条（編注＝現行第百二十三条）ただし書の規定による分割後の土地についても、その形状を図示することを要する（同条本文参照）。

③ 分筆した土地に対する地番の定め方（昭三六・九・八民甲第二一七八号法務省民事局長回答）

（照会） 分筆した土地については、分筆前の地番に符号を附して各筆の地番を定めることになっているところ、当管内においては、税務署が台帳所管庁であった当時からの慣行として、当該土地が宅地である場合に限り分筆前の元番の土地に対しては符号を附さないで単番のままとし、分筆した土地について符号を二、三、四の如くに定める取扱いとなっています。この取扱いは、戸籍の本籍に用いる地番との関係を考慮してのことのようであるが、他に別段の理由が認められないばかりでなく現在においては適当な処理とは考えられないので、分筆前の元番の土地を単番のままとしないで符号一を附する取扱に改めたいと思いますが如何でしょうか。

（回答） 問合せのあった標記の件については、貴見のとおり取り扱ってさしつかえない。

④　土地区画整理事業施行地区内の分筆登記（昭四一・九・二二民三発第四一九号法務省民事局第三課長依命回答）

（要旨）　土地台帳法施行細則第二条の図面にもとづいて作製した地積測量図又は土地区画整理事業施行者が保管する事業施行前の土地の実測図にもとづいて作製した地積測量図を添付して分筆登記を申請することはできない。

土地区画整理事業施行地区内の土地の分筆については、測量によって分割後の土地の地積を定めることができないときは、分筆登記をすることができないものとされており（昭和三十六年五月十二日民三発第二九五号回答）、そのように取り扱ってきていますが、事業着手後換地処分の登記を完了するまで多年月を要するため、当該地区内の土地所有者等関係者からは、登記所保管の土地台帳法施行細則第二条の地図に基づいた図上分割を認めて欲しい旨の強い要望があり、また、区画整理事業施行者が当該分筆を承認する場合には、図上分割を認めることとしても、さほどの弊害も無いものと考えられますので、便宜、左記のいずれかの方法により作製した地積測量図に事業施行者の承諾書を添付して申請のあった分筆登記を認めることはできないでしょうか、何分の御指示をお願いします。

記

㈠　土地台帳法施行細則第二条の図面に基づいて作製した地積測量図

㈡　事業施行者が、その保管する事業施行前の土地の実測図に基づき作製した地積測量図

（以下省略）

（回答）　本年四月七日付登第一一五号をもって照会のあった標記の件については、所問の取扱いはできないものと考える。

⑤　仮換地と分筆登記

〔仮換地の意義〕　土地区画整理事業施行区域内の土地において換地処分があった場合には、換地計画において定められた換地は、換地処分の公告があった日の翌日から従前の宅地とみなされるとともに、従前の宅地についての権利は消滅することとされており（土地区画整理法一〇四条）土地区画整理事業施工者は、換地処分の公告があった場合には、遅滞なく、その登記を申請又は嘱託しなければならず（同法一〇七条）、その登記手続についての特則が土地区画整理登記令に定められている。

一方、土地区画整理事業を行う場合において、施行者は、換地処分を行う前において必要があるときは、仮換地を指定することができ（同法九八条）、仮換地が指定された場合には、従前の宅地について権原を有する者は、仮換地について仮に使用又は収益をすることができることとされている（同法九九条）。しかしながら、仮換地が指定された場合には、従前の宅地について権原を有する者は、当該仮換地について仮に使用又は収益をすることができるだけであり、法律上は仮換地という土地が存するわけではないので、仮換地が指定されても、当該仮換地の法律上（登記簿上）の所在地番は、従前の所在地番ということになる。

〔先例の取扱い〕　そこで、仮換地の指定を受けた土地を細分化して分譲する場合には、従前地について分筆の登記を申請することになるが、従前地を測量するためには、その前提として、その土地の区画が明らかであることが必要である。

このため、昭和三六年五月一二日民事三発第二九五号民事局第三課長心得回答は、土地区画整理事業施行区域内の土地については、換地処分の公告があるまでは、仮換地が指定されている場合であっても、従前地の土地の区画が明らかであって、その従前地の区画に基づいて、測量によって分割後の土地の地積を定めることができなければ、分筆の登記をすることができないとしている。

しかしながら、仮換地を分割する分筆の登記が認められないときは、細分化された土地の取得者は、仮換地の指定を受けた現地は一区画として現に利用しているにもかかわらず、登記簿上は一筆の従前地を共有名義で取得することになり、しかもこのための住宅ローンは持分を目的とする登記となる。そして、換地処分の登記後は、関係者の協力が得られる場合は、これら担保権登記のある共有名義の土地を分筆した上、共有物分割の登記を経て、各担保権登記をその土地のみを目的とするものとする変更の登記を申請することになる。

そこで、土地区画整理事業着手後換地処分の登記を完了するまで多年月を要するため当該地区内の関係者から登記所備付けの地図に基づいた図上分筆を認めてほしい旨の強い要望があり、また、土地区画整理事業施行者が当該分筆を承認する場合には図上分筆を認めてもさほどの弊害も無いと考えられるとして、登記所備付けの地図又は施行者がその保管する事業施行前の土地の実測図に基づいて作製した地積測量図を添付した分筆登記を認めることはできないかとの照会に対して、昭和四一年九月二一日民事三発第四一九号民事局第三課長依命回答は、所問の取扱いはできないとしている。

〔結論〕　以上のことから、仮換地が指定されている土地区画整理事業施行区域内の土地については、従前地の土地の区画が明らかであって、その従前地の区画に基づいて、測量によって分割後の土地の地積を定めることができなければ、分筆の登記をすることができないと解さざるをえない（浦和地方法務局報二九五号一七ページ）。

⑥　分割線が全く不明な分筆後の土地についてなされた売買契約の効力と無効な分筆登記の是正方法（東京高判昭五九・一〇・三〇判例時報一一三六号六〇ページ）

公図上に分割線が記入されず、またどのように分割されたかが全く不明な分筆の登録及び登記について、分筆の登録及び登記は無効であるが、事後処理としては、所有者が同一人である限り分筆無効による合併か又はいずれか一筆の土地を不存在として登記官が職権により滅失に準じた登録をし、他の一筆の土地について地積の変更を登録をすることができる。

〔事案の概要〕 1 甲は、公図上八七番九として表示されていた土地を買い受け所有権移転登記を得同地に居住していたところ、登記簿上八七番二の登記名義人乙が同番八及び同番一〇の所有者を被告として公図上リ、チ、ト、ヘ、ホ、ニ、ヨ、ハ、リの各点を結んだ内側の土地は八七番二の土地であると主張して所有権確認訴訟を提起し勝訴判決を得た。

2 甲は、乙から右判決を基に建物収去土地明渡及び所有権確認訴訟を提起され、同訴訟において甲は、①公図上八七番九として表示されている土地は乙の所有であることを確認する、②右土地を乙から買い受けることを条件として和解した。

公　図

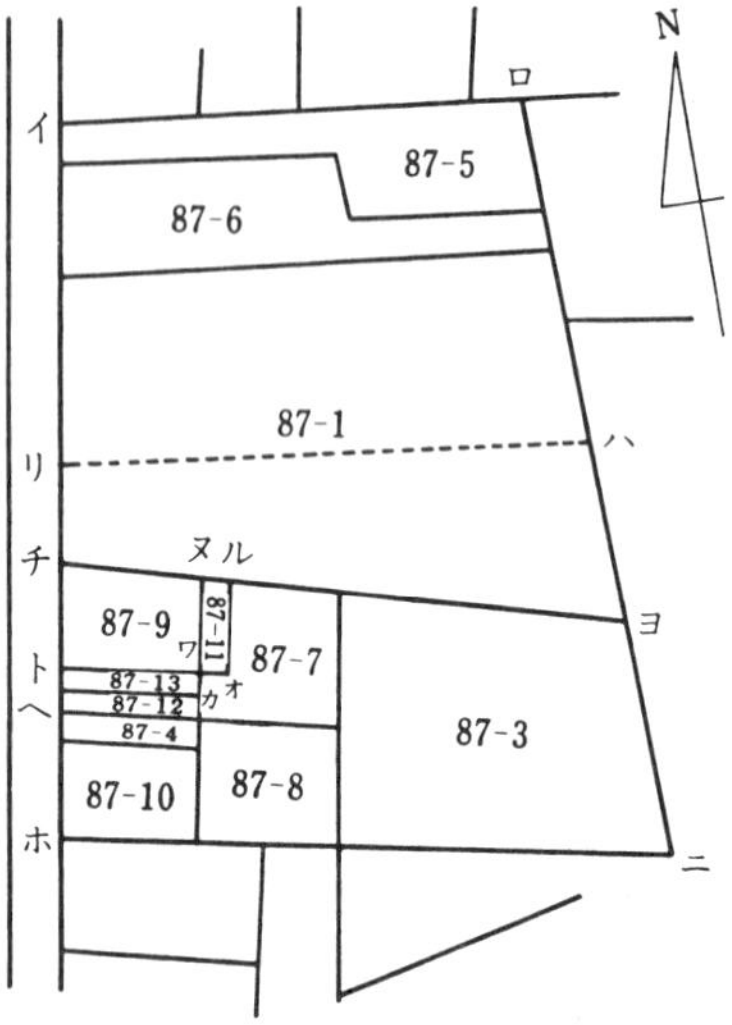

3 甲は、登記官が八七番一を同番一及び三に分筆した際公図に八七番二の表示がなく公図と測量図が不一致であるにもかかわらず十分な調査をせずに分筆登記を受理したこと、さらにその後八七番三の分筆登記処理に際しても公図の訂正を怠り誤った分割線を記入し二重登記を生じせしめたために売買代金相当額の損害を被ったとして、国に対して損害賠償請求訴訟を提起した。

4 第一審では、八七番一を同番一及び三に分筆したのは昭和二六年のことであり既に二〇年の除斥期間（民法七二四条後段）が経過していること、また、その後の分筆登記処理についても通常の職務上の注意義務を尽くしても防止できない事例であり登記官に過失はないとして国が全勝したが、甲は右判決を不服として控訴した。

〔控訴審判決の判旨〕　控訴審判決は、分筆及び所有権移転の経緯について、

① 八七番の土地は、明治三二年一二月一五日に同番一及び二に分割されてその旨土地台帳に登録され、登記簿上は大正四年六月二六日に分筆登記がなされたが公図上には分割線の記入が行われなかった。

② 昭和二二年七月二日国は、八七番一及び二の土地を自作農創設特別措置法第三条第一項の規定により買収しこれを八七番一及び三に分筆の上それぞれX_1、X_2に売り渡したが、この手続において国は買収した二筆の土地を分筆前の八七番一の土地であると認定したため、本来分筆前の八七番一及び二を合筆のうえ八七番一及び三に分筆すべきところ分筆前の八七番一を同番一及び三に分筆したために八七番二の用紙はそのまま台帳及び登記簿上に存置された。

③ その後八七番三の土地は順次八七番の四ないし一三の土地に分割され、登記官は公図のニ、ホ、ヘ、ト、チ、ヌ、ル、ヨ、ニの各点を結んだ内側の土地が分筆前の八七番三の土地であることを前提として公図表示のとおり、右の一連の分筆登記に伴う分割線を記入した。

④ 以上の分筆経過の内、明治三二年一二月一五日に八七番の土地を同番一及び二とした分筆は、公図上に分割線が記入されず、しかも八七番の土地がどのように右二筆の土地に分割されたのかを窺わせる資料は全くない。

と認定した上で、このような分筆の効力について次のように判示している。

「土地台帳の分筆の登録及びこれに応じた分筆の登記がされていても、その分割線が全く不明であって、どのように分筆されたかが明らかでない場合には、分筆後の各土地が特定されないのであるから、その分筆の登録及び登記は無効といわざるを得ず、このような場合の爾後の処理としては、その所有者が同一である限り、分筆を無効と

して形式上合併の登録及び登記の申請により合併するか又はそのうちの一筆の土地を不存在として登記官が職権により滅失に準じた登録をして土地台帳を除却し、他の一筆の土地については地積の変更の登録をすることも許されるものと解すべきであって、事案に応じて右のいずれかの措置がとられるべきところである。これを本件における右の買収及び売渡に関する登録及び登記の手続についてみると、――（中略）――右登記手続は、買収にかかる土地が分筆前の八七番の一の土地であると誤認してされたものではあるが、分筆前の八七番の一の土地と八七番の二の土地との分割線が全く不明である本件においては、結果的には、分筆前の八七番の一の土地を買収にかかる土地の全部として所要の登録及び登記がされたものと取り扱ってよく、ただ、八七番の二の土地について滅失に準じた所要の登録（登記官は、職権ですることができる。）及び登記（登記用紙の閉鎖を含む。）が遺漏されていることになるに過ぎないものと解すべきである。」

また、八七番の三から順次同番の四ないし一三に分割した分筆登記について、「関係機関及び関係者は、公図のヨ、ニ、ホ、ヘ、ト、チ、リ、ヌ、ル、ヨの各点を順次直線で結んだ内側の土地を分筆前の八七番の三の土地として取扱ってよく、したがって、その後分筆前の八七番の三の土地について順次なされた一連の分筆についても、その各申請者及び担当登記官にはなんら目的土地に関する齟齬、錯誤はなかったことになるというべきであるから、これら各分筆登記の効力を否定すべき理由もないものといわなければならない。」と説示した上で、担当登記官の措置についても過誤、違法はないと認定し控訴を棄却した。(1)

⑦　分筆の登記と地積更正の登記

分筆の場合の地積の実測及び地積更正について（昭五三・三・一四民三第一四七九号法務省民事局第三課長回答（東京弁護士会会長照会））

（照会）　登記実務手続上

一、一筆の土地を二筆に分筆する場合

(1)　分筆に際しては、分筆前の土地全体を必ず実測するべきものか、それとも分筆後の二筆の土地のいずれか一方の部分のみを実測すれば足りるものか。

(2)　いずれかの部分のみを実測すれば足りるとするとき、そのいずれを実測するべきかについての基準があるか。あるとすればその基準は何か。（例えば甲町一番宅地一〇〇㎡を、甲町一番一宅地八〇㎡と甲町一番二宅地二〇㎡とに分筆する場合、分筆登記手続に際しては、どの部分の実測図を添付させているか。いずれの部分を実測させるかは、面積の大小によるか、地番の親子によるか。）

二、右の場合、一部を分筆した残りの土地について同時に分筆前の面積に地積訂正の更正登記（増歩登記）申請をした場合

(1)　その残りの土地についての分筆による面積の減少と、更正登記による面積の増加は、登記面に表示されるか。それとも同日付で元の面積に復するので面積の増減についての表示を省略することがあるか。

(2)　右表示を省略すべきでないとするとき、省略された登記の効力はどうなるか。

（例えば、前記設例で二〇㎡を甲町一番二として分筆登記すると同時に、甲町一番一宅地八〇㎡につきこれを一〇〇㎡と地積訂正する登記手続をとった場合、右甲町一番一につき一旦分筆により八〇㎡と減少し、同時に地積訂正により一〇〇㎡と原状に復することになるが、右甲町一番一の土地の登記の表題部には一〇〇㎡→八〇㎡→一〇〇㎡と同日付の変動が必ず記載されるのか、それとも同日の範囲では結局変動がないのでその経過を省略することがあるのか）

（回答）　照会のあった標記の件について、左記のとおりと考えます。

記

一　照会事項一について

不動産登記法第八十一条ノ二の規定による土地の分筆の登記申請の際には、分割後の各土地についての地積の測量図を提出することを要するが、分割後の土地のうちいずれかの一筆（いわゆる残地）については、概測によるものであっても差し支えないものとする取扱いである。

なお、右のいわゆる残地については、必ずしも求積及びその方法を明らかにすることを要しない。

二　照会事項二について

所問の場合には、分筆の登記を申請する前提として、分筆前の土地について地積の更正の登記を申請すべきである。

⑧　分筆登記の請求訴訟

分筆登記を命ずる訴訟を提起できるかどうかについては不動産の表示に関する登記請求権について、判例はこれを容認するものもあるが大勢が否定的である。(2) 土地の分筆登記について東京地判昭三一・三・二二（判例時報七七号二二ページ）は、一筆の土地の譲受人は、その一部を特定しその部分の所有権移転を訴求すれば足り、その部分の分筆登記請求権を有するものではない。さらに、同譲受人は、登記名義人に代位して分筆の登記を申請することができるのであるから、分筆に関する登記請求権を有しないと判示し、分筆登記請求権を否定している。

⑨　分筆登記と承諾書

土地所有者が所有権の範囲を主張して境界を争っている場合、現行法上その最終的な解決は裁判所にゆだねられることとなるが、土地の分筆や地積更正の登記申請等の処理に当たって登記官が境界を確認しなければならない場合、当事者の一方が境界の立会い（確認）に協力しないときには、登記官の審査権限にかかわる問題が生じてくる。

土地の分筆や地積更正の登記等の申請がされた場合、登記官は、登記申請書及び地積測量図等の添付書類、登記簿、登記所備付けの地図又は公図（地図に準ずる図面）、当該土地について従前提出された地積測量図等の資料を調査して、対象となっている土地の境界や地積に間違いがないかどうかを検討し、必要に応じて実地調査を行って、境界を確認したり地積を検測したりすることとなる。

この場合に、隣接地の所有者の承諾書が添付されているときは、それも一つの資料として使われることとなり、登記官の調査の利便を図るためにその添付を求めることが一般的に行われている。

隣接地の所有者の立会いや承諾書の提出を求めると、申請人の中には、「自分の土地について分筆や地積更正を行うのに、なぜ隣接地主の境界確認が必要なのか」とか、永い間占有してきた土地の境界は明確である。なぜ立会いが必要なのか根拠を示せ」などと主張する人もいる。

仮に、隣接地所有者の承諾書を添付しないまま分筆等の登記申請がされた場合、登記官は、隣接地の所有者に対して立会いを求める通知書を発送するのが一般的な取扱いであり、立会いに応じる所有者もあるが、承諾書の交付を拒否している所有者のほとんどは、「余計なことをするな」とか、「私人間の問題に介入するな」などと、声を荒げて拒否することとなる。

もとより、隣接地の所有者の承諾書は法定添付書類ではなく、その添付がないことのみを理由に却下することができないのは当然であり、既に存在する土地の境界は当事者の意思によって左右されるものでもないから（当事者の承諾というのは、当事者の意思表示というよりも、すでに存在する境界についての当事者の認識が一致するという意味であり、あくまでも境界という事実の確認である）、登記官としては、前述の各種資料や実地調査の結果に基づいて公法上の境界を確認（発見）しなければならないのであって、承諾書の添付がなかったとしても、登記官による調査の結果隣接地との境界が判明し、それが登記申請の内容と一致していれば受理しなければならないこととなる。

しかし、隣接地の所有者が承諾書の提出や境界の立会いに協力しないという場合は、当事者間において境界に関する争いがあり、現地においても明確な境界標等の証拠となる物もないということがほとんどであり、登記官が実地調査をしたとしても境界を確認することができず、結局は不動産登記法二五条一一号の規定によって却下せざるをえないことが多いであろう。

隣接地の所有者が境界に関する立会いや承諾書の提出を拒否する理由として考えられる主なものとしては、①境界あるいは所有権界に関する認識の違いに基づく争いがある場合、②近隣同士の感情的な争いがある場合、③境界承諾のための金銭的な要求などが挙げられる。

①のケースでは、公的資料等に基づいて当事者の納得が得られた場合は別として、実際には、登記官としても境界を確認することができないことがほとんどであろうが、②や③のケースにも実際は様々な形態があり、受理するか却下すべきかの判断に苦慮するところである。

また、このような調査を行う場合、登記所に保管されている各種の資料の中でも旧土地台帳附属地図（公図）をどう取り扱うかが問題となるが、その多くは明治初期の地租改正時に調製され、法制面からも作製の経緯からも、公法上の境界を示す唯一ともいえる公的資料である。

そして、土地区画整理や土地改良によって作成された土地所在図は創設的に境界を定めたものであるが、法一四条地図に指定された国土調査の成果である地籍図や法務局で作成した法一四条地図などは、その精度の差はともかくとして、旧土地台帳附属地図に表現されていた公法上の境界を変更するものではない。

したがって、法一四条地図が備え付けられている地区であっても、必要に応じて旧土地台帳附属地図との突合等の作業を行うことによって、本来の公法上の境界を調査し発見しなければならないこともある。

隣接地の所有者と境界に関して争いのある場合、ときには直接的な争いを避け、隣接地との境界から争いの及ばない所まで数十センチメートル程度の幅で分筆をした上でその残りの土地を分筆するというような分筆の申請がされることがある。

不動産登記法規則七五条の規定の趣旨により、分筆の場合には分筆前の土地全体が測量の対象となるから、このような申請であっても、分筆前の土地全体の境界を確認した上で地積測量図を作成するのが原則であり、当該分筆前の土地の一部の境界について確認ができない場合は、全体を却下せざるをえないこととなる。

しかしながら、登記所備付けの地図又は公図、当該土地について従前提出された地積測量図等の資料、あるいは現地の状況や関係者の証言等から境界を確認することができ、隣接地の所有者の主張がいやがらせなど根拠のないものであることが明らかであるときは、分筆の登記申請を受理できる場合もある。

また、登記官は、公法上の境界を確認するのであるから、当事者の主張も一つの資料に過ぎず、客観的な状況や公的資料等も合わせて総合的に判断しなければならないのであって、客観的な状況や公的資料等と明らかに矛盾する場合には、たとえ双方の当事者が一致して境界だと主張していても、そこを公法上の境界として判断することができない場合もある。

このような公法上の境界について、どのような機関がどのような認定権限を持つのか等に関しては現行法上明確な規定がなく、裁判所で行われている境界確定訴訟も判例や実務慣行によって認められているものであるといわれている。

今回不動産登記法の改正（平成一八年一月二〇施行）によって、土地の筆界特定制度が創設されたので、こうした境界紛争問題を抜本的に解決できる新しい制度として期待される。[3]

⑩　分筆登記と実地調査

(i)　隣地の分筆登記に際しての実地調査の差止めは法定外訴訟として認められない。山口地裁平成一六年六月一五日判決は次のように判示する。(4)「本件訴えは、登記官に対して不動産登記法五〇条一項による実地調査をしないよう求めたものであり、行政庁に対して公権力の不行使を求める法定外訴訟（いわゆる無名抗告訴訟としての予防的不作為訴訟）として提起されたものと認められる。

上記のような法定外訴訟は、①行政庁が当該行為をなすべきでないことについて法律上羈束されており、行政庁に自由裁量の余地が全く残されていない場合で、②事前審査を求めないことによる損害が大きく、事前の救済の必要があり、③他に適切な救済方法がない場合に限って許容されるべきものと解すべきである。

そこで本件を検討するに、実地調査の不作為が、法律上羈束されているとはいえず、また、Xの土地についてYによる実地調査の実施が迫っていることの主張、立証もなく、さらに、Xの土地をYが実地調査したからといって、Xに回復困難な損害が生じるとも考えられないところ、本件訴えの対象がXの土地に隣接する土地（以下「本件土地」という。）を含んでいるとしても、本件土地についてYの実地調査が行われることによりXが損害を被るということも想定できない。

したがって、本件訴えは、法定外訴訟として許容されず不適法というべきである。訴えを却下（確定）。」

(ii)　熊本地裁平成一六年二月二六日判決（登記インターネット七巻六号五八ページ）は、実地調査をしなかったことと損害賠償との関係につき次のように判示している。「法務局の登記官が、分筆登記や地積更正登記に係る各申請の際、申請書に添付された地積測量図を法務局備付けの図面と照合した上、同申請を却下するか、実地調査を実施すべきであったにもかかわらず、これを怠り、各申請を有効なものとして受理して各分筆登記等をしたため、原告らは、現実には存在しない土地を購入して売買代金額に相当する損害を被ったとして、国に対し、国賠法一条一項に基づき、損害賠償金の支払を求めた事案につき、①不動産登記法五〇条一項は、不動産の表示に関する登記の申請があった場合、登記官は、「必要アルトキハ」当該不動産の表示に関する事項について調査することができる旨規定し、不動産登記事務に関する運用基準を定めた準則八二条本文は、不動産の表示に関する登記の申請があった場合には原則として実地調査を行うものと規定するも、同条ただし書は、「申請書の添付書類又は公知の事実等により申請にかかる事項が相当と認められる場合」等には所要の実地調査を省略しても差し支えない旨規定していること、②不動産登記法五〇条一項は「必要アルトキ」の意義を具体的に規定していないから、登記官が申請のあった場合に自ら実地調査をすべきか否かは、原則として、担当登記官の合理的裁量に委ねられているものと解され、また、登記事務の大量迅速性の見地から、表示に関するすべての登記申請事件について実地調査をすることは現実的ではないことに照らすと、登記官は、不動産に関する登記申請書の添付書類等により不動産の現況を把握することができ、かつ、申請に係る登記事項がその現況に照らして十分正確であると認められる場合には、重ねて登記官が実地調査をするまでの必要性は存しないというべきであり、準則八二条ただし書の規定もこの趣旨を明らかにしたものと解されること、③本件法務局管内においては、土地家屋調査士が表示に関する登記申請書を提出する場合、調査の経過を記載した調査書を添付するものとされ、かかる調査書やその他の添付資料からその調査の結果が正確であることが認められる場合には、登記官は実地調査を省略する取扱いがなされていたところ、土地家屋調査士法が、土地家屋調査士はその業務に関して虚偽の調査又は測量をしてはならない旨を定め、同規定に違反したときの罰則規定を置くことにより、土地家屋調査士の行う調査及び測量の正確性を担保していることを併せ考えれば、かかる取扱いは十分合理性を有するものといえること、④これらの見地に照らすと、本件の各登記手続に係る申請の際に申請書の添付書類として提出された各地積測量図は、いずれも現地を特定する機能を有し、正確な実地測量をした上で作成されたものと推測され、法務局備付けの各図面と対照しても、本件土地について疑義を抱くべき事情は存しなかったのであるから、登記官は、申請書の添付書類と法務局備付けの図面を対照すること等により当該申請の許否を判断すれば足り、重ねて自ら実地調査を実施するまでの必要はなく、当該申請を有効なものとして受理したとしても、違法な職務行為があったとはいえない」などとして原告の請求を棄却している。

⑪　分筆登記と重複地番

地番重複と登記官の登記名義人に対する通知義務の有無につき次のような判例（京都地判平一七・九・二九民月六一巻四号四二ページ）がある。「①仮に、登記官及びY_2の各行為が違法であったとしても、それによりXらに損害が発生したのは、当該土地を購入した日であることから、各行為により生じた国家賠償法あるいは不法行為に基づく損害賠償請求権は、除斥期間の経過により消滅している。②Xらが主張するとおり、執行官及び執行裁判所に何らかの違法行為があったとしても、その違法行為は飽くまで当該競落人との関係で問題となるものであるから、仮に、Xらが何らかの損害を被ったとしても、執行官らの行為との間に因果関係があるとはいえない。③表示登記についてはいわゆる実質的審査主義が採られているものの、このことから直ちに、不正な登記を発見した場合に、その旨を登記名義人に通知する義務を有していたとまで解することはできない。」

⑫　分筆登記と損害賠償

岐阜地裁平成一五年一月三〇日判決（登記インターネット七巻六号一七ページ）は、分筆登記及び地積更正登記と因果関係のある損害かどうかにつき次のように判示している。「原告は、その所有地の隣接地の所有者であった相被告が、いわゆる額縁登記と呼ばれる違法な登記手続により、原告の承諾を得ることなく地積更正及び分筆登記申請を行い、これに基づいて登記官らが漫然と登記をしたことにより、原告の土地所有権が侵害され損害を被ったとして本訴を提起したが、別訴（境界確認訴訟）において和解が成立したため、請求を変更し、国及び相被告に対し、別訴提起のために必要とした測量費用、弁護士費用及び本訴の弁護士費用を求めた事案につき、本件分筆登記手続及び本件地積更正登記手続はいずれも適法にされているものと認められ、また、原告所有土地と分筆前の土地との境界については、従前から紛争があり、当事者間では解決できず、裁判所の判断を求めざるを得ない状況にあったことが認められるから、本件分筆登記及び本件地積更正登記がされなくとも別訴はいずれ提起せざるを得ず、したがって、別訴の測量費用及び弁護士費用はいずれ出費せざるを得なかったものであるから、本件分筆登記及び本件地積更正登記と因果関係のある損害とはいえない」として、原告の請求を棄却している。

⑬　分筆登記・合筆登記と違法性

(i)　東京地裁平成一五年二月二五日判決（登記インターネット七巻六号四五ページ）は、土地の合筆の登記、地積更生の登記、地図訂正の申出と原告の法的利益の侵害との関係につき、次のように判示している。「原告は、相被告A、B、Cらが購入し占有している土地が原告の所有地であるとして、その土地所有権の確認を求めるとともに、A、B、Cらが、土地家屋調査士である相被告Dに依頼して行った所有土地の合筆、地積更正登記申請手続及びこれに伴う地図訂正の申出が原告の法的利益を違法に侵害しており、上記登記申請等に基づき合筆登記、地積更正登記及び地図訂正をした登記官の措置が違法であるとして、国に対し、損害賠償を求めた事案につき、地図の不正確性が直接に所有権に影響を及ぼすことが現実化した場合には、地図の不正確性が具体的な法的利益を侵害したとして損害賠償を認める余地があるが、原告の具体的な財産権の行使を離れて、抽象的に地図訂正の際に異議申立ての機会が与えられなかったことのみをもって法的利益の侵害があったと認めることはできないこと、本件では、原告が、地図訂正によって土地を特定できず、所有権を主張できなくなったという事実は認められず、また、原告は、Aらの上記取得時効によって本件係争土地の所有権を失っており、本件地図訂正による現地籍図の記載は、将来的にも、原告の所有権行使を妨げるおそれが生じることもないことから、本件分筆登記手続、地積更正登記手続及び地図の訂正手続は、原告の法的利益を侵害せず、違法性がない」として、原告の請求を棄却している。

(ii) 鹿児島地裁川内支部平成一八年三月二日判決（民月六一巻六号五八ページ）は、分筆地の筆界が確認できないとして分筆の登記申請を却下した登記官の処分に違法はないとして、次のように判示する。「分筆地が元地に隣接する他の土地と全く接していない、いわゆる「くりぬき分筆」、「日の丸分筆」又は「額縁分筆」などと呼ばれる本件分筆の登記の申請について、分筆地の筆界を確認するためには、元地と隣接する他の土地との筆界をも確認する必要があるとして、元地に隣接する他の土地の所有者の立会を求めた登記官の審査に何ら違法はなく、実地調査の結果、分筆地の筆界が確認できないとして本件分筆の登記申請を却下した登記官の処分に違法はない。」

（1） 「登記のページ」民事法務三一号一五ページ
（2） 建物滅失登記請求権を容認するものに福島地判昭四六・三・一一（判例時報六五四号八五ページ）、滅失登記抹消請求権を容認するものに神戸地判昭四八・四・一一（判例時報七一六号七四ページ）がある。
（3） 「登記官の窓」登記インターネット二巻八号一二二ページ、民事月報六一巻一号七ページ以下
（4） 民事月報六〇巻六号九二ページ

11　公図と地積の更正

(一)　公簿地積

不登法三四条（改正前不登法七八条）は土地を特定するため土地の所在、地番、地目とともに地積を登記事項としている（民法三四条一項四号）。

しかし、公簿地積については、多くのものが明治初年の地租改正事業の測量の成果が現在に引き継がれたものであるところから、いわゆる「縄伸び」・「縄縮み」と称されているごとく実測面積と異なる場合が多いといわれている。

公簿地積を実測面積と比較すると、そのほとんどのものが狭いのが全国的な現象であるといわれる。地租改正事業は、旧幕時代からの石高制による物納貢租の制度を廃止し、地価を課税標準とする金納定額の地租制度を採用するため、全国の各土地について地押し、丈量などの調査を行ったのであるが、土地の丈量は、村ごとに人民が行ったものを官吏が検査をするという方法が採られている。そうなると土地の面積が大きくなるとそれだけ地租が高くなるので、人民は、丈量に当たって、土地の面積が小さくなるように工夫をすることになることが考えられる。例えば、縄伸びした間縄《けんなわ》で測ったり（一〇メートルより若干長くなっているテープで一〇メートルの距離を測ると一〇メートル弱の測量成果となる）、また、丈量の際に、間縄を手でもって測る場合、（境界に立って手を伸ばして測ると、手の長さだけ短く測ることができる）のごとくである。

そして、この測量の成果に対する官吏の検査は、耕地においては一反につき一〇歩内外のものは可とされていた（明治八年五月三〇日地租改正事務局議定・地租改正条例細目第二章土地丈量ノ事第七条（実地検査ノ節毎一村ニテ三四ケ所ヲ竿入様歩イタシ地方官ニテ取調ノ書類絵図面ニ引合セ稍増減アリトモ一反ニ付十歩内外程ノモノハ可トナシ右以上増減アルモノハ不正ナルモノト看做シ県官ヘ篤ト申談再調スヘシ決シテ甲乙寛厳ノ処分有之間敷事））。

このような大幅な測量誤差が規定上認められていた理由は、いまだ明治新政府の基盤が固まっていなかったため、あまり厳格な検査は不可能であったこと、測量経験のない人民が測量したものであること、地租改正事業を早期に完了して早く新地租を全国に施行しなければならなかったことなどのため、地租改正事業の際にもこのような配慮がされたものと考えられる(1)。

(二) 公図と地積の更正とのかかわり

表題部に所有者として記載されている者又は所有権の登記名義人は、登記簿中表題部の地積欄に記載された地積が、その登記の当初から誤っている場合又はその記載に遺漏があった場合は、表題部所有者又は所有権の登記名義人から地積の更正の登記を申請することができる（不登法三八条、不登規則一〇〇条）。地積の更正登記は、土地の表示に関する登記であり、権利に関する登記ではないから、これについては、旧不登法六六条・五六条（現不登法六三条）の適用はない（利害関係人の承諾書を必要としない。最三小判昭四六・一二・一三判時六二五号五一ページ）。隣接地の所有者には、地積更正登記の取消しを求める訴えの利益はない（旧不登法関係。最判昭五四・三・一五判時九二六号三九ページ）。地積更正の登記の申請については、旧不登法二七条（判決による単独申請。現不登法六三条）の規定は適用されない（旧不登法関係昭五八・一〇・六民三第五九一九号法務省民事局第三課長回答・登研四四二号六七ページ)。旧不登法二七条は、「判決又ハ相続ニ因ル登記ハ登記権利者ノミニテ之ヲ申請スルコトヲ得」と規定している(現不登法六三条に同旨の規定)が、地積更正の登記は、登記簿の表題部に記載されている地積の表示が錯誤または遺漏により当初から実際の地積と異なるかもしくは記載されていない場合に、実際の地積と一致させるための登記であり、その申請適格を有する者は、表題部に記載された所有者または所有権の登記名義人である。表示に関する登記については、一般的に登記官の職権による登記に関する規定(旧不登法二五条ノ二、現不登法二八条、規則九六条)が置かれている。つまり、表示に関する登記については、不登法二八条において登記官の職権による登記に関する規定が置かれており、地積更正の登記については、不登法六〇条の共同申請の規定は適用されないと解される(昭五八・一〇・六法務省民三第五九一九号法務省民事局第三課長回答・登記研究四四二号六七ページ)。また、公有水面に接属する既登記の土地に土砂等が付着、堆積した、いわゆる寄州《よりす》の場合は、接属する土地に附合(民法二四二条)したものとして取り扱い、当該土地の地積の増加による表示の変更の登記をする。(2)

この地積の更正の登記の申請書には、地積の測量図(不登法三八条、不登記令別表六)、筆界確認書等を添付(提供)しなければならない。地積の更正の登記は、登記されている土地の境界がその当初から変動がない場合において、なんらかの事由によって登記されている地積に誤りがあったときに認められるものであるが、正確な地図の存しない地域にあっては、実際には、その登記された土地の範囲、すなわち土地の境界を確認し、その移動がないか否かの判断をすることにかなりの困難を伴う。そこで、地積の更正が認められるのはどのような場合であるかにつき考察する必要があるが、それは(二)で説明することとして、もう一つ、一般的な特色として、現在、登記されている土地の地積は、かなりのものが明治初期の地租改正事業の成果を基礎として記載されている。これを現在の測量の成果と比較すると、一定の測量誤差が含まれていると考えられるとともに、その測量が地租徴収のためのものであったところから、いわゆる「縄のび」等があるものと考えられる。したがって、これらの土地については、当初から登記されている地積に誤りがあるものが多く、地積の更正の登記が問題となる場合が多い。公図と地積の更正の登記とのかかわりを取り上げる所以がここにある。

(三) 地積の更正の登記の可否及びその態様

この点については、新井克美「公簿地積及び公図の沿革並びに地積更正手続等に関する一考察」登記研究四二九号五一ページ以下に詳しく紹介されているので、ここではその一部を必要な範囲で引用させていただきながら説明することとする。

(1) 既存の境界を見誤って分筆の登記が経由されている場合

〔分筆の登記の対象となる土地及びその隣接の土地の一部を実測し、当該部分を分筆地として分筆の登記が経由されている場合〕 設例の場合（**図1**）において、二番の土地を同番一及び二に分割する分筆の登記を申請する場合において、分筆の登記の対象である二番の土地を実測すべきところ、その土地の境界（イ、ロ、ハ、ニ、イの各点を順次直線で結んだ範囲）を見誤り、当該隣接地たる一番の土地の一部（イ′、ロ′、ロ、イ、イ′の各点を順次直線で結んだ範囲）をも二番の土地と誤認し（イ′、ロ′、ハ、ニ、イ′の各点を順次直線で結んだ範囲）、分筆の登記の対象の土地（イ、ロ、ヘ、ホ、イの各点を順次直線で結んだ範囲）及び対象外の土地の一部（イ′、ロ′、ロ、イ、イ′の各点を順次直線で結んだ範囲）を実測し、分筆元地である二番一の土地（ホ、ヘ、ハ、ニ、ホの各点を順次直線で結んだ範囲）を残地《のこりち》（地積は差し引き計算による）として作成した地積の測量図を提出して申請があり、その登記が経由されている場合である。[3]

図1

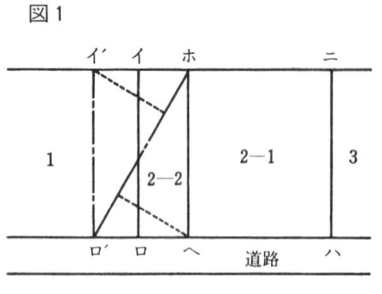

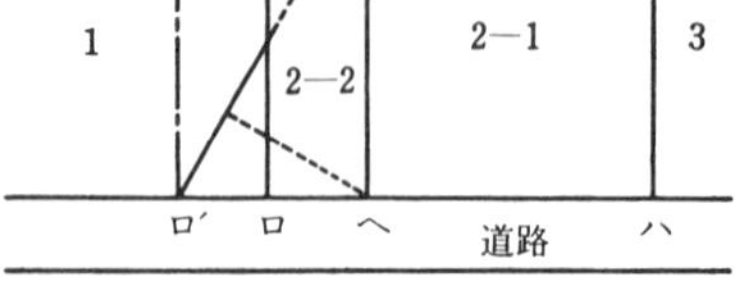

図2

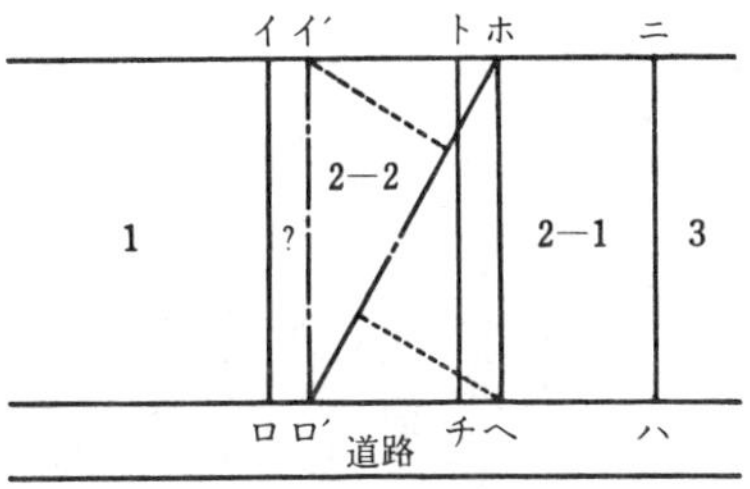

分筆の登記は、その所有に係る登記された土地の範囲、個数を変更するものであるから、その土地の範囲外の土地を取り込んですることは許されず、もし、これを誤った場合には、分筆の効力そのものについても疑問があるとして、かかる分筆は無効であるから、分筆錯誤により当該分筆の登記を抹消すべきであると考えることもできるが、この考え方によれば、このケースは地積更正の登記の問題とはならない。

しかし、分筆の登記によって新たに創設された境界線とは、ホ、への各点を直線で結んだ線であり、これによって二番の土地は同番一及び二の各土地に分割されたことになると解し、分筆の登記の効力そのものには影響がなく、ただその範囲、地積の表示が誤っているにすぎないと考えれば、この場合の分筆の効力は、分筆地二番二の土地はイ、ロ、ヘ、ホ、イの各点を順次直線で結んだ範囲、分筆元地二番一の土地はホ、ヘ、ハ、ニ、ホの各点を順次直線で結んだ範囲に分割されたこととなる。ちなみに、二番二の土地の登記簿上の地積はイ′、ロ′、ヘ、ホ、イ′の各点を順次直線で結んだ範囲の求積の結果が表示されているので、公簿地積と現地の実測面積が相違することとなり、これをイ、ロ、ヘ、ホ、イの各点を順次直線で結んだ範囲に訂正する地積更正の登記が認められる。

この場合、二番一の土地についても、分筆後の地積が差し引き計算によっている。すなわち二番一の地積は、二番の土地の公簿地積からイ、ロ、ヘ、ホ、イの各点を順次直線で結んだ範囲の地積を引き算すべきを、イ′、ロ′、ヘ、ホ、イ′の各点を順次直線で結んだ範囲の地積を引き算しているので、過大に引き過ぎていることになり、公簿地積が現実の実測面積より少なく登記されていることとなるので、これも地積の更正の登記を必要とする。

なお、土地を二筆に分筆した後、その一筆のみについて地積の更正の登記をすることはさしつかえない。[4]

〔**分筆の登記の対象となる土地の一部を実測し、当該部分を分筆地として分筆の登記が経由されている場合**〕

《その1》　この設例の場合（図2）、二番の土地を二番一及び同番二に分割する分筆の登記を申請する場合において、分筆の登記申請の対象である二番の土地（イ、ロ、ハ、ニ、イの各点を順次直線で結んだ範囲）の一部（イ、ロ、ヘ、ホ、イの各点を順次直線で結んだ範囲）を実測すべきところ、その土地の境界を見誤り（当該隣接地たる一番の土地との境界がイ、ロの各点を直線で結んだ線であるところ、これをイ′、ロ′の各点を直線で結んだ線と誤認して）、その一部（イ′、ロ′、ヘ、ホ、イ′の各点を順次直線で結んだ範囲）を実測し、分筆元地である二番一の土地を残地として作成した地積の測量図を提出して分筆の登記が申請され、その登記が経由されている場合である(5)。

図3

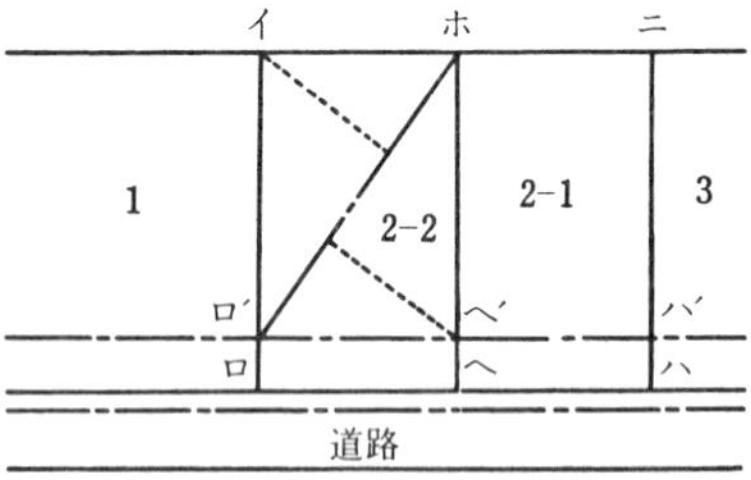

この場合、当該分筆の登記によって新たに区画された土地の境界線は、ホ、ヘの各点を直線で結んだ線であると解すれば、二番二の土地はイ、ロ、ヘ、ホ、イの各点を順次直線で結んだ範囲であり、同番一の土地はホ、ヘ、ハ、ニ、ホの各点を順次直線で結んだ範囲となり、したがって、それぞれの土地につき公簿地積と現地の実測面積が相違する結果となるので、地積の更正の登記が認められる。

《その2》　これは（**図3**）、二番の土地を二番一及び同番二に分割する分筆の登記を申請する場合において、分筆の登記の対象である二番の土地（イ、ロ、ハ、ニ、イの各点を順次直線で結んだ範囲）の一部（イ、ロ、ヘ、ホ、イの各点を順次直線で結んだ範囲）を実測すべきところ、その土地の境界を見誤り（道路との境界線がロ、ハを直線で結んだ線であるところ、これをロ′、ハ′を直線で結んだ線と誤認して）、その一部（イ、ロ′、ヘ′、ホ、イの各点を順次直線で結んだ範囲）を実測し、分筆元地である二番一の土地を残地として作成した地積の測量図を提出して分筆の登記が申

請され、その登記が経由されている場合である。(6)

この場合、当該分筆によって新たに区画された土地の境界線は、ホ、ベの各点を直線で結んだものとする見解（甲説）、ホ、への各点を直線で結んだものとする見解（乙説）及びホ、ベ、ロの各点を順次直線で結んだものとする見解（丙説）が考えられるが、乙説によれば、当該分筆の登記によって新たに区画された土地の境界線は、ホ、ベの各点を直線で結んだ線であるが、申請人は二番の土地を同番一及び二に分割する意図の下に分筆の登記を申請しているのであるから、特別の事情がない限り、ホ、ベの各点を直線で結んだ線の延長線上の点であるへまでであると解するのが相当であり、二番二の土地の地積の更正の登記及び地積の測量図の訂正並びに二番一の土地の地積の更正の登記（同番の土地は差し引き計算によっているところから、同番二の土地についてロ、ロ、へ、ベ、ロの各点を順次直線で結んだ範囲について増加となる地積の更正の登記と裏腹に当該部分に相当する地積が減少することとなる）が認められる。

〔**分筆残地**〕　分筆の登記に関連して、分筆の登記の申請書に添付された地積測量図で求積されていない残地について、登記簿上の面積が地積測量図の大きさ、形状から明らかに法定の許容誤差を超えるとみられる場合には、分筆の登記の前提として地積の更正の登記を申請する必要があるか否かという問題がある。

分筆の登記の申請書には、不動産登記令別表八により分割後の土地の地積の測量図を添付しなければならない。この地積の測量図は、「分割後の土地のうち一筆については必ずしも求積及びその方法を明らかにすることを要しない」とされていた（旧準則一二三条）。ところが、その求積されていない残地について、登記簿上の面積が地積測量図の大きさ、あるいは形状から明らかに法定の許容誤差、すなわち分筆前の地積と分筆後の地積の差が分筆前の地積を基準にして旧準則第九七条三項の地積の測量図の誤差の限度（当該土地についての地図の誤差と同一の限度。地図がないときは、市街地地域及びその周辺の地域については精度区分甲二まで、村落・農耕地域及びその周辺の地域については精度区分乙一まで、山林・原野地域及びその周辺の地域については精度区分乙三まで）を超えているとみられる場合には、分筆登記の前提として地積の更正の登記を申請する必要があるかどうかということが問題となっていた。

旧準則第一二三条は、分筆の登記の申請書には分割前の土地を図示し、分割線を明らかにした分割後の土地の地積の測量図を添付するものとし、ただし、分割後の土地のうち、一筆については必ずしも求積及びその方法を明らかにすることを要しないとしていたが、これはあくまで原則としては、分筆をするには分筆する土地の広がりが明らかなことが前提となるので、分筆前の土地の全部について実測する必要があるということであり、土地台帳時代からの沿革あるいは測量費用等の観点から例外的な場合としてただし書がおかれたものと解される。したがって、例えば、分筆後の一筆を処分するというような場合に、その分筆する土地が旧法一七条地図によって特定できるような場合には、その処分する土地のみを測量すれば足り、求積及びその方法を要しない土地についての形状の図示(7)はその地図に基づいて図面上に記載することができると考えられなくはないが、旧法一七条地図がなく、(8)公図の記載と現況が異なっており、そのとおりに測量しない部分の地図を作製したのでは現地と合致しない状況にある場合には、分筆前の土地全部につき実測をし、求積及びその方法も明らかにすべきであると考えられていた。

この点については、前述のごとく、新不動産登記法の下において基本的な考え方を明確にした規定の整備が図られている。

まず、分筆の登記の申請において提供される地積測量図についてである。

旧準則一二三条は、その本文で「分筆の登記の申請書には、分割前の土地を図示し、分割線を明らかにした分割後の土地の地積の測量図を添付するものとする」ことを原則とした上で、そのただし書において「ただし、分割後の土地の一筆については、必ずしも求積及びその方法を明らかにすることを要しない」としていた。この「ただし書」は、分筆前の登記を申請する場合には、本来、分筆後の土地のすべてについて、調査・測量を行わなければならないが、地積測量図上に表示する分筆後の土地のうちの一筆（いわゆる残地）については、概測であっても差し支えないとする趣旨である（昭五二・一二・一四民三第一四七九号民事局第三課長回答）。

しかしながら、これまでの登記実務の現状をみると、分筆の登記の申請に添付される地積測量図の大半は、この「ただし書」による取扱いが常態化し、むしろ、分筆後の土地のすべてについて求積及びその方法が明らかにされる取扱いが例外的であるとさえいえるような状況にあった。そのことによって、分筆の登記の申請の対象となった土地の地積が正確に公示されず、後々に紛争や地図混乱等の原因ともなっていたことから、かねてからその是正方策が望まれていたところである。

このため、平成一七年の不動産登記法の改正に当たっては、従前どおり地積測量図は一筆ごとに作成しなければならないことを原則としつつ、その一方で「分筆前の土地が広大な土地であって、分筆後の土地の一方がわずかであるなど特別な事情があるときに限り、分筆後の土地のうち一筆について新規則七七条一項五号から第七号までに掲げる事項（同項第五号の地積を除く）を記録することを便宜省略し差し支えない」（新準則七二条二項）として、例外となるケースの明確化が図られている。これにより、分筆の登記の申請に際しては、上記の特別な事情がない限り、分筆後の土地すべてについて行われた調査及び測量の結果を地積測量図に表示した上で登記所に提出すべきことが明らかにされたものである。なお、この取扱いは、従前の旧準則一二三条ただし書の明確化を図ったものであり、同条の理念自体を変更したものではない。

次に、新準則七二条二項の特別の事情についてである。

前述のように、分筆の登記の申請において提供する地積測量図においては、本来、分筆後の土地のすべてについて地積の求積方法等を明らかにすべきである。しかし、この原則がすべてのケースに適用されるとすると、申請人にとって多大な経済的負担となる場合も考えられる。

そこで、新準則七二条二項では、分筆後の土地のうち一筆について地積の求積方法、筆界点間の距離及び筆界点の座標値を明らかにすることを要しない場合として、「分筆前の土地が広大な土地であって、分筆後の土地の一方がわずかであるなど特別な事情があるとき」とした。

この「特別の事情」としては、例えば、次のようなものが考えられる。

(ア) 分筆前の土地が広大であり、分筆後の土地の一方がわずかであるとき。

「特別の事情」の代表的な例であり、分筆前の土地が広大であって分筆後の土地の一方がそのごく一部である場合である。例えば、広大な土地のうちその一部のごくわずかな部分についてのみ売り渡すために分筆をするケースなどが想定される。なお、広大地のごく一部を通路用地等で買収するような事例も同様であろう。

(イ) 地図（新法一四条一項）が備え付けられている場合であって、分筆前の地積と分筆後の地積の差が誤差の限度内であるとき。

地図が備え付けられており、分筆前の地積と分筆後の地積の差が誤差の限度内であるときには、地積測量図上に表示する分筆後の土地のうちの一筆について概測して地積を求めても、その地積が正確なものと推定できるため、本条の「特別な事情」の取扱いとしても地積測量図自体の機能を損なうことはないと考えられる。なお、当然のことであるが、現地における筆界と、地図及び提出のあった地積測量図上の筆界については一致していなければならない。

(ウ) 座標値が記録されている地積測量図など既存の資料により、分筆前の地積と分筆後の地積の差が誤差の限度内であるとき。

(イ)と同様に、既存の資料により地積測量図上に表示する分筆後の土地のうちの一筆について概測して地積を求めても、その地積が正確なものと推定できるため、本条の「特別な事情」の取扱いをしても差し支えないと考えられる。

このとき、分筆前の地積と分筆後の地積の差が誤差の限度内であるかどうかの確認方法は、上記(イ)と同様である。

(エ) 道路買収などの公共事業に基づく登記の嘱託が大量一括にされ、かつ、分筆前の地積と分筆後の地積の差が誤差の限度内であるとき。

道路買収などの公共事業に基づく分筆の登記については、官公署等の公共機関が嘱託するものであるが、その登記の嘱託が大量一括にされた場合における当該公共機関の予算の負担を考慮し、例外的に「特別の事情」として取り扱っても差し支えないと考えられる。

(オ) 登記官において分筆前の土地の筆界が確認できる場合であって、かつ、分筆後の土地の一方が公有地に接し、境界確認のための協議や境界明示に長期間を要する場合、隣接地の土地の所有者等が正当な理由なく筆界確認のための立会いを拒否している場合又は隣接地所有者等が行方不明で筆界確認のための立会いができない場合のいずれかに該当するとき。

これは、すでに述べたケースのいずれとも異なる事情によるものである。分筆の登記の申請に当たって分筆前の土地の筆界を確認することは当然であるが、分筆後の土地の一方が公有地に接しており、境界確認のための協議や境界明示に長期間を要する場合、隣接地の土地の所有者等が正当な理由なく筆界確認のための立会いを拒否している場合又は隣接地所有者等が行方不明で筆界確認のための立会いができない場合には、便宜上、「特別の事情」に該当する場合があることが考えられる。ただし、この場合であっても、これらの事情が存することを新規則九三条に規定する調査に関する報告又は実地調査の結果によって登記官によって確認される必要があるものと考えられる。例えば、隣接地の土地の所有者等が正当な理由なく筆界確認のための立会いを拒否している場合においては、立会い拒否が正当な理由に基づかないことを認めるに足りる具体的事情を記録した報告書を提出することになると考えられる。

次に、分筆の登記申請における立会確認書についてである。

今回の改正において、分筆の登記の申請に際して特別な事情がない限り分筆後のすべての土地の求積及びその方法等を地積測量図に表示すべきことが明らかにされたことは、既に述べたとおりである。したがって、分筆のための測量をするに当たっては、各筆界の確認が必要となる。ところで、土地家屋調査士が表示に関する登記の申請を代理する場合には、実務上、その調査の結果を調書として添付する取扱いがされている。この場合、分筆の登記の申請における調書は、筆界について隣地所有者の印鑑証明書付きの立会確認書を提出する事実上の取扱いがされていることもあり、これを筆界の正確性を担保する疎明資料として利用している。しかしながら、隣接地の所有者等が筆界の確認に立ち会ったとしても、隣地の所有者等には当該確認書を作成し、又は、当該確認書に押印する義務はない。また、これらの確認書や印鑑証明書は、任意的に提出されるものであり、これらの書面の提出がないからといって申請を却下することはできない。このように土地家屋調査士が筆界を確認したが、隣接地所有者の立会確認書を作成することができなかったこと等により、当該立会確認書の提出がないときは、登記官は、原則どおり、実地調査の上、筆界の確認をすべきであるということになる。[9]

設例のような場合、求積されていない残地の形状が実測に基づいて図示されたものか、あるいは地図若しくは地図に準ずる図面に基づいて図示されたものかは必ずしも明らかでないが、求積及びその方法が明らかにされていないことから考え、おそらくその部分については実測をしないで地図若しくは地図に準ずる図面に基づいて図示したものであると考えるのが一般的である。

そうであれば、残地についての地積測量図の大きさ、形状が必ずしも現地に合致しているとはいえないことになるが、もし、その測量図が現地を正確にあらわしている図面であれば、登記簿にはできるだけ正しい地積を表示すべきであると考えられるので、登記簿上の面積、すなわち、一部について測量をした場合には、その測量の結果によって求積された地積を、登記簿上に表示されている分筆前の地積から差し引いた残りが残地の地積として表示されるが、その面積が地積測量図の大きさ、あるいは形状から明らかに法定の許容誤差を超えると考えられる場合には、分筆の登記の前提として地積の更正の登記をする必要があると考えるべきであろう。[10]

(2)　測量誤差又は地積の計算誤りの是正

測量誤差又は地積の計算誤りがある場合に、地積の更正登記ができる。昭和五二年の準則の改正において地積の測量図の誤差の限度の規定が設けられていた（旧準則九七条三項、一二五条四項）。新不動産登記法の下では、同趣旨の規定が規則七七条四項、同一〇条四項に規定されている。このことは、その精度区分により測量した結果、過去の測量の成果と相違するような場合も同様である。[11] また、地積の更正登記をした後、更正後の地積に誤りがあるときは、改めて地積更正の登記をすることができる。[12]

(3)　地積の更正の登記ができない場合

〔当事者の合意により境界を移動した場合〕　土地の境界は公法上のものであり、関係当事者の合意によって左右することができない性質のものである（最判昭三一・一二・二八）。

したがって、例えば、**図4**において[13]、二番二の土地について地積の測量図（これにはイ、ロ、ヘ、ホ、イの各点を順次直線で結んだ範囲を表示している）が提出されているところ、この土地について、イ、ロ、ヘ′、ホ′、イの各点を順次直線で結んだ範囲を表示した地積の測量図を提出して地積の増加による地積の更正の登記が申請された場合、たとえ隣接地二番一の所有者の承諾書が添付されていても、当該申請は

図4

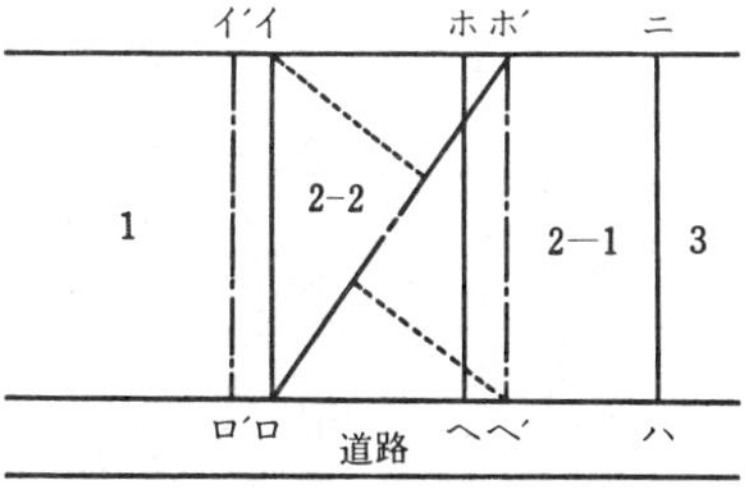

受理されない。ホ、への各点を直線で結んだ線は、二番の土地を同番一及び二の各土地に分割する分筆の登記によって新設された境界線であり、これを両土地の所有者の合意によって、ホ′、ヘ′の各点を直線で結んだ線に変更することはできないからである。

二番一の土地所有者甲と甲から登記名義を取得した同番二の土地所有者乙との間の所有権の範囲をホ、への各点を直線で結んだ線からホ′、ヘ′の各点を直線で結んだ線とする合意がある場合は、甲は二番一からホ、ヘ、ホ′、ヘ′、ホの各点を順次直線で結んだ範囲を分筆した後、これにつき乙への所有権移転の登記を申請しなければならない。

〔一筆の土地の一部につき時効取得があった場合〕　一定期間所有の意思をもって、平穏かつ公然に他人の土地を占有する者は、その所有権を取得する（民法一六二条）が、この場合、一筆の土地の一部についても時効取得しうると解されている⑭。

図５

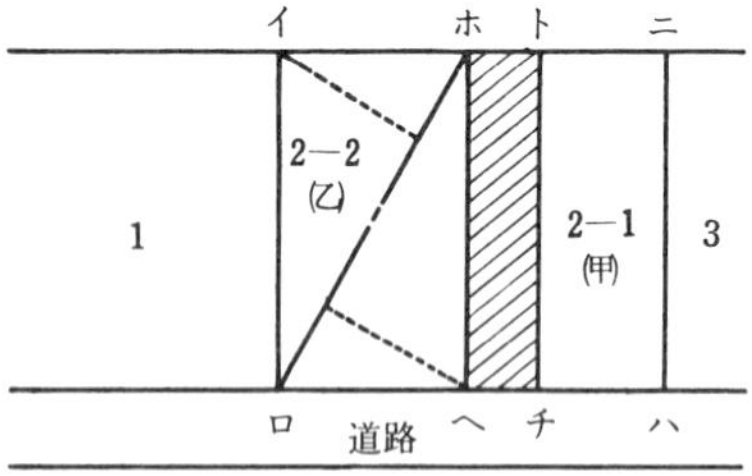

また、時効取得は原始取得であるとされているが、これにより所有権を取得した者がその所有権を第三者に対抗するためには登記を要する。

そこで、自己の土地に隣接する他人所有の一筆の土地の一部につき、時効により所有権を取得した者は、自己の所有する土地について地積の更正の登記によって時効取得した土地を公示することが認められるか否かが問題となる⑮。

すなわち、**図５**の事例において、乙が二番二の土地につき、イ、ロ、チ、ト、イの各点を順次直線で結んだ範囲の地積の測量図を提出して地積の更正の登記申請があった場合、当該申請を受理すべきか否かである。

一般的に、一筆の土地の一部を時効によって所有権を取得したとしても、これによって土地の境界が移動するものではなく、また、時効取得の成否の問題は所有権の帰属の問題であり、相隣接する土地の境界の確定とはかかわりのない問題である。

したがって、設例において、二番二の土地の所有者乙は、二番一の土地の一部であるホ、ヘ、チ、ト、ホの各点を順次直線で結んだ範囲を時効により所有権を取得しても、これによって、二番二の土地の境界がイ、ロ、ヘ、ホ、イの各点を順次直線で結んだ範囲からイ、ロ、チ、ト、イの各点を順次直線で結んだ範囲にふくらむ、すなわち、ホ、ヘの各点を直線で結ぶ境界線がト、チの各点を直線で結んだ境界線に移動することにはならないので、かかる地積の更正の登記申請は受理されない。

(4) 土地の一部の地積更正・分筆登記申請と地積測量図の隣接地番の欠落

Xらは、Yらがした地積更正・分筆後の各土地を購入したが当該分筆地の不存在などにより代金相当額の損害を被ったとして、過誤の地積更正登記及び分筆登記申請を看過して公図を修正した登記官の過失を理由に、国に対し、損害賠償を求めた訴訟において、本件地積更正登記に係る申請について、仮に実地調査をしても、造成が開始されていて、以前と全く地形が変化していることなどから却下すべき事情の発見は困難であり、提出の測量図に隣接地番の欠落などを看過した点はあるが、この落度をもって違法な結果発生をもたらした原因となった過失であるとはいえないとして請求を棄却している（最判二小平九・五・三〇民事月報五三巻三号八一ページ、同五〇巻三号九〇ページ、同五二巻三号七九ページ）。

（1）新井克美「公簿地積及び公図の沿革並びに地積更正登記手続等に関する一考察（7）登記研究四二七号三一ページ、同「登記手続における公図の沿革と境界」一四二ページ

（2）昭三六・六・六民甲第四五九号法務省民事局長回答

判例は、附合の法則の適用を排し、当該部分は国庫に帰属するとする（大審判明治三七・七・八民録一〇輯一〇

六一ページ。「官有地である河川の敷地上に土砂が堆積して生じた寄洲は、その官有地に帰属すべきものであって、たとえ民有地に接続してこれに附加したような形跡があっても、民法の附合の法則を適用すべきではない」)。これは、土地の筆界の性質をどのようにとらえるかの違いによるものと考えられるが、現行の不動産登記法の下においては、既に創設又は形成された土地の筆界は、爾後、分筆又は合筆の登記の実行に伴うその個数の変更以外の事由によっては本来変動するものではないと解することができ、寄洲については、付着した土地とは別個独立の新たな土地が生起したものとして、新たに表示の登記（不登法八〇条）をするのが理論的には相当であると考える。

(3) 新井・登記研究四二九号五五～五六ページ

(4) 登記研究二四四号六八ページ

(5) 新井・登記研究五八ページ

(6) 同右六〇ページ

(7) 求積及びその方法を要しない土地についても、その形状を図示する必要があることについては、昭三七・一〇・一八民甲第三〇一八号法務省民事局長回答

(8) 法一七条地図がない場合においても、公図が現地と合っている場合は、ただし書の処理でもやむをえないといわざるをえないであろう。

(9) 秦愼也「不動産登記法の改正に伴う表示登記の取扱い」登記情報五三一号四九ページ

(10) 「事例解説による不動産表示登記」登記先例解説集二三巻一号四〇ページ以下。新井・前掲登記研究六八ページ

(11) 分筆登記申請をする土地の境界が確定すると、その面積測量を行い、求積計算をする。求積の範囲については、分割後の土地のすべての地積測量図を添付するのを原則とする（不登法八一条ノ二第二項）が、広大な土地の一部を分筆する場合や、分筆前の元地面積が登記簿と相違し、その差が許容誤差を超える場合は、前提として地積更正の登記をしなければならなくなる（この登記には、隣接所有者の印鑑証明書付きの承諾書を添付するのが実務の取扱いである）ので申請人に過大な負担をかけることになるため、例外的に分割後の土地のうち一筆については、求積およびその方法を明らかにすることを要しないことになっている（準則一二三条）。現実的には、前提として地積更正を要する事案が多いため一筆については求積しない場合が多い（佃一男「分筆登記と土地の境界確定」登記

情報四一三号一〇九ページ）というのが実情ではないかと思われるが、このままの状態が続くと三二地図混乱地域を多発させてしまうことにもなりかねず、特別な例外的事案は別にして、通常の場合は、原則的な取扱いが必要であると考えられる。各法務局の実地調査要領においてもよほどの例外的な場合でない限り原則による取扱いと定めるものが多くなってきている（香川ほか座談会「不動産の台帳登記及び表示登記制度の回顧、現状及び展望(3)」登記インターネット二巻八号四〇ページ）。

(12)　昭四六・九・一四民三発第五二八号法務省民事局第三課長回答
弁護士法第二十三条の二に基づく照会の件について

（照会）一　Aは A地千㎡を所有していたところ（別紙第一図参照）、そのうち百㎡を実測のうえB地として分筆のうえBに譲渡し、その旨所有権移転登記をした（別紙第二図参照）。

二　右譲渡に際しては、右分筆前のA地に縄延びがあると予想されたので（A地は登記簿上千㎡と表示されていたが、実測すれば千百㎡位あるものと見られていた）、将来、右B地を分筆した後のA地九百㎡を実測したときにその縄延び分が明らかになったときには、その縄延び分（前記のとおり約百㎡と見られていた）はABで折半して分ける旨の合意がAB間で成立した。

三　その後登記簿上九百㎡と表示されているA地を実測したところ、予期どおり千㎡あることが判明したので、その縄延び分を五十㎡づつAB折半して分けることとした（第三図参照）。

四　これに従いAは、A地についての登記簿上の表示九百㎡を九百五十㎡と更正する増歩の手続を了えて、登記簿上の表示を実状と一致させたが、Bは自己が取得すべき縄延び分五十㎡についてB地の更正登記を放置していた（第四図参照）。

五　その後、BはB地（縄延び分を除く）をCに譲渡した。

六　以上のような経過の後に、Bが残された自己の所有地たる縄延び分五十㎡（第四図赤線でかこむ部分。これに隣接するBの所有地は存在しない）についてBの所有名義を登記簿上に顕出しようとする場合において

(1)　Aに依頼して、A地に更に五十㎡の縄延びを生じたものとして、A地の表示を九百五十㎡から千㎡に更正したうえ（Aの所有地九百五十㎡とBの所有地五十㎡を合わせて登記簿上に表示することとなる）、このう

え五十㎡（Bが取得すべき縄延び部分）をA地から分筆し、これをBがAから譲受るという方法（他の隣接地主の同意はある）によることが許されるか。

(2) 許されないとすれば、いかなる方法によるべきか。

(3) 許されるとしても他により適切な方法があるか。

（別紙省略）

（回答） 七月十九日付東照第五八六号をもって照会のあった標記の件については、A地（B地を分筆した後の土地）の地積が実際は一、〇〇〇平方メートルであるのであれば、九五〇平方メートルに地積を更正した登記は誤ったものであるから、これを一、〇〇〇平方メートルに更正する登記をすることはできるものと考えます。

(13) 新井・登記研究六九ページ

(14) ① 一筆の土地の一部は分筆手続前においても取得時効の目的となりうる（大審判大一三・一〇・七民集三巻五〇九ページ）

（理由） 占有トハ自己ノ為ニスル意思ヲ以テ一定ノ物ニ付事実上ノ支配ヲ為スコトヲ謂フ而シテ其ノ支配ハ必スシモ物ノ全部ニ及フコトヲ要セス物ノ一部ト雖之ヲ事実上支配シ得ヘキ限リ亦之ヲ以テ占有ノ目的ト為スコトヲ得ヘキモノニシテ如何ナル部分ニ対シ事実上ノ支配ヲ為スコトヲ得ヘキヤハ取引ノ通念ニ照シテ之ヲ判断スルノ外ナキモノトス土地ハ自然ノ状態ニ於テハ一体ヲ為セルモノナレトモ之ヲ区分シテ数個ノ土地ト為スコトヲ得ヘク一旦区分セラレタル各個ノ土地モ更ニ之ヲ細分スルコトヲ得ヘキモノニシテ其ノ区分若ハ細分ニ依リテ土地ノ性質作用ヲ失フニ至ルコトナキモノナルヲ以テ土地ハ其ノ一部ト雖之ヲ占有スルコトヲ得ルモノト解スルヲ相当トス而シテ民法第百六十二条ニ依レハ所有ノ意思ヲ以テ平穏且公然ニ他人ノ土地ヲ占有シタル者ハ其ノ占有ノ始善意ニシテ且過失ナカリシヤ否ノ区別ニ従ヒ十年間又ハ二十年間ノ占有ニ因リ之カ所有権ヲ取得スルモノニシテ土地ハ前記ノ如ク其ノ一部ト雖之ヲ占有スルコトヲ得ヘキモノナレトモ物ノ一部ハ所有権ノ目的ト為ルコトヲ得サルヲ以テ土地ノ一部ヲ占有スル者ハ同条所定ノ時効ニ因ル所有権ヲ取得スルコトヲ得サルモノノ如シ然リト雖前記ノ如ク土地ハ之ヲ区分シテ前ニ其ノ一部タリシ部分ヲ以テ一個ノ土地ト為スコトヲ得ヘキモノナレハ其ノ区分ハ土地ノ所有者ニ於テ之ヲ為スコトヲ得ヘク占有者ニ於テ濫ニ他人ノ土地ヲ区分スルコトハ法律上許スヘカラサルトコロナレトモ法律

カ一定ノ場合ニ土地ノ一部ヲ区分シテ之ヲ一個ノ土地ト為スコトヲ妨クルコトナク同条ハ占有カ物ノ全部ニ付テ行ハレタル場合ト其ノ一部ニ付テ行ハレタル場合トヲ区別セサルヲ以テ物ノ一部ヲ占有シタル場合ヲ全然除外シタルモノト解スルニ足ラス従テ同条ハ土地ノ如ク之ヲ区分シテ数個ト為スコトヲ得ル物ニ付テハ其ノ一部ノ占有アリタル場合ニ於テハ時効ノ完成ト同時ニ法律上其ノ占有部分ヲ区分シテ一個ノ物トシテ占有者ニ其ノ所有権ヲ賦与スル趣旨ナリト解スルヲ相当トス

②　一筆の土地の一部でも、売買の目的とすることができる（最二小判昭三〇・六・二四民集九巻七号九一九ページ）

（理由）　一筆の土地といえども、これを区分して、その「土地の一部」を売買の目的とすることはできる。そして右「土地の一部」が、売買の当事者間において、具体的に特定しているかぎりは、分筆手続未了前においても、買主は、右売買に因りその「土地の一部」につき所有権を取得することができるのである。論旨引用の大審院判例は、その後同連合部判決により変更されたものである（大正一三年一〇月七日同一二年(オ)六七二号連合部判決参照）。そして、原判決が本件売買契約の目的とされたものと認定した「土地の一部」は、被上告人所有居宅の敷地として、当事者間に特定されていることは原判文上明らかであるから、原判決が被上告人は売買に因り右土地の部分につき所有権を取得したものと判示したのは正当である。（所論分筆登記請求権の消滅時効については上告人の原審において主張しないところである。）所論はすべて採用することを得ない。

③　取得時効の成否は、境界確定の訴えにおける境界確定とは関係がない（最一小判昭四三・二・二二民集二二巻二号二七〇ページ）

（理由）　境界確定の訴は、隣接する土地の境界が事実上不明なため争いがある場合に、裁判によって新たにその境界を確定することを求める訴であって、土地所有権の範囲の確認を目的とするものではない。したがって、上告人主張の取得時効の抗弁の当否は、境界確定には無関係であるといわなければならない。けだし、かりに上告人が本件三番地の四二の土地の一部を時効によって取得したとしても、これにより三番地の四一と三番地の四二の各土地の境界が異動するわけのものではないからである。上告人が、時効取得に基づき、右の境界を越えて三番地の四二の土地の一部につき所有権を主張しようとするならば、別に当該の土地につき所有権の確認を求めるべきである。それゆえ、取得時効の成否の問題は所有権の帰属に関する問題で、相隣接する土地の境界の確定とはかかわり

別紙図面

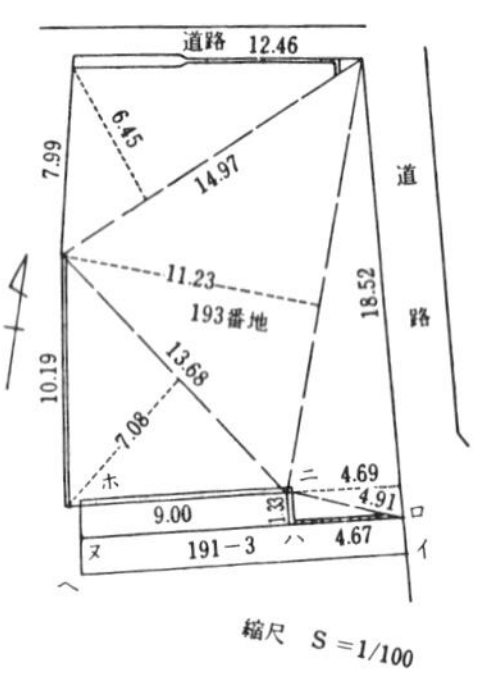

(ロ) 193番南東角の点
(ハ) (ロ)点からブロック塀が西に至り北側に直角に折れ曲っている地点
(ニ) (ハ)点からブロック塀が北に至り更に西方に直角に折れ曲っている地点
(ホ) 193番南側ブロック塀と191—3と西側の191—4との境界線を北側に延長した線との交点
(ヌ) 193—3と191—4との境界線と(ロ)(ハ)線を延長した線分との交点

のない問題であるとした原審の判断は、正当である。

④ 境界の一部に接続する土地部分の時効取得と当該部分の境界確定の必要性（最三小判昭五八・一〇・一八民集三七巻八号一一二一ページ）

本件事案は、本訴において、土地境界の確定と、主張の境界内の土地部分の所有権の確認、同土地部分の明渡し、及び土地不法占有による損害金の支払いを求めたのに対し、境界線を争い、予備的反訴において、時効取得を主張し、同土地部分の一部につき分筆のうえ所有権移転登記を求めたものであるが、その第一、二審（双方控訴）における双方の主張の概要は次のとおりである。

第一、二審を通じてのX（上告人、控訴人、被控訴人、反訴被告、原告）の主張は、X所有の〇〇市〇〇七丁目一九三番の土地（甲地）とY_1（被上告人、被控訴人、控訴人、反訴原告、第一審被告の引受参加人）所有の同所一九一番三の土地（乙地）とは隣接し、そ次大戦中から不法占有をはじめ、その後、乙地の前所有者B（第一審の脱退被告）から乙地を借用したY_2（被上告人、被控訴人、被告）が係争地にまたがって建物を建てて不法占有し、その建物をY_1が譲受けて係争地の不法占有を続けている。

よって、境界が図面のイヘ線であることの確定と、係争地の所有権の確認、係争地上の建物部分収去、土地明渡し、不法占有による損害金の支払いを求めるというものである。

これに対し、Yらは第一審において、甲地と乙地との境界は同図面のロ、ハ、ニ、ホの各点を直線で結ぶ線である、仮にイヘ線が境界であるとしても、係争地はAが昭和二三年一〇月二日以降自己のものと信じて平穏公然に前栽として利用占有してきたから、一〇年の経過により時効取得したと主張した。

第一審判決では、同図面のロ、ヌを結ぶ線が境界として確定され、Xのその他の請求が棄却されたので、X、Y_1

は、それぞれ敗訴部分について控訴し、第二審においては、Y_1は、係争地のうち、前記ロヌ線から甲地側にある同図面のハ、ニ、ホ、ヌ、ハの各点を結ぶ直線により囲まれた土地（反訴土地という。）について、前記期間の占有による時効取得、もしくは同じくAの昭和三二年五月二〇日又は三一日以降一〇年の占有による時効取得を理由として、反訴土地につき、A、Bに代位して、甲地より分筆のうえAへの所有権移転登記を求めた。

原判決では、境界については第一審判決の確定したロヌ線が維持され、反訴請求にかかる所有権移転登記が認容された（境界確定訴訟の当事者適格については触れていない。）。

本判決は、原判決の時効取得の認定について理由不備ないし重大な事実誤認、法令解釈のあやまりを理由としてなされた上告に対するものである（松本克己「境界確定訴訟において当事者による境界の一部に接続する土地部分の時効取得が認められる場合の当該境界部分確定の必要性」民事研修三三五号二七ページ）。

（判旨）　本判決は、原審の認定・判断を是認したうえ、境界の一部に接続する土地の時効取得と当該境界部分の境界確定の当事者適格との関係について、訴訟要件に関する事柄として特に職権をもって、大要次のとおり判示した。

甲地の一部である反訴土地をAが時効取得し、乙地とともにBを経てY_1に順次売却された結果、別紙図面のロ、ハ、ヌの各点を結ぶ境界線の一部であるハヌ線に接する土地はY_1所有の土地となり、残存するX所有の甲地はハヌ線に接しないこととなるので、このような場合にもなおハヌ線をXY_1間で確定する必要があるのかが境界確定の訴えの適否という観点から一応問題となる。しかし、本件においては、公簿上、X所有名義の甲地とY_1所有名義の乙地とは相隣接する関係にあり、かつ、時効取得の結果Y_1が所有権を取得した反訴土地は公簿上甲地の地番で表示され、依然Xが所有者と公示されている土地の一部である。そして、反訴土地の範囲、それがいずれの土地に属するかは、甲、乙両土地の境界がどこにあるかが明確にされることによって定まる関係にあり、それが不明確なままでは、そのことに起因する紛争の抜本的解決はありえない。たとえ本件訴訟で反訴土地についてY_1の所有権取得がXとの間で明らかにされても、右土地を第三者に譲渡する場合は甲地から分筆してY_1の所有名義としたうえ所有権移転登記をする義務があるから、その手続のためにも境界が明確にされていることが必要である。そうするとハヌ線についても境界を確定する必要があり、XY_1は本件境界確定の訴えにつき当事者としての資格があるものというべきである。

(15) 新井・登記研究七〇ページ

(四) 筆界の立合確認書(承諾書)

(1) 必要性

地積の更正の登記の処理にあたっては、隣地との筆界が明白であり[1]、その筆界によって囲まれた部分が正確に測量され、この結果が正確に地積の測量図に反映されていることが確認されなければならない。

この土地の筆界は、隣地所有者の立会いによって定まるものではないが、現実には、隣地所有者の協力なしに確認することは極めて困難であるため、登記実務においては、原則として関係人の立会いを求めた上、当該土地の地積の測量図及び登記所に保管の資料による事前調査の結果と現地及び関係人の供述等を参考にして、筆界の確認が行われている。「実務上、筆界を確認するに当たって、土地所有者等関係者の立合いを求めるが、その証言は、あくまでも筆界を確認するための判断材料の一つにするものであり、ましてや筆界の位置を関係者の協議に委ね、協議によって一致した事実のみに基づいて安易に処理すべきことはもとより許されないことである。しかしながら実際には、…現地に設置された筆界標又はこれに代わるべき恒久的地物等のいわゆる物理的な事実関係等を重要な判断材料とし、土地の占有及利用関係が常識的で妥当なものと認められ、土地所有者等関係者において『ここが筆界に相違ない』旨の認識の一致があれば、その位置を筆界として認定せざるを得ないことになるであろうし、現実の問題としてそれ以上の真実の可否について調査することは事実上不可能である…[2]」と考えられるからである。地積の更正の登記は、その登記されている地積がその登記の当時から誤っている場合に、これを訂正して、その登記の当時における現況の地積に合致させるためにするものであり、したがって、当該登記によってその土地の境界が移動するものではなく、当該土地の範囲に変更が生ずることにはならないのであるから、当該登記によって隣接地所有者に法律上の利害を伴うことは、理論的にはありえない。しかしながら、申請書に添付された地積の測量図は、当該土地の正しい境界に基づいて測量の上作成されたものであるか否かは、登記所に備え付けられている帳簿、図面等のみでは判然としないことが多く、このことは、正確な地図が備え付けられていない場合には特に顕著である。そのため、現地に赴き、土地の境界について事実上の利害関係を有し、かつ、最も境界について承知していると考えられる隣接地所有者等の確認を得ることとされているのである。したがって、実務上は、承諾書というような文言が使用されることが多いが、そのことは、意思表示によってそこを境界とするということを承諾するということではなく、そこが既存の境界であると思うという、事実の認識を示すものであるので、その内容は境界確認書あるいは境界証明書といった性格のものといえる。

もっとも、現地に国土調査、土地区画整理、土地改良又は恒久的な境界標識の設置があり、立会いがなくても境界が確認できる場合、あるいは不動産登記法一四条地図等によって境界が確認できる場合には、関係人の立会いがなくてもよい。なお、国土調査の結果、現地確認不能地とされた土地について、所有権の登記名義人は、土地の表示登記の抹消を申請することができると解される[3]。

また、この筆界確認書は、法定の添付書面ではないので、これが添付されていないことのみをもって当該申請が却下されることにはならない。

(2) **承諾書**

前述のごとく、地積の更正の登記を申請する場合には、隣接地の所有者の承諾書を添付するのが相当であるとされているが、その場合においても種々の態様が考えられるので、以下その主要なものについて説明することとする。

〔隣接地が国有地又は公有地の場合〕　隣接地所有者の承諾書の添付の意義を、前述のとおり土地の境界を確認し、特定するための一つの資料と理解するならば、隣接地が国有地又は公有地の場合においてもその必要性はあるといえる。

すなわち、国有地については、国有財産法の規定に基づく境界確定の協議を経ることになるので、その協議書を添付し、また、公有地については、その所有に係る土地についての境界の立会いを証する書面を添付する。

〔隣接地が共有地等の場合〕　共有地に関しては、処分行為については共有者全員により、管理行為についてはその過半数により、保存行為についてはその一人からすることができるとされている（民法二五一条、二五二条）が、土地の境界の確認行為は、そのいずれに当たるのかが問題となる。隣接地が共有名義の場合、地積の更正の登記申請書に添付する隣接地所有者の承諾書は、処分行為と解すれば全員のもの、管理行為と解すればその過半数のもの、保存行為と解すればそのうちの一人のもので足りることとなる。

旧土地台帳法当時の登記実務の取扱いをみると、地積訂正申告書に添付すべき隣接地所有者の連署又は承諾書は、当該隣接地が共有で、管理者の定めがない場合は、共有者全員の連署又は承諾書とするのが相当であるとされている（昭三五・一二・二七民三発第一一八七号法務省民事局第三課長心得回答(4)）。

いったん地積の更正の登記が経由されると、その地積の測量図が当該土地の境界に関する資料として最も有力なものの一つとなり、これが土地の境界に関する資料として重要な意義を有することを考えると、共有者全員の承諾書が望ましいといえよう。

〔額縁分筆の疑いがある場合〕　筆界に関し隣地所有者との間に争い等がある場合において、いわゆる額縁分筆などが行われている疑いがある場合は、分筆前の状態での隣地所有者等関係人の確認を求めるのが相当である。

〔隣地所有者が死亡している場合〕　隣地所有者が死亡している場合には、その相続人の確認を求めるが、共同相続の場合は原則として相続人全員の確認を要する。ただし、管理人が定められているような場合は、その者の確認で足りると考えられる。この筆界確認書には、相続人であることを証する書面又は管理人であることを証する書面を添付する。

〔代理人が承諾する場合〕 隣地所有者の代理人（法定代理・任意代理）において確認した場合には、代理権限を証する書面（任意代理の場合は印鑑証明付）を添付する。

〔確認後隣地所有者に変動があった場合〕 一般的には、地積更正の登記申請時の隣地所有者の確認を求めるのが相当である。すなわち、隣地所有者甲の同意書を得て地積更正の登記申請準備中に乙が当該隣地を取得した場合、その後に、地積の更正登記を申請するには改めて乙の同意書を得るのが相当である（登研二八三号七一ページ）。なお、前所有者当時に作成された境界査定協議書を添付して、当該土地の現所有者から地積更正の登記申請がなされた場合においても、申請内容に間違いのないことが確認できれば、受理される場合もある（登研三七六号八九ページ）。

〔官公署が嘱託する場合〕 この場合には、隣接地所有者の確認に代えて、嘱託指定職員の作成した証明書を添付する取扱いが認められている。ところで、国有地と私有地の境界に関する紛争については、国有財産法が特別の規定（国有財産法三一条の三〜五）を設けている。

すなわち、同法は、国有財産の境界が不明なためその管理に支障がある場合には、各省庁の長は、立会場所、期日その他必要な事項を通知して、境界を確定するための協議を求めることができ、当該所有者は、やむを得ない場合を除き、その協議をしなければならない。協議が整った場合には、書面により確定された境界を明らかにしなければならないし、協議が整わない場合には、境界を確定するためにいかなる行政上の処分もしてはならないとされている（同法三一条の三）。また、隣接地の所有者が協議に応じない場合には、各省庁の長は、当該隣接地の所在する市町村職員の立会いの上境界を調査し、更に国有財産地方審議会に諮問してその調査に係る境界を定めることができる（同法三一条の四）。そして、隣接地の所有者は、この境界の定めに対し異議があれば所定の期間内に不同意の通告をすることができるが、通告がないと同意があったものとみなされ、境界は確定されたことになる（同法三一条の五）。もっとも同法に定める境界確定協議の性質については、国と隣接地所有者との間において国有地とその隣接地との所有権の範囲を定める契約と解されている（東京地判昭五六・三・三〇判例時報一〇〇七号四五ページ）。

日本道路公団起業の道路建設工事等の用地買収に係る土地の地積更正の登記嘱託書には、隣接土地所有者の確認書（印鑑証明付）に代えて、同公団所管の不動産の登記嘱託指定職員の証明による「隣接土地所有者立会及び境界確認証明書」を添付する取扱いでさしつかえないとされたものがある（昭四三・六・一〇民甲第一六五四号法務省民事局長回答）。

〔**地積が減少する場合**〕　地積の減少による地積の更正の登記申請書には、隣接地所有者の承諾書の添付は要しないとするのが旧土地台帳法当時の取扱いであったようである。

しかし、地積の更正の登記申請書に添付する隣接地所有者の承諾書は、登記官をして申請に係る土地の境界の確認を容易に認定するための資料になるものと理解すべきことは前述のとおりであるから、地積の増減の別なく境界の確認が必要である以上、これを添付すべき性質のものと考えられる。

〔**隣接地の範囲**〕　申請地の隣接土地が申請人の所有である場合、**図1**のA地の地積が増加する更正の登記をする場合、境界について確認を必要とする隣接地所有者は、いずれであるか（なお、A地とA′地は同一所有者である）が問題となるが、B・D・F・G・Hであるとされる（昭五二・八・一八第三四回法・調表示登記事務研究会協議）。

〔**分筆の登記後に残地についてする場合**〕　これは、**図2**において、二番の土地を同番一ないし五に分割する分筆の登記後、同番二ないし五の土地につきそれぞれ第三者への所有権の移転の登記が経由されている場合に、同番一の土地について地積の更正の登記申請をするに当たって添付する隣接地所有者の承諾書は、一番、二番二ないし同番五及び三番の各土地所有者並びに道路管理者のもので足りるのか、あるいは一六番の土地所有者のものについても必要か、という問題がある。(4)

二番一の土地の境界は、リ、チ、ト、ロ、ハ、ニ、ホ、ヲ、ル、ヌ、リの各点を順次直線で結んだ範囲であるが、この土地の地積の更正の内容は、二番の土地の分筆登記の際に差し引き計算によった場合は、分筆前の土地であるイ、ロ、ハ、ニ、ホ、ヘ、イの各点を順次直線で結んだ範囲のものであると考えるべきであるから、二番の土地の分筆の登記の際に一六番の土地との境界線イ、ヘの各点を直線で結んだ線が既提出にかかる二番三及び同番四の土地の地積の測量図に記載されている一六番の土地との境界線と同一であることが明らかな場合等を除き、原則として、一六番の土地所有者の承諾書も必要と解すべきであろう。

〔一点で接する場合〕 これは、**図3**において二番の土地について地積の更正の登記を申請する場合、当該土地と一点で接する一五番の土地所有者の承諾書の添付を要するか否か、という問題である。(6)

一般に、線とは連続する点のつながりであるところから、境界線は境界点の連続するつながりといえる。イ、ロの各点を直線で結んだ境界線は、申請人と一番の土地所有者との関係での土地の境界を確認することができる（所

図1

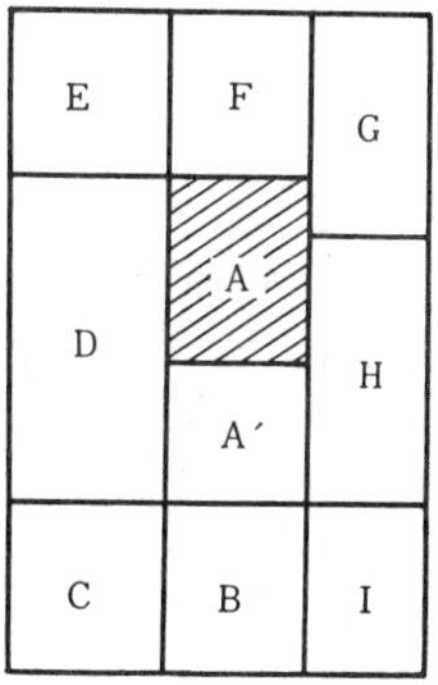

図2

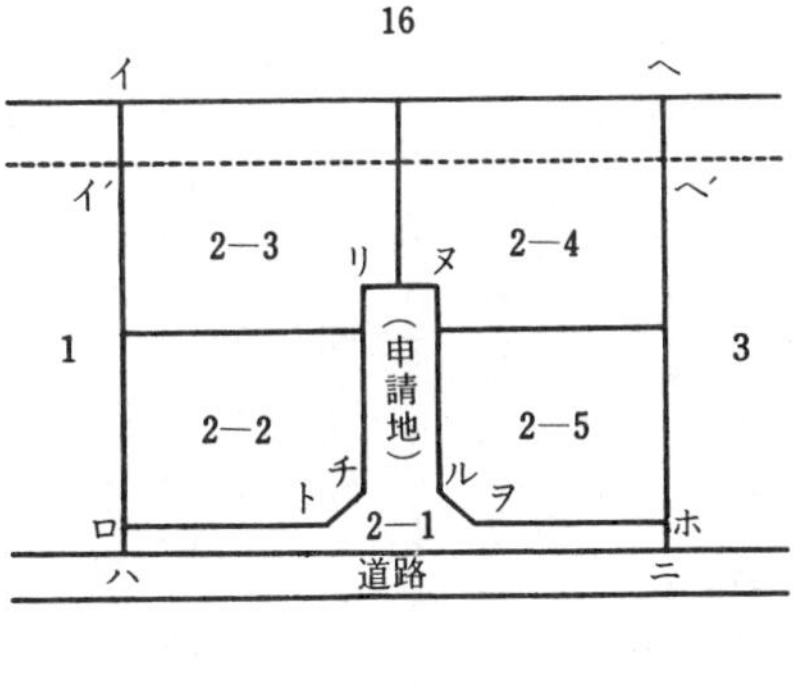

有権の範囲の）限界は、点ロから始まって点イまでであって、点ホのほうまでではなく、点イから先については一五番及び一六番の土地所有者間の問題である。同様に、イ、ニの各点を直線で結んだ境界線は、申請人と一六番の土地所有者との関係での限界は点ニから始まって点イまでであって、点へのほうまでではなく、点イから先については一五番と一番の土地所有者間の問題である。すなわち、点イは、一番、二番、一五番及び一六番の各所有者の共有する点であるから、本件地積の更正の登記申請書には一五番の土地所有者の承諾書をも添付すべきものと解される。

図3

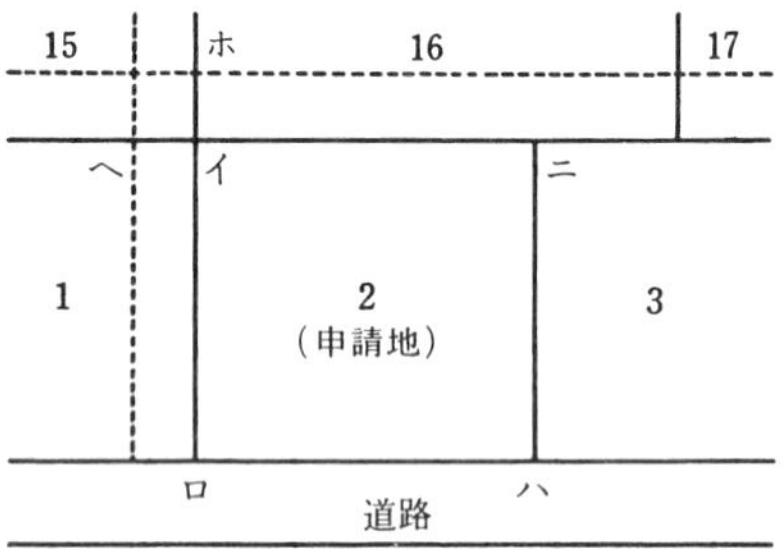

〔公図と現地が相違する場合の取扱い〕 公図の精度が著しく低い等のため地図の区画、形状が現地のそれと著しく異なる場合において地積の更正の登記を申請するときは、当該申請書に添付する隣接地所有者の承諾書は、公図に基づく隣接地所有者のものにすべきか、あるいは現地に基づく隣接地所有者のものにすべきかが問題となるが、公図が誤りであるときは、原則としてその登記申請の前提として、あるいはこれと同時に公図の訂正の申出をも必要と解すべきであろう。[7]

〔印鑑証明書添付の要否〕 旧準則第八九条（現登記令一九条二項）は、不動産の表示に関する登記申請書の添付書面で、申請人以外の者の証明にかかるものがある場合においても、必要があるときはその者の印鑑証明書をも添付を要する旨規定していたところから、隣接地所有者の承諾書にもこの規定が適用されるか否か等が問題となる。同条の趣旨は、不動産の表示に関する登記申請書の添付書面で、申請人以外の証明に係るものについては、それが間違いなく本人の意思に基づいて作成されたものであることを証明する手段として印鑑証明書の添付を求めているものと解される（民訴法二二八条、二二九条）。したがって、隣接地所有者の承諾書に印鑑証明書が添付されていれば、その承諾書は隣接地所有者が間違いなく作成したことが確認されるので、それを添付する必要がある。もっとも、この印鑑証明書の添付も絶対的なものではなく、印鑑証明書がどうしても得られないような場合には、本人に確認するといった方法も考えられる。

〔**承諾書の添付がなく、筆界の確認ができない場合**〕　地積の更正登記の現地調査において、隣接地所有者の立会いを求めたところ、関係者の主張する境界が相違して確認できないときは、不動産登記法二五条一一号により却下される（昭三八・一・二一民甲第一二九号回答）(8)。地積測量図と現地の境界標等によって立会いがなくても境界の確認ができる場合には、承諾書の添付がなくても却下されることはない(9)。また、土地家屋調査士が代理人となって申請がされているような場合には、その調査の結果を記録した調査書に隣接の所有者が立ち会って境界の確認をした旨の記載があれば、これを承諾書に代えることも考えられる。もっとも、そのためには、本人であることをどのようにして確認したのか、その本人がどのようにして境界を確認したのかというようなことが具体的に記載されている必要があろう(10)。

(1)　昭三八・一・二一民甲第一二九号法務省民事局長回答（昭三七・一二・二一仙台法務局長照会）

境界線の確認困難な場合の地積更正登記申請の取扱い方について

地積更正登記申請事件につき、現地調査に際し隣地所有者の立会を求めたところ、両者の主張する境界線が相違するため確認困難な場合は、不動産登記法第四十九条第十号により却下してさしつかえないものと考えますが、いささか疑義もありますので、何分のご指示をお願いいたします。

（回答）　昭和三十七年十二月二十一日付登日記第六四五号をもって問合せのあった標記の件については、調査の結果境界の確認ができない場合には、貴見のとおり取り扱うのが相当と考える。

(2)　中込敏久「分筆の登記と実地調査」不動産登記制度と実務上の諸問題（下）二〇七ページ

（3）「質疑応答七二七四」登記研究五三一号一二〇ページ
（4）昭三五・一二・二七民三発第一一八七号法務省民事局第三課長心得回答
地積訂正申告書に添付すべき接続地共有者の連署又は承諾書について
接続地が共有（管理者の定めがない）である地積訂正の申告書に連署又は承諾書を添付する場合には、左記二説が考えられ、決しかねますので何分の御教示を賜りたくお願いいたします。
記
一、共有者全員の連署又は承諾書の添付を要する。
二、共有者の持分の過半数の連署又は承諾書の添付があれば足りる。
（回答）十二月五日付土台日記第四号をもって問合せのあった標記の件については、一によるのが相当であると考える。
（5）新井・登記研究四三三号九九ページ
（6）同右一〇〇ページ
（7）「不動産表示登記実務講座」登記先例解説集一八巻六号一〇五ページ
（8）昭三八・一・二二民甲第一二九号法務省民事局長回答。前記注（1）参照
（9）「不動産表示登記実務講座」登記先例解説集一八巻六号一〇〇ページ
（10）「不動産表示登記実務講座」登記先例解説集一八巻六号一〇四～一〇五ページ

(五) 判決による地積更正の登記申請

地積更正登記について、第三者が、表題部に記載された所有者又は所有権の登記名義人の登記申請の意思表示に代わるべき判決を得て、不動産登記法六三条一項の規定に基づき単独で登記申請をなしうるか否かという問題がある。

不動産登記法六三条一項は、「…申請を共同してしなければならない者の一方に登記手続をすべきことを命ずる確定判決による登記は、当該申請を共同してしなければならない者の他方が単独で申請することができる」と規定しているが、本条の判決による登記とは、登記権利者及び登記義務者が共同して申請しなければならない権利に関する登記において登記義務者が登記申請に協力しない場合に、登記権利者が登記義務者の意思表示に代わるべき判決を得て単独で登記を申請しうることを定めたものである。すなわち不動産登記法六三条一項は、権利に関する登記につき登記の真正を担保するために登記権利者及び登記義務者の共同申請主義を定めた不動産登記法六〇条の例外規定であると解されている。

ところで、表示に関する登記については、一般的に不動産登記法二八条で登記官の職権による登記に関する規定が置かれているほか、不動産登記法三六条以下に表示に関する各登記の申請義務者が法定されているが、いずれについても不動産登記法六〇条の共同申請の規定は適用されないこととなっている。

したがって、表示に関する登記については、不動産登記法六〇条の規定の適用がない以上、同条の特則規定である不動産登記法六三条一項を適用する余地がない（昭五八・一〇・六民三第五九一九号法務省民事局第三課長回答）[1]。

（1）弁護士法第二三条の二による照会について（昭五八・一〇・六民三第五九一九号法務省民事局第三課長回答）

（照会）不動産登記法（以下「法」という）八一条の五の地積更正登記の申請につき、

一　右の登記申請は、法二七条の判決による登記の申請をもってすることができるか否か。地積更正登記は、不動産の表示登記の一であるところ、同じく表示登記である建物滅失登記に関し、同登記は法二五条の二にもとづき登記官が職権をもって調査してなすべき登記であるので、同登記手続を訴求する利益はないとする判決（最高裁判所昭和四五・七・一六判例時報六〇五号六四ページ）であるところから、地積更正登記の申請についても、同登記は法二五条の二にもとづき登記官が職権をもって調査してなすべき登記であるとして、法二五条にもとづき登記の申請という意思表示をすべきことを命ずる判決（民事執行法一七三条）を訴求することができないのか、との疑問があるので照会する次第です。

二　判決による登記の申請ができる場合には、法八一条の五、八一条二項にもとづく地積の測量図は、判決にこの測量図が添付せられることを要求するか、あるいは、登記の申請に際し判決とは別個に添付せられるべきものか。

以上二点について実務取扱いを御報告下さい。

（回答）　昭和五八年八月二四日付け岡弁照第四三三号をもって当局あて照会のあった地積の更正の登記の申請に関する件については、不動産登記法第二七条（現六三条一項）の規定は適用されないものと考えます。

六　参考事例

地積の更正登記について（昭五三・三・八民三第一四二八号法務省民事局第三課長回答（東京弁護士会会長照会））

（照会）　第一

一　甲は登記簿上九〇〇平方メートルと表示されているA番の一（予想実測面積一、〇〇〇平方メートル）を所有していたところ（別紙図面1）、そのうち四五〇平方メートルを登記簿上はA番の二地として分筆のうえ実際は大よそ目分量でA番の一を乙に譲渡し、その旨所有権移転登記をした。

但右譲渡に際しては右のとおり分筆前のA番の一地にすでに一〇〇平方メートルの縄延地があると当初から予想されていたので、右譲渡後の将来実測して縄延のあることが明らかになったときには、縄延部分の土地を甲乙折半して分ける旨の合意が成立していた（別紙図面2）。

二　その後前記土地をあらためて実測したところ、予想どおり縄延地が一〇〇平方メートルあることが判明したので、前記合意に従い縄延地をａ、ｂ各々五〇平方メートルとしてＡ番の一地の側の縄延地ａを乙の所有、Ａ番の二地の側の縄延地ｂを甲の所有とした（別紙図面３）。

三　これにもとづいて乙は縄延地ａを登記簿に顕出するためＡ番の一地の登記簿上の地積を四五〇平方メートルから五〇〇平方メートルに更正する登記手続を了えて縄延地ａを含むＡ番の一地の実測面積と登記簿上の表示面積は一致確認させた。

一方甲は自己が取得した縄延地ｂを登記簿上に顕出するための登記手続は暫時そのままにしていた（別紙図面４）。

四　その後甲は縄延地ｂを含むＡ番の二地五〇〇平方メートル（但登記簿上の面積は依然として四五〇平方メートル）を丙に譲渡し、その旨移転登記した。

又乙も縄延地ａを含むＡ番の一地五〇〇平方メートルを丙に譲渡し、その旨移転登記し（別紙図面５）、ここで縄延地を含むＡ番の一及び二は丙の所有に帰した。

五　次に丙は縄延地ｂを含むＡ番の二地五〇〇平方メートルを丁に譲渡した。

又一方では丙は縄延地ａ及びｂを含めてＡ番の一地として五五〇平方メートルを戊に譲渡した（縄延地ｂは二重譲渡されたことになる）とする（別紙図面６）。

以上の前提事実に基づき次の諸点について解答願いたい。

一　前提事実三に記載のとおり、乙が縄延地ａを登記簿上に顕出するため、Ａ番の一の地積更正登記手続によったことは許されるか。

二　仮りに甲が縄延地ｂを登記簿上に顕出するとして、前提事実三に記載したとおりＡ番の一地が実測と登記が一致した後、それと同様にＡ番の二地の登記簿上の表示面積を四五〇平方メートルから五〇〇平方メートルに地積更正登記手続をすることも許されるか。

三　前提事実五のいわゆる「二重譲渡」後の段階で戊が縄延地bを登記簿上に顕出するために、すでに実測され

別　紙　図　面

1　（省略）

2

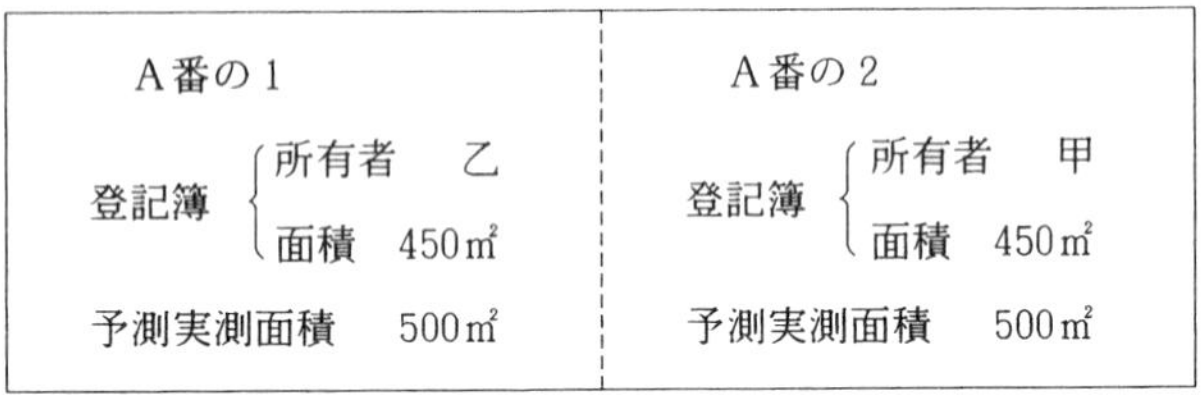

3

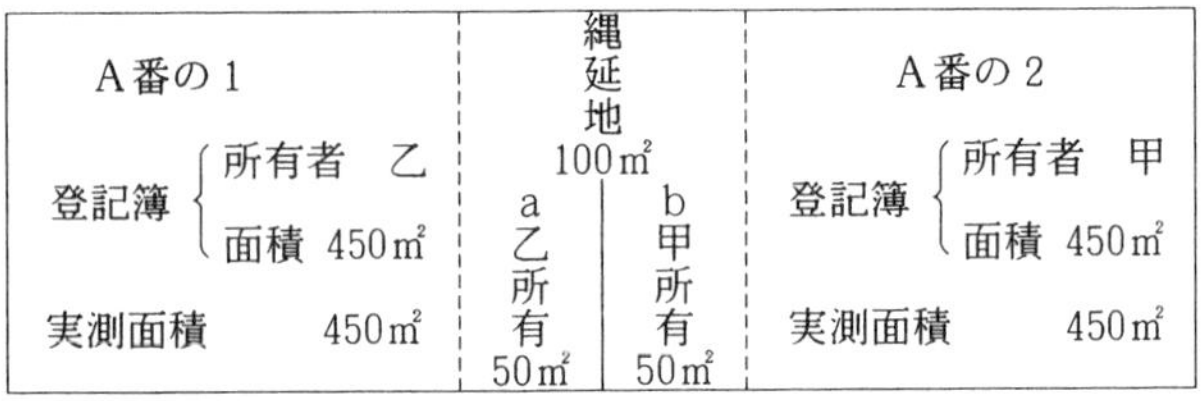

4　（省略）

5　（省略）

6　（省略）

(イ)

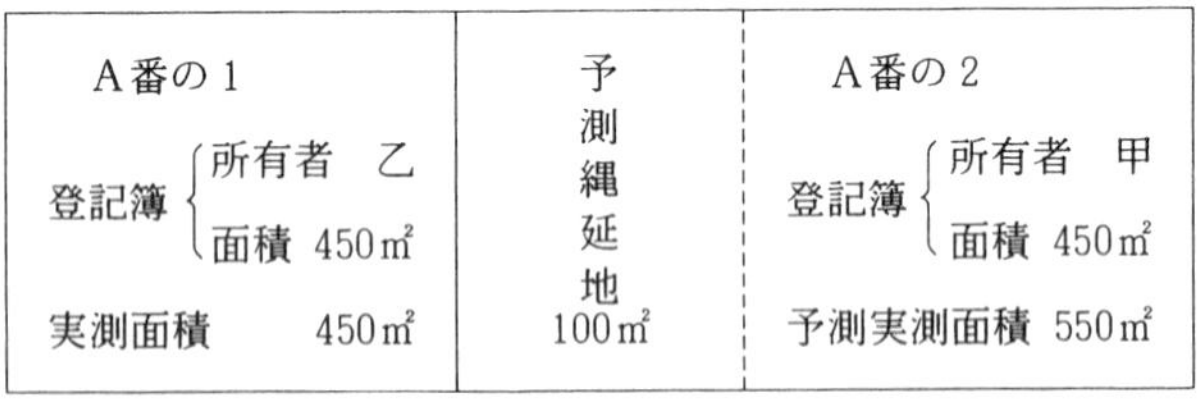

(ロ)

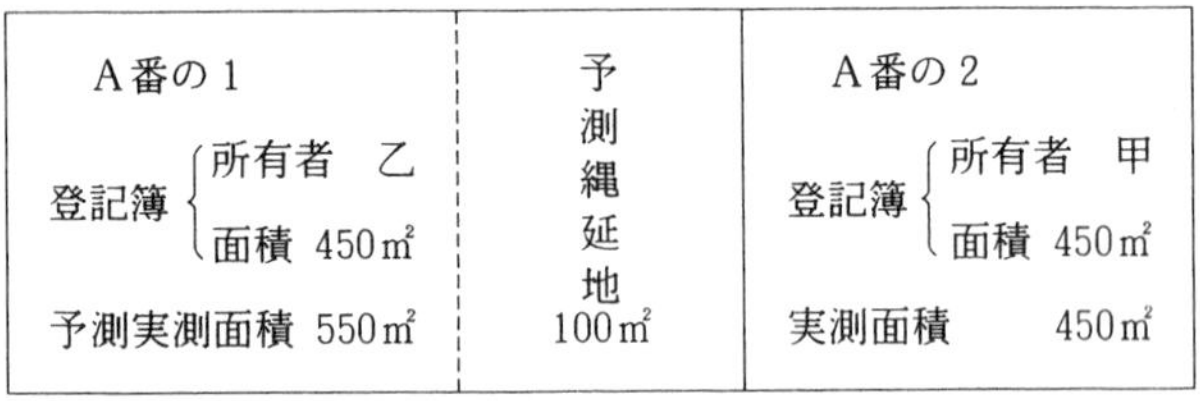

更正登記手続により面積と登記簿上の表示面積が一致している（前提事実三参照）A番の一を再度地積更正登記手続によって増積する方法は可能か。

あるいは、戊はA番の二地の地積更正登記をして縄延地bの部分を分筆のうえ縄延地bの譲受の登記手続によらなければ縄延地bを自己の所有名義とすることはできないか。

第二　第一記載の前提事実につき、前提事実一において分筆が、
(イ)　A番の一を四五〇平方メートルのみ実測して分筆した場合（別紙図面イ）。
(ロ)　A番の二地四五〇平方メートルのみを実測して分筆した場合（別紙図面ロ）。
として行なわれたという前提事実に立った場合、以下の諸点について解答願いたい。
一　まず前提事実が前記(イ)の場合、第一記載の質問一、二、三の解答はそれぞれどうなるか。
二　次に前提事実が前記(ロ)の場合、第一記載の質問一、二、三の解答はそれぞれどうなるか。

（回答）　照会のあった標記の件については、左記のとおり回答します。

記

所問の場合には、まず分筆線が照会書に掲げた別紙図面2に表示された点線又は同図面(イ)もしくは(ロ)に表示された実線のいずれであるかを確定したうえで、当該確定した分筆線による分筆後の各土地の地積が、登記簿に記載された地積と異なる場合には、当該土地の所有権の登記名義人から地積の更正登記の申請をすることができるものと考える。

(七)　地積更正の登記と訴訟

(1)　地積更正の登記と不動産登記法第六六条・第五六条

地積の更正登記は、権利の変更の登記ではないので、不動産登記法六六条、五六条（現六六条）の適用はない。

○地積更正の登記の申請書には、登記上利害関係ある第三者の承諾書又はこれに対抗しうべき裁判の謄本の添付を要しない（金沢地判昭三六・九・一五下裁民集一二巻九号二三〇二ページ）

控訴人の被控訴人両名に対する更正登記につき承諾を求める請求の当否について判断するに、前認定のとおり、控訴人所有の本件土地は、その実測面積が十八坪三合五勺であるのに、登記簿上錯誤により一坪として表示されているところ、前認定の諸事情を考え合わせるならば、登記簿上の表示と実状との間にかような不一致があっても、なお右登記が本件土地を公示しているものと認められ、従って、前記の宅地一坪の表示を宅地十八坪三合五勺と更正してもその間に登記の同一性があるものということができるから、控訴人は、右のようにその登記の更正を求め得るものというべきである。しかしながら、本件のような不動産の表示に関する更正登記の場合には、権利自体に関する記載の更正登記の場合と異なり、その申請にあたり、登記上利害関係ある第三者の承諾書又はこれに対抗し得べき裁判の謄本の添附を要しないものと解するのが相当であるから、これと相反する見解に立って、本件土地の隣接地の所有者である被控訴人両名に対して前記更正登記につきその承諾を求める控訴人の本訴請求はその必要性を欠き、失当であることは明らかである。

○東京高判昭四五・七・一三（判例時報六〇五号六五ページ）

被控訴人は、右更正登記につき、控訴人は法律上の利害関係を有するものであるから同人に右登記手続につき承諾を求めると主張するが、地積更正登記は、元来権利変更の登記には当らないので不動産登記法第六六条、第五六条の適用はないのみならず、更正登記について承諾を要する第三者は「登記上ノ利害関係」を有する者にかぎられると解せられるところ、控訴人は本件土地の登記簿上の権利者ではないので右のごとき第三者とはいえない。したがって、控訴人に対し右登記手続について承諾を求める被控訴人の本訴請求はその余の判断をするまでもなく失当であり棄却を免れないといわなければならない。

○最三小判昭四六・二・二三（判例時報六二五号五一ページ）

地積更正登記は土地の表示に関する登記（不動産登記法七八条）であって、権利に関する登記ではないから、これについては、不動産登記法六六条、五六条の適用はないのみならず、被上告人においては、本件土地の換地計画として、昭和三三年一月一日現在におけるその土地台帳地積一〇七坪と本件土地区画整理における測量増の各筆についての増加分一割増しの地積をもって本件土地の従前の土地の地積とすることと定め、これに基づき、すでにその仮換地を指定し、本件土地の登記簿上の地積が今後更正されても、本件土地区画整理事業の施行には影響のないものであることは、原判決挙示の証拠関係に照らして首肯できる。それゆえ、上告人が本件地積更正登記をするについて被上告人に対し承諾を求める本訴請求は理由がないものといわなければならない。

(2) 地積更正の登記と抗告訴訟

① 登記官のした地積の更正の登記に不服のある隣接地所有者等が、登記官に対してその取消し等を求めて、行政事件訴訟法の規定に基づく抗告訴訟を提起することが許されるであろうか。

行政事件訴訟法は、抗告訴訟たる取消訴訟は行政庁の処分その他公権力の行使にあたる行為の取消しを求める訴訟をいい（三条二項）、また当該処分の取消しを求めるにつき法律上の利益を有する者に限り提起することができる（九条）としているところから、取消訴訟が有効に提起されるためには、行政庁の違法な処分が存在すること、原告適格を有する者（当該処分の取消しを求めるにつき法律上の利益を有する者）が自己の法律上の利益に関係のある違法を主張して提起すること等が必要であると解されている。

そこで、登記官のした地積の更正の登記が行政事件訴訟法三条二項で規定する「行政庁の処分その他公権力の行使に当たる行為」に該当するか否か、また、甲地の所有者は、その隣接する乙地につきした地積の更正の登記についてその取消しを求める法律上の利益を有するか否かが問題となる。

② 地積更正登記の行政処分性の有無については、登記官による登記行為又は登記申請の却下が抗告訴訟の対象となる「行政庁の処分その他公権力の行使に当たる行為」（行政事件訴訟法三条二項）に当たるか否かについては、登記が公証行為の一種であって、それ自体により物権変動を直接発生消滅させるものではないため、争いのあるところであり、判例上いまだ判然としていない。

これを地積更正登記のみについてみても、①神戸地判昭五一・八・二七（訟務月報二三巻一〇号一七六六ページ）及びその控訴審である②大阪高判昭五二・六・二九（訟務月報二三巻一〇号一七六三ページ）は、地積更正登記は、登記簿の地積表示を客観的に存在する土地の地積を前提としてそれに合致させるものであり、公証行為であって、当該土地の権利関係、物理的形状を変更、確定し、隣接地との境界、外延、範囲に変更を生じさせるものではなく、関係土地所有者の権利義務に何らの影響を与えるものではないから、抗告訴訟の対象となる行政処分には当たらないとし、また、本件と同様に地積更正登記をした隣接地の所有者からの登記処分の取消しを求めた事案についての③千葉地判昭五二・一二・二一（訟務月報二三巻一三号二三一七ページ）も、①②判決とほぼ同様の理由で行政処分性を否定した。

しかし、③事件の控訴審である④東京高判昭五三・七・一九（昭和五二年(行コ)第八四号・公刊物未登載）は、一審判決理由のうち地積更正登記が抗告訴訟の対象になる行政処分に当たらないとした部分を削除し、隣接地所有者の訴えの利益を否定して控訴を棄却しており、上告審である⑤最一小判昭五四・三・一五（判例時報九二六号三九ページ）も、地積更正登記が抗告訴訟の対象になるか否かを判断することなく、隣接地所有者が更正登記の取消しを求める法律上の利益がないとした原審の判断を正当として上告を棄却していることから、この点についての行政処分性の有無の判断は判然としない。

ちなみに、地積更正登記の行政処分性を否定した裁判例として、引用の裁判例以外に、大阪地判昭五四・一一・一二（行政事件裁判例集三〇巻一一号一八五二ページ）、福島地判昭五四・一二・一七（訟務月報二六巻三号四八二ページ）大阪高判昭五五・七・一八（行政事件裁判例集三一巻七号一五二三ページ）等がある。なお、地積更正登記の行政処分性を明確に肯定した裁判例は見当たらない。

地積更正の登記は、不動産の表示についての公示を是正する公証行為であり、その登記により、新たに国民の権利、義務を形成したり、又は国民の権利、義務の範囲を画するという効果を有するものではないことから、登記官のした右登記処分には、抗告訴訟の対象となる行政処分性を有しないものと解するのが裁判例の主流であり、そして、解釈論としては相当であると考えられる（浦野雄幸『判例不動産登記法ノート』〔第三巻〕三九七ページ以下）。

③　ここで、登記官の登記行為が、前述の行政事件訴訟法の「処分」に当たるか否かにつき、下級審であるが、その処分性を否定した判例の代表的なものを、次に掲げる。

ⅰ　処分性の有無

○地積更正登記は、抗告訴訟の対象となる処分に当たらない（大阪地判昭五四・一一・一二行裁例集三〇巻一一号一八五二ページ）

（理由）　一　抗告訴訟の対象となる処分は、それにより国民の権利義務を形成し、あるいはその範囲を確定するなどの法的効果を有するものでなければならない。ところで地積更正登記は、登記簿の表題部に記載された地積が、客観的に定まっている当該土地の地積と合致しない場合にこれを訂正するものであり、地積更正登記により当該土地の権利関係、形状、範囲等が変更されるものでなく、又隣接地との境界、隣接地の範囲等に変更が生じるものでもないから、当該土地の所有者はもとより隣接地の所有者の権利義務に何らの影響を与えるものではない。したがって地積更正登記は抗告訴訟の対象となる処分には該当しない。

よって本件各訴のうち被告〇〇法務局△△出張所登記官、被告同法務局××出張所登記官に対し地積更正登記の取消を求める部分は不適法である。

二　又原告は本件において被告〇〇法務局△△出張所登記官、被告同法務局××出張所登記官に対し、不動産登記法一五四条（二項と考えられる）及び一六五条による登記手続を求めているが、裁判所は、行政庁がした行政処分が違法かどうかの判断をなしうるにすぎず、行政庁に対し作為又は不作為を命ずることは三権分立の原則からいって司法権を逸脱することとなり、これをなし得ない。

よって本件訴のうち前記各登記手続を求める部分は不適法である。

〇地積更正登記自体はなんら土地の所有権の範囲に消長をきたすものでなく、また、更正前の地積の朱抹は更正登記に伴い不動産登記法八一条ノ九第一項の規定によりなされた附随的な事務にすぎないから抗告訴訟の対象となる行政処分に当たらない（福島地判昭五四・一二・一七訟務月報二六巻三号四八二ページ）

（理由）　本件訴えの適否について考察するに、被告が原告主張のとおり、本件土地の地積につき更正登記をし、更正前の地積の表示を朱抹したことは当事者間に争いがない。

ところで、本件地積の更正登記自体は何ら本件土地の所有権の範囲に消長をきたすものではなく、仮に更正後の地積の表示が事実とそごする場合には、裁判所における取消しをまたずに、証拠をあげて更正後の地積の表示を覆すことができ、また、更正前の地積の朱抹は本件更正登記に伴い、不動産登記法八一条の九第一項の規定によりなされた附随的な事務にすぎないから、行訴法にいう行政処分に該らず、抗告訴訟の対象とならないというべきである。

その他同旨のものとして次のようなものがある。

○大阪高判昭五二・六・二九（訟務月報二三巻一〇号六九ページ）

分筆登記は、客観的に存在する一筆の土地を土地の物理的形状に何らの変動もないままに登記簿上細分化して数筆の土地に変更するにすぎず、地積更正登記も、登記簿の地積表示を客観的に存在する地積に合致させるにすぎず、いずれも公証行為であって当該土地の権利関係、物理的形状を変更、確定し、隣接地との境界、外延、範囲に変更を生じさせるものではなく、関係土地所有者の権利義務に何らの影響を与えるものでないから右各登記は、行政事件訴訟法第三条にいう行政処分に当たらない。

○最一小判昭五四・三・一五（判例時報九二六号三九ページ）

上告人が本件更正登記の取消を求める法律上の利益を有するものではなく本件訴訟不適法であるとした原審の判断は、正当として是認することができ、原判決に所論の違法はない。

（経緯）　これは、甲地の所有者Xが隣接する乙地につき、その所有者Aの申請に基づいてされた地積の更正の登記を違法であると主張して、登記官Yを被告として、右登記の取消しを求めた事件につき、一審千葉地判は、地積の更正の登記自体は、当該土地の権利関係や客観的範囲・区画等を変更・確定するものではなく、また、隣接地との境界に影響を及ぼしたり変更をしたりするものでもなく、右登記により当該土地の所有者及び隣接地所有者が受ける利益、不利益は事実上のものに過ぎないから、右登記は抗告訴訟の対象となる行政処分に該当しないのみならず、本件土地自体につき何らの権利を有しないXは、本件更正登記の取消しを求める法律上の利益を有しないとして訴を不適法であるとして却下したが、原審東京高判は、一審判決理由のうち、本件更正登記は抗告訴訟の対象となる行政処分にあたらないとした部分を削除し、地積の更正の登記は当該土地に隣接する土地所有者等の第三者の権利義務に直接影響を及ぼす効力を有しないものと解するのが相当であって、本件土地につき何らの権利も有しないXは、本件更正登記の取消しを求める法律上の利益を有しない理由のみによって訴えを不適法であるとして控訴を棄却したため、Xが上告した事件に関するものである。この最高裁判決は、地積更正登記の行政処分性については特にふれるところはないが、隣地の所有者がこれを争う法律上の利益はないとしたものである。地積更正登記の行政処分性を否定する判決としては、ほかに東京高判昭四五・六・二九（訟務月報一六巻一二号一四一二ページ）等がある。

○大阪高判平一七・一二・一四（民事月報六一巻四号五九ページ）

「…一審判決（神戸地裁平成一七年七月二〇日判決）は、地積更正登記は、登記簿の表題部に記載された土地の表示のうち、地積に誤りがある場合に、これを是正して正しい地積とするために行われるものであり、当該土地について、新たに所在・範囲を決したり地積の増減をもたらすものではないから、直接国民の権利義務を形成し、又はその範囲を確定することが法律上認められる行政処分ではない。また、地積更正登記によって、隣接地や近隣地の所有者の権利義務関係にも何ら影響を与えるものではないから、Xには、本件地積更正登記の取消しを求める原告適格はないとして、訴えを却下した。」

〔判決要旨〕「原判決の判断を維持し、控訴棄却」

ⅱ　訴えの利益

○地積更正登記をした土地の隣接土地の所有者による右更正登記の取消しを求める訴えの適否（千葉地判昭五二・一二・二一訟務月報二三巻一三号二三二七ページ）

（理由）　地積更正登記とは、既に登記されている土地について、その登記されている地積がその登記の当時から誤っていたため、登記と実体関係との間に原始的不符合がある場合に、これを訂正してその登記を客観的存在である正しい実体関係に合致させるためになされる登記であり、あくまでも、客観的な実体関係を前提として、これを登記簿上の記載に反映させるにすぎないものであるから、地積更正登記自体により当該土地の権利関係や客観的範囲・区画等を変更したり確定したりするものではなく、また隣接地との境界に影響を及ぼしたりこれを変更したりするものでもない。

もっとも、地積更正登記の際、登記官が前提となる実体関係を誤って認識した結果、客観的な実体関係と相違する更正登記がなされることが想定され、かかる場合には、不動産登記簿の公簿として有する証明力を考慮すると、争訟等において当該の土地に隣接する土地の所有者等の第三者に少なからぬ影響を及ぼすことが容易に予想されるところである。しかしながら、公簿としての証明力といっても、それは一応のものに過ぎず、反証により覆すことができることは、前述した地積更正登記の性質からして全く疑問のないところである。従って、地積更正登記によって当該土地の所有者及び隣接土地の所有者等がうける利益、不利益は事実上のものに過ぎないと解するのが相当である、なお、右のように過誤のある更正登記がなされたとしても、これにより隣接する土地につき、例えば減歩された地積更正登記が当然になされるわけのものではないから、その過誤はあくまでも当該土地に限られたものといえるので、一旦そのような登記がなされた以上、その過誤の是正は登記官の職権による訂正のほかは、当該土地の所有名義人の意思に委ねられるべきものであって、これが期待できないからといって、当該土地の所有名義人に既判力を及ぼしえず、また、前提たる実体関係の争いに何等の確定力も有しない本訴の如き抗告訴訟を許容することは、全く無意味なものというほかなく、むしろ、必要があれば、当該土地の所有者を相手方とする実体関係の確定を求める訴訟によるべきものである。

以上述べてきたところによれば、地積更正登記は当該土地に隣接する土地の所有者等の第三者の権利義務に直接影響を及ぼす効力を有しないものと解するのが相当であって、抗告訴訟の対象となる行政処分には該当しないというべきであるのみならず、本件土地自体につき何らの権利も有しない原告は本件更正登記の取り消しを求める法律上の利益を有しないものといわなければならない。従って、原告の本件訴は、その余の点について判断するまでもなく不適法として却下を免れない。

④　地積更正登記の取消しを求める隣接土地所有者の原告適格について

処分の取消しの訴えは、当該処分の取消しを求めるにつき法律上の利益を有する者に限り提起することができるとされ（行政事件訴訟法九条）、この法律上の利益を有する者とは、当該処分により権利又は法的に保護された利益を侵害されたものをいうとするのが通説である。

不動産登記法（以下「不登法」という）上、登記官は、当事者の申請又は職権により地積更正登記を行う場合において、必要に応じて当該登記の目的となっている土地を検査し、又はその土地の所有者その他の関係人に文書の呈示を求め、もしくは質問をすることができるとされ（不登法二九条一項・二項）、また、当事者が地積更正登記の申請をする場合には、その申請書に地積測量図を添付することを要するとされている（不登令七条別表六）。

そこで、これらの規定が近隣土地所有者の個人的利益を保護する趣旨を有しているか否か検討すると、これらの規定は登記簿に記載されている地積が実際の地積と原始的に符合していない場合に、登記簿上の地積を更正することによって、登記簿上の地積を実際の地積に一致させるため、登記官において実際の地積を確認するためのものであり、その目的とするところは、あくまでも当該地積更正登記の目的となっている土地の実際の地積を登記簿に反映させることにあるのであって、近隣土地所有者の個人的利益の保護にあるわけではなく、また、登記の地積の表示の公証力も事実上のものであって、反証をあげて覆すことのできるものにすぎないこと、そして、右の地積更正登記は、これによって隣接土地の実体的な権利関係に対してはもちろん、その登記簿上の地積に対しても何ら影響を及ぼすものではないから、右の規定を根拠に、隣接土地所有者の「法律上の利益」を導き出すことはできず、地積の更正登記によって隣地の所有者等はなんら権利利益を侵害されるものではないというべきであろう。

地積更正登記に関する原告適格が争われた裁判例として、前記③、④、⑤判決は、地積更正登記をした土地につき、隣接土地の所有者は何らの権利を有しない以上、右地積更正登記の取消しを求める法律上の利益を有しないから、隣接土地の所有者による右地積更正登記の取消しを求める訴えは不適法であるとした（「判例速報」登記情報四一九号一〇九ページ）。

(3) 却下処分と違法性

隣接土地所有者の承諾書を添付してした土地の地積更正の登記の申請と登記官の実地調査の要否及び土地の分筆により、当該土地と隣接地との境界が公認されるか否かにつき、前者につき積極、後者につき消極の判断を示し、さらには、いわゆる額縁分筆がされたあとに、右分筆後の隣地所有者の承諾書を添付してなされた地積更正登記の申請につき、実地調査の結果「隣接地との境界が一部確認できない」として右申請を却下した処分に違法がないとした判例がある（甲府地判昭五三・五・三一訟務月報二四巻八号一六〇九ページ）。

（理由）２（実地調査の可否）

㈠　不動産の現況を把握する唯一の公簿である登記簿は、不動産取引の安全を図るためにも、各種の公益上の施策を実施するうえでも、不動産の現況を正確に公示していることが望ましいことはいうまでもない。この趣旨に基づいて、不動産の表示に関する登記は職権ですることができるとされ（不登法二五条の二）、右表示に関する登記について登記官に調査権が与えられ（同法五〇条）ているのである。ところで、右の不登法五〇条は、「必要あるとき」に限って登記官に調査権を与えているが、右「必要あるとき」とはどのような場合をいうかは、登記官の自由な判断に委ねられている、と一応は解される。しかし、その判断は、恣意的になされてはならないことはいうまでもなく、客観的にみて不合理でないことが必要である。

㈡　そこで、このことを本件について検討するに、本件申請には本件土地に隣接する各土地（二、三八二番三、二、二二三番二、二二四番二、一九二番、二、一九三番、周囲の公道）の所有者の承諾書が添付されていたことは当事者間に争いがない。しかし、隣地所有者の承諾書は、一般的にみて隣地相互の境界を証明する資料としては一応の証明力を有するに過ぎないものであって、諸般の事情からその証明力に疑問をさしはさむ余地がある場合においては、登記官は、右承諾書に拘束されることなく自らの合理的判断において実地調査をして申請の当否を判断できるものと解すべきである。しかして、〈証拠略〉に弁論の全趣旨をあわせると、二、三八二番山林二、五一〇平方メートルを所有していた訴外A及び同Bは、同土地を、昭和四五年二月五日、本件旧土地と二、三八二番二山林三四六平方メートルに分筆し、さらに、昭和四六年八月一九日、本件旧土地を本件土地と二、三八二番三山林四二六平方メートルに分筆し、本件土地を、昭和四六年八月一三日××開発に売り渡し、同年一二月九日その旨登記し、二、三八二番三の土地を昭和四六年八月一〇日訴外Cに売り渡し、同月一三日その旨登記したこと、××開発は、昭和四六年八月一三日、本件土地を原告らに売り渡して、前記の自らの所有権取得登記の日と同一の同年一二月九日その旨登記したこと、訴外Cは現に二、三八二番三の土地を所有し、本件申請に関し、承諾書交付当時××開発の代表取締役であったことがそれぞれ認められる。そして、〈証拠略〉によれば、被告は、以上の事実に基づき、さらに本件申請が約八倍の増量更正申請であったこと〈証拠略〉から明らかである。）や、昭和四六年九月中旬ころ本件土地につき地積更正登記申請があったが、二、三八四番の土地（所有者D）との境界に争いがあって実地調査したけれども、やはり境界の一部を確認できなくて同年一一月ころ申請を却下したことがあったこと〈証拠略〉により認められる。）をもあわせて考慮して、本件申請が真正かどうか判断するためには、右二、三八二番三の土地を分筆する前の本件旧土地とそれに隣接する各土地との境界を現地で確認する必要があると考えて、本件実地調査に及んだことを認めることができる。

そこで、前に認定した二、三八二番三の土地の分筆経過、原告らの本件土地取得経過、Cの地位、前回の申請の経緯などを前提に、被告の右判断の当否を考えてみると、土地の分筆は必ずしも隣接土地との境界を明確にしたうえで行なわれるものではなく、また分筆によって元の土地とその隣接地との境界が公認されるわけでもないし、さらに原告らとCが利害相反するとも一概にはいえないから、C作成の前記承諾書は、本件土地と二、三八二番三の土地との境界を証明する資料としては、その証明力に疑問をさしはさむ余地が十分にあるということができる。そうとすれば、本件申請について不登法五〇条の規定により実地調査が必要であるとした被告の判断は、十分に合理性があるということができる。

㈢　原告らが、事実欄第二の四２㈠において、本件申請に添付された承諾書だけで本件土地とその隣接土地との境界が完全に証明されているとして主張するところは、前㈡項で説示した点に照らして採用できない。

また、事実欄第二の四２㈡の原告らの主張についても、前にも述べたように、土地の分筆に際しては当該土地と隣接土地との境界を常に確定したうえで分筆がされるわけではなく、また土地が分筆されたからといって各境界が公認されるわけでもないから、原告らの主張は採用できない。

さらに、事実欄第二の四3㈠の原告らの主張については、本件において登記官が原告らの主張するような手続を必ず踏むべきであるとはいえないし、二、三八二番三の土地の分筆についての事情が原告らの主張するとおりだとしても、前項に認定した諸事情に照らすと、本件旧土地と二、三八四番の土地との境界を現地で確認する必要がなかったとはいえないから、この点に関する原告らの主張は本件処分の適否の判断を左右するものではない。

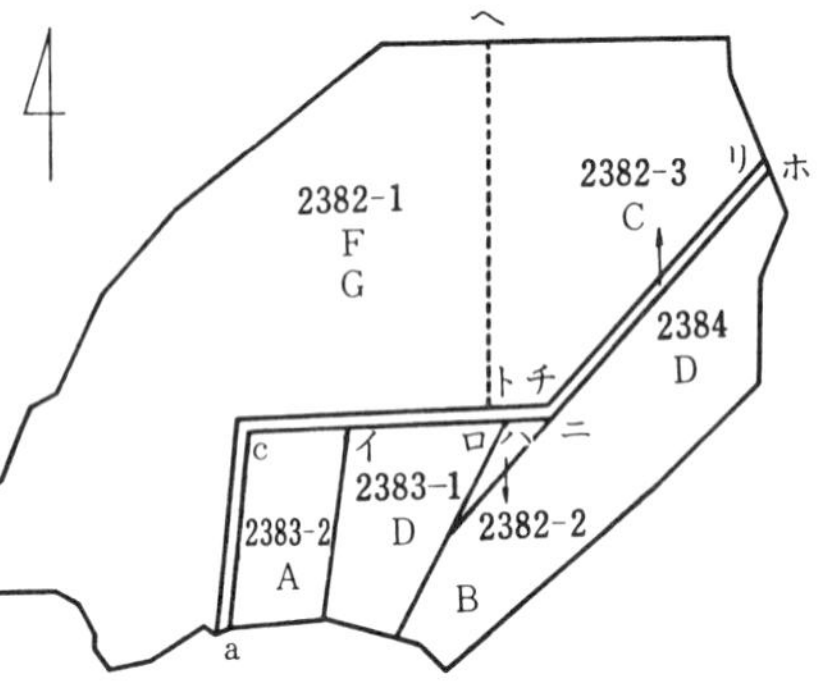

3　（実地調査の実施、却下処分の適否）

㈠　（実地調査の経過）

〈証拠略〉によると、被告の主張8㈠の事実及び次の事実を認めることができ、これに反する〈証拠略〉は右各証拠に照らし採用できない。

すなわち、実地調査は、二、三八二番三の土地を分筆する前の土地（本件旧土地）と二、三八三番一の土地との境界線の南端（別紙図面のa点）から同境界線に沿って、境界線を確認しながらc点を経て順次進み、イ、ロ、ハの各点を経てニ点にさしかかろうとするとき、本件申請の申請人側から、二、三八四番の土地と本件旧土地との境界は、ニ点（ここには木杭が設置してあった。）とホ点を結ぶ線である旨の説明がなされた。ところが、これに対してDから異論が述べられ、同人は、二、三八四番の土地と本件旧土地との境界は、ロ、への各点を結ぶ線であると主張したので、EやCらと激しい口論になった。Dが示した右の線の部分は、付近より約二メートルの幅にわたって帯状にやや低くなっている俗に「あらし」といわれている部分であった。
ところで、本件土地を含む別紙第二図面記載の各土地は、全体が比較的傾斜の強い一つの山林をなし、樹齢もほぼ同じくらいの楢などの落葉広葉樹が一面に密生していた。
登記官両名は、立会人が前記のような口論の後に山を降りてしまったのと、山が前記のような状況であることから境界の確認は困難と判断し、それ以上進まずに、測量もしないで、実地調査を終えた。なお現地では、関係人から、他に右境界を明確にしうる資料の提出はなされなかった。

㈡　（却下処分の適否）

〈証拠略〉の結果によれば、その後も関係人から前記争いのある境界部分を認定するに足る資料の提出はなかったことが認められるところ、この事実と前記実地調査の経過に照らすと、登記官としては、二、三八四番の土地と二、三八二番三の土地との境界を認定することはできず、したがって二、三八二番三の土地と本件土地との境界を認定することはできないというほかはないから、隣接地との境界が一部確認できないことを理由に本件申請を却下した本件処分には、何らの違法も存しないというべきである。

なお、原告らは、事実欄第二の四3㈡において、Dを利害関係人として本件実地調査に立会わせて意見を徴したことを非難するが、この点については、前記2㈡で述べたところからも明らかなように、何ら違法はなく、原告らの主張は独自の見解であって採用できない。また、〈証拠略〉によれば、現地に赴いた登記官両名は、集まった立会人に対し、氏名及び身分を明らかにしたうえで実地調査を開始した事実を認めることができ、右認定に反する〈証拠略〉は採用できないから、事実欄第二の四3㈢第一段の原告らの主張は理由がない。さらに、本件実地調査においては本件土地の範囲を確認できなかったのであるから、登記官が本件土地を測量することにより本件申請が真正か否かを確認する必要はなかったというほかはなく、そうだとすれば、一般的議論はさておき、登記官両名が測量機器を携帯していなかったこと（当事者間に争いがない。）は、本件処分の効力を何ら左右するものではない。事実欄第二の四3㈢第二段の原告らの主張は理由がない。

三　（請求の当否）

よって本件処分の取消しを求める本訴請求は失当である。

(4)　地積更正の登記と原告適格

○隣接土地所有者等は地積更正登記の取消しを求める原告適格を有しない（東京地判平八・三・一八（確定）登記情報四一九号一〇九ページ）

（理由）　地積更正登記とは、すでに登記されている土地について、当該土地の登記簿の表題部に記載された地積が、客観的に定まっている当該土地の地積と合致しない場合に、登記簿記載の地積を訂正して、客観的に存在している実体関係を登記簿上の記載に反映させようとするものであり、これによって当該土地の権利関係や客観的範囲、形状、区画等を変更したり確定したりするものではなく、隣接地との境界やその範囲に影響を与えるものではない。したがって、当該土地自体について何らの権利を有しない隣接地の所有者等の第三者の権利義務に直接影響を及ぼすものではなく、右のような第三者がこれを争ってその取消しを求める法律上の利益を有しないことは明らかである。そして、Xらは、本件土地自体について何らかの権利を有することを前提とすることなく、単に本件土地の隣接地の所有者または借地権者であるとして本件訴えを提起しているものであり、Xらには本件地積更正登記の取消しを求める法律上の利益はない。

(5)　地積更正の登記と境界確定訴訟

甲は、前所有者から甲所有地に隣接する乙所有地の一部（下記図面のA、B、C、Dで囲んだ斜線部分）を譲渡担保として取得したが、取得した土地の範囲を少なくして清算額を減少させるため、買い受けた土地につき分筆・所有権移転登記をせず、当該取得した土地を乙所有地に取り込まれるようにすべく、甲乙馴合いで訴訟を起こし、両地の境界をX-Y線とする境界確定判決を得、その判決書を添付して錯誤を原因とする土地地積更正登記の申請をした。

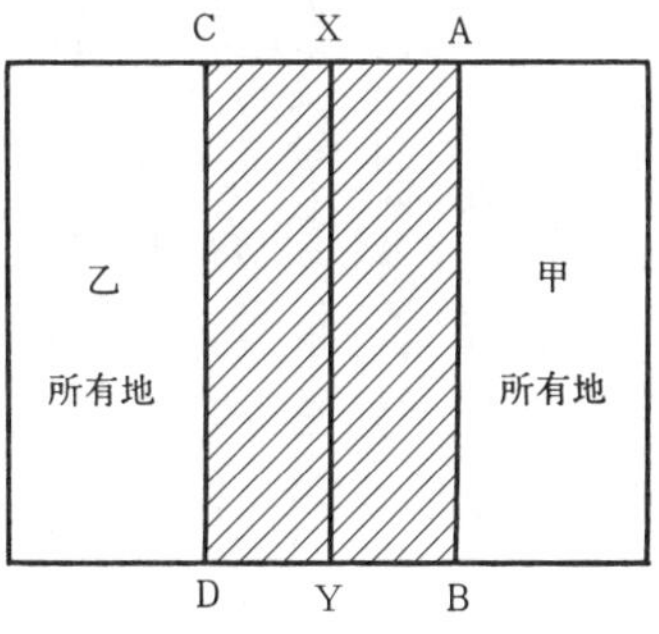

登記官は、真の境界線はC-Dであるから登記官の調査結果と符合しないとして、この登記申請を却下できるかという問題がある。

境界確定訴訟の性質については、確認訴訟説、形成訴訟説、非訟事件説等があるが、形式的形成訴訟説が通説・判例であり、実質上の非訟事件と解されている（大審判大一〇・三・五民録二七輯四一一ページ、大審判大一〇・五・二八民録二七輯一〇〇三ページ、大審判大一二・六・二民集二巻七号三四五ページ、最判昭三一・一二・二八民集一〇巻一二号一六三九ページ、最判昭三七・一〇・三〇民集一六巻一〇号二二七〇ページ、最判昭三八・一〇・一五民集一七巻九号一二二〇ページ、最判昭四一・五・二〇民集八三号五七九ページ、最判昭四二・一二・二六民集二一巻一〇号二六二七ページ、最一小判昭四三・二・二二民集二二巻二号二七〇ページ）。したがって、境界確定の訴えは、隣接する土地の境界が事実上不明なため争いがある場合に、裁判によって新たにその境界を確定する（境界が発見できない場合は、判決で境界を確定するしかなく、これは一種の境界の形成といえる）ことを求める訴え（甲地と乙地の境界線を当事者の申立てに拘束されることなく、裁判所が判決で決定する）であって、土地所有権の範囲の確認を目的とするものではないということになり(1)、境界確定訴訟の境界線設定の判決は、形成的効力を有し、その形成力は第三者に及ぶということになる（東京高判昭五九・八・八訟務月報三一巻五号九七九ページ）。

ところが、この事例のような馴合いの境界確定訴訟の場合にも登記官がそれに拘束されるかという問題がある。これにつき、高知地方裁判所昭和五一年一二月六日判決(2)（訟務月報二二巻一二号二七六三ページ）は、「一般に境界確定の判決が確定すると右判決で定められた境界線について対世的効力（形成力）を生じ、第三者において右境界線を争うことができなく、したがって登記官といえども判決の定めた境界線に拘束され、これに基づき登記簿の記載を更正する必要があるとするのが相当である」とする。

すなわち、形式的形成訴訟であるから既判力はないが、対世的効力をもっているから第三者はそれに逆らえないという趣旨である。

ところで、判決の効力が第三者に及ぶ場合として、ほかに人事訴訟、会社訴訟、行政訴訟などがあるが、例えば、人事訴訟における離婚判決、会社訴訟における株主総会の決議取消判決、行政訴訟における取消判決のような場合においても、すべて第三者の利益が損なわれないような手続的な担保がある。ところが、この境界確定の訴えはそのような手続的保障がないのに第三者に効力が及ぶとすることには若干疑問がある。

そこで、既判力と形成力とは、基本的に異なるとの前提に立ち、既判力は、裁判所に対する訴訟上の拘束力の一種であり、当事者が既判力ある判決により確定した法律関係の存否につき反対の主張をしても、裁判所はその内容の当否に関して審判することができず、当該判決の確定したところを裁判の基礎としなければならないが、これに反し、形成力は、当事者が判決により形成された法律効果の存在を否定するような主張を訴訟上した場合においても、裁判所はなんら審判権の制約を受けるものではないから、その主張内容の当否について判断しなければならない。ただ、この点に関する審判は、形成判決という強力な証拠が存在することにより、その結果が自ら明らかであるというにすぎないこととなり、そこで、「形成力であると、これに反する当事者の主張といえども裁判所は審判することができ、ただ、強力な証拠に反する主張として結果において取り上げられないことがほとんど絶対的だというにすぎない」のであって、「権利形成行為としての形成判決は私人に与えられた形成権行使の意思表示と何ら選ぶところはない。形成判決の形成力がその既判力と異なり当事者以外の第三者に及ぶといわれるのも、それは判決の形成力なるが故ではなく、法律関係が第三者に及ばないようでは、それは法律関係の形成とはいい得ないからである。」とする見解がある。(3) 極めて妥当な考え方であると思う。

このように考えると、境界確定訴訟には、形成力しかないので、第三者に効力が及んだとしても、裁判上第三者は拘束を受けることはなく、したがって、登記官を法律上完全に拘束することにはならないと考えられる。

その結果、この事例のような極めて不当な馴合い訴訟による境界確定訴訟のような場合には、登記官の調査結果と符合しないということにより不動産登記法四九条一〇号（現二五条一一号）で却下することも可能であると考える。

(6) 地積更正の登記と和解

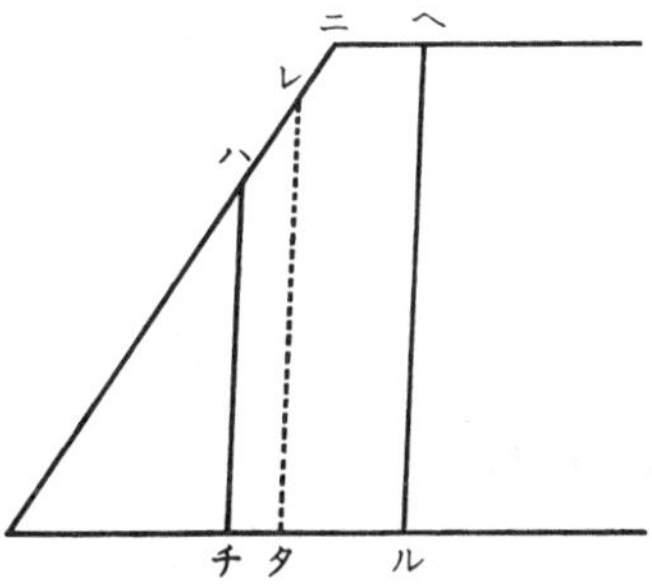

次のような和解に基づいて、地積の更正登記ができるかという問題がある。例えば、

① 原告と被告は上記図面のハ、チ、タ、レ、ハの各地点を順次直線で結んだ内側の部分の土地が原告の土地であることを確認する。

② 原告と被告は、左記図面のニ、ヘ、ル、タ、レ、ニの各地点を順次直線で結んだ内側の部分の土地が被告の所有であることを確認するという趣旨の和解によって地積の更正の登記ができるか。

地積更正の登記が認められる前提としては、当該土地の区画（境界）が明確にされていることが必要である。土地の境界が明確でなければ、その地積が明らかにならないからである。

土地の境界は、ある地番の土地とこれに隣接する他の地番との区画線のことをいうが、この境界は、不動産登記のサイドからみれば、法一七条（現一四条）地図、旧土地台帳附属地図（いわゆる公図）、地積測量図、土地所在図等の図面により図面上明確にされる必要があるが、図面の記載が即土地の境界ではなく、図面の記載によって明確にされたものが現地に復元されるものであるから、土地の境界がこれらの図面によって明確にできないとき、あるいは図面上記載された境界と現地の境界が一致しないときは、他の資料、例えば、所有者等が所持する物的証拠あるいは隣接地所有者の境界の証明等によって明らかにしてゆくこととなる。

そして、土地の境界は、本来国家が行政作用により定めたもので、公法上のものであり、その公簿上の境界が現地のどこにあるかは事実関係であって権利関係ではないから、当事者の意思で境界を勝手に変更処分しえないことは明らかである。(4) このような境界は、私人の処分を許さず、したがって、境界確定訴訟においては、請求の認諾、和解及び調停はできないと解されている(5)（最判昭四二・一二・二六民集二一巻一〇号二六二七ページ、最二小判昭三一・一二・二八民集一〇巻一二号一六三九ページ）。それゆえ、境界の合意が存在した場合に、その合意は単に客観的境界の判定のための一資料としての意義を有するにとどまり、証拠によってこれと異なる客観的境界を判定することを妨げるものではないし(6)、境界の合意が成立したことのみによって、右合意のとおりの境界が確定したことにはならないのである。(7)

このように土地の境界は、公法上のものであり、私人による任意処分は許されず、当事者間の合意により変動させることは許されないものであるところから、境界確定訴訟において裁判上の和解がなされるケースは多くみられるが、通常の場合、本事例のごとく和解条項のなかで所有権の範囲を確認するという手法がとられる。

しかし、和解により所有権の範囲が確認されても、それによって境界が確認されるわけではないから、これによって地積更正の登記をすることはできず、確認された所有権の範囲が一筆の土地の一部である場合は、その部分を分筆の上、所有権移転の登記をすべきこととなる。

(7) 地積更正の登記と額縁分筆

額縁分筆あるいは日の丸分筆(8)に関連する地積の更正事件は、実務上しばしば生じる問題である。そこで、ここでは、この点を中心に取り上げ、説明することとしたい(9)。

「額縁分筆」といわれるもののなかには、①地目が額縁のように分かれているため、分筆する場合、②額縁のように一定の使用目的があって、その部分の売買等をするため、分筆する場合、③地積更正の登記申請をする際、隣接地所有者の承諾が得られないため窮余の策として分筆する場合等が考えられる。

①及び②のような場合には、正常な目的をもって分筆されており、それ自体特に問題はないであろうが、③の場合（通常、この場合の分筆を「額縁分筆」といっている）には問題がある。そこで、③の場合について考えてみることにする。

図2

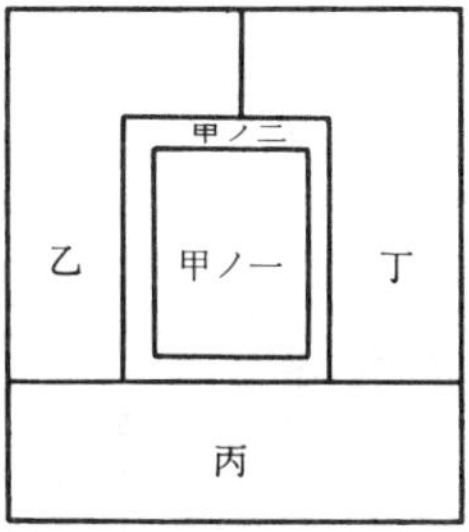

図1

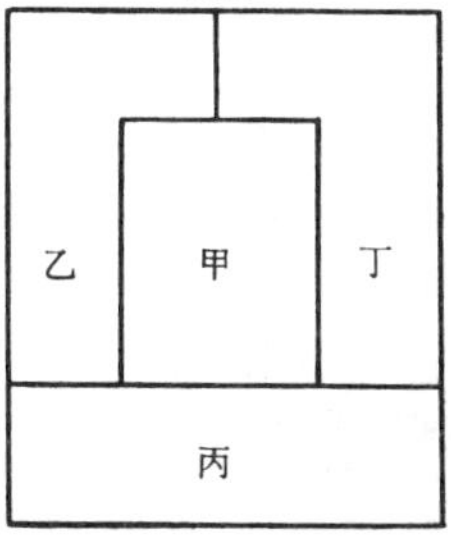

承諾書の機能からすれば、承諾する場合の承諾者として適格性を有する所有者は、必ずしも隣接地所有者に限らないというべきであろう。例えば、**図2**において甲ノ一の土地の所有者と甲ノ二の土地の所有者が同一人であるとか、一方が法人で他方がその法人の代表者個人である等の場合に、甲ノ二の土地の所有者による承諾書はその適格性を欠くというべきである。けだし、このような場合には、いわば法律的地位又は経済的利益を同じくする者相互間の承諾書であり、いわゆる自己証明的なものというべく、当該地積更正の登記申請の真実性を担保することを目的とする承諾書本来の機能を有していないというべきであるからである。このことは、甲地（甲ノ一、二の分割前の土地）の所有者が甲地を甲ノ一の土地と甲ノ二の土地に分

筆（額縁分筆）し、次いで甲ノ二の土地について第三者のため所有権移転の登記を経た後、甲ノ一の土地について、甲ノ二の土地を取得した第三者の承諾書を添付して地積更正の登記申請をしたような場合にも、同様のことがいえる。実際においても、甲ノ一の土地と甲ノ二の土地の所有者と通謀の上、同人の承諾書を添付していわば潜脱的に地積更正の登記申請をする場合がある。このような場合には、さらに甲ノ二の土地に隣接する外周の土地の所有者に適格性のある者を求めるべきであろう。(10)

(8) 筆界特定の登記と地積更正・地図訂正

筆界特定を行った筆界特定登記官は、筆界特定手続記録を管割登記所に送付する場合において、対象土地について筆界特定に伴い地積に関する更生の登記又は地図等の訂正をすることが相当と認めるときは、管轄登記所の登記官に、その旨の意見を伝えるものとする。この場合の意見の伝達は、書面、電話その他の適宜の方法によって差し支えない（平一八・一・六法務省民二第二七号法務省民事局民事第二課長依命通知）。(8) 地積更正相当の意見通知を受けた登記官は、地積更正等の可否を調査し、その結果、対象土地の登記記録の地積に錯誤があると認めるときは、対象土地の登記名義人その他の所有者等に対し、同登記の申請を促し、同人らがこれを行わないときは、職権で同登記を行うことになる。

また、地図訂正相当の意見通知を受けた登記官は、調査の結果、ⅰ地図（法一四条地図）またはⅱ筆界未定地が存在するために不登準則一三条一項による図面（地図に準ずる図面・規則一〇条五項ただし書）の訂正が可能であると認められるときは、職権で地図等の訂正をすることになる。

（1） 伊藤瑩子「境界確定の訴訟に関する判例・学説」境界確定訴訟に関する執務資料六九〇ページ。中西茂「境界確定訴訟の判決の効力」民事研修三四三号三三ページ

(2)　高知地判昭五一・一二・六（抄）

理　由

一　原告が本件土地につき、隣地所有者である訴外○○、同△△株式会社、同□□株式会社、同◇◇株式会社の四名を被告として××簡易裁判所に境界の確定を求める訴を提起し、昭和四九年一二月一八日本件土地とその隣地との境界を別紙図面〈略〉のとおりとする判決が言渡され、右判決が昭和五〇年一月確定したこと、原告が本件土地につき同月一四日高知地方法務局に対し、右境界確定判決書を添付して、錯誤による土地地積更正登記の申請をしたこと、被告が右申請につき「申請にかかる筆界が本件土地の筆界と認定できない」との理由で、不産登記法四九条一〇号により却下したこと、以上の事実はいずれも当事者間に争いがない。

二　そこで、被告のした本件地積更正登記の申請却下処分が違法であるとの原告の主張を判断するにあたり、被告が前記境界確定判決の効力を争い、登記官（被告）は右判決に拘束されない旨主張するので、まず右判決の効力の有無の点について検討する。

１　被告は、本件境界確定判決が効力を生じない事由として、被告の主張２の㈠ないし㈣記載のとおりの主張をするが、右主張はいずれも結局、右境界確定訴訟は境界確定の利益ないし必要（境界の不明ないし紛争の存在）を欠くから本件境界確定判決は無効であるという主張に帰する。

そうだとすれば、右境界確定の利益ないし必要は境界確定訴訟の訴訟要件であるから、仮りに被告の右主張のように、本件境界確定判決が境界確定の利益ないし必要という要件を看過してなされたものであるとしても、その違法は単に上訴理由となるにすぎず、すでに右判決が確定した本件においては右判決が取り消される可能性がなく、したがって右判決の効力を争う余地がないのであるから、被告の前記主張は失当である。

（もっとも、被告の前記主張のうち、原告らが不当な目的のもとになれあい訴訟で本件境界確定判決を得たものであるから右判決は無効である旨の被告の主張については、これを前記のとおり境界確定の利益ないし必要を欠く旨の主張と解されるほか、これとは別に、右判決の無効事由としての独自の主張をしたものと解する余地もあるが、そうだとしても（後者の主張であると解するとしても）当事者間のなれあい訴訟の結果得られた判決といえどもそれが確定した以上、詐害判決の再審による取消制度を認めていない現行法のもとでは右判決の効力を争う余地はなく、したがって被告の右主張もまた理由がない。）

2　被告はその主張3において、本件境界確定判決による境界は登記官の調査結果による境界とは異なっており、本件土地の境界であるとはいえず、また合理的理由づけのもとに境界を確定したものではないから、本件境界確定判決は効力を生じないと主張するが、仮りに本件境界確定判決の内容が被告の主張のように不当なものであるとしても、上訴、再審等法律上認められた不服申立により右判決の取消がなされていない本件においては右判決を有効なものとして取り扱うほかないのであるから、右判決内容の不当を理由に直ちにその効力を否定する被告の主張は理由がない。

3　そうだとすると、本件確定判決の効力を争う被告の前記主張はいずれも理由がなく失当であるから、右判決はその本来の効力を有すると認めるのが相当である。

三　被告はその主張3において、登記官は必ずしも境界確定の判決で定められた境界線に拘束されず、独自の実地調査権に基づき本来の境界を調査し得ることを前提として、本件境界確定の判決による境界が右調査の結果判明した本来の境界と異なるから、原告の本件地積更正登記申請を却下した被告の処分は違法でないと主張するので、この点につき検討するに、〔判示事項〕一般に境界確定の判決が確定すると、右判決で定められた境界線について対世的効力（形成力）を生じ、第三者において右境界線を争うことができなく、したがって登記官庁といえども判決の定めた境界線に拘束され、これに基づき登記簿の記載を更正する必要があると解するのが相当であるから、これと見解を異にする被告の前記主張は採用できない。

そうだとすると、原告が本件境界確定の判決に基づいてなした本件地積更正登記の申請を却下した被告の処分は、右確定判決にしたがわない違法な処分であるというべく、したがって被告のした右却下処分の取消を求める原告の本訴請求は理由がある。

四　よって原告の本訴請求は理由があるからこれを認容し、訴訟費用の負担について民事訴訟法八九条を適用して、主文のとおり判決する。

しかし、そうすると、例えば、登記官が実地調査の結果、申請人主張の筆界は明らかに真実と異っているとの確信を持ち、不動産登記法二五条一一号（調査結果との不付合）を理由に却下し、あるいは申請の取下げを求めたとしても、その後、隣接地所有権登記名義人との間のなれ合い訴訟によって筆界確定訴訟の判決を得て、これを添付資料として再度申請してきた場合には、登記官はこれを受理しなくてはならないことになってしまいそうである。しかし、その結論はおかしいのではないかと考えられる。判決の中には、公序良俗に反する行為によって詐欺的に取得された判決につき、判決の「無効」を認定しているものがあるといわれる（最判昭和四三年二月二七日民集二二巻二号三一六ページは、詐言により公示送達による勝訴判決を得たケースにつき、判決の効力を無効としている）。このようになれ合い訴訟によって取得された判決は、無効判決とみて、あるいは、判決とし適法であっても、効力は当事者限りのものであり、対世的効力までは生じないと解して（筆界確定の判決としては適法であるが、判決本来の効力は生じないとする判例として最判昭三一・一二・七民集一〇・一二・三八ページがある）、当該判決に基づく地積訂正等の申請を登記官が却下できるとする判断はできないものであろうかという疑問が残るところである（寳金敏明・「境界の理論と実務」五一七ページ）。

（3）「通達余話」登記先例解説集一八巻六号六〇ページ。岩松三郎「民事裁判における判断の限界」司法研修所資料第一三号七五ページ

（4）小室・民商法雑誌五〇巻六号九一二ページ

（5）村松『境界確定の訴』（増補版）九二ページ。もっとも、当事者間において処分権能を有しない境界線を和解あるいは調停によって決めたときは、境界確定の効力との関係では無効ではあるものの、このような和解は通常、公法上の境界について合意したものではなく、双方の土地所有権の及ぶ範囲について合意したものと解される限りで有効と解し、当該合意された事実を後日の公法上の境界確定のための一資料とすることは差し支えないとされている。藤田耕三・小川英明編『不動産訴訟の実務（三訂版）』四一六ページ。石原辰二郎『民事調停法実務総覧』二八五ページ

（6）最二小判昭三一・一二・二八民集一〇・一二・一六三九ページ

（7）最判昭四二・一二・二六民集二一巻一〇号二六二七ページ

（8）通達の全容は平成一八・一・六法務省民二第二七号法務省民事局第二課長依名通知三四五ページ

（9）あたかも「額縁」や「日の丸」のようになかを抜いて分筆するところからこのようにいわれていると考えられる。

(10) この点については、松尾英夫「訴訟からみた地積更正登記申請事件」登記研究三八三号二七ページに詳しく紹介されている。本稿も、関係する範囲で引用させていただいた。
(11) 甲府地判昭五三・五・三一訟務月報二四巻八号一六〇九ページ

(八) 地積更正の登記と実地調査

不動産の表示に関する登記の申請があった場合に、改めて当該不動産の表示に関する事項について自ら調査を要するか否かは、担当登記官の合理的裁量にゆだねられているものと解され、不動産の表示に関する登記の申請書の添付書類等により不動産の現況を把握することができ、当該申請にかかる登記事項が不動産の現況に照らして十分正確であると認められる場合には、登記官が重ねて当該不動産の表示に関する事項について調査をする必要はないとされている。(1)

また、東京地方裁判所昭和六二年五月一三日判決は、甲乙の土地の更正登記前の地積は、土地台帳開設以来の記載にもとづくものであり、同土地のような急峻な山岳地においては「土地台帳上の地積は必ずしも土地の現況に照らし正確なものではなく、相当大幅な縄のびが存することが多いことは公知の事実であるから、土地家屋調査士が右土地について行なったとされる測量及び実地調査の方法及び内容等に特に疑問を抱くべき事情が存しない限り、更正による地積の増加が大幅であることのみをもって、直ちに登記官が右申請にかかる登記事項について実地調査をすべきであったということはできない(2)」としている。

さらに、大阪高等裁判所昭和四一年一一月一四日判決(判例タイムズ二〇四号一七四ページ)によれば、「土地又は建物の表示に関する登記につき登記官吏に……実質的審査権があるからといって必ずこれを行使しなければならないわけではなく高度に証明力が保証されている公文書による証明がある場合には、これを全面的に信用し、実質的審査権を行使しないで、これに従うのが通例である」とされている。

しかし、不動産登記法五〇条一項（現二九条一項）においては、「必要があると認めるときは」実地調査をすることができるとされており、この「必要があると認めるときは」の意義については、甲府地方裁判所昭和五三年五月三一日判決（訟務月報二四巻八号一六〇九ページ）は、隣接土地所有者の承諾書を添付してなされた地積更正登記の申請を受けた登記官が実地調査に及んだことにつき違法であるかが争われた事案において、「同法五〇条は、『必要あるとき』に限って登記官に調査権を与えているが、右『必要あるとき』とはどのような場合をいうかは登記官の自由な判断に委ねられている、と一応解される。しかしその判断は恣意的になされてはならないことはいうまでもなく、客観的にみて不合理でないことが必要である」とし、「諸般の事情から（承諾書の）証明力に疑問をさしはさむ余地がある場合においては、登記官は、右承諾書に拘束されることなく自らの合理的判断において実地調査をして申請の当否を判断できるものと解すべきである」と判示しているところである。(3)

東京地方裁判所昭和五五年五月一九日判決は、国有地の払下げの際、大蔵省からの地積更正登記申請を受けた登記官が実地調査を省略した事案について「登記官吏も右登記申請が被告国（大蔵省）によってなされたものであることに安心し、大幅な地積訂正であって、登記官吏としては十分な実地調査をなすべきであったのにこれをせず」更正登記をなしたことが登記官の過失による違法な処分であるとしていることに注意すべきである。(4)

もっとも東京地方裁判所昭和五九年一〇月三一日判決のように更正登記により地積が著しく増大するから登記官としては慎重に対応すべきことが当然であるものの、「山林にはいわゆる縄のび縄ちぢみの甚しい場合のあることは周知のとおりであるから地積の変動が激しいことから直ちに実地調査をすべき義務が生じるものとは解しがたい」というべきであるとしている。

結局、実地調査の要否は、添付書類の正確性について登記官がいかなる事項につき、どの程度まで審査すべきかということになり、この判断は一律にすることはできず、個々の具体的事案によるということになるが、(5)基本的な姿勢としては、より正確な登記をするために、実地調査を積極的に実施すべきである。

(1) 東京地判昭六二・五・一三(東京高判昭六三・一・二八確定)判例タイムズ六五一号一六一ページ、訟務月報三五巻一号一ページ。登記先例解説集二七巻九号一〇五ページはこの点に関し、「不動産の表示に関する登記申請があった場合に改めて当該不動産の表示に関する事項について、登記官自らが調査することを要するか否かは、担当登記官の合理的な裁量に委ねられているものと解され、不動産の表示に関する登記の申請書の添付書類等により、不動産の現況を把握することができ、当該申請にかかる登記事項が不動産の現況に照らして十分正確であると認められる場合には、登記官が重ねて当該不動産の表示に関する事項について実施調査をする必要はない。」旨判示し、昭和六三年一月二八日の東京高裁の判決は、「実地調査を省略して地積更正登記をした登記官の過失を理由とする損害賠償請求につき」不動産の表示に関する登記における実地調査の要否の判断は、登記官の合理的裁量に委ねられており、添付書類等により不動産の現況を把握することができ、当該申請にかかる登記事項が不動産の現況に照らし十分正確であると認められる場合には、実地調査の必要性が存しないものと判示している。

すなわち「土地家屋調査士の作成した地積測量図及び実地調査書並びに隣地所有者の承諾書及び同人の印鑑証明書等の添付書類の内容等に照らし」実地調査を省略して行った地積更正登記に登記官の過失はないとして請求を棄却し、原審の判断を維持している(東京土地家屋調査士報四五八号二ページ)

(2) 東京地判昭六二・五・一三(東京高判昭六三・一・二八確定)判例タイムズ六五一号一六一ページ。民事研修三七六号三一ページ、新井克美『公図と境界』二五四ページ

(3) 民事研修三七六号三六ページ

(4) 同右三七ページ

(5) 武井豊「地積更正登記の申請を受けた登記官の実地調査義務」民事研修三七六号三七ページ

(九) 地積更正の登記と公図の修正

土地の一部の地積更正・分筆登記申請において、提出の測量図の隣接地番の欠落等の看過した登記官に、違法な結果発生の原因となった過失はない(6)(最二小判平九・五・三〇)。

(6) X(原告・控訴人・上告人)らは、Y_1(相被告、相被控訴人)らがした地積更正、分筆後の各土地を購入したが、当該分筆地の不存在等により代金相当額の損害を被ったとして、過誤の地積更正登記及び分筆登記申請を看過して公図を修正した登記官の過失を理由に、Y_2(国、被告・被控訴人・被上告人)に対し、国家賠償法一条に基づき損害賠償を求めた。

一審判決及び控訴審判決は、本件地積更正登記に係る申請について、仮に実地調査をしても、造成が開始されていて、以前と全く地形が変化していることなどから却下すべき事情の発見は困難であり、Y_2には、提出の測量図に隣接地番の欠落等を看過した点はあるが、この落度をもって違法な結果発生をもたらした原因となった過失であるとはいえないとして、請求を棄却した。

〔判決要旨〕

本判決は、Xらの請求を棄却した原審の判断を是認し、上告を棄却した。

(十) 地積更正の登記と不登法六三条

地積の更正の登記申請については、不登法二七条(現六三条)の規定は適用されない(昭五八・一〇・六民三第五九一九号法務省民事局第三課長回答)と解されている。

不動産の権利に関する登記においては、一般的に登記権利者と登記義務者との共同で登記申請すべきこととされているが（改正前不登法二六条一項、現不登法六〇条）、登記義務者が登記申請に協力しない場合には、登記権利者は、登記義務者に登記申請手続を命じる判決を得て、その判決を申請情報として提供し、単独で登記申請することができる（改正前不登法二七条、現不登法六三条一項）。この判決による登記は、必ずしも所有権移転登記のような共同申請による登記のみに限られるものではなく、登記先例は、所有権保存登記の抹消についても、判決による抹消登記を認めている（昭二八・一〇・一四民甲一八六九法務省民事局長通達、昭四〇・七・二〇民三発五七二法務省民事局第三課長回答）。しかし、表示に関する登記である地積更正の登記についてはこれを否定している。もっとも、例えば、一筆の土地の一部を買い受けた買主は、当該部分を分筆して所有権移転登記を受ける必要があるが、売主が分筆登記手続をとらないときには、買主は売主相手に所有権移転登記手続をせよとの判決を得ればよく、これによって認められた所有権移転登記請求権を保全権利として、債権者代位（改正前不登法四六条ノ二、現不登法五九条七号）により分筆登記を申請することができる。この場合、判決は代位原因を証する書面として機能し、分筆登記後に、判決による所有権移転登記申請をすることができる。一筆の土地の一部の譲受人と分筆登記請求権に関する判例（東京地判昭三一・三・二二下民集七巻三号七二六ページ）が参考となり、また、主文に「甲は何番と何番の土地を合筆のうえ乙に所有権移転登記をせよ」と命じた判決（和解調書を含む）がある場合には、当該判決を代位原因を証する書面としてそれに基づいて甲から所有権移転の登記をした後に合筆登記を申請することができる（「質疑応答」登記研究三七〇号七一ページ）とする前例が参考になる。[7]

（7）有馬厚彦「表示に関する登記1」登記研究五五五号五三ページ

⑫　公図と地積測量図

㈠　地積の意義

地積は、一筆の土地の広さ、すなわち面積のことであり、所在、地番、地目とともに当該土地を特定するための、土地の表示に関する登記事項の一つとされている（不登法三四条）。

地積は、水平投影面積により、平方メートルを単位として定め（不登規則一〇〇条）、宅地、鉱泉地の場合は、一平方メートルの一〇〇分の一未満の端数は切り捨てる。その他の地目の場合は、一平方メートル未満の端数は切り捨てる(1)（ただし、一〇平方メートル未満の土地については、一平方メートルの一〇〇分の一未満の端数は切り捨てる）。

地積は、測量によって明確にされるものであるが、この測量に当たっては、隣接地との境界の確認・特定に特に留意することが必要であり、隣接所有者間に境界争いがある場合等においては、当該土地の地積を定めることができない場合もあることはすでに述べたとおりである。

㈡　地積の許容誤差

土地の表示に関する登記の申請書に記載された地積と実地調査の結果による地積との差が、申請書に記載された地積を基準にして、不動産登記規則七七条四項（及び同規則一〇条四項）による地積測量図の誤差の限度内であるときは、申請書に記載された地積を相当と認めて処理がされる（不登準則七〇条、不登細則七四条）。すなわち、当該土地につき公図が存在するような場合においては、地図を作成するための一筆地測量及び地積測定における誤差の限度と同様であり（同規則七七条四項、一〇条四項）、市街地地域については、国土調査法施行令別表第五に掲げる精度区分（以下「精度区分」という）甲二まで、村落・農耕地域については、精度区分乙一まで、山林・原野地域については、精度区分乙三までとされている。

(三) 地積の測量図

申請に係る土地の地積及び求積の方法を明らかにするため、土地の表示の登記（不登法三四条）、分筆の登記（同法三九条）、地積の更正の登記（同法三八条）等を申請するときは地積の測量図を添付するものとされており(2)（不登令別表四、六、八）、縮尺は原則として二五〇分の一である（不登規則七七条三項）が、土地の状況その他の事情により当該縮尺によることが適当でないときは、この限りでない（不登規則七七条三項ただし書）なお、旧不登法準則は、この縮尺によることが適当でないときには、市街地地域一〇〇分の一又は二五〇分の一、村落・農業地域二五〇分の一又は五〇〇分の一、山林・原野地域五〇〇分の一又は一〇〇〇分の一の縮尺により作成する（旧不登準則九七条二項）としていた。

この地積の測量図には、測量の結果に基づき墨を用い、〇・二ミリメートル以下の細線で鮮明に土地の形状を図示するほか、地番区域の名称、方位、縮尺、地番、隣地の地番並びに地積及び求積の方法、筆界点間の距離、筆界点の座標値を記載するとともに作成の年月日を記載（記録）し、作成者が署名、又は記名押印するほか、重要な記載事項として境界標の表示をする（不登規則七四条、七七条）。

この境界標は、永続性のある石杭又は金属標等をいうものとされ、材質の耐久性と埋設の堅固性が要求される(3)

（不登規則七七条一項八号）。すなわち境界標の材質は、石、コンクリート、合成樹脂又は不銹鋼等の耐久性を有するものであり、また、境界標の埋設状況はコンクリート巻きがしてあるなど容易に移転しない不動性を有するものであることが必要である。

基本三角点等に基づく測量の成果による筆界点の座標値については、近傍に基本三角点等が存しない場合その他の基本三角点等に基づく測量ができない特別の事情がある場合にあっては、近傍の恒久的な地物に基づく測量の成果による筆界点の座標値を記載（記録）することになる（不登規則七七条一項七号）が、この恒久的地物というのは、恒久性のある鉄塔、橋梁等土地の筆界を現地において特定する場合の基礎となりうると認められるものをいい(4)、次のような構築物のうち、その材質が、鉄、石又は鉄筋入りコンクリートのように堅固にして設置状態に永続性があり、かつ基準とする点の位置が特定できるものをいう。すなわち、鉄道用鉄塔、トンネル又は地下道の出入口、マンホール、防波堤、水門、ビルディング、石段、電柱類、記念碑、ポスト、煙突、給水塔、石油又はガスタンク、サイロ、灯台等である(5)(6)。

ところで、一般的に地積の測量図に境界標を記載することとされたのは、昭和五二年の細則改正（昭和五二年一〇月一日施行）によってである。この改正は、地積測量に際して使用した境界標を地積測量図に明確にするとともに、地積測量図をとおして当該土地の位置関係を明らかにすることを目的として行われたものであり、これによって、将来、筆界等に関する土地の紛争が未然に防止されることが期待されている。特に、法一四条地図が備え付けられていない地域、すなわち公図のみしか存在しない地域においては、この機能が強く期待されるところである。

平成五年一〇月一日の不動産登記法施行細則の改正はこの趣旨を一層おし進めるものであり、地積測量図に境界標及び近傍の恒久的地物との位置関係の記載が義務付けられた（旧不登細則四二条ノ四第二項の改正）(7)。

今回の不動産登記法令等の改正によって地積測量図には、境界標のほか、筆界点間の距離、筆界点の座標値も記載（記録）されることになったこと前述のとおりであるが、今回の改正により、地積測量図は、単に地図を修正又は訂正するための基礎資料にとどまらず、土地の特定機能の充実及び強化を図るための地図の詳細情報としての位置付けがされている。

なお、測地成果二〇〇〇によって、我が国が採用している測地系を日本測地系から世界測地系に移行させることになったが、これによって登記所備付地図のうち、地籍図等の図郭座標値のある地図については、法一四条地図に指定されていない地図に準ずる図面を含めて、その座標値の記載を修正する必要がある。

地積測量図に記載されている座標値については、申請時点における情報として公開しているものであるから、修正する必要はないが、測量法改正後における登記事件の審査をする場合、新座標値を記載した地積測量図と旧座標値を記載した既存の地積測量図の照合を行う場合には、座標値の変換を行って調査をする必要がある。(8)

なお、情報公開法の制定に伴う不動産登記法の一部改正により平成一三年四月一日から地積測量図の写しの交付請求権が認められた（旧不登法二一条一項）。また、閲覧については、利害の関係ある部分に限るとしていた制限が撤廃された。(9)

現不動産登記法も同旨の規定を置いている。すなわち同法一二一条一項は、何人も登記官に対し、手数料を納付して、登記簿の附属書類（電磁的記録を含む）のうち政令で定める図面（土地所在図、地積測量図、地役権図面、建物図面、各階平面図（不登記令二一条））の全部又は一部の写し（これらの図面が電磁的記録に記録されているときは、当該記録された情報の内容を証明した書面）の交付を請求することができる旨規定し、同法一二一条二項は、何人も登記官に対し、手数料を納付して地積測量図等の閲覧を請求することができる旨規定している（電磁的記録に記録されている場合については、不登規則二〇一条、二〇二条）。

（1）　宅地、鉱泉地以外の土地を宅地に地目変更する場合の地積は、不動産登記法施行令第四条（現不登規則一〇〇条）により切り捨てた端数を加えて平方メートルに換算計上すればよく、地積更正の登記の申請を要しない（昭四一・七・二九登第四二六号東京法務局民事行政部長回答）。
メートル法による書換えによって小数点以下の地積が切り捨てられた土地（宅地、鉱泉地以外の土地）の合筆の登記をする場合の合筆後の地積は、切り捨てられた少数点以下の地積が登記簿上等において判明する場合は、これを合算してさしつかえない。

土地区画整理法に基づく換地処分の行われた地域に存する宅地及び鉱泉地以外の地目の土地を宅地に地目変更する場合において、当該登記申請書に一平方メートル未満の端数の記載がされた換地明細書が添付されているときは、この端数を加算した上分筆後の土地の地積を算出してさしつかえない。

分筆の登記において、地積の端数を切り捨てて処置した元地を再び分筆する場合の元地の面積には、右の端数を加算して算出してよい。
（2）　地積の測量図は、不動産登記規則七三条、七四条により、書面申請においては、日本工業規格B列四番の丈夫な用紙を用いて一筆の土地ごとに作製する（規則七五条一項）。
（3）　昭五二・九・三民三第四四七四号法務省民事局第三課長依命通知
（4）　同　右
（5）　昭五二・一二・七民三第五九四一号法務省民事局第三課長依命通知
（6）　昭五五・四・二四民三第二六〇九号法務省民事局第三課長依命通知
（7）　「地積測量図に記載する境界標等について」（「登記簿」登記研究五六三号七九ページ）
（8）　「登記簿」（測地成果二〇〇〇）登記研究六三三号九一～九五ページ。測地系とは、地球上の位置を緯度、経度で表すための基準のことで、全国統一的な高精度の測量を行うためには、地球の形状、大きさ、位置の表示、投影方法など測量の基準を定める必要があることから設けられている。わが国では、この基準は測量法によって定められている。
（9）　地積測量図等への申請人等の捺印の廃止については、平一三・二・一六付法務省民二第四四五号法務省民事局長通達参照

13 地積測量図の訂正

地積の測量図に誤りがあるときは、所有者その他の利害関係人は、申出書に地積の測量図を添付してその訂正の申出をすることができる（不登規則八八条、旧不登準則一一四条）。

分筆の登記、地積の更正の登記等をする場合には、当該申請書に地積の測量図を添付しなければならないことは既述のとおりである。この地積の測量図は、正しい境界を表示していなければならないが、この測量図と既提出のそれとが符合しない場合がある。これがここに取り上げる地積測量図の訂正の問題である。

もっとも、測量には、常に誤差が伴うものであるので、地積の測量図の誤差の限度が規定されており（不登規則七七条四項、一〇条四項、旧不登準則九七条三項）、新たに登記申請書に添付された地積測量図に表示された筆界点、面積等が既提出の地積の測量図に表示されたそれと相違する場合であっても、それが一定の誤差の範囲内であると認められるときは、地積測量図は訂正する必要はない（同準則七〇条）。

地積の測量図の誤差の限度は、①市街地地域については、国土調査法施行令別表第五に掲げる精度区分甲二まで、②村落・農耕地域については、精度区分乙一まで、③山林・原野地域については、精度区分乙三までとされている（不登規則七七条四項、一〇条四項、旧不登準則九七条三項ただし書、一二五条四項）。

ところで、この地積測量図の誤差の限度を定めた旧準則九七条三項の規定は、昭和五二年の細則改正に伴う準則の改正（昭五二・九・三民甲第四四七三号法務省民事局長通達）により設けられたものであるので、昭和五二年の改正前にすでに提出されている地積測量図については、前述の精度を有していないものもあると考えられ[(1)]、このような地積の測量図が備えられている土地について、新たな地積の測量図を添付して登記の申請がなされた場合の取扱いが問題となるが、同一の土地について精度の異なる地積の測量図を併せ備えて公示しておくことは相当でないと考えられ、このような場合は、可能な限り精度の低い既提出の地積の測量図の訂正方が望まれる[(2)]。

(一)　既提出に係る地積の測量図が正しいと考えられる場合

例えば、当事者の合意により境界を異動させている場合、あるいは一筆の土地の一部につき時効取得があったような場合など後発的に境界を異動させていることが明らかである場合において、移動後の境界を基礎に地積の測量図を作成し、この測量図を新たにする登記申請書に添付して申請がなされたような場合は、既提出の地積の測量図が正しいということになり、当該申請が却下されることになるので[(3)]、地積測量図の訂正の問題は生じない。

(二)　既提出に係る地積の測量図が誤っている場合

(1)　数値の記載誤りである場合

新たに登記申請にかかる地積の測量図と既提出にかかる地積の測量図が相違する場合において、既提出にかかる地積の測量図が明らかに誤ったものであり、その誤りが単なる数値の記載誤りであり、地積についてなんら誤りがない場合には、地積の測量図を訂正する。

もっとも、単なる数値の記載誤りだけではなく、計算も誤っている場合、すなわち、地積の測量図に数値が誤って記載され、その誤った数値に基づいて求積がなされ、その結果、登記簿の地積についても誤りが生じているときは、地積の更正の登記を要することになる。

(2) 隣接地の表示が誤っている場合

例えば、二番の土地を同番一及び二に分割する分筆の登記がされ、その地積の測量図（**図１**）が提出されている土地につき、二番の二の土地を同番二及び三に分割する分筆の登記が申請され、当該申請書に添付された地積の測量図（**図２**）の隣接地（一五番と一六番）の表示が既提出のものと相違する場合にどのように取り扱うべきかが問題となる。

二番の土地を分筆するに当たっては、当然二番の土地の境界を確認する必要があるが、二番の土地の境界を確認するに当たって、二番の土地の所有者が、当該土地の隣接地たる一五番の所有者と協議できる限界は、点イからB点までか、あるいは点Aまでかが問題となり、また隣接地たる一六番の土地所有者と協議できる限界は、点ニから点Aまでなのか、あるいは点Bまでかという問題がある(4)。

図１

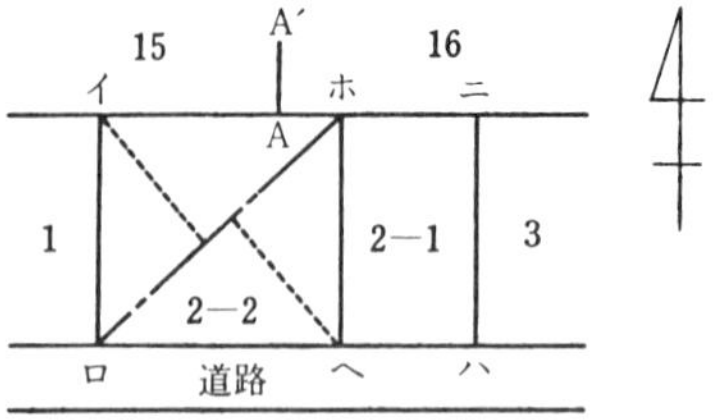

図２

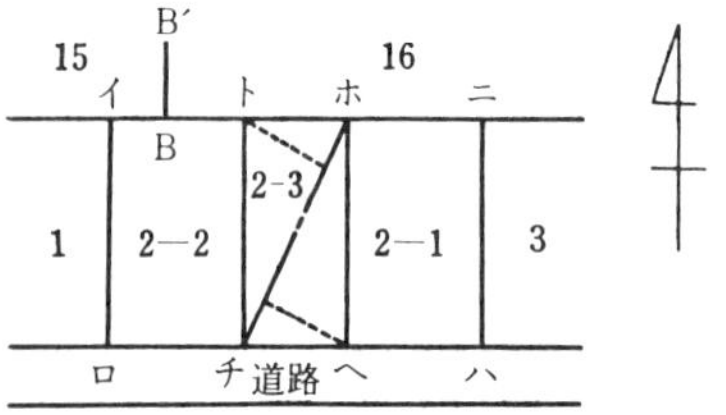

図３

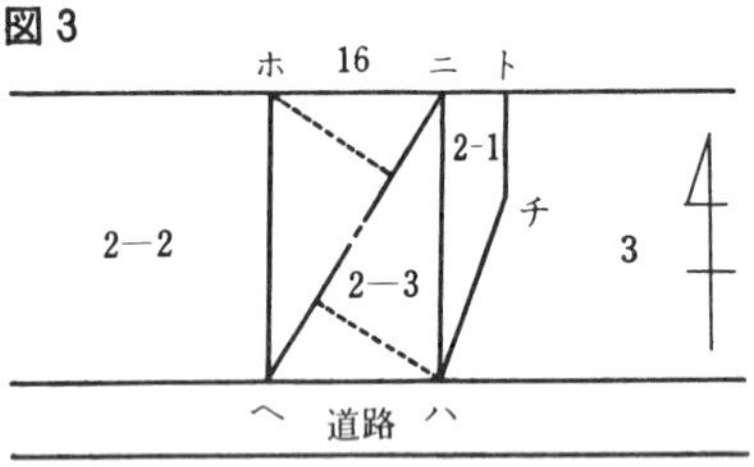

地積の測量図には、隣地の地番を記載することとされている（不登規則七七条、旧不登細則四二条ノ四第三項）ので、既提出に係る地積の測量図上に表示されている隣接地の地番は、調査の対象になるわけであるが、このような場合において既提出にかかる地積の測量図（**図１**）が間違っているときは、この測量図を訂正するのが相当で

ある。

㈢　求積方法を明らかにしていない部分に誤りがあった場合

分筆の登記の申請書に添付すべき地積の測量図は、分筆後の土地の一筆については必ずしも求積及びその方法を明らかにすることを要しないとされていた（旧不登準則一二三条）が、これは分筆後の土地の一筆については、実測を要するが、単に求積及びその方法を明らかにすることを要しないとする趣旨であった。仮に分筆後の土地の一筆について実測を要しないこととすると、いわゆる「縄のび」があり、かつ、公図が現地と比較して相似形で小さく表示されている土地について分筆の登記をするような場合、分筆前の土地についての実測面積及び分筆後の土地の一筆について実測面積がわからないときは、公図上に正しい分割線を書き入れることができないはずであり、それを実測しないまま処理するということは、公図の精度を更に悪くする結果となる(5)。

したがって、例えば、二番の土地が同番一と同番二の土地に分筆され、**図1**のような地積の測量図が提出されている土地につき、二番の一の土地を同番一と同番三の土地に分筆する登記の申請書に、**図3**のような地積の測量図を添付して申請がされた場合、求積及びその方法が明らかにされていない二番の一の土地についても実測に基づいて図示されたものとして審査され、その結果として、既提出の測量図に誤りがあるときは、その地積の測量図を訂正することになる。今回の改正によって分筆後の土地について求積及びその方法を明らかにすべきことがより明確に規定された（不登準則七二条二項）。

㈣　既存の境界を見誤った場合

既存の土地の境界を見誤って分筆の登記が経由されている場合、すなわち分筆の登記の対象土地及びその隣接土地の一部を実測し、当該部分を分筆地として分筆の登記が経由されている場合、あるいは分筆の対象土地の一部を実測し、当該部分を分筆地として分筆の登記が経由されているような場合においては、地積の更正の登記が認められることについてはすでに述べたが、このような場合には、既提出の地積の測量図の訂正をもすることになる。

(五)　分筆地の誤認測量

〔地積測量図の分筆線の位置が、現地における分筆線の位置と相違している場合〕　この事例は、五番の土地を**図４**のとおり分割し、五番二の土地を売り渡すべく、分筆登記を依頼したところ、誤って**図５**の(ニ)(ハ)(ロ)(イ)で囲まれた部分を測量し、分筆登記がなされた場合である。

この事例の場合は、地積測量図を訂正して、現地の区画と一致させるような是正は許されない。

分筆線以外の固有の筆界が誤って測量図に表現されたものについて、それを固有の筆界の位置に訂正することは可能であると考えられるが、この事例のごとく分筆線の位置が異動するような場合、仮に測量図の訂正を認めると、登記官が画した分筆線を地積測量図の訂正によって異動させる結果となり、このような是正方法は認められない(6)。

(六)　対象外地の分筆

〔分筆登記の対象である土地の範囲外の土地を実測し、当該部分を分筆地と

図４　現地

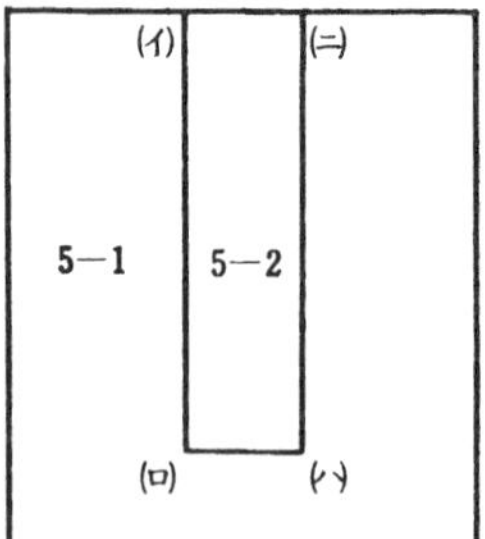

図５　測量図

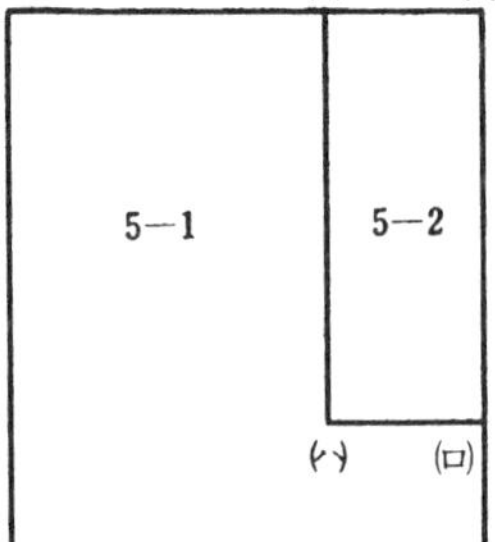

して分筆登記がなされている場合（図6）　この事例は、五番の土地は、(イ)(ロ)(ハ)(ニ)(イ)が正しい筆界であるにもかかわらず、(ホ)(ヘ)(ハ)(ニ)(ホ)が筆界であると誤認して、(ホ)(ヘ)(ロ)(イ)(ホ)で囲まれた部分、すなわち、隣接地四番の土地の一部を実測して、当該部分を分筆地としたものである。

分筆登記は、既登記の土地の範囲内に分筆線を引き、その土地を複数の土地にするものであるから、分筆地がその対象である既登記の土地の範囲内に存しなければならないのは当然である。

したがって、当該分筆登記は無効な登記であり、五番の二は、「分筆地不存在」を原因として抹消することになる。

この場合は、分筆線は分筆前の土地の範囲内にあり、分筆後の土地のすべての土地について少なくともその一部が分筆前の範囲内にある場合（分筆登記に瑕疵はあるが、有効な登記と認めることができる）と異なり、地積測量図訂正の問題ではない[7]。

図6　固有の筆界

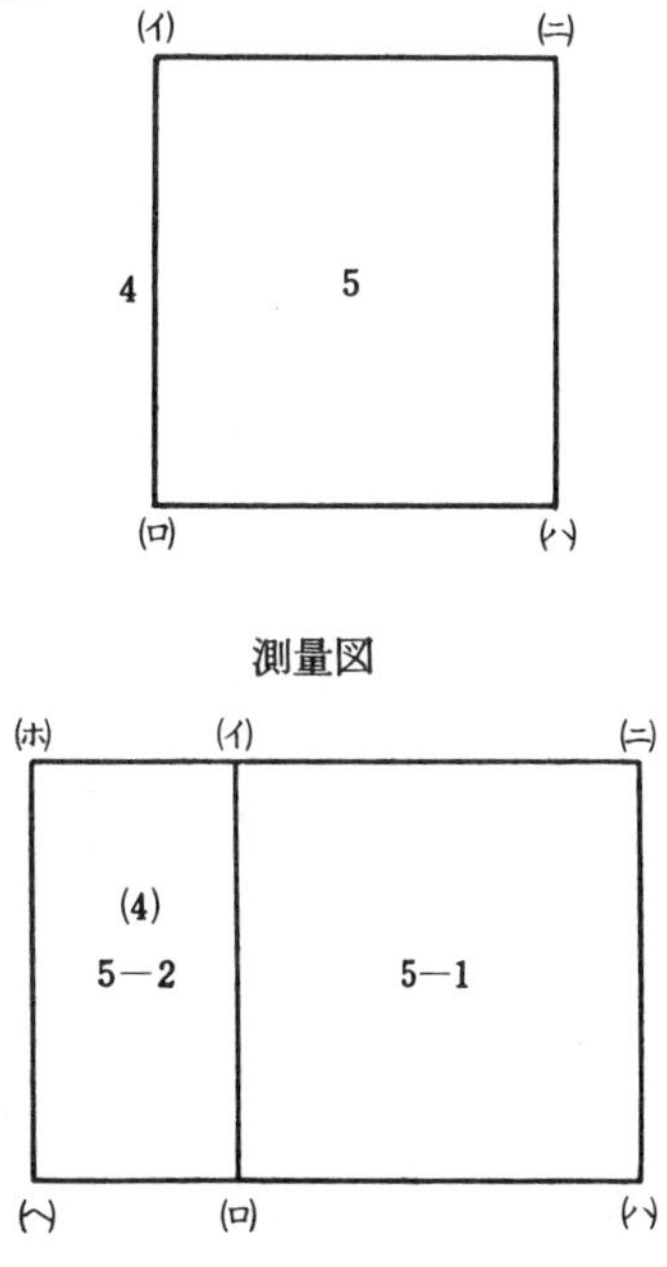

(七)　国土調査の成果と登記所保管の地積測量図の訂正

国土調査法（昭和二六年法律第一八〇号）は、「国土の開発及び保全並びにその利用の高度化に資するとともに、あわせて地籍の明確化を図るため、国土の実態を科学的且つ総合的に調査することを目的」とする（同法一条）。

そして、この国土調査法の定める調査の一つに、毎筆の土地について、その所有者、地番及び地目の調査並びに境界及び地積に関する測量を行い、その結果を地図及び簿冊に作成する地籍調査がある（同法二条五項）。

国土調査の成果に基づいて送付を受けた地籍図は、地図（不登法一四条一項）又は地図に準ずる図面（不登法一四条四項）として備え付けるものとされている（不登規則一〇条五項）。そして、登記官は、その備付けをしたときは、当該地域における従前の地図又は地図に準ずる図面の全部又は一部を閉鎖しなければならない（不登規則一二条一項）。

この国土調査法に基づく地籍調査は、既存の筆界を確認するにすぎず、地籍調査によって既存の筆界を変更したり、創設したりするものではない。そして、「国土調査法による地籍調査は、国又は公共団体等が国土に関する各種施策を策定し又はこれが実施の円滑を図るための基礎資料を蒐集する目的の下に『毎筆の土地について、その所有者、地番及び地図の調査並びに境界及び地積に関する測量を行い、その結果を地図及び簿冊に作成する』ものであるから、その限りでは、土地の現況を調査記録するという単純な事実行為にとどまり、調査の成果たる地籍簿及び地図は行政庁の内部における一資料の意味しかなくそれらの記録によって国民の権利自由が侵害される余地は全く存しない」と解されている（福島地裁昭二九・九・二四判決・行政事件裁判例集一五巻九号一八七四ページ）。

ところで、地積測量図の閉鎖手続を定めた不登規則八五条二項は、国土調査の成果に基づく登記をした場合については、何ら規定していない。国土調査法に基づく地籍調査による成果が登記所に送付されるのは、地籍簿及び地籍図の写しのみであって、新たな地積測量図が送付されるものではないから、登記官は、当該国土調査の実施地区内に存する土地に関する地積測量図を閉鎖することはできない。

もっとも、国土調査の成果に基づく登記前に登記所に保管されている地積測量図の内容が、不登法一四条一項地図として備え付けている地籍図の内容と抵触している場合、この地積測量図について何らの措置を講ずることなく保管し、公開することは、じ後の表示に関する登記事務の処理に支障をきたすおそれがある。そこで、国土調査に基づく登記をした場合、登記官は、当該国土調査の実施地区内に存する土地について国土調査の成果に基づく登記をしたか否かにかかわらず、当該国土調査の成果に基づく登記の前に提出された地積測量図については、その適宜の箇所に「国土調査実施前提出」と記録するものとされている（不登準則五七条）。

なお、地積測量図等の地図情報システムへの登録作業（電子化作業）は、全国の登記所において、平成一九年から同二三年までに順次実施されたが、当該登録作業時の前に提出されている国土調査の実施地区内に存する土地に関する地積測量図については登録対象外とされた。したがって、これらの地積測量図については、登記情報提供サービスを利用することはできない[1]。

（1）　新井克美「Q&A不動産表示登記（二五）」登記研究八四二号八六ページ

(八)　参考事例

左記**図7**の測量図（一－一残地・一－二求積）がすでに提出されている土地につき、**図8**又は**図9**の測量図をもって一－一の土地の分筆登記申請があった場合において、残地の一－一の土地につき形状（**図8**の測量図）又は距離（**図9**の測量図）が提出済測量図と相違している場合、それぞれの場合における分筆登記申請は受理できるか。

分筆の登記申請がされた場合においても、実地調査がなされる必要があることはもちろんであり、実際には、筆界の確認等の困難性等はあるものの最近は分筆登記申請の場合には実地調査が励行されているようである。

しかし、分筆の登記については、筆界の確認という、現地において調査すべき重要な要素が含まれているのであるから、実地調査を行わなければならない。

したがって、本事例の場合もまず現地の調査をする必要があるわけであるが、その結果として、**図8**又は**図9**の測量図が正しいということであれば、**図7**の測量図を訂正すべきであるということになる。そうでなければ相矛盾する測量図を公開することになるからである。もっとも、すでに登記が実行され、備え付けられている地積測量図は、当該土地の筆界を正しく表示しているものであるはずであるから、現地調査においては、筆界の異動の有無等について慎重に調査する必要がある。いずれにしても、訂正をすべきであるという場合は所有者等にできる限り訂正の申出をするよう促すべきである。もっとも、この場合この訂正手続を分筆登記の前提として必ずしなければならないかどうかという問題があるが、極力そのような方向で進めるべきであろう。ただ、どうしても訂正の申出がなされず、職権で訂正をする必要がある場合も考えられるが、このような場合にはとりあえず分筆登記申請を受理した上で、訂正手続を進めることも考えられる。いずれにしても、訂正すべき図面をそのまま放置しておくことは相当でないであろうし、また、今後現地調査を励行することによってこのような事例が発生することを極力防止しなければならない。なお、訂正がなされるまでの間は、**図7**の測量図にその旨なんらかの表示をしておくのが望ましい。

現地調査の結果、**図8**又は**図9**の図面が誤りであるということであれば、この分筆登記申請が受理できないこともちろんである。

図7

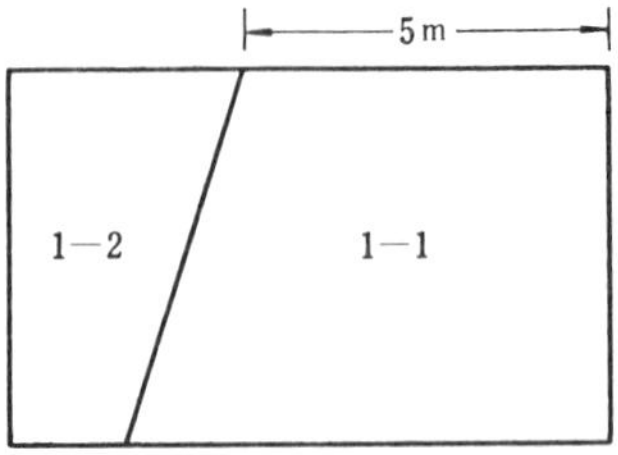

図8

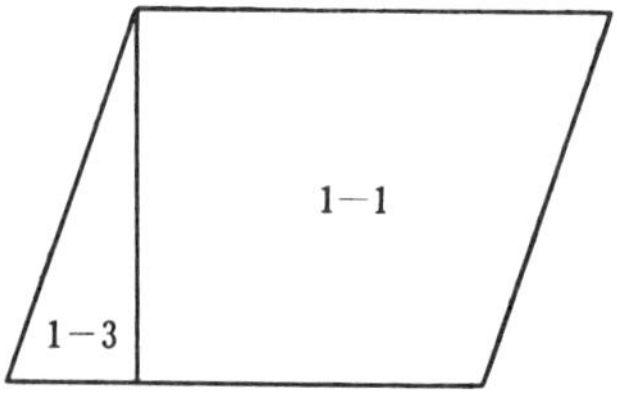

図9

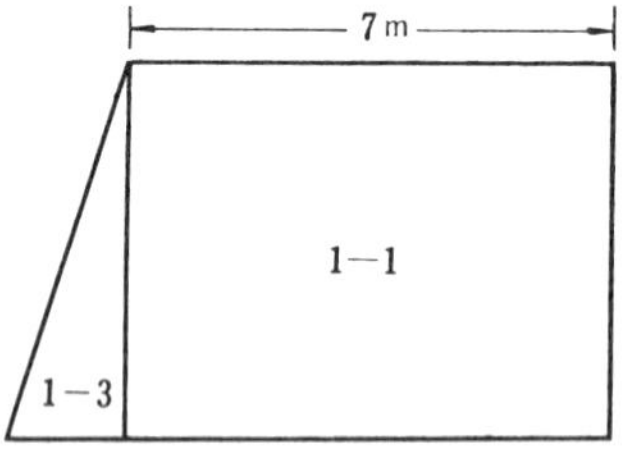

(1) 昭和五二年の準則改正前においては、筆界点、筆界点間の距離についての精度基準を定めた規定はなかったが、旧準則(昭四六・三・一五民甲第五五七号法務省民事局長通達)一〇七条においては、面積の許容誤差につき「土地の表示に関する登記申請書に記載した地積と登記官の実地調査の結果による地積の差が、申請書に記載した地積を基準にして、宅地及び鉱泉地については百分の一、田、畑、塩田については百分の二、その他については百分の五以内であるときは、申請書に記載した地積を相当と認めてさしつかえない」と規定されており、この面からの精度は維持されていたといえる。もっとも、地目別に面積の精度区分が定められていたため、例えば、現在においては市街地地域にあたるが、申請当時において当該土地の地目が山林であった場合、現在と当時においては、測量の許容誤差が異なるということもあり得る。新井・登記研究四三五号六六ページ

(2) 新井・同右四三五号六六ページ

(3) 不動産登記法四九条八号若しくは一〇号、又は同条八号及び一〇号により却下されることになろう。「事例解説による不動産表示登記9」登記先例解説集四九ページ、同九三ページ以下。新井・同右四三五号六四ページ

(4) 新井・同右四三五号六九ページ以下に詳しく紹介されているが、ここではその事例を引用させていただいた。

(5) 新井・登記研究四三五号七一ページ

(6) 昭四三・六・八民甲第一六五三号法務省民事局長回答(昭四三・二・二七静岡県地方法務局長照会)

土地台帳附属地図訂正の申し出について

所有者甲は、その所有する「五番」の土地を左記A図のように分割し、「五番の二」の土地を乙に売渡すため、分筆登記の申請を丙に依頼した。

ところが丙は分筆登記の際誤ってB図のように申請し、登記所はこれに基づいて分筆登記をし、「五番の二」の土地につき乙のための所有権移転の登記を了した。後日乙が「五番の二」の土地についての分筆線が誤りであることを発見した。

右の事案において「五番の二」の土地の地図訂正は、甲と乙との共同申出又は甲の承諾書を添付し乙から申し出ができるものと考えますが、いささか疑義がありますので、何分のご指示をお願いいたします。

(回答) 昭和四十三年二月二十七日付日記登第八九号をもって照会のあった標記の件については、貴見による取り

A図

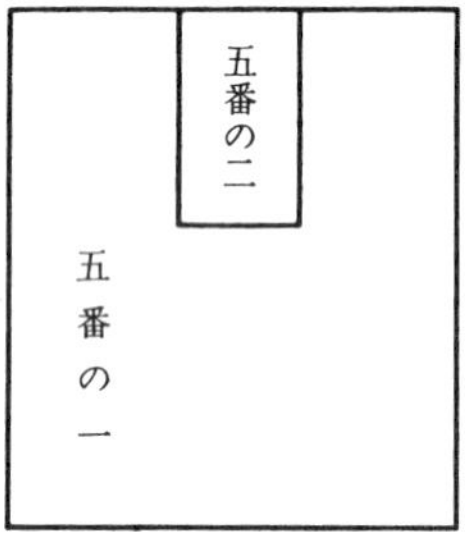

B図

扱いはできないものと考える。

（7）昭五三・三・一四民三第一四八〇号法務省民事局第三課長依命回答

範囲外の土地を実測してなされた分筆登記の処理について

（照会）左記事案の分筆した土地の処理について甲、乙、丙の三説あり、何れとも決し難く、目下差しかかった事案につき、至急何分の御教示を賜りたくお伺いいたします。

なお、二重登記或は不存在とした場合、分筆本番の処理についても併せて御教示をお願いいたします。

記

一　昭和四十一年三月二十三日別紙㈠（略）の地積測量図に基づき、○○市○○区大字○○字○○（現○○市○○区○○二丁目）○○番一の土地を○○番一と同番八六、同番八七に分筆する登記がなされた。

二　ところが、右地積測量図に記載された○○番八六の土地については別紙㈡（略）旧土地台帳付属地図（以下字図という）記載の○○番二一の土地を、○○番八七の土地については別紙㈢（略）字図記載の同区大字A○○○番二及び同番六六の土地を、それぞれ実測して作図したものであることが判明した。

甲説　不動産登記法第十五条に規定する一不動産一登記用紙の原則は、実体上の一不動産について一登記用紙を設ける趣旨であるから、分筆した○○番八六の土地は○○番二一の土地と、○○番八七の土地は○○○番二及び○○○番六六の土地と二重登記として職権抹消する。

乙説　本件分筆登記は、現存する他人所有の土地を実測してなされたものであるから、分筆した土地はいずれも不存在として職権抹消する。

丙説　本件分筆登記が、現存する他人所有の土地を実測してなされたとしても、本件分筆登記は、○○番一の土地の分筆であるから登記簿上他の土地と二重登記となることはない。したがって、不存在としての職権抹消もできない。

（回答）　客年十一月二十一日付け総第二、七五一号をもって民事局長あて照会のあった標記の件については、左記により取り扱って差し支えないものと考える。

記

一　所問の○○市○○区○○二丁目○○番八六及び同所○○番八七の登記用紙については、分筆地不存在を原因として土地の表示の登記を職権で抹消する。

二　所問の同所○○番一の登記用紙については、職権により、分筆地不存在を原因として当該分筆登記による記載（地積、原因及び登記の日付）を抹消した上、地積の表示を回復する。

14 公図の訂正

(一) 意義

土地台帳附属地図を指して公図というが、この公図・地図に準ずる図面（不登法一四条四項）は、改正前不登法二四条ノ三（旧不登法の平成五年改正）により法制化されたが、改正前不登法昭和三五年改正で法一七条地図が法制化されたものの、公図は平成五年改正までは法的根拠を失っていた。公図の訂正というのは、公図と公図によってあらわされる土地の筆界・形状が一致しない場合において、その不一致が公図の誤りに起因する場合に、その誤りを訂正することをいう。土地の筆界は公法上のものであって、私人が勝手にこれを移動させることはできない（最判昭三一・一二・二八民集一〇巻一二号一六三九ページ）ことはすでに述べたが、その認定は必ずしも容易ではない。土地の本来あるべき筆界は現地においてたえず正確に表示されているとは限らず、結局は、人が五感の認識作用により、各種資料によって決めなければならないが、その認定資料が公図などの書証や人証、現地における物証などである。

そして、公図の訂正は、右のような各種の認定資料によって公図のほうに誤りがあると認定できたとき、本来あるべき筆界に符合するように公図を直すことである。したがって、分筆後、所有権の移転の登記が経由されている場合に、分筆の誤りを公図の訂正の方法により是正するようなことはできないし、当事者の合意により筆界を移動させていることが認定できる場合若しくは一筆の土地の一部につき時効取得があったというような場合等に公図の訂正をする方法により是正することはできないのである。

公図訂正の申出は、不動産登記規則一六条（旧不登準則一一三条）により土地の表題部所有者若しくは所有権の登記名義人又はこれらの相続人その他の一般承継人（一般承継人が二人以上ある場合には、そのうちの一人からすることができる（平一七・二・二五法務省民二第四五七号法務省民事局長通達））から申出をすることができるとされている。また、登記官は地図等に誤りがあると認めるときは、職権でその訂正をすることができる（同規則一六条一五項）。

公図訂正の申出方法は申出事項を明確にし、その正確性を担保するため、添付書類として地積測量図や隣接地所有者の証明書（承諾書）等を添付する取扱いである（不登規則一六条五項一号）。この隣接地所有者の承諾書は、現地における占有関係の承認を意味するものではなく、また、公図を訂正することについての承諾を意味するものでもない。これは本来あるべき筆界を確認しあうことを意味するものであることに留意する必要がある。この申出は書面によって行う。

添付書類については、不動産登記規則一六条五項二号（旧不登準則第一一三条）によれば「土地の所在図、地積測量図を添付しなければならない。」と規定されているが、これは、例示的に列挙したものであり、心証を得る資料として、隣接地所有者の承諾書のほか、借地権（地上権）者の証明書、市町村長の証明書（一筆限図、公図の副本）等の資料により、処理することも考えられる。なお、隣接地所有者等の証明書には、真正を担保するために、印鑑証明書を添付する取扱いである。

もっとも、関係者の承諾書を添付したからといって、すべての場合に公図の訂正ができるわけではない。公図の訂正は、本来あるべき筆界が確認でき、その確認された筆界と公図が異なる場合にはじめて可能になるのであって、その筆界が確認できないままの状態で、関係者が合意によって新たに筆界を創設するような形での公図の訂正はできないのである。

公図の訂正は、旧不登準則一一五条（現準則一六条一項二号）に規定するように、墨を用いて細字、細線により鮮明に所要の記載をし、訂正前の記載を朱抹又は削除して行われる（電磁的記録に記録されたものを除く）。

公図訂正の申出書に添付した地積測量図の地積が登記簿の地積と異なる場合には、直ちに職権による地積の更正登記をすべきでなく、所有者に対し、地積の更正登記の申請をうながすこととなる（不登規則一六条二項、旧不登準則九二条）。

(二) 集団和解方式

もっとも、公図と現況が相違する場合には、いわゆる集団和解方式によって是正することが考えられている。これはある一定規模以上の地域において公図と現況が著しく相違しているため、公図によって現地を特定することが困難な状況下にあって、なおかつ占有関係が安定しており、お互いの所有者はもちろん、登記簿上の利害関係人の全員の同意の下で、本来あるべき筆界を確認し、それをもとに地図を作成して、以後これをその地域の地図として備え付けるものであるが、これとて関係者が合意によって新たに筆界を創設するものではないのである。

集団和解方式による場合は、関係者全員の同意を得て行うことになるが、しかし、全員の同意がない場合においても、登記官が公図に誤りがあると認めた場合には、申請人が個別に地図訂正の申請をし、これを登記官が受理した処分をもって違法とし、損害賠償の問題に還元するのは問題であることを次の千葉地裁の判決は明らかにしている。

○千葉地判平一二・五・二六（登記インターネット三巻五号五五ページ、吉野衛「『再開』不動産の表示に関する登記講義㈤」登記研究六四六号六四ページ）。

地図混乱地域の是正のため、地権者から手続の代行を依頼された訴外人が、集団和解方式による地図訂正手続と異なる登記申請手続（過去の分筆登記の一部を錯誤で抹消した上でする分筆登記）を行い、登記官がこれを受理し、公図への記載を行ったため、控訴人所有地の公図上の形状が現況と著しく異なり、また、土地の表示登記に記載された地積が過大になったとして、右不一致の是正要求のために登記官等との多数回の交渉を強いられたことに対する慰謝料、所有権に基づく公図の形状の原状回復及び公簿面積と現況との不一致の是正を求めた事案につき、集団和解方式による地図訂正に、関係者全員の合意が必要であるところ、本件においては右全員の合意が得られず、申請者が個別に登記申請したものであり、登記官には、このような場合にこれを拒み得る根拠や規定がないため、右申請を受理したとしても違法と解し得る余地はない。

㈢　公図の訂正の種類

地図は、各筆の土地の位置筆界を現地で確認の上、それに基づいて測量した結果作成されるものであるので、地図に誤りが生ずる原因を地図作成のための作業工程順に大別すると、おおむね次のようになり、表題部所有者又は所有権の登記名義人から、これらの事実関係を立証して当該地図の訂正の申出がなされた場合には、登記官は所要の処理をする。

⑴　土地の筆界の誤認

土地の筆界は、公法上のものであって私人が勝手にこれを移動させることはできないものである。しかし、それは多分に観念的なものであって、現地においてたえず正確に表示されているものではなく、結局は人間がなんらかの方法で特定するほかはない。その特定の方法としては、従来、現地の筆界について、標示物を設置したり、図面に略記したり、あるいは住民の記憶といったものが用いられていたのであるが、それらの方法は、いずれも現在の経済社会においては、もはや適しなくなってきている。すなわち、土地の多角的利用による形質の変動や、地域社会構成員の分散などに伴って、従来の物証や人証のみによる現地における筆界の特定は困難になってきている。このようなことから、土地の筆界確認において、誤りが生じ得る要素が強くなってきているのであるが、後日、正確な筆界が各種の資料等によって確認されたことによって、地図の誤りが発見された場合には、表題部所有者又は所有権の登記名義人は地図訂正の申出をすることになる。もっとも、地図が誤っていることを確認するためには、当該地図の有する信頼力を上回る証拠（人証・物証）が必要なことはいうまでもない。

ここでいう地図の有する信頼力とは、当該地図作成の基礎となった筆界確認に対するものであり、いわば、その筆界確認のときの証拠力のことをいう。例えば、地図作製における筆界確認の際には人証のみによっていたが、その後、それをくつがえすにたる物証、人証が発見された場合には、通常は、後者のほうが信頼度が高いといえるであろうが、逆の場合には、むしろ地図の信頼力が高いため、人証だけによって地図の筆界の誤りを認めることは困難であるということになろう。

(2) 測量の誤り

ここでいう測量の誤りとは、測量における測距、測角等の測定の過誤やその測定値に基づく諸計算上の過誤のことであって、測量の許容誤差を意味するものでないのはもちろんである。

地図作製のための測量方法の選択は、必要とする地図の精度（地図に図化された各土地と、それに対応する現地とのずれの限度ともいえる）に相応したものを、科学的実証的データを根拠にしてなされるので、その一連の測量過程における誤差の許容限度は、所要の地図の精度から逆に算出されたものといえる。

したがって、過誤の値が、このようにして算出された測量の誤差の限度内にある場合はともかく、限度を超える場合については、その原因が過誤であると測定の誤差（もっとも、このような場合には、むしろ過誤というべきであろう）であるとを問わず、測量の誤りであるといえる。

⑶　作図の誤り

作図は、広義の測量作業の一部であるので、この誤りという意味や、その限度については⑵の場合と同様である（地図の精度のなかには、当然作図に伴う誤差も包含されている）。なお、作図の誤りには、作図作製時におけるもの、土地の分筆の登記等に伴う地図の修正のときのもの、地図を再製したときのものなどがある。
地図に誤りがある場合のケースとしてはおおむね以上のようであるが、いずれの場合においても、その誤りを訂正できるのは、それが当該地図の精度を超えている場合に限るのである。

㈣　従来の取扱い

土地台帳法施行時における公図の訂正については、土地台帳事務取扱要領（昭二九・六・三〇民甲第一三二一号法務省民事局長通達）第七三条において、「地図の記載に誤りがあることを発見したときは、土地台帳法施行細則第一五条の規定に準じ地図訂正の申告をすることができるものとする」と規定されていた。すなわち、土地台帳に登録されている者は、公図に誤りがあることを発見したときは、その旨を記載した申告書に、地積の測量図などを添付して登記所に公図訂正の申告ができることとされていたのである。

一元化作業実施後、この公図は土地台帳法の廃止に伴って法的にはその根拠を失ったものと解されているが、登記所においていまだ法一七条（現一四条）地図が整備されていないこと、公図が各筆の正確な区画を明確にするものではないとはいうものの、土地の位置あるいは形状、境界等の概略を明らかにする資料として利用価値があることから、この公図については現行法施行後においても法一七条（現一四条）地図が整備されるまでの間は、便宜従来どおりの取扱いをすることとされていること既述のとおりである（昭三六・一・一四民三発第三八号法務省民事局第三課長依命通知）。

すなわち、土地の分合筆に伴う修正及び訂正手続についても、法一七条（現一四条）地図の修正又は訂正の方法等に準じて処理するのが相当であるとされていた(1)。その後さらに、昭和五二年一〇月一日の旧不動産登記準則改正によって、登記所に備え付けられる地図の概念が明らかにされたことに伴い、公図も「地図に準ずる図面」として位置付けられ（同旧準則二九条）、同時に公図の変更、訂正に関する従来からの実務上の取扱いが同旧準則に盛り込まれ、旧準則第一一三条及び第一一五条において明確にされるにいたっている(2)。

新不動産登記法も、その一四条において同旨の規定をおいている。すなわち、同法一四条四項は、登記所には不登法一四条一項の規定により地図が備え付けられるまでの間、これに代えて、地図に準ずる図面を備え付けることができる旨規定している。

(五) 新不動産登記法の下における公図の訂正

1 地図の作成に係る規定の整備

地図は、地番区域又はその適宜の一部ごとに、正確な測量及び調査の成果に基づき作成するものとされている（新不登規則一〇条一項）。地図を作成するための測量は、旧不動産登記準則二五条二項では、「測量法第四条の規定による基本測量の成果である三角点、国土調査法第一九条の規定により認証された基準点又はこれらと同等以上の精度を有すると認められる基準点を基礎として行わなければならない」とされていたが、今回、新規則一〇条三項においては「地図を作成するための測量は、測量法（昭和二四年法律第一八八号）第二章の規定による基本測量の成果である三角点及び電子基準点、国土調査法（昭和二六年法律第一八〇号）第一九条第二項の規定により認証され、若しくは同条第五項の規定により指定された基準点又はこれらと同等以上の精度を有すると認められる基準点（以下「基本三角点等」と総称する）を基礎として行うものとする」と規定し、基礎とする基準点に「電子基準点」を加え、GPSを用いた効率的かつ経済的な測量の実施に資するものとされた。なお、測量の基礎とする点は地籍調査における測量の場合と同程度の精度を有するものであるべきであり、新不動産登記規則一〇条三項の規定は、地籍調査における測量の基礎となる点を規定する地籍調査作業規程準則（昭和三二年一〇月二四日総理府令第七一号）三八条と同趣旨のものである。

また、登記所備付地図の整備の一環として、登記所に地図として備え付けるべき図面のうち、不動産登記法及び不動産登記法の施行に伴う関係政令の整備等に関する政令（平成一七年政令第二四号。以下「整備政令」という）による改正後の新住宅市街地開発法等による不動産登記に関する政令（昭和四〇年政令第三三〇号。以下「新住市街地登記令」という）六条二項（新住市街地登記令一一条において、首都圏の近郊整備地帯及び都市開発区域の整備に関する法律三〇条の二の登記について準用する場合（整備政令附則二条）を含む）の土地の全部についての所在図については、新住市街地登記令六条三項に、国土調査法一九条五項の規定による指定を受けなければならない旨の規定が新設された（不登法施行通達第一、一一、⑶）。すなわち、この指定がされることにより、これらの土地の全部の所在図は、国土調査と同等の精度及び正確性があることとなり、これらの地図の精度及び正確性がより担保されることとなった。なお、この取扱いを法の施行日前に作成されたこれらの土地の所在図にまで適用するとすると、事業者にとって大きな負担を強いることになり、ひいては、登記所備付地図の整備にも支障を生ずる結果となる。このため、経過措置として、新住市街地登記令六条一項に規定する土地又は建物の表題登記の嘱託情報と併せて提供される土地の全部についての所在図は、施行日前に作成されたものであるときは、国土調査法一九条五項の指定がなくても、土地の全部の所在図の提出がないものとして却下することを要しないとされた（同施行通達第三、五）。

2　公図の訂正手続に関する規定の整備

(1)　公図の訂正の申出に関する規定の新設

旧不動産登記準則一一三条では、地図等に誤りがあるときは、所有者その他の利害関係人は、その訂正の申出をすることができるものとされていたが、これは、あくまでも登記官に職権発動を促すものにすぎず、登記官が地図訂正の申出を受け取った場合において、申出どおりに地図の記載に誤りがあることが確認されると職権による地図訂正を行い、地図の記載に誤りがないと判断されると地図訂正手続を中止する取扱いとされており、登記官にはこの地図訂正の申出に対する応答義務はないものと解されていた。もともと地図等は、登記官が職権で登記所に備え付けるべき性質のものであり、その地図等に誤りがある場合には、当然に登記官が職権でその訂正をしなければならないが、もとより数多い地図等の中でこうした誤りのすべてを登記官が発見することは不可能である。そのため、登記官の職権の発動を促す意味において、所有者その他の利害関係人が地図の訂正の申出をすることができるものとしていたが、その申出の要件、必要な添付書面、申出に対する対応方法等は定められていなかった。

しかし、このような取扱いの下では、土地の所有者等にとってみれば、せっかく地図の訂正の申出を行っても、どのような処理となったのか、また、なぜ地図訂正の申出が中止となったのかが不明のままとなってしまう結果となりかねない。そこで、今回の改正においては、土地の表題部所有者等の訂正の申出をすることができる者の範囲、申出情報と併せて提供すべき情報、申出の却下事由等を定め、却下事由がない場合に限り、登記官は当該申出に基づき、地図等を訂正をしなければならないとされたものであり（新不登規則一六条）、地図の訂正の可否についての登記官の判断を求める手続上の権利を有する者を明らかにしたのである。なお、職権による地図等の訂正手続は、従前の取扱いと異なるところはない。

(2)　公図の訂正の申出の手続

①　申出人

地図又は地図に準ずる図面に表示された土地の区画（地図に準ずる図面にあっては、土地の位置又は形状）又は地番に誤りがあるときは、当該土地の表題部所有者若しくは所有権の登記名義人又はこれらの相続人その他の一般承継人（申出に係る地図等が表題登記のみがされている土地に係るときは表題部所有者、所有権の登記がある土地に係るときは所有権の登記名義人、これらの者に相続その他一般承継を生じているときはこれらの相続人その他の一般承継人となる。以下、これらの者を「表題部所有者等」という）は、その訂正の申出（以下「地図訂正等申出」という）をすることができる（新不登規則一六条一項）。

この地図訂正等申出は、表題部所有者等が二人以上ある場合には、そのうちの一人からすることができる（不登法施行通達第一、一一、⑵、イ、(イ)）。

地図訂正等申出に係る表題部所有者若しくは所有権の登記名義人の氏名若しくは名称又は住所が登記簿に記録されている記録と異なる場合にあっては、地図訂正申出情報と併せてその者の氏名若しくは名称又は住所についての変更又は錯誤若しくは遺漏があったことを証する市町村長、登記官その他の公務員が職務上作成した情報（公務員が職務上作成した情報がない場合にあっては、これに代わるべき情報）が提供されたときは、新不動産登記規則一六条一三項二号の規定により当該地図訂正等申出を却下することを要しない（不登法施行通達第一、一一、⑵、イ、(イ)）。

なお、利害関係人に申出権を付与することは他の登記の申請との均衡を失することとなり相当でないため、利害関係人は、新不動産登記規則一六条一項の規定による地図訂正等申出は認められないが、同条一五項の規定による職権の発動を促す申出についてはできるものと解される。

② 公図訂正の申出情報

地図訂正等申出における申出情報は、申出人の氏名又は名称及び住所（①申出人が法人であるときはその代表者の氏名、②代理人によって申出をするときはその代理人の氏名又は名称及び住所並びに代理人が法人であるときはその代表者の氏名、③申出人が表題部所有者又は所有権の登記名義人の相続人その他の一般承継人であるときは、その旨並びに④申出に係る訂正の事項を内容とする情報（以下「地図訂正等申出情報」という））を提供しなければならない（新不登規則一六条三項）。

このうち、地図又は地図に準ずる図面に表示された土地の区画に誤りがあることを理由とする場合において、土地所在図又は地積測量図（新規則一六条五項二号）を添付するときは、申出に係る訂正の事項の内容を、「別紙土地所在図のとおり」又は「別紙地積測量図のとおり」のように記録してする（不登法施行通達第一、一一、⑵、エ、(ア)）。また、地図又は地図に準ずる図面に表示された地番に誤りがあることを理由とするときは、「地図上の地番の表示「五番一」を「五番二」に、「五番二」を「五番一」に訂正」のように記録する（同施行通達第一、一一、⑵、エ、(イ)）。

地図訂正等申出は、電子情報処理組織を使用して地図訂正申出情報を登記所に提供する方法と、地図訂正申出情報を記載した書面を登記所に提供する方法のいずれかによりする。この方法等については、法務大臣の定めがされることになる（新不登規則一六条四項）。この定めは、新不登法一八条一号の規定による電子情報処理組織を使用する方法による申請（新不登規則四一条以下）等の取扱いに準じて定められ、法務大臣が指定した登記所においてすることになるものと思われる。

③　公図訂正において提供すべき添付情報

地図訂正申出情報と併せて提供すべき添付情報の具体的なものは、次のとおりである。

ⓘ　地図又は地図に準ずる図面に表示された土地の区画若しくは位置若しくは形状又は地番に誤りがあることを証する情報（新不登規則一六条五項一号）

地図訂正等申出をする場合には、地図又は地図に準ずる図面に誤りがあることを証するに足りる情報の提供が必要であり、官庁又は公署が保管する図面や隣接地所有者の立会確認書等がこれに該当するものと思われる。ただし、この場合、関係資料、他の利害関係人の証言や物証等から当該誤りを登記官において確認できる場合には、必ずしも利害関係人全員の同意を要しない（昭五二・一二・七民三第五九三六号民事局第三課長回答）。

なお、地図訂正等申出をする場合において、地図又は地図に準ずる図面に表示された土地の区画若しくは位置若しくは形状又は地番の誤りが、登記所に備え付けられている土地所在図、地積測量図又は閉鎖された地図若しくは地図に準ずる図面により確認できる場合には、その図面を特定する情報を提供すれば、新不動産登記規則一六条五項一号の誤りがあることを証する情報の提供があったものと認めて差し支えないものとされている（不登施行通達第一、一二、⑵、イ、（エ））。

ⓘⓘ　地図又は地図に準ずる図面に表示された土地の区画又は位置若しくは形状に誤りがあるときに提供する土地所在図又は地積測量図（新不登規則一六条五項二号）

これら土地所在図や地積測量図の提供を求める趣旨は、訂正後の土地の区画や位置、形状を地図又は地図に準ずる図面に表記する際に、精度及び正確性を確保するためであり、地図に表示された土地の区画を訂正しようとする場合には地積測量図の提出が不可欠である。地図に準ずる図面の位置又は形状の訂正の場合には、土地所在図のみで差し支えないが、むろん地積測量図の提出の方が望ましい。地図又は地図に準ずる図面に表示された土地の区画に誤りがあることにより地図訂正等申出をする場合において、地図訂正等申出に添付する地積測量図（新不登規則一六条五項二号）に記録された地積が登記記録上の地積と異なるときには、地図訂正等申出は、地積に関する更正の登記の申請と併せてしなければならない（同条二項）。ただし、地図に準ずる図面の訂正手続において、地積測量図の提出がないときには、この適用はないものと考えられる。なお、当該地積の差が、新規則七七条四項において準用する新規則一〇条四項の規定による地積測量図の誤差の限度内であるときは、地図訂正等申出は、地積に関する更正の登記の申請と併せてすることを要しない（不登法施行通達第一、一一、(2)、イ、(ウ)）。

ⅲ　表題部所有者又は所有権の登記名義人の相続人その他の一般承継人が申出をするときに提供する相続その他の一般承継があったことを証する市町村長（特別区の区長を含むものとし、地方自治法（昭和二二年法律第六七号）二五二条の一九第一項の指定都市にあっては、区長とする。以下同じ）、登記官その他の公務員が職務上作成した情報（公務員が職務上作成した情報がない場合にあっては、これに代わるべき情報）

これらの情報としては、個人にあっては戸籍謄本又は抄本及び除籍謄本等、法人にあっては法人登記簿に記録された登記情報が考えられる。

ⅳ　土地の境界の是正と地積測量図の提供

土地境界の誤り、つまり地図又は地図に準ずる図面（公図）に誤りがある場合には地図訂正の申出をすることができるが、申出人は誤りがあることを証する情報を提供する必要がある。この地図訂正の申出は、地図又は地図に準ずる図面に表示された土地の区画又は地番に誤りがあるとき、又は地図に準ずる図面に表示された土地の位置、形状又は地番に誤りがあるときに認められるものである。このうち地図又は地図に準ずる図面に表示された土地の区画又は位置若しくは形状に誤りがあるときは、地図訂正申出情報と併せて土地所在図又は地積測量図を提供しなければならない（規則一六条五項二号）。地図訂正等の申出ができるのは、地図又は地図に準ずる図面に表示された土地の区画若しくは位置若しくは形状又は地番に誤りがあるときであるから、地図訂正等の申出ができる場合のうち、地図又は地図に準ずる図面に表示された地番のみに誤りがあるときは、これらの図面を提供する必要がないということになる。

これらの土地所在図や地積測量図の提供を求める趣旨は、訂正後の土地の区画又は位置若しくは形状を地図又は地図に準ずる図面に表記する際に、精度及び正確性を確保するためであり、地図に表示された土地の区画を訂正しようとする場合には地積測量図の提出が不可欠である。地図に準ずる図面の位置又は形状の訂正の場合には、登記所備付けの土地所在図や地積測量図又は閉鎖された地図を地図に準ずる図面により誤りが確認できるときは、土地所在図のみで差しつかえないこともあり得ると考えられる。また、地図に準ずる図面の性質上、その精度によっては、土地所在図のみで差し支えない場合もあり得ると思われるが、地積測量図を提出することが望ましいと考えられる。(3)

(3) 公図訂正申出における却下事由

地図訂正等申出は、申出の却下事由等を定め、却下事由がない場合に限り、登記官は当該申出に基づき、地図等を訂正しなければならない。したがって、新不動産登記規則一六条一三項に規定する却下事由がある場合を除き、登記官は地図又は地図に準ずる図面を訂正することとなる。

地図訂正等申出に係る却下事由は、次のとおりである。

① 地図訂正等申出に係る土地の所在地が当該申出を受けた登記所の管轄に属しないとき
② 地図訂正等申出の権限を有しない者の申出によるとき
③ 地図訂正申出情報又はその提供の方法が規則の規定により定められた方式に適合しないとき

④　規則の規定により地図訂正申出情報と併せて提供しなければならないものとされている情報が提供されないとき

⑤　地図訂正等申出に係る事項を調査した結果、地図又は地図に準ずる図面に誤りがあると認められないとき

⑥　地図又は地図に準ずる図面を訂正することによって地図訂正等申出に係る土地以外の土地の区画又は位置若しくは形状を訂正すべきこととなるとき

このうち、⑥については、地図又は地図に準ずる図面上で隣接していない二筆の土地を隣接させるような訂正や、いわゆる地図混乱地域であって地図訂正等申出に係る土地を対象としただけでは地図訂正等の処理ができないなどの場合が該当する。ただし、複数筆の土地について同時に地図訂正等の処理を要する場合において、一部の表題部所有者等のみからの地図訂正等申出がされたときには、関係する他の土地の表題部所有者等の筆界等の確認や同意等を得ることができれば、当該関係する土地の地図訂正を新不動産登記規則一六条一五項の地図訂正等として取り扱うことができるものと解される。

なお、地図訂正等申出の却下処分については、不動産登記規則一六条一三項五号及び六号の規定による却下事由を除き、審査請求の対象となるものと解される。

(4)　公図訂正申出の処理

登記官は、地図訂正等申出に係る事項を調査した結果、地図又は地図に準ずる図面を訂正する必要があると認めるときは、地図又は地図に準ずる図面を訂正しなければならない（不登規則一六条一二項）。

その方法としては、地図訂正申出情報と併せて提供された土地所在図又は地積測量図及び実地調査の結果に基づいて実地する（不登準則一六条一項⑴）。

なお、電磁的記録に記録されたものを除く地図又は地図に準ずる図面について訂正をした場合には、当該地図又

は地図に準ずる図面に付した訂正票にその旨を明らかにした上で登記官が押印する取扱いとしている（新不登準則一六条一項(7)）。ただし、地図管理システムに登録されている電子地図の訂正においては、この限りでない（不登法施行通達第一、一一、(2)、カ）。

(5)　職権による公図の訂正

地図等の訂正については、申出できる者を表題部所有者等として明確にしているが、登記官による職権による地図等の訂正手続をも認めている（不登規則一六条一五項）。この場合の手続は、職権による表示に関する登記についての手続に準じて行うものとしている（不登法施行通達第一、一一、(2)、オ）[(4)]。

（1）　昭三七・一〇・八民甲第二八八五号法務省民事局長通達（抄）

　不動産登記事務取扱手続準則等について

標記の件について、別紙甲号のとおり神戸地方法務局長から問合せがあり、別紙乙号のとおり回答したので、この旨貴管下登記官吏に周知方しかるべく取り計らわれたい。

別紙甲号

標記に関し、左記の疑義が生じ取扱いを統一いたしたいと思いますので、至急に何分のご指示をお願いします。

記

一、旧土地台帳法施行細則第二条の規定による地図は、不動産登記法第一七条の規定による地図ではないので、その誤りの訂正の申出があったとしてもこれに応ずべきでなく、また一般的に右地図の整理の必要がないものと解してよろしいか（土地台帳事務取扱要領第五一参照）。

別紙乙号

六月二十七日付記総第四六三四号をもって問合せのあった標記の件については、つぎのように考える。

記

一、不動産登記法第一七条の規定による地図が整備されるまでの間は、便宜従来どおりの取扱いをし（昭和三六年一月一四日民事㈢発第三八号当局第三課長依命通知参照）、その手続については、不動産登記事務取扱手続準則第九六条、第九七条及び第九八条の規定に準じて処理するのが相当である。

なお、土地台帳事務取扱要領第六〇第一項により地形図の提出を要する場合において、地図の記載が土地の現況と相違するため、現況による地形図に基づく地図の修正又は訂正が困難なものについては、地形図の提出を要しない。この場合における地図の修正又は訂正は、申告書に添付された地積の測量図に基づいて可能な範囲において（例えば、地図に正確な分割線を記入することができない場合は、おおよその位置に分割を点線（又は朱線）で記入して分割後の地番をそれぞれ記入し、又地図の記載が土地の現況と著しく相違するため、右の手続をもできない場合は、「5の1 / 5の2に分割」の振合で記載する。）修正又は訂正をすれば足りる。

（2）　昭五二・一二・七民三第五九三六号法務省民事局第三課長回答

（要旨）　旧土地台帳附属地図に記載された土地の境界の表示に誤りがある場合は、所有者その他の利害関係人において、その誤りを証するに足りる資料を添えて、その訂正の申出をすることができる。この場合において、関係資料、他の利害関係人の証言や物証等から当該境界の表示が明らかに誤りであることを（登記官において）確認できるときは、必ずしも利害関係人全員の同意書の添付を要しない。

（照会）　一、法務局備付の旧台帳附属地図（公図）に誤りがある場合、たとえば、別紙図面㈡でなければならないのに、別紙図面㈠の如くに表示されているような場合の訂正は具体的にどのような方法によってなされるのか御教示願いたい。

(イ)　このような場合利害関係人全員の同意（実印による同意書面と印鑑証明の添付）がある場合には問題なく訂正が認められると思われるのであるが、そのような同意がいろいろの思惑によってどうしても得られない場合には公図訂正は絶対に認められないのか。

(ロ)　右のような場合でも訂正が認められる場合があるというのであれば、どのような証拠によってどの程度誤りであることを証明すれば良いのか。

(ハ)　このような公図の訂正の問題は登記官の職権調査事項であるのであれば、登記官は調査のために現地に赴き実際に見分し、あるいは関係者の事情を聴取するなどのことをすることもあるのか否か。
(ニ) もしありとすれば、どのような申立をすれば、あるいはどのような要件がそろえば、そのような職権調査にのり出してくれるのか。
（回答） 左記のとおりと考えます。（図面は省略）

記

一、(イ)、(ロ)について
旧土地台帳附属地図に記載された土地の境界の表示に誤りがあるときは、所有者その他の利害関係人は、その誤りを証するに足りる資料を添えてその訂正の申出をすることができる。
なお、この場合における利害関係人の同意書は、誤りであることを確認するための最も信頼度の高い資料となり得るものであるが、関係資料、他の利害関係人の証言、物証などから該当境界の表示が明らかに誤りであることを登記官において確認できる場合には、必ずしも利害関係人全員の同意書の添付を要しない。
(ハ)について
前項の訂正の申出があった場合には、その内容が真正であるかどうかを確認するために、登記官が現地調査を行ない、あるいは関係人から事情を聴取することがある。
(ニ)について
(ハ)により了承されたい。

（3） 小宮山秀史『逐条解説・不動産登記規則I』一四二ページ、「地図訂正の申出書の添付書面」登記研究四一七号一〇五ページ「質疑」
（4） 秦愼也「不動産登記法の改正に伴う表示登記の取扱い」登記情報五三一号四一ページ

(六) 訂正の対象及びその態様

(1) 見取図程度の公図の訂正

公図には、通常程度の精度を有するものと談合図といわれる見取図程度のものとがあることは既に記述したところであるが、公図の訂正の対象になるのは主として前者の場合であり、後者の場合には筆界、形状を明らかにすることは困難であるところから、原則として、訂正の対象となる公図とは考え難い。しかし、次のような場合には、その訂正が考えられる。

すなわち、公図の沿革のところで述べたように、見取図程度の公図は一応「地図に表示された土地の相互の位置関係は現地と一致するが、一般的に形状が一致していないもの」で、いわゆる地番配列を示す地図といえる。

このように見取図程度の公図は、一般的に現地と形状が一致していないことから、形状を表現しているものとはいえず、したがって、公図訂正としては地番並びの相違するものについて訂正することになる。(1)

① 地番の訂正

地番の訂正というのは、現地の地番とこれに対応する公図の地番が公図作成当初から相違している場合に、これを符合するように訂正することである。

見取図程度の公図であっても地番は正しいものと考えて取り扱うべきものであることは前述のとおりであるが、絵図が備え付けられている地域は一般に経済性の低かった地域（山林等）で地押調査が必ずしも十分でなかったことも推測されるところであり、地番を誤っている場合もある。

もっとも、現実の支配関係が異なることのみをもって安易に公図に誤りがあると決めつけるべきものではなく、所有権を移転しながらその登記を経由せず、公図訂正を利用しようとするケースも現実にはないわけではないことを考えれば、やはり物証、書証、人証等あらゆる資料により総合的に判断して正誤を決めなければならない。

〔**地番の並びの相違（その1）**〕　この事例（**図1**）は、二番と三番の地番が相違しているというものである。公図の地番の並びからみても、公図が誤っているのではないかとの推測もできそうであるが、それのみでは決められない。

(i)　立証資料としては、市町村等備付けの図面、個人が所持する図面等を添付するほか、隣地所有者等の承諾書を添付する。

(ii)　調査するにあたっては、近隣古老の証言、周囲の地番並び及び登記簿上の面積等を参考とする。

(iii)　地目が相違するような場合（山林と畑若しくは田など）には、都市計画図あるいは地理院発行の地図（大縮尺のもの）等も参考になる。

図1

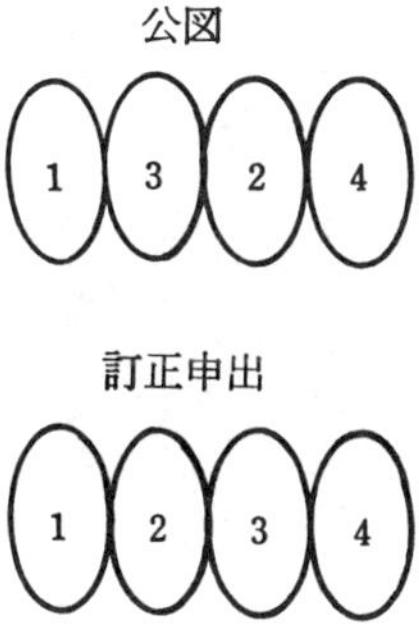

図2

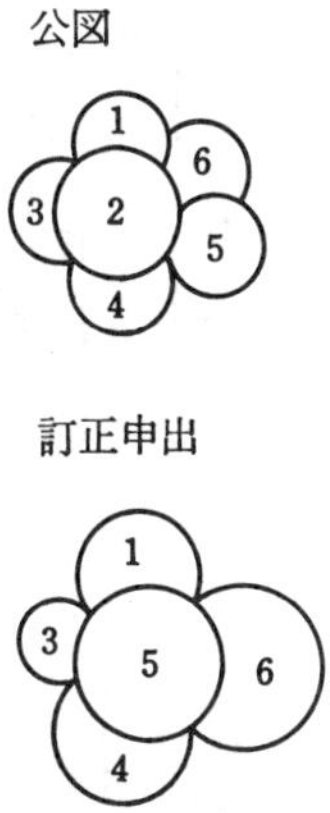

(iv)　一番、四番等の土地に地積測量図の備付けがあり、訂正を要する場合には、あわせて地積測量図の訂正の申出が必要である。

〔**地番の並びの相違（その2）**〕　この事例（**図2**）は、二番の土地が全く別の位置に存在するというもので、それに伴って一番～六番の土地の地番も相違しているというものである。

(i)　このような事例の場合には、二番の土地の正当な位置の調査が必要であり、二番の土地の位置が確認できない場合には、訂正はできないであろう。

(ii)　訂正するにあたっては、二番の土地を含めて同時に訂正するのが相当である。

二番と五番が入れ替わる場合のみとは限らず、この事例のように二番の土地が別の位置にある場合は、それに関連して訂正の範囲が非常に拡大することもある。その場合、二番の訂正は別途申出により訂正することもやむをえない状況もあるかとも考えられるが、二番の土地が表示されないまま公図が公開されるようなことは極力避けなければならない。

図3

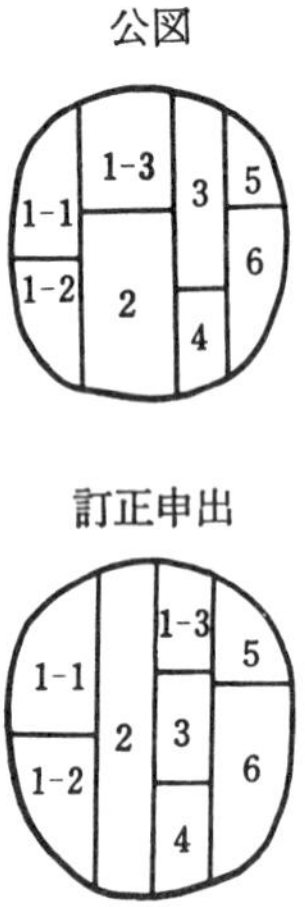

ⅲ　立証資料等については、前掲事例その1と同様である。

〔地番の並びの相違（その3）〕　この事例（**図3**）は、一番三の土地の位置に誤りがあるというもので、それに関連して三番、四番の土地の位置にも誤りがあるというものである。

この事例のように訂正申出の対象となっている土地が分割された土地である場合には、旧土地台帳又は登記簿により分割の沿革を十分調査する必要がある。一番三の土地は、一番一の土地から分割されたものと推測されるが、分筆元地と分筆された土地が飛び地となるような分筆は論理上ありえないので、この事例のような場合は、原則として訂正は認められないと考えられる。

② 分合筆修正未済の場合の訂正

登記簿上分合筆の登記がされているにもかかわらず、これに伴う地図の修正がされていないものが存在する。これには、公図が税務署で保管されていた当時のものもあるが、登記所に移管された以後のものもあるようである。特に昭和三五年の不動産登記法改正により、公図が法的根拠を失ったことから、一部では公図の修正は不要であるとの解釈ないし取扱いがなされたこともあって、このような実務の扱いがその後の円滑な事務処理を阻害する原因となっている面がある。

また、一元化作業完了の指定期日までの地積測量図も、すでに保管されていないため、所有者等からの申出がなされなければ筆界を記入できないのが現状である。

〔分筆に伴う修正が未済の場合（分筆線記入の申出）〕　この事例（図４）は、一番の土地が六筆に分筆されているが、それに伴う公図修正が未済の場合である。

図４

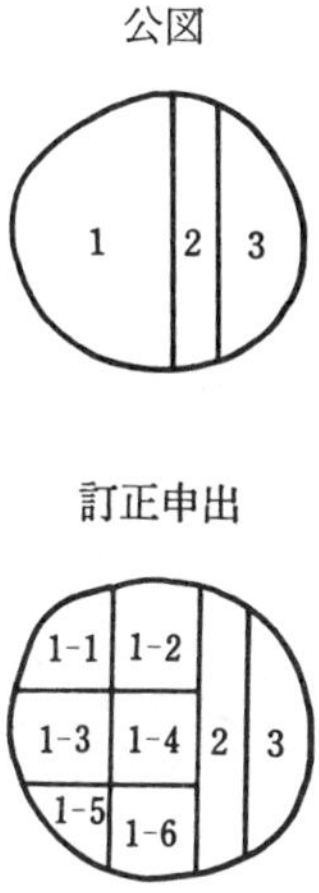

(i)　この場合は、分筆後の六筆全部について同時に訂正の申出がなければならないか、あるいは一部についてだけの訂正の申出を認めてもさしつかえないか、が問題となる。

六筆全部につき申出をするのが原則と考えられるが、現実問題としては関係者全員の同意を得ることが困難な場合も推測され、事案によっては一部であっても訂正を認めなければならないこともあろう。

しかし、例えば一番一の土地を特定するためには、その位置が一番二ないし一番六でないことが確認されなければならない。

全筆について同時に申出をすることが困難であっても、一番一の土地のみ（一筆のみ）について訂正することは相当でなく、最小限一番一の土地に隣接する土地については同時に訂正する必要がある。

(ii)　訂正申出によって記入する地番並びは、過去の分筆経過と矛盾してはならず、この点は旧土地台帳又は登記簿等によって確認する必要がある。

(iii)　地積測量図の備付けがない場合には、市町村備付けの地図の写し、市町村に送付した副本の写し、本人所持の測量図の写し等を添付するほか、関係人の承諾書を添付するのが相当である。

(iv)　地積測量図が備え付けられている場合には、申出書のみでよく、添付書類は備付けの地積測量図を援用できる。

〔合併に伴う修正未済の場合の事例〕　この事例（図5）は、一番、二番の土地について合併に伴う修正が未済の場合である。

この場合は、旧土地台帳又は登記簿により、合併の経過が確認できれば修正は可能であろう。

③　空白地の地番記入

空白地の地番記入というのは、実在する土地（登記されている土地）の地番が公図に記載されておらず、公図に当該土地に該当する空白地がある場合、これに当該土地の地番を記入する手続のことをいうのであるが、公図上の空白地が登記簿の何番の土地に該当するのか、その判断資料として何があるか等、困難な問題がある。この手続の対象となる公図が主として絵図に多く、図上での位置・面積等が必ずしも正確でないので、なおさら認定が困難となる。

公図上の空白地を登記簿上の所有者が現実に所有しており、地番配列その他からほかに該当する土地（登記）がなく、申出にかかる土地が空白地に該当することが確認できれば、公図訂正は考えられる。

この事例（図6）は、地番の記入されていない空白地が三番地と認定できるか否かがポイントとなる。

ⓘ　山林部と耕地部が隣接する地域においては、公図上の空白地には、山林部に耕作部の土地（又は耕作部に山林部の土地）があ

図5

図6

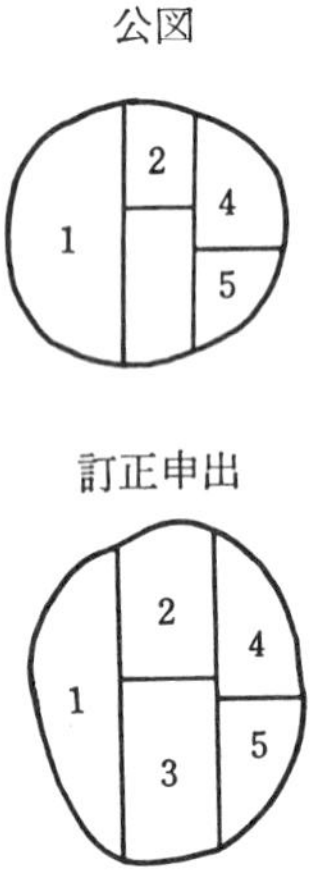

る、いわゆる飛び地として存在することがあるので、この飛び地である場合もあり、また国有地ではないかという疑問もある。

したがって、当該空白地のある公図に隣接する公図、旧土地台帳及び登記簿等により、空白地に該当する土地が他に存在しないか否かの調査が必要となる。

ⅱ　調査の結果、該当する土地が存在しない場合には、国有地か否かを調査する必要がある。

一般的には、国有地（官有林は除く）で公図上空白地となっている事例は、河川とか道水路等長狭物周辺の狭小なものが多いといわれ、これ以外の場所で国有地として存在する例はまれではないかと思われる。

ⅲ　この種の地番記入の申出に当たっては、空白地が国有地でないことの証明書の添付を求めているが、財務局等においても証明書の発行はできないといわれる場合が多いのが実情のようであり、その要否が問題となっている。証明書は発行されないとしても、担当官から国有地でないことの証言は得られる場合もあろう。

ⅳ　空白地の地番記入によって、隣接地所有者に利害の影響は生じないが、事実証明の意味で承諾書（印鑑証明書付）を添付するのが相当である。

ⅴ　地積測量図は必ずしも添付する必要はない。

④　空白地併合

空白地併合とは、公図上の空白地が隣接する土地の一部であると判断される場合にする訂正の手続であるが、これについても問題のあるところである。

本来、一筆の土地は公図上も一区画をなしているものであるが、公図作成の沿革からみると必ずしも一筆の土地が一区画として表現されているわけではなく、一筆の土地が二区画で表現されている場合もある。

図７

公図

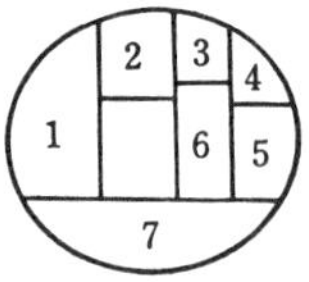

訂正申出

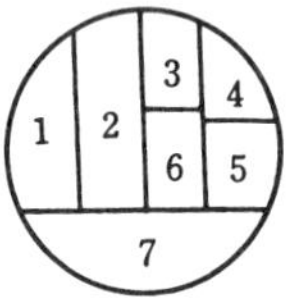

　ここでいう空白地併合というのは、公図作製の際、一筆の土地が二区画で表現されている場合ではなく、○⌒○印（めがね印といわれ、一筆の土地が道路や水路などで二分される場合に、別地番を付さないで一体性を有することを示すため、土地に関する作図上の慣行として用いられていたものであるが、現在ではこの慣行は認められない）のない全くの空白地についての訂正である。

　この事例（**図７**）は、公図上一、二、三、六、七の土地に囲まれた空白地が二番の土地の一部であるというものである。通常このような場合には、二番の土地の所有者は、空白地が二番の土地の一部であると観念して占有していると考えられるが、本来、公図に一区画として公示されているものは、一筆の土地と考えるべきであり、さらに境界不変の原則からいっても、占有支配している事実のみをもって安易に公図上二区画の土地を一筆の土地として公図訂正することには問題があろう。

(ⅰ)　公図上二区画に表現されている土地は、一応それぞれ別個の土地であるというところから出発して、当該空白地が国有地ではないかどうかその調査が必要である。

(ⅱ)　この事例のような場合、公図が誤りであることの判断資料として、国有地等でないことの証明書の添付を求めることが考えられるが、前掲③の(ⅲ)で述べたとおり、その証明書を添付することが困難な場合もあるのが実情である。

(ⅲ)　調査の結果、国有地等でないことが確認できた場合、他の字に属する飛び地であるか否かの調査も必要である。

(ⅳ)　空白地が国有地でなく、また他の字に属する飛び地でもないことが確認できた場合に、公図上二番の土地を拡大する（二番と空白地との間の区画線を消除する）公図訂正によるべきか、あるいは空白地について新たに表示登記すべきかは問題の存するところである。

実務上の取扱いとしては、事情によっては公図訂正による処理もなされているようであるが、境界は変動しないという原則から考えるならば、新たな表示登記によるべきものと考えられる。

(2)　通常程度の精度を有する公図の訂正

通常程度の精度を有する公図は、公図に示された土地の位置、形状が精度的には若干十分でない面があるものの、一般的には現地と一致するものと評価されている。したがって、公図の訂正の要否あるいはその態様についても見取図程度の公図の訂正とは異なる点がある。

もっとも、通常程度の精度を有する公図といっても地域差があり、いわゆる耕地部と山林部とでは精度的に相違しているところがあるといわれる。

すなわち、山林・原野地域については、作製当時経済性が低かったことから、地押調査が大まかになされ、また、測量もその困難性から適宜の方法によってなされたところもなくはないようであり、結果的には見取図程度のものとなり、地番の配列的なものとして取り扱わざるをえないものもなくはないようである。しかし、山林・原野地域の図面にも一応の形状を示しているものもあり、やはり周囲の地形等も考慮して精度の判断がなされなければならない。

通常程度の精度を有する公図は、以上のような山林・原野地域の一部を除いては、位置・形状においておおむね現地と一致しているものと評価されているが、どの程度現地と相違する場合に訂正が必要となるのか、その要否の判断は難しい。

したがって、その基準を明確にすることは困難であるが、境界が直線であるのか、あるいはそうでないのか、どの方向に向いているか等についてはかなり正確であることから、形状の屈曲の方向がおおむね一致していると判断される場合には、一般的には訂正は不要ということになると思われる。(2)

① 公図作製当時から異なるもの

〔公図の地形が現地と異なるもの〕 公図の訂正を要する事例のなかでは、「公図上の地形が現地と異なること」によるものが最も多いといわれるが、その不符合の発生原因としては次のようなものが考えられる。

ⅰ 公図の精度が低いところから現地と形状等が一致しないもの

ⅱ 精度はある程度有するが、単に公図が誤っている場合

ⅲ 地殻変動等により現地の形状が一致しなくなったもの

事例１

事例２

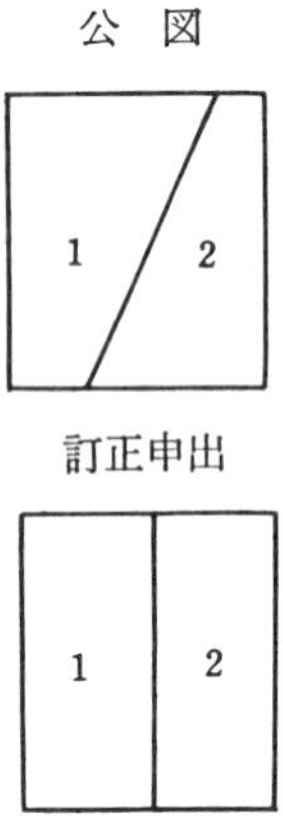

以下、事例を紹介しながら説明しよう。

≪事例１≫ 公図は、ほぼ正方形のものについて、台形の地積測量図が提出され、現地調査の結果、各筆界点に誤りのない場合

各辺のうち、三辺はほぼ合致しているが、一辺が合致していない場合において、この合致しない辺の誤差が隣接地における精度を下回っているときには、地積測量図のごとく訂正することができる場合も考えられる。

≪事例２≫ 公図上台形になっている土地につき、長方形に訂正しようとするものであるが、この場合も公図はおおむね形状も現地と一致していると考えるのが原則であるから、現地の形状が当初か

事例3

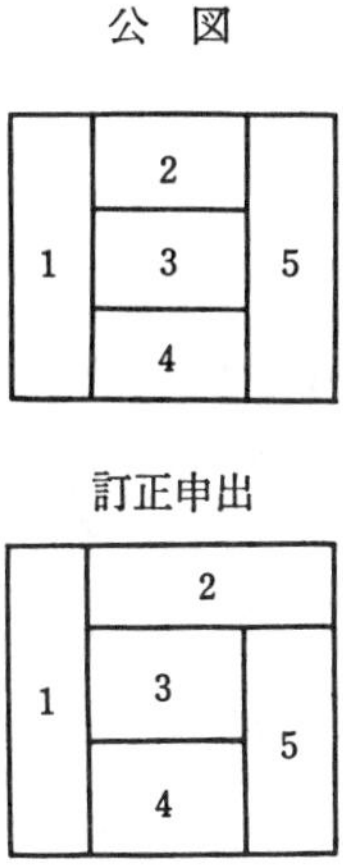

事例4

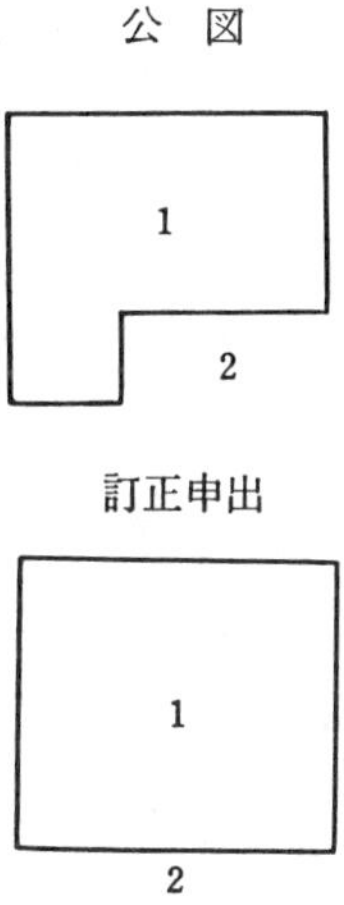

事例5

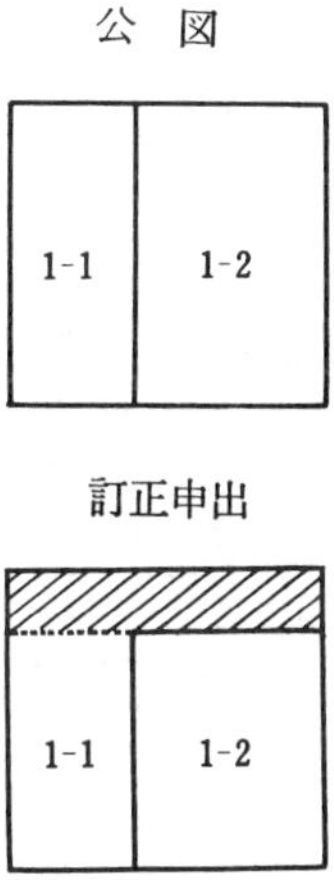

ら変更されていないかどうかについて、慎重に調査する必要がある。

《事例３》　この事例は、二番と五番の土地の接する状況が相違しているとして訂正しようとするものである。この場合は、形状的には一致しているともいえる。すなわち、筆界線の方向はほぼ一致しており、定量的相違ともいえるので、訂正が可能である場合も考えられるが、現地が当初から変更されていないか否かの調査はやはり慎重にすべきであろう。

《事例４》　この事例は、一番の土地が二番の土地と接する部分において、一部突出した部分があるのは誤りで、整形の長方形に訂正しようとするものである。

公図は、一般的に形状が現地とおおむね一致するのが原則であり、この事例のように、公図の形状と屈曲や形状が相違する場合はまれだと考えざるを得ないので、調査はより慎重でなければならず、有力な判断資料が得られない場合は訂正すべきでない場合が多いと考えられる。

《事例５》　この事例は、分筆登記に伴って修正された筆界線に誤りがあるとして訂正しようとするもので、一番一の土地は長方形でなく、かぎ形になっているというものである。

このような場合、地積測量図などの確実な資料がある場合には訂正は可能であろう。

公　図

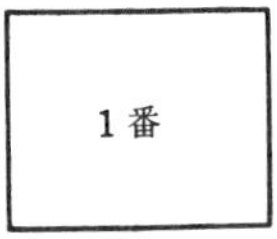

現　地

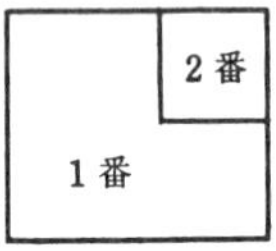

また、一番一の土地は分筆成地であるが、斜線部分が道路拡幅されたような場合において、その登記がなされていないために、分筆登記にあたり筆界を誤認したものであることが確認できる場合には、訂正が認められることもあろう。

〔現地が存在し、表題部の登記はされているが、公図には該当する土地の表示がされていないもの〕　現地及び表題部の登記はあるが、公図上にその一筆地がなんらかの理由で、明らかでない場合がある。

典型的な事例としては、上の図のように該当物件が一番の土地に包含されていて、二番の地形が表示されていないような場合である。このような場合、二番の土地が他の位置にあらわされていないことの調査は当然必要であるが、他の字における飛び地の有無の調査も必要である。その結果として、地番並びからも妥当性があり、位置形状が特定でき、当初から誤りがあるものと判断できれば公図訂正を認めてさしつかえないものと考えられる。

〔地番がない場合〕　ⓘ　地番のないもの

一筆地を特定する要素の一つとして土地の地番があるが、この土地につき登記はなされていてもなんらかの原因によって公図上地番が表示されていない場合がある。このような場合、公図上の空白部分が登記簿の何番に相当するのかという客観的な判断資料を何に求めるか、また、公図と現況（位置）及び面積等相違している場合に、その認定ができるか等につき問題がある。他に空白地に該当する土地がないか否か、飛び地がないか否かを調査する必要があることももちろんであるが、そこが国有地でないことの証明も必要であろう。

《事例1》　左記の例のように、一二番の土地に対応する地番が空白であって、登記簿上の所有権者が同地を現実に占有していて、面積及び地番の配列関係等からも、空白部分が一二番の土地に該当することが明白であれば、地番の遺漏として公図の訂正をすることも認められよう。

事例１

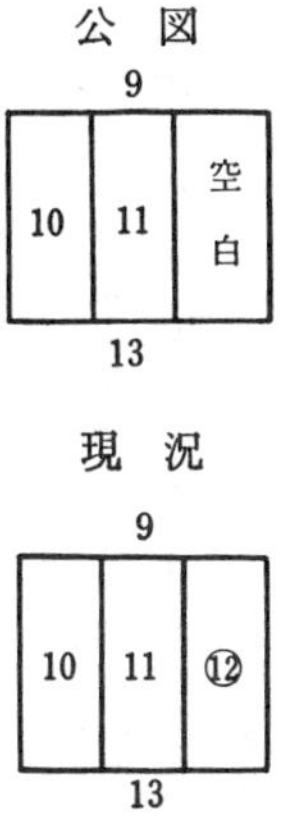

事例２

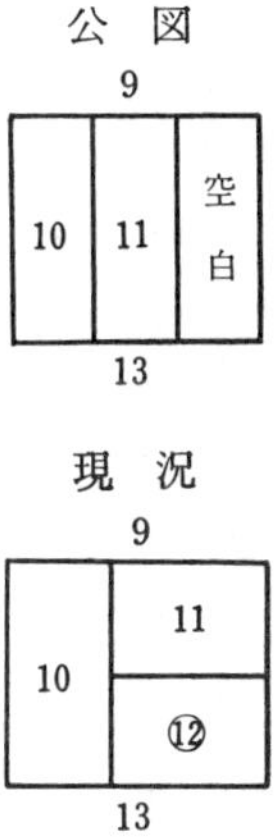

《事例２》　この事例は公図と現況が相違している場合である。公図上の空白地帯に相当すると考えられる一二番の土地の登記簿上の所有権者が現実に支配しているところと公図上の位置が相違している場合においては、空白地帯が一二番であるとの判断はできない。したがって、このような場合は公図訂正には応じられない場合が多いといえよう。

ⓘⓘ　地番が誤っている場合

公図の地番と登記簿に対応する現地の地番が相違する場合であるが、地番が付されたことによって、物件が特定される効果を生じていることから、公図訂正の可否には問題がある。

右の例の発生原因として次のものがある。

ａ　公図には正しく附番されたが、所有権の登記を誤ったもの

ｂ　附番の錯誤

前者については、登記簿に表示されている所有者を基準として地図の地番を訂正するということは、地図そのものを無視した取扱いであり、公図訂正は認められない。

後者は、公図作成当時の附番の錯誤であることが、地積測量図等関係資料から判明する場合は、公図訂正をしてさしつかえないと思われる。これらの資料がなく、しかもかなりの年数を経過している場合には、前者、後者のいずれであるか判明しない場合も

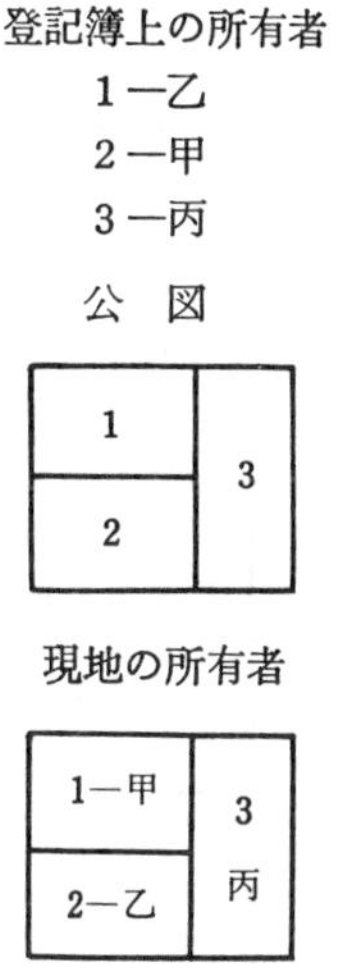

考えられるが、所有者の歴史的沿革、不動産の現況や隣接所有者の関係等客観的な資料によって判断することになろう。(3)

〔公図上重複して表示されているもの〕　数枚の公図を接合した場合に、接合部分の土地が双方の公図に表示されていることがある。例えば、A図及びB図はそれぞれ別の公図であるが、接合部分における三番の土地がA図及びB図に記載されているような場合である。

A　図

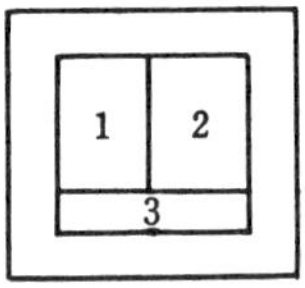

B　図

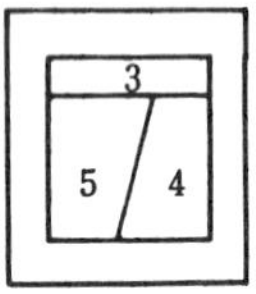

このような事例の場合、A図とB図の字が同じときは、一方を抹消することが相当と考えられる場合があろう。A図とB図の三番の土地の公図上の地形は若干差がある場合も考えられるが、その場合においては、現地調査又は地図訂正申出の添付書類等によって、接合状況等現地により類似しているものを残し、他を抹消する扱いも可能であると考えられる。

次に、地番のない道路（赤線）又は水路（青線）が双方の公図の接合部分に表示されている場合は、接続して一筆地（道路幅員）が表示されているものと双方に重複して表示されているものがあるので、一概には重複しているともいえない場合があるが、道路が字界になっている場合には、どちらに属するか不明の場合もある。公図に記載された道路（又は水路）の表現方法が、一方の公図には幅員が表示されており（A図）、他方の公図（B図）は、単に隣地に道路が存在するという意味だけの場合がある。この場合には道路等はA図に属するものと考えられるので、B図の道路部分について抹消しなくても、公示上支障はないものと思われる。しかし、B図からも、道路の幅員等と誤認されるおそれのある場合は、道路（水路）管理者又は関係市町村から事情を聴取するなどし、また、現地の道路の幅と公図上の幅を比較し訂正の要否を決するのが相当と思われる。

道路の幅員は建築基準法の道路の認否の上で問題となる場合があるが、これらの訂正は、道路（水路）管理者の申出に限ることが相当であろう。

なお、道路が行政区画の分界となっていて、境界が明らかでない場合は、地方自治法九条又は九条の二の手続によるべきものと考えられる。

② 登記申請に誤りのあるもの

〔地形図の作製に問題があるもの〕 公図の筆界線は、辺長、角度等が現地と一致しないものが多く、正確な地積測量図が提出されても公図上に分割線を記入することが事実上不可能な状態になる場合がある。

そこで、旧土地台帳事務取扱要領第六〇では「当該測量図の縮尺が土地台帳法施行細則第二条の地図のほか地形図を添付するものとする」とされ、公図の分割線の記入を容易にしようとした。しかし、これは公図が正確であることを前提として縮尺をあわせる意味であったが、現実の取扱いとしては現況と公図が異なる場合にも提出されていた。

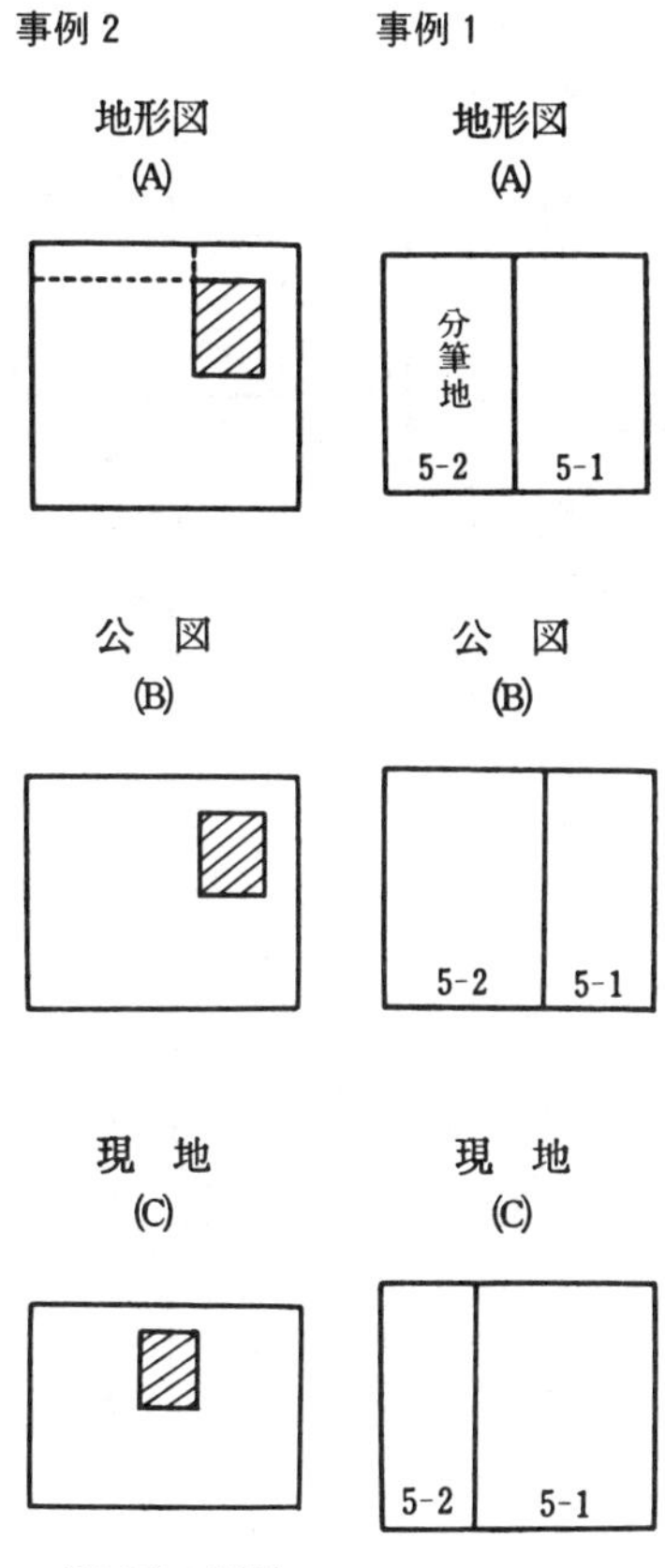

斜線部分は分筆地

その後、登記簿と台帳が一元化されたのちは地形図の提出を求める規定はないが、登記所の多くは土地家屋調査士に協力を求めて、便宜、地形

図3

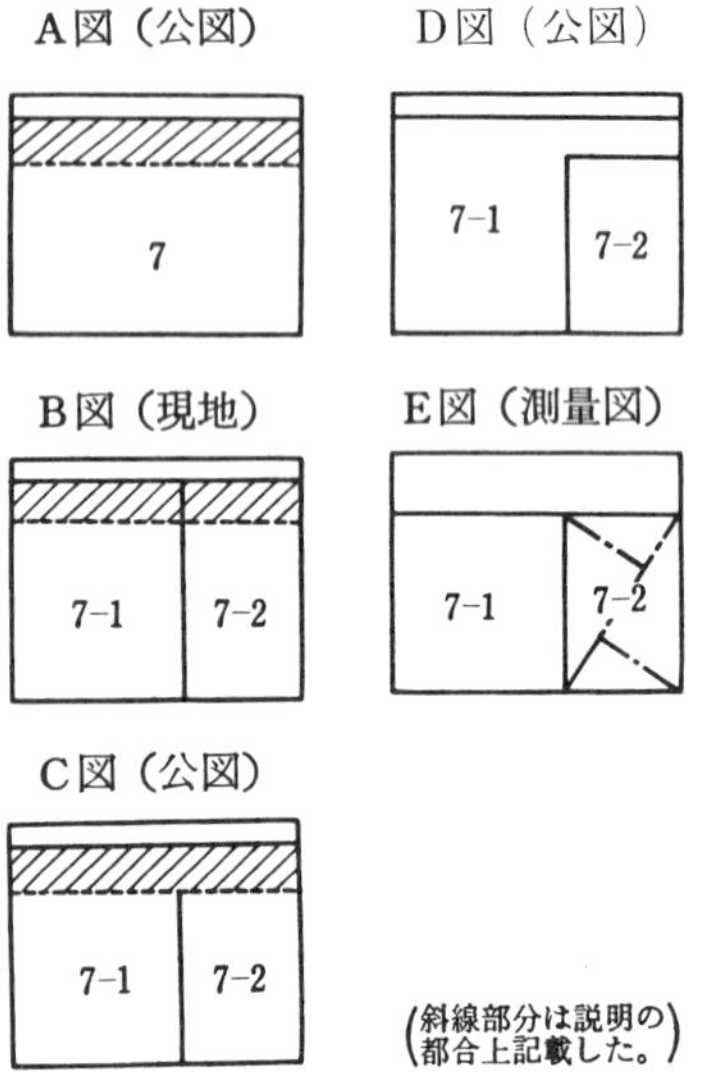

図2

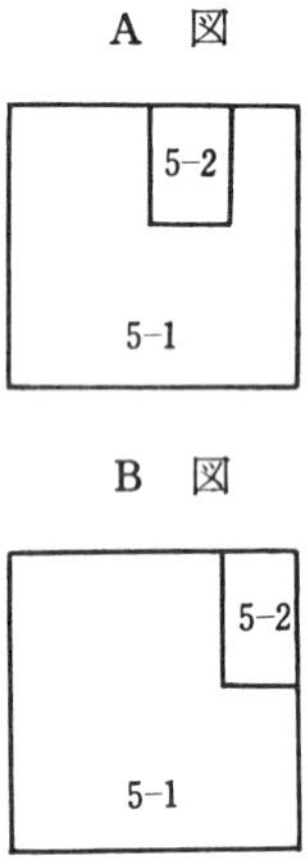

図1

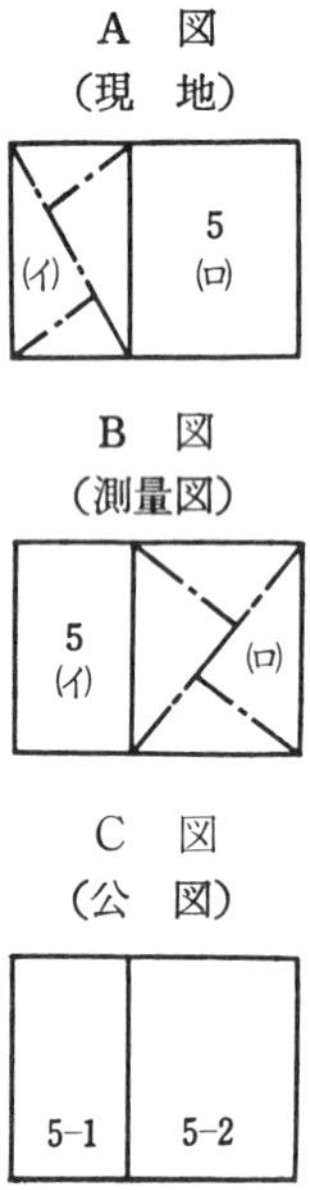

図の提出を求めている。この地形図作成に誤りがあった場合、公図の記入も誤ることとなる。

地形図の誤りにより、現地と公図の不一致となったものに次のような例が考えられる。

ⓘ　分筆残地の地形図誤り（事例1・事例2）

地形図Ⓐの提出により登記所において公図Ⓑのように修正手続をしたが、現地はⒸのような場合である。

ⓘⓘ　地形図の方位の誤りにより、公図の修正手続を誤った場合

ⓘの事例1・事例2については、分筆された土地の地形図は現地とほぼ一致していると考えられることから、公図訂正は可能であると考えられるが、ⓘⓘについては公図に表示された地番と現地の地番が相違している箇所があることから、公図訂正するについては、所有者の沿革等を考慮して慎重な処理が必要だと考える。

〔地積測量図を誤って作成したもの〕　ⓘ　五番の土地を分筆するためにA(イ)の部分を測量したが、分筆登記の地積測量図がB図(ロ)のように誤って作成され、C図のとおり分筆登記が完了した（**図1**）。

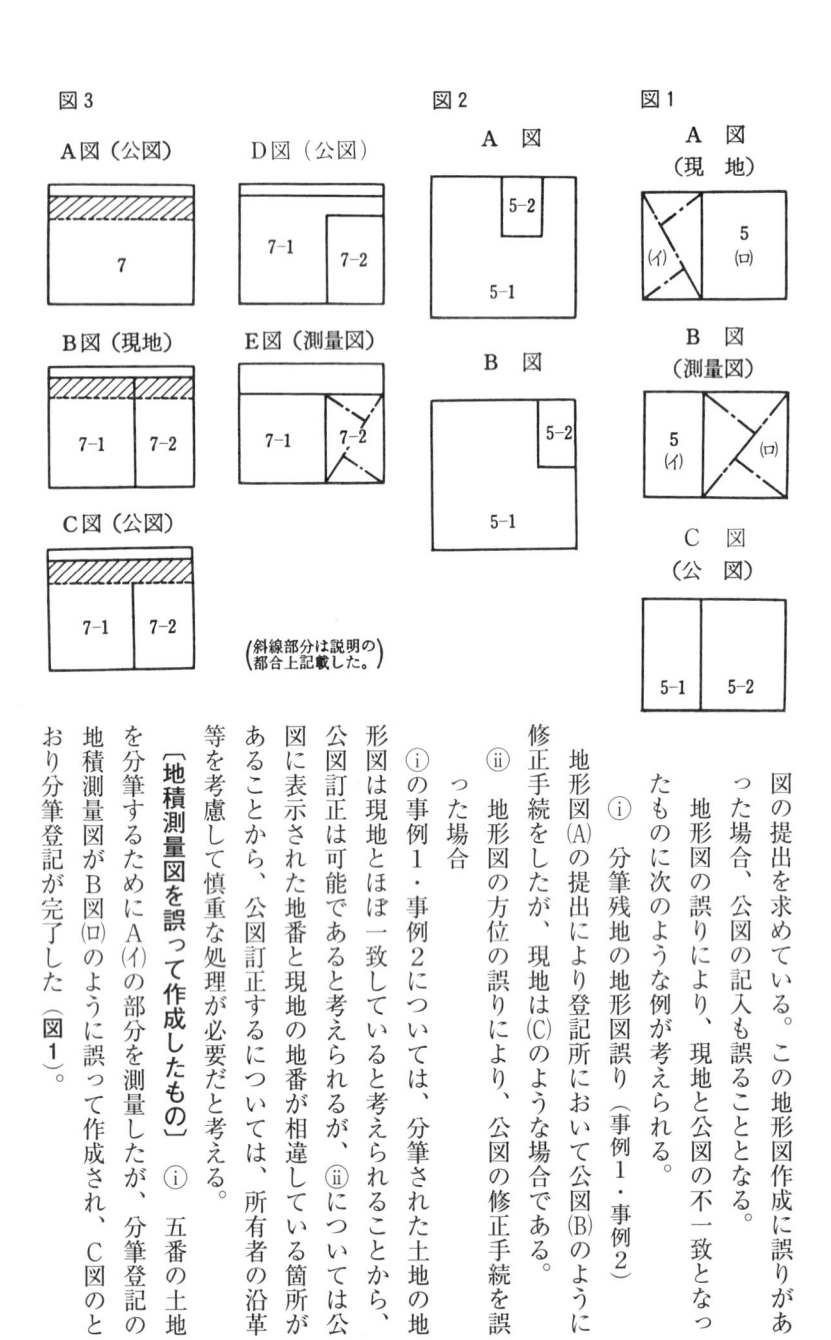

測量した現地はC図（公図）の五番一の一部であるのに、登記簿はC図五番二の位置に表示されたものであり、それが、方位を誤り、あるいは位置を誤認して測量図が作成されたとしても、提出された測量図でその位置と範囲を決定したのであるから、容易に公図訂正を認めることはできない。

ⅱ　昭和四三年六月八日民事甲第一六五三号法務省民事局長回答は、この問題に関連する事案である（**図2**）。所有者甲は、その所有する五番の土地をA図のように分割し、乙に売り渡すため分筆登記の申請を丙に依頼した。ところが、丙は誤ってB図のように申請し、分筆登記を完了して五番二の土地につき乙のために所有権移転登記を終了した。

この事案では、公図訂正は認めていない。丙の分筆登記手続において現地の認識を誤ったとしても、B図の五番二の土地は正しく測量されており、訂正すべき誤りはないということであろう。

ⅲ　地積測量図を誤って作成したものでも、地図訂正を認めたものがある（**図3**）。（昭和五二年法務局・地方法務局登記課長会同における協議問題、民事月報三二巻二号）。

これは県道及び市町村道の拡幅工事に伴い新たに道路部分となった土地（A図斜線部分）について、買収による所有権移転登記並びにその前提となる分筆登記が完了していない場合において、所有者が、B図七番二のとおり測量したところ、登記所ではC図のように修正したというものである。

E図の七番二とD図の七番二とは同面積であり、七番二の土地は特定されており、残地の記載誤りとみることができるので、D図のとおり地積測量図及び公図の訂正の申出をすることを、便宜上認めてさしつかえないとされている。

〔机上分筆によるもの〕　机上分筆は現地と公図が相違しており、提出された地積測量図も現地を測量した図面でなく、公図にあわせて作図された図面に基づきなされたものであることから、公図訂正により処理されるべきものでなく、本来は分筆錯誤による分筆抹消登記で処理されるべきである。

ところが、この机上分筆の場合は、分筆した土地を分譲し、譲受人たちが抵当権設定をしたり、また、転売するというようなことで、分筆抹消登記（分筆当時の所有者に所有権の登記を戻すことを要する）は非常に困難である場合が多い。

一方、机上分筆によって修正手続の施された公図は、地図の混乱の要因となり、現在、解決の困難な問題として残っている。

このような地図混乱地域については、登記された筆界（公法上の筆界）と現地が相違し、その筆界が確認できないため、土地の表示に関する登記は受理できない場合が多い。

地図混乱地域というのは、ある一定の地域とそれに対応する登記所備付けの地図に表示された土地の位置及び区画が相違している地域を当方、つまり法務局の方で便宜、そう呼称しているだけで、特に地域の指定などの行政的措置をとっているわけではない。

〔地図混乱の発生原因に起因するもの〕　この地図混乱の発生原因については、例えば宅地造成に起因するもの、あるいは川の氾濫や山崩れ等の災害のために、位置・区画等が判然としなくなった土地をその地域の所有者が任意に区画して占有したことを原因とするものなどがあり、さらには、これらの種々の原因が複合されたものもあるのではないかと考えられる。地域としては、旧土地台帳附属地図（公図）で作製された地域がほとんどではないかと考えられる。つまり、公図は、前述したように明治当初の地租改正に伴って、課税の必要上から、全国の土地の測量が行われて、明治六年に作製された野取絵図（改祖図、談合図、ダンゴ図とも言われる）を明治二〇年から二二年にかけて再測した上で作製された地押調査図（更正図、字図、字限図などともいう）が基本となっているといわれている。

ところが、この地押調査図の作製方法は、骨組みをまず作って細部を測る図根測量ではなく、一筆ごとに測量して字や区域を確定していったものだから、その精度はあまり高いものではなかったといわれる。特に、収益力の低い山林や原野については、見取図程度の精度しか有しないものが多かったようである。

そうなると、そんなに不完全なのに、なぜ、いままでは、境界争いなどのいざこざが少なかったのかという疑問が生ずるが、いわば「地域社会における土地区画の承認関係の存在」と「土地の形質の不変性の継続」の二つがあげられる。当時の枇杷田民事局第三課長は、「地域社会における土地区画の承認関係は、その地域社会が構成されているところでは、その地域内の土地はすべて構成員によって熟知されており、各筆の土地筆界及び支配関係が構成員全員のいわば社会的承認の上に不動となっている関係をいう。」とされる。つまり、例えば、その地域社会の中の一人が境界標を移動させて隣地との境界を侵せば隣地の所有者から直ちに抗議されるばかりではなく、地域社会全体によって制裁されることになる。

このように承認関係のあるところでは、土地の区画は、各筆の土地の配置が概略判明する地図が存在し、その地図に各筆の地番が記載されていさえすれば、実際上明らかにされているということである。

また、「土地の形質の不変性の継続」というのは、「各筆の土地についてその用途、事実上の形態、区画線上に設けられた畦畔、石垣、側溝、塀等の設置物または境界標石等が長期間不変のまま存続することをいう。」と定義されている。これは、各筆の用途（例えば、田、道路、宅地）に従った土地の恒常的形態、あるいは、筆界線上の畦畔、石垣、側溝、塀等や境界標石などによる土地の形質それ自体は、土地の一筆性を形成するものではないが、土地の形質は土地の区画を現地において認識する資料となりえるものであり、このような物証が現地に存在し、また損われることなく長期間保たれれば、この場合にも、地図は各筆の土地の配置の概略と地番とが記載されたもので実際上事足りるということだろう。

そして、最近の社会経済の変動により、地域社会の崩壊と土地形質の変更が進み、これらの人証、物証が失われつつある都市周辺の開発地域について、人証、物証に頼ることなく、それ自体で現地復元性のある法一七条（一四条）地図の整備こそ焦眉の急である。

法一七条（一四条）地図は、不登法上一筆または数筆の土地ごとに作製し、各筆の土地及び地番を明確にするものであることを要するとされるだけで、具体的基準が明確ではない。この地図を作製する場合の具体的な基準は、必然的に、地図を補充してくれる人証、物証に頼ることなく、それ自体で、登記された土地が現地のどこにあるかを指示できる能力（現地復元性）のあるものでなければならないというニーズに応えるものでなければならない。そして、実際に、不動産登記準則二五条において、測量は、測量法第四条の規定による基準測量の成果である三角点などの国家基準点等を基礎として行わなければならない旨などを定め、このニーズに応える規定をおいていた（現不動産登記規則一〇条等）。そして、昭和五二年には法一七条地図と作製方法を同じくする国土調査法による地籍図にその主たる供給源を求めるため準則等の改正がなされ、国調地籍図は、原則として、成果に基づく登記完了後に地図として備え付けるものとした（現規則一〇条）。その結果、国調地籍図による法一四条地図は約三〇一万枚であり、登記所備付地図約四〇七万枚の約七四％を占めている（平成三〇年四月一日現在）。

究極的な是正方策としては、①分・合筆登記等の組み合わせによる原則的な手続による是正のほか、②土地所有者等全員の合意に基づく地図訂正、③国土調査法に基づく地籍調査による是正、④地方税法三八一条七項の規定に基づく申出による是正（同条七項は、「市町村長は、登記簿に登記されるべき土地又は登記されていないため、又は地目その他登記されている事項が事実と相違するため課税上支障があると認める場合においては、当該土地又は家屋の所在地を管轄する登記所にそのすべき登記又は登記されている事項の修正その他の措置をとるべきことを申し出ることができる。…」旨規定している）などが考えられ、いずれによるかは、その混乱地域の発生経緯などを検討、分析の上、その地域に適合した是正策を検討する必要がある。

ただ、地図混乱地域の中には、究極的な解決策を待っていると、さらに混乱に拍車がかかり、その地域が拡大するおそれのある地域、例えば、開発途上地域等は、この状況を放置すると登記事務処理を阻害する要因となりかねないので、当面の措置として、混乱状態の防止拡大や表示登記が受理できるようにするため、緊急性の高い地図混乱地域について、現地調査により混乱の範囲を明確にし、混乱の発生原因や境界紛争の有無などを調べた上、基準点を設置する作業も重要である。この基準点は、測量法第四条の規定による基本測量の成果である三角点などの国家基準点などに準拠して設置されるものであり、基準点が設置されると、原則として、その地域の地図は閉鎖され、その後は基準点を利用して地積測量図を作成することになる。この基準点は、将来法一四条地図を作成する際に利用することが可能であり（国家基準点に準拠しているから）、将来の地図作りを考えた場合にも大変大きな意義も持つことになると考えられる（「地図混乱地域」登記簿・登記研究四一〇号表紙）。

地図混乱地域の是正については、原則として、造成前の区画（底地＝登記された筆界）を示す図面と地積測量図等を接合した図面及び現況図面を対比して分合筆の登記を行い、個別に是正していくのが筋道であるが、混乱地域のほとんどについては、造成前の区画を示す図面がなく、造成前の区画と現況の区画を対比することが不可能な状況である。また、仮に、これらの図面があったとしても、造成後（混乱後）に分筆、所有権移転、抵当権設定等の登記がなされるなどしているのが通常で、この原則的な是正方法をとることは、現実には極めて困難な実情にある。

しかし、混乱発見後、相当期間土地の表示に関する登記が停止されること、原則的是正策が困難な実情を考えあわせると、なんらかの是正策が考えられなければならないところである。

その是正策の一つとして停止している表示登記の処理を可能ならしめるため、地図混乱地域の実態調査及び基準点設置作業が逐次実施されてきている。

この基準点設置作業実施後は、その基準点に準拠した測量により土地を特定し、これまで停止してきた表示に関する登記が可能となるが(4)、これにより混乱地域の全体的な解消が図られるわけではない。

そこで、基準点設置地区について、いわゆる集団和解方式による是正が進められているところである。

もっとも、基準点が設置されたのちに、集団和解方式による是正がなされることが好ましいことではあろうが、集団和解方式による是正が可能な地域については、基準点を設置するまでもなく集団和解方式による是正を図っていってさしつかえないと思われる。

A 図

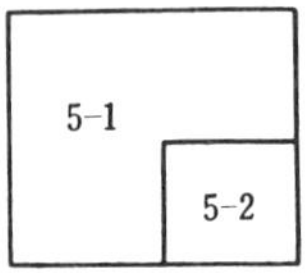

B 図

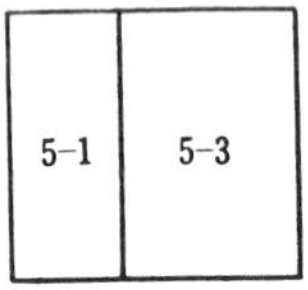

C 図

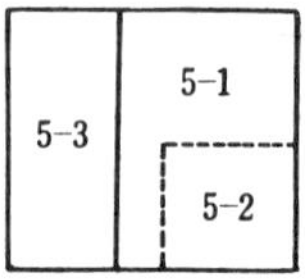

〔公図上に一筆地が遺漏していたために、見落として分筆登記をなし、二重登記となったもの〕　A図五番二の土地は登記簿にあるが、公図には表示されていない。その後、五番一の所有者は、五番二の土地が公図上の五番一のなかに含まれていることに気付かず、五番一の土地から五番三の土地を分筆してB図のとおり公図に記入が行われた。その結果、五番二と五番三は一部重複することとなった。

この事例では、五番三の分筆登記が誤りであるから分筆の抹消登記申請をなし、元に戻してから新たに分筆登記手続をすることになる。

なお、C図のように五番二の土地が残地に存する場合は、公図訂正を認めてもさしつかえないと考えられる。

③　公図の手入れに瑕疵があったもの

〔分筆線の記入漏れ、合筆線の削除漏れのあったもの〕　過去において分筆登記又は合筆登記の申請がなされたものについて、登記簿上の処理はなされているが、公図の修正手続が未済のままとなっているものがある。

現在では、地図が重要視されているため、地図修正の遺漏はなくなっていると思われるが、過去においては、公図が租税徴収の資料として利用されていたものであるため、公図に対する認識が必ずしも十分とはいえなかったことから公図修正手続の遺漏もなくはないようである。

これら遺漏した公図についての修正方法は、地積測量図又は旧台帳の申告書等の資料が存するものについては、それに基づいて順次遡及して修正すべきものである。それらの資料が存しないものについては、地図訂正の申出を促すこととなる。

〔分筆線の記入に誤りがあるもの〕　分筆登記の申請書に添付された地積測量図又は地形図に基づき、公図に分筆線を記入する際に、方位、筆界点のプロット等の取違いにより、誤って分筆線が記入されたような場合がある。

この場合は、地積測量図又は地形図等の資料が存する場合には訂正すべきものであるが、資料が存しない場合には、地図訂正の申出を促すこととなろう。結局、市町村に保管されている公図の副本の証明など分筆登記申請当時の資料が得られ、事実が確実であるものに限り認められる。

〔地図再製による錯誤又は遺漏〕　税務署からの台帳移管とともに引き継いだ公図は、美濃紙による地図がほとんどであり、一枚の図面の大きさがまちまちなため、取扱いが不便であると同時に、摩耗も激しいことから、毎年順次これのマイラー化が進められている。

マイラー化した場合においては、旧公図を閉鎖することになるが、再製の際、原図が破損していることや、伸縮していることから、再製図面が合致しない場合が多々あるといわれる。また、公図は、里道は赤、水路は青(水色)、堤は黒（ねずみ色）といった着色がされていたが、再製図はその着色をしていないものが多いため、マイラー化した地図も旧図と対照しながら処理されているのが実情である。

この再製の点検は大変な作業であることから、これが原因となって、地番、境界線が現地と相違する場合もある。この場合の修正は、閉鎖した公図によって修正可能なものについては、公図訂正の申出がない場合においても修正することができる。

④　所有権移転が原因となるもの

〔目的物を誤って取得したもの〕　三番の一の土地を取得した者が、誤って三番の二の土地に所有権移転の登記を完了したような場合は、所有権移転登記が実体に合わない無効なものであるから、この移転登記を抹消すべきものであり、公図訂正のできない場合の典型的な場合である。

〔分筆登記手続を経由しないで所有権移転をしたもの〕　左の図において、一番の土地のAの部分について、分筆登記を経由しないで二番の土地の所有者に譲渡し、同様の方法で二番の土地のBの部分を一番の土地の所有者に譲渡したため、公図との不一致を生ずることとなった。

これは、土地所有者が分筆登記を経ずに、事実上土地を分割して実体上数筆の土地としたものであるから、公図訂正の方法で現地と合致させることはできない。

公図の位置や形状は一応正しく表されており、現地と相違する場合でも、それだけの理由によっては、原則として、それを訂正することができないことはすでに前にも述べてきたところである。この事例のような場合に公図訂正によって誤って処理されるならば、その訂正の結果が、所有権の変動を生ずることとなるので、公図訂正の可否の判断は慎重でなければならないとする大切な一例といえる。

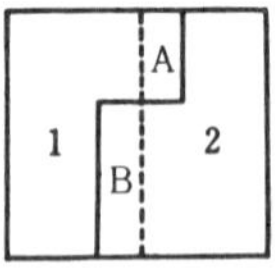

（1）　広島法務局「地図訂正の手引」四〇ページ以下

（2）「台帳附属地図と地図訂正」民事研修二八二号

（3）「地図訂正をめぐる諸問題Ⅱ」登記先例解説集三一六号五八ページ

（4）昭五四・一一・七民三第五七一二号法務省民事局第三課長依命通知

基準点設置地域における表示登記事務取扱要領

登記所備え付けの地図と現況が著しく相違するいわゆる地図混乱地域中法務局において基準点を設定した地域広島市戸坂新町一丁目及び中山新町一丁目の各一部については、地図を閉鎖して以後地図のない地域として取り扱うこととし、当該地域における表示に関する登記事務処理は、昭和四十七年三月十八日民事三発第一三五号民事局第三課長回答（旧土地台帳附属地図のない地区における表示登記事務処理について）にかかわらず、原則として次の要領によるものとする。

（測量）

第一　基準点設置地域内の測量は、設置した基準点を与点として実施するものとし、一筆地の筆界には、永久標識を埋設するようしょうようするものとする。

（申請書の添付書類）

第二　土地の表示、地目の変更（更正）、地積の変更（更正）、分筆及び合筆の登記並びに建物の表示の登記（付属建物の新築を含む。）の申請書には、所定の添付書類のほか土地の所在図並びに隣接土地所有者の筆界等に異議がない旨の同意書（印鑑証明書付き）を添付させるものとする。

ただし、土地の所在図については、添付されている地積の測量図が、不動産登記事務取扱手続準則（以下「準則」という。）第九九条第四項に規定する要件を満たす場合には、この限りでない。

（土地の所在図）

第三　土地の所在図は、準則第九七条第一項に規定する縮尺により作製し、所定の記載事項のほか、土地の存する位置を明らかにするため、与点として利用した基準点の位置、座標値及びその番号並びに各筆界点の座標値を記載するものとする。

（地積の測量図）

第四　地積の測量図は、準則第九七条第二項に規定する縮尺により作製し、所定の記載事項のほか、前項において土地の存する位置を明らかにするために記載すべきものとされた事項並びに与点として利用した基準点から適宜の筆界点までの距離及び角度を記載するものとする。

（図面の誤差の限度）

第五　土地の所在図及び地積の測量図の誤差の限度は、基準点配置一覧図の誤差と同一の限度とする。

（申請事件の処理）

第六　登記官は、申請書に添付された図面等と登記所に備え付けられている隣接地の所在図等を照合し、筆界重複の有無などにつき調査を完了したときは、現地に臨み筆界等の確認を行うものとする。

(七) 参考事例

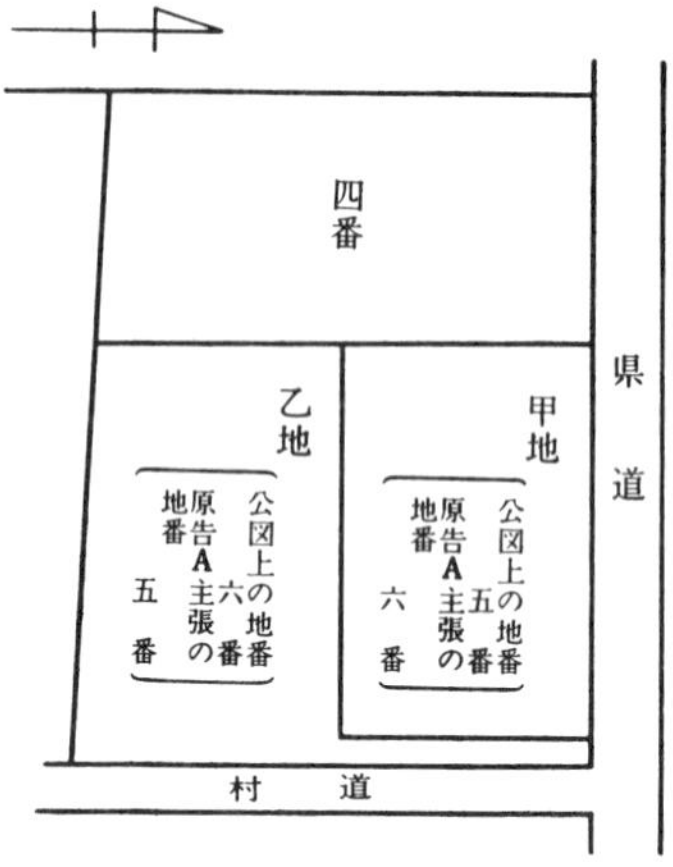

今までは、一般的に考えられる公図訂正の事例を説明してきたが、ここでは個別の具体的な事例を紹介しながら説明することとする。

(1) 公図の地番の誤りと公図の訂正

上図のごとく、[1]県道と村道の交わるところに甲地、乙地があり、いずれも現況山林で、面積もほぼ同じぐらいの東西に長い、長方形の土地がある。甲地は、A氏が木を植えて手入れをしているが、A氏はこの甲地が自己が登記名義を有する六番の土地であると信じていた。乙地はB氏が占有しており、A氏はこの乙地がB氏が登記名義を有する五番の土地であると信じていた。

ところが、公図によると、県道沿いの甲地は五番、奥の乙地は六番となっている。B氏は公図上甲地が五番となっていることを奇貨として、これをC氏に売り、C氏は五番の土地は甲地であると信じている。

もちろん、公図の地番表示が誤っていた場合は、いかに公図を信用して土地を買ったとしても公図や登記簿に公信力はないのであるから、結局は他人の土地を買ったことになり、したがって、C氏は甲地が五番の土地であると信じたとしてもC氏が甲地の所有権を取得することにはならないが、C氏が甲地が五番の土地であると信じている以上、公図の訂正に協力するとは考えられない。そうなると、隣接地所有者の承諾が得られないということで、登記所の公図訂正が困難であるところから、A氏としては結局、訴訟を提起するということになる。

訴訟としては、甲地がA所有であるという所有権の確認訴訟とC氏に対する地番訂正手続請求の形をとっている。これが認められるためには、「甲の土地がAの所有であり、それが登記簿上の六番の土地である」ということが明確にされなければならない。結局、この事件は、A・B間でなされた古い裁判記録（甲地がA所有でその地番は六番であり、乙地がB所有でその地番は五番であることを前提として、通路部分の所有権の確認を争ったもの）や甲地を六番と表示した数枚の古い地図が発見され、その結果、A・C間で和解が成立している。すなわち、

① Cは、甲地がAの所有であり、これに付すべき地番は六番であることを確認する。

② A・B双方は、乙地がCの所有であり、これに付されるべき地番は五番であることを確認する。

③ Cは、和解成立後遅滞なくAと共同して本件公図につき五番を六番に、六番を五番にそれぞれ地番訂正の申出をなし、その手続に必要な協力をなすこと。

Aは、地図訂正の申出書に、Cの承諾書、右の和解調書、Cの印鑑証明書、村役場の地図、近隣住民の所持する地図四枚の写しなどの疎明書類、訂正前後の地番を表示した図面、地積測量図を添付して公図の地番訂正を申請し、公図の訂正をしている。

この事例において注目されることは、地番（土地の位置）が誤っているような場合に、それを立証することは容易ではないということであり、もう一つは、そのような場合に隣接地所有者に対し、登記所に対し地番訂正の申告をせよというような訴求は難しいということである。地図の訂正は登記所の職権事項であり、官公署の職権発動そのものを裁判所に請求することができないのが原則であると考えられるからである。本事例の裁判においても、裁判所は同様の見解であったということである。(2)

(2)　二線引（無番地）の畦畔地と公図訂正

この事例については、昭和三五年八月二五日付の関財財調第二三〇号をもって関東財務局長から東京法務局長あてに次のような依頼がなされている。

「当局所管の国有財産について実態調査を実施したところ、二線引（無地番）の畦畔地を隣接地主が地目変換（耕地より宅地）に便剰し、自己所有の畦畔地として地方行政庁の証明を取付け、公図抹消を行っている事例が各所に見受けられ、特に〇〇〇地区においては著しいものがあり、国有財産管理上まことに遺憾とするところであります。

ついては、これら二線引（無地番）畦畔は国有畦畔として大蔵省所管の普通財産に属するものであるからこれらの申報書類は受け付けないよう特段の御配意御願いいたします。」

これに対し、昭和三五年八月三一日付登第二一九号をもって東京法務局民事行政部長から次のような通知がなされている。

「土地台帳附属地図上地番未設定の土地について、隣接地の所有者から錯誤を原因として境界線を抹消する地図訂正申告がなされた場合、関東財務局長から別紙のとおりの申し越しの次第もあって、たとえ当該申告書に周囲の土地所有者の承諾書及び市区町村長等の所有権を証する書面の添付があっても、当該土地が国有地でないことの権限ある官庁の証明がない限り、当該申告は受理登録すべきでないと考えるので、念のため通知する。」

このような事例の場合、当該土地が国有地でないことの権限ある官庁の証明が必要であることは当然といえよう。

(3)　公図の誤りと具体的な訂正方法

この事例については、弁護士会から次のような照会がなされている。

一　法務局備付の旧台帳付属地図（公図）に誤りがある場合、たとえば、別紙図面(二)でなければならないのに、別紙図面(一)の如くに表示されているような場合の訂正は具体的にどのような方法によってなされるのか御教示願いたい。

(イ)　このような場合利害関係人全員の同意（実印による同意書面と印鑑証明の添付）がある場合には問題なく訂正が認められると思われるのであるが、そのような同意がいろいろの思惑によってどうしても得られない場合には公図訂正は絶対に認められないのか。

図面(一)

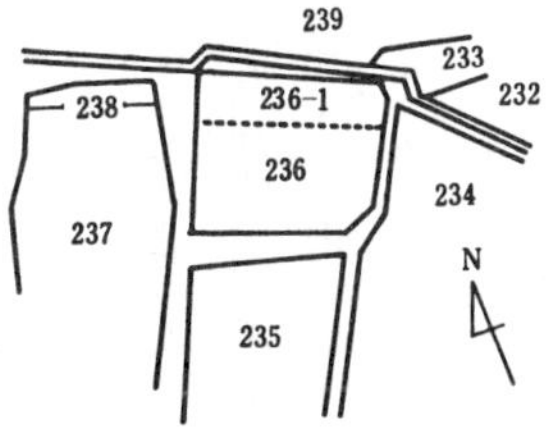

図面(二)

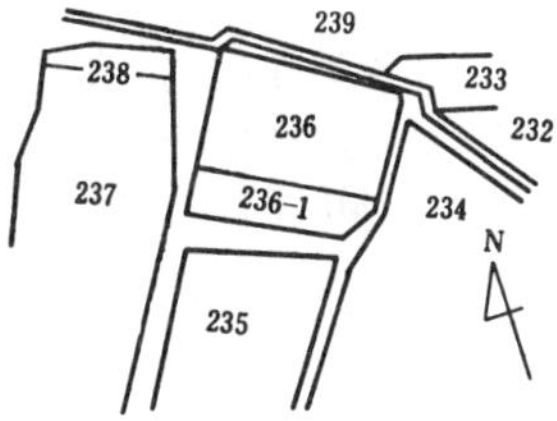

(ロ)　右のような場合でも訂正が認められる場合があるというのであれば、どのような証拠によってどの程度誤りであることを証明すれば良いのか。

(ハ)　このような公図の訂正の問題は登記官の職権調査事項であるのであれば、登記官は調査のために現地に赴き実際に見分し、あるいは関係者の事情を聴取するなどのことをすることもあるのか否か。

(ニ)　もしありとすれば、どのような申立をすれば、あるいはどのような要件がそろえば、そのような職権調査にのり出してくれるのか。

これに対し、昭和五二年一二月七日付民三第五九三六号で法務省民事局第三課長より、次のように回答している。

照会のあった標記の件については、左記のとおりと考えます。

記

一　(イ)、(ロ)について

旧土地台帳附属地図に記載された土地の境界の表示に誤りがあるときは、所有者その他の利害関係人は、その誤りを証するに足りる資料を添えてその訂正の申出をすることができる。

なお、この場合における利害関係人の同意書は、誤りであることを確認するための最も信頼度の高い資料となり得るものであるが、関係資料、他の利害関係人の証言、物証などから当該境界の表示が明らかに誤りであることを登記官において確認できる場合には、必ずしも利害関係人全員の同意書の添付を要しない。

(ハ)について

前項の訂正の申出があった場合には、その内容が真正であるかどうかを確認するために、登記官が現地調査を行ない、あるいは関係人から事情を聴取することがある。

(ニ)について

(ハ)により了承されたい。

利害関係人の同意書は法定添付書面ではないので、境界の表示が明らかに誤りであることが確認できる場合には、必ずしも利害関係人全員の同意書の添付を要しないことはもちろんであるが、むしろ明らかに誤りであることを確認できるか否かがポイントになろう。

(4) 一定の地域の全部について公図と現況が相違する場合と公図の訂正

これは、一定の地域の全部について、公図上の土地の位置・区画と現況の位置・区画が相違する場合に、当該土地の所有者及び利害関係人全員から、境界に相違ない旨の同意書（印鑑証明書付）を添付して公図訂正の申出ができるかという事例である。この場合、土地の位置・区画が公図と現況とで相違するに至った事情によっては、いわゆる集団和解方式による是正は可能である。(3) 一定の地域の全部について、公図と現況が相違するに至った原因はいろいろ考えられる。(4) 例えば、土地開発をする場合等に、公図上に表示されている道路、水路等の公共用地を正規の払下げ手続によることなく取り込んで造成し、あるいは公図の形状にあわせた図上分筆をするなど、ずさんな宅地造成がなされたことに起因するものが多いといわれるが、ほかにも各所有者が任意に道路の付替え、拡幅、土地の区画整理等を行いながら、分筆、所有権移転、合筆という通常の登記手続によらず、そのまま変更した区画を占有したことによるもの、水害又は火災等のため現地の境界が不明となったため、土地所有者が任意に土地を区画して占有したことによるもの、土地改良事業において仮換地の指定がされたものの、内紛等により事業が中断され、組合も解散してしまっているようなもの、さらには、公図が談合図程度の不正確なものであるため、分筆線等を記入することができず、適宜欄外記載等によって処理されたため現況区画と相違することになったものなど多種にわたっているようであるが、大きく分ければ二つの種類のものがあり、第一は登記手続とは関係なく、現地が先行して相違が生じているもの、第二は、登記手続は行っているが、現地と異なる形で公図に合わせて処理をしているものである。私的区画整理を原因とするもの等は前者の例であり、宅地造成による図上分筆を原因とするもの等は後者の例といえる。

このような地域について是正策を考える場合には、どのような原因によりそういう状態になったか、現況はどういう状態になっているのか、このまま放置していたらどういう問題が生じることになるかといったこと等を総合的に判断しなければならないが、原則的な是正措置としては、あくまで一筆の土地ごとに分合筆及び所有権移転登記等の手続によって処理すべきであると考えられる。しかし現実には、こういう形で処理できる場合は少ないと考えられるところから、次善の措置としては、土地改良又は土地区画整理事業に乗せて処理をする方法も考えられる。土地の境界を法律的に変える方法としては、これらの手法に乗せることができれば、一つの理想的な形で是正できることになる。また、場合によっては、国土調査法による地籍調査によって是正することも考えられるが、この場合、公図を調査図素図として活用することになる。国土調査は、境界を創設するのではなく、本来あるべき境界を確認するのであるから、公図と現地が著しく相違するために公図による筆界確認ができないということになれば、国土調査によって境界を確認することは事実上不可能ではないかとも考えられなくはないが、しかし、国土調査も本来あるべき筆界を確認することを目的とするわけで、その手段としては公図を活用することができないとしても、国土調査の機会に、集団和解的に所有者が異議を唱えないという形で国土調査という手法を借りて現況にあった形を本来あるべき筆界として確認していくということも可能であると考えられる。

さらには、この国土調査という形でなく、その地域の所有者全員がそれぞれ現在の区画についてなんら異議がなく、将来もそういう区画に基づいて占有されることが見込まれる地域については、便宜、全員の境界に異議のない旨の同意書によって公図の訂正をするという、いわゆる集団和解方式による方法も考えられる。もちろん、集団和解方式といっても、新しく境界を創り出すわけではなく、正しい境界はここであるということを示すに足る確たる資料がない場合に、お互いが本来の筆界はここであると確認しあうことを意味する。この場合も、土地の境界は動くものではないし、元の境界があるのであるから、その境界にあわせて分筆、合筆の手続をとるべきであるという原則は当然の前提とするわけであるが、この場合は明らかにこれは他人の土地の一部を取り込んで自分の土地としているということが判断できるような場合と異なり、公図の現地指示能力が失われているために、まさしく元の境界がどこにあるかがわからず、そのため、本来の境界を事実の確認という形で発見し、確認しあうということであり（和解という言葉を使用しているが、意思表示の効果として筆界を創造するという形でとらえるのではなく、本来あるべき筆界を確認し合うという形での事実の確認行為としてとらえるべきであり、いわば集団確認方式とでもいうべきものである）、より実際的にいえば明治以来の境界を証明する資料がない場合に、お互いに境界はここだといって認めあえば、結局、それが明治以来の境界であるとして認めざるを得ないということになると考えられるのである。(5)

(5)　不存在による土地の表示の登記の抹消と公図の訂正

公図は必ずしも精度が十分でないとしても明治政府が作製した公的な資料であるから、公図に記載されている土地が不存在であると認定できる場合は、例外的な場合しか考えられない。したがって、調査は慎重になされなければならず、市町村等にある図面ではどうなっているか、あるいは現地を合筆した経過はないか、地積更正又は分筆登記の際に隣地を取り込んでいないか、重複登記ではないか、長狭物等の敷地として買収されたような事実はないか、さらには水没、海没といった事実はないかなどといったことについて十分に調査しなければならない。

登記実務の一般的な取扱いとしては、はじめから存在しなかった土地が実在していたかのように公図あるいは登

記簿に公示されている場合には、公図の訂正をした上、その登記は不存在を登記原因として抹消することとされている。(6)

この沿革としては、昭和二六年八月二九日民事甲第一七四六号法務省民事局長通達により、「土地台帳に登録されている土地が現実に存在しないことが明らかである場合には、市町村長等の証明書を提出して滅失の場合に準ずる申告をすることができる」旨回答されており、旧土地台帳制度の下でのこの取扱いが、現在も踏襲されているのではないかと思われる。

これに関する最近の通達としては、地籍調査の成果として地籍簿が送付されてきた場合、その地籍簿の登記原因及びその日付欄に「不存在」と記載されているときは、その登記用紙を閉鎖してよろしいかという照会に対し、昭和四三年八月二八日民事甲第二七四八号法務省民事局長回答で、(7)念のために地籍図、公図、それから土地台帳等によって確認の上登記用紙を閉鎖してさしつかえないとされている。

さらに、分筆登記の対象である土地の範囲外の土地を実測し、当該部分を分筆地として分筆登記がされた場合には、「分筆地不存在」を登記原因として、新しく設けられた土地の表示の登記を職権で抹消してさしつかえない旨の昭和五三年三月一四日民三第一四八〇号法務省民事局第三課長依命回答がある。(8)

したがって、結論的には、当該土地が不存在と認められれば、公図訂正の申出をした上で不存在を登記原因として表示の登記を抹消することができるといえる。

なお、具体的な公図訂正の方法としては、例えば、三番という土地が不存在であった場合には、その三番という土地を公図上から削除することになるが、その結果、隣地の土地が削除された区画内にそれぞれ食い込んでくるようなことになるので、削除された三番という土地内には、隣接する各土地の筆界が記入されることになる。

また、この訂正は、土地が不存在になる人と隣接地所有者が共同で申出をするのが原則であり、その結果、隣接地につき地積が変わる場合には、地積更正の登記を申請する必要がある。さらに、隣接地の所有者は公図訂正のための地積測量図を提出することになろう。(9)

(6) 公図の訂正にかかわる問題

《事例1》 上記のような公図につき甲・乙から地図（地

事例1

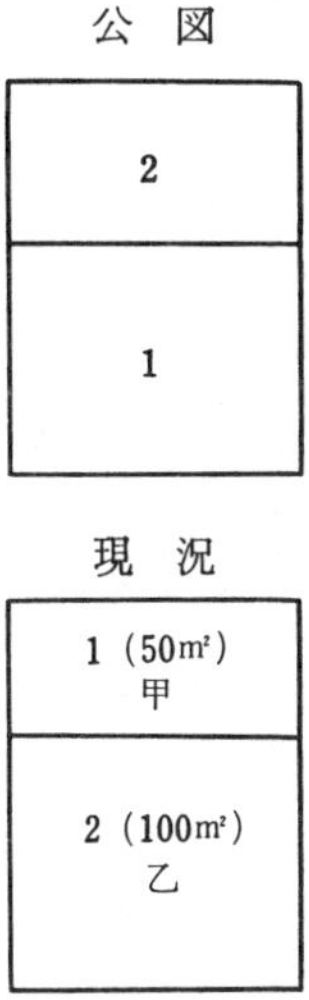

番）訂正の申出があった場合、訂正することができるか。

地図に誤りがあるときは、所有者又はその他の利害関係人は、その訂正の申出をすることができる（不登準則一一三条）が、この事例の場合に地図訂正ができるか否かは、乙を例にとれば、乙の占有する一〇〇平方メートルの土地が本来一番の土地であるのか二番の土地であるのかということがポイントになる。それが本来一番の土地であり、乙は本来一番の土地を取得し、その一番の土地につき所有権の登記をすべきであるのに乙が当該土地を二番と思い込み、二番の土地に所有権移転登記をしたということであれば、これは目的物件を誤った登記として無効な登記であるので、一番の土地につき登記をする必要があることになり、これは地図訂正の問題ではなく、権利に関する登記の問題である。

また、乙は二番の土地を取得したが現地の占有を誤り、本来一番の土地を占有している場合も考えられるが、この場合は、占有を誤っていることに問題があり、地図訂正の問題とはならない。

しかるに、乙が占有している一〇〇平方メートルの土地は、本来二番の土地であり、公図に一番と表示されているのは地番のふり方をまちがっているということであれば、地図訂正の問題として地番の訂正をすることができると考えられるが、この認定は極めて困難な場合が多いといえよう。

《事例2》 左記のような公図につき甲・乙から地図訂正の申出があった場合、訂正することができるか。

事例2

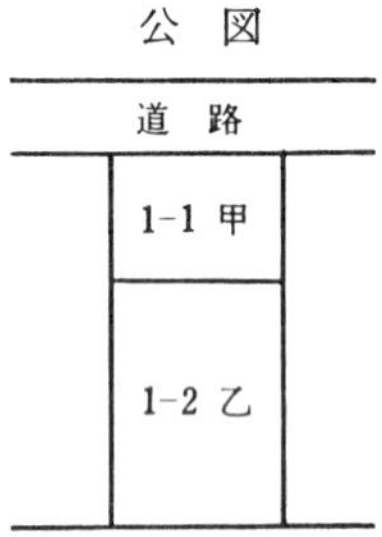

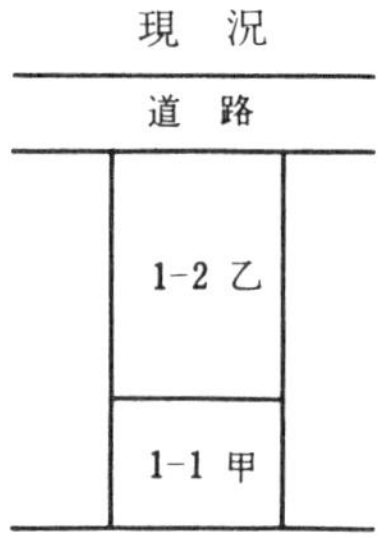

この事例の場合も、基本的には、一の事例と考え方は異ならない。例えば、甲を例にとると、甲は自分の占有する土地が一の一の土地と思い込み、その占有をしているが、本当は、当該土地は一—二の土地の一部である場合も考えられる。そうなると一—一になされた甲の登記は目的物件を誤った無効な登記ということになり、一—二につき登記をすることになるが、現実に占有しているのは一—二の土地の一部であるから、分筆の登記をし、分筆後の土地のうち現実に占有する部分に該当する土地につき、所有権の登記をするということになる。したがって、この場合は地図訂正の問題とはならない。

また、甲は、一—一の土地を取得したことには誤りはないが、単に占有を誤った場合も考えられる。この場合は、占有を誤ったことが問題であり、地図訂正の問題とはならない。

甲の占有する当該土地は本来一—一の土地であり、筆界についても公図の表示が誤っているという場合であれば、地図訂正が可能である。しかし、この認定が極めて困難である場合が多いと考えられることは一の場合と同様である。

《事例3》　左記のような公図につき、甲・乙から地図訂正の申出があった場合、訂正できるか。

この事例は、2の事例と同じであるが、地目が異なっている場合である。しかし、地目によって、例えば、甲の占有する現況田の土地が一—一の登記簿上の地目と同じであるために本来は一—一の土地であり、公図の表示が誤りであるということを決定づける理由になるとは考えられず（もっとも、地目が一つの資料になることはあると考えられる）、基本的には事例2の考え方と同様に取り扱うべきものといえよう。

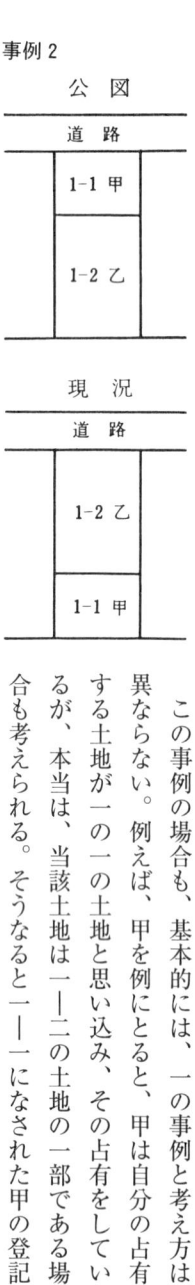

事例３

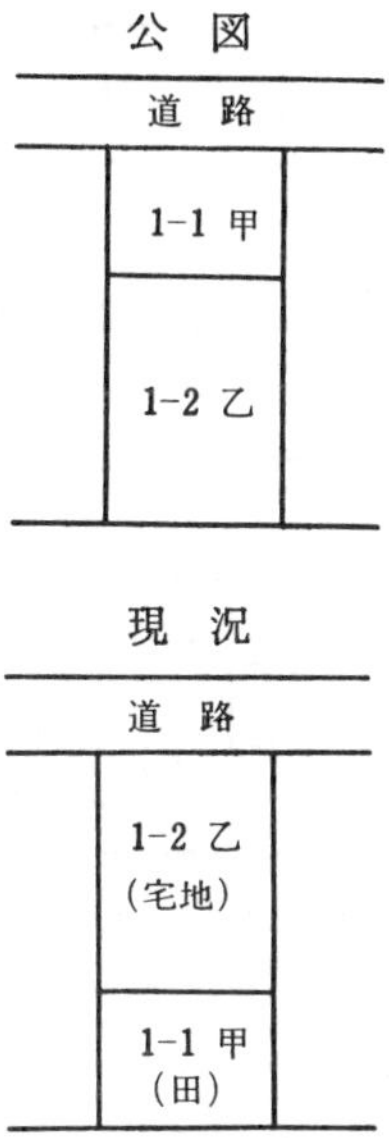

事例４

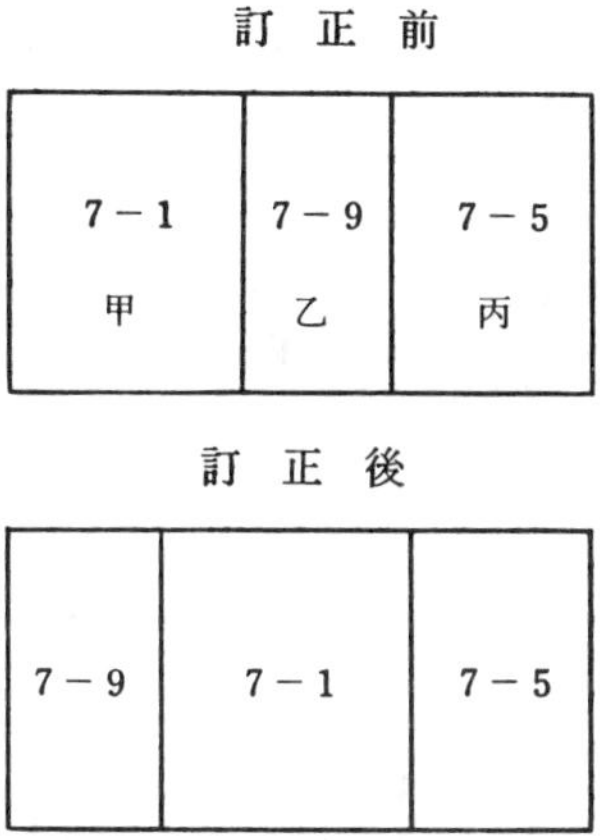

分筆の経緯

1　昭和27年
　　７番を７―１及び７―５に分筆
2　昭和38年10月
　　７番５を７―５及び７―９に分筆
3　昭和39年５月
　　７番１及び７番９について交換による所有権移転登記

《事例４》　上記のような公図につき、所有者乙から申出があった場合、訂正できるか。

上記分筆の経緯から明らかなように、七番九は、七番五から分筆された土地であるが、この場合の公図訂正を認めると、七番九は七番一から分筆されたような状態を創り出すことになり、事実と反することになるので、このような場合は公図訂正はできない。

(7)　地積測量図を誤って作製した場合と公図訂正

①　甲は五番の土地をＡ図のように分割して乙に売り渡すために分筆登記の申請を丙に依頼した（**図１**）。ところが、丙は誤ってＢ図のように分筆登記を申請し、その登記が完了した。この事例では、公図訂正は認められていない（昭四三・六・八民甲第一六五三号法務省民事局長回答）[10]。

丙が分筆登記申請を誤ったとしても、五番の二の土地は正しく測量がなされており、申請書の添付書面として提出された地積測量図でその位置と範囲が決定されたものであり、すでに創設された筆界であるから訂正すべき誤りはないと考えられたものであろう。この事例の場合、登記簿だけをみると、地番も地積も同じであるから、どちら

図1

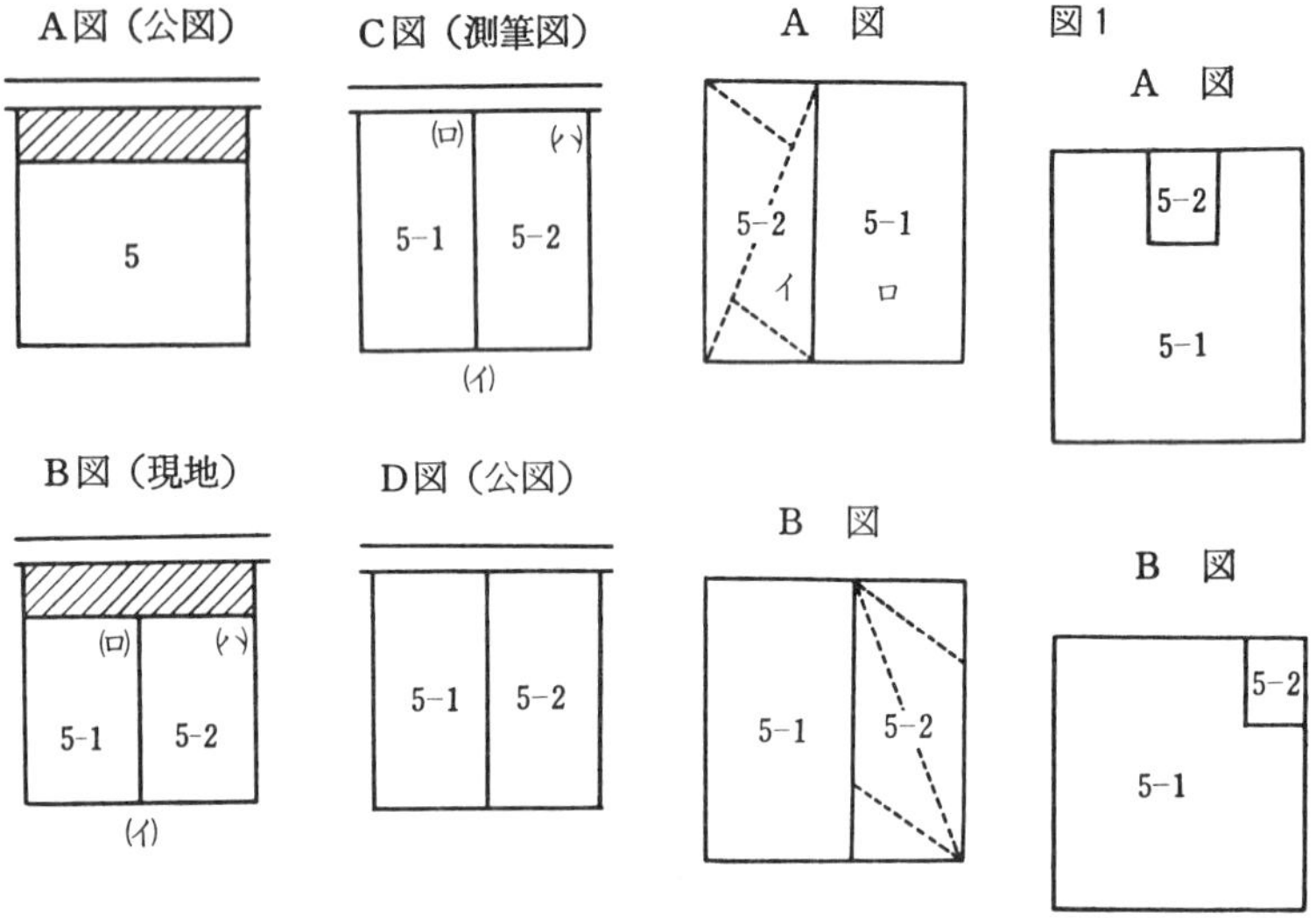

の土地に対応するものともとれるわけであるから、公図のほうを訂正して実体にあわせるということも考えられなくはないが、このような方法はあまりに便宜にすぎ、登記制度の正しい在り方に反する方法といえる。この事例は代理人の作製した地積測量図に基づき分筆登記がされたもので、形式的には分筆登記申請には誤りがないわけである。したがって、登記がされると分筆の効果が発生し、新しく創られた五番の二という登記は、B図の五番の二に対応するものとなるのである。もっとも、この場合、分筆の登記そのものが実体に反しているのであるから無効ではないかという考え方もありうるが、この考え方は、A図のような実体上の分割がまずあって、これを登記簿と地図にあらわすのが分筆であるとする考え方によるものと考えられる。しかし、土地の分筆の場合は、建物の表示に関する登記等の場合と異なり、実体というものがはっきりせず、実体上の分割といっても観念的なものであって、結局は、申請に基づいて登記がされることによってはじめて法的に分筆が行われることになると解されている。したがって、申請そのものに形式上誤りのないB図による分筆は有効に行われたといえよう。もっとも、この場合においても

申請意思の錯誤ということで、やはりこの分筆の登記は無効であるとする考え方もありえようが、分筆は、意思表示の効果というよりも、登記官の処分によって効果が発生する性質のものであるから、錯誤による無効ということが認められる範囲は狭いと考えられる。いずれにしても、分筆の登記は有効であると考える以上、五番の二として新しくなされた登記は、B図の位置の五番の二であるということになるが、乙は実際にはA図の位置の土地を五番の二として買っているわけで、B図の位置に対応する登記簿に記載されている乙への所有権移転登記は実体上無効な登記であるといわざるをえない。そうであるとすれば、実体的に無効な登記は本来抹消されるべきであり、これを公図訂正の方法で、公図を直して登記をいかすということは、やはり認められないのである。[11] なお、地積測量図はA図のように作成され、登記官の公図の書入れがB図のようになされたということであれば、公図訂正の問題となろう。

② 甲は五番の土地をA図のように分割して乙に売り渡すために分筆登記を丙に依頼した。丙は、A図のイの部分を正しく測量したが、地籍測量図を誤ってB図のように作成し、その登記が完了した。

この事例においても、①の場合と同様に、提出された地積測量図でその位置と範囲が決定されたものであるから、公図訂正は認められないといいえよう。

③ 市町村道等の拡幅工事に伴って新たに道路部分となった土地（A図斜線部分）について、分筆登記及び買収による所有権移転登記がなされていなかった。所有者はC図五番の二のとおり測量して分筆登記を申請し、登記所はD図のように修正した。

この事例では、五番の二の土地は特定されており（(イ)、(ロ)、(ハ)を分筆線として二筆に分割された）、地積測量図に残地の記載を誤ったものと考えることができ、便宜、地積測量図及び地図訂正の申出が可能とされている。道路部分が明確であり、本来別地目として職権で分筆すべき性質のものである（不登法八一条の二第四項）ことが考慮されたものであろう。

もっとも、現地調査等において事実関係が確認されることが前提であり、地積測量図の(イ)、(ロ)、(ハ)が現地における(イ)、(ロ)、(ハ)線を反映するものであることが確認できないような場合は別の問題である。

(8) 所有権移転登記の誤りと公図訂正

五番一の土地を取得した者が、誤って五番二の土地に所有権移転登記をした場合にも公図訂正が可能か。

この場合は、所有権移転登記が目的物を誤ってなされたものであり、その登記は実体にあわない無効の登記であるからこの登記を抹消すべきであり、公図訂正ができない事例の典型的なものである。

(9) 分筆登記手続の省略と公図訂正

左図において、五番の土地の(イ)の部分を分筆登記を経由しないで六番の土地の所有者に譲渡し、反対に六番の土地の所有者は(ロ)の部分を五番の土地の所有者に譲渡して、現地の所有権界を変更することができるか。

このような事例について、公図と現地を合致させるため、公図訂正の申出がなされたとしても、これについては公図訂正はできない。この場合はそれぞれに分筆・合筆登記手続を経て所有権移転登記手続をすべきである。

前述のように、公図の位置や形状はおおむね現地を正しく表示していると考えられ、単に公図と現地が符号していないということのみをもって、公図が誤っていると決めることはできない。

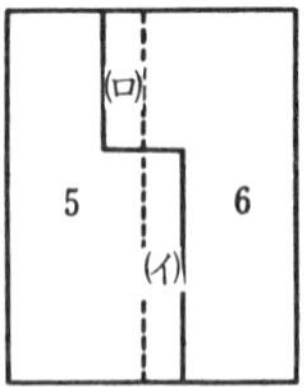

このような場合は、通常、関係者の世代が代わるなどして、「古いことは知らない」「現状のとおり占有しているのだから、これに合致するように訂正したい」ということが主張されるのみで、他に資料がない場合が多く、公図と占有関係とがあわなくなっている原因を明らかにすることは難しいので、慎重に調査しなければならない。

いずれにしても、この事例の場合は、公図は誤っていなかったわけで、所定の分合筆の登記等の手続を経ていないために、公図と現地の占有関係が一致しなくなっているにすぎないのであるから、公図訂正を認めることはできない。

（1）この事例は河和哲雄弁護士が「弁護始末記」時の法令一一九五号二〇ページで紹介されたものを引用させていただいたものである。
（2）同右二二ページ
（3）「公図と現況が相違する場合と地図訂正」登記先例解説集二三巻一号九八ページ以下
（4）登記実務においては、このような地域は地図混乱地域と呼ばれている。
（5）登記先例解説集二三巻一号一〇一ページ
（6）昭五四・三・三一民甲第二一一二号法務省民事局長通達（記載例27）
（7）昭四三・八・二八民甲第二七四八号法務省民事局長回答

国土調査法にもとづく登記について

標記に関して左記の疑義が生じましたが、目下さしかかった事件がありますので至急何分の御指示を願いたくお伺いします。

なお、本年六月十五日付旭法登第一〇八号をもって照会しました件についても至急御指示をお願いします。

記

一、地籍簿の地籍調査後の「原因及びその日付」欄に「不存在」と記載されている土地については、登記用紙の閉鎖手続をしてさしつかえないか。

（当局意見）

現地について確認できない土地については、その所有者の承認を得て処理することになっている（地籍調査作規程準則第三十五条）ので登記用紙の業閉鎖手続をしてさしつかえないと思われるが、一部市町村では所有者の承認を得ずに不存在地として処理しているものがあるので、登記用紙を閉鎖することに疑義がある。

二、地籍調査後分筆等の異動のあった土地について、謄本の請求があった場合は、異動後の表示のまま作成交付し

番　表題部（土地の表示）				
所在	甲市乙町一丁目			
①地番	②地目	③地積　㎡	原因及びその日付	登記の日付
九番	田	壱九八参		㊞
			不存在	昭和五参年参月壱〇日㊞ 同日閉鎖㊞

（註　地籍調査後に異動のあった土地に関する処理方法については、前記日記番号をもって照会中）

てさしつかえないか。

（当局意見）

地籍調査後地籍簿等が認証をうけ登記所に送付されるまでは長期間を要する場合があるので、この間所有者において土地の異動を生じさせる必要を生ずることがあり、かかる登記申請のあった場合は、登記所としてはこれを受理し登記せざるをえない。したがって当該土地については、地籍簿にもとづく登記をすることなく異動後の土地について謄本を作成交付すべきものと考える。

三、地籍簿の地籍調査後の「原因及びその日付」欄に「年月日登録地成」とある場合は、登記簿の表題部の「原因及びその日付」欄には、単に「国土調査の成果により登記」と記載するだけでよいと思うがどうか。

四、不動産登記法の一部を改正する等の法律（昭和三十五年三月三十一日法律第十四号）施行前に設定した地役権の登記ある土地につき、地籍調査により二筆に分筆したことにより地役権が分筆後の一方の土地（承役地）の一部のみに存する結果となった場合は、不動産登記法（以下法という。）第八一条の四第一項の図面の作成は、当事者から任意に提出させる以外は不可能なのでとくに作成備付の必要はないと思うがどうか。

又、すでに法第一一三条第二項による図面の提出ある土地につき地籍調査により二筆に分筆された結果、地役権が分筆された土地（承役地）の一部のみに存する結果となった場合も右と同様に解してさしつかえないと思うがどうか。

（回答）客年十月二十一日付旭法登第二二八号をもって照会のあった標記の件については、次のように考える。

記

一、二、積極に解する。なお、一については、念のため地籍図、土地台帳、土地台帳附属地図等により確認するのが相当である。

三、登記簿の表題部における「原因及びその日付」欄の記載は、「国土調査による成果」の振合いによるのが相当である。

四、前段　職権で分筆の登記をすることを要しない。

後段　前段により了知されたい。

（8）昭五三・三・一四民三第一四八〇号法務省民事局第三課長依令回答（本書四二七ページ注（7）参照）

（9）「不動産表示登記実務講座」登記先例解説集二〇巻九号九三ページ以下、「事例解説による不動産表示登記」同誌二三巻一号七〇ページ

（10）昭四三・六・八民甲第一六五三号法務省民事局長回答（本書三六七ページ注（6）参照）

（11）登記先例解説集八巻九号一二ページ

(八) 公図の訂正と訴訟

(1) 公図の訂正と登記請求権

土地については、一定の範囲の土地が公図上何番の土地に含まれるのかが、問題となることがあることは既述のとおりである。例えば、甲は、ある土地の一定の部分が甲の所有する五番の土地であると主張し、乙はこれを争い、同部分が乙の所有する六番の土地であると主張して訴訟になることがある。

すなわち、公図上では他人の乙所有の土地の一部とされているが、真実は、その土地の部分は甲の所有であると主張し、甲が乙を被告として、その部分の地番を甲所有の土地の地番に訂正する申請手続を請求することが考えられるが、このような請求をすることができるか否か、言い換えれば、乙は利害関係人としてこの公図訂正に協力すべき義務があるか否かが問題となる。

この点につき、昭和四九年二月一三日東京地方裁判所判決（後掲①）は、所有者その他の利害関係人のする公図訂正の申出は、登記官の職権行使を促すという性格のものであると解され、この申出をする者について、いわゆる双方申請主義による取扱いがされているわけではなく、利害関係人の一方が相手方に対し、訂正に関して登記請求権類似の請求権をもつものではないとする。

これに対し、昭和三七年三月一五日宇都宮地方裁判所判決（後掲②）は、公図の地番の記載は、地番の所在や形状に関して、いわゆる公定力を有するものではないけれども、土地所有権の範囲を証明すべき公の資料であって、その記載いかんによっては、私人間の権利義務について無用の紛争を引き起こすおそれがあるから、地番の記載に誤謬があるときは、当該地番の所有者は、利害関係人に対し、公図訂正の申告に協力すべきことを請求しうるものと解するとする。

公図の有する機能は、まさしく宇都宮地裁判決のとおりであると考えられるが、公図に誤りがあるときは、登記官が職権でも訂正することができるのであるから、相手方が申出手続に加わっていれば訂正が円滑に行われるのが実際であるとしても、これゆえに、相手方に利害関係人として公図訂正に協力すべき義務を認めることには必ずしもならないと考えられる。

① 利害関係人に対する土地台帳附属地図の訂正申出手続請求を認めなかった事例（東京地判昭四九・二・一三判例時報七五二号六四ページ、高知地判平二・七・一六判例地方自治八二号五三ページ）

（事実の概要）旧土地台帳附属地図（公図）において各土地の区画が上図の実線のとおり表示されているところ、土地㈠の所有者である原告から、被告Aに対し、同人所有の土地㈡のうちのイロハニイで囲まれた部分（甲）が、被告Aに対し同人所有の土地㈢のうちのニハヘホニで囲まれた部分（乙）が、被告Bに対し同人所有のホヘトチホで囲まれた部分（丙）がそれぞれ土地㈠の一部であるとして当該部分につき所有権の確認を求めるとともに、公図上それらの部分を土地㈠の地番である三四三番に訂正する申出手続を所轄登記所に対してそれぞれなすべきことを求めた。

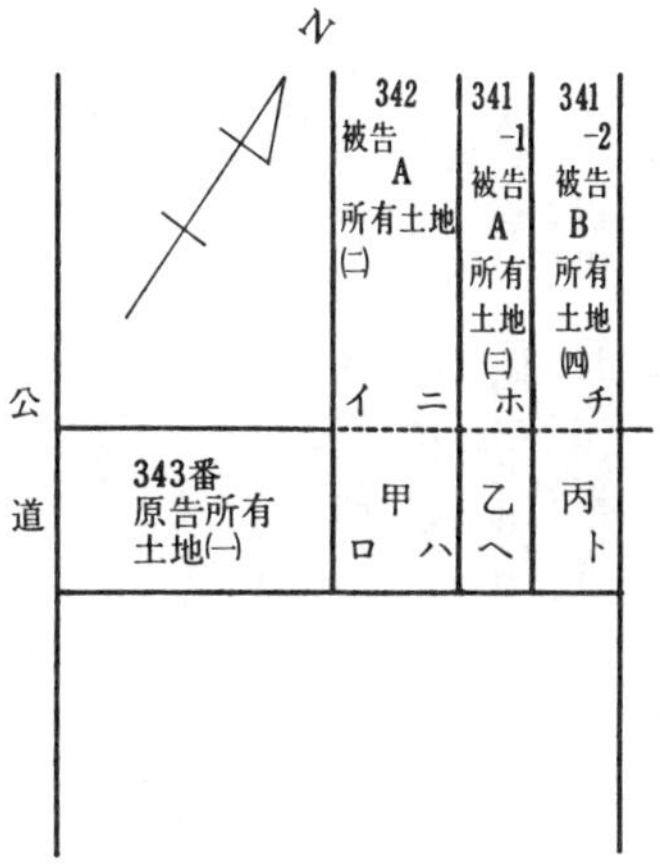

所有権確認請求に対しては、甲、乙、丙の部分は昭和三七・八年ごろから土地㈠とともに道路であったこと、土地㈡、㈢、㈣の実面積が甲、乙、丙部分を含めなくても登記簿上の面積と一致すること、近辺土地の実面積と公図上の面積のズレが少ないにもかかわらず土地㈠の実面積が著しく不足していること等を理由に、甲、乙、丙の各部分は土地㈠の一

部であると認定したが、公図の訂正申出手続請求については不適法とした。

（判決要旨）　公図訂正の申出は登記官の職権行使をうながすものであって、利害関係人の一方が他方に対し、登記請求類似の公図訂正請求権を有するものではない。

（判決理由）　原告は、被告らがそれぞれ旧土地台帳附属地図（前記のいわゆる公図）の記載について本件係争地中の各関係部分を原告所有名義の土地㈠の区画に入れるための所要の訂正をする申出手続を所轄登記所に対してすべきことを請求している。しかし、右請求は、次の理由で失当である。

すなわち、土地台帳附属地図（すなわち、旧土地台帳法の附属法令である旧土地台帳法施行細則第二条の規定による地図）は、昭和三五年法律第一四号による土地台帳制度の廃止後も、現行不動産登記法第一七条の規定による地図が整備されるまでの間なお従来の取扱い（昭和二九年六月三〇日民事㈲第一、三二一号・法務省民事局長通達・土地台帳事務取扱要領等による。）のとおり、所轄登記所に備えられて閲覧に供されており、その記載の誤りの訂正手続についても、従前のとおり、所有者その他の利害関係人は訂正の申出をすることができ、登記所において訂正を相当と認めるときはその訂正を行うという取扱いがひき続いて維持されている。しかし、この所有者等のする申出はいわば訂正についての登記官の職権行使をうながすという性格のものであると解され、右訂正の申出をすべき者についていわゆる双方申請主義による取扱いがなされているわけではない（訂正を相当とする十分な資料があれば、接続地所有者の承諾がなくても訂正がなされることがある。）。もっとも、相手方が申出手続に加わっていれば訂正が円滑に行われるのが実際であろうが、利害関係人の一方が相手方に対して訂正に関して登記請求権類似の請求権をもつものではない。したがって、原告が被告らに対し前記旧土地台帳附属地図の訂正申出手続をすることを求める権利があるということはできない。

② 土地台帳附属地図の訂正申告にあたり利害関係人に協力義務があるとされた事例（宇都宮地判昭三七・三・一五下民集一三巻三号四二二ページ）

（事実の概要）　五七四番山林三反八畝一五歩の登記簿は被告名義で、五七五番山林九反一畝一八歩の登記簿は原告名義でそれぞれ所有権取得の登記がなされ、一方、土地台帳附属地図（公図）は左図のようであるところ、原告より公図に五七四番と付された土地が原告所有の五七五番の土地（実測一町六反七畝一歩）であり、被告所有の五七四番の土地（実測三反五畝二四歩）は公図に五七五番と付された土地であるとして、被告に対し、所有権確認の訴えとともに原告と連署して所轄登記所に対し公図の地番訂正の申告をなすことを訴求した。

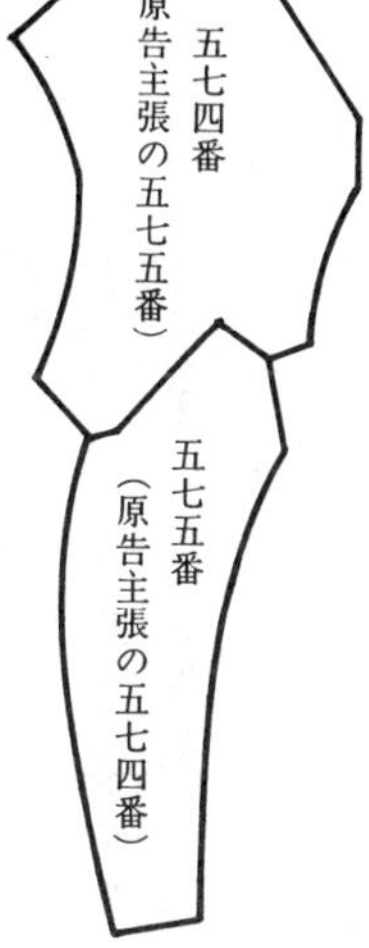

（判決要旨）　公図の地番の記載に誤りがあるときは、当該地番の所有者は、利害関係人に対し、登記所に対する地番訂正の申告に協力すべきことを請求しうる。

（判決理由）　土地台帳附属地図は「土地の区画及び地番を明らかにするものでなければならない」とされ（旧土地台帳法施行細則第二条第二項。不動産登記法第一八条第一項も同旨）、不動産登記法第二一条の規定によれば、何人も地図の写しの交付あるいは地図の閲覧を請求しうるものであって、これらの点から考えると、土地台帳附属地図の地番の記載は、地番の所在や形状に関していわゆる公定力を有するものではないけれども、土地所有権の範囲を証明すべき公の資料であって、その記載のいかんによって私人間の権利義務について無用の紛争をひき起こす虞れがあるから、地番の記載に誤謬のあるときは、当該地番の所有者は、利害関係人に対し、所轄登記所に対する地番訂正の申告に協力すべきことを請求しうるものと解する。

そうすると、本件公図においては、すでに判断したように、地図地番の五七五番と五七四番とが逆に記入されているのであるから、五七五番の所有者である原告は、五七四番の所有名義人である被告に対して、主文第二項記載のような地番訂正の申告を求めることができる。しかし、地番の記載の誤謬は、登記官が職権で是正すべきものであり、利害関係人が同意すれば是正される筋合のものではないので、同判例には疑問があるとする見解もある。(1)

(2) 公図の訂正と抗告訴訟

公図の訂正が抗告訴訟の対象となる行政処分に当たるか否かについても従来から問題のあるところである。「公図の訂正は、当該土地についての権利者たる国民の権利義務に直接影響を及ぼす効力を有するものではない」あるいは「公図は、土地の客観的状況を明確にする目的のもとに、不動産登記簿とともに登記所に備え付けられ、一般に土地の権利関係について相当の事実上の証明力を有するものとして、当該土地に関する争訟においても一つの証拠資料となり得るものであるが、これに対しては反証を挙げて争うことが許されるものであるから、当該土地所有者らがそれによって受ける利益、不利益は事実上のものにすぎないというべきである」とし、さらには「公図が当該土地の区画、地番等を明らかにする相当重要な資料であり、したがってまた当該土地の権利者らが争訟等において公図を自己に有利な証拠として提出、援用する利益を有することは否定できないが、その利益は、尽きるところ、間接的な事実上の利益にすぎないというべきである」として、抗告訴訟の対象となる行政処分には該当しないとするものが多い（後掲①の判決）。

しかし、これとは逆に、「台帳事務所管庁が登記所に変更せられるにおよび土地台帳の目的もまた従来のような単なる税務署の課税台帳たる機能を一擲し、不動産登記の目的たる諸権利の基礎たる土地の事実関係を明確にする地籍簿としての性格および機能を賦与せられることになり、従ってまたこれに伴い地図もその目的に沿い台帳登録土地を特定するためのものとして枢要なる機能を帯びるにいたったのである。

しかして右のように土地台帳および地図が権利関係の対象である土地の客観的状況を明確ならしめることを目的とし且つ手続上もその正確性の担保が企図せられていることの当然の帰結として従来一般に台帳の登録ないし地図の記載には、その効果として、唯一の証明力を有するものではないが、通例反証のない限り何人もこれを承服せざるを得ない公の証明力を有するものとして扱われて来たのであり、従って、この点において登記官吏のなす台帳の登録、地図の記入その他それらの修正訂正の処分は、いずれもこれに登録ないし記載せられた特定範囲の土地の権利関係その他権利関係の対象である土地の客観的状況を証明する行為として、行政庁たる登記官吏の一種の公証行為たる性質を有するものといわなければならない。

すなわち登記官吏のなす土地台帳附属地図の訂正行為は登記官吏のなす公証行為であり、この公証行為は常に当該地図に表示された特定の土地の所有者らに利害の関係を生ぜさせる行為である。蓋し、現実に当該地図によって隣接土地との関係を公証せられている特定の土地所有者は若しその隣接土地の所有者との間に境界その他の点につき紛争を生じた場合、自己の主張を維持するための有力なる証拠資料として当該地図を使用し得べき利益を有するのに、当該地図の記載が登記官吏によって訂正せられるときは反証を挙げてこれを覆えさなければならない証拠上の不利益な地位に立たされることとなり結局右訂正行為により右土地所有者が当該地図を有利に使用し得べき利益を侵害せられることになるからである。

もっともこの場合の当該地図に表示された特定の土地の所有者の右図面の表示により受ける利益、すなわち訂正行為により侵害される利益は、勿論権利というを得ないものであり、また通常権利若しくは利益といい、権利と同様に国家の保護を受けられるものとされている、明らかに国家の承認を得ているいわゆる法律上の利益ともいうを得ないものとしても、この利益は単なる感情的道義的利益でないのはもとより、図面に表示された特定の土地の所有者らに与えられた具体的利益であり、一般的抽象的利益でもない。しかも右特定の土地の所有者らが権利関係について常に享受している利益であり、単なる反射的利益にすぎないものとして第三者の侵害があっても放置せらるべきものではない。反射的利益といってもいわゆる法律上の利益と本質的差異があるのではなく、利益関係の程度の差異にすぎないのである。

元来、行政訴訟の対象である行政処分について、特定個人の法的利益の侵害されることを要件とし、また抗告訴訟の原告の適格としてこのような法的利益を有することを要件とする制度の目的は、個人に無関係の処分についての訴訟手続を排除し、または処分に無関係な個人を訴訟手続から排除する趣旨にあるのであり、ここにいう法的利益は権利またはいわゆる法律上の利益のある場合のみでなく、結局前述の土地台帳附属地図に表示された土地の所有者らの有する利益のような裁判所が国家の保護を受けるに値するものと認め得られるような利益をも包含するものと解するのを相当とする。

しからば登記官吏の土地台帳附属地図の訂正処分は行政訴訟の対象となり得べき行政処分であることが明らかであるから、この点の被告の主張は理由がない。」として、公図訂正の行政処分性を認める判例もある（後掲②）。

結局、この問題は、抗告訴訟の対象となる行政処分といえるためには、国民の権利義務その他法律上の地位に直接影響を及ぼす効力を有するものでなければならないと解するか否かによって結論を異にすることになるが、いずれに解するとしても、そのことによって、公図の果たす機能の重要性にいささかも影響を与えるものでないことはもちろんである。

① 抗告訴訟の対象と認めないもの

土地台帳附属地図の訂正は、当該土地の権利者の権利義務に直接影響を及ぼす効力をもつものではなく、抗告訴訟の対象となる行政処分に当たらない。

○長野地判昭四三・四・二三（行裁例集一九巻四号七三〇ページ、判例時報五三五号三四ページ）

（理由）　いわゆる公図は、旧土地台帳法施行細則第二条の「登記所には土地台帳の外に地図を備える。地図は土地の区画および地番を明らかにするものでなければならない。」との規定に基き登記所に備付けられていたものであり、旧土地台帳は、同法第一条に明定するとおり、土地についてその状況を明確にするために必要な事項の登録を行うことを目的として設けられたものであるから、公図も、土地台帳とあいまって、権利関係の対象である右台帳に登録された土地の客観的状況を明確にすることを目的とするものであるというべきである。そして、右のとおり、土地台帳ならびに公図は、不動産登記簿と同様に登記所備付けの公簿とされていたところから、公図についても、その記載は、当該土地の区画、地番等につき、原告の主張する如く、相対的な公定力ないしは権利推定力まで有するものとはいい得ないにしても、従来、一般に、かなり強度の証明力を有するものとして取扱われていたことは否めないところである。

しかしながら、右に述べたとおり、土地台帳ならびに公図は、不動産登記簿とは異り、本来権利関係の登録、公示を目的とするものではなく、土地についての事実状態の把握を目的とするものであるから、右証明力といえども絶対的なものではなく、当該土地に関する争訟においては、一つの証拠資料となり得るというだけのものにすぎず、もとより、これに対し反証を挙げて争うことができることはいうまでもない。

そうすると、土地に関する争訟等において、当該土地の所有者らが、その公図を証拠に供することによって享受し得る利益は、単なる事実上の利益にすぎないものであるというべきであり、従って、公図の訂正も、当該土地についての権利者たる国民の権利義務に直接影響を及ぼす効力をもつものではないと解すべきであるから、公図の訂正は、抗告訴訟の対象となり得べき行政処分には当らないものといわざるを得ない。

なお、昭和二五年法律第二二七号土地台帳法等の一部改正に関する法律により、台帳事務が税務署から登記所に移管される以前においては、土地台帳は、税務署が地租の課税標準たる土地の賃貸価格の均衡適正を図るため、土地の状況を明確に把握するに必要な事項の登録を行う（右改正前の旧土地台帳法第一条）ことを目的として設けられていた課税台帳にすぎないものであり、右台帳附属の図面も、右目的に資するためのものにすぎないというべきであるから、先に右法改正後の図面について述べた理は、この図面の場合においても異らないものというべきである。

以上の次第であるから、本件各訴はいずれも不適法としてこれを却下することとする。

○秋田地判昭四六・一二・二〇（判例時報六五六号三八ページ）

（理由）《証拠略》によれば、〇〇地方法務局〇〇出張所備付けの本件土地を含む〇〇郡〇〇字〇〇地区の確定図は、旧土地台帳法施行細則に基づき登記所に備付けられていた旧土地台帳附属地図であり、本来、土地の権利関係の公示を目的とするものではなく、また、旧土地台帳法が廃止され、不動産登記簿と土地台帳との一元化が完了した後は、法律上の根拠を失ったまま、不動産登記法一七条所定の地図が整備されるまでの間（前記〇〇出張所では未だ備付けに至っていない。）登記所の内部的参考資料として保管され、行政上のサービスとして便宜一般人にも閲覧が許されているにすぎないものであることが認められる。従って、右地図の訂正は、当該土地の権利者たる国民の権利義務ないし法律上の利益に直接影響を及ぼす効力をもつものではないと解すべきであるから、抗告訴訟の対象となる行政処分には該当しないものというべきである。そうとすれば、本件地図の訂正処分の取消を求める原告の本件訴えは、その余の点について判断するまでもなく、不適法として却下を免れない。

もっとも、旧土地台帳附属地図も、土地の客観的状況を明確にする目的のもとに、不動産登記簿とともに登記所に備付けられ、一般に土地の権利関係について相当の事実上の証明力を有するものとして、当該土地に関する争訟においても一つの証拠資料となり得るものであるが、これに対しては反証を挙げて争うことが許されるものであるから、当該土地所有者らがそれによって受ける利益、不利益は事実上のものにすぎないというべきである（のみならず、右地図の誤った訂正処分によって事実上の不利益を受けるおそれがある場合には、土地所有者らから登記官に対し再度訂正の申立をすることによってこれを避ける方法のあることも、《証拠略》により明らかである。）。したがって、右のような事実上の効果が生じ得るからといって、右地図訂正処分を抗告訴訟の対象となり得る行政処分と解することはできない。

○大阪地判昭五三・四・二八（訟務月報四一号二六ページ）

そこで、まず本件地図訂正処分が抗告訴訟の対象となる行政処分に当たるかどうかについて判断する。

そもそも、旧土地台帳は、土地の状況を明確に把握し、地租の課税標準たる土地の賃貸価格の均衡適正を図るため政府（税務署）に備えられたものである（旧土地台帳法（昭和二二年法律第三〇号）第一条、第五条第一項、旧土地台帳法施行規則（昭和二二年勅令第一一三号）第三条）が、土地台帳法等の一部を改正する法律（昭和二五年法律第二二七号）第一条によって、その目的は土地の状況を明確にすることに、その登録の事務を掌るものは当該土地につき登記の事務を掌る登記所にそれぞれ改められた。そして、同法による改正後の土地台帳法第三九条第二項、第四三条の二に基づく旧土地台帳法施行細則（昭和二五年法務府令第八八号）第二条が「登記所には、土地台帳の外に、地図を備える。地図は、土地の区画及び地番を明らかにするものでなければならない。」と定めた結果旧土地台帳附属地図が作製され、旧土地台帳等と相まって土地の客観的状況を明らかにすることとなったが、昭和三五年四月一日施行された不動産登記法の一部を改正する等の法律（昭和三五年法律第一四号）第二条によって旧土地台帳法が廃止されたため、旧土地台帳附属地図は法令の根拠を失うに至った。

しかして、旧土地台帳附属地図は、必ずしも正確な測量調査に基づいて作製されたものではなく、しばしば客観的な土地の所在、形状、範囲と符合しないことがある（昭和三七年三月二〇日民事甲第三六九号民事局長通達、昭和三七年三月二〇日民事三発第一四七号民事局第三課長依命通知、昭和三七年三月二九日民事三発第一二五号民事局第三課長回答）が、従来から、土地の物理的外延を認識する適当な資料が少ないため、当該土地に関する争訟等があった際、相当程度の証明力を有するものとして、一般の利用に供されてきたこと、および、右のように旧土地台帳法が廃止された後も、法務局は、その内部的な資料として、旧土地台帳附属地図を備え付け、不動産登記法第一七条所定の地図が備え付けられるまでの間（弁論の全趣旨によれば、本件土地(一)、(二)に関する不動産登記法第一七条所定の地図が○○法務局○○出張所に備え付けられていないことを推認することができる。）、行政上のサービスとして、その閲覧、謄写に応じてきた（登記簿、台帳一元化後の不動産の表示に関する登記の取扱いについて（昭和三六年一月一四日民事三発第三八号法務省民事局第三課長心得依命通知）第三、一参照）ことはいずれも当裁判所に顕著な事実である。

以上によれば、旧土地台帳附属地図が当該土地の区画、地番等を明らかにする相当重要な資料であり、したがってまた当該土地の権利者らが争訟等において旧土地台帳附属地図を自己に有利な証拠として提出、援用する利益を有することは否定できないが、その利益は、尽きるところ、間接的な事実上の利益にすぎないというべきである（ちなみに原告がその主張する各訴訟において、旧土地台帳附属地図に記載された地番と異なる地番を主張し、立証することはなんら妨げないところである。）。

そうだとすると、被告○○法務局○○出張所登記官がした本件地図訂正処分は原告ら本件土地(一)、(二)の権利者の法律上の地位になんら影響を及ぼすものではないこととなるから、結局、本件地図訂正処分は行政事件訴訟法第三条第二項にいう「行政庁の処分その他公権力の行使に当たる行為」に当たらないというべきである。

したがって、原告の本件地図訂正処分の取消しを求める訴えは不適法である。

○東京地判昭五五・六・二六（訟務月報二六巻一一号二〇三〇ページ）

○最三小判昭五九・一一・六（民事月報四〇巻三号四四ページ）

（事案の概要） 訴外Aの申立てにより、法務局備付の旧土地台帳附属地図上、甲土地の所在をX（原告・控訴人・上告人）ら共有の乙土地の南側の場所に表示訂正する旨の地図訂正がなされたところ、Xらは、右地図訂正はXらの同意を得ずになされたものであるとして、登記官（被告・被控訴人・被上告人）に対し、その無効確認又は取消しを求めた。

一審判決（金沢地裁昭和五七年一月二三日判決）及び二審判決とも、旧土地台帳附属地図の記載及び訂正によって土地所有者等の受ける利益、不利益は事実上のものにとどまり、法律上のものとはいえないから、その訂正は抗告訴訟の対象となる行政処分に当たらず、本件各訴えは不適法であると判示した。

（判決要旨） 本判決は、旧土地台帳法及び旧土地台帳法施行細則の廃止により、その法的根拠を失った旧土地台帳附属地図の訂正処分の取消しを求める本件訴えを不適法とした原審の判断は正当であるとして、Xらの上告を棄却した。

○横浜地判平七・七・一二（みんけん五八四号三五ページ）

○東京地判平八・三・二七（みんけん五八四号三六ページ）

○熊本地判平一五・一〇・三〇（みんけん五八四号二九ページ）、広島地判平一五・一一・七（民事月報五九巻四号三九ページ）、その控訴審判決である広島高判平一六・二・二七（民事月報六〇巻六号八三ページ）、名古屋高判平一六・三・一九（民事月報六〇巻六号九一ページ）

右熊本地裁判決は、改正前不動産登記法二四条ノ三が定めていた「地図に準ずる図面」に関し、改正前準則一一三条一項が定めていた「訂正の申出」に対する登記官の公図訂正中止処理の行政処分性が争われたものであり、これを否定している。

「地図に準ずる図面の訂正の申出」については、不動産登記法の改正に伴う不動産登記規則の改正により、地図に準ずる図面に表示された土地の位置に誤りがある場合、当該土地の所有者等は訂正の申出ができる旨規定され（規則一六条一項）、登記官は、申出の却下事由がある場合にはこれを却下し（同条一三項）、却下事由がなく、訂正の必要を認めるときには、地図に準ずる図面を訂正しなければならない旨規定されて（同条一二項）、地図に準ずる図面の訂正申出に対する登記官の応答義務が定められている。なお、規則一六条一三項五号又は六号の規定による却下の決定は行政処分性を有しない(2)。

○大阪高判平一七・九・二九（民事月報六一巻四号五四ページ）

公図訂正請求に係る訴えの利益の存否について、公図の誤りが発端となって紛争が生じ、権利者が第三者から土地に関する権利侵害を被る事態が生じ得るとしても、公図そのものが権利者の権利を侵害していることにはならず、権利者は、当該第三者との間において訴訟等により当該土地に関する権利関係を確定した上で、登記官の職権による公図の訂正を求めて、その是正を図るべきであり、直接公図の訂正を求めることはできないとし、公図訂正請求に係る訴えは、紛争解決のための最適かつ最も有効な手段とは認められず、訴えの利益を欠き、不適法である。

○横浜地判平一七・一二・一四（民事月報六一巻四号五六ページ）

地図に準ずる図面の訂正の行政処分性につき、次のように判示する。

地図に準ずる図面の訂正は、当該図面に記載された土地の権利関係や境界等に直接法律的な変動を及ぼすものではないから、行政事件訴訟法三条の「行政庁の処分その他公権力の行使に当たる行為」には当たらず、原告の本件義務付けの訴えは不適法である。

○横浜地判平一八・四・一二（民事月報六一巻六号六六ページ）

地図に準ずる図面の訂正申出に対する却下処分につき、次のように判示する。

行政庁の行為であっても、国民の権利義務に直接関係し、その違法又は不当な行為によって国民の法律上の利益に影響を与える効果を有しない行為は、審査請求の対象となり得ないと解するのが相当であり、不動産登記法一二八条（現行法一五六条）にいう「登記官の処分」もこれと同様に考えられるところ、地図に準ずる図面の備付けは、登記官が登記された土地の位置、形状等の事実状態を把握するために行われるものにすぎず、それによって、当該土地の権利関係や境界等に直接法律的な影響を与えるものではなく、かかる地図に準ずる図面の訂正や訂正申出の却下処分も、当該土地の権利関係や境界等の直接法律的な影響を与えることはないというべきであるから、原告の訂正申出を却下した原処分は不動産登記法一二八条（現行法一五六条）にいう「登記官の処分」ではなく、同条に基づく審査請求の対象ではなかったものと解するのが相当であって、原告には、本件裁決の取消しを求める法律上の利益がなく、これを求める本件訴えは不適法である。

なお、本件は、平成一七年一二月一九日付け二登一四一五号をもって横浜地方法務局長から民事第二課長あて照会がされ、平成一八年一月一八日付け法務省民二第一〇〇号をもって回答がされ、その旨同日付け法務省民二第一〇一号をもって法務局民事行政部長・地方法務局長あて通知がされる端緒となった事例である。

②　抗告訴訟の対象と認めるもの（盛岡地判昭三〇・一〇・一一行裁例集六巻一〇号二三四三ページ）

一、登記官吏のなす土地台帳附属地図の訂正行為は、行政訴訟の対象となる行政庁の処分である。

二、登記官吏がした甲・乙両地の右地図の訂正処分によって、現に係属中の境界確定訴訟においてきわめて不利な立場に立たされるその隣接地（丙地）の所有者は、右訂正処分の無効確認を求める利益を有する。

三、土地台帳附属地図の訂正申告について実地調査等をすることなくなされた右地図訂正の処分が無効でないとされた事例

（理由）　登記官吏のなす土地台帳附属地図の作成・修正および訂正の処分が土地台帳の登録・修正および訂正の処分と同一目的の行為であることは、土地台帳法第一条に「この法律の施行地にある土地についてはその状況を明確にするためこの法律の定めるところにより土地台帳に必要な事項の登録を行う」と規定し、同法施行細則第二条に「登記所には土地台帳の外に地図を備える。地図は土地の区画および地番を明らかにするものでなければならない」と規定していることに徴しても明らかである。従って、これによれば登記官吏のなす土地台帳の登録その他の行為は、土地について権利関係その他の状況を明確にすることを目的とする行為であり、地図の作成その他の行為もまた土地台帳と相俟って、権利関係の対象である右台帳に登録された土地を区画および地番によって特定することを目的としているのであって、両者はいずれも権利関係の対象である土地の客観的状況を明確ならしめることにおいてその軌を一にしているものである。ところで土地台帳附属地図に関しては土地台帳法には何らの規定なく、僅かに土地台帳法施行細則第二条ないし第四条にその規定を見るのみであって、もとよりそれら規定のみからは、地図の作成その他の行為が本来どのような性質を有するものであるかを詳らかに知るを得ないが、前述のように地図の作成等の行為と土地台帳の登録等の行為とは元来同一の目的を有するものであり、且つ地図そのものが、実質的に土地台帳と密接不可分の一体をなすものとして取扱われている趣旨に鑑みるときは土地台帳の登録その他の行為との関連においてこれが検討を進めることにより地図の作成その他の行為の性質もまた自ら明らかにされ得るものといわなければならない。

よってこの点から検討を進めるに土地台帳がもと税務署備付の公簿として、税務署が地租の課税標準たる賃貸

価格の均衡適正を図る目的からその対象土地の状況を明確に把握するための用に供されていたものであることは公知の事実である。しかるに昭和二十五年土地台帳法等の一部改正に関する法律（同年七月三十一日法律第二二七号）の施行により台帳事務所管庁が登記所に変更せられるにおよび土地台帳の目的もまた従来のような単なる税務署の課税台帳たる機能を一擲し、不動産登記の目的たる諸権利の基礎たる土地の事実関係を明確にする地籍簿としての性格および機能を賦与せられることになり、従ってまたこれに伴い地図もその目的に沿い台帳登録土地を特定するためのものとして枢要なる機能を帯びるにいたったのである。

そして土地に異動などのあった場合、土地台帳法は一応その所有者に申告の途を開き登記官吏において、これを相当と認める場合は右申告したところに従い台帳を修正ないし訂正すべきものとしているとともに、若し右申告が相当でないと認められる場合または申告のない場合には登記官吏自らが職権をもって実地の調査をなした上地番、地目、地積等を決定すべきものとして、根本的には該処分を登記官吏の職権行為と定めているのも究極において法が右台帳の目的を充分に発揮せしめるようその登記事項の正確性を担保せんとの企図に出でたものと解すべきであり、同法の土地台帳に対する右取扱がそのまま台帳附属地図の作成その他の行為に対しても同様になさるべきことは、もともと地図が実質的には同台帳の登録と密接不可分の一体をなすものであり、且つ台帳と同じく土地の客観的状況を明確にする目的を有するものであることから、当然のことといわなければならない。昭和二十九年六月三十日民事甲第一三二一号民事局長通達土地台帳事務取扱要領が登記官吏の地図取扱に関し、前記土地台帳に関すると同様の手続によるべき旨を定めているのもひっきょうこの趣旨を明示しているのである。

しかして右のように土地台帳および地図が権利関係の対象である土地の客観的状況を明確ならしめることを目的とし且つ手続上もその正確性の担保が企図せられていることの当然の帰結として従来一般に台帳の登録ないし地図の記載には、その効果として、唯一の証明力を有するものではないが、通例反証のない限り何人もこれを承服せざるを得ない公の証明力を有するものとして扱われて来たのであり、従って、この点において登記官吏のなす台帳の登録、地図の記入その他それらの修正訂正の処分は、いずれもこれに登録ないし記載せられた特定範囲の土地の権利関係その他権利関係の対象である土地の客観的状況を証明する行為として、行政庁たる登記官吏の一種の公証行為たる性質を有するものといわなければならない。

すなわち登記官吏のなす土地台帳附属地図の訂正行為は登記官吏のなす公証行為であり、この公証行為は常に当該地図に表示された特定の土地の所有者らに利害の関係を生ぜさせる行為である。蓋し、現実に当該地図によって隣接土地との関係を公証せられている特定の土地所有者は若しその隣接土地の所有者との間に境界その他の点につき紛争を生じた場合、自己の主張を維持するための有力なる証拠資料として当該地図を使用し得べき利益を有するのに、当該地図の記載が登記官吏によって訂正せられるときは、反証を挙げてこれを覆えさなければならない証拠上の不利益な地位に立たされることとなり結局右訂正行為により右土地所有者が当該地図を有利に使用し得べき利益を侵害せられることになるからである。

もっともこの場合の当該地図に表示された特定の土地の所有者の右図面の表示により受ける利益、すなわち訂正行為により侵害される利益は、勿論権利というを得ないものであり、また通常権利若しくは利益といい、権利と同様に国家に保護を受けられるものとされている、明らかに国家の承認を得ているいわゆる法律上の利益ともいうを得ないものとしても、この利益は単なる感情的道義的利益でないのはもとより、図面に表示された特定の土地の所有者らに与えられた具体的利益であり、一般的抽象的利益でもない。しかも右特定の土地の所有者らが権利関係について常に享受している利益であり、単なる反射的利益にすぎないものとして第三者の侵害があっても放置せらるべきものではない。反射的利益といってもいわゆる法律上の利益と本質的差異があるのではなく、利益関係の程度の差異にすぎないのである。

元来行政訴訟の対象である行政処分について、特定個人の法的利益の侵害されることを要件とし、また抗告訴訟の原告の適格としてこのような法的利益を有することを要件とする制度の目的は、個人に無関係の処分についての訴訟手続を排除し、または処分に無関係な個人を訴訟手続から排除する趣旨にあるのであり、ここにいう法的利益は権利またはいわゆる法律上の利益のある場合のみでなく、結局前述の土地台帳附属地図に表示された土地の所有者らの有する利益のような裁判所が国家の保護を受けるに値するものと認め得られるような利益をも包含するものと解するのを相当とする。

しからば登記官吏の土地台帳附属地図の訂正処分は行政訴訟の対象となり得べき行政処分であることが明らかであるから、この点の被告の主張は理由がない。

更に被告は本件地図訂正処分は百四十四番の一山林と同番の二山林間の分筆境界線のみに関するものであり、原告所有山林とは関係がなく原告がこれにより何らの影響を受けないから、右訂正処分の無効確認を求める法律上の利益がないと主張するのでこの点を判断する。

原告と訴外××間において現在○○地方裁判所○○支部昭和二十八年(ワ)第三号土地境界確認事件が係属中であることは前示認定のとおりである。そして成立に争いのない甲第二号証の一によれば、右訴訟において原告はその所有の二百一番山林と右××所有の百五十六番山林との境界は、右両地に隣接する百四十四番の一山林と同番の二山林との境界をなす沢と前示二百一番山林と百四十四番の二山林との境界をなす沢との合流点から更に南方の下流に架設せられた橋の地点をその起点とするものであると主張し、これに対し、右××は右沢の合流点そのものがその起点であると争っていることが明らかであり、右認定を左右するに足る証拠がない。

しからば原告は前示訴訟において訂正前の地図の表示のとおりに主張し、他方××は訂正後の地図の表示のとおりに主張しているものと見ることができる。

従って、原告は本来被告の本件地図訂正処分がなかったとすれば、訂正前の地図を、前示訴訟において自己の主張を維持するための有力な証拠資料として使用し得べき利益を有していたのに、被告の右処分によりその利益を失うにいたったのみならず、かえって、××から訂正後の地図をその主張維持のための証拠として提出せられた場合にはこれを覆えすに足るそれ以上の有力な反証を提出せざるを得ない訴訟法上極めて不利な地位に立たさるべきこと明らかである。原告は被告の本件地図訂正処分によって叙上の不利益を受け、その法律的地位の危険不安を被っていること明らかであるから、本件地図訂正処分の無効確認を求めるにつきその利益を有するものといわなければならない。被告のこの点に関する主張もまた理由がない。＜中略＞

次に本件地図訂正処分は正規の手続によらず権利を濫用してなしたものであるとの原告の張について案ずるに、原告は土地台帳附属地図の訂正はそれによって時に境界紛争の因となることも少なくないのであるから、これが訂正をなすに当っては充分に実地の調査を遂げ且つ隣接土地所有者の承諾を得たところをもって訂正すべきものであると主張し、本件において被告が地図訂正申告書添附の図面その他の資料のみによって当該申告を相当と認めた結果敢て実地の調査をなさなかったことおよび地図を訂正するに際して隣接土地所有者たる原告の承諾を求めなかったことは被告の自認するところである。

そこで先ず本件において被告が実地の調査などをしなかったことがはたして手続上の瑕疵となるかどうかを考えてみるのに、地図の訂正についても土地所有者からの申告の途が開かれておること、従ってまた訂正申告がなされた場合、登記官吏がその提出された資料のみによって同申告を相当と認める場合はそのまま同申告の趣旨に従いこれを訂正すべく、反対にまた、若し該申告の資料のみで相当でないと認める場合には登記官吏自ら職権をもって実地の調査をなし、その調査の結果に基き訂正し得べきものとして取扱わるべきであることは前示認定したところから明らかである。

してみれば、本来登記官吏のなす実地の調査は、当該申告がその資料において正確を欠くとの疑がある場合にその正確を期するがために執られる措置であって、提出せられた資料その他によれば充分当該申告を相当と認め得べき場合には敢て右措置に出るまでもないこと勿論であり、本件において、地図訂正願に添附された図面が測量士△△が測量の結果に基き作成したものであることは成立に争いのない乙第一号証によって認められるから、右事実を基礎として、これに当該訂正申告が本番百四十四番の一筆の土地から分筆された同番の一山林と同番の二山林との分筆境界線のみに関してなされたものであること、訂正申告者が右両山林の各所有者であること、右両山林の現地における境界が沢であるにもかかわらず、地図上それが直線をもって表示せられていたこと等諸般の事情を考え合せると、当該申告は敢て実地調査に及ぶまでもなくこれを相当と認定するのを通常とするような状況にあったことが窺われるから仮りに登記官吏の右認定が誤りであり、結果において当然実地の調査を必要とするような場合であったとしても、その瑕疵は本件地図訂正処分を当然無効たらしめるものとは認め難い。

また地図の訂正がそれによって時に境界紛争の因を成すことが少くないことは原告主張のとおりであり、従って無用の紛争を避ける意味からも、隣接土地所有者の承諾を得ておくことが望ましいことではあるが、本来地図の目的が前示のように土地の客観的状況を明確ならしめることにあり、そのため地図の作成その他の行為が登記官吏の職権行為とせられている趣旨に鑑みるときは、地図訂正の手続上隣接土地所有者の承諾を経ることは必須の要件ではないものと解するのが相当である。若し右承諾を要件とするならば、隣接土地所有者の承諾を得られない場合には、地図に誤謬を発見しながらもそのままこれを放置するの止むなきにいたり地図本来の目的に背馳する結果を生ずるにいたるからである。その他原告主張のような権利の濫用の事実を認めるに足る証拠がない。この点に関する原告の主張もこれまた理由がない。

〔新不動産登記法制定後の考え方〕　平成一七年三月七日に施行された不動産登記法その他の関係法令改正後の

手続においては、地図（地図に準ずる図面）等の訂正の申出をすることができる者の範囲、申出情報と併せて提供すべき情報、申出の却下事由等を定め、却下事由がない場合に限り、登記官は当該申請に基づき地図等を訂正しなければならない（規則一六条）。地図の訂正の可否について登記官の判断を求める手続上の権利を有する者が明らかにされ、これらの者からの訂正申出に対する登記官の法的な応答義務が定められている。したがって、これにより公図訂正の行政処分性を否定する理由の一つとした「登記官に対し何らかの応答を求める権利性を付与するような法令の規定」が存しないという点は、今後は登記官による公図訂正手続の行政処分性を否定する理由としては弱くなるといえよう。(3)

しかし、登記官による公図訂正の行政処分性を否定するもう一つの理由とされる、「公図は、本来土地の権利関係の公示を目的とするものではなく、一四条地図が整備されるまでの間、登記所の行政上の措置として国民の閲覧等に供されているにすぎず、公図の記載自体に土地の存在や位置等を確定する法律上の効果は認められず、その記載が一定の証明力を有するとしても、その証明力は事実上のものにすぎない」という公図の意義・性質は、つまり平成一七年の不動産登記法の改正によっても変わらないと考えられる。(4)

（1）寳金敏明「境界の理論と実務」五三三ページ
（2）平成一七年六月二三日法務省民二第一四二二号法務省民事局第二課長回答（平一七・三・三一法務省民二第八五一法務省民事局長通達（民事月報六〇巻七号二五四ページ））
（3）是木智美「公図訂正中止処理の行政処分性」みんけん五八四号二九ページ
（4）同右

(3) 公図の訂正と審査請求

公図の訂正が不動産登記法第一五二条に規定する「登記官の処分」に当たるか否かという問題がある。すなわち、不動産登記法第一五二条（現一五六条）は、「登記官ノ処分ヲ不当トスル者ハ監督法務局又ハ地方法務局ノ長ニ審査請求ヲ為スコトヲ得」と規定しているが、公図の訂正がこの登記官の処分に該当するか否かということであるが、この点については、登記官の処分に当たるというためには、国民の権利義務その他の法律上の地位に影響を及ぼす行為であることが必要であると解されており、公図の記載が取引その他の社会生活上、土地の権利関係に関してある程度の証明力を有するものとして取り扱われているとしても、公図の記載によって土地の実体的権利関係が左右されることはなく、公図のもつ証明力も事実上のものであって、その記載いかんは、関係土地の権利者の権利義務その他法律上の地位に直接具体的影響を及ぼすものではないので、不動産登記法第一五二条（現一五六条）にいう「登記官ノ処分」には該当しないと考えられる。(1)(2)

（1）　平成一七年六月二三日付け法務省民二第一四二三号法務省民事局民事第二課長通知

（2）　登記研究六九一号一八七ページ

○大阪地判昭五三・四・二八（訟務時報四一号二六ページ）

原告が被告○○法務局長に対し昭和四九年一二月二三日本件地図訂正処分について審査請求をしたところ、被告○○法務局長が原告に対し昭和五〇年一二月六日右審査請求が原告主張の理由により不適法であるとしてこれを却下する裁決（昭五〇登審第一号裁決）をしたことは被告○○法務局長の明らかに争わないところである。

しかし、不動産登記法第一五二条にいう「登記官ノ処分」に当たるというためには、少なくとも、国民の法律上の地位に影響を及ぼす行為であることが必要であると解すべきところ、本件地図訂正処分が原告ら本件土地㈠、㈡権利者の法律上の地位になんら影響を及ぼすものではないことはさきに判示したところから明白であるから、結局、本件地図訂正処分は不動産登記法第一五二条にいう「登記官ノ処分」に当たらないというべきである。

また、登記官のした処分について、不動産登記法第五章の定める審査請求のほか行政不服審査法の定める不服申立てをすることができるかどうかについては疑問の余地がないではないが、仮にこれを積極に解することができるとしても、行政不服審査法第一条第二項にいう「行政庁の処分その他公権力の行使に当たる行為」とは国民の権利義務に直接関係し、法律上の利益に影響を与える等法的効果を有する行為に限られるのであり、また、同法第二条第一項にいう「事実行為」とは意思表示による行政庁の処分に類似する法的効果を招来する権力的な事実上の行為を指すものと解すべきところ（最一小判昭四三・四・一八民集二二巻四号九三六ページ参照）、本件地図訂正処分は、先に判示したとおり、なんら法的効果を有するものではないから、同法第一条第二項にいう「行政庁の処分その他公権力の行使に当たる行為」に、同法第二条第一項にいう「事実行為」にも当たらないこととなる。

そうだとすると、被告○○法務局長が原告の審査請求を却下した裁決にはなんら違法なところはないというべきである。

○東京地判昭五五・六・二六（訟務月報二六巻一一号二〇三〇ページ）

（判決要旨）旧土地台帳附属地図は不動産登記法令に何らの根拠がない上、登記官の右地図の訂正又は不訂正の行為は権利者の法律上の地位に直接影響を及ぼすことはないから、右登記官の行為は不動産登記法一五二条にいう審査請求の対象となる「登記官ノ処分」には当たらない。

（判決理由）公図は、旧土地台帳法施行細則二条により、土地の区画及び地番を明らかにするため登記所に備え付けられ、昭和三五年に旧土地台帳法及び旧土地台帳法施行細則が廃止された後も、不動産登記法一七条所定の図面が整備されるまでの間引き続き登記所に保管されて、事務処理上の参考資料に用いられるとともに、一般人の閲覧等にも供されているものである。そして、かかる公簿としての公図の記載が、取引その他の社会生活上、土地の権利関係に関してある程度の証明力を有するものとして取り扱われていることは、当裁判所に顕著なところである。

しかしながら、旧土地台帳制度が廃止された現在においては、公図は不動産登記法その他の法令に根拠を有するものではなく、もとより、公図の記載によって土地の実体的権利関係が左右されることはあり得ず、公図のもつ前記の証明力なるものも単なる事実上のもので、反証を挙げてこれを争うことが許されているのである。したがって、他に公図の記載がなんらかの法的効力をもつことを認めた法令の規定が存しない以上、その記載のいかんは関係土地の権利者の権利義務その他法律上の地位に直接具体的影響を及ぼすものということはできないから、公図の記載の誤りを主張してその訂正を求める権利者の申立に対し登記官がこれに応じ又は応じなかったとしても、それによって右権利者の法律上の地位に直接影響を及ぼすことはないというほかない。このように、公図自体について不動産登記法令になんらの根拠がなく、しかも、権利者の法律上の地位に直接影響を及ぼすことのない登記官の公図訂正又は不訂正の行為は、不動産登記法一五二条により審査請求の対象となり得る「登記官の処分」には当たらないと解するのが相当である。

⑷　所有権の確認と公図の訂正

土地の境界をめぐる紛争は、真正面から境界確定の訴えとして提起される場合は少ないといわれ、所有権確認あるいは土地明渡しの請求の形をとるものが多いといわれる。すなわち、この種の事件では、まず各筆の土地の境界線についての主張が双方からなされるけれども、次いで係争部分を占有するほうの当事者から時効取得の主張がなされるのが通常であるといわれる。(1) その結果、この種事件では、土地の所有権の問題として処理されなければ、紛争の実質的解決にはならない面をもっているがゆえに、所有権の確認という形をとる場合が多いものと思われる。

ところが、所有権の争いの形で訴訟が行われた場合には、その判決は、筆界を確定するものとはならず、仮に、原告の主張する筆界線を正しいものと認定し、その上で係争部分について原告に所有権があることの確認がなされても、その判決は境界確定の訴えの判決と全く同一の効力はもちえない[2]。したがって、この判決によって地積訂正、地図訂正等の登記上の処理はできないのである。

例えば、右図のような場合において、乙地は七三の一、二の土地にあたるものと認定するに足り、したがって、乙地はAが所有権を有しているものということができるというような形で判決で認定されたとしても、これに基づき、地積の更正あるいは地図の訂正はできないのである。なぜかといえば、一つには、この判決は被告との間において既判力を有するにすぎないので、隣接地にあたる土地の所有者すべてを被告としている場合はともかくとしてそうでない場合は、被告とされている以外の者の所有する隣接土地との境界は定まらないことになり、他は、そもそもこの判決で乙地は七三の一、二の土地にあたるといっているにすぎず、七三の一、二の境界が上図面のとおりであるとはいっていないわけである。したがって、乙地が七三の一、二に該当する土地であるといってみても、境界がこの図面のとおりであると認定したものとは考えられない以上、このような判決によって地図の訂正、地積の訂正をすることはできないのである。

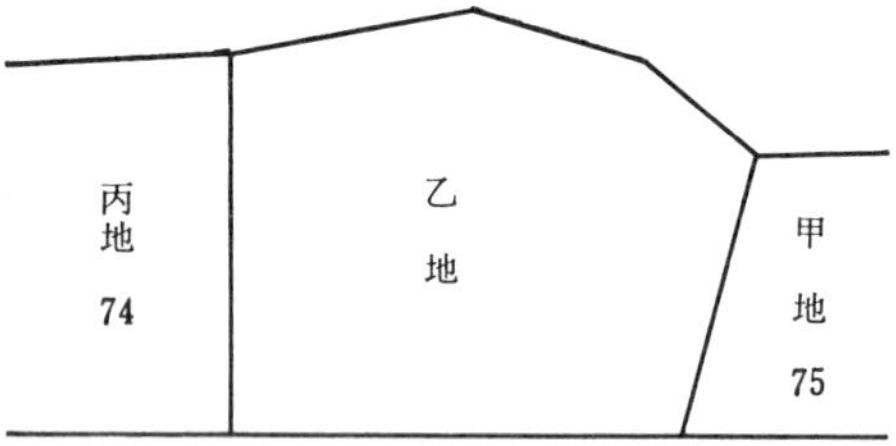

○千葉地判平一六・二・一〇（民事月報六〇巻六〇号九一ページ）
Y_2に対する請求は、公図及び地積測量図の取消しを求めるところ、その記載は実体的に土地の権利関係、境界等を確定するものではなく、公図の訂正や地積測量図の土地図面綴込帳への編てつ行為は、当該土地の権利者である国民の具体的権利義務関係等に直接影響を及ぼ

すものとはいえず、抗告訴訟の対象となる行政処分に当たらないから、その訴えは不適法である。また、Xは、登記簿謄本の取消しを求めるところ、そのような訴えは、行政訴訟の類型に当たらないから、不適法である。さらに、Xは、予備的請求として、本件訴えと東京高等裁判所に係属する土地所有権確認等再審請求事件との併合を求めるが、このような請求はできないから、不適法である。訴えを却下（確定）。

（1）（2）　枇杷田泰助「境界紛争の解決と登記」登記先例解説集二二巻七号二ページ

(5) 公図等訂正行為とその取消しの訴え

① 事案の概要

登記官の職権による地図等訂正行為は、直接国民の権利義務を形成し又はその範囲を確定する処分に当たらず、その取消しを求める訴えは不適法である（神戸地裁平成二九年六月二九日判決、民事月報七三巻四号四四ページ）。とされた事案であるが、X（原告）が、不登規則一六条一五項に基づく地図等訂正行為として、神戸地方法務局加古川支局登記官が不登法一四条四項所定の地図に準ずる図面である旧土地台帳附属地図を職権により訂正した行為は、権限のない者によりされた処分であり、また、不登法所定の手続を経ずにされた違法なものであるとして、行訴法八条一項本文に基づき、その取消しを求めた事案である。

② 判決要旨

却下。表示に関する登記は、不動産の物理的位置・形状などを登記簿に記載し、もって不動産それ自体の客観的な現況を公示することを主たる機能とするものであって、権利に関する登記が円滑に行われるための前提としての機能を担うものと解される。このような表示に関する登記の機能からすれば、表示に関する登記のうち、不動産の客観的な現況を公示する登記事項については、その登記内容によって直接国民の権利義務が形成され又はその範囲が確定するということはできない。

そうすると、準地図は、表示に関する登記の対象となる土地の現実の所在地・形状・区画を明らかにするために備え付けられたものにすぎないから、準地図の内容によって、直接国民の権利義務が形成され又はその範囲が確定することはないと解すべきである。したがって、地図等訂正行為は、直接国民の権利義務を形成し又はその範囲を確定する行為に当たるということはできないから、本行為は、処分に当たらず、本件訴えは、不適法である（大阪高裁平成二九年一一月三〇日判決は、原審の判断を維持し、控訴を棄却した）[1]。

（1）民事月報七三巻四号四五ページ

15　公図と法定外公共物

(一)　意義

法定外公共物とは何かということについては、法律等に確たる定義があるわけではないが、ここでは「現に里道、水路等として公共の用に供されているが、道路法、河川法、下水道法等のいわゆる公物管理法の適用又は準用のない公共用財産である」と定義することとする。

法定外公共物のうち、地盤が国有のものについては、その土地は国有財産であり、国有財産法の規定が適用される。それによれば、国有財産は普通財産と行政財産に大分類され、行政財産は公用財産、公共用財産、皇室用財産及び企業用財産の四種に分類されている。法定外公共物は、このうちの公共用財産、すなわち「国において直接公共の用に供し、又は供すると決定したもの」（三条二項二号）に該当することになる。

(二)　種類

法定外公共物には、里道(1)、認定外道路、赤道などと呼ばれる一般国道、都道府県道又は市町村道以外の道路と、水路、普通河川、青線などと呼ばれる一級河川、二級河川又は準用河川以外の河川、それに沼やため沼、さらには海や海浜地（海岸保全区域内を除く）などの長狭物の多くがこれに当たる。

昭和四二年の建設省調査では、国有林地区及び民有林地区を除いた国土において、法定外公共物の用に供されている土地の面積は四三三四平方キロメートルと推計されている。

（1）　里道とは、いわゆる公図に赤い帯状の長狭線で表示されているものをいい、赤道、赤線ともいわれ、公図上無番地で表示されている。「里道」という言葉は、現在の法律用語には見当たらず、その由来は、「道路等級ヲ廃シ国道県道里道ヲ定ム」（明治九年六月八日太政官達六〇号）による。そこでは、道路は「国道」、「県道」、「里道」と分類されていた（本書四三ページ注（2）参照）。

三　所有権

法定外公共物の敷地となっている土地の所有権は、多くは国に帰属しているが、これは明治初期の地租改正作業の中で土地の官民有区分[1]が行われ、道路や河川は地租を課さない官有地として整理したことに起源がある。

また、これらの法定外公共物は、近代市民法の成立している以前から自然発生的に、あるいは地域社会の努力などによって設置され、公共の用に供されてきたため、近代市民法の成立した明治維新以降も私的所有の意識がきわめて希薄なままに地域住民などの手によって自分たちの社会生活に不可欠な公的財産として管理されてきた。

ところが、我が国の産業構造の変化ないし人口の都市集中化に伴い、特に従来農業用施設として用いられてきた里道や水路が都市化の中で放置されるものが増加する一方、国民の権利意識が著しく向上してきたことにより、法定外公共物と隣接地との境界紛争、さらには当該公共物全体の時効所得などの紛争が多発するようになり、所有権の対象として着目されるようになった[2]。

ところで、近代的土地所有権は、明治政府の立法政策によって確立されたとする創造説[3]が多数説であるが、それ以前の土地支配の基本形態は所持＝支配であったといわれ、領主の年貢徴収権と公法上の支配権、それに農民の土地の占有と収益権という、いわば領主的所持と農民的所持の二重構造としてとらえられていた。それが、明治維新政府により、土地の私的所有と売買の自由が認められ、一つの土地は一人の所有者が包括的に支配するという、一地一主原則が採用され、近代的土地所有権が確立されることになった。

この土地所有を基準とする課税を地租といい、地租徴収のための法的手段を整備する作業を地租改正事業というが、近代的土地所有権の生成が地租改正事業の一環として行われたことは、課税の対象となる土地については、相当厳格に所有権の認定作業が行われた反面、財産価値が低い山林原野や法定外公共物については、どうしても所有権認定が不十分になる傾向を生むことになる。

こうした経緯から、法定外公共物の敷地となっている土地は、税金が課されない土地であるため、その存在や面積をきっちりと把握する必要がなく、現在でも地番もなく、登記簿にも登載されず、ただ法務局備付けの公図（いわゆる旧土地台帳附属地図）に図示され、赤や青に着色されることにより、その存在確認ができるものとなっているという状況である。

（1）　明六・三・二五太政官布告一一四号（官民有区分の基準指定）、明七・一一・七太政官布告一二〇号（地所名称区分改定）。これらの布告により、民有地については第一種から第三種まで、官有地については第一種から第四種に分類され、法定外公共物は、官有地第三種（地券を発行せず、地方税を賦課しない土地）に分類された。

（2）　寳金敏明「法定外公共用物の管理」民事法情報一五三号五六ページ

（3）　近代的土地所有権については、近世においても近代的土地所有権と同一視しうる権利が存在し、明治以降にその権利がそのまま所有権と呼ばれるようになったとする見解（既存説）と、近世においては近代的土地所有権と同一視しうる権利は存在しなかったが、明治初年に施行された永代売買禁止の解除等の諸法令によってそれまで存在していた権利の一部が所有権に高められ、それによって従来所有権に最も近い権利を有していた者については当然に所有権が認められたとする見解（自然決定説）と、近世においては近代的土地所有権と同一視しうる権利は存在せず、所有権は明治政府の立法施策によって創設されたものであるとする見解（創造説）がある。

(四) 管理

このように法定外公共物の大部分は、国の所有に属するが、その管理状態は必ずしも良好とはいえず、私人が勝手に取り込んで敷地や田畑として利用しているところも多いといわれる。これらの国有財産たる法定外公共物については、多くの場合、用途廃止、売払い、境界管理などの財産管理は国（国土交通省）から機関委任を受けた国有財産管理部局長たる知事（国有財産法九条一項・三項）が行い、道路の補修、占有使用許可、不法占拠に対する措置等の機能管理は、固有事務として市町村が行っている（地方自治法二条二項・四項）。しかし、この法的根拠については争いがあり、都道府県知事や市町村の中には、この法的根拠に異論を述べ、あるいはこの法定外公共物の管理に消極的な意見もあるといわれ(1)、管理責任の所在があいまいではないかといった批判もあるようである。

より具体的には、①財産管理について、機関委任事務としての法的根拠が法律・政令上明確でなく、機関委任されている事務の範囲、内容なども具体的に明らかでない、②国有財産の売払いに当たっては、境界確定や用途廃止の事務を都道府県や市町村が処理しているが、その収入は国庫に帰属するなど、その事務は大きな負担となっている、③機能管理についても、事務の法的な位置付けを明確にした法令の規定は存在せず、市町村は住民福祉の観点から法律上の管理責任が不明確なまま事実上の維持管理をしており、その経費負担や責任について問題があるといったことが指摘されていた。

（1） 寶金敏明『里道・水路・海浜』（改訂版）二〇九ページ以下

㈤ 取得時効

民有地や国有地のうちの普通財産については、私法が全国的に適用されるため、民法の定める要件を満たす限り時効取得が認められる。

これに対して、行政財産（法定外公共物。前記㈡のとおり、里道はこれに含まれる）については、国有財産法一八条一項において、行政財産は、そのままでは交換したり、売り払ったりする等の処分ができないとされている。

⑴ 公共物の時効取得について

行政財産である里道について時効取得が認められるためには、まず里道が公共物であるところから公共物に関する取得時効の要件を、次いで民法所定の取得時効の要件を満たす必要がある。

右に述べたとおり、公共物その他の行政財産については、当然には民法の規定は適用されない。そのため、一般公衆の用に供されている公共物については、当然に時効取得の対象になるかどうかは法律上必ずしもはっきりせず、学説及び判例は次のとおり分かれている。

① 学説の見解

〔否定説〕 公物管理者による明示の公用廃止処分がなされない限り、専ら公法のみが適用され、したがって私人が公共物を時効取得することはありえないとする見解。

〔制限的肯定説〕 河川敷や道路敷など、私権の対象となりうる物件については、たとえ公共物であっても、時効取得の成立を認めることができるとする。ただし、時効取得によっても公共物としての性質は失われないから、例えば里道であれば、私人が道路敷地を時効で取得することは認めるものの、当該土地を道路用地として道路管理者が使用することは、私人において甘受しなければならないとする見解。

〔黙示的公用廃止説〕 公共物は公共物である限り時効取得されないとする点においては否定説と同じだが、ただ、公共物であっても、その実態が失われ、長期間にわたり私人によって公共目的が阻害されている事実もないなどの実情にあれば、もはや暗黙のうちに公用が廃止され、民法の適用を受ける普通財産に転化したものとみて、時効取得の成立を認めるとする見解。

〔全面肯定説〕 否定説と黙示的公用廃止説は、公共物は時効取得の対象とならないとの点で共通している。両説は、ただ公用廃止の意思として明示的なものを要するかという点で差異があるにすぎないが、これに対して、全面肯定説は、時効取得の成否に前述の意思的要素は必要ないとし、公共物と普通財産との間で時効取得の要件に差異を認めないとする見解。

以上四つの説のうち、黙示的公用廃止説が多数説である。

② 判例の見解

〔大審院時代の裁判例〕 裁判例は、ほぼ一貫して時効取得の成立を否定していた。公共物（以下判例において「公共用財産」という）は専ら公法の適用を受けるのみであるから時効取得の対象とはなりえず、黙示の公用廃止を認めることはできないとの見解をとり（大審判大八・二・二四民録二五巻三三六ページ）、また、道路のような公用物は、その敷地が官の所有に属する場合には、公用を廃止した後でなければ取得時効の目的となることができない（大審判大一〇・二・一民録二七巻一六〇ページ）としていた。

〔近時の裁判例〕　公共用財産の時効取得の可否について、大審院判例は否定的であって学説が対立していたが、最高裁は黙示的な公用廃止という考え方を承認し、最高裁昭和四四年五月二二日判決（民集二三巻六号九九三ページ）において公共用財産の時効取得の余地を認め、更に最高裁昭和五一年一二月二四日判決（民集三〇巻一一号一一〇四ページ）において次のように判示し、「公共用財産が、長年の間事実上公の目的に供用されることなく放置され、公共用財産としての形態・機能を全く喪失し、その物の上に他人の平穏かつ公然の占有が継続したが、そのため実際上公の目的が害されるようなこともなく、もはやその物を公共用財産として維持すべき理由がなくなった場合には、右公共用財産については、黙示的に公用が廃止されたものとして、これについて取得時効の成立を妨げない」旨判示し、公図上水路として表示されていた国有地が、古くから水田、畦畔に作り変えられ、占有されていた公共用財産の時効取得の成立を肯定するようになった(1)。

(1)　塩崎勤「いわゆる公図上の国有の里道と取得時効の成否」（判例解説）登記インターネット六巻六号六四ページ、民事法情報二一五号八九ページ

③　黙示の公用廃止の判断基準

前記、最高裁昭和五一年一二月二四日判決（民集三〇巻一一号一一〇四ページ）において、公共用財産について時効取得が成立する場合の四要件として「公共用財産が長年の間事実上公の目的に使用されることなく放置され、公共用財産としての形態機能を全く喪失し、その物の上に他人の平穏かつ公然の占有が継続したが、そのため実際上公の目的が害されるようなこともなく、もはやその物を公共用財産として維持すべき理由がなくなった場合には、

右公共用財産については、黙示的に公用が廃止されたものとして、これについて取得時効の成立を防げないものと解するのが相当である。」（傍線著者）と判示している。つまり、公共用財産であっても、黙示的に公用が廃止されたときは、取得時効の成立を妨げないとし、公図上青色に塗り分けられ、水路として表示されている国有地について取得時効の成立を認めた原審の判断を是認している。また、平成一五年六月二四日大阪高裁判決においても、係争地についての公用廃止の有無が争われているが、里道としての利用形態が全く失われていたということで黙示の公用・廃止を認めている。そのほか、類似の事案に関する判例としては、東京地判平成一〇年二月二三日（判例タイムズ一〇一六号一五八ページ）がある。

最高裁判決においては、これら四要件に適合する客観的状況の具備されるべき時期については明記されていないものの、東京高裁平成三年二月二六日判決（訟務月報三八巻二号一七七ページ）において、「公共用財産の時効取得の要件である黙示の公用廃止の状況は、自主占有開始の時までに生じていなければならない。」とされている（同旨の裁判例として、福岡地裁小倉支部判昭五八・四・二八（訟務月報二九巻一一号二〇四六ページ）、広島高判昭六一・三・二〇（訟務月報三三巻四号八三九ページ）、東京地判昭六一・六・二六（判例時報一二〇七巻六七ページ）、大阪高判平四・一〇・二九（訟務月報三九巻八号一四〇四ページ）など）。

したがって、公共物である里道の時効取得を検討する場合には、民法一六二条の要件を検討する以前に、前記の黙示的公用廃止の要件が具備されているか否かを検討することが必要である。

里道の時効取得が成立した場合には、用途廃止により行政財産から普通財産として、国有財産法八条により財務省へ引き継ぎを行うことになる。(1)(2)

（1）塩崎勤「いわゆる公図上の国有の里道と取得時効の成否（判例解説）」登記インターネット六巻六号六四ペー

ジ、民事法情報二一五号八九ページ
（2） 上岡義夫「里道の時効取得について」法務通信五二二号一〇ページ以下

(六) 法定外公共物の譲与

平成七年五月に地方分権推進法（法律九六号）が制定され、同年七月、地方分権推進委員会が設置された。この委員会の勧告を受けて、政府は平成一〇年五月二九日「地方分権推進計画」を閣議決定している。そして、平成一一年七月に地方分権の推進を図るための関係法律の整備に関する法律（法律八七号）が制定された（平成一二年四月一日施行）。

これらによると、法定外公共物で、その地盤が国有財産となっているものについては、その財産を市町村に譲与し、機能管理、財産管理とも自治事務とするものとし、機能を喪失しているものについては、国において直接管理を行うものとする。

すなわち、いわゆる法定外公共物のうち、里道、水路（溜池、湖沼を含む）として、現に公共の用に供しているものの道路法、河川法等の公物管理法の適用若しくは準用のない公共物で、その地盤が国有財産となっているものについては、その財産を市町村（都の特別区の区域内にあっては、当該特別区とする）に譲与し、機能管理、財産管理とも自治事務とするものとし、機能を喪失しているものについては、国において直接管理を行うものとする。

このための具体的措置については、以下のとおりとする。

○譲与の対象とする財産の考え方（条件）については、譲与の期日に公共の用に供しているもので、譲与の時期以降、市町村において公共の用に供するものとする。

○譲与財産の特定の主体及び特定方法については、市町村が公共物として機能を有している公共物を特定することとし、特定の方法は、事務負担の軽減と時間の短縮を図る観点から、極力簡便化するものとする。
○譲与の期限については、一定の期限を設け、当該期限までに特定したうえ、譲与するものとする。
なお、一定期限までに特定しきれない場合のため、一定期限経過後においても譲与できる途《みち》を残しておくこととする。
○機関委任事務制度廃止の時から譲与の期限までの間の財産管理事務の位置付け（経過措置）については、機関委任事務の廃止後の財産管理について、機関委任事務制度の廃止に伴う関係法令の改正法令の施行期日、市町村が特定に要する期間等を考慮しつつ、法定受託事務とする。
里道、水路以外の法定外公共物（海岸等）の取扱いについては、引き続き検討を進め、その適切な管理の在り方についての方針を決定するものとする。

この譲与の手続は、平成一二年四月一日から五年間の期間限定で各市町村に譲与されることになり、この譲与財産の特定方法は「譲与を受ける財産の特定は、市町村の保有する固定資産税用地図及び登記所の地図（閉鎖地図を含む）を使用し、その写しをもって特定する」ことになる。公図は当面は、この譲与財産の特定をするに当たって重要な意義を有することになるが、やがて譲与を受けた市町村の財産管理の中で、境界確定、表示登記分筆登記などをする場合にも極めて大きな役割を果たすことになる。(1)

（1） 拙著「地図（公図）と法定外公共物の譲与」登記研究六四三号五三ページ

(七) 法定外公共物等の譲与に伴う不動産登記

法定外公共物等の譲与に伴う不動産登記事務に関しては、全国的に膨大な量の財産が存在することに加え、その処理に要する期間も長期にわたることから、今後、国、都道府県及び市町村それぞれに多大な労力が必要となる。そこで、地方分権推進計画に基づき国有財産特別措置法（昭和二七年法律第二一九号）第五条第一項第五号の規定により法定外公共物を市町村に譲与する場合及び道路法第九〇条第二項又は下水道法第三六条の規定により法定外公共物を都道府県又は市町村に譲与する場合において、都道府県又は市町村がする登記嘱託手続については、簡便かつ全国統一的な取扱いが認められている。これを認めた法務省先例は左記のとおりである。[1]

記

○法定外公共物等の贈与に伴う不動産登記事務の取扱いについて（平成十六年三月三十一日付け財理第一一三六号財務省理財局長、国官会第二〇二一号国土交通省大臣官房長照会、平成十六年四月七日付け法務省民二第一一四九号民事局長回答、同日付け法務省民二第一一五〇号法務局長、地方法務局長あて民事局民事第二課長依命通知）

（依命通知）標記の件について、別紙甲号のとおり財務省理財局長及び国土交通省大臣官房長から民事局長あて照会があり、別紙乙号のとおり回答がされましたので、この旨貴管下登記官に周知方取り計らい願います。

（別紙甲号）地方分権の推進を図るための関係法律の整備等に関する法律（平成一一年法律第八七号）が平成一二年四月一日に施行され、いわゆる法定外公共物のうち、里道・水路（溜池、湖沼を含む。以下同じ。）として、現に公共の用に供しているものについては、市町村（都の特別区を含む。以下同じ。）に譲与し、機能管理、財産管理とともに自治事務とすることとされ、また、機能を喪失しているものについては、国において直接管理することとされました。

また、法定公共物である都道府県道若しくは市町村道又は公共下水道、流域下水道若しくは都市下水路に係る国土交通省所管国有財産については、これまでも道路法（昭和二七年法律第一八〇号）第九〇条第二項又は下水道法（昭和三三年法律第七九号）第三六条の規定による都道府県又は市町村への譲与を国として推進してきているところです。

これらの譲与手続については、地方分権推進法（平成七年法律第九六号）第八条第一項の規定に基づく地方分権推進計画（平成一〇年五月二九日閣議決定）において、物件特定を極力簡便化することとされていることから、境界確定手続等を省略しているところであり、登記の嘱託については、譲与後に所有者たる都道府県又は市町村がその必要性を認めた時点で、手続を行うこととしています。

登記事務に関しては、全国的に膨大な量の財産が存在することに加え、その処理に要する期間も長期にわたることから、今後、国、都道府県及び市町村それぞれに多大な労力が必要となることが予想されます。

つきましては、地方分権推進計画に基づき国有財産特別措置法（昭和二七年法律第二一九号）第五条第一項第五号の規定により法定外公共物を市町村に譲与する場合及び道路法第九〇条第二項又は下水道法第三六条の規定により法定公共物を都道府県又は市町村に譲与する場合において、都道府県又は市町村がする登記嘱託手続について、下記のとおり簡便かつ全国統一的な取扱いを行うことで差し支えないか、御回答をいただきたく御照会申し上げます。

なお、差し支えない場合は、貴管下法務局及び地方法務局の登記官にその旨周知方よろしくお願い申し上げます。

記

一　土地の表示の登記について

(1)　国有財産特別措置法第五条第一項第五号の規定により市町村に譲与された土地及び道路法第九〇条第二項又

は下水道法第三六条の規定により都道府県又は市町村に譲与された土地（以下「譲与財産」という。）のうち、表示登記がされていないもの（無地番の里道、水路等）については、都道府県又は市町村の嘱託により、直接、表題部の所有者を都道府県名義又は市町村名義とする土地の表示登記を行う。

(2)　(1)の場合の嘱託書の様式は、別添様式1による。

二　分筆登記について

(1)　表題部の所有者欄に国の名義（官有地、内務省、陸軍省、海軍省、軍需省、大蔵省、財務省又は国土交通省等。以下同じ。）で表示されている土地又は国の名義で登録されている土地について、その土地の一部が都道府県又は市町村へ譲与された場合、都道府県又は市町村の代位嘱託により、分筆登記を行う。

(2)　(1)の場合の嘱託書の様式は、別添様式2による。

三　所有権の保存の登記について

(1)　譲与財産のうち、表題部の所有者欄に国の名義で表示されているものについては、都道府県又は市町村の代位嘱託により、財務省名義又は国土交通省名義とする所有権保存

（様式1）

登記嘱託書

登記の目的　土地表示登記

添付書類　嘱託書副本　土地所在図

　　　　　地積測量図

平成　年　月　日嘱託（地方分権推進計画に基づく譲与）

（地方）法務局　（支局・出張所）御中

嘱託者　○○県知事（○○県○○市長）

　　　　○○　○○

不動産の表示

土地の表示				
所在	○市○町字○			
①地番	②地目	③地積　㎡	登記原因及びその日付	
番	○○	○○｜○○	不詳	

（様式2）

登記嘱託書

登記の目的　土地分筆登記

所有者（被代位者）　財務省又は国土交通省

代位者　○○県（○○市）

代位原因　平成　年　月　日譲与による所有権移転登記請求権

添付書類　嘱託書副本　地積測量図

平成　年　月　日嘱託（地方分権推進計画に基づく譲与）

（地方）法務局　（支局・出張所）御中

嘱託者　○○県知事（○○県○○市長）

○○　○○

登録免許税　登録免許税法第四条第一項により非課税

不動産の表示

所在	○市○町字○		
土地の表示			
①地番	②地目	③地積 ㎡	登記原因及びその日付
番	○○	○○○○	
番壱		○○○○	○○番壱、○○番弐に分筆
番弐	○○	○○○○	○○番から分筆

（様式3）

登記嘱託書

登記の目的　所有権保存

所有者（被代位者）　財務省又は国土交通省

代位者　○○県（○○市）

代位原因　平成　年　月　日譲与による所有権
　　　　　移転登記請求権
嘱託条項　不動産登記法第百条第一項第一号
添付書類　嘱託書副本
平成　年　月　日嘱託（地方分権推進計画に
　　　　　基づく譲与）
（地方）法務局　（支局・出張所）御中
嘱　託　者　○○県知事（○○県○○市長）
　　　　　○○　○○
登録免許税　登録免許税法第四条第一項により非
　　　　　課税
不動産の表示
　所　在　○市　○町　字○
　地　番　○○番
　地　目　○○
　地　積　○○・○○平方メートル

（様式4）

登記嘱託書

登記の目的　所有権移転

登記の原因　平成　年　月　日譲与
権　利　者　○○県（○○市）
義　務　者　財務省又は国土交通省
　　　　　（官有地　内務省　陸軍省　海軍省
　　　　　軍需省　大蔵省等）
添付書類　嘱託書副本
平成　年　月　日嘱託（地方分権推進計画に
　　　　　基づく譲与）
（地方）法務局　（支局・出張所）御中
嘱　託　者　○○県知事（○○県○○市長）
　　　　　○○　○○
登録免許税　登録免許税法第四条第一項により非
　　　　　課税
不動産の表示
　所　在　○市　○町　字○
　地　番　○○番
　地　目　○○
　地　積　○○・○○平方メートル

登記を行う。

(2) (1)の場合の嘱託書の様式は、別添様式3による。

四　所有権の移転の登記について

(1) 譲与財産のうち、国の名義で登記されているものについては、都道府県又は市町村の嘱託により、国の名義から都道府県名義又は市町村名義とする所有権移転登記を行う。

(2) (1)の場合の嘱託書の様式は、別添様式4による。

(別紙乙号)　平成一六年三月三一日付け財理第一一三六号及び国官会第二〇二一号をもって照会のありました標記の件については、貴見のとおり取り扱われて差し支えありません。

なお、この旨法務局長及び地方法務局長に通知しましたので、申し添えます。

(1)「訓令・通達・回答」(不動産登記関係) 登記研究六九〇号一九一ページ

(別紙図1)

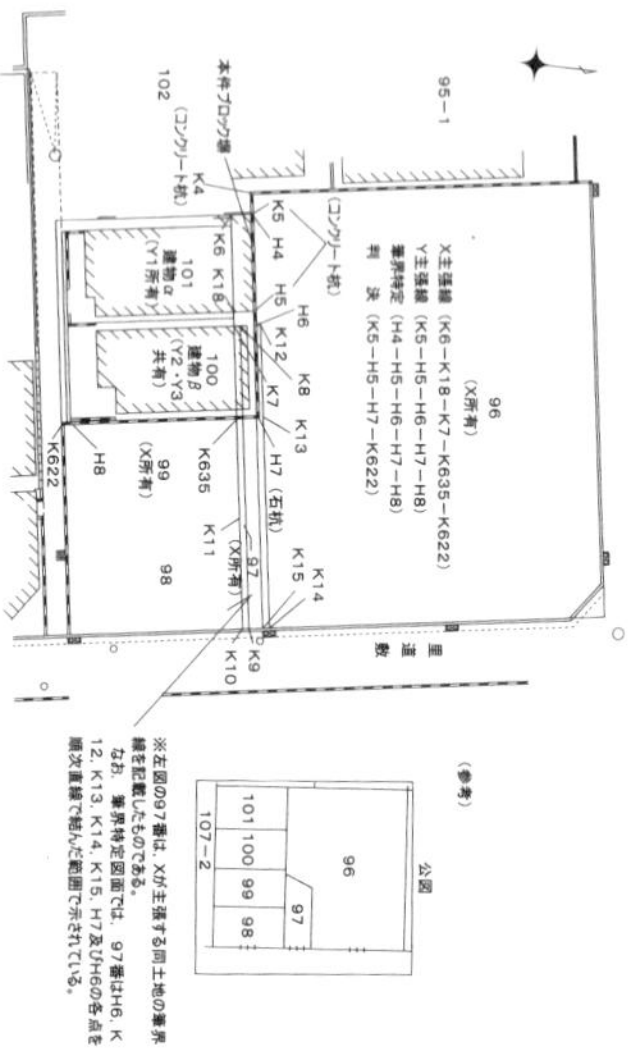

⑯　公図と筆界特定制度

(一)　筆界特定制度の創設

平成一七年三月七日に施行された新不動産登記法の一部改正（平成一八年一月二〇日施行）により新たに筆界特定制度が創設された。平成一七年四月一三日には、新たな筆界特定制度の導入を主な内容とする不動産登記法等の一部を改正する法律（平成一七年法律第二九号）が公布され、平成一八年一月二〇日から施行された。

この制度創設の背景は、次の二つの点にあるといわれている。第一は、平成一五年六月、内閣に設置された都市再生本部から「民活と各省連携による地籍整備の推進」の方針が示され、法務省と国土交通省が連携し、全国の都市部における登記所備付地図の整備を五年で五割、一〇年でおおむね完了することを目指す。この方針にそって、「法務局が境界の確定等に関与して地籍調査素図を迅速に正式な地図とするための法整備を行う」こととされ、不動産登記法を改正して、筆界を適正かつ迅速に特定するための制度を設けることにより、筆界をめぐる紛争を早期に解決し、地図の整備の促進に寄与するような法整備を検討する必要があったこと。第二は、筆界特定制度の創設に伴い、司法書士法及び土地家屋調査士法について、新たな筆界特定制度の代理業務に関する規定を整備するとともに、併せて司法制度改革推進本部決定に基づく所要の改正を行う必要があったことである(1)。

（1）清水響「不動産登記法等の一部を改正する法律の概要」登記研究六八八号二ページ以下、笹井朋昭「筆界特定制度の施行に伴う政省令改正の概要」登記情報五三一号二四ページ以下

(二) 筆界特定制度の意義

筆界とは、表題登記がある一筆の土地とこれに隣接する他の土地との間において、当該一筆の土地が登記された時にその境を構成するものとされた二以上の点及びこれらを結ぶ直線のことであり（不登法一二三条一号）、筆界特定とは、一筆の土地及びこれに隣接する他の土地について、筆界の現地における位置を特定することをいう（同法一二三条二号）。

従来は、この土地の筆界に争いがある場合、その解決手段としては、裁判所に境界確定訴訟を提起し、裁判手続によりその紛争を解決する方法と民間の裁判外紛争解決手続（ＡＤＲ）を利用する方法が考えられた。このうち、境界確定訴訟は、訴訟の性格上複雑な事案が多いこともあって解決までに長い期間を要する場合があり、その手続も複雑であること、また当事者としては、隣人を訴えることになり、証拠資料も自ら収集して提出しなければならないといった問題があった。民間のＡＤＲについても、その対象が「紛争の当事者が和解することができる民事上の紛争」ということで、所有権の範囲（所有権界）に係る紛争ということになる等の問題があった。しかるに、今度創設された筆界特定制度は、行政処分としての効力は有しないが、登記官が申請に基づき、筆界の現地における位置を発見し、特定する制度であり、このような制度を設けることによって、裁判によるまでもなく、行政機関である筆界特定登記官が筆界についての適正な判断を迅速に示すことにより、筆界を巡る紛争を予防し、又は早期に解決することを可能にするところにこの制度の意義があるといえる。これまで、登記官は、表示に関する登記の事

務を行う中で必要に応じ筆界を認定しており、そのことは今後も変わることはない。また、法務局では、これまでも登記官が職権で筆界の位置を認定するなどの必要な調査を行い、不動産登記法一四条地図作成作業を実施してきている。しかし、登記官が筆界についての認定判断を主体的に独立して公示する制度はなかったし、これまでの登記官の筆界の認定は、基本的には相隣接する土地の双方の所有者の確認が得られた旨の資料の提供がなければ、筆界の認定が困難であるとして処理していたのが実情であったと思われる。これに対し、新たな筆界特定制度は、筆界調査委員という外部専門家を関与を求め、かつ、必要な手続保障をした上、一方の当事者の同意がない場合であっても、筆界についての公的な認定判断を示す制度である。筆界特定には、境界確定訴訟のように法的に筆界を確定する効力はないし、行政処分としての効力もないが、登記所が公に認定した筆界は、相応の証拠価値を有することになり、社会的な通用力を持つと考えられる。そして、筆界特定の内容が真実に合致した適正なものである限り、境界確定訴訟が提起されても、同じ判断が下されることになると考えられ、逆に、誤った筆界の判断を示すことになれば、仮に公定力があったとしても、裁判により覆されることになる。筆界特定制度を導入する意義は、裁判によるまでもなく、適正な筆界を示すことができる制度を導入することにあるといえる。(1)

まさに筆界特定の手続は、中立公平な専門家が一定の判断を示すことで、最終的な拘束力はないものの、当事者間の紛争解決の事実上の規範となることを期待するものである。そして、それでもなお解決しないときは、訴訟の余地が認められるということである。(2)

(1) 清水・前掲登記研究六八八号二ページ以下、登記官の窓（筆界特定制度の導入に向けて）登記インターネット八巻二号一二八ページ

(2) 山本和彦「一一〇年を経た筆界特定制度―ADR法の視点から」ジュリスト一五〇二号四七ページ

(三) 筆界特定と所有権界

(1) 筆界と所有権界との関係

筆界特定制度の対象となる筆界とは、前述のごとく、登記簿上一筆の土地として公示されている土地の客観的範囲を区画する線であり、いわゆる公法上の境界である。公法上の境界は、所有権の境、すなわち所有権と所有権がぶつかり合うところという意味での境とは区別され、当事者の合意のみによっては変更することができない性質を有すると解されている。本来、国が一筆の土地を公法的に区画するのは、自然状態では無限の広がりがある土地を人為的に区分し、一個の所有権の客体（取引単位）とするためである。登記制度は、これを前提として、一筆の土地を単位として権利変動を公示する仕組みとなっている。この場合に、実体法上、およそ一筆の土地の一部に所有権が成立することがないのであれば、だれが所有者であっても、一筆の土地上には常に一個の所有権しか存在しないから、土地の上の一個の所有権として登記される権利の範囲は実体的にも常に一筆の土地の範囲と一致する。しかし、判例上、一筆の土地の一部についても所有権が成立するとしているから[(1)]、公法上の境界と所有権の境とが一致する制度的な保障はなく、実体法上、一筆の土地の中に所有権の境が存在する事態も存在することになる。もっとも、近代的土地所有権制度が確立したのは、明治の初めごろであり、原始的な所有権界の創設・形成も明治の初めのころであると考えられ、地租改正による公図もそのころに作成されていることを考えると、当初は所有権境と筆界は一致している場合が多かったのではないかと考えられる[(2)]。

登記制度は、一筆の土地を客体とする所有権ごとに権利関係を公示する仕組みを採用しているから、一筆の土地の一部を目的とする所有権は、実体的には存在しても、それを登記制度上公示するためには、当該土地の一部を目的とする所有権の範囲に沿って新たに一筆の土地の区画を形成し、登記制度上、その権利の公示を可能にする必要がある。例えば、Aが所有権登記名義人である一筆の土地（甲地）の一部にBの所有権が成立した場合において、所有権界に一致するように公法上の筆界を形成し、登記記録上権利関係を正確に公示するための手続としては、甲地の一部の分筆及び分筆後の土地についてのAからBへの所有権移転の登記手続をすることになる。(3)

（1）大審判大三・一〇・七民集三号五〇九ページ、最判昭四三・二・二二民集二二巻二号二七〇ページ、最判昭四二・一二・二六民集二一巻一〇号二六二七ページ「相隣者間において境界を定めた事実があっても、これによつて、その一筆の土地の境界自体は変動しないものというべきである（最二小判昭三一・一二・二八民集一〇巻一二号一六三九ページ）。したがつて、右合意の事実を境界確定のための一資料にすることは、もとより差し支えないが、これのみにより確定することは許されないものというべきである。」

（2）拙著・体系不動産登記二六〇ページ

（3）清水・前掲登記研究六八八号八ページ

(2) 筆界と所有権界との一致

現行法制を前提とする限り、公法上の筆界と所有権の境とは理論的には区別されることになるが、これは、法制上は、両者が一致しないことがあるという意味であって、登記が土地に関する物権変動の対抗要件とされていることに照らせば、本来、両者は一致するべきものであり、これは国民一般の意識とも合致すると思われる。前述したように、沿革的に近代的土地所有権の確立と公図による筆界の公示制度（当時の公図は徴税目的のための制度であり、課税上の単位であった）が同時期にスタートしていることからもこのことはいえる。そうすると、ひるがえって、例えば、登記された二筆の土地の所有者間で隣接部分の所有権の範囲が合意等により確認されているのであれば、端的に、過去の筆界がどうであれ、確認された現在の所有権の境をもって当該二筆の土地の筆界とするという法制

（所有権が処分又は取得されれば、自動的に筆界も変動するという法制）にすれば、筆界と所有権界とを区別する必要はなくなり、両者の不一致を避けることができると考えられる。しかし、筆界を所有権の処分と同じように意思表示の世界、すなわち私的自治の範ちゅうで把握することは、公示制度のもつ客観性・安定性といったものと矛盾する要素があり疑問が生ずる。

やはり現行制度と同じように、筆界は移動しないという前提で、仮に、時効取得や売買等による一部譲渡により所有権の範囲が筆界と一致しなくなったときは、新たに筆界となるべき線（所有権の境と一致する線）を形成して権利関係を正確に公示するために、分筆及び所有権移転登記並びに合筆の登記手続を行うという方法によってあるべき姿にすることを必要とする制度が公示制度としては妥当であると考えられる[1]。

（1） 清水・前掲登記研究六八八号一三ページ

(3) 筆界特定の法的性質

筆界の特定は、あくまでも過去に登記された土地の真実の筆界を発見し、確認し、特定することである。したがって、現地の占有状況や土地所有者による確認の有無などを考慮して筆界を特定したとしても、それは、新たに筆界を形成したわけではなく、当初から当該位置にあった筆界を発見し、特定しただけであり、地図を修正したとしても、正しい表示に直しただけで筆界を変更したわけではない。これに対し、境界確定訴訟においては、筆界が真偽不明の場合には、裁判所が筆界を形成することが可能であるが、筆界特定には、そのような形成効はない。

(4) 筆界特定と地図整備作業

法務省・法務局が行っている地図整備作業は、対象街区内の多数の土地を対象として行われている。当該街区全体を測量し、登記記録や公図との整合性を確認しつつ、各土地の現地における筆界を隣接する各土地の所有者の確認を得て認定し、その土地の区画を測量した結果を地図に反映させる。この場合にも、あくまでも過去に定められた筆界を現在において復元した上、これを正確に図上に記録するということを行っているだけであるから、所有者による筆界の確認は、筆界を復元するための資料の一つにすぎない。所有者の意思によって新たに筆界を決めるわけではないが、これが既存の筆界であるということについての事実の認識が一致していることが重要である。所有者による筆界確認の事実は、本質的には、筆界の認定に必要不可欠な資料とはいえないが、実務上、これを求める取扱いがされているのは、地図が整備されていない地域においては、公図だけでは、現地における筆界を復元することは困難である場合が多く、現地において当事者が筆界であると意識的又は無意識的に考えている線（現地における占有及び使用状況）が筆界を特定するための資料となる比重が高くなるということと同時に、無用の紛争を防止し、筆界を安定したものとするという政策的配慮も働いていると思われる。もとより、地図作成のために筆界を認定する行為も、これを地図に公示する行為も、行政処分とは考えられていない。それは、客観的に存在する筆界を発見し、確認し、認定して図面に表示している行為に過ぎない。

地図整備作業においては、当該地域内の土地のすべての筆界を発見して、特定することが目的であり、事実、大部分の土地の筆界は、この方法で特定されることになる。これに対し、筆界特定の制度は、このような街区内の土地全体を対象とした手続ではない。筆界で隣接する土地の一方の所有権登記名義人等からの申請に基づき、当該筆界を特定する手続において、当該筆界を特定するために街区全体を測量する必要が生じた場合にも、この制度により特定されるのは筆界特定の申請があった筆界だけである。その意味で、この制度は、地図整備そのものを行う制度ではなく、あくまでも個別の筆界を必要に応じ特定するための制度である。しかも、筆界の認定自体は、筆界特定制度のみをもって排他的に行われる必要はなく、特に問題がなければ、通常の表示に関する登記の事務処理の過程や、地図整備作業の手続の中で行えば足りるといえる。したがって、筆界特定の手続を利用する意味があるのは、通常の方法すなわち、地図等の資料に基づいて復元した筆界と思われる線について当事者の立会確認を得る方法により筆界を特定することが困難な場合に、筆界を特定するために設けられた特別の手続により登記官が筆界についての判断を示すことにより、特定された筆界が適正なものであることを、実質的にも、手続的にも、担保する必要性がある場合である。不服のある所有者が境界確定訴訟を提起し、裁判所が、筆界特定により特定された筆界と異なる線を筆界として認定したときは、地図を訂正する必要が生ずることになるが、公示が誤っていたことが判明した場合に地図を訂正するのは、筆界特定制度の有無にかかわらず一般的に生ずる問題である。現在、地図において公示されている筆界は、そのすべてが法的な意味における不可争力を与えられた筆界ではなく、その意味では、公の証明力があるだけである。(1)

（1） 清水・前掲登記研究六八八号一七ページ

四 筆界特定の手続

(1) 筆界特定制度の基本的概念

① 筆界（不登法一二三条一号）

前述のように、「筆界」とは、表題登記がある一筆の土地とこれに隣接する他の土地（表題登記がない土地を含む）との境を構成する直線である。したがって、未登記の土地と一筆の土地との間には、筆界が存在するが、未登記の土地同士の境界線は、筆界特定制度にいう筆界ではない。また、筆界は、過去に当該一筆の土地が登記された時にその境を構成するものとされた線であるから、その後に分筆や合筆の登記手続により変更されていない限り、その線が現在の筆界ということになる。なお、「当該一筆の土地が登記された時に」とは、当該一筆の土地について表題登記がされた時のほか、分筆や合筆の登記により当該土地が登記された時も含む。

現在、登記所において地図に準ずる図面（いわゆる公図）として備え付けられている図面は、おおむね、明治初期に行われた地租改正事業の際に、一筆ごとに行われた調査に基づき作成された地租改正図（改租図、字切図、字限図、字図等とも略称される）及びこれを基礎として作成された地押調査図（更正図）が元になっている。この地租改正事業の際、一筆の土地として把握され、図面に公示された区画に対応する現地の線は、その後変更がされない限り、登記法（明治一九年）及び不動産登記法（明治三二年）の下で当該土地が一筆の土地として登記された時の筆界（原始的筆界）に一致するものと考えられる。土地の筆界は、その後の土地の分筆又は合筆により、新たに形成され、又は消滅する。したがって、現在の土地の筆界は、明治初期に創設されたものと、その後の分合筆により形成されたものから構成されていることになる。

② 筆界特定（不登法一二三条二号）

この法律における「筆界特定」とは、筆界の現地における位置を特定することであり、筆界とは前記のとおり、過去に一筆の土地が登記された際に当該土地と他の土地との境を構成するものとされた線であるから、結局、筆界特定とは、過去に登記所が当該一筆の土地の筆界として確認した筆界を、調査の上、現地で再現することである。筆界特定の内容は、筆界特定書により明らかにされ、必要に応じ、地図等に反映されることになるが、あくまでも現地における筆界の位置を特定することが筆界特定の内容となる。

この場合において、調査を尽くしても、過去に定められた筆界の現地における位置が判明しない場合もありうる。例えば、筆界点のうち一つは特定できたが、他の点はどうしても正確な位置が判明せず、おおよその位置しか分からない場合や、いずれも筆界点の可能性がある二つの点のいずれが筆界点であるかどうかをどうしても決めることができない場合等である。この場合には、その位置を特定することができる限度で、その範囲を特定する。不動産登記法一二三条二号のかっこ書は、このように、例外的に筆界を特定できない場合の範囲の特定も「筆界特定」の内容に含まれるという趣旨である。運用の問題としては、調査を尽くして筆界を必ず特定するよう努めるべきことは当然であり、ベストを尽くしても明らかにならない場合にだけ、このような例外的な取扱いが認められる。

ただ、ここで明らかにされているのは、筆界特定とは、あくまでも過去に引かれた筆界を発見し認定する作用であるから、調査を尽くしても筆界が判明しない場合に、新たに筆界を再形成することは、筆界特定の内容には含まれないということである。この点、境界確定訴訟においては、真偽不明の場合には、裁判所が筆界を形成することができることになるから、筆界特定とは異なり筆界の形成権が認められている。すなわち、境界確定訴訟の判決は、それが確定したときは、裁判所の認定した筆界が真実の筆界と一致していた場合はもちろん、一致していなかったときも、判決が確定した後は、裁判所により形成された筆界が法的な筆界となる。この意味で、境界確定訴訟の判決には、筆界を新たに形成する効力が認められる。しかし、筆界特定については、このような効力は認められない。これは、現在においても、登記官には、筆界が不明になった場合にこれを再形成する権限は、認められていないからである。登記官には、分筆の登記をする場合に新たに筆界を形成する権限はあるが、いったん形成された筆界の所在が不明となった場合にこれを再形成する権限はない。

次に、筆界の一部を特定することは、筆界特定の内容に含まれるかという問題がある。まず、筆界特定の対象となる筆界は、登記された土地と他の土地の境を構成する客観的な直線であり、申請人の主張する土地の範囲とは直接の関係はない。また、筆界の一部、すなわち直線の一部を特定するためには、その前後についても特定することが必要であるのが通常と考えられるから、申請人がその一部のみの特定を求めたとしても、登記官としては、申請人の申立てに拘束されることはない。(1) しかし、他方、筆界特定のための調査を尽くしたとしても、その一部しか特定することができない場合もありうる。この場合には、結果として、筆界の一部を特定することもありうることになる。

(1) 東京高判平一二・三・一四訟務月報四七巻四号七〇六ページ「ところで、境界確定訴訟という類型の民事訴訟が認められているのは、境界はもともと地番と地番との全体の界であって、地番によって表示される一筆の土地は私的所有・取引の単位であると同時に、地租改正の沿革的関連が示すとおり課税上の単位でもあり、その境界が市町村の境界となりうる公法上の単位であって、私人には一筆毎の土地の範囲を勝手に決める自由はない。したがって、所有権の範囲の争いは通常の所有権確認訴訟により得るのである。そのため境界確定訴訟は、境界の紛争は各隣接する筆毎に周囲の筆境とできるだけ矛盾のないように裁判所が当事者の申立てに拘束されることなく定めるものであるから、特段の事情(長大な境界の特定の一部のみに争いがあって、その確定によって一筆全体の確定がなされたのと同様の効果があるとき、又は、一筆の土地の同一境界に隣接する所有者を異にする複数の土地の一部とのみ境界の確定が必要とされるような場合等)のない限り、当事者が、隣接する各筆の境界全部を求めるのではなく、一筆の土地の境界の任意の一部や起点となる点のみの確定を求めることは許されないものと言わざるを得ない。」

③ 対象土地(不登法一二三条三号)

「対象土地」とは、筆界特定の対象となる筆界で相互に隣接する一筆の土地と他の土地を指す。したがって、それは常に二つの土地により構成されることになる。いずれか一方の土地は、必ず一筆の土地である必要があること

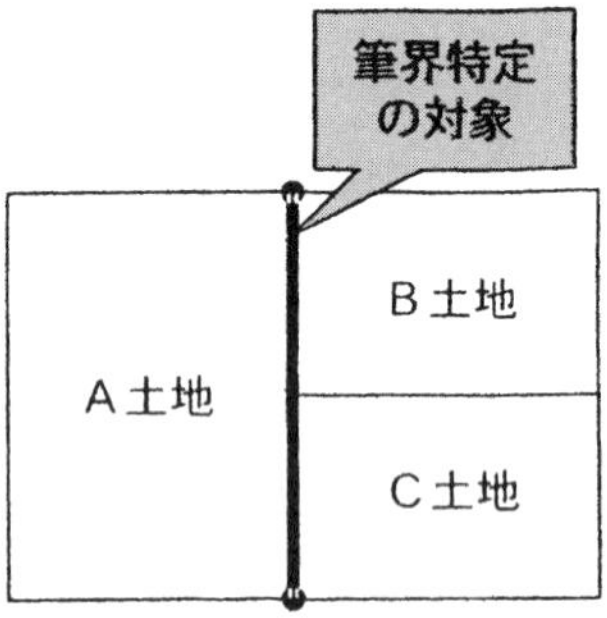

は、筆界の定義に照らし明らかである。

対象土地については、不動産登記法一二三条三号は「筆界特定の対象となる筆界で相互に隣接する一筆の土地及び他の土地をいう」と規定している。ここでいう「一筆の土地」とは、筆界特定に係る申請のあった土地であり、「他の土地」というのは、いわゆる相手方ということであるが、このときの「一筆の土地」と「他の土地」を合わせて対象土地と呼んでいる。

対象土地は、筆界特定の対象となる筆界で相互に隣接することが必要であり、この「隣接している」かどうかの判断が、対象土地となりうることの要件になっている。この点については、筆界特定の申請情報の内容と、地図又は地図に準ずる図面によれば、申請に係る一筆の土地と他の土地が相互に隣接していて、かつ、現地においても土地の配列や区画、形状が、おおむね地図又は地図に準ずる図面とほぼ一致していると認められると、対象土地として取り扱われることになる。

ただし、この場合においても事実を調査した結果、当該土地が隣接しないということが判明すれば、不動産登記法一三二条一項二号によって却下されることになる。

対象土地は筆界ごとに定まることになっており、一つの筆界ごとに筆界特定の申請手続を行う。例えば、**上図**において、A土地の所有権登記名義人が申請人であった場合、B土地とC土地の所有権登記名義人を相手として筆界を特定したいという申請がされたとき、当然に、A土地とB土地が対象土地であり、A土地とC土地が対象土地であるということになる。一般的には、筆界ごとに申請情報を提供することになるが、このような場合においては、A土地は一つなので、これを一つの申請情報として申請することができる[1]。

国土調査法に基づく地籍調査において筆界未定として処理されている対象土地間の筆界の特定を求めることもで

きる。対象土地甲の所有者（申請人）と対象土地乙の所有者（関係人）が、地籍調査において双方の土地の道路面間口の辺長に合意することができなかったため、筆界未定として処理されていた対象土地につき、地籍調査の成果と申請人から提出された測面図を有力な資料として筆界を特定している。(2)

（1） 秦・前掲登記インターネット七八号一一ページ
（2） 「筆界特定事例」法務通信六六一号二四ページ

④ 関係土地（不登法一二三条四号）

「関係土地」とは、対象土地以外の土地（表題登記がない土地を含む）であって、筆界特定の対象となる筆界上の点を含む他の筆界で対象土地の一方又は双方と接するものをいう。これは、対象土地以外の土地であっても、その筆界が筆界特定の対象となる筆界上の点を含むような土地については、筆界特定により当該土地の筆界の位置も事実上影響を受ける可能性があるため、このような土地を「関係土地」と定義したものである。なお、「一方又は双方と接する」とあるが、筆界特定の対象となる筆界は、常に対象土地の双方と接しており、当該筆界上の一点も同様であるから、当該筆界上の一点で対象土地に接する「関係土地」は、常に対象土地の双方と接すると考えてよいと思われる。「関係土地」となるためには、あくまでも筆界特定の対象となる筆界上の点をその筆界に含むものである必要があり、対象土地と接している土地であっても、筆界特定の対象となる筆界上の点をその筆界に含まないものは、「関係土地」にはならない。

前述のように、関係土地とは、対象土地以外の土地のことであり、「筆界特定の対象となる筆界上の点を含む他の筆界で対象土地の一方又は双方と接するものをいう」。

例えば、上図のような場合に、甲と乙が対象土地となっている場面において、この対象土地に相隣接している土地のうち、A点とB点が筆界特定の対象となる筆界とすれば、このA点、B点に接している土地が関係土地と呼ばれている。そうすると①、②、③が該当するが、④は該当しない。これらの土地については筆界特定をすることによって、相応の影響が出る場合があるということから、不動産登記法の中で関係土地と位置付け、以後の手続において、これらの土地の所有権登記名義人等に対して、手続保障として、例えば意見を聞いたり説明をしたりというような手続を行うことになるわけである。

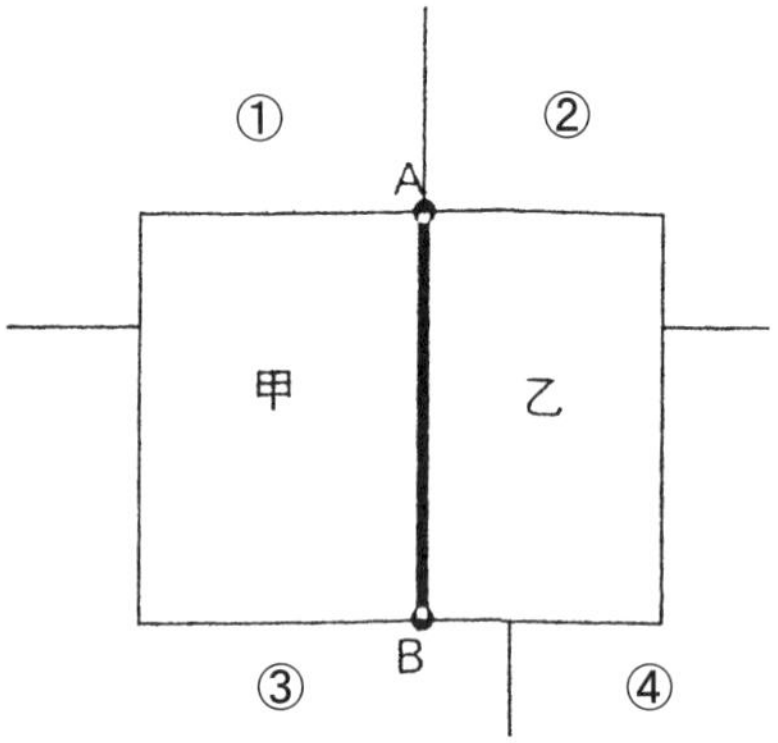

この関係土地であるべき要件としては、先ほどの対象土地と同様、筆界特定の申請情報の内容、地図又は地図に準ずる図面（公図等）によれば、筆界特定の対象となる筆界点上の点を含む他の筆界で対象土地と接しており、かつ、現地における土地の配列、区画、形状が、地図又は地図に準ずる図面の表示とおおむね一致していると認められる場合の土地は、関係土地として扱われる。

なお、関係土地とは関係がないが、「関係人」との区分けについては、対象土地は、申請人の土地及び相隣接する他方の土地であるが、「関係人」という場合には、この申請人以外の対象土地、関係土地の所有権登記名義人等は、すべて「関係人」と呼ばれることになり、対象土地と関係土地との関係と、申請人と関係人との関係とでは、若干範囲が違うことになる。

（1）秦・前掲登記インターネット七八号一二ページ

⑤　申請人

土地の所有権登記名義人等（不登法一二三条五号、同一三一条一項）が申請人となる。「所有権登記名義人等」とは、表題登記がある土地にあっては所有権の登記名義人又は表題部所有者及びその一般承継人を指し、未登記の土地にあっては所有者をいう。したがって、表題登記がある土地については、実体上は所有者であっても、所有権の登記名義人又は表題部所有者でない者（一般承継人を除く）は、「所有権登記名義人等」には該当しない。「所有権登記名義人等」の概念を定義する意義は、筆界特定の手続においては、登記上の所有者を申請人又は関係人として取り扱うことにしているからである。「所有権登記名義人等」には、共有者又は共有者として登記されている者を含む。

所有権の仮登記の登記名義人は、「所有権登記名義人等」に含まれない。仮登記の登記名義人は、所有権の登記名義人につき登記上利害関係を有するに至った者ではあるが、当該登記上の所有権を処分する地位は、なお所有権の登記名義人にあるから、仮登記の登記名義人に、所有権の登記名義人と同じ地位を認めることは相当ではないと考えられたからである。

一筆の土地の一部の所有権を取得した者については、当該土地を対象土地の一つとする筆界特定の申請をすることができる（不登規則二〇七条二項四号）。

筆界特定の申請は、所有権登記名義人等のみに認められたものであって債権者代位による申請も認めていない。この点は、一般の登記の申請と異なっている。しかし、例外的に、分筆の登記をする場合においては、分筆の登記の対象となる土地の筆界が確認されていることが必要であるため、一部の筆界が不明であるときには、分筆の登記をすることができないという問題点への対応として、これを認めている。

一筆の土地の一部の所有権を取得した者による申請に当たっては、一筆の土地の一部の所有権を取得した原因は問わない。例えば、一筆の土地の一部を売買で取得しようが、時効で取得しようが、問題にはならない。

また、一筆の土地の一部の所有権を取得した土地の部分が筆界特定の対象となる筆界に接しているかどうかも問わない。例えば、**上図**において、A土地の一部の筆界が不明であるといった場合、このA土地の一部であるB土地を取得したとき、B土地の所有権登記名義人等は不明となっている筆界には接してはいないけれども、筆界特定の申請をすることはできる。

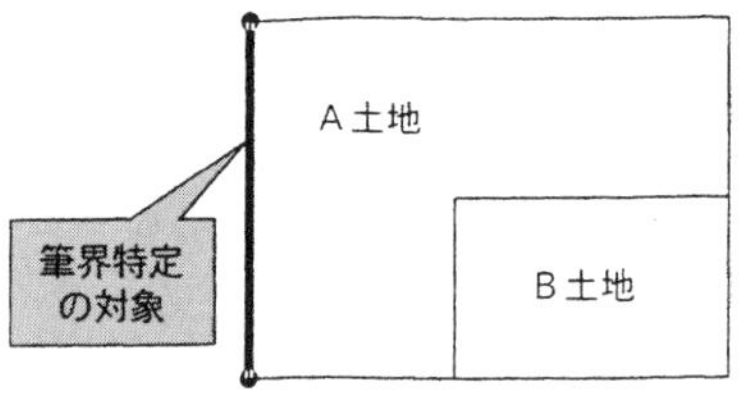

A土地の分筆の登記の申請に当たっては、分筆の登記の対象であるA土地の筆界すべてを確認しなければならないため、このような取扱いを認めている。

なお、添付情報は例示のB土地を取得した者自らが、私が取得したといった自己証明だけでは不足であり、A土地の所有権登記名義人又は表題部所有者がこのB土地を取得した者に確かに売ったという証明が必要である。

申請人に関しては、申請権限を有しない者が申請をしたときには、不動産登記法一三二条一項二号の規定により、却下される。

国や地方公共団体も土地の所有権を取得し、また所有権登記名義人等にもなりうるので、これらの者が筆界特定の申請をした場合であっても、これを拒否する理由はないと考えられ、申請人となりうる。筆界特定訴訟においても、国や地方公共団体も当事者適格になりうることとなっている。

もう一点は、隣接の所有者とともに申請する場合である。一般に筆界特定は、筆界に争いがあることが想定されているが、必ずしも紛争性がなければ筆界特定の申請ができないというわけではない。したがって、隣接地の所有権登記名義人等とともに申請することは可能であると解されている。このことは、不動産登記法一四六条二項において、「手続費用はそれぞれ等しい割合で負担する」旨を規定していることからも明らかである。[1]

（1）　秦・前掲登記インターネット七八号九ページ

⑥　関係人（不登法一三三条）

「関係人」とは、前述のごとく、①対象土地の所有権登記名義人等であって申請人以外のもの及び②関係土地の所有権登記名義人等をいう。例えば、対象土地の一方の土地の所有権登記名義人等が申請人である場合には、他方の土地の所有権登記名義人等は、関係人となる。また、対象土地が共有名義の土地である場合において、共有者の一人が申請人であるときは、他の共有者も関係人となる。「関係人」の概念を定義する意義は、申請人以外の利害関係者として、必要な手続保障を与えるところにある。

⑦　所有権以外の権利を有する者

この法律において、申請権が認められる者又は関係人として手続に関与できる者は、所有権登記名義人等であって、所有権以外の権利、例えば地上権や抵当権を有する者は、登記名義人であったとしても、固有の申請権は認められず、また、手続保障も与えられていない。

私人の権利義務を直接確定するのではなく、公法上の筆界の特定を目的とする手続において、どの範囲の者に申請権や手続保障を認めるかは、立法政策の問題ということができるが、所有権以外の権利は、所有権を前提として生ずる権利であり、登記記録上も、一筆の土地の所有権の登記を前提として公示される権利である。一筆の土地の筆界の特定は、登記記録上公示されるすべての権利の出発点となる登記された一筆の土地の範囲（区画）を特定するものであるから、最も筆界特定に利害関係を有するのは所有権登記名義人等であり、かつ、所有権登記名義人等に申請権を認めることで十分であると考えられる。

⑧　実体上の所有者と登記上の所有者

登記がある土地については、表題部所有者若しくは所有権の登記名義人等又はこれらの者の一般承継人以外の者は、仮に実体的に所有権を有する者であったとしても、申請権や手続保障が与えられていない。

これは、第一に、登記官が登記手続を離れて所有権の有無を判断することは、その職責に照らし、適当ではないこと、仮に所有権の帰属について争いがないのであれば、真の所有者はいつでも登記することにより登記名義人になることができるはずであるし、争いがあるのであれば、登記官が所有権の帰属を巡る紛争について判断することとなることは避けるべきである。第二に、登記制度において所有者として公示した以上、登記官としては、その者を所有者として取り扱うべきであると考えられること、第三に、登記簿を基準とすることは、手続の明確性及び安定性にも資すると考えられること等、を考慮したためである。

⑨　筆界特定の事務

筆界特定の事務は、対象土地の所在地を管轄する法務局又は地方法務局が行う（不登法一二四条一項）。対象土地が複数の法務局又は地方法務局の管轄区域にまたがる場合には、法務大臣又は法務局の長が管轄法務局又は地方法務局を指定することになる（同条二項）。法務局又は地方法務局の位置及び管轄区域は、法務省組織令（平成一二年政令二四八号）の定めるところによる。
一般の登記事務については、不動産の所在地を管轄する法務局若しくは地方法務局若しくはこれらの支局又はこれらの出張所が行うことになっている（六条）から、筆界特定の事務の管轄については、登記の事務とは異なる管轄が定められていることになる。

⑩　筆界特定登記官

筆界特定を行うのは、筆界特定登記官であり、筆界特定登記官は、登記官のうちから法務局又は地方法務局の長が指定する（不登法一二五条）。

具体的な指定基準については、法律に規定はないが、これは、登記官として登記の事務を行う法務事務官の指定（九条）も同様であり、経験年数や専門的知識の有無を考慮し、筆界特定の事務を行うのにふさわしい登記官を指定することになる。

⑪　筆界調査委員

筆界調査委員は、筆界特定について必要な事実の調査を行い、筆界特定登記官に意見を提出することを任務とする（不登法一二七条）。筆界調査委員は、法務局又は地方法務局に置かれる非常勤の公務員であり、その職務を行うのに必要な専門的知識及び経験を有する者のうちから、法務局又は地方法務局の長が任命することになる。法律上、任命の消極要件として、欠格事由(不登法一二八条一項各号)に該当しないことが必要である。また、積極的要件は、「その職務を行うのに必要な専門的知識及び経験を有する」ことであり、資格者に限られるわけではない。ただ、実務上、筆界調査委員として任命されるのは、土地家屋調査士が中心となると考えられるので、土地家屋調査士として懲戒処分として業務の禁止の処分を受けた者でその処分を受けた日から三年を経過しないものを欠格事由としている。また、筆界確定訴訟の経験が豊富な弁護士や簡裁訴訟代理関係業務を行うことができる司法書士を選任することも考えられることから、不動産登記法一二八条一項二号においては、これらの資格者についても同様の規定を設けている。特に司法書士の場合には、土地家屋調査士と兼業している者も相当数あることから、土地家屋調査士として懲戒処分を受けたことがない者であっても、司法書士として懲戒処分を受けた者については欠格事由とする必要がある。また、公務員として過去に懲戒免職の処分を受けた者を欠格事由としているのは、筆界調査委員は、筆界特定に必要な事実の調査という公務を行う非常勤の公務員となる以上、およそ過去に公務員として懲戒免職の処分を受けた者を筆界調査委員に任命することは相当ではないからである。その他、筆界調査委員の解任については、同法一二九条に規定がある。

複数の調査委員については、法文上、事件ごとに指定される筆界調査委員の数に制限はなく、複数の筆界調査委員を指定することも可能である。複数の筆界調査委員が指定されたときは、原則として、共同して職務を行うことになる（不登法一三四条三項本文）から、実地調査や、関係人からの事情聴取等、筆界特定のために必要な事実の調査は、複数の筆界調査委員が一緒に行う必要がある。しかし、常に共同で職務を行うことを要求すると不都合な場合もあるので、複数の筆界調査委員が指定されたときは、筆界特定登記官の許可を得れば、それぞれ単独でその職務を行い、又は職務を分掌することができることとしている（不登法一三四条三項ただし書）。したがって、事案の性質に応じ、複数の委員の間で分担して行うことは可能であるが、この場合においても、筆界調査委員が筆界特定についての意見を提出する義務を適正に果たすためには、他の筆界調査委員が行った調査の結果を考慮しなければならないことに留意する必要がある。

なお、筆界調査委員は、合議体ではないから、多数決により統一の意思を形成する必要はない。しかし、このことは、筆界調査委員相互間において、意見交換や情報交換をすることを否定する趣旨ではない。むしろ、可能な限り、複数の筆界調査委員が同一の意見に達するような形で調査を尽くすことが望ましい（1）。

（1）　清水・前掲登記研究六八八号二七ページ

⑫　筆界特定の申請権者

筆界特定の申請権は、前述のとおり、隣接する土地の一方の所有権登記名義人等に認められる（不登法一三一条）。いずれかの土地の所有権登記名義人等から申請がない限り、職権で筆界特定がされることはない。また、双方の土地の所有権登記名義人等が共同で申請することは可能であるが、共有名義の土地の場合には、共有者の一人からでも申請をすることは認められる。

境界確定訴訟は、必要的共同訴訟であり、共有者が境界の確定を求める訴えを提起するには、本来、その全員が原告となって訴えを提起すべきものとされているが、判例上、共有者のうちに右の訴えを提起することに同調しない者がいるときには、その余の共有者は、隣接する土地の所有者とともに右の訴えを提起することに同調しない者を被告にして訴えを提起することができると解されている（最判平一一・一一・九民集五三巻八号一四二一ページ）。筆界特定の申請権は、あくまでも申請人申請人となった場合には、費用を負担することになる（不登法一四六条）。筆界特定の申請権は、あくまでも申請人の土地と隣接する他の土地との間の筆界について認められるものであるから、申請人の土地と隣接していない土地の筆界については申請権は認められない。

㈤　公図と筆界特定

⑴　実地調査

筆界調査委員等による事実の調査も、基本的には任意の調査であり、相手方の同意を得て行われるものである。ただ、測量又は実地調査を行う場合における他人の土地への立入りについては、土地の占有者は、正当な理由がない限り、これを拒絶し、又は妨害してはならない義務がある（不登法一三七条五項）。この場合にも、筆界調査委員等が実力を行使して立ち入ることが認められているわけではない。しかし、右義務に違反した占有者に対しては、罰則による制裁が課せられることになる（不登法一六二条三号）。これは、筆界特定においては、特に現地の調査が重要であることを踏まえたものである。

筆界調査委員等の立入りは、筆界を正確に特定するための資料を得る目的で他人の土地に立ち入る必要がある場合にのみ認められる。例えば、いわゆる縄延び率を知るため、対象の土地の周辺の土地の面積を測るために他人の土地に立ち入ることや、境界標の有無を確認するために他人の土地に立ち入ることが考えられる。現況等の把握をするための調査は、対象土地又は現況土地に限定されるわけではなく、例えば、縄延び率を把握するため、その周囲の土地の面積を測る必要がある場合など、筆界特定に必要な範囲で、対象土地又は関係土地の周辺の土地を調査する場合等があり、また筆界の特定にあたっては、その地域の公図の沿革等を調査する必要があり、公図の持つ役割と機能が大変重要になる。この場合にも、必要な限度を超えて立ち入ることは認められない。例えば、土地の面積測量や境界標の有無の確認のために立ち入る必要のない土地の部分にまで立ち入ることはできない。立入りに当たっては、占有者に対する事前の通知（不登法一三七条二項）が必要であり、さらに、宅地や垣、さく等で囲まれた土地に立ち入ろうとする場合には、立入りの際、その旨を当該土地の占有者に告げなければならない（同条三項）。

これは、宅地や垣又はさく等で囲まれた土地については、特に占有の平穏を保護する必要性が高いからである。筆界調査委員等が立入りをする場合には、身分を示す証明書を携帯し、関係者の請求があったときは、これを提示しなければならない（同条六項）。立入りによって損失を受けた者があるときは、国は、通常生ずべき損失を補償する責任がある（同条七項）[(1)]。

（1）　清水・前掲登記研究六八八号四〇ページ、「登記官の窓」（筆界特定制度の導入に向けて）登記インターネット八巻二号一三〇ページ

(2)　筆界の特定

①　筆界特定書

筆界特定登記官は、筆界調査委員の意見が提出されたときは、その意見を踏まえ、筆界特定をし、その結論及び理由の要旨を記載した筆界特定書を作成しなければならない（不登法一四三条一項）。筆界特定登記官は、筆界調査委員の委員を尊重する必要はあるが、これに法的に拘束されるものではない。筆界調査委員の職務は、筆界特定登記官による筆界特定のために必要な事実の調査を行うことであるから、筆界特定登記官は、筆界調査委員の調査が不十分であるときは、筆界調査委員に対し、再度事実を調査するようにすることができると考えられるが、いずれにしても、筆界特定登記官と筆界調査委員が緊密な連絡調整を行い、事件を処理できるよう留意する必要がある。

②　筆界特定の資料（情報）

不動産登記法一四三条は、筆界特定に当たり考慮すべき要素を規定している。公図が重要な資料となることはも

ちろんであるが、これに限られるわけではない。同条に考慮要素として掲げられているのは、筆界特定が、あくまでも過去に一筆の土地が登記された時に定められた筆界を探究し、発見する作用であることを踏まえたものである。

筆界特定とは、一定の筆界の現地における位置を特定することをいい、その位置を特定することができないときは、その位置の範囲を特定することをいう。前述のごとく、筆界特定は、過去に定められた筆界を発見、認定する作用であり、当該筆界の位置が不明である場合に、これを新たに再形成する作用は含まれない。事実の調査を尽くしても、当該筆界の位置が不明であるときは、筆界の位置の範囲を特定することになる。

〔登記記録〕　登記記録により、対象土地の地目及び地積、分合筆の経緯を把握し、筆界の形成経緯に関する情報を得ることができる。

〔地図又は地図に準ずる図面〕　現地復元性のある地図が備え付けられている場合には、筆界の現地における位置を特定することができる。また、地図に準ずる図面（公図等）によっても、対象土地の形状、土地の配列、土地と土地との接合状況等が明らかになる。筆界特定作業等においては、地図が重要な役割を果たすが、地図の中には電子情報化された地図がある反面、明治時代から長期間にわたり作成されてきた和紙の公図も多数存在し、これが新しく創設された筆界特定手続において大きな役割を果たしているといわれる(1)。登記所に備え付けられ、保管されている地図（公図）は、登記記録と現地をつなぎ、土地の位置や区画などを登記記録と一体となって特定するという重要な役割があるが、筆界特定作業等で和紙の公図の活用場面が増大する中、法務局管理の地図（公図）の持つ多面的な価値を考え、減失のおそれのある和紙の公図の保存・保管方法等を含め、将来にわたる地図の管理方法について幅広く検討がなされることが望まれる(2)。

〔登記簿の附属書類〕　表題登記、分筆の登記、地積の更正の登記等の申請の際に提出された地積測量図に含まれている情報により、当該申請がされた当時の土地の実測面積、境界標の有無、隣接土地との接合状況等を知ることができる。

〔対象土地及び関係土地の地形、地目、面積及び形状〕　現地の地形とは、地表の形態を意味し、その例として、土地が傾斜地であるとか、崖《がけ》地である等の状態が挙げられる。土地の自然的な形状は、筆界に関する慣習と相まって、筆界を特定するための資料となる。地目とは、土地の主たる用途を意味し、隣接する土地と用途が異なっている場合には、用途の境界が土地の筆界と一致している可能性がある。実測面積は、公簿面積と比較することにより、筆界を特定する参考になる。形状とは、土地の区画の形であり、地図に準ずる図面に記載された対象土地の形状と現地とを比較対照することにより、筆界の位置を特定する手がかりとなる。

〔工作物、囲障又は境界標の有無その他の状況〕　対象土地の筆界付近に垣、さく、境界標等の人工的な工作物があり、その設置の経緯を踏まえることにより、筆界の位置を示す情報となる。その他の状況としては、例えば、囲障ではないが、人為的に植栽された立木竹の存在等、当該土地の使用・占有状況を示す事実が挙げられる。

〔工作物等の設置の経緯〕　工作物等が存在する場合に、それがいつごろ設置されたものか、各当事者の合意のもとに設置されたものか、一方当事者が設置したものである場合にはこれに対して他方当事者が異議を述べたことがあったか等その経緯を明らかにすることにより、工作物等の存在が筆界の位置を示す事情として評価することができるかが明らかになる。

〔その他の事情〕　その他の事情の例として、登記簿以外の図面（道路管理図等）に表示された土地の区画や、筆界に関する慣習の存在等がある。

（1）（2）　杉山茂久・「地図を読む」登記インターネット八二号四～五ページ

㈥　筆界特定申請と却下処分の適法性

①　事案の概要

隣接する関係にない土地の所有権登記名義人がした筆界特定申請について、当該申請者に申請権は認められず、申請の権限を有しない者の申請であるとして当該筆界特定申請を却下した筆界特定登記官の処分が適法であるとされた事案である（神戸地判平二九・四・二七民事月報七三巻四号四一ページ）。

X（原告）が、自らが所有する土地（以下甲地という）と訴外Aが所有する土地（以下乙地という）が隣接するとして、甲地と乙地との筆界を明らかにするため、不登法一三一条一項に基づき、筆界特定申請をしたところ、神戸地方法務局筆界特定登記官から、関係資料等の調査に基づき、甲地と乙地との間には丙地が存在するものと認められ、甲地と乙地は相互に隣接する関係になく、Xには甲地と乙地との筆界の特定を求める申請権はないとして、不登法一三二条一項二号により、本件申請を却下する旨の決定を受けたため、その取消しを求めたものである。

②　判決要旨

請求棄却。甲地及び乙地に係る旧土地台帳付属地図である公図（以下「本件公図」という）には、甲地の西側に乙地が隣接するものとして表示されているところ、本件公図の基になった、地租改正時に作成された和紙公図（以下「本件和紙公図」という）は、和紙の剥落や文字の劣化により地番が特定できないものである上、甲地を含む土地の位置及び形状に誤記入があったものと推認される事情もあり、このような本件和紙公図の手入及び本件公図の作成の経緯からすると、本件公図は、甲地及び乙地の現地における位置、形状等を確認する資料としては、信頼に足る資料ということはできない。他方で、地元水利組合が明治四〇年に作成した字限図（以下「本件字限図」という）には、甲地及び乙地並びにその周辺の土地の地番が明瞭に記載されており、文字の劣化、紙面の剥落、汚損等もみられず、保存状態は比較的良好なものと認められるところ、本件字限図によれば、甲地及び乙地の間には丙地が存在し、甲地と乙地は、相互に隣接する関係にないものと認められる。筆界特定の申請の権限は、土地の所有権登記名義人等である者が、当該土地と隣接する他の土地との筆界について申請する場合に認められるものであるから、互いに隣接する関係にない土地については、申請権が認められないものと解されるところ、本件において、乙地に隣接する土地は、甲地ではなく、丙地であると認められるから、Xの本件申請は、乙地と隣接する関係にない甲地の所有権登記名義人としてされたものであり、Xには申請権が認められず、申請の権限を有しない者の申請（不登法一三二条一項二号）として却下を免れない（確定）[1]。

（1）　民事月報七三巻四号四二ページ

(七)　筆界特定と相続財産管理人

所有権登記名義人の相続人が不存在であるとして、その名義が「亡甲相続財産」となっている土地について、家庭裁判所から選任された相続財産管理人が、相続財産法人の代理人として当該土地を対象土地として筆界特定の申請をすることができる。

相続人の不存在というのは、被相続人が死亡して相続が開始したが、相続人がいないことをいう。ただ、遺言者に相続人は存在しないが相続財産全部の包括受遺者が存在する場合には、本条（民法九五一条）にいう「相続人のあることが明らかでないとき」には当たらないものと解するのが相当である（最判平九・九・一二民集五一巻八号三八八七ページ）とされる。

民法九五一条は、「相続人のあることが明らかでないときは、相続財産は法人とする。」と規定しているが、この相続財産法人は専ら相続財産の管理清算を目的としており、その能力もその目的の範囲内に限られる。そして、この相続財産法人の性質については、この法人は相続人不明の間その相続財産を管理し、法定期間経過後は相続債権者及び受遺者に対する債務の清算をすることを主目的とするものであるから、同法人は被相続人の権利義務を承継した相続人と同様の地位にある」と考えられている（最判昭二九・九・一〇裁判集民事一五号五一三ページ）。

この相続財産管理人は、一般的には速やかに被相続人名義の財産を相続財産法人の名義に変更する登記を申請する。この場合の登記手続は、被相続人から相続財産法人への所有権の移転の登記によるのではなく、所有権の登記名義人を相続財産法人とする登記名義人の氏名等の変更の登記によることとされている（昭和一〇年一月一四日民甲三九号民事局長通牒）。

相続財産法人の性質については前述のごとくであるが、登記記録には所有権登記名義人として「亡何某相続財産」と記録されているので、その相続財産法人が当該土地についての筆界特定の申請権限を有することになり、相続財産管理人は、その法定代理人として、筆界特定の申請をすることができることになる。

ただ、相続財産管理人の権限については、民法九五三条において準用する同法二八条により、相続財産管理人が、民法一〇三条に規定する権限を超える行為を必要とするときは、家庭裁判所の許可を得てその行為をすることができるとされている。そうなると相続財産管理人が相続財産法人を代理して筆界特定の申請をすることにつき家庭裁判所の許可を必要とするかどうかがポイントになる。

民法一〇三条で規定する行為は、①保存行為、②代理の目的である物又は権利の性質を変えない範囲内において、その利用又は改良を目的とする行為をいう（民法一〇三条）。

保存行為とは、一般に財産の保全すなわち財産の現状を維持するのに必要な一切の行為であるとされ、未登記不動産の登記をすることなどもこれに含まれるとされている。登記の先例には、登記の申請において、亡甲相続財産と乙の共有名義である不動産について、乙の持分放棄を原因とする乙持分全部移転の登記の申請の登記義務者は乙、登記権利者は亡甲相続財産であり、この場合の代理人を相続財産管理人とするものがある（昭和三一年六月二五日民甲一四四四号民事局長回答、登記研究一〇四号三七ページ）が、この登記の申請も保存行為として認められている。

筆界特定は、あくまで過去に当該一筆の土地が登記された時にその境を構成するものとされた線である筆界の現地における位置を特定することである。したがって、筆界特定登記官が、現地の占有状況や土地所有者による確認の有無などを考慮した上で筆界特定をしたとしても、それは、新たに筆界を形成するものではなく、当初から当該位置にあった筆界の現地における位置を特定したにすぎないことから、筆界特定の申請は、財産の現状の維持とみることができ、保存行為に該当するものと考えられる。

このように筆界の特定の申請は、民法一〇三条に規定する権限を超える行為には該当しないと考えられ、相続財産管理人は、相続財産法人を代理して、家庭裁判所の許可を得ることなく、筆界特定の申請をすることができると考えられる(1)。

(八)　筆界特定の申請人と仮登記名義人

不登法一三一条一項は、「土地の所有権登記名義人等は、筆界特定登記官に対し、当該土地とこれに隣接する他の土地との筆界について、筆界特定の申請をすることができる。」と規定しており、また、同法一二三条五号は、

「所有権登記名義人等は、所有権の登記がある一筆の土地にあっては所有権の登記名義人、所有権の登記がない一筆の土地にあっては表題部所有者、表題登記がない土地にあっては所有者をいい、所有権の登記名義人又は表題部所有者の相続人その他の一般承継人を含む。」と規定しているが、所有権の仮登記の登記名義人が「所有権の登記名義人等」に含まれるかどうかが疑問となる。しかし、仮登記の登記名義人は、所有権の登記名義人につき登記上利害関係を有するに至った者ではあるが、当該登記上の所有権を処分する地位は、なお所有権の登記名義人にあるから、仮登記の登記名義人に、所有権の登記名義人と同じ地位を認めることは相当でないと考えられたからである。しかし、「所有権登記名義人等」には、共有者又は共有者として登記されている者は含まれると解される。

(九) 土地の水平地殻変動と土地の筆界の相対的移動

地震による地殻の変動に伴い広範囲にわたって地表面が水平移動した場合には、土地の筆界も相対的に移動したものとして取り扱う。

なお、局部的な地表面の土砂の移動（崖崩れ等）の場合には、土地の筆界は移動しないものとして取り扱う（平成七年三月二九日法務省民三第二五八九号民事局長回答、登記研究五七〇号一五七ページ）。

（1） カウンター相談「相続財産管理人が相続財産法人を代理して筆界特定を申請することの可否等について」登記研究七三九号一五九ページ

筆界特定に伴う地積の更正（記録例）

表題部（土地の表示）		調製	余白	不動産番号	1234567890123
地図番号	余白	筆界特定	平成何年何月何日筆界特定（手続番号平成何年第何号）		
所在	甲市乙町二丁目			余白	
①地番	②地目	③地積　㎡		原因及びその日付〔登記の日付〕	
65番	宅地	380 16		余白	
余白	余白	400 00		③錯誤、筆界特定 〔平成何年何月何日〕	

（注）規則第233条第２項の規定により筆界特定書等の写しの送付を受けた登記所にあっては「筆界特定」の記録は、「平成　何年何月何日筆界特定（手続番号○○平成何年第何号）」（「○○」には法務局又は地方法務局名を略記する。）とする。

平成二八年六月八日法務省民二第三八六号民事局長通達

(十)　筆界特定と境界確定訴訟

(1)　「自分の所有地を分割して土地を売却したいと考えているが、隣接地との間に境界争いがあり、分筆登記に協力してもらえそうにない」。問題になっている隣接地の境界は、お互いの親同士が生前に確認しているはずなのに、今ごろになって現在の所有者である長男が異議を唱えている。つまり、過去に確認された境界について現在の隣接地所有者が同意しないということである。

過去に境界確認が行われたことについて、相続者は親から聞いているといい、相手方はそんなこと聞かされていないという。当時の測量図や境界確認書なども残っていない。口頭確認なので、境界標の設置もなく、また、分筆登記などもされなかったから、地積測量図もない。隣接地との筆界を確認できる資料があれば分筆登記も可能であるが、そうでなければ、裁判所に境界確定訴訟を提起してその確定判決を得て分筆登記をするしかないということになる。

境界確定訴訟は、通常の民事訴訟で認められている処分権主義や弁論主義の適用がないものとされており、原告は、隣接する土地との間の筆界線を定めることを申し立てれば足り、確定を求める特定の筆界線を示す必要はないとされている（最判昭四一・五・二〇最高裁判所裁判集民事八三号五七九ページ）。境界確定訴訟については、請求棄却の判決をすることは許されず、判決をもって筆界を合理的に定めなければならない（最判昭三八・一〇・一五民集一七巻九号一二二〇ページ、境界確定の訴えと不利益変更禁止）。土地の筆界は、公法上の境界として性質を有しているので、所有権界と異なり、私人間の合意や時効取得によって移動することはあり得ないとされている（最判昭三一・一二・二八民集一〇巻一二号一六三九ページ（私人間の合意）、最判昭四三・二・二二民集二二巻二号二七〇ページ（取得時効））。この境界確定訴訟と登記手続との連携がされていないので、境界確定訴訟の判決が出されたとしても、その結果を登記しなければならないとはされていないので、判決の内容を登記に確実に反映できるようになっていない。

判例は、境界確定訴訟の当事者適格は隣接地所有者にのみ認められるとしている（最判昭三一・一二・七民集一〇巻一二号三二八ページ）から隣接地の所有者が分からないときは、境界確定訴訟の制度を利用することができないことになる。

いずれにしても、境界確定訴訟が長時間に及ぶということで、不動産取引上も、結構問題があるといわれている。法務局で行われている筆界特定制度が多く活用されていることの理由の一つになっているのではないかと考えられる（「登記簿」登記研究六二五号九三ページ以下）。

(2)　筆界特定がされた後、境界確定訴訟に係る訴えが提起されたとき等は、一方では筆界特定の結果が出ており、他方では、当該筆界特定に係る筆界について訴訟が係属している状態となる。この場合には、裁判所は、当該訴訟において、釈明処分としての筆界特定手続記録の送付を嘱託することができる。民事訴訟法の原則によれば、釈明処分として文書送付嘱託をすることはできない（民事訴訟法一五一条一項）が、境界確定訴訟に限り、これに対する特則を設けている。境界確定訴訟は、通常の民事訴訟とは異なり、当事者の処分を許さない公法上の筆界を法的に確定することが目的の訴訟であるから、事件の正確な把握という観点から、既に登記官によって筆界特定がされているときは、その記録を活用して裁判所が事件の内容を把握することを可能にする仕組みを用意しておくことが重要である。通常の民事訴訟においては、争点の整理は、通常の民事訴訟手続の枠組みの中で、当事者の主張に従って行えば足りるから、あえてこのような特則を設ける必要性は乏しい。仮に、当事者がその主張を立証するために必要であれば、筆界特定に関する記録を書証として提出すれば足りるからである。(1) この釈明処分としての送付嘱託は、筆界特定の手続が係属中の場合にはすることはできない。筆界特定がされるまでの間は、その記録としては、不完全なものしか存在しないから、争点整理のため、文書送付嘱託を認める必要性は乏しいと考えられ、また、筆界特定手続がまだ係属中である以上、筆界特定に関する記録は、筆界特定登記官や筆界調査委員が使用中であるから、これを送付することは、筆界特定の事務にも支障を来すおそれもある。したがって、この場合の釈明処分としての筆界特定手続記録の送付嘱託は、筆界特定がされた後に限定して認められている。

ところで、筆界特定手続と境界確定訴訟とは、前者が先に終了したときは、その結果を、境界確定訴訟において利用することができる。前述した釈明処分としての筆界特定手続記録の送付嘱託のほか、通常の民事訴訟法の規定に従い、当事者の申請に基づき、証拠調べとしての文書の送付嘱託をすること（民事訴訟法二二六条）もできる。しかし、筆界特定手続は、境界確定訴訟の必要的前置制度ではないから、筆界特定手続を利用することなく、境界確定訴訟が提起されることもありうる。この場合においても、境界確定訴訟が係属する個々の裁判所の判断により、当事者に対し、まず筆界特定をすることを促すこともできるし、当事者がこれに応じ、筆界特定の申請をすれば、裁判所は、筆界特定の結果を訴訟資料として利用することができることになる。そして、境界確定訴訟が係属する個々の裁判所の判断により、筆界特定が終了することが見込まれる時期に訴訟の進行を合わせる等の方法により、両手続の連携を図ることができる。筆界特定手続が係属中に境界確定訴訟が提起された場合も同様である。[2]

(3) 筆界特定がされた筆界について境界確定訴訟の判決が確定した場合において、両者の内容が同一であれば、問題はない。しかし、仮に抵触するときは、判決と抵触する範囲において、筆界特定の効力は失う（不登法一四八条）。もともと、筆界特定には、事実上の効力（公の機関が示した判断としての証明力）しかないから、ここで筆界特定が「効力を失う」とあるのは、境界確定訴訟の判決の内容が筆界特定の内容に優先することを明らかにしたものである。したがって、境界確定訴訟の判決が確定した後は、当該境界確定訴訟に係る筆界について筆界特定をすることはできない（不登法一三二条六号）から、進行中の筆界特定手続は却下されることになる。

(4) 境界確定訴訟の判決が確定したときは、筆界特定の手続において、申請の却下事由となるほか、境界確定訴訟の判決の内容が筆界特定の内容と抵触するときは、前者が優先するのであるから、本来は、登記所において公開する筆界特定手続記録にこれを反映させ、あるいは地図訂正をするなどの措置をとることが望ましい。また、筆界特定の有無にかかわらず、判決により筆界が法的に形成され、確定したときは、これを登記所側でも把握するための制度についても検討することが望ましい。[3]

(5) 東京地判平二三・二・二二（公刊物未掲載）は、「筆界特定の成果は、高い専門性を有する筆界特定登記官が、鑑定的知見を有する筆界調査委員を関与させて判断したものであり、その内容の信用性には一般的に高いものが認められる上、実際の判断過程にも合理性が認められる（証拠略）。そして、判断基礎となった事実関係の誤りを認めるべき証拠も特にない。」と理由中で判示し、結論として筆界特定のとおりの主文を言い渡した筆界特定訴訟に係る判決があった。

筆界特定は、筆界の専門家である筆界特定登記官により、申請人や関係人に対する意見聴取等を経て、外部の筆界の専門家である筆界調査委員の意見を踏まえ、登記情報、現地における情報、その他の事情を総合的に考慮して行われるものであり、その内容及び手続の両面において、正に、この判決のように取り扱われるべく、適正に業務が行われている。筆界特定書には、その判断過程が記載されているので、裁判所に対して筆界特定の後にその前提をくつがえすような新たな証拠などが出されない限り、基本的には、筆界特定された筆界は、裁判所の判断によっても相当であると判断されるはずであり、前記判決はまさにその典型といえる判決である（岡本典子「筆界特定制度の現状と課題について」登記研究七八一号一八ページ）。

この筆界特定制度は、土地の境界の適正かつ円滑な確定を図り、かつ、地図整備の推進に資するため、従来の境界確定訴訟の制度に代わり、登記官の行政処分により迅速かつ合理的に筆界を特定する制度として積極的に活用されている。

なお、筆界特定制度創設から一〇年間の運用状況と今後の課題については、高橋美津男「筆界特定制度創設から一〇年間の運用状況と今後の課題」（登記研究八二〇号一ページ以下）に詳しく紹介されている。

(6)　筆界特定と裁判例

筆界特定を行った事案について裁判となるケースは大変少いということではあるが、全くないということではなく、筆界特定と異なる判断がされた事案も紹介されている（民事月報七一巻七号八ページ以下）。

例えば、①土地同士が接しているとは認められないとして、境界確定訴訟の一部を却下した事例（大阪高判平二一・六・二三）、②隣接建物所有者間における建物の敷地の境界の争い（大阪高判平二二・四・一五）、③私有地と地方公共団体が所有する道路との間の境界確定事案（新潟地裁長岡支部判平二三・八・九）、④山間部における境界確定事案（大阪高判平二四・一・二七）、⑤公図上直線で描画されている土地の境界線が争われた事例（名古屋地判平二五・七・三〇）、⑥地租改正の際の野取図、畝順帳及びその後の肩書訂正願などから原始境界が認定された事案（高松高判平二六・九・一〇、松山地判平二五・九・二七）などが紹介されている（民事局民事第二課局付宮

﨑文康、同課不動産登記第三係長塚田佳代）。

（1）（2）（3）　清水・前掲登記研究六八八号五一ページ以下

(十一)　表題登記のある土地と海との境の特定と筆界特定の申請の可否

海水とその敷地（海床）とをもって構成される統一体としての海については、「そのままの状態においては、所有権の客体たる土地に当たらない」ものであり、「過去において、国が海の一定範囲を区画してこれを私人の所有に帰属させたことがあったとしたならば、現行法が海をそのままの状態で私人の所有に帰属させるという制度を採用していないからといって、その所有権客体性が当然に消滅するものではなく、当該区画部分は今日でも所有権の客体たる土地としての性格を保持しているものと解すべきである。」とされていて（最判昭六一・一二・一六民衆四〇巻七号一二三六ページ）、海と陸地との境が「春分秋分における満潮位を標準として定めるべきものと考える」とされている（昭和三一年一月一〇日民事甲第二一六二号民事局長事務代理回答）ことから、表題登記がある土地と海との境の特定を求める筆界特定の申請は、表題登記がある土地に隣接して「当該区画部分」に該当する部分が存在する場合を除き、することはできず、当該申請がされた場合には、不登法（平成一六年法律第一二三号）第一三二条第一項第五号に規定する申請が対象土地の所有権の境界の特定その他筆界特定以外の事項を目的とするものと認められるときに該当するものとして却下されるものと考えられる。

結局、表題登記がある土地と海との境の特定を求める筆界特定の申請は、国が海の一定範囲を区画してこれを私人の所有に帰属させたことがない限り、することができないということである[1]。

（1）　登記研究七八九号一二五ページ）

㈩　筆界特定事例と裁判の動向

筆界特定制度が創設されてから一〇年以上経過している。その間、平成二八年七月号において、筆界特定を行った事案についての裁判例の動向について解説されているので、そのうちの一事例を参考にしながら若干の考察をすることとする。

筆界特定登記官の行った筆界特定とは異なる線をもって境界を確定する事件（判決）は極めて少ないといわれているが、筆界特定登記官の行った筆界特定とは異なる判断（判決）がされた事案を参考にしながら、筆界の確定に関する部分のみ（所有権確認請求を伴うものが多いが）を参考に若干の考察を加えることとする。[1]

(1)　土地同士が接しているとは認められないとして、境界確定訴訟の一部を却下した事例（大阪高判平二一・六・二三民事月報七一巻七号一六ページ）であるが（別紙図1）、当該土地の筆界特定手続では、両土地（九七番と一〇〇番の土地）の境界の認定につき、分筆測量図の長さを復元した数値に依拠したもので、その正確性が担保されているかについて疑問があるとし、また、現況を考慮せずに計算上求められた点であることから、必ずしも合理性があるとはいえないとするのが判例の考え方である。

(2)　認定された筆界の位置自体は、訴訟と筆界特定との結果とでほぼ同じであるが、九七番と一〇〇番の土地とが接しているかどうかの結論が筆界特定と判決とで異なることとなったものである。すなわち、筆界特定では、九七番と一〇〇番の土地とが接していることを前提として判断している（筆界確認書等に基づく主張）のに対し、判決では、もともと公図上では両土地は接しておらず、Xが自己の主張の拠り所としていた筆界確認書について筆界確認の意義を有しないと説示し、両土地は接していないと判断している。境界は、当事者の合意によって変更処分し得ず、境界の合意の存在は、単に客観的境界の判定のための一資料として意義を有するにとどまるという基本的な考え方（最判昭三一・一二・二八民集一〇巻一二号一六三ページ）を前提に判断している。

最判昭三一・一二・二八民集一〇巻一二号一六三九ページは「境界とは異筆の土地の間の境界で、かかる境界は客観的に固有するものというべく、当事者の合意によって変更処分しえないものであって、境界の合意が存在したことは単に右客観的境界の判定のための一資料として意義を有するに止まり、証拠によってこれと異なる客観的境界を判定することを妨げるものではない。」（最判昭三一・一二・二八民集一〇巻一二号一六三九ページ）とし、また、最判昭四二・一二・二六民集二一巻一〇号二六二七ページは、「隣接土地所有者間に境界についての合意が成立したことのみによって、右合意のとおりの境界を確定することは許されない。」と判示している。

（1）　宮﨑文康・塚田佳代「筆界特定を行った事案についての裁判例の動向」民事月報七一巻七号八ページ以下。

17 公図と所有者・地番・所在不明土地など

登記簿・登記記録の所有者欄の変更が長年にわたり行われず、相続の繰り返しや法人の消滅などによって現在の所有者や法人代表者が不明となっている場合がある。

(一) 記名共有地

いわゆる記名共有地について考えてみると、記名共有地とは、土地登記簿表題部の所有者欄に「A外何名」と記載されているものの、所有権保存登記がされていないため、A以外の共有者の氏名・住所が不明の土地のことをいうが、この由来は、土地台帳においては、「外何名」は「共同人名簿」に登載されていたが、昭和三五年の登記簿と土地台帳の一元化に際して、一緒に移管されるべきであった共同人名簿の中には法務局に移管されないものがあったといわれ[1]、そのような共有地についても、一元化作業においては、登記簿に新設された表題部にそのまま「A外何名」と移記されている。

なお、現在の不登法七四条一項二号の規定により自己名義で所有権の保存登記を受けるために申請書に提供すべき判決は、表題部に所有者として記載(記録)されている者全員を被告とするものでなければならず、また、登記簿の一元化作業により旧土地台帳から移記した登記簿の表題部の所有者欄に「甲外何名」と記載(記録)されているが、共同人名簿が移管されなかったなどの理由により「外何名」の氏名住所が明らかでない土地について、

「甲」のみを被告とする所有権確認訴訟に勝訴した者から、当該訴訟の判決書を申請書に添付（提供）して不登法七四条一項二号の規定による所有権の保存登記の申請があった場合には、当該判決の理由中において当該土地が登記簿の記載（記録）にかかわらず原告の所有に属することが証拠に基づいて認定されているときに限り、便宜、当該判決を同号にいう判決として取り扱って差し支えないとしている（平成一〇年三月二〇日民三第五五一号法務省民事局長回答。民事月報五三号一二巻一四八ページ）。

○判決による所有権保存の登記の取扱いについて（平成一〇年三月二〇日民三第五五一号民事局長回答）

（照会）

1　権利の登記のされていない不動産の登記簿の表題部に記載されている所有者が甲及び乙である場合において、丙が不動産登記法第一〇〇条第一項第二号の規定により自己名義で所有権保存の登記を受けるために申請書に添付する判決は、甲及び乙両名が被告であることを要し、表題部に記載されていない者を被告とした判決はもとより、甲又は乙のいずれか一名を被告とした判決も含まないものと考えますが、いかがでしょうか。

2　登記簿の一元化作業により旧土地台帳から移記した登記簿の表題部の所有者欄に「甲外何名」と記載され、共同人名簿が移管されなかった等の理由により「外何名」の氏名住所が明らかでない土地について、「甲」のみを被告とする所有権確認訴訟に勝訴した者から、当該訴訟の判決書を申請書に添付して、不動産登記法第一〇〇条第一項第二号の規定による所有権保存の登記の申請があった場合、当該判決の理由中に、「甲外何名」の記載にかかわらず当該土地が原告の所有に属することが証拠に基づいて認定されているときに限り、便宜、当該判決を、不動産登記法第一〇〇条第一項第二号（現不登法七四条一項二号）にいう判決として取り扱って差し支えないものと考えますが、いかがでしょうか。

（回答要旨）

1　不動産登記法第一〇〇条第一項第二号（現不登法七四条一項二号）の規定により自己名義で所有権の保存登記を受けるために申請書に添付すべき判決は、表題部に所有者として記載されている者全員を被告とするものでなければならない。

2　登記簿の一元化作業により旧土地台帳から移記した登記簿の表題部の所有者欄に「甲外何名」と記載されているが、共同人名簿が移管されなかった等の理由により「外何名」の氏名住所が明らかでない土地について、「甲」のみを被告とする所有権確認訴訟に勝訴した者から、当該訴訟の判決書を申請書に添付して不動産登記法第一〇〇条第一項第二号の規定による所有権の保存登記の申請があった場合には、当該判決の理由中において当該土地が登記簿の記載にかかわらず原告の所有に属することが証拠に基づいて認定されているときに限り、便宜、当該判決を同号にいう判決として取り扱って差し支えない。

〇判決による所有権保存の登記の取扱いについて

①　改正前不登法一〇〇条一項二号（現不登法七四条一項二号）の規定により自己名義で所有権の保存登記を受けるために申請書に添付すべき判決は、表題部に所有者として記載されている者全員を被告とするものでなければならない。

②　登記簿の一元化作業により旧土地台帳から移記した登記簿の表題部の所有者欄に「甲外何名」と記載されているが、共同人名簿が移管されなかったなどの理由により「外何名」の氏名住所が明らかでない土地について、「甲」のみを被告とする所有権確認訴訟に勝訴した者から、当該訴訟の判決書を申請書に添付して不登法一〇〇条第一項二号（現不登法七四条一項二号）の規定による所有権保存登記の申請があった場合には、当該判決の理由中において当該土地が登記簿の記載にかかわらず原告の所有に属することが証拠に基づいて認定されているときに限り、便宜、当該判決を同号にいう判決として取り扱って差し支えない。」旨判示している。

特に照会事項②については、いわゆる記名共有地に関する登記事務の取扱いについての問題である。

旧土地台帳法時代においては、土地台帳に記載されるべき土地の共有者が多数いる場合には、土地台帳の所有者欄には単に「何某外何名」と記載し、共同人名簿（共有者台帳）を別皿として設け、そこに他の共有者全員が氏名住所を記載するという取扱いがされていた。この共同人名簿は、年代や税務署管轄等によってそれぞれ名称や様式を異にしていたが、現在の登記簿の共同人名票に類似した様式により作成され、これを土地台帳とは別に編てつし、保管していたようである（収税署地租事務取扱規定（明治二八年大蔵省令第四号））。

土地台帳は、昭和二五年に家屋台帳とともに税務署から法務局に移管され、一元化が完了するまでの間、法務局において台帳事務が行われていた（共有者が多数いる場合の法務局における台帳事務の取扱いは、上記と同様であった）。土地台帳事務取扱要領（昭和二九年六月三〇日付民事甲第一三二一号民事局長通達第八九条））が、昭和三五年の「不動産登記法の一部を改正する法律」（昭和三五年法律第一四号）により、表示に関する登記手続が新設されるとともに、土地台帳制度は廃止され、未登記の土地で土地台帳に登録されているものについては、この台帳に基づいて登記簿の表題部を新設することとされた（同法附則二条一項、三五年改正省令附則三条一項、登記簿・台帳一元化実施要領第三）。同第三は、「台帳に現に登録されている土地又は建物で未登記のものについての登記用紙の表題部の新設は、台帳中現に効力を有する登記事項で、土地又は建物の表示に関するもの及び所有者の氏名、住所を新用紙に移記し、これを地番又は敷地地番の順序に従って登記簿の担当個所に編綴して登記用紙の表題部とすることによってするものとする。ただし、台帳が既に改正省令附則第四項の規定により改製されたもの又は改正省令による改正後の規定によるものであるときは、当該台帳をそのまま編綴してさしつかえない。」としている（登記関係先例集追加編Ⅲ・六二ページ）。

この一元化作業において、土地台帳の所有者欄に「何某外何名」と記載されていた土地の表題部を作成する際に、共同人名簿が税務署から登記所に移管されなかったなどの理由により、「外何名」を明らかにすることができなかったものについては、共同人名票を作成する（細則五二条）ことなく、単に、登記簿の表題部の所有者欄に「何某外何名」と移記され、その後の登記がされることなく、今日まで存置されている登記簿がある。このような登記のされている土地が、いわゆる記名共有地といわれているものである。

いわゆる記名共有地の実体は、明治期からの小さな集落の共同体としての権利能力なき社団の所有、市町村の所有、旧財産区の所有などであると考えられ、また、登記簿の地目から推測される当時の利用形態としては、墓地あるいは入会地が圧倒的に多かったものと思われる。このことから、これらの多くの土地は、所有者自身も自己の財産であるとの認識を持つことなく、また、十分な管理もされなかったなどの理由から、相続や担保権の設定の登記などがされることなく今日に至っているものが多いと思われる。

しかし、これらの土地のうち、特に宅地開発、道路整備などの地域の開発に含まれた土地については、土地買収の関係から、その登記の取扱いを含め問題点が顕在化してきた。

これまでは、このようないわゆる記名共有地について所有権の保存登記を申請しようとする場合には、登記所に移管されるべきであった「外何名」の氏名住所を記載した別冊の共同人名簿を探し出すか、あるいは、旧土地台帳法時代に交付を受けた土地台帳謄本などの共有者を明らかにする資料を探し出し、それらの書類（情報）に基づいて、表題部の所有者の更正を行い、表題部の所有者全員を登記簿上明らかにした上で、これらの者又はその相続人の名義で所有権の保存登記を申請すべきであり、また、「何某外何名」以外に真実の所有者がいる場合であっても、真実の所有者は、前記と同様の方法により「外何名」を明らかにし、これらの者又はその相続人の名義に所有権の保存登記をした上で、改めて自己名義へ所有権の移転登記を受けるか、あるいは、登記簿の表題部に記載された共有者全員を明らかにした上で、これらの者全員を被告として、所有権確認訴訟を提起し、その勝訴判決を得て、不登法一〇〇条一項二号（現不登法七四条一項二号）の規定に基づいて、直接、自己の名義で所有権の保存登記の申請をするしかないものと考えられてきた。

いずれも、上記消極説に立った考え方であり、これが実務の取扱いであったものと思われる。

確かに、「外何名」は、歴史的なある時点をとらえれば知り得ることができるはずであり、登記所に共同人名簿が移管されなかったとしても、関係者が所持する資料などによって、「外何名」を明らかにすることは理論的には可能であろう。しかしながら、現実には、関係者が「外何名」を明らかにする資料を登記所に提出することができるケースは極めて少なく、また、仮に何らかの資料が提出されたとしても登記官としては、直ちにこの資料から表題部の所有者欄を更正することもできないことから、所有者としては、新たな登記を申請することができず、やむを得ず土地台帳から移記されたままの状態で存置せざるを得ないケースも相当あったものと思われる。

このことは、真実の所有者が別に存在する場合であっても同様である。なぜなら、現行の不登法の規定は、登記簿上不利益を受ける者を何らかの形で手続的に関与させることを前提に構成されているから、ここでもまた、「外何名」を明らかにしない限り、新たな登記の申請はすることができないということになる。

③　本件回答は、いわゆる記名共有地についても照会事項Ⅰの回答の立場を堅持すると、「外何名」を明らかにすることができない場合には、およそ登記をすることができなくなる可能性が高いことから、これを救済するため、表題部の所有者欄に「甲外何名」と記載されている場合において、「甲」のみを被告とする所有権確認訴訟に勝訴した者が、当該訴訟の判決書を申請書に添付（提供）して、所有権の保存登記を申請したときは、次の要件を満たすものに限って、便宜、当該判決書を不登法一〇〇条一項二号（現不登法七四条一項二号）にいう判決として取り扱って差し支えないとするものである。

(i)　いわゆる記名共有地であること。

本件回答は、いわゆる記名共有地における所有権の保存登記に関する便宜回答であるから、対象物件がいわゆる記名共有地である場合に限定される。したがって、建物はもちろんのこと、土地台帳の一元化作業以降に表示の登記がされた土地はこの取扱いの対象にはならない。また、一元化前の土地であっても、表題部又は共同人名票から共有者が明らかにされているものは、本件回答の対象外であることは当然である。

対象物件がいわゆる記名共有地か否かという判断は、登記官が個別的に行うことになろうが、前述のとおり、本件回答は、いわゆる記名共有地における登記手続の問題を解決するために、不登法一〇〇条一項二号（現不登法七四条一項二号）の判決の被告適格について例外を認める便宜的な回答であるから、その趣旨にかんがみた場合、登記用紙に共同人名票が編てつされていないことのみを理由に、直ちに対象物件をいわゆる記名共有地であるとして取り扱うことは相当でないであろう。登記官としては、共同人名簿が登記所内に保管されていないことを改めて確認した上で、本件回答に基づく登記事務の処理を行うのが相当と考えられる。

(ii)　「甲」を被告としていること。

表題部に「甲外何名」と記載されている場合には、少なくとも「甲」は表題部に記載された共有者の一人であり、この者を登記手続において無視することはできない。本件回答は、「外何名」の氏名住所が明らかでない部分について、便宜的取扱いを認めるものであるから、登記簿上、特定することが可能な者全員を被告とする所有者確認訴訟であることが要件となる。したがって、例えば、表題部の所有者欄に、「甲及び乙外何名」と記載されている場合には、「甲」及び「乙」の両名は少なくとも被告とする必要があろう。

なお、「甲」が既に死亡している場合には、「甲の相続人」を被告とすべきことは当然である。

(iii)　原告の所有者を確認する判決であること。

一般に、判決による登記を認めている場合、確定判決と同一の効果を有する裁判上の和解、調停などによっても差し支えないものとされているが、照会事項2は、判決の理由中において、当該土地が登記簿の記載にかかわらず原告の所有に属することが証拠に基づいて認定されているときに限って便宜的取扱いを認めているものであるから、本案判決に限るものと考えられ、その他裁判上の和解、調停等は含まないとするのが相当である。

(iv) 判決理由中において、登記簿の表題部の記載にかかわらず、当該土地が原告の所有に属することが証拠に基づいて認定されていること。

判決の理由中において、登記簿の表題部に記載された「甲外何名」の所有権が否定され、原告の所有に属することが証拠によって認定されている必要がある。したがって、欠席判決や自白事件の判決の場合には、証拠に基づいて明確に認定されているとは認められないので、この取扱いの対象外となろう（民事月報五三巻一二号一四七ページ以下・横山）。

以上のような考方からすると記名共有地「Aほか何名」の所有者は、A+何名であることから、記名共有地に係る立会・承認の適格を有する者は、Aだけでなく、A+何名であることになる。したがって、理論上は、全員が一体となって初めて当事者適格等や立会・承認の適格を有することになる。

しかし、この理屈を推し進めると共同人名簿がなく&名の氏名が不明である限り、当事者適格も立合・承認適格を有する者も定めることができなくなる。この点に関し、前述した平成一〇年三月二〇日の法務省[2]回答は、「A外α名（その住所・氏名が不明）」の記名共有地を時効取得したとするCが、Aの相続人Bを被告として、証拠に基づいてCが当該記名共有地を時効取得したと判示している所有権確認訴訟の確定判決を得た場合には、Cは直接自己への所有権保存登記を申請できるとしている（平成一〇年三月二〇日民三第五五一号法務省民事局長回答・最判平成九年三月一一日訟月四四巻一〇号一七七六ページ）。

(二) 共有惣代地

共有惣代地というのは、土地登記簿（登記記録）の表題部所有者欄に「共有惣代A」と記載されている土地をいう。この共有惣代地の多くは、社寺郷蔵、埋葬地（墓地）、灌漑用ため池、入会林野のようであるといわれ、明治初年の官民有区分の折、所有者のはっきりしない公有地を解体するに際し、惣《そう》（村落全体の名によって意思決定する村民自治組織）によって管理支配が行われている土地等が共有惣代地に分類され、地券が交付されたのではないかとされる(3)（寳金二八八ページ）。

このように共有惣代地の管理が惣ないし村落の自治組織による管理であれば、共有惣代地は当該村落の自治組織（権利能力なき社団）の総有に属することとなり、惣ないし村落の自治組織が、地方自治法二六〇条の二による地縁団体として、市町村長の認可を受けたときは、当該団体名義の登記が可能となる。

共有惣代地の実体的所有関係は入会団体による所有というものの実体的理解を基盤として考察することが要請されているといわれる。

入会所有は、いわゆる総有であって、入会団体の構成員らが共同して所有する関係であると理解される（最判昭四一・一一・二五民集二〇巻九号一九二一ページ）。前記最判昭和四一年判例は、「入会権は権利者である一定の村落民に総有的に帰属するものであるから、入会権の確認を求める訴えは、権利者全員が共同してのみ提起しうる固有必要的共同訴訟であるから、その訴えが村落民の一部の者によって提起されている場合は、右訴訟は当事者適格を欠き不適法である。」と判示している。そうなると、総有の特殊性に注意を払う必要があるにせよ、性質に反しない限り民法の共有の規定が準用されるべきである（民法二六三条）から、まさに多数人が共有をしている実体があるにもかかわらず、その一部の者のみが登記上表われており、そうなるとその登記上表われている者のみの共有惣代地であることになり、その構図は記名共有地と異ならないということになる。そうなると共有物代として氏名が判明する者またはその一般承継人を被告とする判決において証拠により所有権が認定される場合において、その判決を提供して原告のための所有権の保存の登記をすることができるということになるのではないかと考えられる。(4)

(三) 脱落地

脱落地というのは、地所名称区別改定（明治七年一一月七日太政官布告一二〇号）に基づく山林原野や公共用物などの官民有区分や社寺地に対する官民有区分の作業を終えた地域において、調査の対象から漏れてしまった結果、国有地として国有財産台帳等に登載されることがなく、また公図上官有地である旨明確に示されることもなく、民有地として認定されて地券が発行された形跡もない土地をいう。実務上は、このような官民有区分の対象となった土地のほか、官民有区分の必要がほとんど生じなかった町地や田畑のうち、現に国有財産台帳や公図、登記簿に何らかの手がかりのない無番地の土地をも広く脱落地と称しているといわれる。(5) ただ、公図上無番地の土地や公図上記載のない土地があるとすべて脱落地ということではない。土地が現存するにもかかわらず公図上地番が付されず、登記もされていない原因としては、土地台帳法（昭和二二年法律三〇号）において、民有地はすべて付番すべきこと（同法四条）とされていたのに対し、国有地は登録の対象とされておらず（同法四四条）、土地台帳事務取扱要領（昭和二九年六月三〇日法務省民事甲一三二一号民事局長通達）の下においても、国有地のほか専売公社、国鉄、電電公社の所有地は登録の対象外とされていたからである。

土地台帳は明治二二年発足以降、土地の物理的状況を示す公簿として税務署で保管・管理してきた。しかし、昭和二五年のシャウプ勧告による税制改革によってそれまでの地租税が廃止され、市町村が独自に固定資産税を課することとされた。すなわち、一九四九年九月一五日連合国軍最高司令官に示された、カール・シャウプ（アメリカのコロンビア大学教授）を長とする日本税制調査団の勧告、つまり国税は直接税を基本とし、地方税は独立税とするなど、第二次大戦後の日本の税制の基礎となった地租税は廃止され、市町村が独自に固定資産税を課することとされた。そして、これを機会に土地・家屋台帳制度を不動産登記制度に一元化すべく、台帳及び台帳事務は税務署から登記所に移管されることになった（昭和二五年七月三一日法律二二七号）。移管後一〇年間、両制度は並存していたが、昭和三五年法律第一四号による法改正によって、表示登記制度が創設され、土地台帳制度は廃止された。

（1）寳金敏明『境界の理論と実務』二六八ページ

（2）平成一〇年三月二〇日法務省民三第五五一号民事局長回答（登記研究六一五号二一一ページ）。回答の要旨は、

一　不動産登記法第一〇〇条第一項第二号（現不登法七四条二号）の規定により自己名義で所有権の保存登記を受けるために申請書に添付すべき判決は、表題部に所有者として記載されている者全員を被告とするものでなければならない。

二　登記簿の一元化作業により旧土地台帳から移記した登記簿の表題部の所有者欄に「甲外何名」と記載されているが、共同人名簿が移管されなかった等の理由により「外何名」の氏名住所が明らかでない土地について、「甲」のみを被告とする所有権確認訴訟に勝訴した者から、当該訴訟の判決書を申請書に添付して不動産登記法第一〇〇条一項二号（現不登法七四条一項二号）の規定による所有権の保存登記の申請があった場合には、当該判決の理由中において当該土地が登記簿の記載にかかわらず原告の所有に属することが証拠に基づいて認定されているときに限り、便宜当該判決を同号にいう判決として取り扱って差し支えない。」としている。この平成一〇年の登記先例は、表題部の所有者欄に「甲ほか何名」との記載しかなく、共同人名票がないため、他の共有者の氏名等が判明しない土地について、①当該土地が記名共有地であること、②甲又はその相続人を被告とすること、③原告の所有権を確認する判決であること（和解調書、調停調書によるものは除くこと）、④判決の理由中において、登記簿の表題部の記載にかかわらず、当該土地の所有権が原告の所有に属することが証拠により認められていること（自白判決、欠席判決によるものや、認諾調書によるものは除くこと）という要件の下に便宜的に保存

登記申請の際の「判決」に該当するものとしている。

　この登記先例によると、所有権の帰属関係について争いのない事案であっても、証拠による事実認定を経ていないものは、保存登記申請に使用できないこととなる結果となる。

　なお、この登記実務の当否が裁判上問題となったものとして名古屋地判平成一三年五月三〇日の事件がある。この事件は、表題部の所有者欄に「共有総代乙」との記載しかなく、共同人名票も存在しないため、他の共有者の氏名が判明しない農業用溜池について、時効取得を主張する原告が、「乙」の相続人に対し、所有権確認の訴えを提起《そっき》し、欠席判決を得た後、原告が確定した欠席判決に基づき保存登記を申請したところ、登記官がその申請を却下したため、登記官の却下処分の取消しを求めた事案に関するものであるが、裁判所は、欠席判決に基づいても、所有権保存登記の申請ができると解すべきであるとして、却下処分の取消しを認めている（なお、この取消訴訟は、控訴の後、訴えの取り下げで終了している）。（田中康久「記名共有地の解消策の課題—保存登記のための判決の問題点を中心として」登記研究六六一号四ページ）。

(3) 前掲（1）寳金二八八ページ
(4) 山野目章夫「ストーリーに学ぶ所有者不明土地の論点」一七五ページ
(5) 前掲（1）寳金二〇四ページ

18　公図と事実実験公正証書

(一)　事実実験公正証書

①私は公証人として事実実験公正証書を作成することがあった。事実実験公正証書というのは、公証人が、嘱託を受けて、自ら五感の作用により直接体験し、認識した事実（私権に関する事実）を記載して作成する公正証書のことをいう（公証人法一条一号）。この「私権に関する事実」というのは、私権の得喪変更に直接間接に影響を及ぼす事実であると解されている。先例としては、ⓘ人の出生、生存、死亡等、ⓘⓘ身体、財産に加えられた損害の形状等、程度、ⓘⓘⓘ動産、不動産の品質、種類、大小、形状、数量、現存状態等、ⓘⓥ会社、組合等の総会の議事、ⓥ支払停止の状況等、ⓥⓘ動産、不動産の占有の状況、筆界等、ⓥⓘⓘ財産目録の調整等が挙げられるが、これらに限られるわけではなく、人の営みに関するあらゆる事実が対象となるのであり、自然人のほか、法人、団体、それらの組織の一部などの営みやそれらの状況そのもの、場合によっては自然現象すら対象となり、ありとあらゆる事実が含まれるといっても過言ではないといえる。

②この事実実験公正証書は、将来の紛争を予防し、あるいは現在または将来の紛争に備えて、証拠能力がありかつ証明力の高い証拠を確保すること、すなわち証拠保全を目的として作成されるものである。

その作成は、公証人が関係者から聴取した陳述、その目撃した状況その他自ら実験した事実を録取し、かつ、その実験の方法を記載する必要がある（公証人法三五条）。したがって、事実確認の結果だけでなく、事実実験の際の関係者の説明内容や事実実験の状況並びにその写真の添付も含め、具体的詳細に記載された公正証書が作成されることになり、証明力や信用性が高まることとなる。(1)

③私が公証人として事実実験公正証書を作成したのは、土地の筆界（境界）に関してであるが、土地の境界に関する紛争は、単なる財産権の争いにとどまらず、近隣同士の感情的軋轢の激しいものであるから、まず、権利関係の安定している間に証拠を保全しておくことが最も適切であるし、不動産を処分する際などは、できるだけ当事者立会の上、現状を確認し、これに変更があるときは、変更前と変更後の両方の状況を保存することが重要である。

私が公証人として筆界に関する事実実験公正証書の作成をしたときのことを振り返ると、「先生、隣同士で境界争いをしていたんだけど、やっと話しがついた。これを公正証書にしてくれませんか。」「ああ、いいですよ。どういうように話しがついたんですか。」というと、これこれですと説明をしてくれるのですが、内容としては二とおりある。「いろいろ争いはあったんだけど、ここが元々の私の土地と隣りの土地との境なんです。そこというのは今、松の木のあるところであるということが分かりました。隣りのAさんもそこが境界であると認めておりお互いに認識が一致しましたので、この松の木のある根本のところが私の土地と隣りの土地との境であるということを明らかにしておくために、その境目を公正証書で確認し、明確にしてください。」という内容のものと、もう一つは、「いや、先生あかんのやわ、元々の境がどうしても分からない。でも、とにかくお互いに使う範囲はこの範囲であるということでその境目をはっきりさせたいんです。この図面にその範囲をお互いの了解のもとでちゃんと書いてあるから、その境目を後で争いが起きないように、子供達の代になっても争いが起きることがないように、公正証書を作成明確にしておいて欲しい。」という内容の場合がある。

前者の場合は、「お互いによく記憶をたどっていろいろな資料を見て調べたら、やはり松の木のあるところ、その境目が本来の筆界だった」「ああ、そうそう、私も思い違いをしていたけれど、これが元々の筆界だったんだなあ。」これは筆界という事実についての認識の一致ということになる。これを前述のごとく、「事実実験公正証書を作成して明確にしておく。

後者の場合は、どこが筆界であるか分からない、明確にならないから今、お互いに「この線を境にして、この範囲で使えるようにしよう。」といって約束をする。これは利用できる所有権の範囲を決めているということになる。所有権は、物を直接かつ排他的に支配することができる権利であり、「所有者は、法令の範囲内において、自由にその所有物の使用、収益及び処分をする権利を有する。」（民法二〇六条）ので、所有権の及ぶ範囲の土地は所有者の意思表示で処分できる。事実の世界ではなく、意思表示の世界である。したがって、この場合は、意思表示の世界であるので、所有権の範囲に関する一致した境についての意思表示の確認ということで契約の公正証書を作成するということになる。[2]

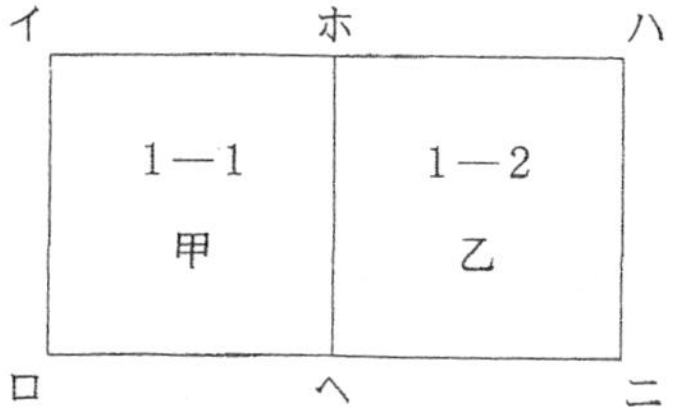

以下に筆界に関する事実実験公正証書の例と所有権界に関する公正証書の例を参考までに例示しておくこととする。

上の図をもとに事実実験公正証書を作成する場合には、筆界は、何番と何番の土地の境を示す公法上の線であり、筆界については当事者に処分権がないから、例えば「甲及び乙は、1—1の土地と1—2の土地の筆界は、ホヘの各点を直線で結んだ線であるとし、そのことについて甲と乙の認識は一致した。」旨記載し、事実実験公正証書を作成する。

それでは、所有権界についてはどうなるか。所有権界についての公正証書の場合は、所有権の及ぶ範囲については、当事者が合意できるので、例えば、「甲及び乙は、イロヘホの各点を順次直線で結ぶ範囲内の土地が甲の所有であり、ハニヘホの各点を順次直線で結ぶ範囲内の土地が乙の所有であることを、相互に確認した。」旨記載し、公正証書を作成する。
したがって、例えば「甲及び乙は、1—1の土地と1—2の土地の筆界は、ホへの各点を直線で結んだ線であることを合意し、相互に確認した。」旨の公正証書を作成するとその公正証書は、意味不明の公正証書ということになる可能性があり、留意する必要があるということになる。(3)

今まで考察してきたように、所有権界というのは、所有権と所有権のぶつかり合うところであり、この所有権界と筆界は元々は一緒だったはずである。ところが、一筆の土地の一部を時効で取得するとか、あるいは、一筆の土地の一部の売買をするとか、あるいは土地を分割したのに分筆登記をしていない場合等がある。そういう土地の一部の時効取得、土地の一部の売買の場合は、土地の一部について所有権が成立する。判例はそれを認めている（売買につき、最判昭三〇・六・二四民集九巻九号九一九ページ、時効につき最判昭四三・二・二二民集二二巻二号二七〇ページ）。昭和四三年の最高裁判例は、取得時効の成否の問題は、所有権の帰属に関する問題であって、相隣接する土地の境界の確定とはかかわりのない問題であるとし、したがって、相隣接する土地の所有者間において、一方の土地所有者が他方の土地のうち境界の全部に隣接する部分を時効取得したとしても、各所有者は、境界確定の訴えの当事者適格を失わないということになる（最判平七・三・七民集四九巻三号九一九ページ）。しかし、境界に接続する土地全部の時効取得により、当該土地の所有権を喪失した者は当事者適格を失うとしている。境界確定の訴えの当事者適格は、所有権を有する者に認められ、所有権を有しない（時効によって所有権を有していない）単なる登記名義人には認められないと解されるからである。(4)

このように境界というのは、ある面では所有権界という意味で使用されたり、ある面では筆界という意味で使用されたりしている。民法の場合でも、境界標を作るとか、相隣関係の境界に関する規定が二二四条以下に置かれているが、この規定は、所有権界の趣旨で使用されている。結局、その規定の趣旨で判断していくことになる。

④それから、境界確定協議についても固有財産法三一条の三という規定があり、境界について協議するという規定になっているが、この場合の境界というのは、所有権界の意味である。また、国土調査法二条五項は、第一項第三号の「地籍調査」とは、毎筆の土地について、その所有者、地番及び地目の調査並びに境界及び地積に関する調査を行い、その結果を地図及び簿冊に作成することをいう旨規定し、境界という用語を使用しているが、地籍調査作業規程準則があり、その三条二号において「一筆地調査に基づいて行う毎筆の土地の境界（以下「筆界」という。）」と規定しており、国土調査法で使用している境界は筆界の意味であることを明らかにしている。(5)

⑤また、筆界と合意に関しては、前述のごとく、所有権界は、意思表示の世界であるが、筆界は、事実の世界である。筆界というのは、まさにここに筆界があるということを発見していく、見つけていくというのが筆界の認定の基本であるが、合意というのは、「あなたが使用できるのはここまでですよ。この線を越えて、あなたが使用してはだめですよ。ここからは私が使用するんですから。」というような内容の合意をする。要するに、利用とか使用、収益とか処分とか、そういう使用、収益、処分というのは、所有権の内容に当てはまってくる。合意というのは、所有権界のことで、筆界は合意で決めるということはありえない。

⑥それから、筆界は公法的な性質をもっている。法律的な意味での筆界は事実の世界であり、同時に公法的なものである。では、何で公法的なものであるかというと、不動産登記は、不動産の現況とその不動産の所有者、そしてその権利変動を公示して、取引の安全と円滑を図る制度であるから、その単位となる土地の広がりを画する筆界を当事者が自由に変更できるということになっては、その客観性、信頼性が確保できない。そこで、一定の手続を経て正確に確定されるべき性質のものであるという意味で公法性といっている。判決でも、筆界というのは当事者の合意でもって定めることはできないとはっきりいっている。例えば、最判昭和三一年一二月二八日（民集一〇巻一二号一六三九ページ）は、「境界とは異筆の土地の間の境界で、かかる境界は客観的に固有するものというべく、

当事者の合意によって変更処分しえないものであって、境界の合意が存在したことは単に右客観的境界の判定のための一資料として意義を有するに止まり、証拠によってこれと異なる客観的境界を判定することを妨げるものではない。」とし、また同じく、最判昭和四二年一二月二六日民集二一巻一〇号二六二七ページは、「隣接土地所有者間に境界についての合意が成立したのみによって、右合意のとおりの境界を確定することは許されない。」旨判示している。

明治六年の地租改正事業によって、徴税を主たる目的として時の政府が筆界を定めている。国の財政基盤を確立するために土地の筆界の確定、面積の計算と用途の認定を行ったということである。

⑦現在の不動産登記法の規定によってはっきりしているが、例えば、不登法一四条は、国が法律により、「登記所に区画を明確にし、地番を表示した地図を備う。」旨規定している。また同法三五条には、「登記所は、地番を付すべき区域を定め、一筆の土地ごとに地番を付さなければならない。」旨規定している。さらに、同法一二三条では、「筆界は、表題登記がある一筆の土地とこれに隣接する他の土地との間において、当該一筆の土地が登記された時にその境を構成するものとされた二以上の点及びこれらを結ぶ直線をいう。」旨規定している。さらに言えば、不動産登記の特に表示の登記の部分というのは、まさしく国土の一部である土地の区画、用途、面積、所有者といった事項を公示しているが、前述したように国の徴税による国家の財政基盤の確立という視点も入っている。したがって、そういった側面からも筆界は、公共性あるいは公益性をもっているといえる。このように土地の表題登記の基礎をなすものは筆であるが、登記所に備える地図がその筆を公示している。そして、この一筆の土地という、いわば公示の単位としての箱を用意するのは国の仕事という、公法的な性質をもっている。この筆という箱を用意して、その箱ごとに権利関係を登記して公示している。したがって、筆界というのは公法上のものであって、当事者の合意のみによって自由に変更できる性質のものではないということになる。(6)

⑧筆界の不動性である。明治六年からの地租改正事業のよって筆界が確定し、明治一八年からの地押調査でその改定がされているが、この筆界は新たな筆界形成行為、例えば、分筆、合筆などによる登記がない限り変動しない。したがって、筆界は原則として不動のものである。ただ、大震災等によって大きく地殻変動したような場合は、別途検討する必要がある。

このように筆界は原則として不動のものであるので、筆界の認定は、かって筆界形成の時点で確定された筆界の位置（原始筆界）は、どこにあるかを発見することである。現在、現地で筆界がどこにあると認識されているかということではない。ここが大変重要なところである。

⑨筆界の事実性ということも重要である。かつて決められた筆界は事実として存在するので、その筆界がどこにあるかを探す。すでに事実として存在する筆界を発見することが筆界認定であり、筆界特定である。筆界をどこにするかとか、現在の筆界がどこにあるかを確認することは筆界の認定ではないし、そういう視点で筆界の確認をすると現在占有している占有界の境を当事者が筆界であると認めているということで、筆界として特定してしまうことにもなりかねない。それは筆界の特定ということにはならず、単なる占有界の認定ということになってしまうということである。

⑩次に、筆界の不明と合意ということも問題となる。筆界が不明ということになった場合、筆界が分からないのだから合意で決めていいですよねということになるかどうかである。結論としてはそうはならない。筆界というのは元々事実の世界であり、物論の世界である。ここが筆界であるというお互いの認識の一致が存在するだけである。物の世界であるから合意で決めたりすることはできない。いかに筆界が不明であっても、筆界不明だから合意で決めていいというような性質のものではない。そういうことではなく、かつて決められた筆界は事実としてあるわけであるから、そこがどこなのかを捜す。かつて決められた筆界がどこにあるかを発見する、その筆界を見付け

ることが筆界の認定であるということになる。

現在ある筆界がかつて決められた筆界であるということであれば、それはそれでいいのであるが、現在筆界と認識されている境は、本来の筆界ではない可能性があるから、本来の筆界を発見する。筆界というのは事実としてあるわけであるから、地震等による地核変動でもない限り変わりようがない。その変わりようがないもともとの筆界を探さなければならない。現在の筆界がどこかということを探すのではなく、すでに決まっている筆界がどこにあるかを探す。これは意思表示の世界ではないので、私は「認識の一致」といっている。AさんとBさんが「そこだよね。」「うん、そうだね。そこだった、そこだった。」「そこだった、そこだった。」「そこだった、そこだった。」というということで認識が一致している。これが筆界の世界である。「そこにするんではない。」「そこにしたらいいんじゃない。」「そこにするか。」「じゃそうしよう。」っていうのは意思表示の世界。所有権の世界。しちゃだめなんで、そこのところがきちっと決まっていなければいけないということになる。筆界についての処分性は当事者にはないのであるから、かつて決まっていた筆界が発見できなければ、筆界の特定はできないことになる。不登法一二三条二項ただし書は、その位置を特定することができないときは、その位置の範囲を特定する旨規定している。この規定は筆界特定が筆界を発見して確認する作業であって、形成作業でないことを明らかにしている。(8)

筆界は過去に一筆の土地が登記されたときに定められたということであるが、現実には、そもそも明治六年からの地租改正時に土地の筆界が定められたときに、その筆界自体が幅をもって定められた可能性もあり、そのまま当該土地が土地台帳、旧法の登記簿を経て、現在の登記記録に記録されていることもありえると考えられる。また、線で定められた場合でもその後の期間の経過により現地を特定することが不可能になっていることもありえるように思われる。結局、筆界特定のために調査を尽くしても、現地において筆界の位置を特定できない場合が考えられる。このような場合には、筆界が存するであろう位置の範囲を特定することができるということになる。(9)

筆界に関する合意は、結局「境界は当事者の合意によって変更処分し得ないものであって、境界の合意が存在したことは、単に客観的な境界判定のための一資料にすぎず、証拠によってこれと異なる境界を判定することは妨げられない（前載最判昭三一・一二・二八民集一〇巻一二号一六三九ページ）ということになる。

それから境界確定の協議についてであるが、国有財産の境界について定める国有財産法（昭和二三年六月三〇日法律七三号）三一条の三第一項は、「各省各庁の長は、その所管する国有財産の境界が明らかでないためその管理に支障がある場合には、隣接地の所有者に対し、立会場所、期日その他必要な事項を通知して、境界を確定するための協議を求めることができる。」と規定している。この場合の境界は所有権界である。判例も所有権界であるということを明確にしている（ⅰ国有財産法三一条の三の境界確定協議は、行政処分に該当しない《東京地裁昭和五六年三月三〇日判決・確定》、ⅱ国有財産法三一条の三の境界確定は、公権力の行使に当たる行為とはいえず、抗告訴訟の対象とはならない（佐賀地裁昭和五八年七月八日判決））。かつての旧国有林野法における境界査定処分は筆界の確定であり、行政処分（旧国有林野法に基づく境界査定処分は、単に国有地と隣接地との境界を確認するだけでなく、これによって両地の境界を確定し、国の所有に属する地域を決定する効力を有する一種の行政処分である《東京高裁昭和四三年三月二七日判決》としていた）であるが、現在は協議で所有権界を決めるということである。ただ、そうではあるが、国有財産法の境界確定協議は、協議といっても協議の中身というのは筆界を意識した所有権界を模索する手続であるともいわれ、筆界と一致する場合が多いのではないかと考えられる。(10)

⑪最後に筆界に関する法的規制について若干の考察を加えておくこととする。この点については、わが国の民法は、境界設置の争いに関する規定（民法二二三条、二二四条）のみを設け、境界確定の争いに関する規定は設けられていない。わが国の現行民法の母体となった、いわゆる旧民法（明治二三年法律二八号）には、境界設置の争いに関する規定のみならず、境界確定の争いに関する規定を設けていた（財産編二三九条ないし二四四条）。例えば、第

三款経界として、次のように規定されていた(11)。

第三款　経界

第二三九条　凡ソ相隣者ハ地方ノ慣習ニ従ヒ樹石杭代ノ如キ標示物ヲ以テ其連接シタル所有地ノ界限ヲ定メント互ニ強要スルコトヲ得

第二四〇条　経界訴権ハ建物ニ付キ及ヒ土屏、垣柵等ノ囲障アル土地ニ付テハ行ハレス公路又ハ公流ニテ隔テタル土地ニ付テモ亦同シ

第二四一条①経界訴権ハ協議上又ハ裁判上ニテ界限ノ定マラサル間ハ時効ニ罹ルコト無シ

②経界ノ訴ニ付キ被告カ原告ノ土地ノ全部又ハ一分ニ対シ取得時効又ハ一个年以上ノ占有ヲ申立ツルトキハ原告ハ先ツ回復又ハ回収ノ訴ヲ為スコトヲ要ス

第二四二条①経界ハ界限ノ確定セサルトキ又ハ争論アルトキハ所有権ノ証書ニ記載シタル坪数及ヒ界限ニ従ヒテ之ヲ為ス其証書ナキトキハ之ニ代フルニ足ル他ノ証拠又ハ書類ニ依リテ之ヲ為ス

②所有権ニ付キ争論アルトキハ先ツ其裁判ヲ受クルコトヲ要ス

第二四三条①当事者カ協議ヲ以テ界限ヲ定メタルトキハ其証書ヲ作ルコトヲ要ス此証書ハ坪数及ヒ界限ニ付キ確定権原ノ効ヲ有ス

②当事者ノ議協ハサルトキハ判決ヲ以テ坪数及ヒ界限ヲ定メ其判決書ニ図面ヲ添フ此図面ニハ界標ヲ指示シ且各界標ノ距離及ヒ其近傍ノ移動ナキ目標ト各界標トノ距離ヲ記載ス

第二四四条①樹石杭代ノ代価其設置ノ費用及ヒ証書並ニ訴訟ノ費用ハ相隣者平分シテ之ヲ負担ス然レトモ判決ニ因リテ不当ト為リタル争論ノミニ関スル訴訟費用ハ敗訴者之ヲ負担ス

②測量費用ハ当事者其土地ノ広狭ニ応シテ之ヲ分担ス

このようにわが国現行民法の母体となった、いわゆる旧民法（明治二三年法律二八号）には、境界設置の争いに関する規定のみならず、境界確定の争いに関する規定を設けていた。この旧民法は、ボアソナード博士の起草に係るものであるが、民法典の施行延期をめぐる法典争議によって施行されなかった。そして、現在の民法には、旧民法のように、境界確定の争いに関する規定は設けられていないがその理由につき、この部分の起草を担当した梅謙次郎博士は、「境界確定の争いには、沿革上所有権の争いが混入しているのが普通であって、所有権の範囲ないし限界が決まれば、境界は、当然、決まると考えられる。もともと境界というのは、甲の土地と乙の土地との境界がここであるということが分かって、そこに界標を立てるということである。その界標を立てるについて、所有権の範囲ないし限界が分からないときは、その前提として所有権の訴えを提起しなければならないが、そのことを境界のところにおいて規定するのは妥当でない。もしそういう規定が必要であるというのであれば、外国の立法例にあるように、章なり節なりを設けて、そこに掲げるのは良いけれども、我が民法では、所有権に基づく訴権について、明文の規定を設けなかった。設けなくても、そんなことは、当然認められるという考えである。……」という趣旨のことを述べているといわれる。(12)

ところで、さきほどボアソナード博士起草の旧民法財産編、第五章地役の章に、第一節第三款「経界」として、境界に関する六ヵ条の規定を紹介したが、旧民法は、文語体で、しかも用語が難解であるので、平易な現代語に翻訳したものを紹介すると

「第二三九条　すべての相隣者は、互いに、地方の慣習に従い、石、樹木、杭のごとき標示物をもって、その隣接する所有地の境界を定めることを請求することができる。

第二四〇条　境界訴権は、建物並びに煉瓦塀、板塀又はその他により囲障された土地については、行使できない。公路又は公水路により互いに隔てられた土地についても、同様である。
第二四一条①境界訴権は、協議上又は裁判上隣接する土地の境界が定まらない間は、時効にかからない。
②ただし、境界の訴えを提起された相隣者の一方がその土地の全部又は一部につき取得時効又は一年以上の占有を主張するときは、原告は、まず所有権の回復又は占有回収の訴えを提起しなければならない。
第二四二条　境界が不明であるとき、又は境界について争いがあるときは、境界は、所有権の証書に記載された地積及び境界に従って設定する。この証書がないときは、これに代わるに足るその他の証拠又は書類に従って、境界設定を行う。
②所有権につき争いがあるときは、まずそれにつき判決を受けることを要する。
第二四三条①利害関係を有する全当事者が協議をもって境界設定を行ったときは、証書を作製することを要する。この証書は、当該土地の地積及び境界につき、全当事者のために及び対して、確定判決の効力を有する。
②当事者の協議が調わないときは、判決をもって地積及び境界を定め、その判決書に図面を添付するものとする。この図面には界標を指示し、かつ、各界標の距離及びその近傍の固定した目標と各界標との距離を記載する。
第二四四条　石、樹木又は杭の代価、その設置の費用並びに証書又は訴訟の費用は、相隣者が平等の割合により負担するものとする。」

と規定している。(13)

しかし、わが国の民法は境界設置の争いに関する規定（民法二二三条、二二四条）のみ設け、境界確定の争いに関する規定は設けられていないことは前述のとおりである。

(1) 財団法人東京公証人協会・公証問題研究会編著「公証Q&A・公証役場にいこう!」一五五ページ
(2) 拙講「土地の筆界と地図(公図)をめぐる不動産登記法上の諸問題(上)」登記研究七六一号二四ページ
(3) 吉野衛「土地の所在と範囲の確定(1)」登記研究五五三号一〇ページ、拙講「土地の筆界と地図(公図)をめぐる不動産登記法上の諸問題(上)」登記研究七六一号二五ページ
(4) 最判平成七年七月一八日裁判所時報一一五一号三ページ、斎藤和夫「民法学入門(2)—若干の根本問題の解明をとおして—」四七〇号一〇四ページ、前載藤原登記研究七六一号三四ページ
(5) 拙講「土地の筆界と地図(公図)をめぐる不動産登記法上の諸問題(上)」登記研究七六一号三四ページ
(6) 前掲(5)拙講登記研究七六一号三六ページ
(7) 登記研究五五三号一八ページ
(8) 新基本法コンメンタール「不動産登記法」(清水響)三五二ページ
(9) 前掲(8)三五三ページ
(10) 前掲(5)三八ページ
(11) 吉野衛「境界紛争の法的解決(二)—筆界の確定を中心として—」登記研究五一七号三ページ
(12) 吉野前掲三ページ
(13) 吉野前掲四～五ページ

19 公図と地籍調査

(一) 地籍調査における公図の役割

国土調査法による地籍調査事業は、昭和二六年六月一日に公布されて以来、着実に推進されており、平成二二年から第六次国土調査事業一〇箇年計画に基づき実施されている。この事業は、わが国の国土の開発及び保全並びにその利用の高度化に資するとともに、地籍の明確化に大きな役割を果たしている。

筆界は、慣習、筆界に関する文書等を参考にし、かつ、土地の所有者等の確認を得て調査するものとすると規定している（地籍調査作業規程準則三〇条一項）が、土地の所有者等の所在が明らかでないため所有者等の立会い（二三条二項）を求めることができない場合であっても筆界の調査が可能になっている。[1]

ところで、地籍調査の目的は、「国土の開発及び保全並びにその利用の高度化に資するとともに、あわせて地籍の明確化を図るため、国土の実態を科学的且つ総合的に調査することを目的とする」ものであり、「地籍調査は、毎筆の土地について、その所有者、地番及び地目の調査並びに境界及び地籍に関する測量を行い、その結果を地図及び簿冊に作成する」ことをいうとされている。

そして、地籍調査における「一筆地調査」というのは、地籍調査作業規程準則三条一号に規定するとおり、「毎筆の土地について、その所有者、地番、地目及び境界の調査（以下「一筆地調査」という。）」と規定されている。このように「一筆地調査」というのは、土地の現況（物理的現況等）を明らかにするために、毎筆の土地について、その所有者、地番及び地目を現地において調査し、筆界を確認するもので、その調査結果が、地籍簿及び地籍図作成の基礎となり、また、作業工程上、後続して実施される地籍細部調査の基礎となるもので、地籍調査の母体ということができる。

全国の地籍調査事業の進捗は、農村部に比較して、都市部である人口集中地区が遅れている状況の中で、内閣に設置された都市再生本部において、平成一五年六月二六日に「民活と各省連携による地籍整備の促進」と題する方針が示され、都市再生の円滑な推進のため、国において、全国の都市部における地籍整備を強力に推進するとされている（「国土調査法に基づく地籍調査への協力について」平一六・六・三〇民二第一八七〇号法務省民事局長通達、「地籍調査事業の実施における法務局との協力について」平一六・六・三〇国土国第一〇七号国土交通省土地・資源局長通知）。

ところで、現地調査については、例えば、所有者の調査は、土地の登記簿（登記記録）に記載されている所有者を調査することになるが、これは真の所有者を確定するというよりも、一筆地を特定する一作業として所有者を調査すること、つまり、登記簿（登記記録）に記載されている所有者と立会人が一致するかどうかということであって、真の所有者を確定すること自体をいうのではなく、一筆地を特定する一作業として所有者を調査することを意味する。(2)

また、例えば、土地の筆界の調査については、土地の筆界は、自然の状態においては公有水面により限定遮断される範囲で連続する広がりをもつ土地について、所有権等の私権の対象となり得る不動産として公示するため、人為的・法律的に一定の範囲に区画限定するところの線である。具体的には、筆界の調査は、相隣接する土地の所有者が立会いによって、それぞれの土地の位置と範囲を明らかにするために設置した筆界標示杭の確認と調査図素図への記録作業を内容とした調査である、ということになる。

筆界の調査は、現在の土地の登記簿（登記記録）に登記されている既存の筆界を前提として、当該土地の権利または利用関係に変動がないものについては、その筆界を現地において再確認することにより筆界を明確にするとともに、当該土地の権利または利用関係に変動がある場合には、その変動に応じて、分割・合併があったものとして調査を行い、筆界を修正することになる。

筆界というのは、「表題登記がある一筆の土地とこれに隣接する他の土地との間において、当該一筆の土地が登記された時にその境を構成するものとされた二以上の点及びこれらを結ぶ直線」をいう（不登法一二三条一号）。つまり、「筆界」というのは、土地の登記簿（登記記録）上、一筆の土地として公示されている土地の客観的範囲を区画する線であり、いわゆる公法上の境界である。また「所有権界」というのは、土地所有権の範囲を画する境であり、その移動は、隣接所有者間で自由に行われる（民法一七六条、同二〇六条）。

土地の筆界は、自然状態においては公有水面により限定遮断される範囲で連続するひろがりをもつ土地について、人為的・法律的に一定の範囲に区画限定するところの線である。この筆界は、本来観念的なものであって一筆の土地それ自体の客観的な形態から直に認識され得る性質のものではない。もちろん実際には、筆界に畦畔、石垣、側溝、塀等の設けられている場合が多い。しかし、この畦畔等が常に土地の筆界と一致するとは限らない。したがって、土地の利用形態と筆界が必ずしも一致するものではないとすると、それ以外に筆界を確認する資料を整備する必要がある。法務局（登記所）には、登記された土地の筆界を確認するための資料として地図を備え付けることになっている（不登法一四条）が、登記所に備え付けられている地図はいまだ旧土地台帳附属地図（公図）も多く、一般的には土地の配列関係や大まかな形状を把握することはできるが、地図そのものからは現地の筆界を特定し得る程の精度は有していないという問題がある。そこで、地籍調査における所有者等の立会いは、既存の筆界を調査するについてその正確性を期するためのものであって、立会いにより新たな筆界を創設するものではないが、筆界を正確に確認するために重要なものである。

ただ、土地の登記簿（登記記録）にも公図にも記載のある土地について、位置が不明確で現地を確認できず、かつ、当該土地の所有者の住所が不明であるというような場合には、「筆界未定」として処理せざるを得なくなる（昭三三・一〇・五経企土第一二一号経済企画庁総合開発局長通達）。この場合、土地の登記簿（登記記録）及び公図に記載されている以上、土地が存在する蓋然性は高く、存在するものとして処理するのが妥当であるという判断に基づくものである。

このように筆界未定というのは、原則として現地における土地の位置関係については確認できるが、土地相互間の筆界を確認できない状態のことをいい、そもそも現地における土地の位置関係すら確認できない場合は、「現地確認不能」ということになる。つまり、公図などの資料や土地所有者等の証言などにより、位置関係に問題がないことが確実であればその教筆を「筆界未定」と判断することになる。しかし、土地の登記簿（登記記録）はあるが、公図などの資料や土地所有者等の証言によっても位置関係が明らかにならない場合は「現地確認不能」として処理される。(3)

なお、国土調査により合筆された土地について、所有権移転登記を申請する場合に提出する登記済証（登記識別情報）は、合筆前の全部の土地の登記済証（登記識別情報）とされている（質疑応答・登記研究四二九号一一七ページ）。

不登法一七条（一四条）地図として備え付けられている地籍図に筆界未定の処理がされている土地上の建物の表示登記は、地図訂正の申出をして筆界線が記入されなくてもすることができる（「質疑応答」登記研究三八九号一二二ページ）。

法一七条（法一四条）地図として備え付けられている地籍図に筆界未定の処理がされている土地の地図の写し

は、請求することができない。筆界未定地の部分は、法一七条（法一四条）地図ではないので、その部分についての地図の写しの交付請求をすることはできないものと考えられる（「質疑応答」登記研究三八九号一二二ページ）。

（1）前田幸保「地籍調査における一筆地調査（上）登記研究七六五号二一ページ
（2）前掲前田登記研究七六六号二三ページ
（3）前掲前田登記研究七六六号三一ページ

(二) 筆界特定と地籍調査

不動産登記法等の一部改正（平成一七年法律第二九号）により、土地の所有権登記名義人等の申請に基づき、登記官が当該土地の筆界を特定する筆界特定制度が創設され、平成一八年一月二〇日から施行され、実施されている。

地籍調査の実施に係る法務局との連携については、国土調査法に基づく地籍調査への協力（平一六・六・三〇法務省民二第一八七〇号民事局長通達）や地籍調査の実施における法務局との連携について（平一六・六・三〇国土国第一〇七号国交通省土地・水資源局長通知）が既に発出されているが、筆界特定制度と地籍調査の間でも効果的な連携を図り、地籍整備の推進に寄与するために連携の基本方針が示されている（平一八・一・一九国土国第二八二号国土交通省土地・水資源局国土調査課長通知）。

連携の内容としては、例えば、①筆界特定制度に関す地元住民への説明。地籍調査事業及び筆界特定制度の趣旨及び役割について、住民の理解を得るとともに両者の連携が効果的に行われるために必要に応じて、法務局職員が地籍調査に関する地元住民への説明会等において筆界特定制度に関する説明をする。②筆界特定制度と連携した地籍調査を実施するということで(i)筆界特定手続に関する情報の利用、活用という観点から、地籍調査を実施する市区町村長等は、地籍調査を実施中または実施する予定の地域内に存在する土地の筆界について筆界特定がされている場合（筆界特定の手続が現に行われている場合を含む）は、必要に応じて、管轄登記所から当該筆界特定手続に関する情報等の提供を受ける等により、地籍調査の成果が当該筆界特定の結果と齟齬しないようにする。また、ⓘ筆界未定の場合における筆界特定制度の利用に関する情報の提供という観点から、地籍調査を実施した土地の筆界について、当該土地の所有者等の確認が得られず筆界未定として処理されることとなった場合は、筆界の明確化を図るため、地籍調査を実施する市区町村等において、適宜、当該土地の所有者等に対し、筆界特定手続の利用に関する情報の提供を行うといったことで連携をすることが示されている。

例えば、地籍調査を実施している地域内の土地について、筆界特定制度により特定された筆界を含む土地がある場合の対応について考えてみることにする。

国土調査法に基づく地籍調査において、筆界特定制度により特定された筆界を含む土地について、現地調査を行ったところ、同土地の所有者は、特定された筆界に不満を持っており、当該土地の筆界未定を望んでいるような場合が考えられる。このような場合、どのように対応すればよいかということが問題となる。

このような場合、筆界特定がされている筆界については、必要に応じ、管轄登記所から当該筆界特定手続に関する情報の提供を受ける等により、地籍調査の成果が当該筆界特定の結果と食い違わないように、筆界の確認を行うことができる。

地籍調査は、市区町村等の地方公共団体が実施する土地に関する調査であるが、具体的には、一筆ごとの土地について、その所有者、地番及び地目を調査し、境界及び面積に関する測量を行い、その結果を地籍図及び地籍簿に取りまとめることになる（国土調査法二条五項）。

地籍調査の成果である地積図及び地籍簿は、登記所に送付され（国土調査法二〇条一項）、送付を受けた登記所においては、地籍簿に基づき職権で登記を行い、地籍図を不動産登記法第一四条第一項に規定する地図として備え付けることになる（同条二項、三項不動産登記規則一〇条五項本文）。

地籍調査は、前述のごとく、国土調査法に基づき昭和二六年から実施されているが、その進ちょくは充分とはいえず、特に都市部においては進ちょくが遅れている状況にある。

このような状況の中で、前述のごとく内閣に設置された都市再生本部において、平成一五年六月二六日に、「民活と各省連携による地籍整備の推進」と題する方針が示され、都市再生の円滑な推進のため、国において、全国の都市部における地籍整備を強力に推進することとされた。

また、この方針において、「法務局が境界の確定等に関与して地籍調査素図を迅速に正式な地図とするための法整備を行う」こととされ、この方針を踏まえ、明治三二年に制定された不動産登記法を全面改正し、法文の現代語化を図ったほか、「登記の正確性を確保しつつ、国民の利便性の一層の向上を図る」との観点から、オンライン登記申請や地図の電子化を可能とするなどの高度情報化社会に対応した規定や登記原因証明情報の提供を必ず求めるなどの登記の正確性を確保する観点からの規定、さらには、登記所備付地図の整備に関しても、内閣に設けられた都市再生本部の「平成地籍整備」の方針に従い、土地の境界紛争がある場合に、筆界確定訴訟に代えて筆界を適正かつ迅速に特定するための制度を設けることにより、筆界をめぐる紛争を早期に解決し、地図の整備の促進に寄与するような法整備を検討することとされ、この結果、創設された制度が筆界特定制度である。(1)したがって、筆界特定制度の目的の一つには、地籍調査を円滑に進めることにあるといえる。(2)

筆界特定制度は、登記官が申請に基づき、筆界調査員という外部専門家の関与のもとに、かつ、相隣接する土地の双方の所有者等の立会いの下に筆界の現地における位置を特定することである。

このような制度を設ける意義は、裁判によるまでもなく、行政レベルで筆界についての適正な判断を迅速に示すことにより、筆界をめぐる紛争を予防し、または早期に解決することを可能にするところにある。筆界特定手続において された筆界に係る判断には、境界確定訴訟のように法的に筆界を確定する効力はなく、行政処分としての効力もないが、登記所が専門的知見を活用して公に認定したものであることから、相応の証拠価値を有することになり、社会的な通用力をもっているといえる。したがって、筆界特定手続において筆界に係る判断がされた場合には、事実上、その後の登記手続や裁判手続において、それが尊重されることになり、他の行政手続においても、筆界特定手続により特定した結果と食い違いがないように手続が進められることになると考えられる。

このようなことから、地籍調査を実施中または実施する予定の地域内に存在する土地の筆界について筆界特定がされている場合（筆界特定手続が現に行われている場合を含む）には、必要に応じ、管轄登記所から当該筆界特定手続に関する情報の提供を受ける等により、地籍調査の成果がその筆界特定の結果と食い違わないように留意する必要がある。

地籍調査実施区域内の境界紛争のある土地について既に筆界確定訴訟の確定判決がある場合の筆界の調査については、原則として、判決主文に表示された筆界線の基点が、判決理由及び添付図面と照らし合わせて、現地のいずれの地点に当たるかを確認して、その添付図面が現地において復元性のあるものであれば、判決に基づいて筆界を確認することになる。

筆界特定手続において判断された筆界についても、筆界確定訴訟の確定判決と同様に、管轄登記所から筆界特定手続に関する情報である筆界特定書及び筆界特定図面（不登法一四三条一項及び二項）の提供を受けて、現地のいずれの地点に当たるかを確認して、筆界を確認することになる。

いずれにしても、筆界特定制度により筆界が特定されているにもかかわらず、土地所有者が現地調査に非協力的なために筆界未定として処理することになりそうな場合などは、法務局と協議して、法務局職員の現地調査への協力を求めることも重要であり、十分に協議を行い、筆界未定地が一筆でも解消されるよう現地調査を進めることが重要であると考えられる[3]。

従来の法制度の下では、土地の境界についてその所有者間において争いがある場合には、裁判所に境界確定訴訟を提起し、その判決によって解決を図るほかなかったわけであるが、境界確定訴訟については、訴訟の当事者が必ずしも境界について十分な資料を持ち合わせていない、境界について専門的知識を有する者が審理に関与する制度的な仕組みとなっていない、登記手続との連携が図られておらず、係争地以外の土地との関係を合理的に考慮に入れることが予定されていない等の問題点が指摘されていたわけであるが[4]、筆界特定制度は前述のごとく、登記官が行う行為を、筆界を確定する行政処分ではなく、筆界の現地における位置を特定するもの（筆界特定）にとどめ、筆界の最終的な確定は今まで通り境界（筆界）確定訴訟に委ねることにしたものである。このようにして筆界の特定が行われれば実際上境界をめぐる紛争が迅速に解決する可能性が高まり、また仮に境界確定訴訟が提起されても、その中で筆界特定に関する資料が提出されれば、専門的知見に基づく迅速な判決が可能になるということにもなりうるわけである[5]。

（1）清水響「不動産登記法等の一部を改正する法律の概要」登記研究六八八号二ページ
（2）前掲（1）二ページ
（3）カウンター相談一九三「地籍調査を実施している地域内の土地について、筆界特定制度により特定された筆界を含む土地がある場合の対応について」登記研究七二四号一五七ページ
（4）後藤博「不動産登記制度の動向」登記研究六八四号一一ページ
（5）新基本法コンメンタール「不動産登記法」三四八ページ（山本秋彦）

20　公図の情報化

(一)　高度情報化社会における国民の多様なニーズにこたえるため、登記のコンピュータ化が積極的に進められ、すでにほとんどの庁がコンピュータ化されているが、その間平成一二年からオンラインによる登記情報の提供サービス、登記情報の交換による登記事項証明書の交付サービス、商業登記に基づく電子認証制度がスタートし、平成一三年三月には債権譲渡登記のオンライン申請制度を実施している。そしてその後はこれらのサービスの更なる展開を図る一方、電子政府の実現に向けたインターネット等を利用した申請、届出手続のオンライン化や登記情報と地図情報の連動等、国民の声と経済社会の要請にこたえ、不動産登記法を全面的に改正して、平成一七年三月七日からは登記申請のオンライン化がスタートし、また、平成一八年一月二〇日からは筆界特定制度がスタートしていることはすでに説明したとおりである。

(二)　ところで、公図については、平成七年から地図管理システムの対象図面の一つとして、筆界等の情報を数値化して地図管理システムに入力する作業が行われている。そのため、写しの請求があればコンピュータから出力した図面に証明文を付して利用者に交付するということも可能になり、すでに実施されている。この地図管理システムは、迅速なサービスの提供に寄与している。

もっとも、このシステムから出力される図面は、大変きれいで見やすくなっているが、このシステム化によって公図の精度そのものが向上するわけではないので、その活用については従来どおりの留意が必要である。(1)

㈢　社会の情報化に的確に対応すべく登記情報のコンピュータ化とともに地図情報のコンピュータ化も進められてきた。そして、この両者を一体的に管理・運用するコンピュータ・システム、いわば登記所版のＧＩＳ（地理情報システム）の構築が現実のものとなってきている。登記事務のコンピュータ化については、昭和四〇年代からの研究・開発を経て、昭和六三年に運用が開始され、平成一九年度には全国展開（移行作業完了）することが予定されており、既に全国約二億七〇〇〇万筆個のうちのほとんどが完成している。オンラインにより登記情報を提供するシステム、そして、Ａ登記所からＢ登記所の登記事項証明書をとることができる、いわゆる登記情報交換システム等も実用化されているのに対し、地図（公図を含む）データのコンピュータ化の作業は、地図管理システムを通して積極的に進められている。(2) 地図の上に地図に関連する様々な情報やデータが、一枚の地図を基に総合的にビジュアルに表現することができれば、各種情報を一元的に公示することができ、公示性を高めることができる。そして、この地図データとその上に表現された各種情報とを、必要に応じて、逐次修正・更新し、利用者に見せていくことができるならば、情報の整理・編集作業は格段に効率化し、情報の価値は飛躍的に高まる。ＧＩＳは、このような要請にこたえるコンピュータ事務処理体系であり、地図の基本的な項目（例えば、道路、河川）と位置参照の仕組みから成る基盤（これを「空間データ基盤」という）の上に、位置に関連付けられた各種の情報（これを「空間データ」という）を乗せたものということができる。

平成六年に、「行政情報化推進基本計画」の閣議決定が行われ、この行政情報化を推進する上でＧＩＳが極めて有効であるという認識の下に、平成七年には「地理情報システム（ＧＩＳ）関係省庁連絡会議」が設置され、その具体的な研究と検討が重ねられており、各省庁は、政府のＧＩＳの構想に沿ってそれぞれのＧＩＳの構築を進めている。このような状況の中で、地番と筆界という最も基本的な空間データ基盤を所管している法務省・法務局においても、この地図データを基にして、その上に登記情報データ・更には登記所が保管する地積測量図等の各種データを重ね合わせて利用する「登記所版ＧＩＳ」を構築する必要が痛感されるようになり、技術的にもこれを可能とする見通しが出てきている。

㈣　地図のコンピュータ化については、前述のごとく、平成元年の法務省民事局長通知「地図整備の具体的推進方策」において、これが将来の地図整備方策の基軸として位置づけられて以来、その調査と研究が進められ、地図管理システムの配備による試行を経て、平成九年八月二七日法務省民事局第三課長通知「今後の地図整備の方向について」において、その具体化に向けての道筋が示されている。

ここでは、地図管理システムは地図のコンピュータ化のための事前準備という位置づけの下に、将来の地図のコンピュータ化を目指して、そのためのノウハウを蓄積する機器として活用していくこととし、これには法一七条地図のみならず、公図等の地図に準ずる図面も含めた登記所地図の全部を入力の対象とし、現地座標データを有する地図は当該データにより、現地座標データを有しない地図はベクトル返還（デジタル化）により入力することとしている。この機器は、当初、法務局に送付される数値地図の精度を維持・管理するという、いわば受け身の発想にたった一種の能率器具（数値地図システム）として平成五年度から配備されたものであったが、その後の各局の試行とバージョン・アップ、高速プリンターの導入等を経て、操作性をはじめとする各種の機能の向上が図られた。また、公図等を入力の対象に加えたのは、公図に対する社会的ニーズの高さを踏まえ、ＧＩＳにおける検索のためのインデックスとしての地図の役割を重視したものにほかならない。公図上の土地の筆界点をデジタイザ等で読み取って、その各筆界点に任意座標を与え、地図管理システムの中で数値データとして管理する方法を採っている。今後は、入力のための事前準備作業における公図の接合等の工夫、副図方式への統一等を通じて、地図管理システムによる登記所地図の維持・管理方策の一層の徹底が図られ、名実ともに、単なる能率器具にとどまらない、将来の地図のコンピュータ化のためのノウハウを蓄積する機器として運用されている。しかし、地図管理システムが将来の地図のコンピュータ化につながるといってもこれは所詮、現行の法律が紙地図を前提としている場合には、閲覧等に関しては、紙地図を閲覧に供する方法しかないということから、いわゆる副図方式という方式をとってきた。これは、地図の書入れ等は、地図管理システムで行うが、原図たる紙には行わず、書き入れたシステムから出力した図面を印刷して、これを閲覧に供し、また、分筆線等の書き入れをする場合には、地図管理システムでするが、それを改めて印刷して、この原図とともに維持管理するということで、改正前不動産登記法の下での整合性をとってきたのである(3)。

新不動産登記法の下では、この地図管理システムに登録されている地図又は地図に準ずる図面も、新不動産登記法一四条六項の規定による電磁的記録に記録された地図又は地図に準ずる図面（電子図面）として取り扱うこととされている(4)。

ただし、この電子地図の取扱いをするためには、各登記所の実情に応じ相応の準備期間を要することから、新不動産登記法の施行日（平成一七年三月七日）以降に準備が整い次第、各登記所の判断によってその取扱いを開始することになっている(5)。

したがって、将来の地図の整備方策も、地図のコンピュータ化に備え、その実現を目指して行われることになり、コンピュータに入力することを前提にして、それが可能になるように地図を整備していくことになる。この新たな位置づけの下に、法一四条地図作成作業を推進していくことはもとより、地図に準ずる図面（公図等）についても、数値情報（官民界公共座標値）の収集、現地調査確認、地積測量図の活用等により、その精度の向上を図る方策の検討が進められている。

最終的な地図のコンピュータ化構想は、現在の登記情報システムと連動した独立した地図システムの構築にある。これは、登記情報システムとして膨大・高度なシステムが構築され、現に稼働していることを踏まえ、地図情報についても、その管理・運用を迅速かつ円滑に行うためのシステムを完結的に構築し、その上で双方のシステムを連結して、お互いに必要な情報のやりとりができるようなシステムを構築しようとするものである。具体的には、地図情報システムの端末機から地番を入力すると、地図が画面に表示され、そこから登記情報システムにアクセスすることにより、地目や所有者、抵当権者等の登記情報が表示されるといったイメージが想定される。また、地積測量図や建物図面、更には閉鎖した和紙公図など登記所が保管する各種図面をシステムに入力し、更には、登記情報と現地を結び付けるインデックスとしての役割を果たすため、国土地理院の地図情報や住宅図面等のデータと登記所地図を重ね合わせたインデックス専用の地図情報を作成し、これらの地図の画面から登記情報システムにアクセスして、目的とする土地等の登記事項証明書の発行指示ができるようにすることも検討されている。すでに地図のコンピュータ化のためのパイロットシステムも稼働しており、(6)平成一八年度から平成二二年度までに完成させる計画で地図情報システムの導入が予定されている。(7)この地図情報システムは、コンピュータを登記情報センターに、そのバックアップのための保全システムをバックアップセンターに設置し、各登記所にはそれぞれネットワークで接続された端末装置が設置されるシステム構成であり、登記情報システム、登記情報交換システム、登記情報提供システム、登記オンライン申請システムに接続するシステムである。

このシステムの導入に伴い、①他の登記所管轄の地図の写しの交付が請求できる。②登記情報提供システムにより、自宅・事務所のパソコンで全国の地図情報が確認できる。③オンラインにより地図の写しの交付請求ができる等利用される方々に対するより一層の利便性の向上が図られることになる。(8)この地図のコンピュータ化により、公示制度としての不動産登記制度のより一層の高度化が図られ、登記所の行政サービスは大きく改善されることになると思われる。(9)

（1）寶金敏明「地図に準ずる図面」民事法情報一七八号一ページ
（2）倉吉敬「高度情報化と地図行政」民事研修五〇〇号七一～七二ページ
（3）秦愼也「地図整備の推進方策について」登記インターネット六巻一一号七四ページ
（4）平成一七年二月二五日法務省民二第四五七法務省民事局長通達一、二一（一）（不動産登記法の施行に伴う登記事務の取扱いについて）
（5）秦愼也「不動産登記法の改正に伴う表示登記の取扱い」登記情報五三一号四三ページ
（6）秦・前掲登記インターネット六巻一一号七〇ページ
（7）西川優「地図情報システムについて」民事法務二八九号一ページ
（8）同右
（9）倉吉・前掲民事研修五〇〇号七八ページ

21　公図の役割と今後の課題

(一)　公図の役割

(1)　公証力

公図は、登記所に保管され、不動産登記法の規定（旧二四条ノ三、現一二〇条、一二一条）に基づいて一般の閲覧に供され、また写しを交付しているが、これは登記所の内部的参考資料として保管している公図に地図に準ずる図面としての法的位置付けを与え、これを公開しているものである(1)（不登法一四条四項）。

昭和三五年の不動産登記法の改正によって土地台帳が廃止され、登記簿と台帳の一元化が完了したため、公図は法律上の根拠を喪失した。しかも、この公図は本来徴税目的のためその基礎資料として作製されたものであるから、現地復元性はない。

にもかかわらず、公図が不動産取引における土地の特定ひいては国民の権利・義務に以下に述べるような重要なかかわりをもっていることにかんがみ、平成五年の不動産登記法の改正によって地図に準ずる図面としての法的位置付けが与えられた。

①　それは、一つには公図のほかに土地の筆界確認の資料となるものが少ないということに起因する。不動産登記法第一四条に規定する地図は序々に整備されつつあるが、まだ登記所に保管されている地図全体

の三分の二程度である。しかも市街地、準市街地については、その整備が必ずしも容易ではない状況であり、その整備がおくれていることを考えると、この公図の果たす役割はここ当分の間は非常に大きいといえる(2)。

② その二は、公図には絵図的な極めて精度の低いものもあるが、地域によっては、土地の位置関係はもとより、その形状もほとんどが現地と一致するものも相当多くあるということである。すなわち、距離、角度等の面においては、若干の不正確さがみられるものの、各筆の筆界が直線であるか、曲線であるか、それぞれの土地がどの方向に配列されているかといった面からは一定の評価をすることができるものが多数存在するということである(3)。

③ それと同時に、公図が従来現実の取引において国民の一定の信頼を得、一定の役割を果たしてきた背景には、公図の精度の不十分さを補う何かがあったということもいえるのであるが、現在ではこの状況に変化が生じている。すなわち、従来は取引の対象である土地がだれのものであり、その境界がどこまでかなどといったことについての社会的承認関係があり、人証、物証もある程度確保しうる状況の下においては、ある程度の精度を有する公図で十分機能しえたわけであるが、昨今における人口の都市集中あるいは地域開発などによる静的な地域社会の崩壊、それに伴う土地の細分化・流動化・高価格化等により、都会地では数十センチの境界確認の紛争さえめずらしくないといわれる(4)。

このような状況下では、公図は、地図に要求される役割をほとんど果たしえなくなるのではないかと危惧される面もある。こういった地域については、不動産登記法第一四条に規定する地図が早急に整備される必要があることもちろんであるが、そういった地域においても、限られた範囲においてではあるが、公図は一つの事実上の資料として一定の役割を果たすことにはなると考えられる。

④ そのほか、新設された筆界特定制度、それから境界確定訴訟においても、一定の役割を果たしている。

例えば、筆界特定制度における筆界特定作業等では、明治時代から長期間にわたり作成されてきた和紙の公図等の活用が増大しているといわれ、(5) 境界確定訴訟においても、例えば、福岡高等裁判所昭和四六年五月一七日判決（判時六四五号八二ページ）は、「境界確定の訴は、隣接する土地の境界が事実上不明なため争がある場合に、裁判によって新たにその境界を確定することを目的とするものであって、その境界を確定するにあたっては、公図その他の地図、隣接両地の公簿面積と実測面積との関係、占有関係、境界標識、林相その他地形等を証拠によって確定し、それらを総合判断したうえ、合理的理由のもとにこれを確定すべきことはいうまでもない。ことに、境界線を確定することは、直接には隣接土地の所有権の範囲を確定するものではないが、多くの場合これが所有権の範囲に重大な影響を及ぼすものであるから、隣接土地の公簿面積と実測面積の関係は、それがなくても境界線を明らかに確定しうるような特別の場合を除いては、必ずこれを明確にして境界確定の資料とすべきである。」とする。

なお、最近は人口減少傾向の中で、所有者（相続人）不明土地等の増加が社会問題となっているが、領土面積が狭く、しかも山林が多く可住面積の狭いわが国においては都市部を中心に不動産に対する需要は根強く、公図の果たす役割は依然として大きいものがあると考えられる。

(2)　反　証

この公図のもつ物理的状態についての証明力は、当該土地に関する訴訟の一証拠資料になるにすぎず、相手方はもちろん反証を挙げて争うことができる。

例えば、長野地方裁判所昭和四三年四月二三日判決（判例時報五三五巻三四ページ）は、「土地台帳ならびに公図は、不動産登記簿と同様に登記所備付けの公簿とされていたところから、公図についても、その記載は、当該土地の区画、地番につき、（中略）従来、一般に、かなり強度の証明力を有するものとして取扱われていたことは否めないところである。しかしながら、（中略）土地台帳ならびに公図は、不動産登記簿とは異り、本来権利関係の登録、公示を目的とするものではなく、土地についての事実状態の把握を目的とするものであるから、右証明力といえども絶対的なものではなく、当該土地に関する争訟においては、一つの証拠資料となり得るというだけのものにすぎず、もとより、これに対し反証を挙げて争うことができることはいうまでもない。」とする。

しかし、逆に考えれば、反証を挙げて覆さない限り、結局は公図によってその存否、事実状態の内容が判断されることになるのであるから、実際の実務において公図の果たす役割は相当大きいといえる。登記実務においても公図は地図に準ずる図面として一応は現地を正しく反映するものとして取り扱われる所以がここにある。

(3) 形成力

もっとも、こういう公図であるがゆえに、

① また、公図は、いかに精度の高い公図であっても、土地の位置・地積・境界についての形成的効力はない。歴史的にみても、公図が当時の現況に基づいて作成されたものである以上、現況（作成当時）が優先することは当然といえる。このことは判例でも明らかにされている。[6]

② いずれにしても、公図は、それが古い時代に作られたという歴史的事実の経過は十分知りうるので、「公図は、なお、各土地の大略の形状、その相互の配列状況等を比較的正確に読み取ることのできる資料としての価値を失わないであろう。要するに、公図は、距離、面積、方位、角度等のような定量的な問題については、それほど信用することができないが、境界が直線であるか曲線であるか、崖になっているか平地になっているかという定性的な問題については、かなり利用することができるものというべきであろう」という評価を受けることになるのであり、実務的には、なお十分証拠としての利用価値を失わないものが多い。

それに加えて、実際の筆界特定調査あるいは境界確定訴訟においては、公図の証明力を補強するため、筆界杭とか、畦畔、古老木の位置、川の流れ、けもの道の跡等の物的証拠や村の古老等の証言がしばしば用いられるところであるが、逆に、公図には形成力がないから、他の物的・人的証拠により、公図の証明力が全く失われる場合も生じてくることとなる。

いずれにしても、結局、公図の証明力は、その公図だけから生ずるというものではなく、その作成の歴史的プロセス、現況との符合の度合い等につき、各種の物的及び人的証拠との関連において、その証明力の強弱が決せられるものであるといえる。

(1) 昭二五・七・三一民甲第二一一一号法務省民事局長通達、昭三九・一二・二民甲第三九〇一号法務省民事局長回答

(2) 公図が閲覧に供されている間に地番が改変されていて、その記載地番を信頼してその記載された地番の所有者から買い受けた者が、目的の土地の所有権を取得しえなかったとして、登記官の公図の管理義務違反を理由に国に損害賠償を求めてきた事例において、裁判所は「公図は、旧土地台帳法施行細則第二条所定の地図であって、不動産登記法第十七条所定の地図には該当しない」と法的位置付けをしつつも、①分筆登記申請において公図上に分筆線を記入する取扱いをしていること、②登記所に移管されてから公図は地籍図的なものにその性質を変えていること、③公図は徴税目的で作成されたものであるが、国家が関与して作製し、かつ、不動産に関する権利関係を公示する官署である登記所において閲覧の用に供されていること、④現実の不動産取引において一応の権威ある資料として広く利用されていること、⑤法第一七条に基づく地図の整備が極めて不十分であること等の事実を認定した上で、公図に対し次のように判断した。「公図はその精度において、必ずしも不十分とはいえないまでも十七条地図が備え付けられるまでの間は、各筆の土地の位置、形状、境界線、面積等の概略を明らかにするための公的な資料として、現実の不動産取引においても又、分筆等の登記手続においても、十七条地図に代わる重要な機能を営んでいるものと認められる。そして、公図を閲覧させる事務は不動産登記という公証事務に密接な関連を持つ国の事務であり、従ってこの事務を管掌する登記官は国の公権力の行使に当たる公務員に該当すると解し、登記官は公図の

閲覧に際しては十七条地図と同様の管理義務を負い、その義務を怠ったため私人に損害を加えた場合は、国家賠償法による損害賠償請求が認められる」（東京地判昭四六・五・三〇）としている。

（3）公図は土地台帳の附属地図で、区割と地番を明らかにするために作成されたものであるから、面積の測定については必ずしも正確に現地の面積を反映しているとはいえないにしても、境界が直線であるか否か、あるいはいかなる線でどの方向に画されるかというような地形的なものは比較的正確なものということができるから、境界確定にあたって重要な資料と考えられる（東京地判昭四九・六・二四判時七六二号四八ページ）。

（4）登記研究三二二号表紙

（5）杉山茂久「地図を読む」登記インターネット八二号四ページ

（6）大審院昭和一五年一〇月八日判決（評論三〇巻諸法三八ページ）は、

「税務署長保管ニ係ル土地台帳附属地図ナルモノハ所論ノ如キ形成的効力ヲ有スルモノニ非サレハ原審カ其ノ挙示ノ証拠資料ニ基キ乙第六号証（甲第二号証ト同一即〇〇税務署長送附ノ土地台帳附属地図写）ニ誤謬アリト認定シタルハ何等違法ノ点ナク論旨ハ採用ニ値セス」

なお、本判示は、次の上告理由に対する判断である。

「上告人ハ大正八年九月四日訴外甲ヨリ其ノ所有ノ〇〇市〇〇区〇〇一丁目三千四百十一番ノ三（旧〇〇府〇〇郡〇〇町大字〇〇字〇〇三千四百十一番ノ三）宅地十五坪五合四勺ヲ買受ケ其ノ所有権ヲ取得シ之カ登記ヲ完了シタルコトハ原審ニ於テ各当事者間ニ争ナキ処ナルノミナラス成立ニ争ナキ甲第二号証（〇〇税務署長送附ニ係ル〇〇区〇〇一丁目三千四百十一番附近ノ土地台帳附属地図写）ニヨレハ被上告人等ハ上告人所有ニ係ル本件目的土地ノ一部分タル十四坪五合四勺ヲ使用シ居レル事亦各当事者間ニ争ナキ処ナリ然ルニ被上告人等ノ原審主張ハ該土地即チ判決理由中所謂本件土地ト称スル部分カ上告人ノ所有ニ非スシテ被上告人小松金吾ノ所有ナリト主張スルニ在リ然レ共現行法上土地所有権ノ得喪及変更ノ第三者対抗要件トシテ登記法ノ定ムル所ニ従ヒ其ノ登記ヲ要スル旨ノ規定アリ而シテ登記簿ニハ之カ表題部表示欄アリテ其ノ土地ヲ表示シアルモ其ノ土地ノ広狭ハ必スシモ之カ表示ト同一ナルヲ得ス必ス所轄税務署長保管ニ係ル土地台帳附属図面ニ拠ラサル可ラス従テ該図面ハ形成的効力ヲ有スルモノナルカ故ニ本件土地カ上告人ノ所有タル点ニ付キテハ絶対ニシテ一点ノ疑ヲ容ルルノ余地ナキモノト思考ス若

シ然ラストセンカ我国ニ於ケル土地ノ取引ノ安全ハ全ク期スルニ由ナシ何トナレハ土地登記簿ノ表示カ実際ト同一ナルコトハ能ハス且又所轄税務署長保管ニ係ル土地台帳附属図面亦確固タル効力ナクシテ他ノ証拠ニヨリ左右セラルルモノトセンカ国民ハ何ニヨリ之カ安全ナル取引ヲ為スコトアランヤ思フニ前陳ノ如ク本件土地ハ上告人ノ所有ナル事明カニシテ大正八年九月四日以降被上告人等カ之ヲ使用シ来レル事亦争ナキ事実ナル然ルニ原審ニ於テハ上告人援用ニ係ル甲第二号証（〇〇税務署長送附ニ係ル〇〇区〇〇一丁目三千四百十一番附近ノ土地台帳附属地図写）ノ効力ヲ誤認シタル結果事実ヲ不当ニ認定シ法律ノ適用ヲ誤リタル原判決ハ破毀ヲ免レサルモノト信ス」

(二)　今後の課題

(1)　公図の維持・管理

以上のような公図の役割を考えた場合、登記所における公図の維持・管理が重要な要素となる。

〔公図の再製〕　まず、一つには公図の物理的な面での維持・管理がされなければならない。公図のなかには、破損が著しく、そのまま放置すると修理不能になるようなものもあるので、これらについては、その再製をする必要がある。

この点、法務省においては、従来から公図のマイラー化を実施してきたが、平成七年から公図の数値化が進められ、筆界等の情報を数値化して地図管理システムに入力し、分・合筆の処理がこのシステムによりなされている。今後、公図の維持・管理は基本的にはこのシステムで進められ、地図のコンピュータ化へと進んでいくことになる。公図のマイラー化は、例外的措置となるであろう。ただ、従来の公図は大変貴重な資料であるので、これをどう管理・保存していくかは重要な課題である。

〔分合筆の登記による修正〕　公図は、地図に準ずる図面として取り扱われ（不登法一四条四項）、土地の分筆の登記がされた場合には分割線を記入し、分割後の地番を記載するものとされ（不登規則一〇一条、同準則七四条）、また、土地の合筆の登記がされた場合にはその境界線を朱抹（抹消する記号）し又は削除し、合併後の地番を記載して従前の地番を朱抹し又は削除するものとされている（不登規則一〇六条、同準則七五条）ので、この処理が今後もしばらくは行われることになるが、前述のごとく、この処理は地図管理システムによって処理することになっていくであろうし、コンピュータ処理になっていく。いずれにしても、この分筆の登記申請にあたっては、かつては旧準則第一二三条は「分筆の登記の申請書は、分割前の土地を図示し、分割線を明らかにした分割後の土地の地積の測量図を添付するものとする。ただし、分割後の土地のうち一筆については、必ずしも求積及びその方法を明らかにすることを要しない。」と規定していたが、実際にはこのただし書が原則化する傾向にあった。しかし、このただし書は、広大な土地の一角を分筆するような場合における測量経費等を考慮して規定されたものであるから、通常の分筆の登記申請においては、あくまで同条本文の趣旨に添った適用をする必要があると解されていた。今回の不動産登記法の改正により、不登準則七二条二項により「分筆の登記を申請する場合において提供する分筆後の土地の地積測量図には、分筆前の土地が広大な土地であって、分筆後の土地の一方がわずかであるなど特別の事情があるときに限り、分筆後の土地のうち一筆の土地について不登規則七七条一項五号から七号までに掲げる事項（求積方法、筆界点間の距離、筆界点の座標値）を記録することを便宜省略して差し支えない」と規定し、その趣旨が明確にされた。

(2) 登記官の審査（訂正）

表示に関する登記においては、登記官に実質審査権が与えられ（不登法二九条）、しかも、職権で行うことができる（不登法二八条）ので、公図に誤りがあるような場合には、その訂正に消極的であってはならない(1)。しかし、実際の実務においては、公図が誤りであるか否かの判断が容易ではなく、しかも、地図に準ずる図面として閲覧に供している以上、一応それには誤りはないものとして取り扱わざるをえないわけで、それが誤りであるというためには、通常、当事者からの確たる証拠でもない限り非常に困難であるということになる。したがって、一般的には所有者その他の利害関係人からの訂正の申出によって調査をすることとされていた（旧不登準則一一三条）。しかし、このような取扱いの下では、せっかく地図の訂正の申出をしても、その結果どのような処理となったのか、また、なぜ地図訂正の申出が中止となったのかといった点が不明となってしまうことになりかねない。そこで、新不動産登記規則一六条は、訂正の申出をすることができる者の範囲、申出情報と併せて提供すべき情報、申出の却下事由等を定め、却下事由がない場合に限り、登記官は当該申出に基づき、地図、地図に準ずる図面（公図）の訂正をしなければならないとし、地図の訂正の可否について登記官の判断を求める手続上の権利（申出権）を土地の表題部所有者等に認めたものと解することができる(2)。

しかし、公図の訂正は、国民の権利・義務に直接影響を与えるものではないから、行政事件訴訟法第三条に規定する行政処分には該当しないと解するのが一般的であること既述のとおりである。したがって、所有者その他の利害関係人は、登記官に公図の訂正を訴求することはできないと考えられるので、登記官としては申出があれば積極的に調査をし、誤りであることが判明すれば、公図の訂正をすべきであるということになる。

前述のごとく、新不動産登記法の下では、新規則一六条により地図の訂正についての登記官の判断を求める手続上の権利を有する者を明らかにし、申出ができる者の範囲、申出情報と併せて提供すべき情報、申出の却下事由等を定め、却下事由がない場合には、当該申出に基づき登記官は、地図等の訂正をしなければならないとされている。より正確かつ迅速な処理が期待されるところである。

なお、取消訴訟の対象となる処分と不動産登記法一五六条一項の審査請求の対象となる処分は同じであるから、同項の審査請求の対象としての行政処分性を有する「登記官の処分」は、平成一七年三月三一日法務省民二第八五一号法務省民事局長通達（行政事件訴訟法の一部を改正する法律の施行に伴う不動産登記事務の取扱いについて）及び平成一七年六月二三日法務省民二第一四二三号法務省民事局第二課長通知（地図等の訂正の申し出に対する却下決定について）において行政事件訴訟法四六条一項の規定に基づき教示をすべき処分として示されている処分であるが、右通達及び通知において、不動産規則一六条一三項一号から四号までの規定によって却下した登記官の処分が行政処分性を有するとされている。規則一六条一項は、表題部所有者等に新たに地図の訂正の申出権を認め、申出の内容の当否についての判断を求める権利を付与したものであると解されるが、右記規定に基づく却下は、申出の内容の当否について実質的判断を拒絶するものであり、申出権を侵害することになることから行政処分性を有するとされたものと考えられる。ちなみに、不動産登記規則一六条一三項五号及び六号の規定による却下処分は、登記官において、申請人が申出権を有することを認めた上で、申出の内容の当否について実質的な判断をして却下することになるから、一定の応答をしていると認められ、必ずしも申出権に対する侵害はないものと考えられるので、右各号による申出却下処分は行政処分性を有しないものと解される(3)（「不動産登記法第一二八条の審査請求をすることができる旨の教示について」平成一八年一月一八日法務省民二第一〇〇号法務省民事局民事第二課長回答）。

(3) 閲覧等

公図は、地図に準ずる図面として閲覧に供し、写しを交付している（不登法一二〇条二項、規則二〇二条、準則一三九条）が、この公図が閲覧中に改ざんされるというような事例も見受けられる。

東京地裁昭和四八年五月三〇日判決（判例時報七〇四巻三六ページ）は、公図が閲覧中に改ざんされた事案である――すなわち、登記官が、公図上に黒インクのペン書きで記載されていた「ノ一」の個所の上に同じく黒インクのペン書きで縦に二本の直線を引いてこれを抹消し、その横上に新たに「ノ三」と記載した後、何者かが、右公図閲覧の際に、右の「ノ三」の個所に、黒色の鉛筆で「二二九ノ一」と記入して改ざんしたため、本件公図上の本件土地にあたる部分の区画は、全体として一見二二九番の一であるかのような表示となっていたことによる国家賠償請求事件につき、その請求を認容したものである。そのほか、公図上の誤った書き込みを放置した過失を肯定した東京地裁昭和五五年八月二八日判決（判時九八九号七一ページ）がある。公図の有する取引上の機能を前提とする限り、公図の閲覧、監視の問題も今後とも十分考慮しなければならない観点の一つである。

もっとも、公図は、閲覧に供されているものの、公図のもつ前述のような役割を考えるとき、公図を信頼したからといって必ずその信頼が保護されるともいえないことにも十分留意しておく必要がある。

東京地方裁判所昭和五九年一月三〇日判決（判例時報一一二九巻八五ページ）は、法務局備付けの公図に土地の境界の記入が漏れていたことと、境界を誤認して取引をしたこととの間には相当因果関係がないとして、国の損害賠償責任を否定している。

本判決は、上記精度の不十分な公図作製の沿革を述べた上で、「右認定事実によると、原告会社は訴外会社から本件土地、A土地及びB土地を公簿面積は七四〇平方米であるが実際はその約八・五倍の一、九〇〇坪の広さがあるという説明と公図の写（甲一一号証）を示され、現地に一度案内されただけで、境界の確認も実測もせずに買入れたことが認められる。この売買の経過に照らすと、前認定のとおり、公図（公図の写）に一部脱洩があり、一、〇〇四番の土地の存在、同土地と一、〇一九番四との筆界線が表示されていなかったので、原告会社が公図の写を見て本件土地が相当広い土地であると考えたとしても《証拠略》によると、公図はもともと明治中期頃に地租徴収の基礎資料とする目的で、未熟な測量技術を用いて作成したもので、地形については一応の拠り所になっても、面積については正確に測量されて縮尺されているものではなく、就中山林の面積については不正確なことが広く知られているものと認められる。）、本件土地は地目、現地とも山林でしかも傾斜地であり、日本信販が合筆して分譲していった残地であったのであるから、公図の記載と現況との間には相当の異動のあることが当然に考えられる土地であったといえる。

原告会社が本件売買により一、九〇〇坪の土地を取得できず損害を被っているとしても、その損害は、原告会社が境界の確認も実測もせずに買入れたこと、売主の説明を全面的に信用したことに主に基因するものであり、公図の不備との間に相当の因果関係があるとは到底いえない（前述のとおり、訴外会社は本件土地の北西部の隣地の縄延びは約二倍と聞かされていたのに、原告会社は公簿面積の三・七二倍にあたる二、七五五・〇二平方米の広い土地を取得していること、また売買対象土地が一、九〇〇坪と相違したときには、当事者間でその処理を協議することを前提として取引をしていたことが認められる。）。」と判示する。

また、公図上に表示されている土地が現地に存在しない場合若しくは存在するもその形状が異なる場合にも登記官の公図に対する実質的調査義務を怠ったとはいえないと判示して、国の責任を否定した東京地方裁判所昭和五七年四月二八日判決、仙台高等裁判所昭和五九年六月二八日判決がある。(4)

○東京地判昭五七・四・二八（判例時報一〇五九号八七ページ・判例タイムズ四七八号七七ページ）

（理由）

(2)　旧土地台帳法（以下台帳法と略称する）によると、一般に土地台帳に関する登録は、本法制定の趣旨から見ても、登記所の職権によって行うことを基礎とし、関係者の申告は、登記所に対して台帳登録処分の資料を提供する意義を有するにすぎないと解されている。従って、土地台帳の登録又はその修正、訂正は、一般的には、登記所の職権調査によって行なわれるべきものと解することができる。

そして、そのことは、土地台帳法施行細則に「第二条1登記所には、土地台帳の外に、地図を備える。2地図は、土地の区画及び地番を明らかにするものでなければならない。」として土地台帳の附属地図に関する規定があり、同細則三条によると右地図は永久に保存されるべきものとされていることからすると、右地図についての修正、訂正も、一応土地台帳についてのそれと同様に解すべきこととなる。しかしながら、右の地図は土地台帳の附属としての図面であり、現実には、各筆の土地の位置、形状等の概略を推定できるだけの不完全な見取図的なものであり、単に土地台帳の理解に資する機能を持つ図面でしかないということができる。

(3) ところで、台帳法一〇条は「土地の異動があった場合においては、地番、地目及び地積は土地所有者の申告により、申告がないとき又は申告を不相当と認めるときは、登記所の調査により、登記所がこれを定める」と規定し、土地の異動について、地籍決定に関する定めをなしている。

そして、更に同法四二条によると登記所の台帳事務処理のための調査上必要とされる土地の検査および利害関係人に対する質問権についての規定がある。

右の各規定によると、台帳法上登記所は、その管轄する地域内の土地について、異動が生じた場合は、一般的に、実地調査の義務があるということができる。そして、台帳法の「第二章土地の異動」の章節の中に、「第二節分筆及び合筆」として、分筆について第二五条から第二九条までの規定がなされていることからすると、いわゆる分筆も土地の異動に該当することは、たしかに原告主張のとおりである。しかしながら、同法一〇条について検討すると、同条により登記所が調査義務を負うべき土地の異動とは、同法第二章に定める土地の異動のすべてではなく、登記所の職権によって台帳に登録(又はその修正、訂正)することを要する土地の異動に限られると解すべきである。なぜなら、台帳法上、一般的に土地の異動の場合、土地の所有者等が土地の異動について登録申告の義務を負い、同人らの提出した資料が相当であれば、登記所は、これによって異動のあった土地の地籍を決定しうるが、「申告がない場合又は申告されてもそれが相当でないと認める」場合には、登記所は職権で当該土地の異動を調査し、その結果に基づいて地籍を決定のうえ職権登録しなければならないと規定されているのである。そうすると、登記所において、職権による登録が認められ、その前提として、登記所に調査の必要性を認むべき場合は、土地の異動のすべてについてではなく、当該土地について、物理的、客観的な変化が生じ、台帳法上公示の機能を害なうような事態に立ち至った場合において、当該関係者の申告がない場合か、また、土地の異動について申告がなされたがそれが相当でないと認める場合にのみ、登記所としては実施に調査すべき必要性が発生すると解するのが相当である。

(4) そもそも土地の分筆は、登記簿上の土地の筆数を変更する登記法上の手続概念であり、その手続上の処理とその際の登記官の処分行為によって、土地の分割という実体上の土地の筆数とその範囲を変更する効果が生ずるのである。

そこで、そのことを台帳法についてみると、同法二五条から二九条の各規定によると、土地の分筆は、土地台帳上一筆の土地を二筆以上の土地に変更して土地台帳に登録（登録修正）することである。しかも実体法上の土地の分筆は、土地所有権の内容をなす一つの機能の行使であり、それは、当事者たる土地所有者の自由になしうる行為であり、一の権利行使である。

従って、当事者は、台帳上分筆の処分を受けようとする場合にのみ申告することを要するのであり、当事者において、その処分を受けようとしない限り、事実上土地の区画を変更していても、これを申告することは必要ではないのである。

そうだとすると、土地の分筆という行為は、土地の物理的・客観的変化を内容とするものではなく、単に土地台帳上一筆とされる土地の範囲を変更する行為にすぎないものである。

しかも、そのことは、土地台帳上の問題であって土地の事実上の形状の変更ではない。従って、関係当事者による土地の分筆の申告は、一の権利行使として土地台帳上の処分を求める行為であるということができる。

そして台帳法二六条によると、土地の分筆は、分筆しようとする土地所有者の申告をまって行うのが原則であり、ただし、同法二七条に規定する事由がある場合には、関係当事者の申告がなくても、登記所が職権をもって土地を分筆することを定めているのである。右の事情からすると、分筆に関して職権をもって土地を分筆することができるのは同法二七条に該当する場合に限って行うものと解することができ、それ以外は、当然土地所有者の申告に基づきそれが相当と認めたときに登記官が登録処分を行い、その結果分筆の効果が発生するというべきである。それではじめて右の台帳登録は、創設的・形成的な公示の機能を有するものということができる。

そうすると、土地の分筆については、台帳法二七条に定める場合を除き、職権登録の対象とはならず、土地所有者の申告をまって行うものであり（同法二六条）、その場合、右申告を受けて土地台帳に分筆の登録がされて初めて分筆の効果が生じ、土地の異動があったことになるのである。従って、職権登録を要しない土地の分筆については、登記所は、分筆の登録をなすにつき、同法一〇条に基づく実質的調査義務を負わないと解すべきである。

そうすると職権登録を要しない土地の分筆については、登記所は、土地台帳の附属地図の修正・訂正についても、同法一〇条に基づく実質的調査義務を負わないと解すべきである。

○仙台高判昭五九・六・二八（訟務月報三一巻二号一九五ページ）

（事案の概要）　X（原告）とY_1（相被告）の間でY_1が所有する本件土地（登記簿上の表示宅地三〇九二・六三平方メートル）につき債務者を訴外A及びB、根抵当権者をX、債権極度額を三〇〇〇万円とする根抵当権設定契約を締結して、同日その登記を経由し、Xが訴外A及びBに対し合計三〇〇〇万円を貸し付けたものである。

ところで、Xは、右契約に先立ち訴外A及びBらから本件土地と称する土地（以下「甲地」という。）を現地で指示され、Xは甲地を見分した結果と本件土地の登記簿謄本、固定資産価格決定通知書（以下「通知書」という。）の各記載、公図の現状から、本件土地は十分な担保価値があると判断したが、その後甲地は本件土地とは別の土地であり、本件土地の現況は道路で、面積も登記簿上の地積より少なくほとんど担保価値を有しないことが判明し、また、訴外A及びBは倒産、行方不明となり連帯保証人のY_1は無資力であるため、Xは債権回収が不能になったとして、Y_2（国、被告）に対しては、登記官の、実際の面積より過大の地積更正及び実際の面積と相違する分筆登記を行った過失、本件土地の実際の形状とは異なる公図を訂正しないでそのまま閲覧に供した過失及び実際の面積と異なる本件土地の登記簿の地積を職権で更正しないまま誤った地積が記載されている登記簿謄本を交付した過失があると主張し、Y_3（仙台市、被告）に対しては、固定資産価格決定事務の担当係官が本件土地の固定資産価格を二九〇万八〇〇〇円とすべきところ二九〇〇万八八〇〇円と評価しその旨の誤った通知書を交付した過失があるとして、それぞれ国家賠償法一条一項に基づく損害賠償を求めるとともにY_1に対しては連帯保証契約に基づく保証債務の履行を求めたものである。

（判決要旨）　本判決は、一般論として、公図について①現在登記所に保管されてはいるが不動産登記法一七条所定の地図ではなく、現地復元性に重点をおいていないものであり、特に山林部についての正確性は相当程度限定されている、②しかしながら、公図は右一七条地図が整備されるまでの間は、それに代わるものとしての機能が期待されており現実の不動産取引においても不動産の位置、形状等を確認する上で重要な資料とされている。③登記所においてもそのことを認識して公図を閲覧等に供しているものと解される、と述べた上で、公図上他の土地と取り違えて地番が表示されているとか、現実には存在しない土地が記載されているとかいったことのために閲覧者等に不測の損害を与えるような場合は、事実関係のいかんによってはY_2の損害賠償責任が問題となり得る余地があるが、本件の場合、本件土地の登記簿上の記載、公図上の形状がXの主観においては現地の土地を本件土地と誤信したことの一つの契機になっているとしても、客観的には通常はそのような判断の根拠となり得ないものであり、右誤信は本来本件土地の担保価値についての訴外Bらの過大な説明、誤った現地指示及び本件土地の位置確認等に関するXらの極めて不十分な調査に帰せらるべきものであるから、本件土地の登記簿の記載、公図上の形状とXの被った損害の間には相当因果関係は認められないと判示して、XのY₂に対する請求を棄却した。

また、Y₃についても、通知書は、直接私人に対し不動産の価格を証明するものでなく、記載の過誤があっても損害賠償責任を根拠づけるまでの違法性を帯びるか疑問がある上、Xの被った損害との間の相当因果関係は認められないとして請求を棄却した。

これは、公図の効力・公図の機能と不動産取引との関係を判示するものであるが、「公図」が広く利用されているだけに、利用者サイドからもその取扱いに十分留意する必要があり、これを過大評価してはならないし、また、過小評価すべきものでもない。要は、「公図」はその作製等の沿革、効力を十分調査し、適正に利用することが肝要である。

(1) もっとも、分筆に伴う公図の修正についての登記官の実質的調査義務について東京地裁昭和五七年四月二八日判決（判例時報一〇五九号八九ページ）は次のように判示する。

「旧土地が昭和二九年から昭和三二年にかけて一二回にわたって分筆された結果、残った元番の土地が、公図上は存在するものの、現実にはその位置、区画が特定できなくなってしまったという事件である。

右事案について、本判決は、旧土地台帳法第一〇条は土地の異動があった場合の登記所の調査義務を規定しているが、同条により登記所が調査義務を負うべき土地の異動は、登記官が職権によって台帳に登録することを要する土地の異動に限られると解すべきであり、土地の分筆は、同法二七条に定める場合を除き、土地所有者の申告を俟って行うものであるから、職権登録の対象にならず、したがって、登記官は実質的調査義務を負わないし、土地台帳の附属地図（公図）の修正、訂正についても同様義務を負わないとした上、本件土地についての分筆は申請によるものであるから、分筆に伴う公図の修正についても登記官は実質的調査義務はないとしたものである。」

（2）「不動産登記法一二八条の審査請求をすることができる旨の教示について（平成一八年一月一八日法務省民二第一〇〇号法務省民事局民事第二課長回答）」の解説（登記研究七〇一号一二四ページ）

（3）右同一二四ページ

（4）浦野雄幸「判例不動産登記法ノート⒃―公図の効力―」登記研究四四四号六四ページ

22 地図の整備

(一) 都市部(DID:Densely Inhabited District 「人口集中地区」)における公図の重要性

登記所に備え付けられている地図約七二二万枚のうちの約五六%が不動産登記法一四条に規定する地図であるが、その一四条地図の大部分は、地籍調査による地籍図である。したがって、今後における地図の整備はこの地籍図を中心に行われることになるが、問題は、この地籍調査事業の進捗《ちょく》率が地域によってかなりの差があり、しかも、都心部若しくはその周辺部の進捗率が低いということである。まさしく不動産取引が活発で、正確な地図を必要とする地域については、かなり地籍調査は遅れている状況にあるといっても過言ではない。結局、この地域における不動産取引は、依然として公図に準拠せざるをえないというのが実情であるといえる。

ところで、このように、都市部における地籍調査が進まない原因というのはどこにあるのであろうか。その原因はいろいろ考えられるが、一つには、地権者の協力を得るということが難しいことである。都市地域では地価の水準が高く、住民の権利意識も強い。また、土地の細分化が進み、権利関係が輻輳《ふくそう》していて、その異動も激しく、さらには、不在地主が多く、地域社会としてのまとまりが弱いというようなことに起因しているようである。

測量条件の面からは、都市部では建築物等の障害物が多く、測量に手間がかかるという面があり、経費の面からは、高い地価水準あるいは強い権利意識に対応して高精度の測量が要求され、経費がかかるという問題があるということなどが理由となって都市部における地籍調査が遅れている状況にあるといわれている。

これらの状況は、いずれをとっても直ちにその問題が解消できるという性質のものではなく、したがって、今後、地籍調査が都市部に急速に拡大されるという状況は想定しにくいわけであるが、都市部での積極的実施を目指しており、その進捗が期待される。一方、このような地域では、法務局における地図作製作業の拡大も期待されるところである。(1)

しかし、いずれにしても都市部における地図の整備は、相当の時間を要する事業ということになり、その間は公図を基礎にして不動産取引を行うことになる。

(1) 法一七条地図作製作業の概要とその留意事項については、小畑泰雄「法一七条地図作製作業の概要とその留意事項について(上)(中)(下)」登記研究五四一号六五ページ、同五四二号二五ページ、同五四三号三五ページ

(二) 平成地籍整備

遅れている都市部における地図の整備は、内閣に設置された都市再生本部において示されたいわゆる「平成地籍整備」の方針に基づき、平成一六年度から都市再生の推進という政府の重要施策の一環として行われている。(1) この平成地籍整備は、都市再生の円滑な推進には、土地の境界、面積などの地籍を整備することが不可欠であることから、国において、全国の都市部における登記所備付地図の整備事業を強力に推進することとし、五年間で都市部の五割を実施し、一〇年間で概成することとしていた。この平成地籍整備作業は、①基礎的調査の推進、②地籍調査素図の整備、③電子化と正式地図の作成という三つの作業内容に分割されている。そして、基礎的調査は、国交省

が直轄で行う事業とされ、地籍調査素図の整備以降の作業については、これまでの地籍調査事業と同様に、市区町村等の事業とされる。基礎的調査が、すべて国の経費で賄われ、地籍調査素図以降の作業は国が二分の一、都道府県が四分の一、市町村が四分の一の経費で実施されるということである。(2)

①の基礎的調査は、ⅰ測量基準点の整備、ⅱ都市再生街区基本調査から構成されている。ⅰは測量のための基準点の設置ということであり、ⅱの都市再生街区基本調査は、街区基準点の整備と街区の角の位置を示す街区点の調査を行うとともに、公図や道路台帳附属図面等の既存データを収集し、数値化するとともに、これらを公図に当てはめ、地籍調査素図を作成するための基礎的データの整備を行う。

これらの作業のうち「公図の数値化」という作業は、その前提として公図が数値化されている必要があり、そのためには登記簿との対査等を行う地図整備作業が必要となるが、いずれの作業も法務局ですでに実施されている作業である。数値化された公図のデータは登記所にフィードバックされるということであり、登記所備付け地図の数値化に大きな役割を果たすことになる。(3)

基礎的調査の次の作業としては、②の地籍調査素図の整備がある。これは、基礎的調査である都市再生街区基本調査の成果に対して、登記所備付けの地積測量図を当てはめ、街区内に収めた上で、正しい筆界点の位置を推定する作業である。(4)そして、この地籍調査図素図を基礎にして、③正式な地図を作成するというのが平成地籍整備の輪郭である。

なお、都市部における地図混乱地域については引き続き法務省・法務局自らが法一四条地図を作成していくことが予定されている。(5)

1 民活と各省連携による地籍整備の推進

（Ⅰ）　政府においては、二一世紀の我が国の活力の源泉である都市について、急速な情報化、国際化、少子高齢化等の社会経済情勢の変化に対応して、その魅力と国際競走力を高めることが必要であるとの認識に基づき、都市再生特別措置法（平成一四年法律法律第二二号）を制定し、都市再生のための様々な施策が打ち出された。

ところが、これらの施策を実現する上においては、土地等に関する権利関係の調整は不可決であり、さらに、その権利関係を公示するために登記された不動産の物理的状況を現地で特定し、これを登記と結びつけるための正確な法一四条地図が登記所に備え付けられている必要がある。

法一四条地図の最大の供給源としては、国土調査法（昭和二六年法律第一八〇号）に基づく国土調査の成果として送付される地籍図がある。

（Ⅱ）　ところが、この国土調査については、着々とその推進は図られているものの、あいかわらず、三大都市圏を中心とする都市部においては、農山村部に比べて立ち遅れが著しい状況にある（平成一五年度当時は、都市部全体の面積の一八％程度、平成二一年は二〇％程度となっていた）。

このような都市部の国土調査の立ち遅れにより、都市部では法一四条地図の備え付けは少なく、都市再開発や市街地整備等の事業に当たり、土地の境界、面積などを確定するために膨大な時間や経費が必要となり、事業の遅れを招き、土地取引の活性化を阻害する要因ともなるなど、都市再生のための施策の推進を阻害する要因の一つとなっていた（登記研究七四〇号四〇ページ）。

こうした背景を踏まえ、前述したように平成一五年六月二八日に開催された都市再生本部において、都市再生のための施策を強力に進める前提として、法務省と国土交通省とが協力して、全国の都市部における登記所に備え付けられた地図（公図等）の整備を強力に推進するため、「民活と各省連携による地図整備の推進」が示されたことは前述したとおりである。

①　民活と各省連携による地籍整備は、全国すべての地域を対象としているわけではなく、都市部であるＤ１Ｄ地区のうち、地籍調査が未了の地域が対象となっている。

②　街区基準点の設置

ⅰ　分筆の登記や地積の更正の登記等の申請に伴い登記所に提出される地積測量図を作成するための測量の基礎として用いることとされている街区基準点の設置をする（平成一八・八・一五法務省民二第一七九四号法務省民事局民事第二課長通知）。

ⅱ　この街区点の調査の成果に、数値化された地図に準ずる図面上の街区を重ね合わせて、現況と地図に準ずる図面のかい離状況を把握する。そして、

ア　おおむね一致する地域

イ　一定程度一致する地域

ウ　大きく異なる地域

に区分けをする。

③　都市再生街区基本調査の成果の活用

ⅰ　おおむね一致する地域

管轄登記所の登記官は、国土交通省が行った分類が適正であるかどうかを検査するとともに、分筆・合筆等の異動が正確に反映されているかどうかなどを確認した上で、国土調査法その他の法令に照らして誤差の限度内であり、相当であると認められたものについては、既存の地図に準ずる図面を閉鎖し、新たに送付された成果を法一四条地図として備え付ける作業を実施する。

その結果、約四三・二平方キロメートルの地図に準ずる図面が法一四条地図として登記所に備え付けられた。

ⅱ　一定程度一致する地域

登記官は、送付された成果の内容に基づき、国土交通省の行った分類が適正であるかどうかを検査し、国土調査法その他の法令に照らして誤差の限度外であっても、準地図に公共座標値を付与し、これをさらに高度化するに足るものと認められたものについては、地図に準ずる図面として備え付けることができると認め、既存の地図に準ずる図面を閉鎖し、新たに送付された街区成果図を地図に準ずる図面として備え付ける（平成一九・七・一九民二第一四五九号民事第二課長通知）。

ⅲ　大きく異なる地域

送付された成果が「大きく異なる地域」と判断される場合は、そのまま地図整備に利用することはできないので、適宜の方法で当該都市再生街区基本調査の成果を保存する（畑・登記研究七四〇号四四ページ、同七九四号五ページ）。

④　平成一七年不登法の改正

ⅰ　地図、地積測量図の電子化に伴う規定の見直し。

ア　平成一七年不登法の改正では、法一四条地図及び建物所在図並びに地図に準ずる図面は、電磁的記録に記録することができる（不登法一四条六項）。

また、電磁的記録に記録する地図にあっては、紙の地図に記録する事項（不登規則一三条一項）のほか、各筆界点の座標値も記録しなければならない（不登規則一三条二項）。

ⅱ　平成一七年の不登法改正時には、地図などの電子化に係る規定の見直しに合わせて、地積測量図等の各種図面の電子化に係る規定の整備も図られている（不登規則七三条一項）。

特に、地積測量図については、「筆界点間の距離」及び「基本三角点等に基づく測量の成果による筆界点の座標値」を記録しなければならないこと（不登規則七七条一項六号及び七号）及び電磁的記録に記録することができること（不登法二二二条、不登規則二〇条二項）が着目される。このように筆界点の座標値等の記録を必須化した上で、電磁的記録として作成することを可能とすることにより地積測量図の活用の幅を拡げることが期待されている（前掲秦・登記研究七四〇号四五ページ）。

⑤ 前述したように都市再生の円滑な推進には、土地の境界、面積等の地籍を整備することが不可欠であることにかんがみ、平成地籍整備は、国において、全国の都市部における登記所備付地図の整備を強力に推進するというものである（五年で都市部の約五割を実施、一〇年で概成）。

境界は個々の土地を区画する公法上の区分線であり、境界はこれを地図に描示することによって公示される（改正前不登法一七条、一八条、現不登法一四条四項、五項）。

ところで、平成地籍整備が予定しているのは、主として旧土地台帳附属地図が地図に準ずる図面として活用されている地域であり、この地域において境界調査が最も必要とされ、正確な地図の整備が求められているのは、現在の権利関係・利用関係による土地の区画と旧土地台帳附属地図の示す境界とが大きく相違する場合である。

そのような相違が生ずることになった原因としては、旧土地台帳附属地図の記載がもともと誤っていた場合とか、あるいは土地の権利関係・利用関係に異動事由が存在したにもかかわらず、その異動に対応する登記手続や旧土地台帳附属地図の処理がなされていないような場合である。

そのほか、土地の権利関係・利用関係に異動があった場合にその異動に伴う登記手続がなされたにもかかわらず、その内容が不正確であったような場合も考えられる。そして、この場合においても、登記は誤っていなかったが、旧土地台帳附属地図の修正が誤っていたというような場合も考えられる。

いずれにしても、現在の権利関係・利用関係による土地の区画と旧土地台帳附属地図の示す境界とが相違することになった原因は、前述の三つの場合のいずれかに当てはまるかあるいはその複合型になると解される。(長谷川逸雄「境界調査に関する一考察」登記インターネット六巻一一号一四七ページ)。

そして、これらについての法一四条地図を作製するための境界調査は、現在の登記されている土地の権利関係・利用関係に異動がある場合には、当該異動を登記や地図に反映する調査をすることになり、また、地図がもともと間違っている場合には、該当する土地についての境界調査を行い、当該地図が間違っていることを確認の上、その結果を地図に反映することになると考えられる。

ただ、現実には、現在の権利関係・利用関係による土地の区画と旧土地台帳附属地図の示す境界とがいかなる理由で相違することになったか明らかでない場合もありうる。このような場合には、筆界特定制度により、筆界を特定することも可能である(不登法一二三条以下)。平成地籍整備においても有効に活用することができるのではないかと考えられる。

(1) 寺田逸郎「新年を迎えて」登記研究六九五号四ページ
(2) 秦愼也「地図整備の推進方策について」登記インターネット六巻一一号七九ページ
(3) 秦・前掲登記インターネット六巻一一号八一ページ
(4) 秦・前掲登記インターネット六巻一一号八五ページ
(5) 同右

(三) 地籍調査

前述のように、都市部における地籍調査はあまり進捗していない状況であるが、全国的にみた場合には地域差はあるものの、地籍調査はかなり進行しているといえる。国土調査法による地籍調査事業は、昭和二六年六月一日に公布されて以来着実に推進されており、平成一二年からの第五次国土調査事業十箇年計画が平成二一年度末に期限を迎えたことから、平成二二年度から第六次国土調査事業十箇年計画に基づき実施されている（平成二二年度を初年度とする一〇年間で、都市部及び山村部を中心に地籍調査の促進を図り、全国二万一〇〇〇平方キロメートルの地域で地籍調査を実施するもの）。この事業は、わが国の国土の開発及び保全並びにその利用の高度化に資するとともに、地籍の明確化に大きな役割を果たしているが、不動産取引の盛んな都市部での国土調査の進捗が望まれるところである。(1)

わが国の総面積は、約三八万平方キロメートルであるが、地籍調査の対象となるのは、国有林、湖沼、河川などを除いた面積約二八万六〇〇〇キロメートルである。

地籍調査は、一筆ごとの土地について、その特徴実態を明らかにするため、所在、地番、地目、境界の調査、登記簿に記載された所有者に関する確認と、境界の測量及び面積の測定を行い、調査の結果を地図及び簿冊に作製することをいい、いわば土地に関する戸籍調査ともいうべき基礎的な調査であり、土地に関する権利面、課税面、計画面からの要求に対応する基本的な調査として実施されるものである。

地籍調査では、まず一筆ごとの土地について所在、地番、地目と所有者を調査するとともに、土地の境界を所有者立会いの上で確認（発見）し、それぞれの境界に杭を打つ。なお、この杭は、数筆に一本の割合でコンクリート杭など永続性のあるものを設置することとしており、これは登記の上で土地を特定するための重要な杭（筆界基準杭）として活用される（一筆地調査）。

この境界調査ののち、日本全国に設けられた一等から三等までの国家三角点と、地籍調査のために国によって特別に設ける四等三角点をもとにして、各筆を測量する（地籍測量）ことになるが、その結果できあがった地図が地籍図である。

この地籍図は、あらゆる土地の一筆ごとの境界を、正確に測量して、縮尺二五〇〇分の一から五〇〇〇分の一までのいずれかの縮尺の地図に作成するものであり、基準点に基づく測量が実施される結果、その地図上の一筆ごとの土地の境界点の地球上に占める位置が明らかにされるので、災害その他の理由により現地における土地の境界が不明になっても、この地図によりその境界を現地に復元することができる。

また、土地の所有者、地番、地目の調査確認と面積の測定結果とをとりまとめて地籍簿を作る。これは、登記所にある土地登記簿の表題部と同じ内容のものである。

これらの地籍図と地籍簿とは二〇日間一般の閲覧に供し、誤り等の申出があれば再調査してより正確なものとする（閲覧）。

閲覧後の地籍図は、都道府県知事又は主務大臣の認証をうけたのち（認証）、その写しは登記所に送付される。

（1） 座談会「不動産の台帳登録及び土地表示登記の回顧、現状及び展望(5)」登記インターネット二巻一〇号三〇ページ、「登記簿」（国土調査と登記について）登記研究六二八号一二五ページ、秦愼也「登記所備付地図の整備（地籍調査の推進を中心として）」登記研究七九四号九ページ

(四) 登記所備付地図作成作業

法務局における登記所備付地図の作成作業は、平成二七年度を初年度として、①登記所備付地図作成作業第二次一〇か年計画（いわゆる従来型）が策定され、これまで行ってきた地図作成作業を拡充するとともに、新たに②大都市の枢要部や地方の拠点都市などを対象とする大都市型登記所備付地図作成作業一〇か年計画、③東日本大震災の被災県を対象とする震災復興型登記所備付地図作成作業三か年計画が策定され、これらを併せて、いわば登記所備付地図作成作業の三本柱として実施されている。(1)

前記民事月報においては、茨木市における大都市型登記所備付地図作成作業について詳しく紹介されている。

（1）　小山浩幸「市町村とＨＯＴに連携した地図整備」民事月報七一巻九号七ページ

23 おわりに

不動産取引における公図（地図に準ずる図面）が重要な役割を果たしていることはまぎれもない事実であるが、その役割の重要性というのは、不動産取引における事実上の証明力としての重要性である。

土地の位置・筆界は、公図によって決まるものではなく（分筆・合筆等新たに筆界を創設する場合は、地図（公図も含む）によって決められる）、すでに決まっている位置・筆界（物理的に明確になっている場合もあるが、現在ではそうでない場合が多い）を公図で明らかにして不動産取引における権利の明確化と権利の保全を図り、紛争を未然に防止しようとするものである。

言い換えれば、公図は不動産に関する権利変動を公示するための単位（位置・形状）を公示して明確にするものであり、分筆・合筆などの場合を除き、それによって土地の区画が創設されるものではなく、また、それによって所有権の及ぶ範囲が定まるものではない。したがって、それを信頼して取引をしたからといって、必ずそのとおりに保護されるということにはならないのである。公図が誤っているという場合も考えられるからである。

不動産取引に入ろうとする者は、当該土地が何番の土地で、その境界がどこにあるかということを公図を資料として発見・確認するとともに、その所有者を登記簿で確認して取引に入るわけであるが、そのときに、公図でその土地が一番と公示されているから、その土地は必ず一番の土地であるということにはならないのであって、本当はその土地は二番の土地であるが、公図上は誤って一番と公示されているような場合も絶対にないとはいえない。このことは、境界についても同様であり、公図上では三五度の角度になっている、あるいは曲線であるが、本当は四五度の角度である、あるいは直線であるというような場合もなくはないのである。

これが、公図の過度の信頼は禁物であるといわれるゆえんであるが、しかし、だからといって公図を見ないというのはもっと危険であり、あくまで公図を取引の資料として参考にしながら、言い換えれば公図に表示された土地の位置関係や形状、広狭などが現地の実際と符合するや否やの判断は公図を利用する者の調査と検討にゆだねられるべき性質のものであるということを認識した上で、取引に臨むことが期待されるのである。そのために筆界特定制度を活用して、先の筆界を確認して特定しておくということも有用であると考えられる。

本書は、そういった視点を踏まえ、あらゆる角度から公図の正体とでもいうべきものを詳細に紹介したものである。不動産取引の活性化や各種事業の円滑な推進あるいは不動産登記の正確性の確保、そして、何よりも国民の皆様方の土地に対する権利の明確化と保全に寄与し、さらには、より一層の利便性の向上を図るに当たっての一助になれば…と思う次第である。

附　録

1　土地台帳法（昭和二十二年三月三十一日法律第三十号）

改正
昭和二十三年七月　七日法律第百七号
昭和二十四年五月三十一日法律第百四十五号
昭和二十四年六月　六日法律第百九十六号
昭和二十五年七月三十一日法律第二百二十七号
昭和二十七年七月三十一日法律第二百六十八号
昭和二十九年五月二十日法律第百二十号
昭和三十一年六月十二日法律第百四十八号

第一章　総則

第一条　この法律の施行地にある土地については、その状況を明確にするため、この法律の定めるところにより、土地台帳に必要な事項の登録を行う。

2　前項の登録の事務は、当該土地につき登記の事務を掌る登記所が、これを掌る。

第二条　土地は、これを第一種地及び第二種地とする。

第三条　第一種地は、第二項に規定する土地以外の土地をいう。

2　第二種地は、左に掲げる土地をいう。但し、第二号乃至第六号に掲げる土地で有料借地たるものを除く。

一　都道府県、市町村、特別区、これらの組合又は財産区の所有する土地

二　国又は都道府県、市町村、特別区、これらの組合若しくは財産区が公用又は公共の用に供する土地

三　墳墓地

四　公衆用道路、運河用地

五　用悪水路、溜池、堤塘、井溝

六　保安林

七　その他政令で定めるもの

第四条　土地には、一筆ごとに地番を附し、その地目及び地積を定める。

第五条　登記所は、土地台帳を備え、左の事項を登録する。

一　土地の所在

二　地番

三　地目

四　地積

五　所有者の住所及び氏名又は名称

六　質権又は百年より長い存続期間の定がある地上権の目的たる土地についてはその質権者又は地上権者の住所及び氏名又は名称

第六条　地番は、市町村、大字、字又はこれに準ずべき地域を以て地番区域とし、その区域ごとに起番して、これを定める。

第七条　第一種地の地目は、田、畑、宅地、塩田、鉱泉地、池沼、山林、牧場、原野及び雑種地に区別して、これを定める。

2　第二種地の地目は、第三条第二項第三号乃至第六号の土地にあっては、各〻その区別により、その他の土地にあっては、その現況により適当に区別して、これを定める。

第八条　地積は、左の各号の規定により、これを定める。

一　宅地及び鉱泉地の地積は、平方メートルを単位としてこれを定め、一平方メートルの百分の一未満の端数は、これを切り捨てる。

二　宅地及び鉱泉地以外の土地の地積は、アールを単位としてこれを定め、一アールの百分の一未満の端数は、これを切り捨てる。但し、一筆の地積が一アールの百分の一未満のものについては、一アールの一万分の一未満の端数は、これを切り捨てる。

第九条　土地台帳には、第五条の規定により登録すべき事項の外地方税法（昭和二十五年法律第二百二十六号）第四百三十六条の規定により市長村長が通知した土地の価格を記載するものとする。但し、第二種地については、この限りでない。

第十条　土地の異動があった場合においては、地番、地目及び地積は土地所有者の申告により、申告がないとき又は申告を不相当と認めるときは、登記所の調査により、登記所がこれを定める。

第十一条乃至第十七条　削除

第二章　土地の異動

第一節　第一種地及び第二種地の転換

第十八条　あらたに土地台帳に登録すべき土地を生じたとき又は第二種地が第一種地となったときは、土地所有者は、一箇月以内に、これを登記所に申告しなければならない。

第十九条　第一種地が第二種地となったとき又は土地が滅失したときは、土地所有者は、その旨を登記所に申告しなければならない。

第二十条　あらたに土地台帳を登録すべき土地を生じたときは、当該地番区域内における最終の地番を追い、順次にその地番を定める。但し、特別の事情があるときは、適宜の地番を定めることができる。

第二十一条　あらたに土地台帳に登録すべき土地を生じたときは、直ちにその地目を設定する。

2　第二種地が第一種地となり又は第一種地が第二種地となったときは、直ちにその地目を修正する。

第二十二条　あらたに土地台帳に登録すべき土地を生じたときは、直ちにこれを測量して、その地積を定める。

2　第二種地が第一種地となり又は第一種地が第二種地となったときは、直ちにその地積を改測する。但し、登記所において、その地積に異動がないと認めるときは、これを省略することができる。

第二十三条及び第二十四条　削除

第二節　分筆及び合筆

第二十五条　この法律において分筆とは、一筆の土地を数筆の土地とすることをいい、合筆とは、数筆の土地を一筆の土地とすることをいう。

第二十六条　分筆又は合筆をしようとするときは、土地所有者は、これを登記所に申告しなければならない。

第二十七条　一筆の一部が左の各号の一に該当するに至ったときは、前条の申告がない場合においても、登記所は、その土地を分筆する。

一　別地目となるとき

二　第一種地が第二種地となり又は第二種地が第一種地となるとき

三　未登記の土地の一部の収用により所有者を異にするとき

四　質権又は百年より長い存続期間の定のある地上権の目的となるとき

五　地番区域を異にするとき

第二十八条　分筆した土地については、分筆前の地番に符号を附して、各筆の地番を定める。
2　合筆した土地については、合筆前の地番中の首位のものを以て、その地番とする。
3　特別の事情があるときは、前二項の規定にかかわらず、適宜の地番を定めることができる。
第二十九条　分筆をしたときは、測量して各筆の地積を定める。
2　合筆をしたときは、合筆前の各筆の地積を合算したものを以て、その地積とする。
第三十条　削除

第三節　地目変換

第三十一条　この法律において地目変換とは、第一種地又は第二種地について、その地目を変更することをいう。
第三十二条　第一種地について地目変換をなしたときは、土地所有者は、一箇月以内に、これを登記所に申告しなければならない。
2　第二種地について地目変換をなしたときは、土地所有者は、その旨を登記所に申告しなければならない。
第三十三条　地目変換をなしたときは、直ちにその地目を修正する。
第三十四条　登記所は、地目変換に因り地目を修正する場合において必要があると認めるときは、その地積を改測する。

第三章　土地改良事業及び土地区画整理事業の施行地域の特例

第三十五条　土地改良法（昭和二十四年法律第百九十五号）の規定による土地改良事業（以下土地改良事業と略称する。）又は土地区画整理法（昭和二十九年法律第百十九号）の規定による土地区画整理事業（以下土地区画整理事業と略称する。）の施行に因る土地の異動に関する申告は、土地改良法の規定により土地改良事業を行う市町村、土地改良区、土地改良区連合、農業協同組合、農業協同組合連合会若しくは同法第九十五条第一項に規定する共同施行者又は土地区画整理法により土地区画整理事業を施行する者が行うものとする。
第三十六条　土地改良事業又は土地区画整理事業の施行に因る土地の異動については、第十八条、第十九条、第二十一条第二項、第二十六条乃至第二十九条及び第三十二条乃至第三十四条の規定は、これを適用しない。
第三十七条　登記所は、土地改良事業又は土地区画整理事業を施行した土地については、一筆ごとに地番を附し、その地目及び地積を定める。

第四章　雑則

第三十七条の二　土地台帳に登録された者は、その住所又は氏名若しくは名称に変更を生じたときは、その旨を登記所に申告しなければならない。
第三十七条の三　何人でも、手数料を納めて、土地台帳の閲覧又はその謄本の交付を請求することができる。
2　前項の手数料の額は、物価の情況、土地台帳の謄本の交付等に要する実費その他一切の事情を考慮して、政令でこれを定める。
第三十七条の四　市町村は、その市町村内の土地につき、土地台帳の副本を備えなければならない。
第三十八条　この法律に特別の定がある場合の外、土地台帳に登録した事項に変更を生じたときは、その登録を修正する。
2　登記所は、土地台帳の登録に誤があることを発見したときは、これを訂正しなければならない。

第三十九条　登記所は、あらたに土地台帳に登録したとき又は土地台帳の登録を修正し若しくは訂正したときは、十日以内に、その登録又は修正若しくは訂正にかかる事項を当該土地の所在地の市町村長に通知しなければならない。

2　前項の場合には、登記所は、法務省令の定めるところにより、同項に規定する事項を当該土地の所有者（当該土地が、質権又は百年より長い存続期間の定がある地上権の目的となっている場合には、質権者又は地上権者を含む。）に通知しなければならない。

第四十条　第十八条又は第三十二条第一項の規定により申告をなすべき場合において、第十八条又は第三十二条第一項に定める申告期限内に土地所有者の変更があったときは、旧所有者がなすべき申告で所有者の変更があった時にまだなしていなかったものは、所有者の変更があった日から一箇月以内に、新所有者からこれをなさなければならない。

2　第十九条又は第三十二条第二項の規定により申告をなすべき場合において、申告前に土地所有者の変更があったときは、旧所有者がなすべき申告は、新所有者からこれをなさなければならない。

第四十一条　質権又は百年より長い存続期間の定がある地上権の目的たる土地に関し第十八条、第十九条、第三十二条又は前条の規定によりなすべき申告については、土地台帳に登録された質権者又は地上権者を土地所有者とみなす。

第四十一条の二　法令により登記名義人又はその相続人に代り不動産の表示若しくは登記名義人の表示の変更の登記又は相続による権利の移転の登記を申請し又は嘱託する場合において必要があるときは、その登記の申請又は嘱託をなすべき者は、登記名義人又はその相続人に代りこの法律による申告をすることができる。

第四十一条の三　この法律の規定による申告は、当該土地の所在地の市町村長を経由してすることもできる。但し、不動産登記法（明治三十二年法律第二十四号）第三十九条ノ二又は第八十条ノ二の規定が適用される申告については、この限りでない。

2　前項の規定により当該市町村長が申告書を受け取ったときは、その時においてその申告書が登記所に提出されたものとみなす。

第四十二条　当該官吏は、調査上必要があるときは、土地の検査をなし又は土地の所有者、質権者又は地上権者その他利害関係人に対して、質問をなすことができる。

2　前項の規定による検査又は質問をなすときは、当該官吏は、その身分を示す証票を携帯し、関係人の請求があるときは、これを呈示しなければならない。

第四十三条　東京都の区の存する区域においては、この法律中市又は市長に関する規定は、それぞれ東京都又は東京都知事にこれを準用する。但し、地方税法第七百三十六条第一項の規定により特別区が特別区税として固定資産税を課する場合には、当該特別区においては、それぞれ特別区又は特別区の区長に準用する。

2　全部事務組合については、これを一町村とみなしてこの法律を適用する。

第四十三条の二　土地の所有権、質権又は地上権の得喪変更に関する事項は、左に掲げる場合を除く外、その登記をした後でなければ、土地台帳にこれを登録しない。
一　あらたに土地台帳に登録すべき土地を生じたとき
二　未登記の土地が収用されたとき
三　未登記の土地が土地台帳に登録することを要しない土地となったとき
四　土地が滅失したとき
2　前項に規定する事項につき登記をしたときは、登記所は、これに基き所要の事項を土地台帳に登録しなければならない。

第四十三条の三　収用により未登記の土地の所有権を取得したときは、起業者は、その旨を登記所に申告しなければならない。

第四十三条の四　この法律に定めるものの外、土地台帳の登録に関する細則その他この法律の執行について必要な事項は、法務省令でこれを定める。

第四十四条　この法律は、国有地には、これを適用しない。

第五章　罰則

第四十五条　第四十二条第一項の規定による土地の検査を拒み、妨げ又は忌避した者は、これを六月以下の懲役又は十万円以下の罰金に処する。

第四十六条　削除

第四十七条　第十八条、第三十二条第一項又は第四十条第一項の規定による申告をなすべき義務のある者がその申告をしないときは、これを一万円以下の過料に処する。

附　則

第一条　この法律は、昭和二十二年四月一日から、これを施行する。

第二条　地租法による土地台帳は、これをこの法律による土地台帳とみなす。

第三条　この法律施行前の土地の異動で、この法律施行の際まだ地租法による賃貸価格の設定又は修正その他の処分の確定していなかったものについては、この法律中にこれらに関する地租法の規定に相当する規定があるときは、その法律を適用する。

第四条　地租法による申告で、この法律中にこれに関する地租法の規定に相当する規定があるときは、これをこの法律による申告とみなす。
2　この法律施行前になした地租法による開墾の成功又は地類変換の申告は、これをこの法律による地目変換の申告とみなす。

第五条　地積は、第八条の規定にかかわらず、当分の間、左の各号の規定により、これを定める。
一　宅地及び鉱泉地の地積は、六尺平方を坪、坪の十分の一を合、合の十分の一を勺として、これを定め、勺未満の端数は、これを切り捨てる。
二　宅地及び鉱泉地以外の土地の地積は、六尺平方を歩、三十歩を畝、十畝を段、十段を町として、これを定め、歩未満の端数は、これを切り捨てる。但し、一筆の地積が一歩未満のものについては、歩の十分の一を合、合の十分の一を勺として、これを定め、勺未満の端数は、これを切り捨てる。

第六条　この法律は、伊豆七島の土地に関しては、当分の間、これを適用しない。

附　則(昭和二十三年七月七日法律第百七号)　抄

第三十九条　この法律は、公布の日から、これを施行する。

1　土地台帳法

（但書省略）

附　則（昭和二十五年七月三十一日法律第二百二十七号）　抄

（施行期日）

1　この法律は、地方税法施行の日から施行する。

（土地台帳法及び家屋台帳法に関する経過規定）

4　従前の土地台帳、家屋台帳及びその副本は、改正後の規定による土地台帳、家屋台帳及びその副本とみなす。

5　従前の土地台帳法又は家屋台帳法によってした審査の請求、訴願及び訴訟に関しては、この法律施行後でも、なお従前の例による。

6　この法律の施行前にした行為に対する罰則の適用については、なお従前の例による。

7　従前の土地台帳法又は家屋台帳法により賃貸価格を定めるべき旨の定のある土地又は家屋で改正後の土地台帳法第九条の規定により土地の価格を記載しない土地又は改正後の家屋台帳法第五条の規定により家屋の価格を記載しない家屋となったものについては、当該土地又は家屋の所有者は、政令で定める事項を登記所に申告しなければならない。

附　則（昭和二十七年七月三十一日法律第二百六十八号）　抄

1　この法律は、昭和二十七年八月一日から施行する。

附　則（昭和二十九年五月二十日法律第百二十号）　抄

1　この法律は、新法の施行の日から施行する。

附　則（昭和三十一年六月十二日法律第百四十八号）　抄

1　この法律は、地方自治法の一部を改正する法律（昭和三十一年法律第百四十七号）の施行の日（昭和三十一年九月一日）から施行する。

2　土地台帳法施行令（昭和二十五年七月三十一日政令第二百四十六号）

改正　昭和二十七年　政令第四百八十六号
　　　昭和二十九年　政令第八十一号

内閣は、土地台帳法（昭和二十二年法律第三十号）第三條第二項第七号及び第三十七條の三第二項並びに土地台帳法等の一部を改正する法律（昭和二十五年法律第二百二十七号）附則第七項の規定に基き、土地台帳法施行規則（昭和二十二年勅令第百十三号）を改正するこの政令を制定する。

第一条　土地台帳法第三条第二項第一号から第六号までに掲げる土地の外、地方税法（昭和二十五年法律第二百二十六号）第三百四十八條の規定により固定資産税を課することができない土地は、土地台帳法第三條第二項第七号の規定により、第二種地とする。

第二条　土地台帳の閲覧についての手数料は、土地一筆につき二十円とする。

2　土地台帳の謄本の交付についての手数料は、土地一筆につき二十円とする。

附　則

1　この政令は、土地台帳法等の一部を改正する法律の施行の日から施行する。

2　土地につき土地台帳法の一部を改正する法律附則第七項の規定により申告する場合には、申告書に左の事項を記載しなければならない。

一　土地台帳に登録されている当該土地の所在、地番、地目及び地積

二　当該土地の利用の現況

3　土地台帳法施行細則（昭和二十五年七月三十一日法務府令第八十八号）

改正｛昭和二十七年　法務省令第　七　号
昭和二十九年　法務省令第七十九号
昭和三　十　年　法務省令第百十三号｝

（土地台帳）

第一条　土地台帳は、附録第一号様式により調製しなければならない。但し、土地台帳に登録すべき質権者及び地上権者がないときは、質権者又は地上権者欄を設けないことができる。

2　土地台帳は、地番区域ごとに別冊とし、地番順に編成しなければならない。

3　土地台帳に登録すべき所有者、質権者又は地上権者が多数で、その用紙中相当欄に記載することができないときは、共有者氏名表に記載し、これをその用紙に添附しておかなければならない。

4　共有者氏名表は、土地台帳の一部とし、附録第二号様式により調製しなければならない。

（地図）

第二条　登記所には、土地台帳の外に、地図を備える。

2　地図は、土地の区画及び地番を明らかにするものでなければならない。

（土地台帳等の保存期間）

第三条　土地台帳及び地図は、永久に保存しなければならない。

2　申告書及びその附属書類は、十年間保存しなければならない。

（土地台帳及び地図の持出）

第四条　土地台帳及び地図は、事変を避けるためでなければ、登記所外に持ち出すことができない。

2　土地台帳又は地図を登記所外に持ち出したときは、登記官吏は、直ちにその旨を法務大臣に報告しなければならない。

（土地台帳の閲覧及びその謄本の交付）

第五条　土地台帳の閲覧又はその謄本の交付を請求する者は、申請書を提出しなければならない。

2　前項の申請書には、左の事項を記載し、申請人が署名押印しなければならない。

一　閲覧又は謄本の交付を請求しようとする土地の所在及び地番

二　手数料の金額

三　登記所の表示

四　年月日

3　手数料は、収入印紙を申請書にはって納めなければならない。

4　手数料の外に郵送料を納めるときは、土地台帳の謄本の送付を請求することができる。

5　前項の郵送料は、郵便切手で納めなければならない。

第六条　土地台帳の閲覧は、登記官吏の面前でさせなければならない。

第七条　土地台帳の謄本は、附録第三号様式により作らなければならない。

2　土地台帳の謄本には、登記官吏が年月日及び職氏名を記載し、職印を押さなければならない。

3　土地台帳の謄本は、数筆を連記して作ることもできる。

（申告の手続）

第八条　土地台帳法（昭和二十二年法律第三十号。以下「法」という。）の規程による申告は、申告書を提出してしなければならない。

2　申告書には、各本條に定める事項の外、登記所の表示及び年月日を記載し、申告者又はその代理人が署名押印しなければならない。

3　代理人が申告する場合には、その権限を証明しなければならない。

第九條　不動産登記法（明治三十二年法律第二十四号）第三十九條の二又は第八十條ノ二の規定が適用される申告をする場合には、申告書にその旨及び当該登記の申請書に記載しなければならない事項をも記載しなければならない。

第十條　債権者が民法（明治二十九年法律第八十九号）第四百二十三條の規定により債務者に代位して申告する場合には申告書に債権者の住所及び氏名又は名称並びに代位原因を証明しなければならない。

第十一條　法第四十一條の二の規程により申告する場合には、前条の規定を準用する。

第十二條　法第十八條、第十九條、第二十六條、第三十一條又は第四十條の規定による申告をする場合には、申告書に左の事項を記載しなければならない。

一　異動の種類

二　異動の年月日

三　異動前の土地の所在、地番、地目及び地積

四　異動後の土地の所在、地番、地目及び地積

2　あらたに土地台帳に登録すべき土地に関する申告書若しくは分筆の申告書を提出する場合又はその他の申告書でこれに記載した異動後の土地の地積か異動前の土地の地積と同一でないものを提出する場合には、申告書に地積の測量図を添付しなければならない。

3　あらたに土地台帳に登録すべき土地に関する申告書を提出する場合には、申告書に地積の測量図の外土地の所在図を添附し、且つ、申告者が所有者であることを証明しなければならない。

第十三條　法第三十七條の二の規程による申告をする場合には、申告書に左の事項を記載しなければならない。

一　当該土地の所在及び地番

二　従前の住所又は氏名若しくは名称

三　現在の住所又は氏名若しくは名称

第十四條　法第四十三條の三の規定による申告をする場合には、申告書に左の事項を記載し、且つ収用審査会の裁決書の謄本及び補償金の受領証又は供託受領証を添附しなければならない。

一　当該土地の所在及び地番

二　収用の時期

三　土地台帳に登録されている者の住所及び氏名又は名称

四　起業者の住所及び氏名又は名称

2　土地の一部の収用の申告については、前項の規定による外、分筆の申告に関する規定を準用する。

（訂正の申告）

第十五條　土地台帳に登録されている者は、土地台帳の登録に誤があることを発見したときは、その旨を登記所に申告する

ことができる。

2　前項の申告には、第八条及び第十二条第二項の規定を準用する。

（登録）

第十六条　あらたに土地台帳に登録するには、その用紙中相当欄に法第五条に掲げる事項を、沿革欄に登録の年月日及び事由を記載しなければならない。

2　土地台帳に登録される所有者、質権者又は地上権者の権利が既登記のものであるときは、土地台帳の用紙中相当欄に登記の年月日及び事由を記載し、なおその権利が地上権であるときは、事由欄にその期間をも記載しなければならない。

3　前二項の規定により沿革欄又は登記年月日欄に記載したときは、登記官吏は、その欄に押印しなければならない。

（登録の修正及び訂正）

第十七条　土地台帳の登録を修正し、又は訂正するには、その用紙中相当欄に当該事項を記載し、従前の記載を朱まつしなければならない。

2　法第五条第一号から第四号までに掲げる事項について土地台帳の登録を修正し、又は訂正するには、その用紙中沿革欄に修正又は訂正の年月日及び事由をも記載しなければならない。

3　前二項の場合には、前条第三項の規定を準用する。

第十八条　地番区域の変更があったときは、地番を変更して土地台帳の登録を修正しなければならない。

（土地の価格の記載）

第十九条　市町村長から土地の価格の通知を受けたときは、その土地に関する土地台帳の用紙中価格欄にこれを記載しなければならない。

（申告書の送付）

第二十条　市町村長は、法第四十一条の三第一項の規定により申告書を受け取ったときは、その年月日を明らかにして直ちに、登記所にこれを送付しなければならない。

（法第三十九条第二項の通知）

第二十一条　法第三十九条第二項の規定による通知は、登記所が直接又は当該土地の所在地の市町村を経由してするものとする。

2　法第三十九条第二項の規定による通知を受けるべき者がその通知を受けるべき事項を知っているものと認められるときは、登記所は、その通知をすることを要しない。

（準用規定）

第二十二条　この府令の適用については、法第四十三条の規定を準用する。

附　則

1　この府令は、土地台帳法等の一部を改正する法律（昭和二十五年法律第二百二十七号）の施行の日から施行する。

2　土地台帳法施行細則（昭和二十二年大蔵省令第三十四号）は、廃止する。

3　従前の土地台帳法施行細則による土地台帳の用紙又はその謄本の用紙でこの府令の施行の際現に存するものは、この府令の施行後でも、なお使用することができる。

附録第一号

(1)

郡 町
市 村 大字
区

土地台帳

法務局

(3)

土地台帳

土地の所在	地番	質権者又は地上権者欄			
		住所	氏名又は名称	事由	登記年月日

(2)

地図番号		地番	

土地台帳

土地の所在	地番	番	番	番	番	番	番
	地目						
地積	ha町						
	反						
	a畝						
	m²歩（坪）						
沿革	異動の種類・年月日						
	登録年月日						

所有者欄						
住所						
氏名又は名称						
事由						
登記年月日	昭和　年　月　日	昭和　年　月　日	昭和　年　月　日	昭和　年　月　日	昭和　年　月　日	

価格（決定年度）

（編註）　附録第一号様式は、正しくは(1)、(2)、(3)の順序で掲載すべきでしたが、組版の都合により順序を前後して掲載致しました。御了承願います。

土地の所在　　進　　何

附録第二号　土地台帳　共有者氏名表

共有者氏名表

土地の所在	登記年月日	年　月　日	年　月　日	年　月　日	年　月　日	年　月　日	年　月　日
	事由						
	共有持分						
	住所						
	氏名又は名称						
地番	登記年月日	年　月　日	年　月　日	年　月　日	年　月　日	年　月　日	年　月　日
	事由						
	共有持分						
	住所						
	氏名又は名称						

登記年月日	年　月　日	年　月　日	年　月　日	年　月　日	年　月　日	年　月　日
事由						
共有持分						
住所						
氏名又は名称						
登記年月日	年　月　日	年　月　日	年　月　日	年　月　日	年　月　日	年　月　日
事由						
共有持分						
住所						
氏名又は名称						

附録第三号　土地台帳謄本

土地台帳謄本

郡市区	
町村	
大字	
字	
地番	
地目	
地積	
摘要	
所有者、質権者及び地上権者の住所及び氏名又は名称	

年　月　日

法務事務官

4　土地台帳事務取扱要領（昭和二十九年六月三十日民事甲第一、三二二号民事局長通達）

改正｛昭和三十二年七月二十二日民事甲第一、四〇七号民事局長通達

目　次

第一章　総則

（趣旨）

第一　土地台帳に関する事務（以下「台帳事務」という。）は、法令に定めるもののほか、この要領により取り扱うものとする。

（管轄転属）

第二　土地台帳に登録して土地の所在地が甲登記所から乙登記所の管轄に転属したときは、甲登記所は、土地台帳等（地図及び関係の申告書等を含む。）を乙登記所に移送しなければならない。

2　前項の場合には、土地台帳等が紛失し、又は汚損しないよう保管に注意して、不動産登記法第九条の規定により移送すべき登記用紙等とともに職員が携帯して送付するものとする。ただし、その方法により難い事情があるときは、配達証明付書留郵便によって送付することができる。

3　関係簿書の移送は、移送書二通を添えてしなければならない。この場合には、登記用紙等の移送書に併記してもさしつかえない。

4　関係簿書の移送を受けた登記官吏は、遅滞なくこれを移送書と照合して点検し、誤りがないときは、受領書（登記用紙等の受領書に併記してさしつかえない。）二通を甲登記所の登記官吏に交付し又は送付しなければならない。

5　移送書又は受領書を受け取った登記官吏は、その移送書又は受領書を添えて関係簿書の引継を完了した旨を監督法務局又は地方法務局の長に報告（登記用紙等の引継完了の報告と併せてすることができる。）しなければならない。この場合において引継の関係登記所が同一の法務局又は地方法務局の管内であるときは、連署をもって報告することができる。

6　第一項の場合において、乙登記所の登記官吏は、関係簿書の引継を受けたときは、その表紙に管轄転属の旨及びその年月日を記載し、かつ、その登記所の名称を改めなければならない。

（登記官吏）

第三　登記所における台帳事務は、不動産登記法第十一条ノ二

の規定により登記事務を取り扱うべき者（登記官吏）が取り扱うものとする。

（不登録地）

第四　左に掲げる土地は、土地台帳に登録しない。

一　国有地（土地台帳法第四十四条）、ただし、農地法に基く土地台帳の特例に関する省令第一条第一項、旧自作農創設特別措置法の施行に伴う土地台帳の特例に関する省令第三条又は旧自作農創設特別措置法及び農地調整法の適用を受けるべき土地の譲渡に関する政令の規定による強制譲渡に関する土地台帳の特例に関する府令第一条第一項の規定により土地台帳法を適用する土地を除く。

二　日本専売公社の所有する土地（日本専売公社法第四十九条、日本専売公社に対する法令の準用等に関する政令第二条、第五条）

三　日本国有鉄道の所有する土地（日本国有鉄道法第六十三条）

四　日本電信電話公社の所有する土地（日本電信電話公社法第八十五条、日本電信電話公社関係法令準用令第二条）

2　伊豆七島の土地は、当分の間土地台帳に登録しない（土地台帳法附則第六条）。

第二章　登録事項

（土地の所在）

第五　土地の所在は、郡市区、町村及び字をもって表示するものとする。

（地番）

第六　地番を定めるには、左の各号によらなければならない。

一　地番は、他の土地の地番又は不動産登記法施行細則第四十八条の規定による土地の仮番号と重複しない番号をもって定める。

二　あらたに土地台帳に登録すべき土地に不動産登記法施行細則第四十八条の規定による土地の仮番号があるときは、その仮番号をもってその土地の地番とする。

三　あらたに土地台帳に登録すべき土地については、当該地番区域内における最終の地番を追い順次にその地番を定める。ただし、その土地が当該地番区域内における最終地番の土地と隣接していないときは、隣接地の地番に符号を附してその地番を定める。この場合において、隣接地の地番が符号のある地番であるときは、その本番の最終の符号を追い順次符号を定める。

四　分筆した土地については、分筆前の地番に符号を附して各筆の地番を定める。ただし、本番に符号のある土地を分筆するときは、その一筆には、従来の地番を存し、他の各筆には、本番の最終の符号を追い順次符号を附してその地番を定める。

五　合筆した土地については、合筆前の首位の地番をもってその地番とする。ただし、同一の本番の符号を有する土地の全部を合筆したときは、その符号を除き、本番のみをもって合筆した土地の地番とする。

六　前四号の場合において、特別の事情があるときは、適宜の地番を定めてさしつかえない。

七　地番の符号には、一、二、三等の数字を用いる。

2　地番が著しく錯雑している地方において関係者全部の申出があった場合には、その地番を変更してもさしつかえない。

3　従来の地番に数字でない符号を用いたもの又は符号に更に

符号を附したものがあるときは、その土地について登録の修正又は訂正をする際に職権で訂正するものとする。

4　二筆以上の異なる土地に同一の地番が重複して定められているときは、職権で訂正することができる。

（地目）

第七　地目の決定については、左に掲げるところによる。土地の現況及び利用目的に重点を置き、部分的に僅少の差異の存する場合においても、土地全体としての状況を観察して地目を定めるものとする。

一　第一種地

イ　田　農耕地で用水を利用して耕作する土地

ロ　畑　農耕地で用水を利用しないで耕作する土地

ハ　宅地　建物の敷地及びその維持若しくは効用を果すために必要な土地

ニ　塩田　海水を引き入れて塩を採取する土地

ホ　鉱泉地　鉱泉（温泉を含む。）の湧出口及びその維持に必要な土地

ヘ　池沼　灌漑用水でない水の貯溜池

ト　山林　耕作の方法によらないで竹木の生育する土地

チ　牧場　獣畜を放牧する土地

リ　原野　耕作の方法によらないで雑草、灌木類の生育する土地

ヌ　雑種地　以上のいずれにも該当しない土地

二　第二種地

イ　墳墓地　人の遺骸又は遺骨を埋める土地

ロ　公衆用道路　一般交通の用に供する道路（道路法による道路たると否とを問わない。）

ハ　運河用地　運河法第十二条の運河用地

ニ　用悪水路　灌漑用及び悪水排泄用の水路で農耕用のもの

ホ　溜池　耕地灌漑用の用水貯溜池

ヘ　堤塘　防水のために築造した堤防

ト　井溝　田畝又は村落の間にある通水路

チ　保安林　森林法に基き農林大臣が保安林として指定した山林

リ　その他現況により適当に区別して地目を定める土地のうち注意を要するもの

㈠　地方公共団体の所有する土地で公用又は公共の用に供しないものについては、第一種地と同様の地目を定めてさしつかえない。

㈡　公用地（国又は地方公共団体が直接公の行政の用に供する土地）については、たとえば村役場敷地、公立学校敷地、国立農事試験場用地のように、その地目を定める。

㈢　公共用地（国又は地方公共団体が直接公用に供することなく、一般公衆の使用に供することにより公の行政の目的を達する土地）については、たとえば市立公園、県営住宅敷地のように、その地目を定める。

㈣　水道条例第一条の水道用地（もっぱら市町村住民の需要に応じ給水の目的で敷設する水道の水源地、貯水池、濾水場、喞水場、水道線路に要する土地）の地目は、水道用地とする。

第八　左に掲げる土地の地目は、左の各号により定めるものとする。

一　牧草栽培地は、畑とする。
二　杞柳を田に栽植し田の設備をそのまま存置する土地は、田とし、田の設備を廃止した土地は畑とする。山林、原野に杞柳を栽植した土地も、畑とする。
三　海産物を乾燥する場所の区域内に永久的設備と認められる建物があるときは、その敷地の区域に属する部分だけを宅地とする。
四　耕作地の区域内にある小作人小屋又は農具小屋等の敷地は、その建物が永久的設備と認められるものに限り、宅地とする。
五　牧畜のために使用する建物の敷地、牧草栽培地及び林地等で牧場地域内にあるものは、すべて牧場とする。
六　水力電気のために引用する水路及び排水路は、雑種地とする。
七　遊園地、運動場、ゴルフ場及び飛行場については
イ　建物の利用を主とする建物敷地以外の部分が建物に附随する庭園に過ぎないと認められるときは、その全部を一団として宅地とする。
ロ　一部に建物がある場合でも、建物敷地以外の土地の利用を主とし、建物はその附随的なものに過ぎないと認められるときは、その全部を一団として雑種地とする。ただし、道路溝渠その他により建物敷地として判然区別し得る状況にあるものは、これを区分して宅地としてもさしつかえない。
八　競馬場内の土地については、事務所、観覧席及び廐舎等永久的設備と認められる建物の敷地及びその附属地は、宅地とし、馬場は、雑種地とし、その他の土地は、現況に応じて、その地目を定める。
九　テニスコート、プールについては、宅地に接続するものは宅地とし、その他は雑種地とする。
十　瓦斯タンク敷地、石油タンク敷地は、宅地とする。
十一　工場又は営業場に接続する物干場又はさらし場は、宅地とする。
十二　火葬場の用地は、その構内に建物の設備がある場合には、構内全部を宅地とし、建物の設備のない場合には、雑種地とする。
十三　高圧線の下の土地で他の目的に使用することができない区域は、雑種地とする。
十四　鉄塔敷地又は変電所敷地は、雑種地とする。
十五　坑口、やぐら敷地は、雑種地とする。
十六　製錬所の煙道敷地は、雑種地とする。
十七　陶器かまどの設けられた土地については、永久的設備と認められる雨おおいがある場合には、宅地とし、その設備がない場合には、雑種地とする。
十八　木場（木ぼり）の区域内の土地は、建物がない限り、雑種地とする。

（分筆地の地積）
第九　分筆地の地積を定めるには、その一方の地積を測量し、これを原地の地積から控除した残部をもって他の一方の地積とすることができる。

第三章　土地の異動

（登録地成）
第十　不登録地が所有権の異動により登録地となったときは、あらたに土地台帳に登録すべき土地を生じたものとして取り

扱うものとする。

2　公有水面埋立法第二十二条の規定による竣功認可のあった埋立地について、地方自治法第七条第三項の規定による内閣総理大臣の告示及び同法施行令第百七十九条の規定による市町村の区域内の町若しくは字の画定、変更に関する告示があった場合には、前項と同様に取り扱うものとする。

（土地の滅失）

第十一　土地が事実上海となったとき又は河川法第二条の規定により同法の適用される河川の区域と認定されたときは、土地が滅失したものとして取り扱うものとする。

（合筆の禁止）

第十二　左の各号に該当する土地については、合筆することができない。

一　第一種地と第二種地
二　地目を異にする土地
三　所有者を異にする土地
四　質権又は百年より長い存続期間の定めのある地上権の目的たる土地と当該権利の目的でない土地
五　地番区域を異にする土地
六　接続しない土地

第四章　帳簿及び地図

（土地台帳の簿冊）

第十三　土地台帳は、地番区域ごとに、地番の本番おおむね二百番の単位をもって一冊とし、これに冊号を附するものとする。ただし、用紙が多数で一冊に編綴することが不便である場合には、適宜分冊して、これに冊号の支号（たとえば第三冊の一、第三冊の二）を附するものとする。

（土地台帳の表紙の記載変更）

第十四　行政区画若しくは字又はその名称の変更があったときは、土地台帳の表紙に変更後の名称、変更の事由及び年月日を記載し、従前の記載を朱抹しなければならない。

（土地台帳又は地図の滅失の虞がある場合の処置）

第十五　土地台帳又は地図の全部又は一部が虫害等により滅失する虞があるときは、登記官吏はその旨及び処分の方法を法務局又は地方法務局の長に申報し、その指示を受けなければならない。

2　前項の場合において、法務局又は地方法務局の長が職権で新用紙に移記すべきことを指示したときは、登記官吏は、左の各号により処理しなければならない。

一　既登記、未登記の如何にかかわらず、登録に係る事項（抹消に係る事項及び土地の価格に関する事項を含む。）の全部を移記するのを本則とするが、未登記の土地については、現在事項のみを移記してもさしつかえない。
二　新用紙の沿革欄には、同欄における記載の末尾に「昭和何年何月何日改製」と記載し、登記官吏が押印する。
三　字画不明りょうで、地番、地積等その正確を期し難いものがあるときは、市町村備付の土地台帳の副本により調査した上で移記する。
四　賃貸価格に関する事項は、移記することを要しないが、当該土地の価格の記載がないときは、最終の賃貸価格を欄外に記載してもさしつかえない。
五　旧台帳は、移記完了後、法務局又は地方法務局の長の許可を得て廃棄する。

（土地台帳又は地図が滅失した場合の処置）

第十六　土地台帳又は地図の全部又は一部が滅失したときは、登記官吏は、直ちにその旨及び再製の方法を法務局又は地方法務局の長に申報し、その指示を受けなければならない。

2　法務局又は地方法務局の長は、前項の指示をしたときは、法務大臣にこれを報告しなければならない。

（土地台帳及び地図の再製）

第十七　土地台帳が滅失したときは、左の各号によりこれを再製するものとする。

一　市町村に土地台帳の副本がある場合には、これにより、土地台帳の副本がない場合には、既登記の土地については、登記簿により、未登記の土地については、所有者等の協力を求めて登録する。

二　新用紙の沿革欄には、同欄における記載の末尾に「昭和何年何月何日再製」と記載し、登記官吏が押印する。

2　地図が滅失したときは、市町村備付の地図その他の資料に基き、又は土地所有者等の協力を得て再製するものとする。

3　再製を要する土地台帳に登録すべき土地又は再製を要する地図に表示すべき土地につき、土地異動の申告があったときは、前二項により当該土地に関する台帳又は地図を再製した上でこれを処理するものとする。ただし、早急に地図の再製が困難な場合には、当該申告が地積に異動のないものであり、かつ、その申告を相当と認めるときは、その申告により、しからざるときは、実地調査を行った上でこれを処理するものとする。

（地図の新設）

第十八　あらたに作成した地図を土地台帳法施行細則第二条の地図とするには、左の各号によらなければならない。

一　当該地図に記載された各筆の土地の状況が土地台帳の記載事項に符合するかどうか、その他その地図が土地台帳法施行細則第二条の地図として相当であるかどうかを調査する。

二　前号による調査の結果当該地図が土地台帳法施行細則第二条の地図として相当であると認めたときは、その適当な箇所に「昭和何年何月何日調製」と記載し、かつ、地図調製の旨を登記所に掲示する。

三　前号の手続をとったときは、その旨を法務局又は地方法務局の長に報告し、かつ、市町村長に通知する。

2　あらたに地図を作成した場合において、旧地図があるときは、これを三十年間保存しなければならない。

（土地台帳等の送付の嘱託があった場合の措置）

第十九　土地台帳及び地図は、裁判所から送付の命令又は嘱託があった場合においても、その原本を送付することはできない。

2　申告書及びその附属書類について裁判所から送付の嘱託又は命令があった場合には、法令によりその原本を送付すべき場合（民事訴訟法第三百二十二条第二項若しくは同法第三百三十五条第一項で準用する同法第三百十九条の規定による送付の嘱託があった場合又は刑事訴訟法第九十九条第三項の規定による提出命令があった場合）のほかは、その認証のある謄本を送付するものとする。

（帳簿の備付）

第二十　台帳事務を掌る登記所に、土地台帳及び地図のほか、左の帳簿を備える。

一　土地台帳事務整理簿

二　土地申告書類等綴込帳
三　土地台帳閲覧等申請書類綴込帳
四　閉鎖土地台帳
五　土地台帳登録済通知簿
六　土地価格通知書綴込帳
七　土地台帳事務処理表綴込帳
八　土地台帳事務日記帳
九　土地台帳目録
十　土地台帳関係帳簿保存簿
十一　雑書綴込帳

2　前項第一号から第三号まで、第五号から第八号まで及び第十一号の帳簿は、一箇年ごとに別冊としなければならない。ただし、適宜の方法により分冊することは防げない。

（帳簿の保存期間）
第二十一　閉鎖した土地台帳は、除却の日から三十年間保存しなければならない。

2　土地台帳事務整理簿、土地申告書類綴込帳、土地価格通知書綴込帳及び土地台帳事務処理表綴込帳は、十年間保存しなければならない。

3　土地台帳登録済通知簿及び雑書綴込帳は、五年間保存しなければならない。

4　土地台帳閲覧等申請書類綴込帳及び土地台帳事務日記帳は、二年間保存しなければならない。

5　前三項の保存期間は、当該年度の翌年から起算する。

（帳簿の廃棄）
第二十二　登記所において台帳事務に関する帳簿を廃棄しようとする場合には、目録を作り、法務局又は地方法務局の長の認可を受けなければならない。

（土地台帳事務整理簿）
第二十三　土地台帳事務整理簿は、附録第一号様式により調製しなければならない。

2　土地台帳事務整理簿には、申告の種目ごとに口座を設けることができる。この場合には、その種目ごとに収受番号を起番するものとする。

（土地台帳閲覧申請等受付帳）
第二十四　削除

（土地申告書類等綴込帳）
第二十五　土地申告書類等綴込帳には、土地に関する申告書、地方税法第三百八十一条第七項の規定による市町村長の申出書及び第七十九による調査書その他これらの書面に準ずべき書面及びその附属書類を収受番号の順序に綴り込まなければならない。ただし、不動産登記法第三十九条ノ二又は第八十条ノ二の規定が適用される申告書及びその附属書類は、この限りでない。

2　第二十三第二項の場合には、土地申告書類等綴込帳は、申告の種目ごとに別冊としなければならない。この場合において、一の申告書で数種の申告に係るものがあるときは、主たる申告の種目に関する綴込帳に綴り込むものとする。

（土地台帳閲覧等申請書類綴込帳）
第二十六　土地台帳閲覧等申請書類綴込帳には、土地台帳の閲覧又は謄本の交付の申請書類を受付番号の順序に綴り込まなければならない。

（閉鎖土地台帳）
第二十七　閉鎖土地台帳には、閉鎖した土地台帳で第四十八又は第五十第三号により除却したものを綴り込まなければならない。

（土地台帳登録済通知簿）

第二十八　土地台帳登録済通知簿は、附録第二号様式により調製し、土地台帳法第三十九条第一項の規定による通知事項を記載しなければならない。

（土地価格通知書綴込帳）

第二十九　土地価格通知書綴込帳には、地方税法第四百三十六条の規定による土地の価格に関する市町村長の通知書を綴り込まなければならない。

（土地台帳事務処理表綴込帳）

第三十　土地台帳事務処理表綴込帳には、土地台帳事務処理表を綴り込まなければならない。

（土地台帳事務日記帳）

第三十一　土地台帳事務日記帳は、附録第三号様式により調製し、土地台帳事務整理簿、又は土地台帳登録済通知簿に記載しない事項に関する書類の発送接受を記載しなければならない。

（土地台帳目録）

第三十二　土地台帳目録は、附録第四号様式により作成しなければならない。

（土地台帳関係帳簿保存簿）

第三十三　土地台帳関係帳簿保存簿は、附録第五号様式により作成しなければならない。

（雑書綴込帳）

第三十四　雑書綴込帳には、特定の帳簿に編綴しない書類を綴り込まなければならない。

第五章　登録手続

第一節　通則

（登録を行うべき場合）

第三十五　土地台帳の登録又はその修正若しくは訂正は、左の場合に行うものとする。

一　申告、土地の異動に関する所管庁の通知又は地方税法第三百八十一条第七項の規定による市町村長の申出があった場合において、これを相当と認めたとき

二　実地調査、登記等により登記官吏において登録すべきものと認めたとき

（官報の閲覧等）

第三十六　登記官吏は、官報及び府県公報等の告示又は公示事項等により常に土地の異動その他登録を要する事項の有無に注意しなければならない。

（申告の催告）

第三十七　土地台帳法第十八条、第三十二条第一項又は第四十条第一項の規定により申告すべき事項で法定の期限内に申告のないものを発見したときは、申告義務者に対し、期限を定めて申告を催告するものとする。

2　前項の催告は、附録第六号様式による催告書によりするものとする。

（収受）

第三十八　申告書、土地の異動に関する所管庁の通知書及び地方税法第三百八十一条第七項の規定による市町村長の申出書を受け取ったとき又は申告、通知若しくは申出に係らない事件につき第七十九若しくは第八十により調査書を作成したときは、土地台帳事務整理簿に収受月日、収受番号、当該土地

の所在する市町村の名称、当該土地の筆数及び当該申告、通知又は申出をした者の氏名又は名称を記載し、なお、不動産登記法第三十九条ノ二又は第八十条ノ二の規定が適用される申告については、摘要欄にその旨を記載しなければならない。

2　前項により土地の筆数を記載するには、合筆の申告については、合筆前の筆数を、分筆の申告については、分筆後の筆数を記載するものとする。

（申告書等の整理）

第三十九　第三十八第一項により土地台帳事務整理簿に登載した書類には、附録第七号様式による整理印を押し、収受年月日及び収受番号を記載しなければならない。

2　前項の書類に係る事件について、収受、照合、検算、検査、記入、地図の整理、決裁又は通知をしたときは、その都度該当欄に主任者が押印しなければならない。

（申告書等の審査）

第四十　第三十八により土地台帳事務整理簿に登載した申告書、通知書及び申出書については、左の事項を審査しなければならない。

一　土地の所在、地番、地目、地積及び所有者、質権者又は地上権者が、土地台帳に符号するかどうか

二　申告書に添付した地積の測量図、地形図又は土地の所在図における土地の所在、地番、形状、方位等が、土地台帳附属地図に対照して相当であるかどうか

三　異動地の地積及び測量図の地積に違算がないかどうか

四　官庁の許可等を要するものについては、その許可等があったかどうか

五　共有地の分筆又は合筆の申告については、共有者全員からの申告であるかどうか

六　その他必要な事項

2　登記官吏は、必要があると認めるときは、当該申告、通知又は申出に係る事実を調査しなければならない。

（申告書等の補正）

第四十一　第四十第一項による審査の結果申告書等に補正を要する箇所を発見したときは、当該申告者等にその補正を求めるものとする。ただし、誤記又は違算等の事実が明確で軽易なものは、登記官吏において便宜補正してさしつかえない。

（申告書の返付）

第四十二　第四十一本文の場合において、即日に補正することが困難であるときは、当該申告書等を返付するものとする。この場合には、土地台帳事務整理簿中処理済月日欄に斜線を施し、書類返付月日欄にその月日を記入し、登記官吏がこれに押印しなければならない。

2　前項の場合において、返付書類を再提出したときは、あらたに収受の手続をするものとする。

（登録をしない場合の措置）

第四十三　第四十による審査又は調査の結果申告、通知又は申出が不相当であって、登録すべきものでないと認めたときは、土地台帳事務整理簿中処理済月日欄にその月日を、摘要欄にその旨を記載しなければならない。

（登録をした場合の措置）

第四十四　登録又はその修正若しくは訂正をしたときは、土地台帳事務整理簿中処理済月日欄にその月日を記載しなければならない。

2　登録地成の申告により登録をした場合において、申告者が所有者であることを証する書面が申告書に添付されていないときは、申告者を所有者と認めた理由（たとえば国有地払下の契約書の呈示があった旨）を当該申告書の適当な箇所に記載しなければならない。代位申告により登録をした場合において、代位原因を証する書面が申告書に添付されていないときも、代位権限を認めた理由を同様に記載しなければならない。

（異議）

第四十四の二　登録に関して異議の申立があった場合は、土地台帳法上異議に関する規定が存しないから採用し難い旨を申立人に通知すれば足り、正規の処分を必要としない。

（処理未済事件の繰越）

第四十五　収受の年において処理が終らない事件があるときは、土地台帳事務整理簿中処理済月日欄に朱の斜線を施し、これに記載した事項を次年度の土地台帳事務整理簿に朱書で移記するものとする。

（土地台帳の閉鎖）

第四十六　登録地が不登録地となり、又は滅失した場合若しくは不存在の場合その他土地台帳の登録を抹消すべき場合には、その土地台帳を閉鎖するものとする。

第四十七　土地台帳を閉鎖するには、その用紙中沿革欄に閉鎖の年月日及び事由を記載し、登記官吏がこれに押印し、かつ、地番、地目及び地積の記載を朱抹しなければならない。

（土地台帳の除却）

第四十八　閉鎖した土地台帳は、土地台帳の編綴から除却しなければならない。ただし、既登記の土地の土地台帳は、登記の後でなければ除却することができない。

2　前項ただし書の場合において、土地台帳を除却するには、その用紙中沿革欄に「昭和何年何月何日除却」と記載し、登記官吏がこれに押印しなければならない。

（土地台帳の復活）

第四十九　土地台帳の登録の抹消が誤である場合において、抹消した登録を回復すべきときは、閉鎖した土地台帳を復活しなければならない。

2　土地台帳を復活するには、閉鎖した土地台帳の用紙中相当欄に地番、地目及び地積を記載し、沿革欄に「昭和何年何月何日訂正登録」と記載して登記官吏が押印しなければならない。この場合において、その用紙が閉鎖土地台帳に編綴されているときは、土地台帳に編綴替をしなければならない。

（枚数過多による移記）

第五十　ある土地の土地台帳の用紙の枚数が過多で、取扱が不便となったときは、左の各号により新用紙に移記することができる。

一　既登記の土地については、現に登記されている事項及びその後の登録に係る事項、未登記の土地については、現在事項のみを移記する。

二　新用紙の沿革欄には、同欄における記載の末尾に「昭和何年何月何日移記」と記載し、登記官吏が押印する。

三　旧用紙は、閉鎖して土地台帳の編綴から除却する。

（地図の整理）

第五十一　地図の整理は、左の各号により取り扱わなければならない。

一　地図の整理は、墨又は朱を用い、なるべく細字、細線により鮮明に記載する。
二　異動に係るものは所要の箇所に薄美濃紙をもって貼紙（浮貼）を施し、修正又は訂正をする。ただし、原図において明りょうに修正し、又は訂正し得るものについては、次号から第六号までにより処理する。
三　あらたに土地台帳に登録する土地については、各筆の境界線を画し、地番を記入する。
四　分筆の場合には、地図に黒線を画し、地番を記入する。
五　合筆の場合には、その境界線を朱抹し、存続地番はそのまま存置し、その他の地番を朱抹する。ただし、地番区域内の字を異にする土地の合筆の場合には、従前の境界線を点線をもって表示しておくものとする。
六　地図の訂正の場合には、訂正すべき境界線若しくは地番を朱抹し、所要の黒線を画し、又は地番を記入する。
七　地積の狭小なもの又は地図の区画が狭小で地番の記入が困難なものについては、適宜の符号を附して、余白にこれを記載する。
八　土地の異動が頻繁で地図が錯雑している土地にあっては、原図を謄写して余白に貼付し、これによって整理する。
2　土地改良事業（換地処分）又は土地区画整理事業の施行地域については、確定図をもって、国土調査の施行地域については、地籍図をもって、土地台帳法施行細則第二条の地図とする。この場合において、その施行地域が現存の地図の一部に関するものであるときは、その部分を貼紙その他の方法により表示し、これに「昭和何年何月何日土地改良事業（又は土地区画整理事業若しくは国土調査）施行地」と朱書するものとする。

（字の名称変更の場合の修正）
第五十二　字の名称の変更があったときは、土地台帳に登録されている土地の所在の修正は必要の都度すれば足りるものとする。

（登録名義人の表示の修正）
第五十三　登記名義人の表示変更の登記により、土地台帳に登録された者の住所又は氏名若しくは名称に変更のあったことが判明したときは、土地台帳の登録の修正をするものとする。
2　行政区画若しくは字又はその名称の変更があった場合において、土地台帳に登録された者の住所に変更のあったことが判明したときも、前項と同様とする。

（国有地の売払等の場合の登録）
第五十四　国有地の交換、売払又は譲与等による登録地成の場合には、左の各号により取り扱うものとする。
一　当該土地が国の名義で登記されているときは、仮に国の名義で土地台帳を設けておき、所有権移転の登記をまって、新所有者の名義に登録する。
二　当該土地につき既に新所有者の名義で所有権の登記がなされているときは、その者の名義で土地台帳を設ける。
三　当該土地が未登記のものであるときは、新所有者の名義で土地台帳を設ける。
2　前項第三号により土地台帳を設けた後、国の名義で当該土地の所有権保存の登記がなされたときは、土地台帳における所有者の名義を国に訂正し、同項第一号により処理するものとする。

第二節　申告

（一括申告）

第五十五　数種の申告が同一の申告書によりなされた場合には、要件を備える限り、適法な申告として取り扱わなければならない。

2　土地に関する申告は、家屋に関する申告と同一の申告書ですることができない。

（申告書の記載方法）

第五十六　申告書に異動前の土地に関する事項を記載するには、なるべく朱書させるものとする。

（申告代理権限の証明）

第五十七　代理人又は法人の代表者が直接登記所に申告する場合には、必ずしもその権限を証する書面を申告書に添付させる必要はなく、その書面の呈示等の方法によりその権限を証明させてもさしつかえないものとする。

2　法人の代表者がその法人の登記を受けた登記所に申告する場合には、その法人の代表者であることの証明を要しないものとする。

（代位原因の証明）

第五十八　土地台帳法施行細則第十条（同令第十一条で準用する場合を含む。）の規定による代位原因の証明については、第五十七第一項に準ずるものとする。

（地積測量図）

第五十九　申告書に添付すべき地積の測量図には、方位及び三しゃ法による地積の計算表（三しゃ法により地積の計算をすることが困難である土地につきプラニメーターを使用して地積の計算をした場合には、その計算表）をも記載させるものとする。

2　地積の測量図には、作成者が記名押印しなければならない。

（地形図）

第六十　申告書に地積の測量図を添付すべき場合において、当該測量図の縮尺が土地台帳法施行細則第二条の地図の縮尺と異るときは、当該測量図のほか、地形図を添付させるものとする。

2　前項の地形図は、土地台帳法施行細則第二条の地図と同一の縮尺により、方位並びに当該土地の形状及び屈曲点間の間尺を記載し、かつ、作成者において記名押印したものでなければならない。

（登録地成の申告）

第六十一　登録地成の申告書に添付すべき土地の所在図には、方位及び当該土地と隣接の土地との関係を図示し、各土地の地番を記載させるものとする。

2　登録地成の申告書に添付すべき地積の測量図に当該土地と隣接の土地との関係を併せて図示した場合には、当該土地の所在図の添付を省略してもさしつかえないものとする。

3　登録地成の申告をする場合において、申告者のために既に所有権の登記がなされているときは、申告者が当該土地の所有者であることの証明（土地台帳法施行細則第十二条第三項）があったものとして取り扱うものとする。

4　登録地成の申告をする場合において、申告者が当該土地の所有者であることを証明するには、これを証する書面（たとえば国有地払下の契約書、公有水面埋立法第二十二条の規定による竣功認可書等）を必ずしも申告書に添付させる必要はなく、その書面の呈示等の方法により証明させてもさしつかえないものとする。

（一部第一種地成及び一部第二種地成の申告）

第六十二　第二種地たる土地の一部が第一種地となったとき又は第一種地たる土地の一部が第二種地となったときは、一部第一種地成又は一部第二種地成の申告をするものとする。この申告の手続については、分筆の場合に準ずるものとする。

（土地の一部滅失の申告）

第六十三　土地の一部が滅失したときは、一部滅失の申告をするものとする。この場合には、申告書に添付すべき地積の測量図又は地形図に当該土地の滅失した部分をも併せて図示させるものとする。

（分筆の申告）

第六十四　分筆の申告をする場合において、土地台帳の地積に増減がないときは、地積の測量図に代えて、分筆境界点に対し屈曲点を起点とした間尺を記載した地形図を提出させてもさしつかえないものとする。ただし、登記官吏において地積の測量図を提出させる必要があると認めるときは、この限りでない。

2　原地積に対する分筆地積の増減が、宅地及び鉱泉地については、百分の五以上、その他の土地については、百分の十以上の差異がある場合には、分筆の申告のほか、地積訂正の申告をさせるものとする。

（合筆の申告）

第六十五　合筆の申告をする場合には、土地台帳の地積に増減がないときは、申告書に地積の測量図を添付させることを要しない。この場合には、土地台帳法施行細則第二条の地図と同一の縮尺により合筆すべき土地の形状を記載した図面を添付させるものとする。

（一部合筆の申告）

第六十六　甲地を分筆すると同時に分筆した土地を乙地に合筆しようとするときは、一個の申告で足りるものとする。

（土地の一部収用の場合の申告）

第六十七　未登記の土地の一部を収用した場合において、起業者が土地台帳法第四十三条の三の規定による申告をするときは、関係庁の認証した図面の写を申告書に添付させるものとする。

2　既登記の土地の一部を収用した場合において、起業者が当該土地の所有者に代って分筆の申告をするときも、前項と同様とする。

（登録洩れの土地に関する申告）

第六十八　土地台帳に登録すべき土地で登録洩れのものがあるときは、登録地成の場合に準じ、当該土地の所有者からその旨の申告をすることができるものとする。

（登録されている土地が実在しない旨の申告）

第六十九　土地台帳に登録されている土地が実在しないときは、土地台帳法施行細則第十五条第一項の規定に準じ、土地台帳に登録されている者又はその相続人から、登録されている土地が、実在しない旨の申告をすることができるものとする。

（登録名義人の表示の変更又は訂正の申告）

第七十　土地台帳に登録されている所有者、質権者又は地上権者の住所、氏名又は名称の変更又は訂正の申告をする場合には、住民票の抄本その他変更又は訂正の事由を証するに足る書面を申告書に添付させるか又は呈示させるものとする。ただし、登記によりその事由を証明することができる場合には、この限りでない。

（地積訂正の申告）

第七十一　地積訂正の申告書には、地積の測量図を添付させるほか、当該土地が他人の所有地（国有地を含む。）に接続するときは、接続地所有者の連署を受けさせるか又はその者の承諾書を添付させ、若し接続地所有者の連署又は承諾書が得られないときは、その理由を記載した書面を添付させるものとする。

（土地所有者の訂正の申告）

第七十二　甲所有の土地が乙所有の土地として登録されている場合において、当該土地が未登記のものであるときは、土地所有者の訂正の申告をすることができるものとする。ただし、当該土地の所有権が乙から甲に移転したものであるときは、この限りでない。

2　前項の申告は、甲、乙協同してするものとする。ただし、申告書に乙の承諾書又はこれに対抗することができる裁判の謄本を添付するときは、甲が単独で申告することができるものとする。

（地図の訂正の申告）

第七十三　地図の記載に誤があることを発見したときは、土地台帳法施行細則第十五条の規定に準じ、地図訂正の申告をすることができるものとする。

第三節　調査

（実地調査を要する場合）

第七十四　実地調査は、申告を不相当と認めるとき、あらたに地積を定め、又はこれを訂正するときその他登記官吏において必要があると認めるときに行うものとする。

（実地調査を省略することができる場合）

第七十五　あらたに地積を定め、又はこれを訂正する場合において、左の各号の一に該当するときは、実地調査を省略することができるものとする。

一　登録されている地積と登録すべき地積との差が、田、畑、宅地、塩田、鉱泉地にあっては百分の五、その他の土地にあっては百分の十以内であるとき

二　登録すべき地積が官公署の実測を経た地積で、正確と認められるとき

三　登録すべき地積が土地改良事業又は土地区画整理事業の施行者の測量した地積で、正確と認められるとき

四　その他登録すべき地積が正確と認められる特別の理由があるとき

（実地調査実施上の注意）

第七十六　実地調査を行おうとするときは、なるべくその旨を土地の所有者にあらかじめ通知するとともに、調査上支障がないように諸般の手配をしなければならない。

2　実地調査を行う場合には、その土地の所有者又は管理人の立会を求め、なお、必要があると認めるときは、関係官庁若しくは市町村の職員又は隣接地の所有者等の立会を求めるものとする。

3　質問又は検査をする場合には、所有者その他の利害関係人に対して身分、氏名及び趣旨を明らかにし、親切丁寧を旨として、かりそめにも民衆の非難を受けることのないように注意しなければならない。

（調査事項）

第七十七　実地調査においては、左の事項を調査するものとする。

一　土地の所在、地番、地目及び地積

二　土地の所有者並びに質権及び百年より長い存続期間の定のある地上権を有する者の住所及び氏名又は名称

三　異動の種類及び年月日

四　方位並びに土地の区画、形状及び隣接地との関係

五　その他必要な事項

（地積の測量）

第七十八　地積の測量は、左の各号により行わなければならない。

一　測量は、平板式又はトランシット式その他の精密な方法による。

二　距離は、すべて境界点から水平に測定する。

三　畦畔、小径、小池は、本地に量入する。

四　測量図の縮尺は、六百分の一の割合による。ただし、地積の特に狭小なもの、又は広大なものについては、適宜の縮尺によってさしつかえない。この場合には、その割合を註記する。

五　宅地及び鉱泉地の測量については、厘（一間の百分の一）未満の端数は切り捨て、その積算上勺未満の端数は切り捨てる。

六　宅地及び鉱泉地以外の土地の測量については、五厘未満の端数は切り捨て、五厘以上一分（一間の十分の一）未満は五厘とし、その積算上歩未満の端数は切り捨てる。ただし、一筆の土地の地積が一歩未満のものは、勺位まで残し、勺未満の端数を切り捨てる。

2　測量の結果申告地積と測量地積との差が左の範囲内であるときは、その申告を相当と認めることができる。

宅地、鉱泉地　測量地積に対し百分の二以内
田、畑、塩田　同　百分の三以内
その他の土地　同　百分の七以内

（調査書の作成）

第七十九　実地調査をしたときは、附録第八号様式による調査書を作成し、実地調査をした者がこれに署名、押印しなければならない。ただし、申告、通知又は申出に係る事件に関する実地調査の結果、申告、通知又は申出を相当と認めた場合には、調査書の作成を省略してさしつかえない。この場合には、当該申告書等の余白に調査年月日、第三項又は第四項の規定による所要の事項を記載し、実地調査をした者が署名押印するものとする。

2　前項の場合において、地積の測量図、地形図又は土地の所在図を必要とするときは、これを作成して調査書に添付しなければならない。

3　あらたに土地台帳に登録すべき土地に関する調査書には、その備考欄に所有者を認定した理由を記載しなければならない。

4　調査すべき土地の境界につき隣接地所有者において異議があるとき又は係争中であるときは、調査書にその旨をも記載しなければならない。

5　申告、通知又は申出に係る事件に関する調査書は、当該申告書、通知書又は申出書に合綴しなければならない。

6　実地調査をした場合には、土地台帳事務整理簿中摘要欄にその旨を記載しなければならない。

（実地調査以外の調査）

第八十　官公署の通知、告示又は公示その他の資料に基き登録を要する事項を確認することができる場合において、当事者から申告がないときは、第七十九に準じ調査書を作成するものとする。

第四節　登録

（土地台帳の記載例）

第八十一　土地台帳の記載は、土地台帳法施行細則の一部を改正する省令（昭和三十年法務省令第百十三号）による改正前の土地台帳用紙（以下本章において「新用紙」という。）に記載する場合には附録第九号の例により、同令による改正前の土地台帳用紙（以下本章において「旧用紙」という。）に記載する場合には附録第十号の例によるものとする。

（土地台帳の記載方法）

第八十二　土地台帳に記載するには、左の各号によるものとする。

一　墨汁をもって楷書で明確に記載し、略字を用いない。ただし、活字又は印判を使用することは妨げない。

二　新用紙に地番及び地積を記載するには、なるべく壱、弐、参の字を用いるものとする。

三　文字は、改変してはならない。若し訂正、加入又は削除をしたときは、その字数を欄外に記載するか又は文字の前後に括弧を附し、登記官吏がこれに押印し、削除に係る文字はなお読むことができるようにしておかなければならない。

（地番欄、地図番号欄の記載）

第八十二の二　新用紙の地番欄に地番を記載するには、算用数字を用いて、たとえば五三七番の一は、５３７―１のように記載するものとする。

2　新用紙の地図番号欄には、国土調査法第二十条第一項の規定により送付を受けた地図を土地台帳法施行細則第二条の地図とした場合に、その地図の番号を記載するものとする。

（住所の記載）

第八十三　土地台帳に土地の所有者、質権者又は地上権者の住所を記載する場合において、その住所と当該土地の所在と同一の部分があるときは、その部分の記載を省略してさしつかえない。ただし、地番を省略してはならない。

（質権者又は地上権者に関する記載）

第八十四　旧用紙に質権者又は地上権者に関する事項を記載するには、朱書するものとする。

（地上権の存続期間の記載）

第八十五　土地台帳に地上権の設定に関する事項を記載するときは、事由欄にその存続期間をも記載するものとする。

（分筆の場合の登記年月日等の記載）

第八十六　既登記の土地の分筆によりあらたに土地台帳を設けた場合には、その用紙中相当欄に現に効力を有する権利取得の登記の年月日及び事由を記載するものとする。

（内歩、名称の朱抹）

第八十七　土地台帳の内歩名称欄に登録されている畦畔、石塚等を廃止したときは、その登録を朱抹するものとする。

（外書地の処理）

第八十八　従来土地台帳に本地の外書として登録されていた畦畔、石塚、崖地等は、登録の都度本地に編入して内歩名欄に記載するものとする。ただし、既に廃止されている場合又はその本地の登録を新用紙に移記する場合には、本地に編入するだけで足りる。

（共有者氏名表の作成等）

第八十九　共有者氏名表は、共有者三名以上の場合又は共有者が二名でその持分が異なる場合に作成するものとし、当該土地の土地台帳用紙の次に編綴しなければならない。

第五節　通知

（市町村長に対する通知）

第九十　土地台帳法第三十九条第一項の規定による通知は、登記に基いて登録したものについては、附録第十一号様式による通知書により、登録名義人又はその表示の修正又は訂正に係るもの（登記に基いて登録したものを除く。）については、附録第十二号様式による通知書により、その他のものについては、附録第十三号様式による通知書によりするものとする。ただし、申告どおりの登録又はその修正若しくは訂正をした場合には、申告書の写に処分年月日を記載したものによってすることもさしつかえない。

2　前項の通知は、市町村における固定資産税の徴収事務に重要な関係を有するから、必ず法定の期間（十日）内にするように留意しなければならない。

（所有者に対する通知）

第九十一　土地台帳法第三十九条第二項の規定による通知は、登録名義人又はその表示の修正又は訂正に係るものについては、附録第十四号様式による通知書により、その他のものについては、附録第十五号様式による通知書によりするものとする。

2　前項の通知は、登記に基いて又は申告（代位申告を除く。）どおりに登録又はその修正若しくは訂正をした場合には、することを要しない。

第六章　土地台帳の閲覧及び謄本の交付

（閲覧等の申請の交付）

第九十二　土地台帳の閲覧又はその謄本の交付の申請があったときは、申請書に受付の年月日及び交付番号を記載しなければならない。

2　前項の申請書に貼用した印紙は、検認し、これを消印をしなければならない。

（地図の閲覧）

第九十三　土地台帳の閲覧の申請をする者の請求があるときは、土地台帳とともに便宜地図をも閲覧させてさしつかえない。この場合には、土地台帳の閲覧申請書のほかに、地図の閲覧申請書を徴する必要はない。

2　地図を閲覧させる場合には、その破損を防止するよう十分注意しなければならない。

3　地図の閲覧は、地図の保存等のため必要があると認めるときは、これを制限してさしつかえない。

（一括申請）

第九十四　土地台帳の閲覧又はその謄本の交付の申請は、手数料を各別に納付するときは、家屋台帳の閲覧又はその謄本の交付の申請と同一の申請書ですることができるものとする。

（謄本の作成）

第九十五　土地台帳謄本を作成するには、左の各号によるものとする。

一　土地台帳法第九条の規定により土地台帳に記載した土地の価格（又は従前の賃貸価格）は記載することを要しない

が、申請人の請求があるときは、その価格を摘要欄に記載する。

二　質権者又は地上権者の登録がある土地については、所有者の住所及び氏名又は名称を記載した次に、当該質権者又は地上権者の住所及び氏名又は名称並びに質権者又は地上権者の別を記載する。

三　所有者、質権者又は地上権者が多数で、相当欄に記載することができないときは、別紙を附し、これに所有者、質権者又は地上権者の住所、氏名又は名称及び持分を記載し、本紙と契印する。この場合において、土地台帳法施行細則附録第二号様式による用紙を別紙として用いてもさしつかえない。

四　土地台帳の抹消に係る部分のみにつき謄本の交付の申請があつたときは、左の記載例により謄本を作成するものとし、謄本用紙中摘要欄には、土地台帳の当該事項を朱抹の際土地台帳法施行細則第十七条第二項の規定により沿革欄に記載された事項を、所有者、質権者及び地上権者の住所及び氏名又は名称欄には、現在の登録名義人の住所及び氏名又は名称をそれぞれ記載する。

郡市区	町村	大字	字	地番	地目	地積	適用	所有者質権者及び地上権者の住所及び氏名又は名称
文京区	竹早町			一〇〇	宅地	一〇〇、〇〇	昭和何年何月何日本番の一、二に分筆	何所何番地　甲野太郎

（註＝抹消の斜線は朱線）

五　記載しない欄画には、斜線を施す。

六　登記官吏が謄本にその職氏名を記載するには、左の例による。

何法務局（何地方法務局、何支局又は何出張所）

法務事務官　　何　　某

（謄本交付の場合の措置）

第九十六　土地台帳謄本を交付するときは、申請書の第一用紙の表面上欄余白に謄本の数及び交付の年月日を記載し、主任者が認印を押すものとする。

（謄本を交付しない場合）

第九十七　第五十四により仮に設けた土地台帳については、その謄本を交付しないものとする。

（手数料の徴収）

第九十八　一筆の土地の表示が数回にわたり変更されている場合において、その経過を連記した謄本の交付を請求するときの手数料は、各変更ごとに一筆として徴収するものとする。

2　第九十五第三号により謄本を作成する場合においても、その交付の手数料は、土地の筆数により徴収するものとする。

（手数料を徴収しない場合）

第九十九　国又は地方公共団体の職員が職務上土地台帳の閲覧又はその謄本の交付を請求する場合には、その旨を証する所属長の証明書を提出させるものとし、手数料を徴収することを要しない。この場合には、申請書に請求の理由を記載させるものとする。

第七章　統計

（土地台帳事務処理表の作成、報告）

第百　各登記所においては、毎月一日から末日までに処理した土地台帳事務につき、附録第十六号様式により土地台帳事務処理表を作成して法務局又は地方法務局にこれを報告し、法務局又は地方法務局においては、その管内各登記所の事務処理表を集計して翌月二十日までにその結果を同一様式により民事局に報告しなければならない。

（土地台帳事務処理表の作成方法）

第百一　土地台帳事務処理表を作成するには、左の各号によるものとする。

一　計上すべき件数は、土地台帳の登録（地図の訂正を含む。）に関する申告、所管庁の通知、市町村長の申出及び登記所の職権調査等による事件の数並びに土地台帳の閲覧及び謄本交付の申請の事件の数とする。計上すべき筆数は、これらの事件において処理する土地の筆数とする。なお、合筆については合筆前の筆数により、分筆については分筆後の筆数とする。

二　「登録地成」の欄には、国有地が民有地となった場合その他あらたに土地台帳に登録すべき土地を生じた場合に関する件数及び筆数を計上する。

三　「土地改良区画整理」の欄には、土地改良事業、区画整理事業のほか耕地整理事業に関する件数及び筆数を計上し、それぞれの内訳を欄外において説明する。

四　「登録の訂正」の欄に計上した件数及び筆数中地積訂正に係る分は、その件数及び筆数を欄外において説明する。

五　「土地台帳法第四十三条の二第二項」の欄に計上すべき件数は、登記申請事件の数による。

六　「その他」の欄には、町名地番の変更、土地の滅失その他該当欄のない事項に関する件数及び筆数を計上し、その内訳を欄外において説明する。

七　申告書の返付等により登録処分をしなかった事件については、各該当欄に一般事件と合算計上し、欄外においてその区分並びに件数及び筆数を朱書する。

八　「旧受」「新受」「計」「処理」「未済」の相互の関係は、前月分の「未済」が当月分の「旧受」となり、それに「新受」（当月中に収受したもの）を加えたものが「計」となり、それから「処理」をさし引いた残が「未済」となる。

九　申告書を返付した後再提出されたときは、「新受」に計上する。

十　「土地の価格の通知」の欄には、当月中に市町村長から価格の通知を受けた土地の筆数を計上し、当月中に処理した筆数（未処理のまま当月に繰り越されたものの処理筆数を含む。）を朱書する。

第八章　雑則

（土地の価格の記載）

第百二　土地台帳に土地の価格を記載するには、左の振合によるものとする。

価格（決定年度）
37,000（昭29）
45,000（昭30）
（　）
（　）
（　）
（　）
（　）
（　）
（　）
（　）
（　）
（　）
（　）
（　）

2　従前の様式による土地台帳に土地の価格を記載するには、賃貸価格欄に価格及びその決定の年度を記載するものとする。この場合には、決定年度は、価格の記載の左側に「（昭三〇）」のように記載するものとする。

（収受事件の集計）

第百三　土地台帳事務整理簿に収受した事件については、毎月末日現在をもって各種目ごとに、旧受、新受、計、処理、未済に区別して、件数及び筆数の月計及び累計を算出し、これを土地台帳事務整理簿に記載しなければならない。この場合において、書類を返付した事件があるときは、その件数及び筆数は、処理の内数として算出するものとする。

（閲覧事件等の集計）

第百四　土地台帳の閲覧又は謄本の交付の事件については、毎月末日現在をもって閲覧及び謄本交付の件数、筆数及び手数料の月計及び累計を算出し、これを土地台帳閲覧等申請等書類綴込帳の表紙の裏面に記載するものとする。この場合において、手数料を徴収しない事件があるときは、その件数及び筆数を内数として算出するものとする。

（登記申請併用申告書類の処理）

第百五　不動産登記法第三十九条ノ二又は第八十条ノ二の規定が適用される申告書及びその附属書類は、登記申請書類綴込帳に綴り込むものとする。

（申告書用紙等の備付）

第百六　各登記所に左の用紙を備え、申告者等の申出があったときは、必要な用紙を無料で交付するものとし、窓口その他見易い適当な箇所にその旨を掲示しなければならない。

一　土地異動申告書用紙
二　土地異動申告兼登記申請書用紙
三　土地台帳登録名義人表示変更、訂正申告書用紙
四　土地台帳登録名義人表示変更申告兼登記申請書用紙
五　土地台帳閲覧申請書用紙
六　土地台帳謄本交付申請書用紙

2　備付用紙の使用については、左の点を注意しなければならない。

一　インキで記載してもさしつかえない。
二　用紙に印刷してある文字を削除するには、単にその文字の上に棒線を引けば足りる。

3　備付用紙の交付については、真にこれを必要とするものに必要な枚数だけを交付するようにつとめるとともに、その用紙の記載について質問を受けたときは、親切丁寧に教示しなければならない。

（証票の返還）

第百七　土地台帳法第四十二条第二項の証票は、当該官吏がその職を失った場合には、法務局又は地方法務局の長に返還しなければならない。

附録第一号

土地台帳事務整理簿

法務局（地方法務局）

収受月日	収受番号	市区町村	筆数	申告、通知、申出者名	処理済月日	書類返付月日	摘要

丁

収受月日	収受番号	市区町村	筆数	申告、通知、申出者名	処理済月日	書類返付月日	摘要

附録第二号

土地台帳登録済通知簿

法務局（地方法務局）

通知番号	通知の年月日	収受番号又は受付番号	筆数	市町村名	備考

丁

附録第三号

土地台帳事務日記帳

法務局（地方法務局）

進行番号	接受又は発送の月日	書面の日付及び番号	発送者又は受取者	書面の要旨	備考

丁

進行番号	接受又は発送の月日	書面の日付及び番号	発送者又は受取者	書面の要旨	備考

附録第四号

土地台帳目録

法務局（地方法務局）

地番区域	
冊数	第　冊
地番	番　番
備考	年月日起
冊数	第　冊
地番	番　番
備考	年月日起

丁

地番区域	
冊数	第　冊
地番	番　番
備考	年月日起
冊数	第　冊
地番	番　番
備考	年月日起

附録第五号

土地台帳関係帳簿保存簿

法務局（地方法務局）

進行番号	年度	帳簿の名称	冊数	所在	保存終期	廃棄年月日	備考

丁

進行番号	年度	帳簿の名称	冊数	所在	保存終期	廃棄年月日	備考

附録第六号

催　告　書

昭和　年　月　日

何法務局（何地方法務局、何支局又は何出張所）

法務事務官　何　　某　㊞

区市郡　　村町大字　　番地

何　　某　殿

あなたの所有の（あなたが質権又は地上権を有する）左記土地については、地目変換の申告がありませんので、昭和　年　月　日までに申告書を提出して下さい。

申告書を提出しないと土地台帳法第四十七条の規定により一万円以下の過料に処せられることがあります。

記

土地の所在	区市郡　　村町				
大字	字	地番	地目	地積 反(坪)	現況

附録第七号

収受	昭和　年　月　日
	第　号

収受	記入
照合	地図
検算	決裁
検査	通知

附録第八号

調査書

土地の所在	所有者（又は質権者、地上権者）の住所及び氏名又は名称	異動の前後	字	地番	地目	地積 反（坪）	異動の種類及び年月日	備考
郡市区　町村大字　字								

右の通り調査した。

昭和　年　月　日

何法務局（何地方法務局、何支局又は何出張所）

法務事務官　何　某　印

附録第九号

土地台帳記載例

（註　／線は朱斜線を、—線は朱線を示す。なお、この記載例に特に掲げていないものについては、附録第十号の記載例に準ずる。）

地図番号		地番	573—1			
土地の所在	何郡何村大字何字何					
地番	五三七番	五参七番の壱	五参七番の壱	五参七番の壱	番	番
地目	山林	山林	山林	山林		
地積 町 ha	五〇	五〇	五〇	五〇		
地積 反	弐	壱	壱	弐		
地積 畝 a	四壱壱	弐〇参	弐壱参	五弐五		
地積 歩（坪） m²	〇〇	〇〇	〇〇	〇〇		
沿革 異動の種類・年月日	昭和参弐年九月壱日登録地成	本番の壱、弐に分筆	地積訂正	五参八番を合筆		
沿革 登録年月日	昭和参弐年九月五日㊞	昭和参弐年壱〇月壱日㊞	昭和参参年五月弐日㊞	昭和参参年五月弐日㊞		

所有者欄

住所	氏名又は名称	事由	登記年月日
壱弐参番地	吉川太郎	所有権保存	昭和参弐年九月八日㊞
五参弐番地		住所変更	昭和参弐年九月壱五日㊞
参弐五番地	花山次郎	所有権移転	昭和参弐年壱弐月壱日㊞
			昭和　年　月　日㊞
			昭和　年　月　日㊞

価格（決定年度）

（註）この記載例は、五百参拾七番の土地について、①登録地成、②分筆、③地積訂正、④五百参拾八番の土地の合筆をした場合のそれぞれの記載例を続けて示したものである。

地図番号		地番	573—2

土地の所在	何郡何村大字何字何					
地番	五参七番の弐	五参七番の弐	番	番	番	番
地目	山林	宅地				
地積 町 反 畝 歩(坪) / ha a m²	壱 弐 〇八〇〇	参 六八〇〇				
沿革 異動の種類・年月日	本番から分筆	昭和参参年壱月壱五日地目交換	五参弐番に合筆閉鎖			
沿革 登録年月日	昭和参弐年壱〇月壱日㊞	昭和参参年弐月壱日㊞	昭和参参年四月四日㊞			

所有者欄 住所	氏名又は名称	事由	登記年月日
五参弐番地	吉川太郎	所有権保存	昭和参弐年九月八日㊞
五参弐番地 五参弐番地	吉川一郎 吉川二郎	所有権移転	昭和参参年八月参〇日㊞
			昭和 年 月 日
			昭和 年 月 日
			昭和 年 月 日

価格（決定年度）

（註）この記載例は、五百参拾七番の土地の分筆により生じた五百参拾七番の弐の土地について、①分筆の登録、②地目交換、③五百参拾弐番の土地に合筆して閉鎖した場合のそれぞれの記載例を続けて示したものである。

共有者氏名表

土地の所在	登記年月日	昭和参参年六月参日 印	昭和参参年六月参日 印	昭和参参年六月参日 印	昭和参四年参月参〇日 印	昭和参四年五月四日 印	昭和参四年五月壱五日 印
何郡何村大字何字何	事由	所有権移転	所有権移転	所有権移転	杉川登持分移転	田中三郎住所変更	島村武男氏名変更
	共有持分	五分の参	五分の壱	五分の壱	五分の壱		
	住所	八番地	九番地	弐六番地	五五番地	弐〇参番地	
	氏名又は名称	田中三郎	山本大助	杉川　登	島村武男		横山武男

地番	登記年月日						
壱九八番	事由						
	共有持分						
	住所						
	氏名又は名称						

土地の所在	何郡何村大字何字何	地番	参八番

質権者又は地上権者欄

住所	氏名又は名称	事由	登記年月日
八五番地	押川太郎	質権設定（昭和参参年壱月弐日から百年間地上権設定）	昭和何年何月何日㊞
		質権消滅	昭和何年何月何日㊞

附録第十号

土地台帳記載例

（註　〇印は朱書を、／線は朱斜線を、—線は朱線を示す。）

土地の所在 何（字名） 地番 何番	登録地成の場合	不登録地成の場合	不登録地成の場合	第一種地成の場合	第一種地成の場合
地目	原野	畑		田	田
地積	五、八一五	〇、五〇〇		〇、八二三	〇、八二三
内歩				〇、〇一二	〇、〇一二
名称				畦畔	畦畔
沿革	昭和何年何月何日登録地成同月何日登録㊞		昭和何年何月何日不登録地成同年何月何日閉鎖㊞		昭和何年何月何日第一種地成同月何日修正㊞
登記年月日	年月日	年月日	昭和何年何月何日㊞	昭和何年何月何日㊞	昭和何年何月何日㊞
事由		住所変更	所有権保存	所有権移転	質権設定〇
所有者の住所 質権 地上権住所	何市何町二一　〇|	何市何町二一一	（以下住所欄の記載省略）		
所有者の氏名 質権 地上権者又は名称	何某		何某	何某	何〇某

第二種地成の場合	~~畑~~	~~〇、六一五~~			昭和何年何月何日㊞	質権移転○		○何某
	溜池	〇、六一五		昭和何年何月何日第二種地成同年何月何日修正㊞	昭和何年何月何日㊞	質権消滅○		
土地の滅失の場合	~~畑~~	~~〇、〇二四~~			昭和何年何月何日㊞	所有権移転		何某何某
				昭和何年何月何日滅失昭和何年何月何日閉鎖㊞	昭和何年何月何日㊞	何某何持分所有権移転		何某
法第二六条の規定による分筆の場合（その二）甲地	~~宅地~~	~~二〇〇、〇〇~~			昭和何年何月何日㊞	昭和何年何月何日から何年間地上権設定○		○何某
	宅地	一二二、〇〇		昭和何年何月何日本番の一、二に分筆㊞	昭和何年何月何日㊞	地上権移転○		○何某
同右 乙地	宅地	八〇、〇〇		昭和何年何月何日本番から分筆㊞	年月日	氏名訂正		何某
法第二六条の規定による分筆の場合（その二）甲地	~~山林~~	~~一五、三〇〇~~			（以下省略）	（以下省略）		（以下省略）
	山林	一〇、〇〇〇		昭和何年何月何日百番の五、六に分筆㊞				

同右 乙地	山林	五、三〇〇		昭和何年何月何日百番の五から分筆㊞				
合筆の場合 甲地	~~畑~~	~~二、五〇〇~~						
	畑	三、八〇〇		昭和何年何月何日三一番を合筆㊞				
同右 乙地	~~畑~~	~~一、三〇〇~~						
				昭和何年何月何日三〇番に合筆閉鎖㊞				
一部合筆の場合 甲地	~~宅地~~	~~一〇〇、〇〇~~						
	宅地	五〇、〇〇		昭和何年何月何日五〇坪を分筆し、何番に合筆㊞				
同右 乙地	~~宅地~~	~~三〇、〇〇~~						
	宅地	八〇、〇〇		昭和何年何月何日何番の五〇坪を合筆㊞				

法第二七条第一号の規定による分筆の場合 甲地		同右 乙地	法第二七条第二号の規定による分筆の場合 甲地		同右 乙地	法第二七条第三号の規定による分筆の場合 甲地	
~~畑~~	畑	宅地	~~墳墓地~~	墳墓地	宅地	~~山林~~	山林
~~一、五〇〇~~	一、〇〇〇	一五、〇〇〇	~~一、五〇〇~~	一、〇〇〇	一五〇、〇〇〇	~~八、六〇〇~~	六、四〇〇
	昭和何年何月何日一部地目変換同年何月何日本番の一、二に分筆㊞	昭和何年何月何日一部地目変換同年何月何日本番から分筆㊞		昭和何年何月何日一部第一種地成同年何月何日本番の一、二に分筆㊞	昭和何年何月何日一部第一種地成同年何月何日本番から分筆㊞	昭和何年何月何日一部収用同年何月何日本番の一、二に分筆㊞	

同右乙地	山林	二、二〇〇		昭和何年何月何日一部収用同年何月何日本番から分筆㊞				
法第二七条第四号の規定による分筆の場合甲地	鉱泉地	三、五〇						
	鉱泉地	二、〇〇		昭和何年何月何日一部地上権設定同年何月何日本番の一、二に分筆㊞				
同右乙地	鉱泉地	一、五〇		昭和何年何月何日一部地上権設定同年何月何日本番から分筆㊞				
法第二七条第五号の規定による分筆の場合甲地	田	一、二二五						
	田	〇、七二二		昭和何年何月何日一部地番区域変更同年何月何日本番の一、二に分筆㊞				
同右乙地	田	〇、五〇三		昭和何年何月何日一部地番区域変更同年何月何日本番から分筆㊞				

地目変換の場合	~~畑~~	~~〇、五〇〇~~						
	宅地	一五〇、〇〇		昭和何年何月何日地目変換同月何日修正㊞				
地目変更の場合				昭和何年何月何日三五番と地番変更同月何日修正㊞				
土地の所在変更の場合				昭和何年何月何日何字何所在変更同年何月何日修正㊞				
地目訂正の場合	~~畑~~	~~一、三〇〇~~						
	田	一、三〇〇		昭和何年何月何日地目訂正㊞				
地積訂正の場合	~~宅地~~	~~五〇、〇〇~~						
	宅地	五五、〇〇		昭和何年何月何日地積訂正㊞				

同右（その二）認可告示後の土地	土地改良事業又は土地区画整理事業完了の場合（その一）認可告示前の土地		土地の所在訂正の場合	地番訂正の場合	地図訂正の場合
田		~~田~~			
〇、八二〇		~~一、九二九~~			
昭和何年何月何日土地改良事業完了同月何日登録㊞	昭和何年何月何日土地改良事業完了同年何月何日閉鎖㊞		昭和何年何月何日何字と所在訂正㊞	昭和何年何月何日何番の二と地番訂正㊞	昭和何年何月何日地図訂正㊞

附録第十一号

第　　　号

土地登録済通知書

昭和　　年　　月　　日

税務事務所
市役所
町村役場　御中

何法務局（何地方法務局、何支局又は何出張所）

登記権利者の表示又は登記名義人の新表示	
登記義務者の表示又は登記名義人の旧表示	
登記年月日	年　月　日
登記申請書受付番号	第　　号
登記の目的	
地上権の存続期間	年　月　日から

郡市区町村	大字	字	地番	地目	地積
					反（坪）

（土地登録済通知書続用紙）

反（坪）

附録第十二号

通知第　　号

昭和　年　月　日

税務事務所
市役所
町村役場
御中

何法務局（何地方法務局、何支局又は何出張所）

土地所有者の住所、氏名又は名称変更通知書

登録年月日	土地の所在 大字	土地の所在 字	地番	旧住所氏名又は名称	新住所氏名又は名称	変更の事由

附録第十三号
土地異動通知書　初葉

通知第　　号
昭和　年　月　日

税務事務所
市役所
町村役場　御中

土地異動通知書

何法務局（何地方法務局、何支局又は何出張所）

登録年月日	大字	字	旧 地番	旧 地目	新 地番	新 地目	地積 反(坪)	異動の種類及び年月日	所有者の住所、氏名又は名称

土地異動通知書　次葉

登録年月日	大字	字	旧 地番	旧 地目	新 地番	新 地目	地積 反(坪)	異動の種類及び年月日	所有者の住所、氏名又は名称

附録第十四号

通知第　　号

昭和　年　月　日

何法務局（何地方法務局、何支局又は何出張所）

郡市区　町村大字　番地

何　某　殿

土地所有者の住所、氏名又は名称変更通知書

登録年月日	土地の所在 大字	土地の所在 字	地番	旧住所氏名又は名称	新住所氏名又は名称	変更の事由

附録第十五号
土地異動通知書　初葉

通知第　　号
昭和　年　月　日

郡市区　町村大字　地番
何法務局（何地方法務局、何支局又は何出張所）

何　某　殿

土地異動通知書

登録年月日	大字	字	旧 地番	旧 地目	新 地番	新 地目	地積 反（坪）	異動の種類及び年月日	所有者の住所、氏名又は名称

土地異動通知書　次葉

登録年月日	大字	字	旧 地番	旧 地目	新 地番	新 地目	地積 反(坪)	異動の種類及び年月日	所有者の住所、氏名又は名称

附録第十六号

昭和　　年　　月分　　　　土地台帳事務処理表（その一）　　　　法務局

区分	異動事務																									
	第一種地成		第二種地成		分筆		合筆		地目変換		登録地成		土地改良区画整理		住所、氏名名称の変更		登録の訂正		地図訂正		国有地成		土地台帳法第四十三条の二第二項		その他		計	
	件数	筆数	件数	筆数	件数	筆数	件数	筆数	件数	筆数	件数	筆数	件数	筆数	件数	筆数	件数	筆数	件数	筆数	件数	筆数	件数	筆数	件数	筆数	件数	筆数
旧受																												
新受																												
計																												
処理																												
未済																												

◎備考

昭和　　年　　月分　　　　土地台帳事務処理表（その二）　　　　法務局

区分	土地の価格の通知	謄本交付			閲覧		
	筆数	件数	筆数	手数料	件数	筆数	手数料
				円			円

◎備考　「謄本交付」「閲覧」の欄中官公吏の職務上請求した件数及び筆数は内数として（　）で区分し同一欄に記入すること。

5　土地台帳の事務取扱いについて

（昭和三十七年四月二十日
民事甲第一一七六号法務省民事局長通達）

不動産登記法の一部を改正する等の法律（昭和三十五年法律第十四号）附則第二条第二項の期日が指定されるまでの間における土地台帳及び家屋台帳の事務取扱は、原則として土地台帳事務取扱要領（昭和二十九年六月三十日民事甲第一三二一号本職通達）及び家屋台帳事務取扱要領（昭和二十九年六月三十日民事甲第一三二一号）本職通達によるのであるが、内容的に同一の性質の事務については、不動産登記事務取扱手続準則（昭和三十七年四月二十日民事甲第一一七五号本職通達）中第五章第一節（不動産の表示に関する登記手続）の規定（ただし、図面に関する部分を除く。）に準じて処理するのを相当と考えるので、この旨貴管下登記官吏に周知方しかるべく取り計らわれたい。

6　不動産登記事務取扱手続準則(抄)

（昭和三十七年四月二十日
民事甲第一一七五号法務省民事局長通達）

第五章　登記手続各則

第一節　不動産の表示に関する登記手続

第一款　総　　則

（実地調査）

第七十五条　登記官吏は、事情の許す限り積極的に不動産の実地調査を励行し、その結果必要があるときは、不動産の表示に関する登記を職権でしなければならない。

第七十六条　不動産の表示に関する登記の申請があった場合には、原則として実地調査を行なうものとする。ただし、次の場合には、所要の実地調査を省略してもさしつかえない。

一　官公署又はこれに準ずるものの嘱託による場合

二　官公署又はこれに準ずるものの作成にかかる図面を提出して申請があった場合

三　申請書の添付書類又は公知の事実等により申請にかかる事項が相当と認められる場合

（印鑑証明書等の添付）

第七十七条　申請書の添付書面で、申請人以外の者の証明にかかるものがある場合において必要があるときは、その者の印鑑証明書を添付させるものとし、なお、法定代理人又はその他一定の資格を有する者の証明にかかるものについては、その資格を証する書面をも添付させるものとする。

（実地調査書）

第七十八条　申請書及びその添付書類を審査し、実地調査を必要と認めた場合には、申請書の第一葉の上部欄外右側に附録第七十五号様式による印版を押印し、附録第七十六号様式による実地調査書の①欄に調査を要する事項を記入して、これを申請書に合綴し、実地調査を完了した場合には、その結果を②欄に記載するものとする。ただし、調査事項が簡易な場合には、申請書余白の適宜の個所に実地調査を要する事項及びその結果を記載して、実地調査書の作成を省略してさしつかえない。

第七十九条　地方税法第三百八十一条第七項の規定による市町村長の申出書を受け取ったとき、法第百二条（法第百四条第二項において準用する場合を含む。）の規定により不動産の表示の登記をしたとき又は職権により不動産の表示に関する登記をすることを必要と認めたときは、職権表示登記事件簿に登記の目的、所有者の氏名、立件年月日及び立件番号を記載するものとする。

2　前項の場合には、附録第七十六号様式による実地調査書を設け、その①欄に調査を必要とする事項を記入して、②欄に調査の結果を記載するものとする。この場合、申出にかかる事件の実地調査書は、その申出書に合綴するものとする。

3　第一項の申出書又は申出書のない事件についての前項の実地調査書には、附録第七十七号様式及び附録第七十八号様式による印版を押印して立件年月日及び立件番号を記載し、立件、調査、記入、図面の整理、所要の通知等をした場合には、その都度該当欄に取扱者が押印するものとする。

（申請の催告）

第八十条　法第八十条第一項もしくは第三項、第八十一条第一項もしくは第三項、第八十一条ノ八、第九十三条第一項もしくは第三項、第九十三条ノ二第一項もしくは第三項又は第九十三条ノ六の規定により申請を要すべき事項で申請のないものを発見した場合には、直ちに職権でその登記をすることなく、期限を定めて、申請義務者に登記の申請を催告するものとする。

2　前項の催告は、附録第七十九号様式による催告書によりするものとする。

（受付帳の記載）

第八十一条　申請による登記を完了したときは、受付帳の当該事件の備考欄に「登記済」の旨を記載するものとする。

（職権表示登記事件簿の記載）

第八十二条　第七十九条の規定により立件した事件の処理を終結した場合には、同条第三項の規定により押印した附録第七十七号様式による印版の該当欄に「昭和何年何月何日登記」又は「昭和何年何月何日中止」と、職権表示登記事件簿の「処理区分」欄に「登記済」又は「中止」と記載するものとする。

（実地調査上の注意）

第八十三条　実地調査を行なおうとする場合には、あらかじめ土地又は建物の所有者その他の利害関係人に通知する等、調査上支障がないように諸般の手配をしなければならない。

2　実地調査を行なう場合には、その土地又は建物の所有者又は管理人の立会を求め、なお、必要があると認めるときは、隣地の所有者又は利害関係人等の立会を求めるものとする。

3　質問又は検査をする場合には、所有者その他の利害関係人に対して身分、氏名及び質問又は検査の趣旨を明らかにし、これらの者に迷惑をかけることがないように注意しなければならない。

4　実地調査を完了した場合において必要があるときは、地積の測量図もしくは土地の所在図又は建物の図面もしくは各階の平面図を作製するものとする。

5　前項の地積の測量図等の作製については、細則第四十二条ノ四及び第四十二条ノ六の規定によるものとする。

(実地調査の代行)

第八十四条　登記官吏は、必要がある場合には、職員に細部の指示を与えて実地調査を行なわせてさしつかえない。

(図面の作製)

第八十五条　土地の所在図及び地積の測量図は、墨を用い、〇・二ミリメートルないし〇・三ミリメートルの細線で鮮明に作製しなければならない。

2　建物の図面及び各階の平面図は、カーボン紙を用いて作製してさしつかえない。ただし、細線で鮮明に作製しなければならない。

3　細則第四十二条ノ四第三項又は第四十二条ノ六第三項（第八十三条第五項において準用する場合を含む。）の規定により、第一項又は前項の図面に申請人が署名押印する場合において申請人が会社その他の法人であるときは、その法人の代表者又は支店もしくは事務所の長が署名押印するものとし、作製者が署名するには、その住所又は所属庁もしくは事務所及び職、氏名を記載するものとする。

第八十六条　土地の所在図は、法第十七条の規定による近傍類似の土地の地図と同一の縮尺により作製するものとする。

2　地積の測量図は、おおむね次の縮尺により作製するものとする。

住宅地域　三百分の一ないし五百分の一
農耕地域　五百分の一ないし千分の一
林野地域　千分の一ないし三千分の一

第八十七条　建物の図面は、その建物を記入すべき法第十七条の規定による建物所在図と同一の縮尺により作製し、その敷地及び建物の一階（区分された建物にあっては、その地上の最低階）の形状を明確にするものとする。

3　建物が区分された建物であるときは、第一項の図面に点線をもって一階の全体の建物の形状をも明確にするものとする。

第八十八条　各階の平面図には、各階の床面積を明確にするため、次の例示のように各階ごとに建物の周囲の長さを記載し、かつ、一階の位置を点線をもって表示し、床面積の求積及びその方法をも記載するものとする。

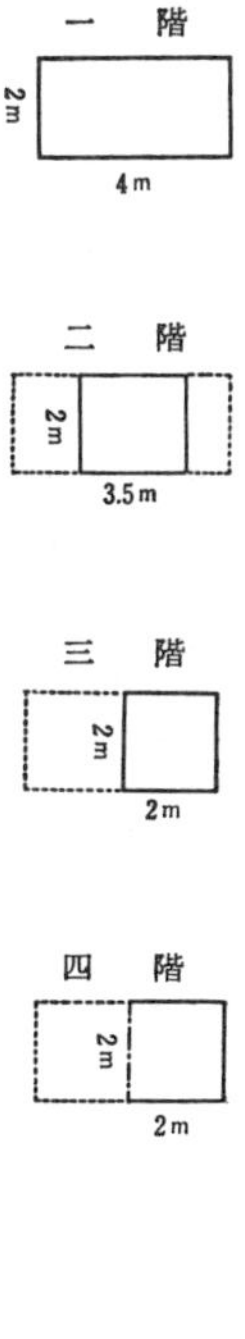

(図面の整理)

第八十九条　土地の所在図及び地積の測量図は、地番区域ごとに地番の順序により土地図面綴込帳に編綴するものとする。

2　建物の図面及び各階の平面図は、地番区域ごとに家屋番号の順序により建物図面綴込帳に編綴するものとする。

第九十条　土地図面綴込帳又は建物図面綴込帳の目録には、前条第一項又は第二項に規定する図面を編綴する。所要事項を記載して、登記官吏が押印するものとする。

第九十一条　土地又は建物の表示の変更又は更正の登記をした場合において必要があるときは、土地図面綴込帳、建物図面綴込帳に編綴されている関係図面のこれらの記載を変更又は訂正し、編綴者の必要があるときはその編綴替をするものとする。

2　細則第八条の規定は、土地図面綴込帳又は建物図面綴込帳の目録にこれを準用する。

第九十二条　土地又は建物の表示の変更又は更正の登記をした場合において、変更又は更正後の図面を土地図面綴込帳又は建物図面綴込帳に編綴したときは、変更又は更正前の図面を土地図面綴込帳又は建物図面綴込帳より除却するものとする。

第九十三条　土地又は建物の滅失の登記をした場合には、当該土地又は建物に関する図面を土地図面綴込帳又は建物図面綴込帳より除却するものとする。

第九十四条　前二条の規定により又は管轄転属等により図面を土地図面綴込帳又は建物図面綴込帳より除却したときは、その目録中その図面にかかる記載を朱抹し、除却の年月日及び事由を記載して、登記官吏が押印するものとする。

第九十五条　除却した図面は、その左側上部に「昭和何年何月何日除却」と記載し、除却土地図面綴込帳又は除却建物図面綴込帳に除却の日付の順に編綴するものとする。

（地図、建物所在図等の変更又は訂正）

第九十六条　地図又は建物所在図に誤りがあるときは、所有者その他の利害関係人は、その訂正の申出をすることができる。この場合において、土地の境界又は建物の位置もしくは形状の訂正の申出書には、土地の所在図、測量図又は建物の図面を添付しなければならない。

第九十七条　地積の測量図又は建物の各階の平面図に誤りがあるときは、所有者その他の利害関係人は、その訂正の申出をすることができる。この場合には、申出書に地積の測量図又は建物の各階の平面図を添付しなければならない。

第九十八条　地図又は建物所在図の変更又は訂正は、次によってするものとする。

一　土地又は建物の表示に関する登記をしたとき、所有者その他利害関係人からの訂正の申出を相当と認めたとき、その他地図又は建物所在図の変更又は訂正を必要とするときは、申請書、実地調査書又は申出書に添付された土地の所在図、測量図又は建物の図面に基づきするものとする。

二　図面の変更又は訂正をする場合には、原図に墨を用いて、細字、細線により鮮明に所要の記載をし、変更又は訂正前の記載を朱抹するものとする。ただし、この方法により難いときは、所要の個所に薄美濃紙をもって貼紙（浮貼）を施し、これに変更又は訂正の措置をするものとする。

三　新たに土地又は建物の表示の登記をした場合には、その土地又は建物の位置を画し、その地番又は家屋番号を記載するものとする。

四　土地の分筆の登記をした場合には、分割線を記入し、分割後の地番を記載するものとする。

五　建物の区分の登記をした場合には、区分後の家屋番号を記載し、区分線を記入することを要しない。

六　土地の合筆の登記をした場合には、その境界線を朱抹し、合併後の地番を記載して従前の地番を朱抹するものとする。

七　建物の合併の登記をした場合には、合併後の家屋番号を記載し、従前の家屋番号を朱抹するものとする。

八　土地又は建物の異動が頻繁で図面が錯雑している場合には、原図のその部分を謄写し、これをその部分に関する地図又は建物所在図として用いるものとする。この場合には、原図の余白にその旨を記載しなければならない。

九　地図又は建物所在図の訂正をした場合には、当該地図又は建物所在図に付した訂正票にその旨を明らかにし、登記官吏が押印するものとする。

第二款　土地の表示に関する登記

(地番の定め方)

第九十九条

一　地番は、他の土地の地番と重複しない番号をもって定める。

二　土地の表示の登記をする場合には、当該土地の地番区域内における最終の地番を追い順次にその地番を定める。ただし、地番が著しく錯雑するおそれがあるときは、隣接地の地番に支号を附してその地番を定めてさしつかえない。この場合において、隣接地の地番が支号を用いたものであるときは、その本番の最終の支号を追い順次支号を定める。

三　分筆した土地については、分筆前の地番に支号を附して各筆の地番を定める。ただし、本番に支号のある土地を分筆する場合には、その一筆には、従来の地番を存し、他の各筆には、本番の最終の支号を追い順次支号を附してその地番を定める。

四　合筆した土地については、合筆前の首位の地番をもってその地番とする。ただし、同一の本番に支号を附した土地の全部を合筆した場合には、その支号を除き、本番のみをもって合筆した土地の地番とする。

五　特別の事情があるときは、前三号の規定にかかわらず適宜の地番を定めてさしつかえない。

六　土地区画整理事業を施行した地域等においては、ブロック(街区)地番を附してさしつかえない。

七　地番の支号には、壱、弐、参等の数字を用い、支号の支号は用いないものとする。

2　従来の地番に数字でない符号を用いたもの又は支号に更に支号を附したものがある場合には、その土地の表示の変更又は更正の登記をする際に変更するものとする。

3　二筆以上の異なる土地に同一の地番が重複して定められているときは、地番を附し替えるものとする。

4　地番が著しく錯雑している場合において必要があるときは、その地番を変更してもさしつかえない。

(地目の定め方)

第百条　地目を定めるには、次の各号によるものとする。この場合には、土地の現況及び利用目的に重点を置き、部分的に僅少の差異の存するときでも、土地全体としての状況を観察して定めるものとする。

イ　田　農耕地で用水を利用して耕作する土地

ロ　畑　農耕地で用水を利用しないで耕作する土地

ハ　宅地　建物の敷地及びその維持もしくは効用を果すために必要な土地

ニ　塩田　海水を引き入れて塩を採取する土地

ホ　鉱泉地　鉱泉（温泉を含む。）の湧出口及びその維持に必要な土地
ヘ　池沼　灌漑用水でない水の貯溜池
ト　山林　耕作の方法によらないで竹木の生育する土地
チ　牧場　獣畜を放牧する土地
リ　原野　耕作の方法によらないで雑草、灌木類の生育する土地
ヌ　墓地　人の遺骸又は遺骨を埋める土地
ル　境内地　境内に属する土地で、宗教法人法第三条第二号及び第三号に掲げる土地（宗教法人の所有に属しないものを含む。）
ヲ　運河用地　運河法第十二条第一項第一号又は第二号に掲げる土地
ワ　水道用地　もっぱら給水の目的で敷設する水道の水源地、貯水池、濾水場、喞水場、水道線路に要する土地
カ　用悪水路　灌漑用又は悪水排泄用の水路
ヨ　ため池　耕地灌漑用の用水貯溜池
タ　堤　防水のために築造した堤防
レ　井溝　田畝又は村落の間にある通水路
ソ　保安林　森林法に基づき農林大臣が保安林として指定した山林
ツ　公衆用道路　一般交通の用に供する道路（道路法による道路たると否とを問わない。）
ネ　公園　公衆の遊楽のために供する土地
ナ　雑種地　以上のいずれにも該当しない土地

第百一条　次に掲げる土地の地目は、次の各号により定めるものとする。

一　牧草栽培地は、畑とする。
二　杞柳を田に栽植し田の設備をそのまま存置する場合には、田とし、田の設備を廃止した場合には畑とする。山林、原野に杞柳を栽植した土地も、畑とする。
三　海産物を乾燥する場所の区域内に永久的設備と認められる建物がある場合には、その敷地の区域に属する部分だけを宅地とする。
四　耕作地の区域内にある小作人小屋又は農具小屋等の敷地は、その建物が永久的設備と認められるものに限り、宅地とする。
五　牧畜のために使用する建物の敷地、牧草栽培地及び林地等で牧場地域内にあるものはすべて牧場とする。
六　水力電気のための水路及び排水路は、雑種地とする。
七　遊園地、運動場、ゴルフ場及び飛行場については
イ　建物の利用を主とする建物敷地以外の部分が建物に附随する庭園に過ぎないと認められる場合には、その全部を一団として宅地とする。
ロ　一部に建物がある場合でも、建物敷地以外の土地の利用を主とし、建物はその附随的なものに過ぎないと認められるときは、その全部を一団として雑種地とする。ただし、道路、溝渠その他により建物敷地として判別区分し得る状況にあるものは、これを区分して宅地としてもさしつかえない。
八　競馬場内の土地については、事務所、観覧席及び厩舎等永久的設備と認められる建物の敷地及びその附属物は、宅地とし、馬場は、雑種地とし、その他の土地は、現況に応じて、その地目を定める。

九　テニスコート、プールについては、宅地に接続するものは宅地とし、その他は雑種地とする。
十　瓦斯タンク敷地、石油タンク敷地は、宅地とする。
十一　工場又は営業場に接続する物干場又はさらし場は、宅地とする。
十二　火葬場の用地は、その構内に建物の設備がある場合には、構内全部を宅地とし、建物の設備のない場合には、雑種地とする。
十三　高圧線の下の土地で他の目的に使用することができない区域は、雑種地とする。
十四　鉄塔敷地又は変電所敷地は、雑種地とする。
十五　坑口、やぐら敷地は、雑種地とする。
十六　製練所の煙道敷地は、雑種地とする。
十七　陶器かまどの設けられた土地については、永久的設備と認められる雨おおいがある場合には、宅地とし、その設備がない場合には、雑種地とする。
十八　木場（木ぼり）の区域内の土地は、建物がない限り、雑種地とする。
十九　鉄道の駅舎、附属施設及び鉄道敷地は、すべて鉄道用地と表示する。
二十　校舎、附属施設及び運動場は、すべて学校用地と表示する。

（地積の定め方）
第百二条　土地の表示に関する登記の申請書に記載した地積と登記官吏の実地調査の結果による地積の差が、申請書に記載した地積を基準にして、宅地及び鉱泉地については百分の一、田、畑、塩田については百分の二、その他の土地については百分の五以内であるときは、申請書に記載した地積を相当と認めてさしつかえない。

（合併の禁止）
第百三条　土地の合併は、法第八十一条ノ三に定めるもののほか、次の各号の一に該当する場合には、することができない。
一　字（地番区域でないものを含む。）を異にする土地
二　接続しない土地

（土地の表示の登記）
第百四条　土地の表示の登記の申請書に添付すべき所有権を証する書面は、公有水面埋立法第二十二条の規定による竣功認可書、官公署の証明書その他申請人の所有権の取得を推認できる書面とする。
2　国又は地方公共団体の所有する土地についてこれらの者が土地の表示の登記を嘱託する場合には、所有権を証する書面の添付を便宜省略してさしつかえない。

（地目及び地積の変更等の登記申請）
第百五条　地目の変更又は更正の登記と地積の変更又は更正の登記は、同一の申請書で申請してさしつかえない。この場合には、申請書に登記原因及び登記の目的を併記するものとする。

（分筆の登記申請）
第百六条　分筆の登記の申請書には、分割前の土地を図示し、分割線を明らかにした分割後の土地の地積の測量図を添付するものとする。ただし、分割後の土地のうち一筆については、必ずしも求積及びその方法を明らかにすることを要しない。
第百七条　分筆の登記を申請する場合において、分筆前の地積と分筆後の地積の差が、分筆前の地積を基準にして、宅地及

び鉱泉地については百分の一、田、畑、塩田については百分の二、その他の土地については百分の五以内であるときは、地積の更正の登記の申請を必要としない。この場合における分筆の登記の申請書には、分割後の各土地の求積及びその方法を明らかにした地積の測量図を提出しなければならない。

（合筆の登記申請）

第百八条　前二条の規定は、法第八十五条の規定により甲地を分割してその一部を乙地に合併する場合に準用する。

（数字の記載）

第百九条　地番、地積及び年月日を記載するには、〇、壱、弐、参、四、五、六、七、八、九の文字を使用するものとし、拾、百、千の文字を用いることを要しない。

（表示の登記の記載）

第百十条　土地の表示の登記をする場合における所有者の氏名、住所及び持分の記載は、表題部の末行欄画の右側にするものとする。

2　法第百二条（法第百四条第二項において準用する場合を含む。以下本条において同じ。）の規定により土地の表示に関する事項を記載する場合には、前項の所有者に関する事項は、起載することを要しない。

3　法第百二条の規定による「第百条第二号又ハ第三号ノ規定ニ依ル所有権ノ登記ヲ為スニ因リテ其登記ヲ為ス旨」の記載は、表題部中「原因及びその日付」欄にするものとする。

第百十一条　従来から存する土地で登記されていないものについては、新たに土地が生じた場合の取扱いに準じ、土地の表示の登記をするものとする。

（所有者の記載）

第百十二条　表題部に所有者の住所を記載するには「番地」の文字を省略し、たとえば、「五番地」を「五」のように記載して、さしつかえない。

2　共同人名票に所有者を記載する場合には、表題部の所有者に関する事項を記載する個所に「共同人名票のとおり」と記載するものとする。

（変更又は更正の登記の記載）

第百十三条　所在の表示の変更又は更正の登記をする場合には、新表示を所在欄中次行の上欄に記載し、登記原因及びその日付並びに登記の年月日をその下欄に記載するものとする。

2　地番、地目又は地積の変更又は更正の登記をする場合には、新表示を該当欄の次行に記載し、変更又は更正の登記原因及びその日付並びに登記の年月日を該当欄の同じ行に記載するものとする。

3　「原因及びその日付」欄には、その上欄の地番、地目及び地積の全部を記載するまで、変更又は更正にかかる該当欄の番号を冠記した上、変更又は更正の順序に従って右側から記載するものとする。たとえば、まず、地積を更正するときは「原因及びその日付」欄の右側に、次いで、地目を変更するときは中央に、更に、地番を変更するときは左側に、それぞれ③、②及び①と冠記し、変更又は更正の登記原因及びその日付を記載するものとする。

4　所有者の表示の変更もしくは更正の登記又は所有者もしくはその持分の更正の登記は、所有者に関する事項を記載した欄にするものとする。

（分筆の登記の記載）

第百十四条　甲地を分割してその一部を乙地とする分筆の登記をする場合において、法第八十二条第二項の規定による記載をするには、甲地の登記用紙中表題部に「残余部分ノ表示」として、地番、地目及び地積を該当欄の次行に記載し（ただし、所在欄には、何らの記載を要しない。）、その下の「原因及びその日付」欄に「何番の何、何番の何に分筆（又は「何番の何ないし何番の何に分筆」）のごとく記載するものとする。

２　前項の場合には、乙地の登記用紙中表題部の該当欄に乙地の表示に関する事項を記載し、法第八十二条第一項の規定による記載は、「原因及びその日付」欄に「何番から分筆」と記載してするものとする。

（合筆の登記の記載）

第百十五条　甲地を乙地に合併する登記をする場合には、甲地の登記用紙中表題部の「原因及びその日付」欄に「何番に合筆」と記載するものとする。

２　前項の場合において、法第八十六条第一項の規定による記載をするには、乙地の登記用紙中表題部の該当欄の次行に合併後の土地の表示に関する事項を記載し（ただし所在欄には、何らの記載を要しない。）、その下の「原因及びその日付」欄に「何番を合筆（又は「何番の何ないし何番の何を合筆」）のごとく記載するものとする。

第百十六条　甲地を分割してその一部を乙地に合併する登記をする場合には、甲地の登記用紙中表題部の該当欄の次行に分割後の土地の表示に関する事項を記載し（ただし、所在欄には、何らの記載を要しない。）、その下の「原因及びその日付」欄に「何番に一部合併」と記載するものとする。

２　前項の場合において、法第八十五条第一項の規定による記載をするには、乙地の登記用紙中表題部の該当欄の次行に合併後の土地の表示に関する事項を記載し（ただし、所在欄には、何らの記載を要しない。）、その下の「原因及びその日付」欄に「何番から一部合併」と記載するものとする。

（滅失の登記の記載）

第百十七条　土地の滅失の登記をする場合には、登記原因及びその日付並びに登記の年月日は、原則として次行に記載するものとする。

（日付欄の記載）

第百十八条　「登記の日付」欄に記載すべき登記の年月日は、登記完了の年月日を記載するものとする。

7 不動産登記事務取扱手続準則（抄）

（昭和三十八年四月十五日
民事甲第九三一号法務省民事局長通達）

第五章　登記手続各則

第一節　不動産の表示に関する登記手続

第一款　総　則

（実地調査）

第七十八条　登記官は、事情の許す限り積極的に不動産の実地調査を励行し、その結果必要があるときは、不動産の表示に関する登記を職権でしなければならない。

第七十九条　不動産の表示に関する登記の申請があった場合には、原則として実地調査を行なうものとする。ただし、次の場合には、所要の実地調査を省略してもさしつかえない。

一　官公署又はこれに準ずるものの嘱託による場合

二　官公署又はこれに準ずるものの作成にかかる図面を提出して申請があった場合

三　申請書の添付書類又は公知の事実等により申請にかかる事項が相当と認められる場合

（印鑑証明書等の添付）

第八十条　申請書の添付書面で、申請人以外の者の証明にかかるものである場合において必要があるときは、その者の印鑑証明書を添付させるものとし、なお、法定代理人又はその他一定の資格を有する者の証明にかかるものについては、その資格を証する書面をも添付させるものとする。

（実地調査書）

第八十一条　申請書及びその添付書類を審査し、実地調査を必要と認めた場合には、申請書の第一葉の上部欄外右側に附録第七十五号様式による印版を押印し、附録第七十六号様式による実地調査書の①欄に調査を要する事項を記入して、これを申請書に合綴し、実地調査を完了した場合には、その結果を②欄に記載するものとする。ただし、調査事項が簡易な場合には、申請書余白の適宜の個所に実地調査を要する事項及びその結果を記載して、実地調査書の作成を省略してさしつかえない。

第八十二条　地方税法第三百八十一条第七項の規定による市町村長の申出書を受け取ったとき、法第百二条（法第百四条第二項において準用する場合を含む。）の規定により不動産の表示の登記をしたとき又は職権により不動産の表示に関する登記をすることを必要と認めたときは、職権表示登記事件簿に登記の目的、所有者の氏名、立件年月日及び立件番号を記載するものとする。

2　前項の場合には、附録第七十六号様式による実地調査書を設け、その①欄に調査を必要とする事項を記入して、②欄に調査の結果を記載するものとする。この場合、申出にかかる事件の実地調査書は、その申出書に合綴するものとする。

3　第一項の申出書又は申出書のない事件についての前項の実地調査書には、附録第七十七号様式及び附録第七十八号様式による印版を押印して立件年月日及び立件番号を記載し、立件、調査、記入、図面の整理、所要の通知等をした場合には、その都度該当欄に取扱者が押印するものとする。

（申請の催告）

第八十三条　法第八十条第一項もしくは第三項、第八十一条第一項もしくは第三項、第八十一条ノ八、第九十三条第一項もしくは第三項、第九十三条ノ二第一項もしくは第三項又は第九十三条ノ六の規定により申請を要すべき事項で申請のないものを発見した場合には、直ちに職権でその登記をすることなく、期限を定めて、申請義務者に登記の申請を催告するものとする。

2　前項の催告は、附録第七十九号様式による催告書によりするものとする。

(受付帳の記載)

第八十四条　申請による登記を完了したときは、受付帳の当該事件の備考欄に「登記済」の旨を記載するものとする。

(職権表示登記事件簿の記載)

第八十五条　第八十二条の規定により立件した事件の処理を終結した場合には、同条第三項の規定により押印した附録第七十七号様式による印版の該当欄に「昭和何年何月何日登記」又は「昭和何年何月何日中止」と、職権表示登記事件簿の処理区分欄に「登記済」又は「中止」と記載するものとする。

(実地調査上の注意)

第八十六条　実地調査を行なおうとする場合には、あらかじめ土地又は建物の所有者その他の利害関係人に通知する等、調査上支障がないように諸般の手配をしなければならない。

2　実地調査を行なう場合には、その土地又は建物の所有者又は管理人の立会を求め、なお、必要があると認めるときは、隣地の所有者又は利害関係人等の立会を求めるものとする。

3　質問又は検査をする場合には、所有者その他の利害関係人に対して身分、氏名及び質問又は検査の趣旨を明らかにし、これらの者に迷惑をかけることがないように注意しなければならない。

4　実地調査を完了した場合において必要があるときは、地積の測量図もしくは土地の所在図又は建物の図面もしくは各階の平面図を作製するものとする。

5　前項の地積の測量図等の作製については、細則第四十二条ノ四及び第四十二条ノ六の規定によるものとする。

(実地調査の代行)

第八十七条　登記官は、必要がある場合には、職員に細部の指示を与えて実地調査を行なわせてさしつかえない。

(図面の作製)

第八十八条　土地の所在図及び地積の測量図は、墨を用い、〇・二ミリメートルないし〇・三ミリメートルの細線で鮮明に作製しなければならない。

2　建物の図面及び各階の平面図は、カーボン紙を用いて作製してさしつかえない。ただし、細線で鮮明に作製しなければならない。

3　細則第四十二条ノ四第三項又は第四十二条ノ六第三項(第八十六条第五項において準用する場合を含む。)の規定により、第一項又は前項の図面に申請人が署名押印する場合において申請人が会社その他の法人であるときは、その法人の代表者又は支店もしくは事務所の長が署名押印するものとし、作製者が署名するには、その住所又は所属庁もしくは事務所及び職、氏名を記載するものとする。

第八十九条　土地の所在図は、法第十七条の規定による近傍類似の土地の地図と同一の縮尺により作製するものとする。

2　地積の測量図は、おおむね次の縮尺により作製するものとする。

住宅地域　三百分の一ないし五百分の一
農耕地域　五百分の一ないし千分の一
林野地域　千分の一ないし三千分の一

第九十条　建物の図面は、その建物を記入すべき法第十七条の規定による建物所在図と同一の縮尺により作製し、その敷地及び建物の一階（区分された建物にあっては、その地上の最低階）の形状を明確にするものとする。

2　前項の場合、建物が地下のみの建物であるときは、地下一階の形状を朱書するものとする。

3　建物が一棟の建物を区分した建物であるときは、第一項の図面に点線をもって一棟の建物の一階の形状をも明確にするものとする。

第九十一条　各階の平面図には、各階の床面積を明確にするため、次の例示のように各階ごとに建物の周囲の長さを記載し、かつ、一階の位置を点線をもって表示し、床面積の求積及びその方法をも記載するものとする。

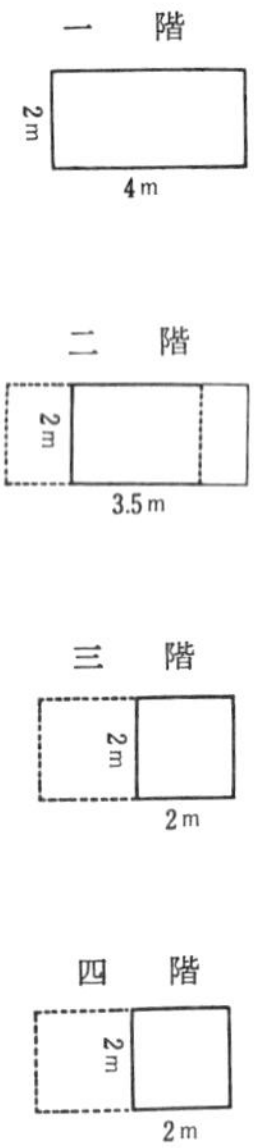

（図面の整理）

第九十二条　土地の所在図及び地積の測量図は、地番区域ごとに地番の順序により土地図面綴込帳に編綴するものとする。

2　建物の図面及び各階の平面図は、地番区域ごとに家屋番号の順序により建物図面綴込帳に編綴するものとする。

第九十三条　土地図面綴込帳又は建物図面綴込帳の目録には、前条第一項又は第二項に規定する図面を編綴するごとに所要事項を記載して、登記官が押印するものとする。

第九十四条　土地又は建物の表示の変更又は更正の登記をした場合において必要があるときは、土地図面綴込帳又は建物図面綴込帳に編綴されている関係図面のこれらの記載を変更又は訂正し、編綴替の必要があるときはその編綴替をするものとする。

2　細則第八条の規定は、土地図面綴込帳又は建物図面綴込帳の目録にこれを準用する。

第九十五条　土地又は建物の表示の変更又は更正の登記をした場合において、変更又は更正後の図面を土地図面綴込帳又は建物図面綴込帳に編綴したときは、変更又は更正前の図面を土地図面綴込帳又は建物図面綴込帳より除却するものとする。

第九十六条　土地又は建物の滅失の登記をした場合には、当該土地又は建物に関する図面を土地図面綴込帳又は建物図面綴込帳より除却するものとする。

第九十七条　前二条の規定により又は管轄転属等により図面を土地図面綴込帳又は建物図面綴込帳より除却したときは、その目録中その図面にかかる記載を朱抹し、除却の年月日及び事由を記載して、登記官が押印するものとする。

第九十八条　除却した図面は、その左側上部に「昭和何年何月何日除却」と記載し、除却土地図面綴込帳又は除却建物図面綴込帳に除却の日付の順に編綴するものとする。

（地図、建物所在図等の変更又は訂正）

第九十九条　地図又は建物所在図に誤りがあるときは、所有者その他の利害関係人は、その訂正の申出をすることができる。この場合において、土地の境界又は建物の位置もしくは形状の訂正の申出書には、土地の所在図、測量図又は建物の図面を添付しなければならない。

第百条　地積の測量図又は建物の各階の平面図に誤りがあるときは、所有者その他の利害関係人は、その訂正の申出をすることができる。この場合には、申出書に地積の測量図又は建物の各階の平面図を添付しなければならない。

第百一条　地図又は建物所在図の変更又は訂正は、次によってするものとする。

一　土地又は建物の表示に関する登記をしたとき、所有者その他の利害関係人からの訂正の申出を相当と認めたとき、その他地図又は建物所在図の変更又は訂正を必要とするときは、申請書、実地調査書又は申出書に添付された土地の所在図、測量図又は建物の図面に基づきするものとする。

二　図面の変更又は訂正をする場合には、原図に墨を用いて、細字、細線により鮮明に所要の記載をし、変更又は訂正前の記載を朱抹するものとする。ただし、この方法により難いときは、所要の個所に薄美濃紙をもって貼紙(浮貼)を施し、これに変更又は訂正の措置をするものとする。

三　新たに土地又は建物の表示の登記をした場合には、その土地又は建物の位置を画し、その地番又は家屋番号を記載するものとする。

四　土地の分筆の登記をした場合には、分割線を記入し、分割後の地番を記載するものとする。

五　建物の区分の登記をした場合には、区分後の家屋番号を記載し、区分線を記入することを要しない。

六　土地の合筆の登記をした場合には、その境界線を朱抹し、合併後の地番を記載して従前の地番を朱抹するものとする。

七　建物の合併の登記をした場合には、合併後の家屋番号を記載し、従前の家屋番号を朱抹するものとする。

八　土地又は建物の異動が頻繁で図面が錯雑している場合には、原図のその部分を謄写し、これをその部分に関する地図又は建物所在図として用いるものとする。この場合には、原図の余白にその旨を記載しなければならない。

九　地図又は建物所在図の訂正をした場合には、当該地図又は建物所在図に付した訂正票にその旨を明らかにし、登記官が押印するものとする。

第二款　土地の表示に関する登記

(地番の定め方)

第百二条　地番を定めるには、次の各号によるものとする。

一　地番は、他の土地の地番と重複しない番号をもって定める。

二　土地の表示の登記をする場合には、当該土地の地番区域内における最終の地番を追い順次にその地番を定める。ただし、地番が著しく錯雑するおそれがあるときは、隣接地の地番に支号を付してその地番を定めてさしつかえない。この場合において、隣接地の地番が支号を用いたものであるときは、その本番の最終の支号を追い順次支号を定める。

三　分筆した土地については、分筆前の地番に支号を付して各筆の地番を定める。ただし、本番に支号のある土地を分筆する場合には、その一筆には、従来の地番を存し、他の各筆には、本番の最終の支号を追い順次支号を付してその地番を定める。

四　合筆した土地については、合筆前の首位の地番をもってその地番とする。ただし、同一の本番に支号を付した土地の全部を合筆した場合には、その支号を除き、本番のみをもって合筆した土地の地番とする。

五　特別の事情があるときは、前三号の規程にかかわらず適宜の地番を定めてさしつかえない。

六　土地区画整理事業を施行した地域等においては、ブロック（街区）地番を付してさしつかえない。

七　地番の支号には、壱、弐、参等の数字を用い、支号の支号は用いないものとする。

2　従来の地番に数字でない符号を用いたもの又は支号に更に支号を付したものがある場合には、その土地の表示の変更又は更正の登記をする際に変更するものとする。

3　二筆以上の異なる土地に同一の地番が重複して定められているときは、地番を付し替えるものとする。

4　地番が著しく錯雑している場合において必要があるときは、その地番を変更してもさしつかえない。

（地目の定め方）

第百三条　地目を定めるには、次の各号によるものとする。この場合には、土地の現況及び利用目的に重点を置き、部分的に僅少の差異の存するときでも、土地全体としての状況を観察して定めるものとする。

イ　田　農耕地で用水を利用して耕作する土地

ロ　畑　農耕地で用水を利用しないで耕作する土地

ハ　宅地　建物の敷地及びその維持もしくは効用を果すため必要な土地

ニ　塩田、海水を引き入れて塩を採取する土地

ホ　鉱泉地　鉱泉（温泉を含む。）の湧出口及びその維持に必要な土地

ヘ　池沼　灌漑用水でない水の貯溜池

ト　山林　耕作の方法によらないで竹木の生育する土地

チ　牧場　獣畜を放牧する土地

リ　原野　耕作の方法によらないで雑草、灌木類の生育する土地

ヌ　墓地　人の遺骸又は遺骨を埋める土地

ル　境内地　境内に属する土地で、宗教法人法第三条第二号及び第三号に掲げる土地（宗教法人の所有に属しないものを含む。）

ヲ　運河用地　運河法第十二条第一項第一号又は第二号に掲げる土地

ワ　水道用地　もっぱら給水の目的で敷設する水道の水源地、貯水池、濾水場、喞水場、水道線路に要する土地

カ　用悪水路　灌漑用又は悪水排泄用の水路

ヨ　ため池　耕地灌漑用の用水貯溜池

タ　堤　防水のために築造した堤防

レ　井溝　田畝又は村落の間にある通水路

ソ　保安林　森林法に基づき農林大臣が保安林として指定した山林

ツ　公衆用道路　一般交通の用に供する道路（道路法による道路たると否とを問わない。）

ネ　公園　公衆の遊楽のために供する土地

ナ　雑種地　以上のいずれにも該当しない土地

第百四条　次に掲げる土地の地目は、次の各号により定めるも

のとする。
一　牧草栽培地は、畑とする。
二　杞柳を田に栽植し田の設備をそのまま存置する場合には田とし、田の設備を廃止した場合には畑とする。山林、原野に杞柳を栽植した土地も、畑とする。
三　海産物を乾燥する場所の区域内に永久的設備と認められる建物がある場合には、その敷地の区域に属する部分だけを宅地とする。
四　耕作地の区域内にある小作人小屋又は農具小屋等の敷地は、その建物が永久的設備と認められるものに限り、宅地とする。
五　牧畜のために使用する建物の敷地、牧草栽培地及び林地等で牧場地域内にあるものは、すべて牧場とする。
六　水力電気のための水路及び排水路は、雑種地とする。
七　遊園地、運動場、ゴルフ場及び飛行場については
イ　建物の利用を主とする建物敷地以外の部分が建物に附随する庭園に過ぎないと認められる場合には、その全部を一団として宅地とする。
ロ　一部に建物がある場合でも、建物敷地以外の土地の利用を主とし、建物はその附随的なものに過ぎないと認められるときは、その全部を一団として雑種地とする。ただし、道路、溝渠その他により建物敷地として判然区分し得る状況にあるものは、これを区分して宅地としてもさしつかえない。
八　競馬場内の土地については、事務所、観覧席及び厩舎等永久的設備と認められる建物の敷地及びその附属地は、宅地とし、馬場は、雑種地とし、その他の土地は、現況に応じてその地目を定める。
九　テニスコート、プールについては、宅地に接続するものは宅地とし、その他は雑種地とする。
十　瓦斯タンク敷地、石油タンク敷地は、宅地とする。
十一　工場又は営業場に接続する物干場又はさらし場は、宅地とする。
十二　火葬場の用地は、その構内に建物の設備がある場合には、構内全部を宅地とし、建物の設備のない場合には、雑種地とする。
十三　高圧線の下の土地で他の目的に使用することができない区域は、雑種地とする。
十四　鉄塔敷地又は変電所敷地は、雑種地とする。
十五　坑口、やぐら敷地は、雑種地とする。
十六　製錬所の煙道敷地は、雑種地とする。
十七　陶器かまどの設けられた土地については、永久的設備と認められる雨おおいがある場合には、宅地とし、その設備がない場合には、雑種地とする。
十八　木場（木ぼり）の区域内の土地は、建物がない限り、雑種地とする。
十九　鉄道の駅舎、附属施設及び路線の敷地は、すべて鉄道用地と表示する。
二十　校舎、附属施設の敷地及び運動場は、すべて学校用地と表示する。

（地積の定め方）
第百五条　土地の表示に関する登記の申請書に記載した地積と登記官の実地調査の結果による地積の差が、申請書に記載した地積を基準にして、宅地及び鉱泉地については百分の一、

田、畑、塩田については百分の二、その他の土地については百分の五以内であるときは、申請書に記載した地積を相当と認めてさしつかえない。

（合併の禁止）

第百六条　土地の合併は、法第八十一条ノ三に定めるもののほか、次の各号の一に該当する場合には、することができない。

一　字（地番区域でないものを含む。）を異にする土地

二　接続しない土地

（土地の表示の登記）

第百七条　土地の表示の登記の申請書に添付すべき所有権を証する書面は、公有水面埋立法第二十二条の規定による竣功認可書、官公署の証明書その他申請人の所有権の取得を推認できる書面とする。

2　国又は地方公共団体の所有する土地についてこれらの者が土地の表示の登記を嘱託する場合には、所有権を証する書面の添付を便宜省略してさしつかえない。

（地目及び地積の変更等の登記申請）

第百八条　地目の変更又は更正の登記と地積の変更又は更生の登記は、同一の申請書で申請してさしつかえない。この場合には、申請書に登記原因及び登記の目的を併記するものとする。

（分筆の登記申請）

第百九条　分筆の登記の申請書には、分割前の土地を図示し、分割線を明らかにした分割後の土地の地積の測量図を添付するものとする。ただし、分割後の土地のうち一筆については、必ずしも求積及びその方法を明らかにすることを要しない。

第百十条　分筆の登記を申請する場合において、分筆前の地積と分筆後の地積の差が、分筆前の地積を基準にして、宅地及び鉱泉地については百分の一、田、畑、塩田については百分の二、その他の土地については百分の五以内であるときは、地積の更正の登記の申請を必要としない。この場合における分筆の登記の申請書には、分割後の各土地の求積及びその方法を明らかにした地積の測量図を提出しなければならない。

（合筆の登記申請）

第百十一条　前二条の規定は、法第八十五条の規定により甲地を分割してその一部を乙地に合併する場合に準用する。

（数字の記載）

第百十二条　地番、地積及び年月日を記載するには、〇、壱、弐、参、四、五、六、七、八、九の文字を使用するものとし、拾、百、千の文字を用いることを要しない。

（表示の登記の記載）

第百十三条　土地の表示の登記をする場合における所有者の氏名、住所及び持分の記載は、表題部の末行欄画の右側にするものとする。

2　法第百二条（法第百四条第二項において準用する場合を含む。以下本条において同じ。）の規定により土地の表示に関する事項を記載する場合には、前項の所有者に関する事項は、記載することを要しない。

3　法第百二条の規定による「第百条第二号又ハ第三号ノ規定ニ依ル所有権ノ登記ヲ為スニ因リテ其登記ヲ為ス旨」の記載は、表題部中「原因及びその日付」欄にするものとする。

第百十四条　従来から存する土地で登記されていないものについては、新たに土地が生じた場合の取扱いに準じ、土地の表示の登記をするものとする。

(所有者の記載)
第百十五条　表題部に所有者の住所を記載するには、「番地」の文字を省略し、たとえば、「五番地」を「五」のように記載してさしつかえない。
2　共同人名票に所有者を記載する場合には、表題部の所有者に関する事項を記載する個所に「共同人名票のとおり」と記載するものとする。

(変更又は更正の登記の記載)
第百十六条　所在の表示の変更又は更正の登記をする場合には、新表示を所在欄中次行の上欄に記載し、登記原因及びその日付並びに登記の年月日をその下欄に記載するものとする。
2　地番、地目又は地積の変更又は更正の登記をする場合には、新表示を該当欄の次行に記載し、変更又は更正の登記原因及びその日付並びに登記の年月日を該当欄の同じ行に記載するものとする。
3　「原因及びその日付」欄には、その上欄の地番、地目及び地積の全部を記載するまで、変更又は更正にかかる該当欄の番号を冠記した上、変更又は更正の順序に従って右側から記載するものとする。たとえば、まず、地積を更正するときは「原因及びその日付」欄の右側に、次いで、地目を変更するときは中央に、更に、地番を変更するときは左側に、それぞれ③、②及び①と冠記し、変更又は更正の登記原因及びその日付を記載するものとする。
4　所有者の表示の変更もしくは更正の登記又は所有者もしくはその持分の更正の登記は、所有者に関する事項を記載した欄にするものとする。

(分筆の登記の記載)
第百十七条　甲地を分割してその一部を乙地とする分筆の登記をする場合において、法第八十二条第二項の規定による記載をするには、甲地の登記用紙中表題部に「残余ノ表示」として、地番、地目及び地積のうち変更する事項のみを該当欄の次行に記載し(ただし、所在欄には、何らの記載を要しない。)その下の「原因及びその日付」欄に「何番の何、何番の何に分筆(又は「何番の何ないし何番の何に分筆」)のごとく記載してさしつかえない。
2　前項の場合には、乙地の登記用紙中表題部の該当欄に乙地の表示に関する事項を記載し、法第八十二条第一項の規程による記載は、「原因及びその日付」欄に「何番から分筆」と記載してするものとする。

(合筆の登記の記載)
第百十八条　甲地を乙地に合併する登記をする場合には、甲地の登記用紙中表題部の「原因及びその日付」欄に「何番に合筆」と記載するものとする。
2　前項の場合において、法第八十六条第一項の規定による記載をするには、乙地の登記用紙中表題部の該当欄の次行に合併後の土地の表示に関する事項を記載し(ただし、所在欄には、何らの記載を要しない。)その下の「原因及びその日付」欄に「何番を合筆(又は「何番の何ないし何番の何を合筆」)のごとく記載するものとする。

第百十九条　甲地を分割してその一部を乙部に合併する登記をする場合には、甲地の登記用紙中表題部の該当欄の次行に分割後の土地の表示に関する事項を記載し(ただし、所在欄には、何らの記載を要しない。)、その下の「原因及びその日付」

欄に「何番に一部合併」と記載するものとする。

2　前項の場合において、法第八十五条第一項の規定による記載をするには、乙地の登記用紙中表題部の該当欄の次行に合併後の土地の表示に関する事項を記載し（ただし、所在欄には、何らの記載を要しない。）、その下の「原因及びその日付」欄に「何番から一部合併」と記載するものとする。

（滅失の登記の記載）

第百二十条　土地の滅失の登記をする場合には、登記原因及びその日付並びに登記の年月日は、原則として次行に記載するものとする。

（日付欄の記載）

第百二十一条　「登記の日付」欄に記載すべき登記の年月日は、登記完了の年月日を記載するものとする。

8　不動産登記事務取扱手続準則（抄）

（昭和四十六年三月十五日
民事甲第五五七号法務省民事局長通達）

第五章　登記手続各則

第一節　不動産の表示に関する登記手続

第一款　総　　則

（実地調査）

第八十一条　登記官は、事情の許す限り積極的に不動産の実地調査を励行し、その結果必要があるときは、不動産の表示に関する登記を職権でしなければならない。

第八十二条　不動産の表示に関する登記の申請があった場合には、原則として実地調査を行なうものとする。ただし、次の場合には、所要の実地調査を省略してもさしつかえない。

一　官公署又はこれに準ずるものの嘱託による場合

二　官公署又はこれに準ずるものの作成にかかる図面を提出して申請があった場合

三　申請者の添付書類又は公知の事実等により申請にかかる事項が相当と認められる場合

（印鑑証明書等の添付）

第八十三条　申請書の添付書面で、申請人以外の者の証明にかかるものがある場合において必要があるときは、その者の印鑑証明書を添付させるものとし、なお、法定代理人又はその他一定の資格を有する者の証明にかかるものについては、その資格を証する書面をも添付させるものとする。

（実地調査書）

第八十四条　申請書及びその添付書類を審査し、実地調査の必要を認めた場合には、申請書の第一葉の上部欄外右側に附録第七十三号様式による印版を押印し、実地調査を完了した場合には、附録第七十四号様式又はこれに準ずる様式による実地調査書に、調査の方法及びその結果等を記載し、これを申請書に合綴するものとする。ただし、調査事項が簡易な場合には、申請書の余白の適宜の箇所に調査の結果等を記載して、実地調査書の作成を省略してさしつかえない。

第八十五条　地方税法第三百八十一条第七項の規定による市町村長の申出書を受け取ったとき、法第百二条（法第百四条第二項において準用する場合を含む。）の規定により不動産の表示の登記をしたとき又は職権により不動産の表示に関する登記をすることを必要と認めたときは、職権表示登記事件簿に登記の目的、所有者の氏名、立件年月日及び立件番号を記載するものとする。

2　前項の場合には、附録第七十四号様式又はこれに準ずる様式による実地調査書を設け、これに調査の方法及びその結果等を記載するものとする。この場合には、申出にかかる事件の実地調査書は、その申出書に合綴するものとする。

3　第一項の申出書又は申出書のない事件についての前項の実地調査書には、附録第七十五号様式及び附録第七十六号様式又はこれらに準ずる様式による印版を押印して立件年月日及び立件番号を記載し、立件、調査、記入、図面の整理、所要の通知等をした場合には、そのつど該当欄に取扱者が押印するものとする。

（申請の催告）

第八十六条　法第八十条第一項もしくは第三項、第八十一条第一項もしくは第三項、第八十一条ノ八、第九十三条第一項もしくは第三項、第九十三条ノ二第一項もしくは第三項又は第九十三条ノ六の規定により申請を要すべき事項で申請のないものを発見した場合には、直ちに職権でその登記をすることなく、申請の義務ある者に登記の申請を催告するものとする。

2　前項の催告は、附録七十七号様式による催告書によりするものとする。

（職権表示登記事件簿等の記載）

第八十七条　第八十五条の規定により立件した事件の処理を中止により終結した場合には、職権表示登記事件簿の備考欄に「中止」と記載し、申出書又は申出のない事件についての実地調査書に中止の年月日及びその旨を記載するものとする。

（実地調査上の注意）

第八十八条　実地調査を行なおうとする場合には、あらかじめ土地又は建物の所有者その他の利害関係人に通知する等、調査上支障がないように諸般の手配をしなければならない。

2　実地調査を行なう場合には、その土地又は建物の所有者又は管理人の立会を求め、なお、必要があると認めるときは、隣地の所有者又は利害関係人等の立会を求めるものとする。

3　質問又は検査をする場合には、所有者その他の利害関係人に対して身分、氏名及び質問又は検査の趣旨を明らかにし、これらの者に迷惑をかけることがないように注意しなければならない。

4　実地調査を完了した場合において必要があるときは、地積の測量図もしくは土地の所在図又は建物の図面もしくは各階の平面図を作製するものとする。

5　前項の地積の測量図等の作製については、細則第四十二条ノ四及び第四十二条ノ六の規定によるものとする。

（実地調査の代行）

第八十九条　登記官は、必要がある場合には、職員に細部の指示を与えて実地調査を行なわせてさしつかえない。

（図面の作製）

第九十条　土地の所在図及び地積の測量図は、墨を用い、〇・二ミリメートルないし〇・三ミリメートルの細線で鮮明に作製しなければならない。

2　建物の図面及び各階の平面図は、カーボン紙を用いて作製してさしつかえない。ただし、細線で鮮明に作製しなければならない。

3　細則第四十二条ノ四第三項又は第四十二条ノ六第三項の規定により、第一項又は前項の図面に申請人が署名押印する場合において申請人が会社その他の法人であるときは、その法人の代表者又は支店もしくは事務所の長が署名押印するものとし、作製者が署名するには、その住所又は所属庁もしくは事務所及び職、氏名を記載するものとする。

第九十一条　土地の所在図は、法第十七条の規定による近傍類似の土地の地図と同一の縮尺により作製するものとする。

2　地積の測量図は、おおむね次の縮尺により作製するものとする。

住宅地域　三百分の一ないし五百分の一

農耕地域　五百分の一ないし千分の一

林野地域　千分の一ないし三千分の一

第九十二条　建物の図面は、その建物を記入すべき法第十七条の規定による建物所在図と同一の縮尺により作製し、その敷地及び建物の一階（区分された建物にあっては、その地上の最低階）の形状を明確にするものとする。

2　前項の場合、建物が地下のみの建物であるときは、地下一階の形状を朱書するものとする。

3　建物が一棟の建物を区分した建物であるときは、第一項の図面に、次の例示のように点線をもって一棟の建物の一階の形状をも明確にするものとし、その建物が一階以外の部分に存する場合には、その存する階層を、たとえば「建物の存する部分三階」、「建物の存する部分四階、五階」のように記載するものとする。

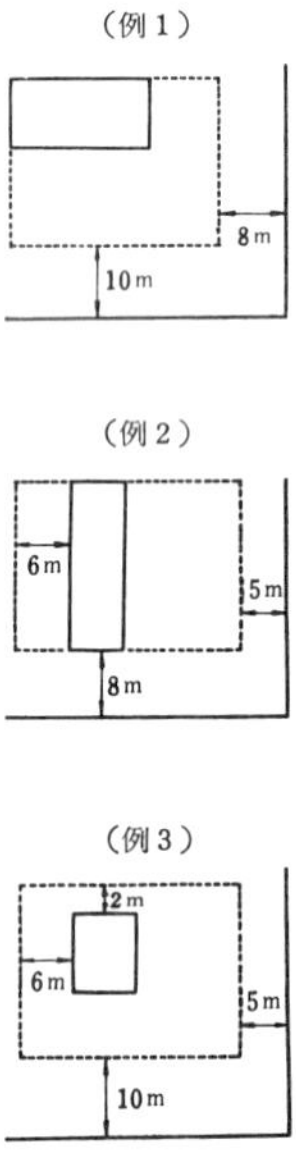

第九十三条　各階の平面図には、各階の床面積を明確にするため、次の例示のように各階ごとに建物の周囲の長さを記載し、かつ、一階の位置を点線をもつて表示し、床面積の求積及びその方法をも記載するものとする。

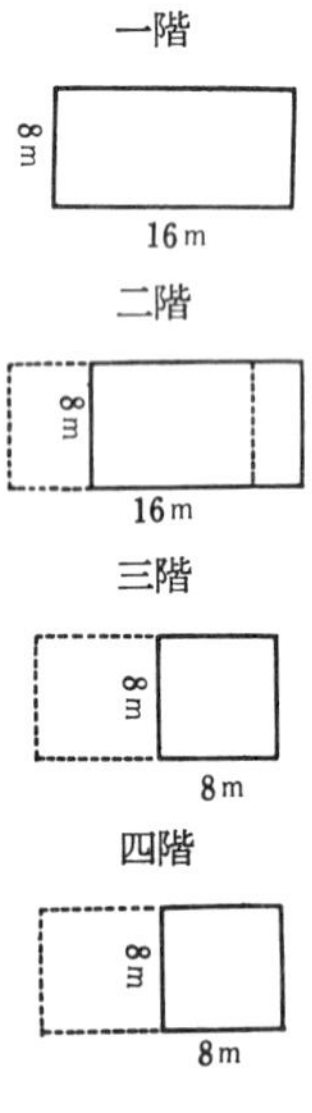

2　各階が同じ形状のものについてその表示をするには、次の

例示のように記載してさしつかえないものとする。

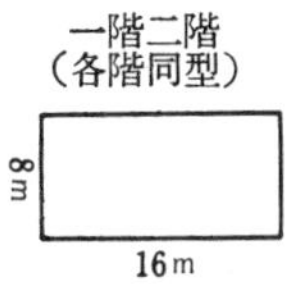

（図面の整理）

第九十四条　土地の所在図及び地積の測量図は、地番区域ごとに地番の順序により土地図面綴込帳に編綴するものとする。

2　建物の図面及び各階の平面図は、地番区域ごとに家屋番号の順序により建物図面綴込帳に編綴するものとする。

第九十五条　土地図面綴込帳又は建物図面綴込帳の目録には、前条第一項又は第二項に規定する図面を編綴するごとに所要事項を記載して、登記官が押印するものとする。

第九十六条　土地又は建物の表示の変更又は更正の登記をした場合において必要があるときは、土地図面綴込帳又は建物図面綴込帳に編綴されている関係図面のこれらの記載を変更又は訂正し、編綴替の必要があるときはその編綴替をするものとする。

2　前項の規定により図面の地番又は家屋番号の記載を変更又は訂正したときは、土地図面綴込帳又は建物図面綴込帳の目録中その図面にかかる従前の地番又は家屋番号の記載を朱抹し、当該箇所に変更又は訂正後の地番又は家屋番号を記載するものとする。

第九十七条　土地又は建物の表示の変更又は更正の登記をした場合において、変更又は更正後の図面を土地図面綴込帳又は建物図面綴込帳に編綴したときは、変更又は更正前の図面を土地図面綴込帳又は建物図面綴込帳より除却するものとする。

第九十八条　土地又は建物の滅失の登記をした場合には、当該土地又は建物に関する図面を土地図面綴込帳又は建物図面綴込帳より除却するものとする。

第九十九条　前二条の規定により又は管轄転属等により図面を土地図面綴込帳又は建物図面綴込帳より除却したときは、その目録中その図面にかかる記載を朱抹し、除却の年月日を記載して、登記官が押印するものとする。

第百条　除却した図面は、その左側上部に「昭和何年何月何日除却」と記載し、除却土地図面綴込帳又は除却建物図面綴込帳に除却の日付の順に編綴するものとする。

（地図、建物所在図等の変更又は訂正）

第百一条　地図又は建物所在図に誤りがあるときは、所有者その他の利害関係人は、その訂正の申出をすることができる。この場合において、土地の境界又は建物の位置もしくは形状の訂正の申出書には、土地の所在図、測量図又は建物の図面を添付しなければならない。

第百二条　地積の測量図又は建物の各階の平面図に誤りがあるときは、所有者その他の利害関係人は、その訂正の申出をすることができる。この場合には、申出書に地積の測量図又は建物の各階の平面図を添付しなければならない。

第百三条　地図又は建物所在図の変更又は訂正は、次によってするものとする。

一　土地又は建物の表示に関する登記をしたとき、所有者その他の利害関係人からの訂正の申出を相当と認めたとき、その他地図又は建物所在図の変更又は訂正を必要とするときは、申請書、実地調査書又は申出書に添付された土地の所在図、測量図又は建物の図面に基づきするものとする。
二　図面の変更又は訂正をする場合には、原図に墨を用いて、細字、細線により鮮明に所要の記載をし、変更又は訂正前の記載を朱抹するものとする。ただし、この方法により難いときは、所要の箇所に薄美濃紙をもって貼紙(浮貼)を施し、これに変更又は訂正の措置をするものとする。
三　新たに土地又は建物の表示の登記をした場合には、その土地又は建物の位置を画し、その地番又は家屋番号を記載するものとする。
四　土地の分筆の登記をした場合には、分割線を記入し、分割後の地番を記載するものとする。
五　建物の区分の登記をした場合には、区分後の家屋番号を記載し、区分線を記入することを要しない。
六　土地の合筆の登記をした場合には、その境界線を朱抹し、合併後の地番を記載して従前の地番を朱抹するものとする。
七　建物の合併の登記をした場合には、合併後の家屋番号を記載し、従前の家屋番号を朱抹するものとする。
八　土地又は建物の異動が頻繁で図面が錯雑している場合には、原図のその部分を謄写し、これをその部分に関する地図又は建物所在図として用いるものとする。この場合には、原図の余白にその旨を記載しなければならない。
九　地図又は建物所在図の訂正をした場合には、当該地図又は建物所在図に付した訂正票にその旨を明らかにし、登記官が押印するものとする。

第二款　土地の表示に関する登記

(地番の定め方)

第百四条　地番を定めるには、次の各号によるものとする。
一　地番は、他の土地の地番と重複しない番号をもって定める。
二　土地の表示の登記をする場合には、当該土地の地番区域内における最終の地番を追い順次にその地番を定める。ただし、地番が著しく錯雑するおそれがあるときは、隣接地の地番に支号に付してその地番を定めてさしつかえない。この場合において、隣接地の地番が支号を用いたものであるときは、その本番の最終の支号を追い順次支号を定める。
三　分筆した土地については、分筆前の地番に支号を付して各筆の地番を定める。ただし、本番に支号のある土地を分筆する場合には、その一筆には、従来の地番を存し、他の各筆には、本番の最終の支号を追い順次支号を付してその地番を定める。
四　合筆した土地については、合筆前の首位の地番をもってその地番とする。ただし、同一の本番に支号を付した土地の全部を合筆した場合には、その支号を除き、本番のみをもって合筆した土地の地番とする。
五　特別の事情があるときは、前三号の規定にかかわらず適宜の地番を定めてさしつかえない。
六　土地区画整理事業を施行した地域等においては、ブロック(街区)地番を付してさしつかえない。
七　地番の支号には、壱、弐、参等の数字を用い、支号の支号は用いないものとする。

2　従来の地番に数字でない符号を用いたもの又は支号に更に支号を付したものがある場合には、その土地の表示の変更又は更正の登記をする際に変更するものとする。
3　二筆以上の異なる土地に同一の地番が重複して定められているときは、地番を付し替えるものとする。
4　地番が著しく錯雑している場合において必要があるときは、その地番を変更してもさしつかえない。

(地目の定め方)

第百五条　地目を定めるには、次の各号によるものとする。この場合には、土地の現況及び利用目的に重点を置き、部分的に僅少の差異の存するときでも、土地全体としての状況を観察して定めるものとする。

イ　田　農耕地で用水を利用して耕作する土地
ロ　畑　農耕地で用水を利用しないで耕作する土地
ハ　宅地　建物の敷地及びその維持もしくは効用を果すために必要な土地
ニ　塩田　海水を引き入れて塩を採取する土地
ホ　鉱泉地　鉱泉（温泉を含む。）の湧出口及びその維持に必要な土地
ヘ　池沼　灌漑用水でない水の貯溜池
ト　山林　耕作の方法によらないで竹木の生育する土地
チ　牧場　獣畜を放牧する土地
リ　原野　耕作の方法によらないで雑草、灌木類の生育する土地
ヌ　墓地　人の遺骸又は遺骨を埋める土地
ル　境内地　境内に属する土地で、宗教法人法第三条第二号及び第三号に掲げる土地（宗教法人の所有に属しないものを含む。）
ヲ　運河用地　運河法第十二条第一項第一号又は第二号に掲げる土地
ワ　水道用地　もっぱら給水の目的で敷設する水道の水源地、貯水池、濾水場、喞水場、水道線路に要する土地
カ　用悪水路　灌漑用又は悪水排泄用の水路
ヨ　ため池　耕地灌漑用の用水貯溜池
タ　堤　防水のために築造した堤防
レ　井溝　田畝又は村落の間にある通水路
ソ　保安林　森林法に基づき農林大臣が保安林として指定した山林
ツ　公衆用道路　一般交通の用に供する道路（道路法による道路たると否とを問わない。）
ネ　公園　公衆の遊楽のために供する土地
ナ　雑種地　以上のいずれにも該当しない土地

第百六条　次に掲げる土地の地目は、次の各号により定めるものとする。

一　牧草栽培地は、畑とする。
二　杞柳を田に栽植し田の設備をそのまま存置する場合には田とし、田の設備を廃止した場合には畑とする。山林、原野に杞柳を栽植した土地も、畑とする。
三　海産物を乾燥する場所の区域内に永久的設備と認められる建物がある場合には、その敷地の区域に属する部分だけを宅地とする。
四　耕作地の区域内にある小作人小屋又は農具小屋等の敷地は、その建物が永久的設備と認められるものに限り、宅地とする。

五　牧畜のために使用する建物の敷地、牧草栽培地及び林地等で牧場地域内にあるものは、すべて牧場とする。
六　水力電気のための水路及び排水路は、雑種地とする。
七　遊園地、運動場、ゴルフ場及び飛行場については
イ　建物の利用を主とする建物敷地以外の部分が建物に附随する庭園に過ぎないと認められる場合には、その全部を一団として宅地とする。
ロ　一部に建物がある場合でも、建物敷地以外の土地の利用を主とし、建物はその附随的なものに過ぎないと認められるときは、その全部を一団として雑種地とする。ただし、道路、溝渠その他により建物敷地として判然区分し得る状況にあるものは、これを区分して宅地としてもさしつかえない。
八　競馬場内の土地については、事務所、観覧席及び厩舎等永久的設備と認められる建物の敷地及びその附属地は、宅地とし、馬場は、雑種地とし、その他の土地は、現況に応じてその地目を定める。
九　テニスコート、プールについては、宅地に接続するものは宅地とし、その他は雑種地とする。
十　瓦斯タンク敷地、石油タンク敷地は、宅地とする。
十一　工場又は営業場に接続する物干場又はさらし場は、宅地とする。
十二　火葬場の用地は、その構内に建物の設備がある場合には、構内全部を宅地とし、建物の設備のない場合には、雑種地とする。
十三　高圧線の下の土地で他の目的に使用することができない区域は、雑種地とする。
十四　鉄塔敷地又は変電所敷地は、雑種地とする。
十五　坑口、やぐら敷地は、雑種地とする。
十六　製錬所の煙道敷地は、雑種地とする。
十七　陶器かまどの設けられた土地については、永久的設備と認められる雨おおいがある場合には、宅地とし、その設備がない場合には、雑種地とする。
十八　木場（木ぼり）の区域内の土地は、建物がない限り、雑種地とする。
十九　鉄道の駅舎、附属施設及び路線の敷地は、すべて鉄道用地と表示する。
二十　校舎、附属施設の敷地及び運動場は、すべて学校用地と表示する。

（地積の定め方）

第百七条　土地の表示に関する登記の申請書に記載した地積と登記官の実地調査の結果による地積の差が、申請書に記載した地積を基準にして、宅地及び鉱泉地については百分の一、田、畑、塩田については百分の二、その他の土地については百分の五以内であるときは、申請書に記載した地積を相当と認めてさしつかえない。

（合併の禁止）

第百八条　土地の合併は、法第八十一条ノ三に定めるもののほか、次の各号の一に該当する場合には、することができない。
一　字（地番区域でないものを含む。）を異にする土地
二　接続しない土地

（土地の表示の登記）

第百九条　土地の表示の登記の申請書に添付すべき所有権を証する書面は、公有水面埋立法第二十二条の規定による竣功認

可書、官公署の証明書その他申請人の所有権の取得を推認できる書面とする。

2　国又は地方公共団体の所有する土地についてこれらの者が土地の表示の登記を嘱託する場合には、所有権を証する書面の添付を便宜省略してさしつかえない。

(地目及び地積の変更等の登記申請)

第百十条　地目の変更又は更正の登記と地積の変更又は更正の登記は、同一の申請書で申請してさしつかえない。この場合には、申請書に登記原因及び登記の目的を併記するものとする。

(分筆の登記申請)

第百十一条　分筆の登記の申請書には、分割前の土地を図示し、分割線を明らかにした分割後の土地の地積の測量図を添付するものとする。ただし、分割後の土地のうち一筆については、必ずしも求積及びその方法を明らかにすることを要しない。

第百十二条　分筆の登記を申請する場合において、分筆前の地積と分筆後の地積の差が、分筆前の地積を基準にして、宅地及び鉱泉地については百分の一、田、畑、塩田については百分の二、その他の土地については百分の五以内であるときは、地積の更正の登記の申請を必要としない。この場合における分筆の登記の申請書には、分割後の各土地の求積及びその方法を明らかにした地積の測量図を提出しなければならない。

(合筆の登記申請)

第百十三条　前二条の規定は、法第八十五条の規定により甲地を分割してその一部を乙地に合併する場合に準用する。

(数字の記載)

第百十四条　地番、地積及び年月日を記載するには、〇、壱、弐、参、四、五、六、七、八、九の文字を使用するものとし、拾、百、千の文字を用いることを要しない。

(表示の登記の記載)

第百十五条　土地の表示の登記をする場合における所有者の氏名、住所及び持分の記載は、表題部の末行欄画の右側にするものとする。

2　法第百二条(法第百四条第二項において準用する場合を含む。以下本条において同じ。)の規定により土地の表示に関する事項を記載する場合には、前項の所有者に関する事項は、記載することを要しない。

3　法第百二条の規定による「所有権ノ登記ヲ為スニ因リテ其登記ヲ為ス旨」の記載は、表題部中「原因及びその日付」欄にするものとする。

第百十六条　従来から存する土地で登記されていないものについては、新たに土地が生じた場合の取扱いに準じ、土地の表示の登記をするものとする。

(所有者の記載)

第百十七条　表題部に所有者の住所を記載するには、「番地」の文字を省略し、たとえば、「五番地」を「五」のように記載してさしつかえない。

2　共同人名票に所有者を記載する場合には、表題部の所有者に関する事項を記載する箇所に「共同人名票のとおり」と記載するものとする。

(変更又は更正の登記の記載)

第百十八条　所在の表示の変更又は更正の登記をする場合に

は、新表示を所在欄中次行の上欄に記載し、登記原因及びその日付並びに登記の年月日をその下欄に記載するものとする。

2　地番、地目又は地積の変更又は更正の登記をする場合には、新表示を該当欄の次行に記載し、変更又は更正の登記原因及びその日付並びに登記の年月日を該当欄の同じ行に記載するものとする。

3　「原因及びその日付」欄には、その上欄の地番、地目及び地積の全部を記載するまで、変更又は更正にかかる該当欄の番号を冠記したうえ、変更又は更正の順序に従って右側から記載するものとする。たとえば、まず、地積を更正するときは「原因及びその日付」欄の右側に、ついで、地目を変更するときは中央に、更に、地番を変更するときは左側に、それぞれ③、②及び①と冠記し、変更又は更正の登記原因及びその日付を記載するものとする。

4　所有者の表示の変更もしくは更正の登記又は所有者もしくはその持分の更正の登記は、所有者に関する事項を記載した欄にするものとする。

（分筆の登記の記載）

第百十九条　甲地を分割してその一部を乙地とする分筆の登記をする場合において、法第八十二条第二項の規定による記載をするには、甲地の登記用紙中表題部に「残余部分ノ表示」として、地番、地目及び地積のうち変更する事項のみを該当欄の次行に記載し（ただし、所在欄には、何らの記載を要しない。）、その下の「原因及びその日付」欄に「何番の何、何番の何に分筆（又は「何番の何ないし何番の何に分筆」）」のごとく記載してさしつかえない。

2　前項の場合には、乙地の登記用紙中表題部の該当欄に乙地の表示に関する事項を記載し、法第八十二条第一項の規定による記載は、「原因及びその日付」欄に「何番から分筆」と記載してするものとする。

（合筆の登記の記載）

第百二十条　甲地を乙地に合併する登記をする場合には、甲地の登記用紙中表題部の「原因及びその日付」欄に「何番に合筆」と記載するものとする。

2　前項の場合において、法第八十六条第一項の規定による記載をするには、乙地の登記用紙中表題部の該当欄の次行に合併後の土地の表示に関する事項を記載し（ただし、所在欄には、何らの記載を要しない。）、その下の「原因及びその日付」欄に「何番を合筆（又は「何番の何ないし何番の何を合筆」）」のごとく記載するものとする。

第百二十一条　甲地を分割してその一部を乙地に合併する登記をする場合には、甲地の登記用紙中表題部の該当欄の次行に分割後の土地の表示に関する事項を記載し（ただし、所在欄には、何らの記載を要しない。）、その下の「原因及びその日付」欄に「何番に一部合併」と記載するものとする。

2　前項の場合において、法第八十五条第一項の規定による記載をするには、乙地の登記用紙中表題部の該当欄の次行に合併後の土地の表示に関する事項を記載し（ただし、所在欄には、何らの記載を要しない。）、その下の「原因及びその日付」欄に「何番から一部合併」と記載するものとする。

（滅失の登記の記載）

第百二十二条　土地の滅失の登記をする場合には、登記原因及びその日付並びに登記の年月日は、原則として次行に記載するものとする。

（日付欄の記載）

第百二十三条　「登記の日付」欄に記載すべき登記の年月日は、登記完了の年月日を記載するものとする。

9　不動産登記事務取扱手続準則（抄）

（昭和五十二年九月三日法務省民三第四四七三号通達）

改正　昭和五十八年民三第六四〇一号通達
　　　平成五年民三第五三一九号通達
　　　平成一三年民二第四四四号通達

第五章　登記手続各則

第一節　不動産の表示に関する登記手続

第一款　総則

（実地調査）

第八七条　登記官は、事情の許す限り積極的に不動産の実地調査を励行し、その結果必要があるときは、不動産の表示に関する登記を職権でしなければならない。

2　実地調査は、あらかじめ地図その他各種図面等を調査し、調査事項を明確にしたうえで行うものとする。

＊法二五ノ二・五〇①

第八八条　不動産の表示に関する登記の申請があった場合には、原則として実地調査を行うものとする。ただし、申請書の添付書類又は公知の事実等により申請に係る事項が相当と認められる場合には、所要の実地調査を省略しても差し支えない。

＊法五〇①

（印鑑証明書等の添付）

第八九条　申請書の添付書面で、申請人以外の者の証明に係るものがある場合において必要があるときは、その者の印鑑証明書を添付させるものとし、なお、法定代理人又はその他一定の資格を有する者の証明に係るものについては、その資格を証明する書面をも添付させるものとする。

(実地調査書)

第九〇条　申請書及びその添付書類を審査し、実地調査の必要を認めた場合には、申請書の第一葉の上部欄外右側に附録第七十三号様式による印版を押印し、実地調査を完了した場合には、附録第七十四号様式又はこれに準ずる様式による実地調査書に、調査の方法及びその結果等を記載し、これを申請書に合綴するものとする。ただし、調査事項が簡易な場合には、申請書の余白の適宜の箇所に調査の結果等を記載し、調査担当者が押印して実地調査書の作成を省略して差し支えない。

＊法五〇②

第九一条　地方税法第三百八十一条第七項の規定による市町村長の申出書を受け取ったとき、法第百二条（法第百四条第二項において準用する場合を含む。）の規定により不動産の表示の登記をしたとき又は職権により不動産の表示に関する登記をすることを必要と認めたときは、職権表示登記事件簿に登記の目的、所有者の氏名、立件年月日及び立件番号を記載するものとする。

2　前項の場合には、附録第七十四号様式又はこれに準ずる様式による実地調査書を設け、これに調査の方法及びその結果等を記載するものとする。この場合には、申出にかかる事件の実地調査書は、その申出書に合綴するものとする。

3　第一項の申出書又は申出書のない事件についての前項の実地調査書には、附録第七十五号様式及び附録第七十六号様式又はこれらに準ずる様式による印版を押印して立件年月日及び立件番号を記載し、立件、調査、記入、図面の整理、所要の通知等をした場合には、そのつど該当欄に取扱者が押印するものとする。

＊昭和三六・一〇・二三民事甲二六四三号通達

＊法五〇②・一〇二・一〇四②、地税三八一⑦

(申請の催告)

第九二条　法第八十条第一項若しくは第三項、第八十一条第一項若しくは第三項、第八十一条ノ八、第九十三条第一項若しくは第三項又は第九十三条ノ五第一項若しくは第三項、第九十三条ノ十一の規定により申請を要すべき事項で申請のないものを発見した場合には、直ちに職権でその登記をすることなく、申請の義務ある者に登記の申請を催告するものとする。

2　前項の催告は、附録第七十七号様式による催告書によりするものとする。

＊法八〇①③・八一①③・八一ノ八・九三①③・九三ノ五①③・九三ノ一一

(職権表示登記事件簿等の記載)

第九三条　第九十一条の規定により立件した事件の処理を中止により終結した場合には、職権表示登記事件簿の備考欄に「中止」と記載し、申出書又は申出のない事件についての実地調査書に中止の年月日及びその旨を記載するものとする。

＊法五〇②、準則九一

(実地調査上の注意)

第九四条　実地調査を行おうとする場合には、あらかじめ土地又は建物の所有者その他の利害関係人に通知する等、調査上支障がないように諸般の手配をしなければならない。

2　実地調査を行う場合には、その土地又は建物の所有者又は管理人の立会を求め、なお、必要があると認めるときは、隣地の所有者又は利害関係人等の立会を求めるものとする。

3　質問又は検査をする場合には、所有者その他の利害関係人に対して身分、氏名及び質問又は検査の趣旨を明らかにし、これらの者に迷惑をかけることがないように注意しなければならない。

4　実地調査を完了した場合において必要があるときは、地積の測量図若しくは土地の所在図又は建物の図面若しくは各階の平面図を作製するものとする。

5　前項の地積の測量図等の作製については、細則第四十二条ノ四及び第四十二条ノ六の規定によるものとする。
＊法五〇②　❺細則四二ノ四・四二ノ六

(実地調査の代行)
第九五条　登記官は、必要がある場合には、職員に細部の指示を与えて実地調査を行わせて差し支えない。
＊法五〇②

(図面の作製)
第九六条　土地の所在図及び地積の測量図は、墨を用い、〇・二ミリメートル以下の細線で鮮明に作製しなければならない。

2　建物の図面及び各階の平面図は、前項に準じて作製しなければならない。

3　細則第四十二条ノ四第四項又は第四十二条ノ六第一項の規定により、第一項又は前項の図面に申請人が署名押印する場合において申請人が会社その他の法人であるときは、その法人の代表者又は支店若しくは事務所の長が署名押印するものとし、作製者が署名するには、その住所又は所属庁若しくは事務所及び職、氏名を記載するものとする。
＊昭和三七・二・一二民三発一〇七号回答

第九七条　土地の所在図は、法第十七条の規定による近傍類似の土地の地図と同一の縮尺により作成するものとする。

2　地積の測量図は、原則として次の縮尺により作成するものとする。

一　市街地地域　　　　　百分の一又は二百五十分の一
二　村落・農耕地域　　　二百五十分の一又は五百分の一
三　山林・原野地域　　　五百分の一又は千分の一

3　土地の所在図及び地積の測量図の誤差の限度は、当該土地についての地図と同一の限度とするものとする。ただし、当該土地について地図が存しない場合には、第二十五条第四項の基準によるものとする。
＊法一七、細則四二ノ四、❷法八〇②・八一②・八一ノ二②・一〇一②、細則三七ノ一〇、❸法八〇②・八一②・準則二五④

第九八条　細則第四十二条ノ四第二項の境界標は、永続性のある石杭又は金属標等の標識をいうものとする。

＊昭和三七・一〇・一八民事甲二八八五号回答
②　❶法八一②・八一ノ二②・一〇一②、細則三七ノ一〇・四二ノ四、❷法九三②・九三ノ五・九三ノ八②、細則四二ノ六、❸法八一②・八一ノ二②・九三②・九三ノ五・九三ノ八②・一〇一②、細則四二ノ四・四二ノ六

2　地積の測量図に前項の境界標を表示するには、境界標の存する筆界点に符号を付し、適宜の箇所にその符号及び境界標の種類を記載するなどの方法によってするものとする。

3　地積の測量図に細則第四十二条ノ四第二項の地物を表示するには、地物の存する地点に符号を付し、適宜の箇所にその符号並びに地物の名称及び概略図を記載するなどの方法によってするものとし、筆界点と地物との位置関係を表示するには、距離、角度等を記載するなどの方法によってするものとする。

＊昭和五五・四・二四民三・二六〇九号依命通知

＊法八〇②・八一②・八一ノ二②・一〇一②

第九九条　地積の測量図及び土地の所在図は、一筆の土地ごとに作製しなければならない。

2　法第八十一条ノ二の規定による分筆の登記又は法第八十五条の規定による分合筆の登記を申請する場合の地積の測量図は、分割前の土地ごとに作製するものとする。なお、この場合において、細則第三十七条ノ十の規定により地積の測量図に記載すべき分割後の各土地の符号は、①②③、(イ)(ロ)(ハ)又はⒶⒷⒸ等適宜の符号を用いて差し支えない。

3　地積の測量図の余白を用いて土地の所在図を作製することができるときは、図面の標記に「土地所在図」と追記して、便宜、土地の所在図を作製して差し支えない。

4　地積の測量図の縮尺がその土地について作製すべき土地の所在図の縮尺と同一であって、当該地積の測量図によって土地の所在を明確に表示することができるときは、図面の標記を「地積測量図兼土地所在図」と記載して、便宜、地積の測量図をもって土地の所在図を兼ねさせることができる。

5　同一の登記の申請において添付すべき地積の測量図又は土地の所在図が数葉にわたるときは、当該地積の測量図又は土地の所在図の余白の適宜の箇所にその総枚数及び丁数を記載するものとする。

＊法八〇②・八一②・八一ノ二②・八五・一〇一②、細則三七ノ一〇・四二ノ四

第一〇〇条　第九十六条第一項の規定は、地役権図面の作製に準用する。

＊法八一ノ四①・一一三②、細則四二ノ五、準則九六①

第一〇一条　建物の図面は、その建物を記入すべき法第十七条の規定による建物所在図と同一の縮尺により作製し、その敷地及び建物の一階（区分された建物にあっては、その地上の最低階）の形状を明確にするものとする。

2　前項の場合、建物が地下のみの建物であるときは、地下一階の形状を朱書するものとする。

3　建物が一棟の建物を区分した建物であるときは、第一項の図面に、次の例示のように点線をもって一棟の建物の一階の形状をも明確にするものとし、その建物が一階以外の部分に存する場合には、その存する階層を、例えば「建物の存する部分三階」、「建物の存する部分四階、五階」のように記載するものとする。

（例1）

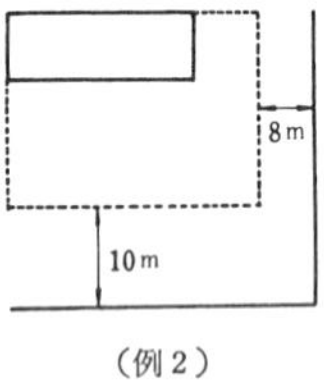

（例2）

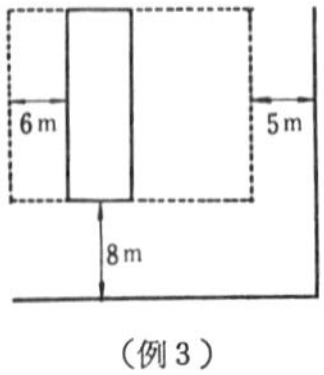

（例3）

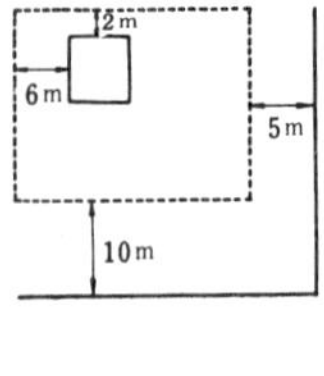

4　前項後段の場合において、その建物（その建物が二階以上の場合はその一階）の存する階層の形状が一棟の建物の一階の形状と異なるときは、次の例示のように一点鎖線をもってその階層の形状をも明確にするものとする。

（例１）

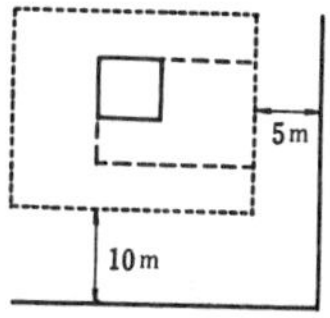

（例２）

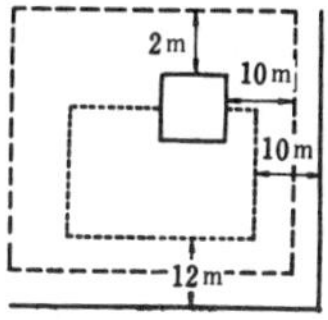

＊昭和三八・九・三〇民事甲二六六一号通達
＊法一七・九三②・九三ノ五・九三ノ八②・一〇一②、細則三七ノ一一・四二ノ六

第一〇二条　各階の平面図には、各階の床面積を明確にするため、次の例示のように各階ごとに建物の周囲の長さを記載し、かつ、一階の位置を点線をもって表示し、床面積の求積及びその方法をも記載するものとする。

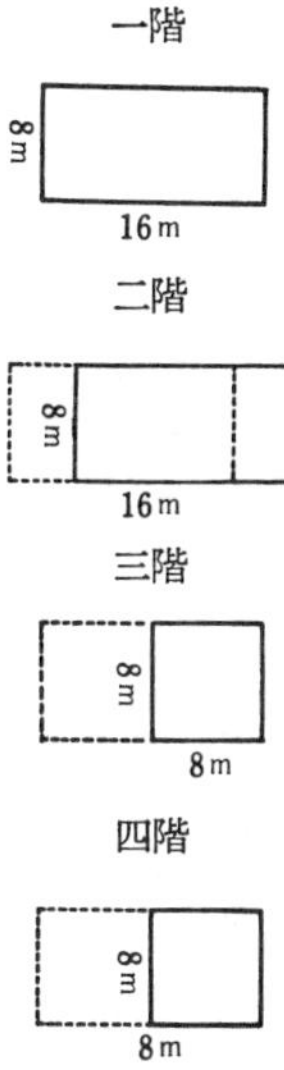

2　各階が同じ形状のものについてその表示をするには、次の例示のように記載して差し支えないものとする。

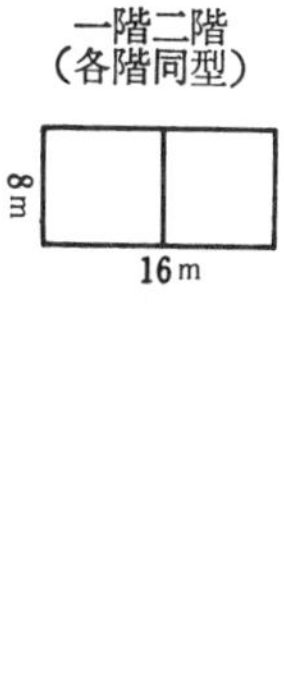

＊昭和三七・六・一一民事甲一五五九号通達
昭和三九・三・二民事甲四四三号通達
＊法九三②・九三ノ五・九三ノ八②・一〇一②、細則三七ノ一一

第一〇三条　建物の図面及び各階の平面図は、一個の建物（附属建物があるときは、主たる建物と附属建物を併せて一個の建物とする。）ごとに作製しなければならない。

2　法第九十三条ノ八の規定による建物の分割又は区分の登記を申請する場合において、細則第三十七条ノ十一の規定により建物の図面及び各階の平面図に記載すべき分割又は区分後の各建物の符号は、①②③、(イ)(ロ)(ハ)又はⒶⒷⒸ等適宜の符号を用いて差し支えない。

3　第九十九条第五項の規定は、建物の図面又は各階の平面図の作製に準用する。

＊法九三②・九三ノ五・九三ノ八②・一〇一②、細則三七ノ一一

（図面の整理）

第一〇四条　土地の所在図及び地積の測量図は、地番区域ごとに地番の順序により土地図面綴込帳に編綴するものとする。

2　建物の図面及び各階の平面図は、地番区域ごとに家屋番号の順序により建物図面綴込帳に編綴するものとする。

＊昭和三七・一〇・一民事甲二八〇二号通達

＊❷法九三②・九三ノ五・九三ノ八②・一〇一②

第一〇五条　土地図面綴込帳又は建物図面綴込帳の目録には、前条第一項又は第二項に規定する図面を編綴するごとに所要事項を記載して、登記官が押印するものとする。

＊準則一〇四

第一〇六条　土地又は建物の表示の変更又は更正の登記をした場合において必要があるときは、土地図面綴込帳又は建物図面綴込帳に編綴されている関係図面のこれらの記載を変更又は訂正し、編綴替の必要があるときはその編綴替をするものとする。

2　前項の規定により図面の地番又は家屋番号の記載を変更又は訂正したときは、土地図面綴込帳又は建物図面綴込帳の目録中その図面にかかる従前の地番又は家屋番号の記載を朱抹し、当該箇所に変更又は訂正後の地番又は家屋番号を記載するものとする。

＊昭和三七・一〇・一民事甲二八〇二号通達

第一〇六条の二　国土調査の成果に基づく登記をした場合には、当該国土調査の実施地区内に存する土地については、国土調査の成果に基づく登記をしたか否かにかかわらず、その前に提出された地積測量図の余白の適宜の箇所に「国土調査実施前提出」と記載するものとする。

第一〇七条　土地又は建物の表示の変更又は更正の登記をした場合において、変更又は更正後の図面を土地図面綴込帳又は建物図面綴込帳に編綴したときは、変更又は更正前の図面を土地図面綴込帳又は建物図面綴込帳より除却するものとする。

第一〇八条　土地改良法又は土地区画整理法に基づく換地処分の登記をした場合には、従前の土地について提出された土地の所在図及び地積の測量図を土地図面綴込帳より除却するものとする。

＊土地改良法、土地区画整理法

第一〇九条　土地又は建物の滅失の登記又は合体による建物の表示の登記の抹消をした場合には、当該土地又は建物に関する図面を土地図面綴込帳又は建物図面綴込帳より除却するものとする。

第一一〇条　地役権の消滅の登記をした場合には、当該地役権に関する図面を地役権図面綴込帳より除却するものとする。

第一一一条　前四条の規定により又は管轄転属等により図面を土地図面綴込帳、建物図面綴込帳又は地役権図面綴込帳より除却したときは、その目録中その図面に係る記載を朱抹し、除却の年月日を記載して、登記官が押印するものとする。

＊準則一〇七〜一一〇

第一一二条　除却した図面は、その左側上部に「昭和何年何月何日除却」と記載し、除却土地図面綴込帳、除却建物図面綴込帳又は除却地役権図面綴込帳に除却の日付の順に編綴するものとする。

(地図、建物所在図等の変更又は訂正)

第一一三条　地図若しくは地図に準ずる図面又は建物所在図に誤りがあるときは、所有者その他の利害関係人は、その訂正の申出をすることができる。この場合において、土地の境界又は建物の位置若しくは形状の訂正の申出書には、土地の所在図、地積の測量図又は建物の図面を添付しなければならない。

2　建物所在図に準ずる図面に誤りがあるときは、前項の規定に準じて取り扱うものとする。
＊昭和三七・七・二一民事甲二〇七八号通達
昭和三七・一〇・八民事甲二八八五号通達
昭和四三・六・八民事甲一六五三号回答

第一一四条　地積の測量図又は各階の平面図に誤りがあるときは、所有者その他の利害関係人は、その訂正の申出をすることができる。この場合には、申出書に地積の測量図又は各階の平面図を添付しなければならない。
＊法一八

第一一五条　地図若しくは地図に準ずる図面又は建物所在図の変更又は訂正は、次によってするものとする。
一　土地又は建物の表示に関する登記をしたとき、所有者その他の利害関係人からの訂正の申出を相当と認めたとき、その他地図又は建物所在図の変更又は訂正を必要とするときは、申請書、実地調査書又は申出書に添付された土地の所在図、地積の測量図又は建物の図面に基づいてするものとする。
二　図面の変更又は訂正をする場合には、原図に墨を用いて、細字、細線により鮮明に所要の記載をし、変更又は訂正前の記載を朱抹し又は削除するものとする。ただし、この方法により難いときは、所要の箇所に薄美濃紙をもって貼紙（浮貼）を施し、これに変更又は訂正の措置をするものとする。
三　新たに土地又は建物の表示の登記をした場合には、その土地又は建物の位置を画し、その地番又は家屋番号を記載するものとする。
四　土地の分筆の登記をした場合には、分割線を記入し、分割後の地番を記載するものとする。
五　建物の区分の登記をした場合には、区分後の家屋番号を記載し、区分線を記入することを要しない。
六　土地の合筆の登記をした場合には、その境界線を朱抹し又は削除し、合併後の地番を記載して従前の地番を朱抹し又は削除するものとする。
七　建物の合併の登記をした場合には、合併後の家屋番号を記載し、従前の家屋番号を朱抹し又は削除するものとする。
八　土地又は建物の異動が頻繁で図面が錯雑している場合には、原図のその部分を謄写し、これをその部分に関する地図又は建物所在図として用いるものとする。この場合には、原図の当該部分及び謄写した図面に(イ)(ロ)(ハ)等の符号を付して、その関連を明らかにするものとする。
九　地図若しくは地図に準ずる図面又は建物所在図の訂正をした場合には、当該地図又は建物所在図に付した訂正票にその旨を明らかにし、登記官が押印するものとする。
2　建物所在図に準ずる図面の変更又は訂正については、前項の規定に準じて取り扱うものとする。
＊法一八

第二款　土地の表示に関する登記

（地番の定め方）
第一一六条　地番を定めるには、次の各号によるものとする。
一　地番は、他の土地の地番と重複しない番号をもって定める。
二　抹消又は合併により登記用紙が閉鎖された土地の地番

は、特別の事情がない限り再使用しないものとする。
三　土地の表示の登記をする場合には、当該土地の地番区域内における最終の地番を追い順次にその地番を定める。ただし、地番が著しく錯雑するおそれがあるときは、隣接地の地番に支号を付してその地番を定めて差し支えない。この場合において、隣接地の地番が支号を用いたものであるときは、その本番の最終の支号を追い順次支号を定める。
四　分筆した土地については、分筆前の地番に支号を付して各筆の地番を定める。ただし、本番に支号のある土地を分筆する場合には、その一筆には、従来の地番を存し、他の各筆には、本番の最終の支号を追い順次支号を付してその地番を定める。
五　合筆した土地については、合筆前の首位の地番をもってその地番とする。ただし、同一の本番に支号を付した土地の全部を合筆した場合には、その支号を除き、本番のみをもって合筆した土地の地番とする。
六　特別の事情があるときは、前三号の規定にかかわらず適宜の地番を定めて差し支えない。
七　土地区画整理事業を施行した地域等においては、ブロック（街区）地番を付して差し支えない。
八　地番の支号には、壱、弐、参等の数字を用い、支号の支号は用いないものとする。
2　従来の地番に数字でない符号を用いたもの又は支号に更に支号を付したものがある場合には、その土地の表示の変更又は更正の登記をする際に変更するものとする。
3　二筆以上の異なる土地に同一の地番が重複して定められているときは、地番を付し替えるものとする。
4　地番が著しく錯雑している場合において必要があるときは、その地番を変更しても差し支えない。
＊昭和三五・七・二九民事甲一八九六号回答
昭和三六・七・二一民事甲一七五〇号回答
＊法七八・七九①、令二

（地目の定め方）
第一一七条　地目を定めるには、次の各号によるものとする。この場合には、土地の現況及び利用目的に重点を置き、部分的に僅少の差異の存するときでも、土地全体としての状況を観察して定めるものとする。
イ　田　農耕地で用水を利用して耕作する土地
ロ　畑　農耕地で用水を利用しないで耕作する土地
ハ　宅地　建物の敷地及びその維持若しくは効用を果すために必要な土地
ニ　塩田　海水を引き入れて塩を採取する土地
ホ　鉱泉地　鉱泉（温泉を含む。）の湧出口及びその維持に必要な土地
ヘ　池沼　灌漑用水でない水の貯溜池
ト　山林　耕作の方法によらないで竹木の生育する土地
チ　牧場　獣畜を放牧する土地
リ　原野　耕作の方法によらないで雑草、灌木類の生育する土地
ヌ　墓地　人の遺骸又は遺骨を埋める土地
ル　境内地　境内に属する土地で、宗教法人法第三条第二号及び第三号に掲げる土地（宗教法人の所有に属しないものを含む。）
ヲ　運河用地　運河法第十二条第一項第一号又は第二号に掲

げる土地
ワ　水道用地　もっぱら給水の目的で敷設する水道の水源地、貯水池、濾水場、喞水場、水道線路に要する土地
カ　用悪水路　灌漑用又は悪水排泄用の水路
ヨ　ため池　耕地灌漑用の用水貯溜地
タ　堤　防水のために築造した堤防
レ　井溝　田畝又は村落の間にある通水路
ソ　保安林　森林法に基づき農林水産大臣が保安林として指定した土地
ツ　公衆用道路　一般交通の用に供する道路（道路法による道路たると否とを問わない。）
ネ　公園　公衆の遊楽のために供する土地
ナ　雑種地　以上のいずれにも該当しない土地
＊昭和三八・六・一民事甲一七四〇号通達
＊法七八・七九②・八一ノ二④・八一ノ五、令三、宗教三23、運河一二①12、森林法、道路法

第一一八条　次に掲げる土地の地目は、次の各号により定めるものとする。
一　牧草栽培地は、畑とする。
二　杞柳を田に栽植し田の設備をそのまま存置する場合には田とし、田の設備を廃止した場合には畑とする。山林、原野に杞柳を栽植した土地も、畑とする。
三　海産物を乾燥する場所の区域内に永久的設備と認められる建物がある場合には、その敷地の区域に属する部分だけを宅地とする。
四　耕作地の区域内にある小作人小屋又は農具小屋等の敷地は、その建物が永久的設備と認められるものに限り、宅地とする。
五　牧畜のために使用する建物の敷地、牧草栽培地及び林地等で牧場地域内にあるものは、すべて牧場とする。
六　水力電気のための水路及び排水路は、雑種地とする。
七　遊園地、運動場、ゴルフ場及び飛行場については
イ　建物の利用を主とする建物敷地以外の部分が建物に附随する庭園に過ぎないと認められる場合には、その全部を一団として宅地とする。
ロ　一部に建物がある場合でも、建物敷地以外の土地の利用を主とし、建物はその附随的なものに過ぎないと認められるときは、その全部を一団として雑種地とする。ただし、道路、溝渠その他により建物敷地として判然区分し得る状況にあるものは、これを区分して宅地としても差し支えない。
八　競馬場内の土地については、事務所、観覧席及び厩舎等永久的設備と認められる建物の敷地及びその附属地は、宅地とし、馬場は、雑種地とし、その他の土地は、現況に応じてその地目を定める。
九　テニスコート、プールについては、宅地に接続するものは宅地とし、その他は雑種地とする。
十　瓦期タンク敷地、石油タンク敷地は、宅地とする。
十一　工場又は営業場に接続する物干場又はさらし場は、宅地とする。
十二　火葬場の用地は、その構内に建物の設備がある場合には、構内全部を宅地とし、建物の設備のない場合には、雑種地とする。
十三　高圧線の下の土地で他の目的に使用することができな

い区域は、雑種地とする。
十四　鉄塔敷地又は変電所敷地は、雑種地とする。
十五　抗口、やぐら敷地は、雑種地とする。
十六　製練所の煙道敷地は、雑種地とする。
十七　陶器かまどの設けられた土地については、永久的設備と認められる雨おおいがある場合には、宅地とし、その設備がない場合には、雑種地とする。
十八　木場（木ぼり）の区域内の土地は、建物がない限り、雑種地とする。
十九　鉄道の駅舎、附属施設及び路線の敷地は、すべて鉄道用地と表示する。
二十　校舎、附属施設の敷地及び運動場は、すべて学校用地と表示する。

＊法七八・七九②・八一ノ二④・八一ノ五、令三

（地積の定め方）
第一一九条　土地の表示に関する登記の申請書に記載した地積と登記官の実地調査の結果による地積の差が、申請書に記載した地積を基準にして第九十七条第三項の地積の測量図の誤差の限度内であるときは、申請書に記載した地積を相当と認めて差し支えない。

＊法七八・七九②・八一①・八一ノ五・九七③、令四

（合併の禁止）
第一二〇条　土地の合併は、法第八十一条ノ三に定めるもののほか、次の各号の一に該当する場合には、することができない。
一　字（地番区域でないものを含む。）を異にする土地
二　接続しない土地

＊昭和三五・三・三一民事甲七一二号通達
昭和三五・五・六民事甲一〇四八号通達
昭和三五・七・一民事甲一五七九号通達
昭和三五・一〇・二七民事甲二六六六号通達
昭和三七・九・二七民三発八一一号回答

＊法八一ノ二①・八一ノ三

（土地の表示の登記）
第一二一条　土地の表示の登記の申請書に添付すべき所有権を証する書面は、公有水面埋立法第二十二条の規定による竣功認可書、官公署の証明書その他申請人の所有権の取得を推認できる書面とする。
2　国又は地方公共団体の所有する土地についてこれらの者が土地の表示の登記を嘱託する場合には、所有権を証する書面の添付を便宜省略して差し支えない。

＊公水埋立二二

（地目及び地積の変更等の登記申請）
第一二二条　地目の変更又は更正の登記と地積の変更又は更正の登記は、同一の申請書で申請して差し支えない。この場合には、申請書に登記原因及び登記の目的を併記するものとする。

＊昭和五四・一・八民三発三四三号回答
＊法八一①・法八一ノ五

（分筆の登記申請）
第一二三条　分筆の登記の申請書には、分割前の土地を図示し、分割線を明らかにした分割後の土地の地積の測量図を添付するものとする。ただし、分割後の土地のうち一筆については、必ずしも求積及びその方法を明らかにすることを要し

ない。
＊昭和三七・三・一二民事甲六七一号通達
昭和三七・九・二一民事甲二七一三号回答
＊法八一ノ二①②、細則三七ノ一〇

第一二四条　分筆の登記を申請する場合において、分筆前の地積と分筆後の地積の差が、分筆前の地積を基準にして第九十七条第三項の地積の測量図の誤差の限度内であるときは、地積の更正の登記の申請を必要としない。この場合における分筆の登記の申請書には、分割後の各土地の求積及びその方法を明らかにした地積の測量図を提出しなければならない。
＊昭和三七・三・一二民事甲六七一号通達
＊法八一ノ二①②、準則九七③

(合筆の登記申請)
第一二五条　前二条の規定は、法第八十五条の規定により甲地を分割してその一部を乙地に合併する場合に準用する。
＊法八一ノ二①・八五、準則一二三・一二四

(数字の記載)
第一二六条　地番、地積及び年月日を記載するには、〇、壱、弐、参、四、五、六、七、八、九の文字を使用するものとし、拾、百、千の文字を用いることを要しない。
＊昭和三六・七・二六民事甲一七七六号通達

(表示の登記の記載)
第一二七条　土地の表示の登記をする場合における所有者の氏名、住所及び持分の記載は、表題部の末行欄画の右側にするものとする。
2　法第百二条(法第百四条第二項において準用する場合を含む。以下本条において同じ。)の規定により土地の表示に関する事項を記載する場合には、前項の所有者に関する事項は、記載することを要しない。
3　法第百二条の規定による「所有権ノ登記ヲ為スニ因リテ其登記ヲ為ス旨」の記載は、表題部中「原因及びその日付」欄にするものとする。

(所有者の記載)
第一二八条　従来から存する土地で登記されていないものについては、新たに土地が生じた場合の取扱いに準じ、土地の表示の登記をするものとする。
＊法七八・一〇二・一〇四②

(所有者の記載)
第一二九条　表題部に所有者の住所を記載するには、「番地」の文字を省略し、例えば、「五番地」を「五」のように記載して差し支えない。
2　共同人名票に所有者を記載する場合には、表題部の所有者に関する事項を記載する箇所に「共同人名票のとおり」と記載するものとする。
＊法七八

(変更又は更正の登記の記載)
第一三〇条　所在の表示の変更又は更正の登記をする場合には、新表示を所在欄中次行の上欄に記載し、登記原因及びその日付並びに登記の年月日をその下欄に記載するものとする。
2　地番、地目又は地積の変更又は更正の登記をする場合には、新表示を該当欄の次行に記載し、変更又は更正の登記原因及びその日付並びに登記の年月日を該当欄の同じ行に記載するものとする。
3　「原因及びその日付」欄には、その上欄の地番、地目及び

地積の全部を記載するまで、変更又は更正に係る該当欄の番号を冠記したうえ、変更又は更正の順序に従って右側から記載するものとする。例えば、まず、地積を更正するときは「原因及びその日付」欄の右側に、ついで、地目を変更するときは中央に、更に、地番を変更するときは左側に、それぞれ③、②及び①と冠記し、変更又は更正の登記原因及びその日付を記載するものとする。

4　所有者の表示の変更若しくは更正の登記又は所有者若しくはその持分の更正の登記は、所有者に関する事項を記載した欄にするものとする。

＊❷❸法八一ノ九①、❹法八一ノ九②

（分筆の登記の記載）

第一三一条　甲地を分割してその一部を乙地とする分筆の登記をする場合において、法第八十二条第二項の規定による記載をするには、甲地の登記用紙中表題部に「残余部分ノ表示」として、地番、地目及び地積のうち変更する事項のみを該当欄の次行に記載し（ただし、所在欄には、何らの記載を要しない。）、その下の「原因及びその日付」欄に「何番何、何番何に分筆」（又は「何番何ないし何番何に分筆」）のように記載するものとする。

2　前項の場合には、乙地の登記用紙中表題部の該当欄に乙地の表示に関する事項を記載し、法第八十二条第一項の規定による記載は、「原因及びその日付」欄に「何番から分筆」と記載してするものとする。

＊昭和三七・一〇・一民事甲二七七二号通達

＊法八二

（合筆の登記の記載）

第一三二条　甲地を乙地に合併する登記をする場合には、甲地の登記用紙中表題部の「原因及びその日付」欄に「何番に合筆」と記載するものとする。

2　前項の場合において、法第八十六条第一項の規定による記載をするには、乙地の登記用紙中表題部の該当欄の次行に合併後の土地の表示に関する事項を記載し（ただし、所在欄には、何らの記載を要しない。）、その下の「原因及びその日付」欄に「何番を合筆」（又は「何番何ないし何番何を合筆」）のように記載するものとする。

＊法八六①

第一三三条　甲地を分割してその一部を乙地に合併する登記をする場合には、甲地の登記用紙中表題部の該当欄の次行に分割後の土地の表示に関する事項を記載し（ただし、所在欄には、何らの記載を要しない。）、その下の「原因及びその日付」欄に「何番に一部合併」と記載するものとする。

2　前項の場合において、法第八十五条第一項の規定による記載をするには、乙地の登記用紙中表題部の該当欄の次行に合併後の土地の表示に関する事項を記載し（ただし、所在欄には、何らの記載を要しない。）、その下の「原因及びその日付」欄に「何番から一部合併」と記載するものとする。

＊❷法八五①

（滅失の登記の記載）

第一三四条　土地の滅失の登記をする場合には、登記原因及びその日付並びに登記の年月日は、原則として次行に記載するものとする。

＊昭和三六・一一・九民事甲二八〇一号回答
昭和三七・一〇・四民事甲二八二〇号通達

*法八一ノ八①・八八

（日付欄の記載）

第一三五条 「登記の日付」欄に記載すべき登記の年月日は、登記完了の年月日を記載するものとする。

10　不動産登記規則（抄）

（平成一七年二月一八日法務省令第一八号）

改正　平成一七法務省令八二、法務省令一〇六

第一章　総則

（定義）

第一条 この省令において、次の各号に掲げる用語の意義は、それぞれ当該各号に定めるところによる。

一　順位番号　第百四十七条第一項の規定により権利部に記録される番号をいう。

二　地図等　地図、建物所在図又は地図に準ずる図面をいう。

三　電子申請　不動産登記法（以下「法」という。）第十八条第一号の規定による電子情報処理組織を使用する方法による申請をいう。

四　書面申請　法第十八条第二号の規定により次号の申請書を登記所に提出する方法による申請をいう。

五　申請書　申請情報を記載した書面をいい、法第十八条第二号の磁気ディスクを含む。

六　添付書面　添付情報を記載した書面をいい、不動産登記令（以下「令」という。）第十五条の添付情報を記録した磁気ディスクを含む。

七　土地所在図等　土地所在図、地積測量図、地役権図面、建物図面又は各階平面図をいう。

八　不動産番号　第九十条の規定により表題部に記録される番号、記号その他の符号をいう。
九　不動産所在事項　不動産の所在する市、区、郡、町、村及び字（区分建物である建物にあっては、当該建物が属する一棟の建物の所在する市、区、郡、町、村及び字）並びに土地にあっては地番、建物にあっては建物の所在する土地の地番（区分建物である建物にあっては、当該建物が属する一棟の建物の所在する土地の地番）及び家屋番号をいう。

（登記の前後）
第二条　登記の前後は、登記記録の同一の区（第四条第四項の甲区又は乙区をいう。以下同じ。）にした登記相互間については順位番号、別の区にした登記相互間については受付番号による。
2　法第七十三条第一項に規定する権利に関する登記であって、法第四十六条の規定により敷地権である旨の登記をした土地の敷地権についてされた登記としての効力を有するものと当該土地の登記記録の権利部にした登記との前後は、受付番号による。

（付記登記）
第三条　次に掲げる登記は、付記登記によってするものとする。
一　登記名義人の氏名若しくは名称又は住所についての変更の登記又は更正の登記
二　次に掲げる登記その他の法第六十六条に規定する場合における権利の変更の登記又は更正の登記
イ　債権の分割による抵当権の変更の登記
ロ　民法（明治二十九年法律第八十九号）第三百九十八条の八第一項又は第二項（これらの規定を同法第三百六十一条において準用する場合を含む。）の合意の登記
ハ　民法第三百九十八条の十二第二項（同法第三百六十一条において準用する場合を含む。）に規定する根質権又は根抵当権を分割して譲り渡す場合においてする極度額の減額による変更の登記
ニ　民法第三百九十八条の十四第一項ただし書（同法第三百六十一条において準用する場合を含む。）の定めの登記
三　登記事項の一部が抹消されている場合においてする抹消された登記の回復
四　所有権以外の権利を目的とする権利に関する登記（処分の制限の登記を含む。）
五　所有権以外の権利の移転の登記
六　登記の目的である権利の消滅に関する定めの登記
七　民法第三百九十三条（同法第三百六十一条において準用する場合を含む。）の規定による代位の登記
八　抵当証券交付又は抵当証券作成の登記
九　買戻しの特約の登記

第二章　登記記録等

第一節　登記記録

（登記記録の編成）
第四条　土地の登記記録の表題部は、別表一の第一欄に掲げる欄に区分し、同表の第一欄に掲げる欄に同表の第二欄に掲げる事項を記録するものとする。
2　建物（次項の建物を除く。）の登記記録の表題部は、別表

二の第一欄に掲げる欄に区分し、同表の第一欄に掲げる欄に同表の第二欄に掲げる事項を記録するものとする。
3　区分建物である建物の登記記録の表題部は、別表三の第一欄に掲げる欄に区分し、同表の第一欄に掲げる欄に同表の第二欄に掲げる事項を記録するものとする。
4　権利部は、甲区及び乙区に区分し、甲区には所有権に関する登記の登記事項を記録するものとし、乙区には所有権以外の権利に関する登記の登記事項を記録するものとする。

（移記又は転写）

第五条　登記官は、登記を移記し、又は転写するときは、法令に別段の定めがある場合を除き、現に効力を有する登記のみを移記し、又は転写しなければならない。
2　登記官は、登記を移記し、又は転写したときは、その年月日を新たに記録した登記の末尾に記録しなければならない。
3　登記官は、登記を移記したときは、移記前の登記記録を閉鎖しなければならない。

（記録事項過多による移記）

第六条　登記官は、登記記録に記録されている事項が過多となったことその他の事由により取扱いが不便となったときは、登記を移記することができる。この場合には、表示に関する登記及び所有権の登記であって現に効力を有しないものも移記することができる。

（登記官の識別番号の記録）

第七条　登記官は、登記記録に登記事項を記録し、若しくは登記事項を抹消する記号を記録するとき又は登記を転写し、若しくは移記するときは、登記官の識別番号を記録しなければならない。共同担保目録又は信託目録に記録すべき事項を記録し、又は既に記録された事項を抹消する記号を記録する場合についても、同様とする。

（登記記録の閉鎖）

第八条　登記官は、登記記録を閉鎖するときは、閉鎖の事由及びその年月日を記録するほか、登記官の識別番号を記録しなければならない。この場合において、登記記録の全部を閉鎖するときは、閉鎖する登記記録の不動産の表示（法第二十七条第一号に掲げる登記事項を除く。）を抹消する記号を記録しなければならない。

（副登記記録）

第九条　法務大臣及び登記官を監督する法務局又は地方法務局の長は、登記記録に記録されている事項（共同担保目録及び信託目録に記録されている事項を含む。）と同一の事項を記録する副登記記録を調製するものとする。

第二節　地図等

（地図）

第十条　地図は、地番区域又はその適宜の一部ごとに、正確な測量及び調査の成果に基づき作成するものとする。
2　地図の縮尺は、次の各号に掲げる地域にあっては、当該各号に定める縮尺によるものとする。ただし、土地の状況その他の事情により、当該縮尺によることが適当でない場合は、この限りでない。
一　市街地地域（主に宅地が占める地域及びその周辺の地域をいう。以下同じ。）二百五十分の一又は五百分の一
二　村落・農耕地域（主に田、畑又は塩田が占める地域及びその周辺の地域をいう。以下同じ。）五百分の一又は千分の一

三　山林・原野地域（主に山林、牧場又は原野が占める地域及びその周辺の地域をいう。以下同じ。）千分の一又は二千五百分の一

3　地図を作成するための測量は、測量法（昭和二十四年法律第百八十八号）第二章の規定による基本測量の成果である三角点及び電子基準点、国土調査法（昭和二十六年法律第百八十号）第十九条第二項の規定により認証され、若しくは同条第五項の規定により指定された基準点又はこれらと同等以上の精度を有すると認められる基準点（以下「基本三角点等」と総称する。）を基礎として行うものとする。

4　地図を作成するための一筆地測量及び地積測定における誤差の限度は、次によるものとする。

一　市街地地域については、国土調査法施行令（昭和二十七年政令第五十九号）別表第五に掲げる精度区分（以下「精度区分」という。）甲二まで

二　村落・農耕地域については、精度区分乙一まで

三　山林・原野地域については、精度区分乙三まで

5　国土調査法第二十条第一項の規定により登記所に送付された地籍図は、同条第二項又は第三項の規定による登記が完了した後に、地図として備え付けるものとする。ただし、地図として備え付けることを不適当とする特別の事情がある場合は、この限りでない。

6　前項の規定は、土地改良登記令（昭和二十六年政令第百四十六号）第五条第二項第三号又は土地区画整理登記令（昭和三十年政令第二百二十一号）第四条第二項第三号の土地の全部についての所在図その他これらに準ずる図面について準用する。

（建物所在図）

第十一条　建物所在図は、地図及び建物図面を用いて作成することができる。

2　前項の規定にかかわらず、新住宅市街地開発法等による不動産登記に関する政令（昭和四十年政令第三百三十号）第六条第二項（同令第十一条から第十三条までにおいて準用する場合を含む。）の建物の全部についての所在図その他これに準ずる図面は、これを建物所在図として備え付けるものとする。ただし、建物所在図として備え付けることを不適当とする特別の事情がある場合は、この限りでない。

（地図等の閉鎖）

第十二条　登記官は、新たな地図を備え付けた場合において、従前の地図があるときは、当該従前の地図の全部又は一部を閉鎖しなければならない。地図を電磁的記録に記録したときも、同様とする。

2　登記官は、前項の規定により地図を閉鎖する場合には、当該地図に閉鎖の事由及びその年月日を記録するほか、当該地図が、電磁的記録に記録されている地図であるときは登記官の識別番号を記録し、その他の地図であるときは登記官印を押印しなければならない。

3　登記官は、従前の地図の一部を閉鎖したときは、当該閉鎖した部分と他の部分とを判然区別することができる措置を講じなければならない。

4　前三項の規定は、地図に準ずる図面及び建物所在図について準用する。

（地図の記録事項）

第十三条　地図には、次に掲げる事項を記録するものとする。

一　地番区域の名称
二　地図の番号
三　縮尺
四　国土調査法施行令第二条第一項第一号に規定する平面直角座標系の番号又は記号
五　図郭線及びその座標値
六　各土地の区画及び地番
七　基本三角点等の位置
八　精度区分
九　隣接図面との関係
十　作成年月日
2　電磁的記録に記録する地図にあっては、前項各号に掲げるもののほか、各筆界点の座標値を記録するものとする。
(建物所在図の記録事項)
第十四条　建物所在図には、次に掲げる事項を記録するものとする。
一　地番区域の名称
二　建物所在図の番号
三　縮尺
四　各建物の位置及び家屋番号（区分建物にあっては、当該区分建物が属する一棟の建物の位置）
五　第十一条第二項の建物所在図にあっては、その作成年月日
(地図及び建物所在図の番号)
第十五条　登記官は、地図に記録された土地の登記記録の表題部には第十三条第一項第二号の番号を記録し、建物所在図に記録された建物の登記記録の表題部には前条第二号の番号を記録しなければならない。
(地図等の訂正)
第十六条　地図に表示された土地の区画又は地番に誤りがあるときは、当該土地の表題部所有者若しくは所有権の登記名義人又はこれらの相続人その他の一般承継人は、その訂正の申出をすることができる。地図に準ずる図面に表示された土地の位置、形状又は地番に誤りがあるときも、同様とする。
2　前項の申出をする場合において、当該土地の登記記録の地積に錯誤があるときは、同項の申出は、地積に関する更正の登記の申請と併せてしなければならない。
3　第一項の申出は、次に掲げる事項を内容とする情報（以下「地図訂正申出情報」という。）を登記所に提供してしなければならない。
一　申出人の氏名又は名称及び住所
二　申出人が法人であるときは、その代表者の氏名
三　代理人によって申出をするときは、当該代理人の氏名又は名称及び住所並びに代理人が法人であるときはその代表者の氏名
四　申出人が表題部所有者又は所有権の登記名義人の相続人その他の一般承継人であるときは、その旨
五　申出に係る訂正の内容
4　第一項の申出は、次に掲げる方法のいずれかによりしなければならない。
一　法務大臣の定めるところにより電子情報処理組織を使用して地図訂正申出情報を登記所に提供する方法
二　地図訂正申出情報を記載した書面を登記所に提出する方法

5　第一項の申出をする場合には、地図訂正申出情報と併せて次に掲げる情報を提供しなければならない。
一　地図又は地図に準ずる図面に表示された土地の区画若しくは位置若しくは形状又は地番に誤りがあることを証する情報
二　地図又は地図に準ずる図面に表示された土地の区画又は位置若しくは形状に誤りがあるときは、土地所在図又は地積測量図
三　表題部所有者又は所有権の登記名義人の相続人その他の一般承継人が申出をするときは、相続その他の一般承継があったことを証する市町村長（特別区の区長を含むものとし、地方自治法（昭和二十二年法律第六十七号）第二百五十二条の十九第一項の指定都市にあっては、区長とする。以下同じ。）、登記官その他の公務員が職務上作成した情報（公務員が職務上作成した情報がない場合にあっては、これに代わるべき情報）
6　令第四条本文、第七条第一項第一号及び第二号の規定は、第一項の申出をする場合について準用する。
7　第三十六条第一項から第三項までの規定は、前項において準用する令第七条第一項第一号及び第二号の法務省令で定める場合について準用する。
8　令第十条から第十四条までの規定は、第四項第一号の方法により第一項の申出をする場合について準用する。
9　第四十一条及び第四十四条の規定は前項に規定する場合について、第四十二条の規定は前項において準用する令第十二条第一項及び第二項の電子署名について、第四十三条第二項の規定は前項において準用する令第十四条の法務省令で定める電子証明書について準用する。
10　令第十五条、第十六条第一項、第十七条及び第十八条第一項の規定は、第四項第二号に掲げる方法により第一項の申出をする場合について準用する。この場合において、令第十六条第一項及び第十八条第一項中「記名押印しなければ」とあるのは、「署名し、又は記名押印しなければ」と読み替えるものとする。
11　第四十五条、第四十六条第一項及び第二項、第五十三条並びに第五十五条の規定は、第四項第二号に掲げる方法により第一項の申出をする場合について準用する。
12　登記官は、申出に係る事項を調査した結果、地図又は地図に準ずる図面を訂正する必要があると認めるときは、地図又は地図に準ずる図面を訂正しなければならない。
13　登記官は、次に掲げる場合には、理由を付した決定で、第一項の申出を却下しなければならない。
一　申出に係る土地の所在地が当該申出を受けた登記所の管轄に属しないとき。
二　申出の権限を有しない者の申出によるとき。
三　地図訂正申出情報又はその提供の方法がこの省令の規定により定められた方式に適合しないとき。
四　この省令の規定により地図訂正申出情報と併せて提供しなければならないものとされている情報が提供されないとき。
五　申出に係る事項を調査した結果、地図又は地図に準ずる図面に誤りがあると認められないとき。
六　地図又は地図に準ずる図面を訂正することによって申出に係る土地以外の土地の区画又は位置若しくは形状を訂正

すべきこととなるとき。
14　第三十八条及び第三十九条の規定は、第一項の申出について準用する。
15　登記官は、地図等に誤りがあると認めるときは、職権で、その訂正をすることができる。

第三節　登記に関する帳簿

(申請情報等の保存)
第十七条　登記官は、電子申請において提供された申請情報及びその添付情報その他の登記簿の附属書類(これらの情報について行われた電子署名及び電子証明書を検証した結果の記録を含む。)を登記所の管理する電磁的記録に記録して保存するものとする。
2　登記官は、書面申請において提出された申請書及びその添付書面その他の登記簿の附属書類を、第十九条から第二十二条までの規定に従い、次条第二号から第五号までに掲げる帳簿につづり込んで保存するものとする。

(帳簿)
第十八条　登記所には、次に掲げる帳簿を備えるものとする。
一　受付帳
二　申請書類つづり込み帳
三　土地図面つづり込み帳
四　地役権図面つづり込み帳
五　建物図面つづり込み帳
六　職権表示登記等事件簿
七　職権表示登記等書類つづり込み帳
八　決定原本つづり込み帳
九　審査請求書類等つづり込み帳
十　各種通知簿
十一　登記識別情報失効申出書類つづり込み帳
十二　請求書類つづり込み帳
十三　筆界特定書つづり込み帳

(申請書類つづり込み帳)
第十九条　申請書類つづり込み帳には、申請書及びその添付書面、通知書、許可書、取下書その他の登記簿の附属書類(申請に係る事件を処理するために登記官が作成したものを含み、この省令の規定により前条第三号から第五号まで及び第七号の帳簿につづり込むもの及び電子申請において提供されたものを除く。)をつづり込むものとする。

(土地図面つづり込み帳)
第二十条　土地図面つづり込み帳には、書面申請において提出された土地所在図及び地積測量図をつづり込むものとする。
2　第十七条第二項の規定にかかわらず、登記官は、前項の土地所在図及び地積測量図を同条第一項の電磁的記録に記録して保存することができる。
3　登記官は、前項の規定により土地所在図及び地積測量図を電磁的記録に記録して保存したときは、第一項の土地所在図及び地積測量図を申請書類つづり込み帳につづり込むものとする。

(地役権図面つづり込み帳)
第二十一条　地役権図面つづり込み帳には、書面申請において提出された地役権図面をつづり込むものとする。
2　前条第二項及び第三項の規定は、前項の地役権図面について準用する。

(建物図面つづり込み帳)

（建物図面つづり込み帳）
第二十二条　建物図面つづり込み帳には、書面申請において提出された建物図面及び各階平面図をつづり込むものとする。
2　第二十条第二項及び第三項の規定は、前項の建物図面及び各階平面図について準用する。

（職権表示登記等書類つづり込み帳）
第二十三条　職権表示登記等書類つづり込み帳には、職権による表示に関する登記及び地図その他の図面の訂正に関する書類を立件の際に付した番号（以下「立件番号」という。）の順序に従ってつづり込むものとする。

（決定原本つづり込み帳）
第二十四条　決定原本つづり込み帳には、申請又は申出を却下した決定の決定書の原本をつづり込むものとする。

（審査請求書類等つづり込み帳）
第二十五条　審査請求書類等つづり込み帳には、審査請求書その他の審査請求事件に関する書類をつづり込むものとする。

（登記識別情報失効申出書類つづり込み帳）
第二十六条　登記識別情報失効申出書類つづり込み帳には、登記識別情報の失効の申出に関する書類をつづり込むものとする。
2　登記識別情報の失効の申出が電子情報処理組織を使用する方法によりされた場合は、当該申出に係る情報の内容を書面に出力したものを登記識別情報失効申出書類つづり込み帳につづり込むものとする。

（請求書類つづり込み帳）
第二十七条　請求書類つづり込み帳には、次に掲げる請求に係る書面をつづり込むものとする。
一　登記事項証明書の交付の請求
二　登記記録に記録されている事項の概要を記載した書面（以下「登記事項要約書」という。）の交付の請求
三　地図等の全部又は一部の写し（地図等が電磁的記録に記録されているときは、当該記録された情報の内容を証明した書面）の交付の請求
四　地図等の閲覧の請求
五　土地所在図等の全部又は一部の写し（土地所在図等が電磁的記録に記録されているときは、当該記録された情報の内容を証明した書面）の交付の請求
六　登記簿の附属書類の閲覧の請求

被保険者証、医療受給者証（老人保健法（昭和五十七年法律第八十号）第十三条に規定する健康手帳の医療の受給資格を証するページをいう。）、健康保険日雇特例被保険者手帳、国家公務員共済組合若しくは地方公務員共済組合の組合員証、私立学校教職員共済制度の加入者証、国民年金手帳（国民年金法（昭和三十四年法律第百四十一号）第十三条第一項に規定する国民年金手帳をいう。）、児童扶養手当証書、特別児童扶養手当証書、母子健康手帳、身体障害者手帳、精神障害者保健福祉手帳、療育手帳又は戦傷病者手帳であって、当該申請人の氏名、住所及び生年月日の記載があるもののうちいずれか二以上の提示を求める方法
三　前号に掲げる書類のうちいずれか一以上及び官公庁から

発行され、又は発給された書類その他これに準ずるものであって、当該申請人の氏名、住所及び生年月日の記載があるもののうちいずれか一以上の提示を求める方法

3　資格者代理人が本人確認情報を提供するときは、当該資格者代理人が登記の申請の代理を業とすることができる者であることを証する情報を併せて提供しなければならない。

第七款　土地所在図等

（土地所在図、地積測量図、建物図面及び各階平面図の作成方式）

第七十三条　電子申請において送信する土地所在図、地積測量図、建物図面及び各階平面図は、法務大臣の定める方式に従い、作成しなければならない。書面申請においてこれらの図面を電磁的記録に記録して提出する場合についても、同様とする。

2　前項の土地所在図、地積測量図、建物図面及び各階平面図には、作成の年月日及び申請人の氏名又は名称を記録しなければならない。

第七十四条　書面申請において提出する土地所在図、地積測量図、建物図面及び各階平面図（電磁的記録に記録して提出するものを除く。）は、〇・二ミリメートル以下の細線により、図形を鮮明に表示しなければならない。

2　前項の土地所在図、地積測量図、建物図面及び各階平面図には、作成の年月日を記録し、申請人が記名するとともに、その作成者が署名し、又は記名押印しなければならない。

3　第一項の土地所在図、地積測量図、建物図面及び各階平面図は、別記第一号及び第二号の様式により、日本工業規格B列四番の丈夫な用紙を用いて作成しなければならない。

（土地所在図及び地積測量図の作成単位）

第七十五条　土地所在図及び地積測量図は、一筆の土地ごとに作成しなければならない。

2　分筆の登記を申請する場合において提供する分筆後の土地の地積測量図は、分筆前の土地ごとに作成するものとする。

（土地所在図の内容）

第七十六条　土地所在図には、方位、土地の形状及び隣地の地番を記録しなければならない。

2　土地所在図は、近傍類似の土地についての法第十四条第一項の地図と同一の縮尺により作成するものとする。

3　第十条第四項の規定は、土地所在図について準用する。

（地積測量図の内容）

第七十七条　地積測量図には、次に掲げる事項を記録しなければならない。

一　地番区域の名称
二　方位
三　縮尺
四　地番（隣接地の地番を含む。）
五　地積及びその求積方法
六　筆界点間の距離
七　基本三角点等に基づく測量の成果による筆界点の座標値（近傍に基本三角点等が存しない場合その他の基本三角点等に基づく測量ができない特別の事情がある場合にあっては、近傍の恒久的な地物に基づく測量の成果による筆界点の座標値）
八　境界標（筆界点にある永続性のある石杭又は金属標その他これに類する標識をいう。以下同じ。）があるときは、

当該境界標の表示

2　前項第八号の境界標の表示を記録するには、境界標の存する筆界点に符号を付し、適宜の箇所にその符号及び境界標の種類を記録する方法その他これに準ずる方法によってするものとする。

3　地積測量図は、二百五十分の一の縮尺により作成するものとする。ただし、土地の状況その他の事情により当該縮尺によることが適当でないときは、この限りでない。

4　第十条第四項の規定は、地積測量図について準用する。

（分筆の登記の場合の地積測量図）

第七十八条　分筆の登記を申請する場合において提供する分筆後の土地の地積測量図には、分筆前の土地を図示し、分筆線を明らかにして分筆後の各土地を表示し、これに符号を付さなければならない。

（地役権図面の内容）

第七十九条　地役権図面には、地役権設定の範囲を明確にし、方位、地番及び隣地の地番並びに申請人の氏名又は名称を記録しなければならない。

2　地役権図面は、適宜の縮尺により作成することができる。

3　地役権図面には、作成の年月日を記録しなければならない。

4　書面申請において提出する地役権図面には、地役権者が署名し、又は記名押印しなければならない。

（地役権図面の作成方式）

第八十条　第七十三条第一項及び第七十四条第一項の規定は、地役権図面について準用する。

2　書面申請において提出する地役権図面（電磁的記録に記録して提出するものを除く。）は、別記第三号様式により、日本工業規格B列四番の丈夫な用紙を用いて作成しなければならない。

（建物図面及び各階平面図の作成単位）

第八十一条　建物図面及び各階平面図は、一個の建物（附属建物があるときは、主たる建物と附属建物を合わせて一個の建物とする。）ごとに作成しなければならない。

（建物図面の内容）

第八十二条　建物図面は、建物の敷地並びにその一階（区分建物にあっては、その地上の最低階）の位置及び形状を明確にするものでなければならない。

2　建物図面には、方位、敷地の地番及びその形状、隣接地の地番並びに附属建物があるときは主たる建物又は附属建物の別及び附属建物の符号を記録しなければならない。

3　建物図面は、五百分の一の縮尺により作成しなければならない。ただし、建物の状況その他の事情により当該縮尺によることが適当でないときは、この限りでない。

（各階平面図の内容）

第八十三条　各階平面図には、各階の別、各階の平面の形状、一階の位置、各階ごとの建物の周囲の長さ、床面積及びその求積方法並びに附属建物があるときは主たる建物又は附属建物の別及び附属建物の符号を記録しなければならない。

2　各階平面図は、二百五十分の一の縮尺により作成しなければならない。ただし、建物の状況その他の事情により当該縮尺によることが適当でないときは、この限りでない。

（建物の分割の登記の場合の建物図面等）

第八十四条　建物の分割の登記又は建物の区分の登記を申請す

る場合において提供する建物図面及び各階平面図には、分割後又は区分後の各建物を表示し、これに符号を付さなければならない。

(土地所在図の管理及び閉鎖等)

第八十五条　登記官は、申請情報と併せて土地所在図、地積測量図、建物図面又は各階平面図の提供があった場合において、当該申請に基づく登記をしたときは、これらの図面に登記の完了の年月日を記録しなければならない。

2　登記官は、次の各号に掲げる場合には、当該各号に定める図面を閉鎖しなければならない。

一　表題部の登記事項に関する変更の登記又は更正の登記をした場合（変更後又は更正後の土地所在図、地積測量図、建物図面又は各階平面図がある場合に限る。）変更前又は更正前の土地所在図、地積測量図、建物図面又は各階平面図

二　滅失の登記又は表題部の抹消をした場合　滅失前又は抹消前の土地所在図、地積測量図、建物図面又は各階平面図

三　土地改良法（昭和二十四年法律第百九十五号）又は土地区画整理法（昭和二十九年法律第百十九号）に基づく換地処分の登記をした場合（前号に掲げる場合を除く。）従前の土地に係る土地所在図又は地積測量図

3　第十二条第二項の規定は、前項の場合について準用する。

4　第一項の規定は、同項に規定する図面を第十七条第一項の電磁的記録に記録して保存した場合には、適用しない。

(地役権図面の管理)

第八十六条　登記官は、申請情報と併せて地役権図面の提供があった場合において、当該申請に基づく登記をしたときは、地役権図面に番号を付した上、当該地役権図面に当該申請の受付の年月日及び受付番号を記録しなければならない。

2　前項の番号は、一年ごとに更新するものとする。

(地役権図面の閉鎖)

第八十七条　登記官は、地役権の登記の抹消をしたとき又は地役権図面を添付情報とする申請に基づく分筆の登記、合筆の登記若しくは地役権の変更の登記若しくは更正の登記をしたときは、従前の地役権図面を閉鎖しなければならない。

2　第十二条第二項の規定は、前項の場合について準用する。

(土地所在図の訂正等)

第八十八条　土地所在図、地積測量図、建物図面又は各階平面図に誤りがあるときは、表題部所有者若しくは所有権の登記名義人又はこれらの相続人その他の一般承継人は、その訂正の申出をすることができる。ただし、表題部の登記事項に関する更正の登記（土地所在図、地積測量図、建物図面又は各階平面図を添付情報とするものに限る。）をすることができる場合は、この限りでない。

2　前項の申出は、訂正後の土地所在図、地積測量図、建物図面又は各階平面図を提供してしなければならない。

3　第十六条第三項、第四項、第五項第三号及び第六項から第十四項までの規定は、第一項の申出について準用する。

第二節　表示に関する登記

第一款　通則

(表題部の登記)

第八十九条　登記官は、表題部に表示に関する登記をする場合には、法令に別段の定めがある場合を除き、表示に関する登記の登記事項のうち、当該表示に関する登記の登記原因及び

その日付並びに登記の年月日のほか、新たに登記すべきものを記録しなければならない。

（不動産番号）

第九十条　登記官は、法第二十七条第四号の不動産を識別するために必要な事項として、一筆の土地又は一個の建物ごとに番号、記号その他の符号を記録することができる。

（表題部の変更の登記又は更正の登記）

第九十一条　登記官は、表題部の登記事項に関する変更の登記又は更正の登記をするときは、変更前又は更正前の事項を抹消する記号を記録しなければならない。

（行政区画の変更等）

第九十二条　行政区画又はその名称の変更があった場合には、登記記録に記録した行政区画又はその名称について変更の登記があったものとみなす。字又はその名称に変更があったときも、同様とする。

2　登記官は、前項の場合には、速やかに、表題部に記録した行政区画若しくは字又はこれらの名称を変更しなければならない。

（実地調査）

第九十三条　登記官は、表示に関する登記をする場合には、法第二十九条の規定により実地調査を行わなければならない。ただし、申請に係る不動産の調査に関する報告（土地家屋調査士又は土地家屋調査士法人が代理人として登記を申請する場合において、当該土地家屋調査士（土地家屋調査士法人の場合にあっては、その代表者）が作成したものに限る。）その他の申請情報と併せて提供された情報又は公知の事実若しくは登記官が職務上知り得た事実により登記官が実地調査をする必要がないと認めたときは、この限りでない。

（実地調査における電磁的記録に記録された事項の提示方法等）

第九十四条　法第二十九条第二項の法務省令で定める方法は、当該電磁的記録に記録された事項を書面に出力する方法又は当該事項を出力装置の映像面に表示する方法とする。

2　法第二十九条第二項に規定する登記官の身分を証する書面は、別記第四号様式によるものとする。

（実地調査書）

第九十五条　登記官は、実地調査を行った場合には、その調査の結果を記録した調書を作成しなければならない。

（職権による表示に関する登記の手続）

第九十六条　登記官は、職権で表示に関する登記をしようとするときは、職権表示登記等事件簿に登記の目的、立件の年月日及び立件番号並びに不動産所在事項を記録しなければならない。

2　登記官は、地図若しくは地図に準ずる図面を訂正しようとするとき（第十六条の申出により訂正するときを含む。）又は土地所在図、地積測量図、建物図面若しくは各階平面図を訂正しようとするとき（第八十八条の申出により訂正するときを含む。）は、職権表示登記等事件簿に事件の種別、立件の年月日及び立件番号並びに不動産所在事項を記録しなければならない。

第二款　土地の表示に関する登記

（地番区域）

第九十七条　地番区域は、市、区、町、村、字又はこれに準ずる地域をもって定めるものとする。

（地番）

第九十八条　地番は、地番区域ごとに起番して定めるものとする。

2　地番は、土地の位置が分かりやすいものとなるように定めるものとする。

（地目）

第九十九条　地目は、土地の主たる用途により、田、畑、宅地、学校用地、鉄道用地、塩田、鉱泉地、池沼、山林、牧場、原野、墓地、境内地、運河用地、水道用地、用悪水路、ため池、堤、井溝、保安林、公衆用道路、公園及び雑種地に区分して定めるものとする。

（地積）

第百条　地積は、水平投影面積により、平方メートルを単位として定め、一平方メートルの百分の一（宅地及び鉱泉地以外の土地で十平方メートルを超えるものについては、一平方メートル）未満の端数は、切り捨てる。

（分筆の登記における表題部の記録方法）

第百一条　登記官は、甲土地から乙土地を分筆する分筆の登記をするときは、乙土地について新たな登記記録を作成し、当該登記記録の表題部に何番の土地から分筆した旨を記録しなければならない。

2　登記官は、前項の場合には、甲土地に新たな地番を付し、甲土地の登記記録に、残余部分の土地の表題部の登記事項、何番の土地を分筆した旨及び従前の土地の表題部の登記事項の変更部分を抹消する記号を記録しなければならない。

3　前項の規定にかかわらず、登記官は、分筆後の甲土地について従前の地番と同一の地番を付することができる。この場合には、甲土地の登記記録の表題部の従前の地番を抹消する記号を記録することを要しない。

（分筆の登記における権利部の記録方法）

第百二条　登記官は、前条の場合において、乙土地の登記記録の権利部の相当区に、甲土地の登記記録から権利に関する登記（地役権の登記にあっては、乙土地に地役権が存続することとなる場合に限る。）を転写し、かつ、分筆の登記に係る申請の受付の年月日及び受付番号を記録しなければならない。この場合において、所有権及び担保権以外の権利（地役権を除く。）については分筆後の甲土地が共にその権利の目的である旨を記録し、担保権については既にその権利についての共同担保目録が作成されているときを除き共同担保目録を作成し、転写した権利の登記の末尾にその共同担保目録の記号及び目録番号を記録しなければならない。

2　登記官は、前項の場合において、転写する権利が担保権であり、かつ、既にその権利についての共同担保目録が作成されているときは、同項の規定により転写された乙土地に関する権利を当該共同担保目録に記録しなければならない。

3　登記官は、甲土地の登記記録から乙土地の登記記録に所有権以外の権利に関する登記を転写したときは、分筆後の甲土地の登記記録の当該権利に関する登記に、担保権以外の権利（地役権を除く。）については乙土地が共にその権利の目的である旨を、担保権については既にその権利についての共同担保目録が作成されているときを除き第一項の規定により作成した共同担保目録の記号及び目録番号を記録しなければならない。

（地役権の登記がある土地の分筆の登記）

第百三条　登記官は、承役地についてする地役権の登記がある甲土地から乙土地を分筆する分筆の登記をする場合において、地役権設定の範囲が分筆後の甲土地又は乙土地の一部となるときは、分筆後の甲土地又は乙土地の登記記録の当該地役権に関する登記に当該地役権設定の範囲及び第八十六条第一項の番号を記録しなければならない。

2　登記官は、前項の場合には、要役地の登記記録の第百五十九条第一項各号に掲げる事項に関する変更の登記をしなければならない。

3　登記官は、第一項の場合において、要役地が他の登記所の管轄区域内にあるときは、遅滞なく、当該他の登記所に承役地の分筆の登記をした旨を通知しなければならない。

4　前項の通知を受けた登記所の登記官は、遅滞なく、第二項に規定する登記をしなければならない。

(分筆に伴う権利の消滅の登記)

第百四条　法第四十条　の規定による権利が消滅した旨の登記は、分筆の登記の申請情報と併せて次に掲げる情報が提供された場合にするものとする。

一　当該権利の登記名義人（当該権利が抵当権である場合において、抵当証券が発行されているときは、当該抵当証券の所持人又は裏書人を含む。）が当該権利を消滅させることを承諾したことを証する当該登記名義人が作成した情報又は当該登記名義人に対抗することができる裁判があったことを証する情報

二　前号の権利を目的とする第三者の権利に関する登記があるときは、当該第三者が承諾したことを証する当該第三者が作成した情報又は当該第三者に対抗することができる裁判があったことを証する情報

三　第一号の権利が抵当証券の発行されている抵当権であるときは、当該抵当証券

2　甲土地から乙土地を分筆する分筆の登記をする場合において、法第四十条の規定により乙土地について権利が消滅した旨の登記をするときは、分筆後の甲土地の登記記録の当該権利に関する登記についてする付記登記によって乙土地について当該権利が消滅した旨を記録しなければならない。この場合には、第百二条第一項の規定にかかわらず、当該消滅した権利に係る権利に関する登記を乙土地の登記記録に転写することを要しない。

3　甲土地から乙土地を分筆する分筆の登記をする場合において、法第四十条の規定により分筆後の甲土地について権利が消滅した旨の登記をするときは、分筆後の甲土地の登記記録の当該権利に関する登記についてする付記登記によって分筆後の甲土地について当該権利が消滅した旨を記録し、当該権利に関する登記を抹消する記号を記録しなければならない。

4　第二項の規定は、承役地についてする地役権の登記がある甲土地から乙土地を分筆する分筆の登記をする場合において、乙土地に地役権が存しないこととなるとき（法第四十条の場合を除く。）について準用する。

5　第三項の規定は、承役地についてする地役権の登記がある甲土地から乙土地を分筆する分筆の登記をする場合において、分筆後の甲土地に地役権が存しないこととなるとき（法第四十条の場合を除く。）について準用する。

6　登記官は、要役地についてする地役権の登記がある土地について分筆の登記をする場合において、当該分筆の登記の申

請情報と併せて当該地役権を分筆後のいずれかの土地について消滅させることを証する地役権者が作成した情報が提供されたとき（当該土地を目的とする第三者の権利に関する登記がある場合にあっては、当該第三者が承諾したことを証する情報が併せて提供されたときに限る。）は、当該土地について当該地役権が消滅した旨を登記しなければならない。この場合においては、第一項第二号、第二項及び第三項の規定を準用する。

（合筆の登記の制限の特例）

第百五条　法第四十一条第六号の合筆後の土地の登記記録に登記することができる権利に関する登記は、次に掲げる登記とする。

一　承役地についてする地役権の登記

二　担保権の登記であって、登記の目的、申請の受付の年月日及び受付番号並びに登記原因及びその日付が同一のもの

三　鉱害賠償登録令（昭和三十年政令第二十七号）第二十六条に規定する鉱害賠償登録に関する登記であって、鉱害賠償登録規則（昭和三十年法務省令第四十七号）第二条に規定する登録番号が同一のもの

（合筆の登記における表題部の記録方法）

第百六条　登記官は、甲土地を乙土地に合筆する合筆の登記をするときは、乙土地の登記記録の表題部に、合筆後の土地の表題部の登記事項、何番の土地を合筆した旨及び従前の土地の表題部の登記事項の変更部分を抹消する記号を記録しなければならない。

2　登記官は、前項の場合には、甲土地の登記記録の表題部に何番の土地に合筆した旨及び従前の土地の表題部の登記事項を抹消する記号を記録し、当該登記記録を閉鎖しなければならない。

（合筆の登記における権利部の記録方法）

第百七条　登記官は、前条第一項の場合において、合筆前の甲土地及び乙土地が所有権の登記がある土地であるときは、乙土地の登記記録の甲区に次に掲げる事項を記録しなければならない。

一　合併による所有権の登記をする旨

二　所有権の登記名義人の氏名又は名称及び住所並びに登記名義人が二人以上であるときは当該所有権の登記名義人ごとの持分

三　合筆の登記に係る申請の受付の年月日及び受付番号

2　登記官は、前項の場合において、甲土地の登記記録に承役地についてする地役権の登記があるときは、乙土地の登記記録の乙区に甲土地の登記記録から当該地役権の登記を移記し、当該移記された地役権の登記に当該地役権設定の範囲及び第八十六条第一項の番号を記録しなければならない。

3　登記官は、前項の規定により地役権の登記を移記すべき場合において、乙土地に登記の目的、申請の受付の年月日及び受付番号並びに登記原因及びその日付が同一の承役地にする地役権の登記があるときは、前項の規定にかかわらず、乙土地の登記記録に甲土地の地番及び甲土地につき同一事項の登記がある旨を記録し、当該地役権の登記に同項の規定による記録をしなければならない。

4　第百三条第二項から第四項までの規定は、前二項の場合について準用する。

5　登記官は、第一項の場合において、甲土地及び乙土地の登

記記録に登記の目的、申請の受付の年月日及び受付番号並びに登記原因及びその日付が同一の担保権の登記があるときは、乙土地の登記記録に当該登記が合筆後の土地の全部に関する旨を付記登記によって記録しなければならない。

(分合筆の登記)

第百八条　登記官は、甲土地の一部を分筆して、これを乙土地に合筆する場合において、分筆の登記及び合筆の登記をするときは、乙土地の登記記録の表題部に、合筆後の土地の表題部の登記事項、何番の土地の一部を合併した旨及び従前の土地の表題部の登記事項の変更部分を抹消する記号を記録しなければならない。この場合には、第百六条の規定は、適用しない。

2　登記官は、前項に規定する登記をするときは、甲土地の登記記録の表題部に、残余部分の土地の表題部の登記事項、何番の土地に一部を合併した旨及び従前の土地の表題部の登記事項の変更部分を抹消する記号を記録しなければならない。この場合には、第百一条第一項及び第二項の規定は、適用しない。

3　第百二条第一項（承役地についてする地役権の登記に係る部分に限る。）、第百三条、第百四条及び前条の規定は、第一項の場合について準用する。

(土地の滅失の登記)

第百九条　登記官は、土地の滅失の登記をするときは、当該土地の登記記録の表題部の登記事項を抹消する記号を記録し、当該登記記録を閉鎖しなければならない。

第百十条　登記官は、前条の場合において、滅失した土地が他の不動産と共に所有権以外の権利の目的であったとき（その旨が登記記録に記録されている場合に限る。）は、当該他の不動産の登記記録の乙区に、滅失した土地の不動産所在事項並びに滅失の原因及び当該土地が滅失したことを記録し、かつ、当該滅失した土地が当該他の不動産と共に権利の目的である旨の記録における当該滅失した土地の不動産所在事項を抹消する記号を記録しなければならない。

2　登記官は、滅失した土地が他の不動産と共に担保権の目的であったときは、前項の規定による記録（滅失した土地の不動産所在事項の記録を除く。）は、共同担保目録にしなければならない。

3　登記官は、第一項の場合において、当該他の不動産が他の登記所の管轄区域内にあるときは、遅滞なく、その旨を当該他の登記所に通知しなければならない。

4　前項の規定による通知を受けた登記所の登記官は、遅滞なく、第一項及び第二項の規定による登記をしなければならない。

(副登記記録による作成)

第百九十九条　登記官は、登記簿に記録した登記記録によって登記事項証明書又は登記事項要約書を作成することができないときは、第九条の副登記記録によってこれを作成することができる。

(地図等の写し等の作成及び交付)

第二百条　登記官は、地図等の全部又は一部の写しを作成するときは、地図等の全部又は一部の写しである旨の認証文を付した上で、作成の年月日及び職氏名を記載し、職印を押印しなければならない。

2　登記官は、地図等が電磁的記録に記録されている場合において、当該記録された地図等の内容を証明した書面を作成するときは、電磁的記録に記録されている地図等を書面に出力し、これに地図等に記録されている内容を証明した書面である旨の認証文を付した上で、作成の年月日及び職氏名を記載し、職印を押印しなければならない。

3　第百九十七条第六項の規定は、地図等の全部又は一部の写し及び前項の書面の交付について準用する。

(土地所在図等の写し等の作成及び交付)

第二百一条　登記官は、土地所在図等の写しを作成するときは、土地所在図等の全部又は一部の写しである旨の認証文を付した上で、作成の年月日及び職氏名を記載し、職印を押印しなければならない。

2　登記官は、土地所在図等が電磁的記録に記録されている場合において、当該記録された土地所在図等の内容を証明した書面を作成するときは、電磁的記録に記録されている土地所在図等を書面に出力し、これに土地所在図等に記録されている内容を証明した書面である旨の認証文を付した上で、作成の年月日及び職氏名を記載し、職印を押印しなければならない。

3　第百九十七条第六項の規定は、土地所在図等の写し及び前項の書面の交付について準用する。

(閲覧の方法)

第二百二条　地図等又は登記簿の附属書類の閲覧は、登記官又はその指定する職員の面前でさせるものとする。

2　法第百二十条第二項及び第百二十一条第二項の法務省令で定める方法は、電磁的記録に記録された情報の内容を書面に出力して表示する方法とする。

(手数料の納付方法)

第二百三条　法第百十九条第一項及び第二項、第百二十条第一項及び第二項並びに第百二十一条第一項及び第二項の手数料を登記印紙をもって納付するときは、請求書に登記印紙をはり付けてしなければならない。

2　前項の規定は、令第二十二条第一項に規定する証明の請求を第六十八条第三項第二号に掲げる方法によりする場合における手数料の納付について準用する。

(送付に要する費用の納付方法)

第二百四条　請求書を登記所に提出する方法により第百九十三条第一項の交付の請求をする場合において、第百九十七条第六項(第二百条第三項及び第二百一条第三項において準用する場合を含む。)の規定による申出をするときは、手数料のほか送付に要する費用も納付しなければならない。

2　前項の送付に要する費用は、郵便切手又は信書便の役務に関する料金の支払のために使用することができる証票であって法務大臣が指定するものを請求書と併せて提出する方法により納付しなければならない。

3　前項の指定は、告示してしなければならない。

(電子情報処理組織による登記事項証明書の交付の請求等の手数料の納付方法)

第二百五条　法第百十九条第四項ただし書(他の法令において準用する場合を含む。)の法務省令で定める方法は、第百九十四条第二項及び第三項に規定する方法とする。

2　第百九十四条第二項又は第三項に規定する方法により登記事項証明書の交付の請求をする場合において、手数料を納付するときは、登記官から得た納付情報により納付する方法によってしなければならない。
3　前項の規定は、令第二十二条第一項に規定する証明の請求を第六十八条第三項第一号に掲げる方法によりする場合における手数料の納付について準用する。

第五章　筆界特定

第一節　総則

（定義）
第二百六条　この章において、次の各号に掲げる用語の意義は、それぞれ当該各号に定めるところによる。
一　筆界特定電子申請　法第百三十一条第四項において準用する法第十八条第一号の規定による電子情報処理組織を使用する方法による筆界特定の申請をいう。
二　筆界特定書面申請　法第百三十一条第四項において準用する法第十八条第二号の規定により次号の筆界特定申請書を法務局又は地方法務局に提出する方法による筆界特定の申請をいう。
三　筆界特定申請書　筆界特定申請情報を記載した書面をいい、法第百三十一条第四項において準用する法第十八条第二号の磁気ディスクを含む。
四　筆界特定添付情報　第二百九条第一項各号に掲げる情報をいう。
五　筆界特定添付書面　筆界特定添付情報を記載した書面をいい、筆界特定添付情報を記録した磁気ディスクを含む。

第二節　筆界特定の手続

第一款　筆界特定の申請

（筆界特定申請情報）
第二百七条　法第百三十一条第二項第四号に掲げる事項として明らかにすべきものは、筆界特定の申請に至る経緯その他の具体的な事情とする。
2　法第百三十一条第二項第五号の法務省令で定める事項は、次に掲げる事項とする。
一　筆界特定の申請人（以下この章において単に「申請人」という。）が法人であるときは、その代表者の氏名
二　代理人によって筆界特定の申請をするときは、当該代理人の氏名又は名称及び住所並びに代理人が法人であるときはその代表者の氏名
三　申請人が所有権の登記名義人又は表題部所有者の相続人その他の一般承継人であるときは、その旨及び所有権の登記名義人又は表題部所有者の氏名又は名称及び住所
四　申請人が一筆の土地の一部の所有権を取得した者であるときは、その旨
五　対象土地が表題登記がない土地であるときは、当該土地を特定するに足りる事項
六　工作物、囲障又は境界標の有無その他の対象土地の状況
3　筆界特定の申請においては、法第百三十一条第二項第一号から第四号まで及び前項各号に掲げる事項のほか、次に掲げる事項を筆界特定申請情報の内容とするものとする。
一　申請人又は代理人の電話番号その他の連絡先
二　関係土地に係る不動産所在事項又は不動産番号（表題登記がない土地にあっては、法第三十四条第一項第一号に掲げる事項及び当該土地を特定するに足りる事項）
三　関係人の氏名又は名称及び住所その他の連絡先
四　工作物、囲障又は境界標の有無その他の関係土地の状況
五　申請人が対象土地の筆界として特定の線を主張するとき

は、その線及びその根拠
六　対象土地の所有権登記名義人等であって申請人以外のものが対象土地の筆界として特定の線を主張しているときは、その線
七　申請に係る筆界について民事訴訟の手続により筆界の確定を求める訴えに係る訴訟(以下「筆界確定訴訟」という。)が係属しているときは、その旨及び事件の表示その他これを特定するに足りる事項
八　筆界特定添付情報の表示
九　法第百三十九条第一項の規定により提出する意見又は資料があるときは、その表示
十　筆界特定の申請の年月日
十一　法務局又は地方法務局の表示
4　第二項第五号及び第六号並びに前項第二号（表題登記がない土地を特定するに足りる事項に係る部分に限る。）及び第四号から第六号までに掲げる事項を筆界特定申請情報の内容とするに当たっては、図面を利用する等の方法により、現地の状況及び筆界として主張されている線の位置を具体的に明示するものとする。

(一の申請情報による複数の申請)

第二百八条　対象土地の一を共通にする複数の筆界特定の申請は、一の筆界特定申請情報によってすることができる。

(筆界特定添付情報)

第二百九条　筆界特定の申請をする場合には、次に掲げる情報を法務局又は地方法務局に提供しなければならない。
一　申請人が法人であるとき（筆界特定の申請を受ける法務局又は地方法務局が、当該法人の登記を受けた登記所であり、かつ、特定登記所（第三十六条第一項及び第二項の規定により法務大臣が指定した登記所をいう。以下同じ。）に該当しない場合及び支配人その他の法令の規定により筆界特定の申請をすることができる法人の代理人が、当該法人を代理して筆界特定の申請をする場合を除く。）は、当該法人の代表者の資格を証する情報
二　代理人によって筆界特定の申請をするとき（当該代理人が支配人その他の法令の規定により筆界特定の申請をすることができる法人の代理人である場合であって、当該申請を受ける法務局又は地方法務局が、当該法人についての当該代理人の登記を受けた登記所であり、かつ、特定登記所に該当しないときを除く。）は、当該代理人の権限を証する情報
三　申請人が所有権の登記名義人又は表題部所有者の相続人その他の一般承継人であるときは、相続その他の一般承継があったことを証する市町村長、登記官その他の公務員が職務上作成した情報（公務員が職務上作成した情報がない場合にあっては、これに代わるべき情報）
四　申請人が表題登記がない土地の所有者であるときは、当該申請人が当該土地の所有権を有することを証する情報
五　申請人が一筆の土地の一部の所有権を取得した者であるときは、当該申請人が当該一筆の土地の一部について所有権を取得したことを証する情報
六　申請人が所有権の登記名義人若しくは表題部所有者又はその相続人その他の一般承継人である場合において、筆界特定申請情報の内容である所有権の登記名義人又は表題部所有者の氏名若しくは名称又は住所が登記記録と合致しな

いときは、当該所有権の登記名義人又は表題部所有者の氏名若しくは名称又は住所についての変更又は錯誤若しくは遺漏があったことを証する市町村長、登記官その他の公務員が職務上作成した情報（公務員が職務上作成した情報がない場合にあっては、これに代わるべき情報）

2　前項第一号及び第二号の規定は、国の機関の所管に属する土地について命令又は規則により指定された官庁又は公署の職員が筆界特定の申請をする場合には、適用しない。

（筆界特定電子申請の方法）

第二百十条　筆界特定電子申請における筆界特定申請情報及び筆界特定添付情報は、法務大臣の定めるところにより送信しなければならない。ただし、筆界特定添付情報の送信に代えて、法務局又は地方法務局に筆界特定添付書面を提出することを妨げない。

2　前項ただし書の場合には、筆界特定添付書面を法務局又は地方法務局に提出する旨を筆界特定申請情報の内容とする。

3　令第十二条第一項の規定は筆界特定電子申請において筆界特定申請情報を送信する場合について、同条第二項の規定は筆界特定電子申請において送信する場合における筆界特定添付情報について、令第十四条の規定は筆界特定電子申請において電子署名が行われている情報を送信する場合について、それぞれ準用する。

4　第四十二条の規定は前項において準用する令第十二条第一項及び第二項の電子署名について、第四十三条第二項の規定は前項において準用する令第十四条の法務省令で定める電子証明書について、第四十四条第二項及び第三項の規定は筆界特定電子申請をする場合について、それぞれ準用する。

（筆界特定書面申請の方法等）

第二百十一条　筆界特定書面申請をするときは、筆界特定申請書に筆界特定添付書面を添付して提出しなければならない。

2　申請人又はその代表者若しくは代理人は、筆界特定申請書（筆界特定申請情報の全部を記録した磁気ディスクを除く。）に署名し、又は記名押印しなければならない。

3　第二百九条第一項第一号及び第二号に掲げる情報を記載した書面であって、市町村長、登記官その他の公務員が職務上作成したものは、作成後三月以内のものでなければならない。ただし、官庁又は公署が筆界特定の申請をする場合は、この限りでない。

4　委任による代理人によって筆界特定の申請をする場合には、申請人又はその代表者は、委任状に署名し、又は記名押印しなければならない。復代理人によって申請する場合における代理人についても、同様とする。

5　令第十二条第一項の規定は筆界特定申請情報の全部を記録した磁気ディスクを提出する方法により筆界特定の申請をする場合について、同条第二項の規定は磁気ディスクに記録された筆界特定添付情報について、令第十四条の規定は筆界特定申請情報の全部又は筆界特定添付情報を記録した磁気ディスクを提出する場合について、それぞれ準用する。

6　第四十五条並びに第四十六条第一項及び第二項の規定は筆界特定申請書（筆界特定申請情報の全部を記録した磁気ディスクを除く。）について、第五十一条の規定は筆界特定申請情報を記録した磁気ディスクを提出する方法による筆界特定の申請について、第五十二条の規定は筆界特定添付情報を記録した磁気ディスクについて、それぞれ準用する。この場合において、第五十一条第七項及び第八項中「令第十六条第五項」とあるのは「第二百十一条第五項」と、第五十二条第一項中「令第十五条の添付情報を記録した磁気ディスク」とあるのは「筆界特定添付情報を記録した磁気ディスク」と、同条第二項中「令第十五条後段において準用する令第十四条の電子証明書」とあるのは「筆界特定添付情報を記録した磁気ディスクに記録すべき電子証明書」と読み替えるものとする。

7　筆界特定書面申請は、対象土地の所在地を管轄する登記所を経由してすることができる。

（筆界特定申請書等の送付方法）

第二百十二条　筆界特定の申請をしようとする者が筆界特定申請書又は筆界特定添付書面を送付するときは、書留郵便又は信書便事業者による信書便の役務であって当該信書便事業者において引受け及び配達の記録を行うものによるものとする。

2　前項の場合には、筆界特定申請書又は筆界特定添付書面を入れた封筒の表面に筆界特定申請書又は筆界特定添付書面が在中する旨を明記するものとする。

（筆界特定添付書面の原本の還付請求）

第二百十三条　申請人は、筆界特定添付書面（磁気ディスクを除く。）の原本の還付を請求することができる。ただし、当該筆界特定の申請のためにのみ作成された委任状その他の書面については、この限りでない。

2　前項本文の規定により原本の還付を請求する申請人は、原本と相違ない旨を記載した謄本を提出しなければならない。

3　筆界特定登記官は、第一項本文の規定による請求があった場合には、却下事由の有無についての調査完了後、当該請求に係る書面の原本を還付しなければならない。この場合には、前項の謄本と当該請求に係る書面の原本を照合し、これらの内容が同一であることを確認した上、同項の謄本に原本還付の旨を記載し、これに登記官印を押印しなければならない。

4　前項前段の規定にかかわらず、筆界特定登記官は、偽造された書面その他の不正な筆界特定の申請のために用いられた疑いがある書面については、これを還付することができない。

第二款　筆界特定の申請の受付等

（筆界特定の申請の受付）

第二百十四条　筆界特定登記官は、法第百三十一条第四項において読み替えて準用する法第十八条の規定により筆界特定申請情報が提供されたときは、当該筆界特定申請情報に係る筆界特定の申請の受付をしなければならない。

2　筆界特定登記官は、筆界特定の申請の受付をしたときは、当該筆界特定の申請に手続番号を付さなければならない。

（管轄区域がまたがる場合の移送等）

第二百十五条　第四十条第一項及び第二項の規定は、法第百二十四条第二項において読み替えて準用する法第六条第三項の規定に従って筆界特定の申請がされた場合について準用する。

（補正）

第二百十六条　筆界特定登記官は、筆界特定の申請の補正をすることができる期間を定めたときは、当該期間内は、当該補正すべき事項に係る不備を理由に当該申請を却下することができない。

（公告及び通知の方法）

第二百十七条 法第百三十三条第一項の規定による公告は、法務局若しくは地方法務局の掲示場その他法務局若しくは地方法務局内の公衆の見やすい場所に掲示して行う方法又は法務局若しくは地方法務局の使用に係る電子計算機に備えられたファイルに記録された情報の内容を電気通信回線を通じて情報の提供を受ける者の閲覧に供し、当該情報の提供を受ける者の使用に係る電子計算機に備えられたファイルに当該情報を記録する方法であってインターネットに接続された自動公衆送信装置を使用する方法により二週間行うものとする。

2 法第百三十三条第一項の規定による通知は、郵便、信書便その他適宜の方法によりするものとする。

3 前項の通知は、関係人が法第百三十九条の定めるところにより筆界特定に関し意見又は図面その他の資料を提出することができる旨を明らかにしてしなければならない。

第三款　意見又は資料の提出

（意見又は資料の提出）

第二百十八条 法第百三十九条第一項の規定による意見又は資料の提出は、次に掲げる事項を明らかにしてしなければならない。

一 手続番号

二 意見又は資料を提出する者の氏名又は名称

三 意見又は資料を提出する者が法人であるときは、その代表者の氏名

四 代理人によって意見又は資料を提出するときは、当該代理人の氏名又は名称及び代理人が法人であるときはその代表者の氏名

五 提出の年月日

六 法務局又は地方法務局の表示

2 法第百三十九条第一項の規定による資料の提出は、前項各号に掲げる事項のほか、次に掲げる事項を明らかにしてしなければならない。

一 資料の表示

二 作成者及びその作成年月日

三 写真又はビデオテープ（これらに準ずる方法により一定の事項を記録することができる物を含む。）にあっては、撮影、録画等の対象並びに日時及び場所

四 当該資料の提出の趣旨

（情報通信の技術を利用する方法）

第二百十九条 法第百三十九条第二項の法務省令で定める方法は、次に掲げる方法とする。

一 法務大臣の定めるところにより電子情報処理組織を使用して情報を送信する方法

二 法務大臣の定めるところにより情報を記録した磁気ディスクその他の電磁的記録を提出する方法

三 前二号に掲げるもののほか、筆界特定登記官が相当と認める方法

（書面の提出方法）

第二百二十条 申請人又は関係人は、法第百三十九条第一項の規定による意見又は資料の提出を書面でするときは、当該書面の写し三部を提出しなければならない。

2 筆界特定登記官は、必要と認めるときは、前項の規定により書面の写しを提出した申請人又は関係人に対し、その原本

の提示を求めることができる。

(資料の還付請求)

第二百二十一条　法第百三十九条第一項の規定により資料(第二百十九条各号に掲げる方法によって提出したものを除く。以下この条において同じ。)を提出した申請人又は関係人は、当該資料の還付を請求することができる。

2　筆界特定登記官は、前項の規定による請求があった場合において、当該請求に係る資料を筆界特定をするために留め置く必要がなくなったと認めるときは、速やかに、これを還付するものとする。

第四款　意見聴取等の期日

(意見聴取等の期日の場所)

第二百二十二条　法第百四十条第一項の期日(以下「意見聴取等の期日」という。)は、法務局又は地方法務局、対象土地の所在地を管轄する登記所その他筆界特定登記官が適当と認める場所において開く。

(意見聴取等の期日の通知)

第二百二十三条　法第百四十条第一項の規定による通知は、申請人及び関係人が同項の定めるところにより対象土地の筆界について意見を述べ、又は資料を提出することができる旨を明らかにしてしなければならない。

2　第二百十七条第二項の規定は、前項の通知について準用する。

(意見聴取等の期日における筆界特定登記官の権限)

第二百二十四条　筆界特定登記官は、意見聴取等の期日において、発言を許し、又はその指示に従わない者の発言を禁ずることができる。

2　筆界特定登記官は、意見聴取等の期日の秩序を維持するため必要があるときは、その秩序を妨げ、又は不穏な言動をする者を退去させることができる。

3　筆界特定登記官は、適当と認める者に意見聴取等の期日の傍聴を許すことができる。

(意見聴取等の期日における資料の提出)

第二百二十五条　第二百十八条、第二百二十条及び第二百二十一条の規定は、意見聴取等の期日において申請人又は関係人が資料を提出する場合について準用する。

(意見聴取等の期日の調書)

第二百二十六条　法第百四十条第四項の調書には、次に掲げる事項を記録するものとする。

一　手続番号

二　筆界特定登記官及び筆界調査委員の氏名

三　出頭した申請人、関係人、参考人及び代理人の氏名

四　意見聴取等の期日の日時及び場所

五　意見聴取等の期日において行われた手続の要領(陳述の要旨を含む。)

六　その他筆界特定登記官が必要と認める事項

2　筆界特定登記官は、前項の規定にかかわらず、申請人、関係人又は参考人の陳述をビデオテープその他の適当と認める記録用の媒体に記録し、これをもって調書の記録に代えることができる。

3　意見聴取等の期日の調書には、書面、写真、ビデオテープその他筆界特定登記官において適当と認めるものを引用し、筆界特定手続記録に添付して調書の一部とすることができる。

第五款　調書等の閲覧

（調書等の閲覧）

第二百二十七条　申請人又は関係人は、法第百四十一条第一項の規定により調書又は資料の閲覧の請求をするときは、次に掲げる事項に係る情報を提供しなければならない。

一　手続番号

二　請求人の氏名又は名称及び住所並びに申請人又は関係人の別

三　請求人が法人であるときは、その代表者の氏名

四　代理人によって請求するときは、当該代理人の氏名又は名称及び住所並びに代理人が法人であるときはその代表者の氏名

2　前項の閲覧の請求をするときは、請求人が請求権限を有することを証する書面を提示しなければならない。

3　第一項の閲覧の請求を代理人によってするときは、当該代理人の権限を証する書面を提示しなければならない。

4　第一項の閲覧の請求をする場合において、請求人が法人であるときは、当該法人の代表者の資格を証する書面を提示しなければならない。ただし、当該請求を受ける法務局又は地方法務局が、当該法人の登記を受けた登記所であり、かつ、特定登記所に該当しないときは、この限りでない。

5　第一項の閲覧の請求は、同項の情報を記載した書面を法務局又は地方法務局に提出する方法によりしなければならない。

（調書等の閲覧の方法）

第二百二十八条　法第百四十一条第一項の規定による調書又は資料の閲覧は、筆界特定登記官又はその指定する職員の面前でさせるものとする。

2　法第百四十一条第一項の法務省令で定める方法は、電磁的記録に記録された情報の内容を書面に出力して表示する方法その他の筆界特定登記官が適当と認める方法とする。

第三節　筆界特定

（筆界調査委員の調査の報告）

第二百二十九条　筆界特定登記官は、筆界調査委員に対し、法第百三十五条の規定による事実の調査の経過又は結果その他必要な事項について報告を求めることができる。

（筆界調査委員の意見の提出の方式）

第二百三十条　法第百四十二条の規定による意見の提出は、書面又は電磁的記録をもってするものとする。

（筆界特定書の記録事項等）

第二百三十一条　筆界特定書には、次に掲げる事項を記録するものとする。

一　手続番号

二　対象土地に係る不動産所在事項及び不動産番号（表題登記がない土地にあっては、法第三十四条第一項第一号に掲げる事項及び当該土地を特定するに足りる事項）

三　結論

四　理由の要旨

五　申請人の氏名又は名称及び住所

六　申請人の代理人があるときは、その氏名又は名称

七　筆界調査委員の氏名

八　筆界特定登記官の所属する法務局又は地方法務局の表示

2　筆界特定登記官は、書面をもって筆界特定書を作成するときは、筆界特定書に職氏名を記載し、職印を押印しなければ

ならない。
3　筆界特定登記官は、電磁的記録をもって筆界特定書を作成するときは、筆界特定登記官を明らかにするための措置であって法務大臣が定めるものを講じなければならない。
4　法第百四十三条第二項の図面には、次に掲げる事項を記録するものとする。
一　地番区域の名称
二　方位
三　縮尺
四　対象土地及び関係土地の地番
五　筆界特定の対象となる筆界又はその位置の範囲
六　筆界特定の対象となる筆界に係る筆界点（筆界の位置の範囲を特定するときは、その範囲を構成する各点。次項において同じ。）間の距離
七　境界標があるときは、当該境界標の表示
5　法第百四十三条第二項の図面上の点の現地における位置を示す方法として法務省令で定めるものは、基本三角点等に基づく測量の成果による筆界点の座標値（近傍に基本三角点等が存しない場合その他の基本三角点等に基づく測量ができない特別の事情がある場合にあっては、近傍の恒久的な地物に基づく測量の成果による筆界点の座標値）とする。
6　第十条第四項並びに第七十七条第二項及び第三項の規定は、法第百四十三条第二項の図面について準用する。この場合において、第七十七条第二項中「前項第八号」とあるのは「第二百三十一条第四項第七号」と読み替えるものとする。

（筆界特定の公告及び通知）

第二百三十二条　筆界特定登記官は、法第百四十四条第一項の筆界特定書の写しを作成するときは、筆界特定書の写しである旨の認証文を付した上で、作成の年月日及び職氏名を記載し、職印を押印しなければならない。
2　法第百四十四条第一項の法務省令で定める方法は、電磁的記録をもって作成された筆界特定書の内容を証明した書面を交付する方法とする。
3　筆界特定登記官は、前項の書面を作成するときは、電磁的記録をもって作成された筆界特定書を書面に出力し、これに筆界特定書に記録されている内容を証明した書面である旨の認証文を付した上で、作成の年月日及び職氏名を記載し、職印を押印しなければならない。
4　法第百四十四条第一項の規定による筆界特定書の写し（第二項の書面を含む。）の交付は、送付の方法によりすることができる。
5　第二百十七条第一項の規定は法第百四十四条第一項の規定による公告について、第二百十七条第二項の規定は法第百四十四条第一項の規定による関係人に対する通知について、それぞれ準用する。

第四節　筆界特定手続記録の保管

（筆界特定手続記録の送付）

第二百三十三条　筆界特定登記官は、筆界特定の手続が終了したときは、遅滞なく、対象土地の所在地を管轄する登記所に筆界特定手続記録を送付しなければならない。
2　対象土地が二以上の法務局又は地方法務局の管轄区域にまたがる場合には、前項の規定による送付は、法第百二十四条第二項において読み替えて準用する法第六条第二項の規定により法務大臣又は法務局の長が指定した法務局又は地方法務

局の管轄区域内にある登記所であって対象土地の所在地を管轄するものに対してするものとする。この場合には、筆界特定登記官は、当該二以上の法務局又は地方法務局のうち法務大臣又は法務局の長が指定した法務局又は地方法務局以外の法務局又は地方法務局の管轄区域内にある登記所であって対象土地の所在地を管轄するものに筆界特定書等の写し（筆界特定書等が電磁的記録をもって作成されているときは、その内容を書面に出力したもの。次項及び次条において同じ。）を送付しなければならない。

3　対象土地が二以上の登記所の管轄区域にまたがる場合（前項に規定する場合を除く。）には、第一項の規定による送付は、法務局又は地方法務局の長が指定する登記所に対してするものとする。この場合には、筆界特定登記官は、当該二以上の登記所のうち法務局又は地方法務局の長が指定した登記所以外の登記所に筆界特定書等の写しを送付しなければならない。

（登記記録への記録）

第二百三十四条　筆界特定がされた筆界特定手続記録又は筆界特定書等の写しの送付を受けた登記所の登記官は、対象土地の登記記録に、筆界特定がされた旨を記録しなければならない。

（筆界特定手続記録の保存期間）

第二百三十五条　次の各号に掲げる情報の保存期間は、当該各号に定めるとおりとする。

一　筆界特定書に記載され、又は記録された情報　永久

二　筆界特定書以外の筆界特定手続記録に記載され、又は記録された情報　対象土地の所在地を管轄する登記所が第二百三十三条の規定により筆界特定手続記録の送付を受けた年の翌年から十年間

2　筆界特定手続記録の全部又は一部が電磁的記録をもって作成されているときは、当該電磁的記録に記録された情報の保存は、当該情報の内容を書面に出力したものを保存する方法によってすることができる。

3　筆界特定手続記録の全部又は一部が書面をもって作成されているときは、当該書面に記録された情報の保存は、当該情報の内容を記録した電磁的記録を保存する方法によってすることができる。

（準用）

第二百三十六条　第二十九条から第三十二条までの規定（同条第二項を除く。）は、筆界特定手続記録について準用する。この場合において、第二十九条中「登記に関する電磁的記録、帳簿又は書類」とあり、第三十条第一項中「登記記録又は地図等」とあり、同条第三項中「登記記録、地図等又は登記簿の附属書類」とあり、第三十一条第一項中「登記簿、地図等及び登記簿の附属書類」とあり、同条第二項中「登記簿の附属書類」とあり、及び同条第三項中「登記簿、地図等又は登記簿の附属書類」とあるのは「筆界特定手続記録」と、第三十二条第一項中「当該不動産の登記記録（共同担保目録及び信託目録を含む。次項において同じ。）並びに地図等及び登記簿の附属書類（電磁的記録に記録されている地図等及び登記簿の附属書類を含む。）」とあるのは「当該不動産に係る筆界特定手続記録」と読み替えるものとする。

（筆界確定訴訟の確定判決があった場合の取扱い）

第二百三十七条　登記官は、その保管する筆界特定手続記録に

係る筆界特定がされた筆界について、筆界確定訴訟の判決(訴えを不適法として却下したものを除く。以下本条において同じ。)が確定したときは、当該筆界確定訴訟の判決が確定した旨及び当該筆界確定訴訟に係る事件を特定するに足りる事項を当該筆界特定に係る筆界特定書に明らかにすることができる。

第五節　筆界特定書等の写しの交付等

(筆界特定書等の写しの交付の請求情報等)

第二百三十八条　法第百四十九条第一項の規定により筆界特定書等の写し(筆界特定書等が電磁的記録をもって作成されている場合における当該記録された情報の内容を証明した書面を含む。以下同じ。)の交付の請求をするときは、次に掲げる事項を内容とする情報(以下この節において「請求情報」という。)を提供しなければならない。筆界特定手続記録の閲覧の請求をするときも、同様とする。

一　請求人の氏名又は名称

二　手続番号

三　交付の請求をするときは、請求に係る書面の通数

四　筆界特定書等の一部の写しの交付の請求をするときは、請求する部分

2　法第百四十九条第二項の規定により筆界特定書等以外の筆界特定手続記録の閲覧の請求をするときは、前項第一号及び第二号に掲げる事項のほか、次に掲げる事項を請求情報の内容とする。

一　請求人の住所

二　請求人が法人であるときは、その代表者の氏名

三　代理人によって請求するときは、当該代理人の氏名又は名称及び住所並びに代理人が法人であるときはその代表者の氏名

四　法第百四十九条第二項ただし書の利害関係を有する理由及び閲覧する部分

3　前項の閲覧の請求をするときは、同項第四号の利害関係がある理由を証する書面を提示しなければならない。

4　第二項の閲覧の請求を代理人によってするときは、当該代理人の権限を証する書面を提示しなければならない。

5　第二項の閲覧の請求をする場合において、請求人が法人であるときは、当該法人の代表者の資格を証する書面を提示しなければならない。ただし、請求を受ける登記所が、当該法人の登記を受けた登記所と同一であり、かつ、特定登記所に該当しない場合は、この限りでない。

(筆界特定書等の写しの交付の請求方法等)

第二百三十九条　前条第一項の交付の請求又は同項若しくは同条第二項の閲覧の請求は、請求情報を記載した書面を登記所に提出する方法によりしなければならない。

2　送付の方法による筆界特定書等の写しの交付の請求は、前項の方法のほか、法務大臣の定めるところにより、請求情報を電子情報処理組織を使用して登記所に提供する方法によりすることができる。この場合には、送付先の住所をも請求情報の内容とする。

3　法第百四十九条第三項において準用する法第百十九条第四項ただし書の法務省令で定める方法は、前項に規定する方法とする。

(筆界特定書等の写しの作成及び交付)

第二百四十条　登記官は、筆界特定書等の写しを作成するとき

（次項に規定する場合を除く。）は、筆界特定書等の全部又は一部の写しである旨の認証文を付した上で、作成の年月日及び職氏名を記載し、職印を押印しなければならない。

2　登記官は、筆界特定書等が電磁的記録をもって作成されている場合において、筆界特定書等の写しを作成するときは、電磁的記録に記録された筆界特定書等を書面に出力し、これに筆界特定書等に記録されている内容を証明した書面である旨の認証文を付した上で、作成の年月日及び職氏名を記載し、職印を押印しなければならない。

3　筆界特定書等の写しの交付は、請求人の申出により、送付の方法によりすることができる。この場合には、送付先の住所をも請求情報の内容とする。

（準用）

第二百四十一条　第二百二条の規定は筆界特定手続記録の閲覧について、第二百三条第一項の規定は法第百四十九条第一項及び第二項の手数料を登記印紙をもって納付するときについて、第二百四条の規定は請求情報を記載した書面を登記所に提出する方法により第二百三十八条第一項の交付の請求をする場合において前条第三項の規定による申出をするときについて、第二百五条第二項の規定は第二百三十九条第二項に規定する方法について筆界特定書等の写しの交付の請求をする場合において手数料を納付するときについて、それぞれ準用する。この場合において、第二百二条第二項中「法第百二十条第二項及び第百二十一条第二項」とあるのは「法第百四十九条第二項」と、第二百三条第一項中「法第百十九条第一項及び第二項、第百二十条第一項及び第二項並びに第百二十一条第一項及び第二項」とあるのは「法第百四十九条第一項及び第二項」と、第二百四条第一項中「第百九十三条第一項」とあるのは「第二百三十八条第一項」と、「第百九十七条第六項（第二百条第三項及び第二百一条第三項において準用する場合を含む。）」とあるのは「第二百四十条第三項」と読み替えるものとする。

第六節　雑則

（手続費用）

第二百四十二条　法第百四十六条第一項の法務省令で定める費用は、筆界特定登記官が相当と認める者に命じて行わせた測量、鑑定その他専門的な知見を要する行為について、その者に支給すべき報酬及び費用の額として筆界特定登記官が相当と認めたものとする。

（代理人）

第二百四十三条　関係人が法人である場合（筆界特定の事務をつかさどる法務局又は地方法務局が、当該法人の登記を受けた登記所であり、かつ、特定登記所に該当しない場合及び支配人その他の法令の規定により筆界特定の手続において行為をすることができる法人の代理人が、当該法人を代理して筆界特定の手続において行為をする場合を除く。）において、当該関係人が筆界特定の手続において意見の提出その他の行為をするときは、当該法人の代表者の資格を証する情報を法務局又は地方法務局に提供しなければならない。

2　筆界特定の申請がされた後、申請人又は関係人が代理人を選任したとき（当該代理人が支配人その他の法令の規定により筆界特定の手続において行為をすることができる法人の代理人である場合であって、当該申請を受ける法務局又は地方法務局が、当該法人についての当該代理人の登記を受けた登記所であり、かつ、特定登記所に該当しないときを除く。）は、当該申請人又は関係人は、当該代理人の権限を証する情報を法務局又は地方法務局に提供しなければならない。

（申請の却下）

第二百四十四条　筆界特定登記官は、法第百三十二条第一項の規定により筆界特定の申請を却下するときは、決定書を作成し、これを申請人に交付しなければならない。

2　前項の規定による交付は、当該決定書を送付する方法によりすることができる。

3　筆界特定登記官は、申請を却下したときは、筆界特定添付書面を還付するものとする。ただし、偽造された書面その他の不正な申請のために用いられた疑いがある書面については、この限りでない。

4　筆界特定登記官は、法第百三十三条第一項の規定による公告をした後に筆界特定の申請を却下したときは、その旨を公告しなければならない。第二百十七条第一項の規定は、この場合における公告について準用する。

5　筆界特定登記官は、法第百三十三条第一項の規定による通知をした後に筆界特定の申請を却下したときは、その旨を当該通知に係る関係人に通知しなければならない。同条第二項及び第二百十七条第二項の規定は、この場合における通知について準用する。

（申請の取下げ）

第二百四十五条　筆界特定の申請の取下げは、次の各号に掲げる申請の区分に応じ、当該各号に定める方法によってしなければならない。

一　筆界特定電子申請　法務大臣の定めるところにより電子情報処理組織を使用して申請を取り下げる旨の情報を筆界特定登記官に提供する方法

二　筆界特定書面申請　申請を取り下げる旨の情報を記載した書面を筆界特定登記官に提出する方法

2　筆界特定の申請の取下げは、法第百四十四条第一項の規定により申請人に対する通知を発送した後は、することができない。

3　筆界特定登記官は、筆界特定の申請の取下げがあったときは、筆界特定添付書面を還付するものとする。前条第三項ただし書の規定は、この場合について準用する。

4　筆界特定登記官は、法第百三十三条第一項の規定による公告をした後に筆界特定の申請の取下げがあったときは、その旨を公告しなければならない。第二百十七条第一項の規定は、この場合における公告について準用する。

5　筆界特定登記官は、法第百三十三条第一項の規定による通知をした後に筆界特定の申請の取下げがあったときは、その旨を当該通知に係る関係人に通知しなければならない。同条第二項及び第二百十七条第二項の規定は、この場合における通知について準用する。

（筆界特定書の更正）

第二百四十六条　筆界特定書に誤記その他これに類する明白な誤りがあるときは、筆界特定登記官は、いつでも、当該筆界特定登記官を監督する法務局又は地方法務局の長の許可を得て、更正することができる。

2　筆界特定登記官は、筆界特定書を更正したときは、申請人に対し、更正の内容を通知するとともに、更正した旨を公告し、かつ、関係人に通知しなければならない。法第百三十三条第二項及びこの省令第二百十七条第二項の規定はこの場合における通知について、同条第一項の規定はこの場合における公告について、それぞれ準用する。

不動産登記規則の一部改正（平成一七年法務省令一〇六号）に伴う経過措置

第五条　前条の規定による改正後の不動産登記規則第五章の規定中筆界特定電子申請に関する規定は、不動産登記法等の一部を改正する法律附則第二条の規定による指定がされた筆界特定の手続について、その指定の日から適用する。

2　前条の規定による改正後の不動産登記規則第二百三十九条第二項の規定は、法務大臣が指定した登記所における筆界特定書等の写しの交付の請求について、当該指定の日から当該指定に係る登記所ごとに適用する。

3　前項の規定による指定は、告示してしなければならない。

附　則

（施行期日）

第一条　この省令は、法の施行の日（平成十七年三月七日）から施行する。

（経過措置の原則）

第二条　この省令による改正後の不動産登記規則（以下「新規則」という。）の規定は、この附則に特別の定めがある場合を除き、この省令の施行前に生じた事項に適用する。ただし、改正前の不動産登記法施行細則（以下「旧細則」という。）の規定により生じた効力を妨げない。

2　この省令の施行前にした旧細則の規定による処分、手続その他の行為は、この附則に特別の定めがある場合を除き、新規則の適用については、新規則の相当規定によってしたものとみなす。

11　不動産登記事務取扱手続準則（抄）

（平成一七年二月二五日法務省民二第四百五十六号法務省民事局長通達）

不動産登記事務取扱手続準則の改正について（通達）

不動産登記法（平成十六年法律第百二十三号）、不動産登記令（平成十六年政令第三百七十九号）及び不動産登記規則（平成十七年法務省令第十八号）の施行に伴い、昭和五十二年九月三日付け民三第四千四百七十三号当職通達「不動産登記事務取扱手続準則」の全部を別添のとおり改正し、下記により実施することとしたことから、この旨貴管下登記官に周知方取り計らい願います。

記

一　改正後の不動産登記事務取扱手続準則（以下「新準則」という。）は、本年三月七日から実施する。

二　新準則に抵触する従前の取扱い（通達、回答）は、この通達により変更したものとする。

三　現に使用中の帳簿及び現に登記所に配布されている用紙、印版等は、この準則に抵触するものであっても、当分の間使用して差し支えない。

四　不動産登記法（以下「法」という。）附則第三条第一項の規定による指定（同条第三項の規定により指定を受けたものとみなされるものを含む。以下「第三条指定」という。）がされていない事務については、新準則の規定を適宜読み替えて適用するものとする。ただし、改正前の不動産登記事務取扱手続準則（以下「旧準則」という。）第四条第三項、第六条、第十五条から第十九条まで、第二十一条から第二十四条まで、第三十七条、第四十条、第四十二条第二項から第四項まで、第四十三条、第四十四条第二項、第四十六条第一号、第五号、第六号、第九号及び第十一号、第四十九号第四号から第十三号まで、第十五号及び第十六号、第五十五条前段、第六十九条第五項ただし書、第七十条から第七十四条まで、第百二十七条第一項、第百二十九条、第百三十四条、第百五十一条第一項、第百五十三条第四項、第百五十五条第一項、第百五十六条、第百七十一条第二項、第百七十三条第三項、第百七十四条第二項、第百七十五条から第百八十一条まで、第百八十三条、第百八十四条、第百九十四条並びに第二百四条から第二百九条までの規定は、なお効力を有するものとし、これらの規定に抵触する新準則の規定は適用しないものとする。

五　第三条指定がされた事務のうち法附則第六条の指定がされるまでの間における登記済証に関する事務については、旧準則七十条から第七十四条までの規定は、なお効力を有するものとする。

不動産登記事務取扱手続準則

改正　平成一七―民二第一二八三号通達、平成一七―民二第一八一二号通達

第一章　総則

（趣旨）

第一条　不動産に関する登記事務の取扱いは、法令に定めるもののほか、この準則によるものとする。

第二章　登記所及び登記官

（管轄登記所の指定）
第二条　不動産の管轄登記所等の指定に関する省令（昭和五十年法務省令第六十八号）第一条に規定する管轄登記所の指定については、一の登記所は、関係登記所と協議の上、同条第一号に掲げる場合にあっては別記第1号様式、同条第二号に掲げる場合にあっては別記第1号様式に準ずる様式、その他の場合にあっては別記第2号様式による指定請求書により、それぞれ法務局若しくは地方法務局の長又は法務大臣に請求するものとする。
第三条　法務局又は地方法務局の長が不動産登記法（平成十六年法律第百二十三号。以下「法」という。）第六条第二項の規定により当該不動産に関する登記の事務をつかさどる管轄登記所を指定するには、別記第3号様式による指定書によりするものとする。
（他の登記所の管轄区域への建物のえい行移転の場合）
第四条　表題登記がある建物がえい行移転（建物を取り壊さずに他の土地に移転することをいう。以下同じ。）により甲登記所の管轄区域から乙登記所の管轄区域に移動した場合における当該建物の不動産所在事項に関する変更の登記は、乙登記所が管轄登記所としてこれを取り扱うものとする。
2　前項の登記の申請が甲登記所にされた場合には、甲登記所の登記官は、乙登記所に別記第4号様式による通知書によりその旨を通知し、両登記所の登記官は、協力して当該建物の所在が変更したか否かにつき実地調査をするものとする。同項の登記の申請が乙登記所にされた場合についても、同様とする。
3　前項の調査の結果、第一項の登記の申請が相当と認められるときは、甲登記所の登記官は、第八条の規定により乙登記所に関係簿書（当該申請書類を含む。）を引き継ぐものとする。
4　前二項の規定は、職権で、第一項の登記をすべき場合について準用する。
（他の登記所の管轄区域にまたがる場合の管轄登記所）
第五条　甲登記所において登記されている建物について、増築若しくは附属建物の新築がされ、又は乙登記所の管轄に属する建物をその附属建物とする登記がされたことにより、当該建物が乙登記所の管轄区域にまたがることとなった場合でも、当該建物の管轄登記所は、甲登記所とする。甲登記所において登記されている建物が、えい行移転又は管轄区域の変更により乙登記所の管轄区域にまたがることとなった場合についても、同様とする。
（事務の停止の報告等）
第六条　登記官は、水害又は火災等の事故その他の事由により登記所においてその事務を停止しなければならないと考えるときは、直ちに、当該登記官を監督する法務局又は地方法務局の長にその旨及び事務停止を要する期間を報告しなければならない。
2　前項の報告を受けた法務局又は地方法務局の長は、当該登記所の事務を停止しなければならない事由があると認めるときは、直ちに、法務大臣に別記第5号様式による意見書を提出しなければならない。
（登記官の交替）
第七条　登記官は、その事務を交替する場合には、登記簿、地図等及び登記簿の附属書類その他の帳簿等を点検した上で、事務を引き継がなければならない。

2　前項の規定により事務の引継ぎを受けた登記官は、引き継いだ帳簿等を調査し、当該登記官を監督する法務局又は地方法務局の長にその調査結果を記載した別記第6号様式による報告書を提出するものとする。

第三章　登記記録等

第一節　総則

（管轄転属による登記記録等の移送等）

第八条　不動産の所在地が甲登記所の管轄から乙登記所の管轄に転属したこと（以下「管轄転属」という。）に伴い不動産登記規則（平成十七年法務省令第十八号。以下「規則」という。）第三十二条第一項の移送をする場合には、登記記録等（登記記録（共同担保目録及び信託目録を含む。）、地図等（電磁的記録に記録されているものを含む。）及び登記簿の附属書類（電磁的記録に記録されているものを含む。）をいう。本条において同じ。）が紛失し、又は汚損しないように注意して、送付しなければならない。

2　前項の場合において、移送すべき地図等が一枚の用紙に記載された地図等の一部であるときは、その地図等と同一の規格及び様式により、管轄転属に係る土地又は建物に関する部分のみの写しを作成し、当該写しを送付するものとする。

3　第一項の移送をする場合には、別記第7号様式による移送書二通（目録五通を含む。）を添えてするものとする。

4　第一項の移送を受けた乙登記所の登記官は、遅滞なく、移送された登記記録等を移送書と照合して点検し、別記第8号様式による受領書二通（目録二通を含む。この目録は、移送書に添付した目録を用いる。）を甲登記所の登記官に交付し、又は送付するものとする。この場合には、受領書の写しを作成して保管するものとする。

5　移送書又は受領書を受け取った登記官は、別記第9号様式による報告書により、これに移送書又は受領書（いずれも目録一通を含む。）を添えて、当該登記官を監督する法務局又は地方法務局の長に登記記録等の引継ぎを完了した旨を報告するものとする。この場合において、甲登記所及び乙登記所が同一の法務局又は地方法務局の管内にあるときは、連署をもって作成した報告書により報告して差し支えない。

6　第一項の場合において、登記簿の附属書類（土地所在図等を除く。以下この項において同じ。）を直ちに移送することが困難な特別の事情があるときは、第三項の移送書に附属書類を移送しない旨を記載した上、便宜甲登記所において保管しておくことを妨げない。この場合において、乙登記所に対し、甲登記所に保管している附属書類の閲覧の請求があった場合には、乙登記所の登記官は、直ちに甲登記所の登記官に当該書類の移送を請求しなければならない。

（管轄転属による地番等の変更）

第九条　登記官は、規則第三十二条第一項の規定により登記記録の移送を受けた場合において、管轄転属に係る不動産について地番又は家屋番号の変更を必要とするときは、職権で、その変更の登記をしなければならない。

2　登記官は、規則第三十三条の規定により共同担保目録の記号及び目録番号を改める場合には、従前の記号及び目録番号を抹消する記号を記録して、第百十四条の規定により新たに付した記号及び目録番号を記録しなければならない。

（事務の委任による登記記録等の移送）

第十条　前二条の規定は、法第七条の規定により一の登記所の管轄に属する事務を他の登記所に委任した場合について準用する。

（管轄区域がまたがる場合の移送の方法）

第十一条　規則第四十条第一項の移送は、別記第10号様式による移送書によりするものとする。

2　前項の移送は、配達証明付書留郵便によりするものとする。

第二節　地図等

（地図の作成等）

第十二条　地図を作成するときは、磁気ディスクその他の電磁的記録に記録するものとする。ただし、電磁的記録に記録することができないときは、ポリエステル・フィルム等を用いて作成することができる。

2　前項ただし書の場合には、地図は、別記第11号様式により作成するものとする。ただし、同様式の別紙の訂正票に記載する事項がないときは、当該訂正票を設けることを要しない。

（地図に準ずる図面の備付け）

第十三条　規則第十条第五項ただし書（同条第六項において準用する場合を含む。以下この条及び次条第四号において同じ。）に規定する場合において、これらの図面が地図に準ずる図面としての要件を満たすと認められるときは、地図に準ずる図面として備え付けるものとする。

2　地図に準ずる図面として備え付けた図面が、修正等により地図としての要件を満たすこととなったとき、又はその図面につき規則第十条第五項ただし書の特別の事情が消滅したときは、地図として備え付けるものとする。

（地図等の備付け等についての報告）

第十四条　登記官は、次に掲げる場合は、遅滞なく、当該登記官を監督する法務局又は地方法務局の長に別記第12号様式による報告書を提出するものとする。

(1)　国土調査法（昭和二十六年法律第百八十号）第二十条第一項の規定により図面が送付され、又は規則第十条第六項に規定する土地の全部についての所在図が提供された場合

(2)　前号の図面又は土地の全部についての所在図を規則第十条第五項（同条第六項において準用する場合を含む。）の規定により地図として備え付けた場合

(3)　地図に準ずる図面として備え付けた図面を前条第二項の規定により地図として備え付けた場合

(4)　規則第十条第五項ただし書の規定により地図とした備え付けなかった図面を前条第一項の規定により地図に準ずる図面として備え付けた場合

（建物所在図の作成等）

第十五条　建物所在図を作成するときは、磁気ディスクその他の電磁的記録に記録するものとする。ただし、電磁的記録に記録することができないときは、ポリエステル・フィルム等を用いて作成することができる。

2　建物所在図の縮尺は、原則として当該地域の地図と同一とする。

3　第一項ただし書の場合には、建物所在図は、別記第13号様式により作成するものとする。ただし、同様式の別紙の訂正票に記載する事項がないときは、当該訂正票を設けることを要しない。

4　登記官は、規則第十一条第二項の規定により建物の全部に

ついての所在図その他これに準ずる図面を建物所在図として備え付けたときには、遅滞なく、当該登記官を監督する法務局又は地方法務局の長に別記第12号様式に準ずる様式による報告書を作成して提出するものとする。

（地図等の変更の方法等）

第十六条　地図又は地図に準ずる図面の変更又は訂正は、次に掲げるところによってするものとする。

(1)　土地の表示に関する登記をしたとき、地図又は地図に準ずる図面の訂正の申出を相当と認めたときその他地図又は地図に準ずる図面の変更又は訂正をするときは、申請情報又は申出情報と併せて提供された土地所在図又は地積測量図及び実地調査の結果に基づいてする。規則第十六条第十五項の規定により職権で地図又は地図に準ずる図面の訂正をするときは、実地調査の結果及び既に登記所に備え付けている土地所在図又は地積測量図に基づいてする。

(2)　地図又は地図に準ずる図面（電磁的記録に記録されたものを除く。）の変更又は訂正をする場合には、当該地図又は地図に準ずる図面に墨を用いて細字、細線により鮮明に所要の記載をし、変更前又は訂正前の記載を削除する。

(3)　土地の表題登記をした場合には、地図又は地図に準ずる図面にその土地の位置を表示し、その地番を記録する。

(4)　分筆の登記をした場合には、地図又は地図に準ずる図面に分筆線及び分筆後の地番を記録する。

(5)　合筆の登記をした場合には、地図又は地図に準ずる図面に記録されている筆界線を削除し、合筆後の地番を記録して従前の地番を削除する。

(6)　土地の異動が頻繁であるため地図又は地図に準ずる図面（電磁的記録に記録されたものを除く。）の記載が錯雑するおそれがある場合には、当該錯雑するおそれのある部分を謄写し、これをその部分に関する地図又は地図に準ずる図面として用いる。この場合には、地図又は地図に準ずる図面の当該部分及び謄写した図面に(イ)(ロ)(ハ)等の符号を付して、その関連を明らかにする。

(7)　地図又は地図に準ずる図面（電磁的記録に記録されたものを除く。）の訂正をした場合には、当該地図又は地図に準ずる図面に付した訂正票にその旨を明らかにし、登記官印を押印する。

2　建物所在図の変更又は訂正は、次に掲げるところによってするものとする。

(1)　建物の表示に関する登記をしたときその他建物所在図の変更又は訂正をするときは、申請情報と併せて提供された建物図面及び実地調査の結果に基づいてする。規則第十六条第十五項の規定により職権で建物所在図の訂正をするときは、実地調査の結果及び既に登記所に備え付けている建物図面に基づいてする。

(2)　前項第二号の規定は、建物所在図の変更又は訂正をする場合について準用する。

(3)　建物の表題登記をした場合には、建物所在図にその家屋番号を記録する。

(4)　建物の分割又は区分の登記をした場合には、建物所在図に変更後の各家屋番号を記録し、変更前の家屋番号を削除する。

(5)　建物の合併の登記をした場合には、建物所在図に合併後の家屋番号を記録し、従前の家屋番号を削除する。

(6) 建物の合体による登記等をした場合には、建物所在図に記録されている合体前の建物の記録を削除し、合体後の建物を記録する。

（略）

第五款　土地所在図等

（地積測量図における筆界点の記録方法）

第五十条　地積測量図に規則第七十七条第一項第七号の規定により基本三角点等に基づく測量の成果による筆界点の座標値を記録する場合には、当該基本三角点等に符号を付した上、地積測量図の適宜の箇所にその符号、基本三角点等の名称及びその座標値も記録するものとする。

2　地積測量図に規則第七十七条第一項第七号の規定により近傍の恒久的な地物に基づく測量の成果による筆界点の座標値を記録する場合には、当該地物の存する地点に符号を付した上で、地積測量図の適宜の箇所にその符号、地物の名称、概略図及びその座標値も記録するものとする。

（土地所在図及び地積測量図の作成方法）

第五十一条　規則第七十八条の規定により地積測量図に付する分筆後の各土地の符号は、①②③、(イ)(ロ)(ハ)、ＡＢＣ等適宜の符号を用いて差し支えない。

2　規則第七十三条第一項の規定により作成された地積測量図は、土地所在図を兼ねることができる。

3　規則第七十四条第三項に規定する用紙により地積測量図を作成する場合において、当該用紙に余白があるときは、便宜、その余白を用いて土地所在図を作成することができる。この場合には、図面の標記に「土地所在図」と追記するものとする。

4　前項の場合において、地積測量図の縮尺がその土地について作成すべき土地所在図の縮尺と同一であって、当該地積測量図によって土地の所在を明確に表示することができるときは、便宜、当該地積測量図をもって土地所在図を兼ねることができるものとする。この場合には、当該図面の標記を「土地所在図兼地積測量図」と記載するものとする。

5　一の登記の申請について、規則第七十四条第三項に規定する用紙により土地所在図又は地積測量図を作成する場合において、用紙が数枚にわたるときは、当該土地所在図又は地積測量図の余白の適宜の箇所にその総枚数及び当該用紙が何枚目の用紙である旨を記載するものとする。

（建物図面の作成方法）

第五十二条　建物が地下のみの建物である場合における建物図面には、規則第八十二条第一項の規定にかかわらず、地下一階の形状を朱書するものとする。

2　建物が区分建物である場合には、次の例示のように点線をもってその建物が属する一棟の建物の一階の形状も明確にするものとする。この場合において、その建物が一階以外の部分に存するときは、その存する階層を、例えば「建物の存する部分三階」、「建物の存する部分四階、五階」のように記録するものとする。

例示　凡例　実線 ――　破線 ‐‐‐‐　一点鎖線 ‐・‐・

（例１）

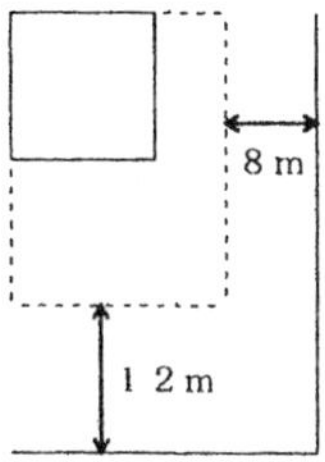

（例２）

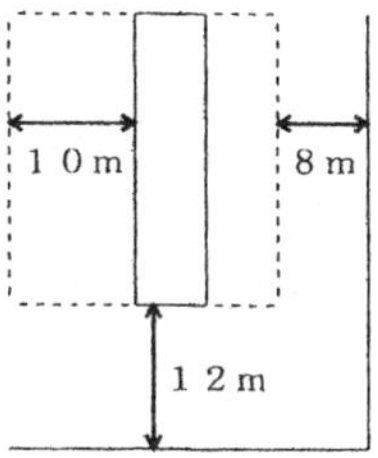

（例３）

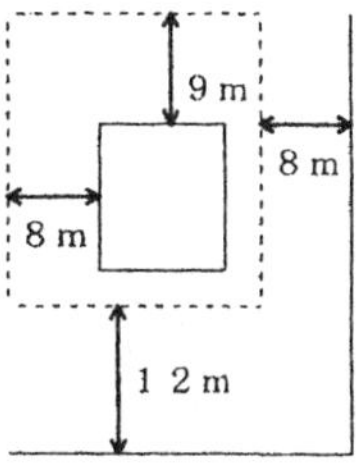

3　前項後段の場合において、その建物（その建物が二階以上である場合にあっては、その一階）の存する階層の形状が一棟の建物の一階の形状と異なるときは、次の例示のように一点鎖線をもってその階層の形状も明確にするものとする。

例示

（例１）

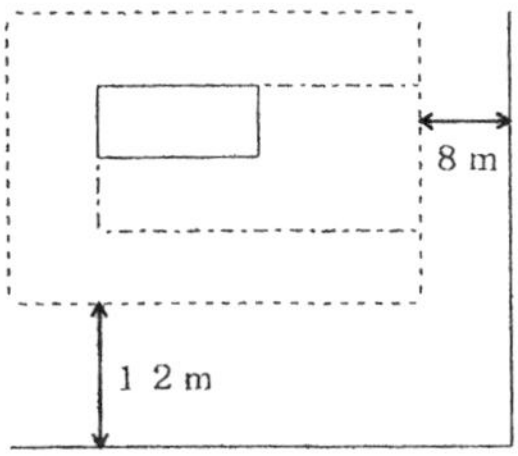

（例２）

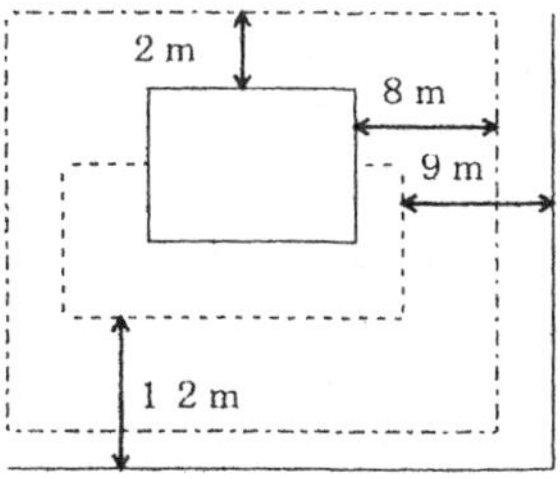

（各階平面図の作成方法）

第五十三条　規則第八十三条第一項の規定により各階平面図に各階の別、各階の平面の形状及び一階の位置、各階ごとの建物の周囲の長さを記録するには、次の例示のようにするものとする。この場合において、一階以外の階層を表示するときは、一階の位置を点線をもって表示するものとする。

例示

1　階

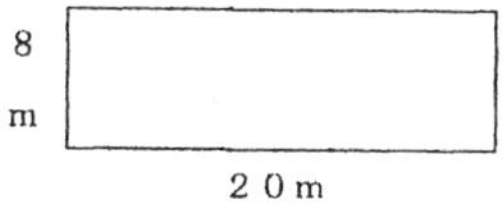

2　階

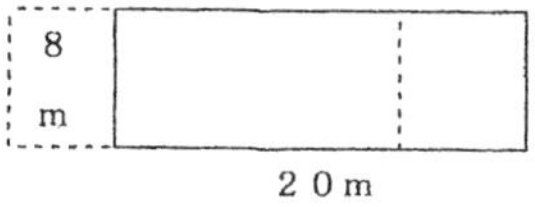

3　階

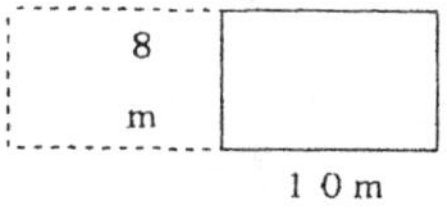

4　階

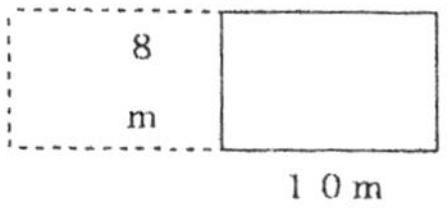

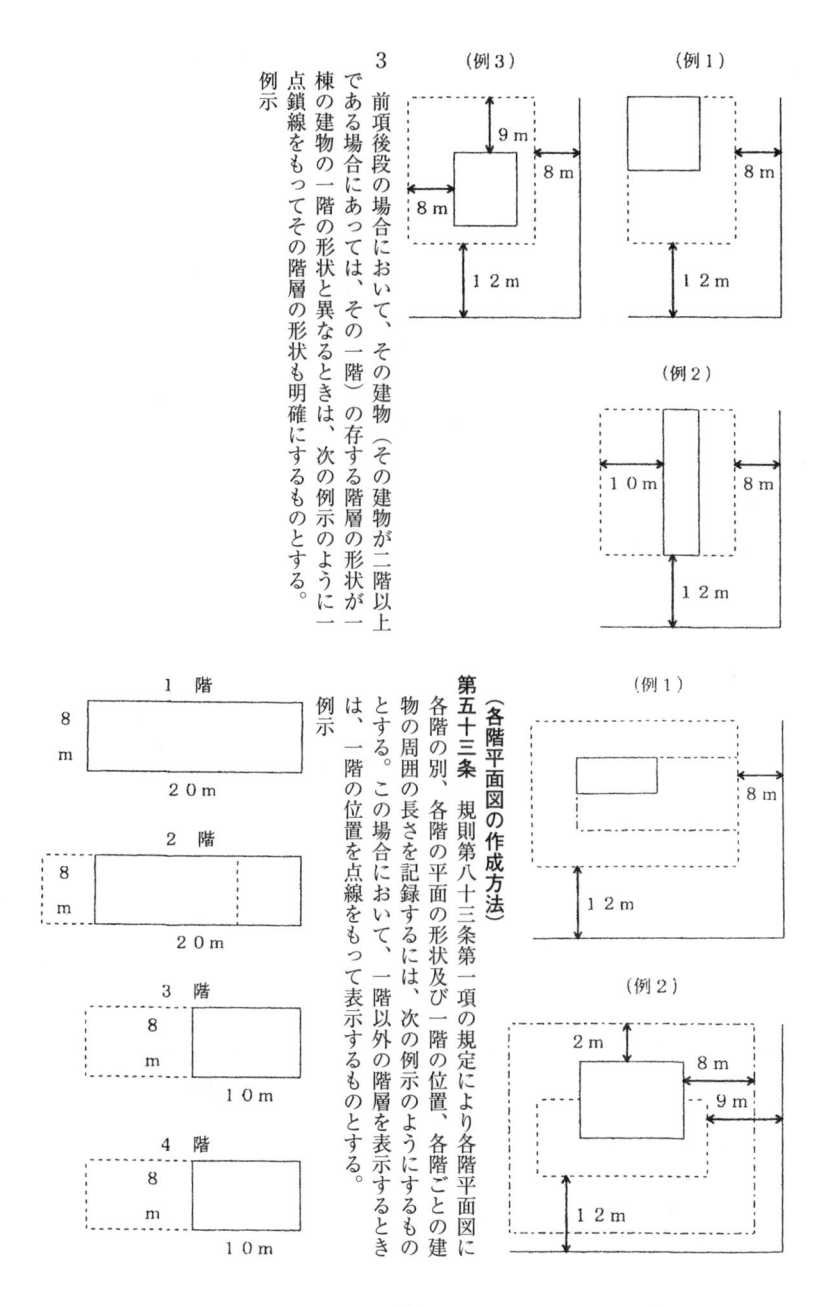

２　各階が同じ形状のものについて記録するには、次の例示のようにするものとする。

例示

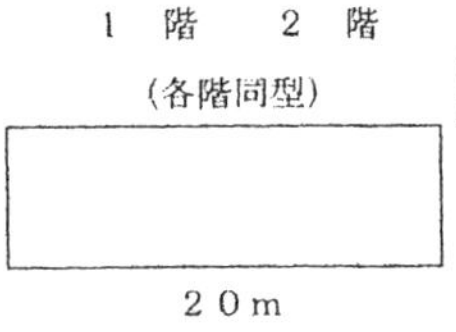

（建物図面又は各階平面図の作成方法）

第五十四条　規則第八十四条の規定により建物図面及び各階平面図に付する分割後又は区分後の各建物の符号は、①②③、(イ)(ロ)(ハ)、ＡＢＣ等適宜の符号を用いて差し支えない。

２　第五十一条第五項の規定は、建物図面又は各階平面図を作成する場合について準用する。

（図面の整理）

第五十五条　登記官は、土地所在図又は地積測量図を土地図面つづり込み帳につづり込むときは、地番区域ごとに地番の順序に従ってつづり込むものとする。

２　登記官は、建物図面又は各階平面図を建物図面つづり込み帳につづり込むときは、地番区域ごとに家屋番号の順序に従ってつづり込むものとする。

３　登記官は、土地所在図若しくは地積測量図又は建物図面若しくは各階平面図を土地図面つづり込み帳又は建物図面つづり込み帳につづり込んだときは、当該帳簿の目録に、これらの図面をつづり込むごとに地番又は家屋番号、図面の種類、つづり込んだ年月日を記載して、登記官印を押印するものとする。

（表題部の変更の登記又は更正の登記に伴う図面の処理）

第五十六条　登記官は、表題部の登記事項に関する変更の登記又は更正の登記をした場合において、必要があるときは、土地所在図、地積測量図、建物図面若しくは各階平面図の記録の変更若しくは訂正をし、又はこれらの図面のつづり替えをするものとする。

２　登記官は、土地図面つづり込み帳又は建物図面つづり込み帳につづり込まれた図面について、前項の規定により地番又は家屋番号を変更し、又は訂正したときは、当該帳簿の目録に記載された従前の地番又は家屋番号の記載を抹消し、当該箇所に変更後又は訂正後の地番又は家屋番号を記載するものとする。

（国土調査の成果に基づく登記に伴う地積測量図の処理）

第五十七条　登記官は、国土調査の成果に基づく登記をした場合には、当該国土調査の実施地区内に存する土地について国土調査の成果に基づく登記をしたか否かにかかわらず、当該登記の前に提出された地積測量図の適宜の箇所に「国土調査実施前提出」と記録するものとする。

（土地所在図等の除却）

第五十八条　登記官は、土地図面つづり込み帳、地役権図面つづり込み帳又は建物図面つづり込み帳につづり込まれた図面を閉鎖したときは、当該図面を当該帳簿から除却するものとする。

２　前項の閉鎖した図面は、その左側上部に「平成何年何月何日除却」と記載し、閉鎖土地図面つづり込み帳、閉鎖地役権図面つづり込み帳又は閉鎖建物図面つづり込み帳に除却の日付の順序に従ってつづり込むものとする。

3　登記官は、第一項の規定又は管轄転属等により図面を土地図面つづり込み帳、地役権図面つづり込み帳又は建物図面つづり込み帳から除却したときは、当該帳簿の目録のうち閉鎖した図面に係る記載を抹消し、除却の年月日を記載して、登記官印を押印するものとする。

第二節　表示に関する登記

第一款　通則

（地番区域の変更）

第五十九条　行政区画又は字（地番区域であるものに限る。）の変更があった場合において、地番の変更を必要とするときは、職権で、表題部に記録された地番の変更の登記をするものとする。

（実地調査）

第六十条　登記官は、事情の許す限り積極的に不動産の実地調査を励行し、その結果必要があるときは、職権で、表示に関する登記をしなければならない。

2　実地調査は、あらかじめ地図その他各種図面等を調査し、調査事項を明確にした上で行うものとする。

（実地調査上の注意）

第六十一条　登記官は、実地調査を行おうとする場合には、あらかじめ土地又は建物の所有者その他の利害関係人に通知する等、調査上支障がないように諸般の手配をしなければならない。

2　登記官は、実地調査を行う場合には、その土地又は建物の所有者その他の利害関係人又は管理人の立会いを求め、なお必要があると認めるときは、隣地の所有者又は利害関係人等の立会いを求めるものとする。

3　登記官は、実地調査において質問又は検査をする場合には、所有者その他の利害関係人等に対して身分、氏名及び質問又は検査の趣旨を明らかにし、これらの者に迷惑をかけることがないように注意しなければならない。

4　登記官は、実地調査を完了した場合において、必要があると認めるときは、土地所在図、地積測量図、建物図面又は各階平面図を作成するものとする。

5　前項の図面の作成については、規則第三章第一節第七款の規定によるものとする。

（実地調査書）

第六十二条　登記官は、申請書及びその添付書類を審査し、実地調査の必要を認めた場合には、申請書の一枚目の用紙の上部欄外に別記第57号様式による印版を押印するものとする。

2　規則第九十五条の調書（以下「実地調査書」という。）は、別記第58号様式又はこれに準ずる様式によるものとする。

3　登記官は、実地調査をしたときは、実地調査書を申請書（電子申請にあっては、電子申請管理用紙）と共に保管するものとする。

4　登記官は、地方税法第三百八十一条第七項前段（他の法令において準用する場合を含む。第六十五条において同じ。）の規定による市町村長の申出に係る不動産について実地調査をしたときは、実地調査書を当該申出に係る書面と共に保管するものとする。

（申請の催告）

第六十三条　登記官は、法第三十六条、第三十七条第一項若しくは第二項、第四十二条、第四十七条第一項（法第四十九条第二項において準用する場合を含む。）、第四十九条第一項、第三項若しくは第四項、第五十一条第一項から第四項まで、第五十七条又は第五十八条第六項若しくは第七項の規定による申請をすべき事項で申請のないものを発見した場合には、直ちに職権でその登記をすることなく、申請の義務がある者に登記の申請を催告するものとする。

2　前項の催告は、別記第59号様式による催告書によりするものとする。

（実地調査の代行）

第六十四条　登記官は、必要があると認める場合には、登記所の職員に細部の指示を与えて実地調査を行わせて差し支えない。

（職権による表示に関する登記の実地調査書等の処理）

第六十五条　登記官は、地方税法第三百八十一条第七項前段の規定による市町村長の申出に係る書面を受け取り、又は職権で表示に関する登記をしようとする場合において、実地調査をしたときは、実地調査書に、別記第60号様式及び別記第61号様式又はこれらに準ずる様式による印版を押印して、規則第九十六条第一項の立件の年月日及び立件番号を記載し、立件、調査、記入、校合、図面の整理、所要の通知等をした場合には、そのつど該当欄に取扱者が押印するものとする。法第七十五条（法第七十六条第三項において準用する場合を含む。）の規定により登記をした場合において、実地調査をしたときも、同様とする。

2　登記官は、前項の規定により立件した事件の処理を中止により終了した場合には、職権表示登記等事件簿に「中止」と記載し、申出書又は申出のない事件についての実地調査書に中止の年月日及びその旨を記載するものとする。

3　地方税法第三百八十一条第七項後段の規定による通知は、申出書の写しに「処理済」又は「中止」と記載して市町村長に交付するものとする。

（日付欄の記録）

第六十六条　登記の日付欄に記録すべき登記の年月日は、登記完了の年月日を記録するものとする。

第二款　土地の表示に関する登記

（地番の定め方）

第六十七条　地番は、規則第九十八条に定めるところによるほか、次に掲げるところにより定めるものとする。

(1)　地番は、他の土地の地番と重複しない番号をもって定める。

(2)　抹消、滅失又は合筆により登記記録が閉鎖された土地の地番は、特別の事情がない限り、再使用しない。

(3)　土地の表題登記をする場合には、当該土地の地番区域内における最終の地番を追い順次にその地番を定める。

(4)　分筆した土地については、分筆前の地番に支号を付して各筆の地番を定める。ただし、本番に支号のある土地を分筆する場合には、その一筆には、従来の地番を存し、他の各筆には、本番の最終の支号を追い順次支号を付してその地番を定める。

(5)　前号本文の規定にかかわらず、規則第百四条第六項に規定する場合には、分筆した土地について支号を用いない地番を存することができる。

(6)　合筆した土地については、合筆前の首位の地番をもってその地番とする。
(7)　特別の事情があるときは、第三号、第四号及び第六号の規定にかかわらず、適宜の地番を定めて差し支えない。
(8)　土地区画整理事業を施行した地域等においては、ブロック（街区）地番を付して差し支えない。
(9)　地番の支号には、数字を用い、支号の支号は用いない。

2　登記官は、従来の地番に数字でない符号又は支号の支号を用いたものがある場合には、その土地の表題部の登記事項に関する変更の登記若しくは更正の登記又は土地の登記記録の移記若しくは改製をする時に当該地番を変更しなければならない。ただし、変更することができない特段の事情があるときは、この限りでない。

3　登記官は、同一の地番区域内の二筆以上の土地に同一の地番が重複して定められているときは、地番を変更しなければならない。ただし、変更することができない特段の事情があるときは、この限りでない。

4　地番が著しく錯雑している場合において、必要があると認めるときは、その地番を変更しても差し支えない。

（地目）

第六十八条　次の各号に掲げる地目は、当該各号に定める土地について定めるものとする。この場合には、土地の現況及び利用目的に重点を置き、部分的にわずかな差異の存するときでも、土地全体としての状況を観察して定めるものとする。

(1)　田　農耕地で用水を利用して耕作する土地
(2)　畑　農耕地で用水を利用しないで耕作する土地
(3)　宅地　建物の敷地及びその維持若しくは効用を果すために必要な土地
(4)　学校用地　校舎、附属施設の敷地及び運動場
(5)　鉄道用地　鉄道の駅舎、附属施設及び路線の敷地
(6)　塩田　海水を引き入れて塩を採取する土地
(7)　鉱泉地　鉱泉（温泉を含む。）の湧出口及びその維持に必要な土地
(8)　池沼　かんがい用水でない水の貯留池
(9)　山林　耕作の方法によらないで竹木の生育する土地
(10)　牧場　家畜を放牧する土地
(11)　原野　耕作の方法によらないで雑草、かん木類の生育する土地
(12)　墓地　人の遺体又は遺骨を埋葬する土地
(13)　境内地　境内に属する土地であって、宗教法人法（昭和二十六年法律第百二十六号）第三条第二号及び第三号に掲げる土地（宗教法人の所有に属しないものを含む。）
(14)　運河用地　運河法（大正二年法律第十六号）第十二条第一項第一号又は第二号に掲げる土地
(15)　水道用地　専ら給水の目的で敷設する水道の水源地、貯水池、ろ水場又は水道線路に要する土地
(16)　用悪水路　かんがい用又は悪水はいせつ用の水路
(17)　ため池　耕地かんがい用の用水貯留池
(18)　堤　防水のために築造した堤防
(19)　井溝　田畝又は村落の間にある通水路
(20)　保安林　森林法（昭和二十六年法律第二百四十九号）に基づき農林水産大臣が保安林として指定した土地
(21)　公衆用道路　一般交通の用に供する道路（道路法（昭和二十七年法律第百八十号）による道路であるかどうかを問

わない。)
(22) 公園　公衆の遊楽のために供する土地
(23) 雑種地　以上のいずれにも該当しない土地

（地目の認定）

第六十九条　土地の地目は、次に掲げるところによって定めるものとする。

(1) 牧草栽培地は、畑とする。

(2) 海産物を乾燥する場所の区域内に永久的設備と認められる建物がある場合には、その敷地の区域に属する部分だけを宅地とする。

(3) 耕作地の区域内にある農具小屋等の敷地は、その建物が永久的設備と認められるものに限り、宅地とする。

(4) 牧畜のために使用する建物の敷地、牧草栽培地及び林地等で牧場地域内にあるものは、すべて牧場とする。

(5) 水力発電のための水路又は排水路は、雑種地とする。

(6) 遊園地、運動場、ゴルフ場又は飛行場において、建物の利用を主とする建物敷地以外の部分が建物に附随する庭園に過ぎないと認められる場合には、その全部を一団として宅地とする。

(7) 遊園地、運動場、ゴルフ場又は飛行場において、一部に建物がある場合でも、建物敷地以外の土地の利用を主とし、建物はその附随的なものに過ぎないと認められるときは、その全部を一団として雑種地とする。ただし、道路、溝、堀その他により建物敷地として判然区分することができる状況にあるものは、これを区分して宅地としても差し支えない。

(8) 競馬場内の土地については、事務所、観覧席及びきゅう舎等永久的設備と認められる建物の敷地及びその附属する土地は宅地とし、馬場は雑種地とし、その他の土地は現況に応じてその地目を定める。

(9) テニスコート又はプールについては、宅地に接続するものは宅地とし、その他は雑種地とする。

(10) ガスタンク敷地又は石油タンク敷地は、宅地とする。

(11) 工場又は営業場に接続する物干場又はさらし場は、宅地とする。

(12) 火葬場については、その構内に建物の設備があるときは構内全部を宅地とし、建物の設備のないときは雑種地とする。

(13) 高圧線の下の土地で他の目的に使用することができない区域は、雑種地とする。

(14) 鉄塔敷地又は変電所敷地は、雑種地とする。

(15) 坑口又はやぐら敷地は、雑種地とする。

(16) 製錬所の煙道敷地は、雑種地とする。

(17) 陶器かまどの設けられた土地については、永久的設備と認められる雨覆いがあるときは宅地とし、その設備がないときは雑種地とする。

(18) 木場（木ぼり）の区域内の土地は、建物がない限り、雑種地とする。

（地積）

第七十条　土地の表示に関する登記の申請情報の内容とした地積と登記官の実地調査の結果による地積との差が、申請情報の内容とした地積を基準にして規則第七十七条第四項の規定による地積測量図の誤差の限度内であるときは、申請情報の内容とした地積を相当と認めて差し支えない。

（所有権を証する情報）

第七十一条　令別表の四の項添付情報欄ハに掲げる表題部所有者となる者の所有権を証する情報は、公有水面埋立法（大正十年法律第五十七号）第二十二条の規定による竣功認可書、官庁又は公署の証明書その他申請人の所有権の取得を証するに足りる情報とする。

2　国又は地方公共団体の所有する土地について、官庁又は公署が土地の表題登記を嘱託する場合には、所有権を証する情報の提供を便宜省略して差し支えない。

（分筆の登記の申請）

第七十二条　分筆の登記を申請する場合において、分筆前の地積と分筆後の地積の差が、分筆前の地積を基準にして規則第七十七条第四項の規定による地積測量図の誤差の限度内であるときは、地積に関する更正の登記の申請を要しない。

2　分筆の登記を申請する場合において提供する分筆後の土地の地積測量図には、分筆前の土地が広大な土地であって、分筆後の土地の一方がわずかであるなど特別の事情があるときに限り、分筆後の土地のうち一筆の土地について規則第七十七条第一項第五号から第七号までに掲げる事項（同項第五号の地積を除く。）を記録することを便宜省略して差し支えない。

（土地の表題部の変更の登記又は更正の登記の記録）

第七十三条　地番、地目又は地積に関する変更の登記又は更正の登記をする場合において、登記記録の表題部の原因及びその日付欄の記録をするときは、変更し、又は更正すべき事項の種類に応じて、当該変更又は更正に係る該当欄の番号を登記原因及びその日付の記録に冠記してするものとする。例えば、地目の変更をするときは、登記原因及びその日付に②を冠記するものとし、一の申請情報によって地目の変更の登記と地積の更正の登記の申請があった場合において、これらに基づいて登記をするときは、原因及びその日付欄に、それぞれの登記原因及びその日付に②及び③を冠記して、「②平成何年何月何日地目変更③錯誤」のように記録するものとする。

（分筆の登記の記録方法）

第七十四条　甲土地から乙土地を分筆する分筆の登記をする場合において、規則第百一条第二項の規定による記録をするときは、甲土地の登記記録の表題部に、地番、地目及び地積のうち変更する事項のみを記録し（所在欄には、何らの記録を要しない。）、原因及びその日付欄に、変更を要する事項の事項欄の番号を冠記して、「①③何番何、何番何に分筆」（又は「③何番何ないし何番何に分筆」）のように記録するものとする。

2　前項の場合において、規則第百一条第一項の規定による記録をするときは、乙土地の登記記録の表題部の原因及びその日付欄に、「何番から分筆」のように記録するものとする。

（合筆の登記の記録方法）

第七十五条　甲土地を乙土地に合筆する合筆の登記をする場合において、甲土地の登記記録の表題部に規則第百六条第二項の規定による記録をするときは、原因及びその日付欄に「何番に合筆」のように記録するものとする。

2　前項の場合において、乙土地の登記記録の表題部に規則第百六条第一項の規定による記録をするときは、合筆後の土地の地積を記録し、原因及びその日付欄に、地積欄の番号を冠記して、「③何番を合筆」（又は「③何番何ないし何番何を合筆」）のように記録するものとする。

（分合筆の登記の記録方法）

第七十六条　甲土地の一部を分筆して、これを乙土地に合筆する場合における分筆の登記及び合筆の登記をする場合において、甲土地の登記記録の表題部に規則第百八条第二項の規定による記録をするときは、分筆後の土地の地積を記録し、原因及びその日付欄に、地積欄の番号を冠記して、「③何番に一部合併」のように記録するものとする。

2　前項の場合において、乙土地の登記記録の表題部に規則第百八条第一項の規定による記録をするときは、合筆後の土地の地積を記録し、原因及びその日付欄に、地積欄の番号を冠記して、「③何番から一部合併」のように記録するものとする。

第五章　登記事項の証明等

（請求書の受付）

第百三十二条　登記官は、登記事項証明書等（登記事項証明書、登記事項要約書、地図等の全部若しくは一部の写し（地図等が電磁的記録に記録されているときは、当該記録された情報の内容を証明した書面）又は土地所在図等の全部若しくは一部の写し（土地所在図等が電磁的記録に記録されているときは、当該記録された情報の内容を証明した書面）をいう。）の交付の請求が請求書を提出する方法によりされたときは、請求の受付の年月日を当該請求書の適宜の箇所に記載するものとする。この場合には、別の方法で管理する場合を除き、一連の番号も当該請求書の適宜の箇所に記載するものとする。

2　前項後段の規定により一連の番号を記載した請求については、別記第96号様式による日計表を作成して、管理するものとする。

3　第百二十六条第一項の規定は、第一項の請求書を受け付けた場合について準用する。

（登記事項証明書等の作成の場合の注意事項等）

第百三十三条　登記事項証明書等を作成して交付する場合には、次に掲げるところによるものとする。

(1)　主任者は、作成した登記事項証明証等が請求書に係るものであることを確かめなければならない。

(2)　登記事項証明書等は、鮮明に作成するものとする。

(3)　登記事項証明書等が二枚以上であるときは、当該登記事項証明書等の各用紙に当該用紙が何枚目であるかを記載するものとする。

(4)　認証文、認証者の職氏名及び認証日付の記載並びに職印等の押印は、整然と、かつ、鮮明にするものとする。

(5)　主任者は、前号の認証文、認証者の職氏名及び認証日付並びに職印に間違いがないことを確かめなければならない。

(6)　主任者は、地図等又は土地所在図等の全部又は一部の写しが原本の内容と相違ないことを確かめなければならない。

(7)　請求人が受領しないため交付することができないまま一月を経過した登記事項証明書等があるときは、請求書の余白に「交付不能」と記載し、当該登記事項証明書等を適宜廃棄して差し支えない。

（地図等の写し等の作成）

第百三十四条　地図等の写し（地図等が電磁的記録に記録されているときは、当該記録された情報の内容を証明した書面）を作成するには、次に掲げるところによるものとする。

(1)　用紙は、原則として日本工業規格A列三番の適宜の紙質のものを使用する。

(2)　地図及び地図に準ずる図面の写しは、原則として別記第97号様式及び別記第98号様式により、請求に係る土地のほか、接続する土地全部についてこれらの土地相互間の境界線及びその接続する土地の地番を記載する。

(3)　建物所在図の写しは、原則として別記第99号様式による。

(4)　二筆以上の土地又は二個以上の建物を一用紙に記載して作成して差し支えない。

(5)　別記第97号様式、別記第98号様式及び別記第99号様式の用紙の相当欄に余白がある場合には、その該当欄に斜線を施すなどの方法により追記等をすることができないようにする。

（土地所在図等の写し等の作成）

第百三十五条　土地所在図等の写し（土地所在図等が電磁的記録に記録されているときは、当該記録された情報の内容を証明した書面）は、原則として日本工業規格A列三番の適宜の紙質の用紙を使用して作成するものとする。

（登記事項証明書等の認証文）

第百三十六条　次の各号に掲げる登記事項証明書等には、当該各号に定める認証文を付するものとする。

(1)　全部事項証明書　「これは登記記録（閉鎖された登記記録）に記録されている事項の全部を証明した書面である。」

(2)　現在事項証明書　「これは登記記録に記録されている現に効力を有する事項の全部を証明した書面である。」

(3)　何区何番事項証明書　「これは登記記録（閉鎖された登記記録）に記録されている事項の何区何番事項を証明した書面である。」

(4)　所有者証明書　「これは登記記録に記録されている所有者の氏名又は名称及び住所を証明した書面である。」

(5)　一棟建物全部事項証明書　「これは一棟の建物に属する区分建物の登記記録（又は閉鎖された登記記録）に記録されている事項の全部を証明した書面である。」

(6)　一棟建物現在事項証明書　「これは一棟の建物に属する区分建物の登記記録に記録されている現に効力を有する事項の全部を証明した書面である。」

(7)　地図等（電磁的記録に記録されているものを除く。）の全部又は一部の写し　「これは地図（建物所在図又は地図に準ずる図面）の写しである。」

(8)　電磁的記録に記録されている地図等の内容を証明した書面　「これは地図（建物所在図又は地図に準ずる図面）に記録されている内容を証明した書面である。」

(9)　閉鎖された地図等（電磁的記録に記録されているものを除く。）の全部又は一部の写し　「これは閉鎖された地図（建物所在図又は地図に準ずる図面）の写しである。」

(10)　電磁的記録に記録され、かつ、閉鎖された地図等の内容を証明した書面　「これは閉鎖された地図（建物所在図又は地図に準ずる図面）に記録されている内容を証明した書面である。」

(11)　土地所在図等（電磁的記録に記録されているものを除く。）の全部又は一部の写し　「これは図面の写しである。」

(12)　電磁的記録に記録されている土地所在図等の内容を証明した書面　「これは図面に記録されている内容を証明した書面である。」

(13)　閉鎖された土地所在図等（電磁的記録に記録されているものを除く。）の全部又は一部の写し　「これは閉鎖された図面の写しである。」

(14)　電磁的記録に記録され、かつ、閉鎖された土地所在図等の内容を証明した書面　「これは閉鎖された図面に記録されている内容を証明した書面である。」

2　規則第百九十七条第一項後段の付記は、「ただし、登記記録の乙区（甲区及び乙区）に記録されている事項はない。」とするものとする。

3　規則第百九十七条第三項の規定により共同担保目録又は信託目録に記録された事項を省略して登記事項証明書を作成するときは、認証文に省略した旨の付記を要しない。

4　法第百十九条第五項の規定による請求に基づいて交付する登記事項証明書の認証文には、請求に係る不動産の所在地を管轄する登記所の表示を「（何法務局何出張所管轄）」のように付記するものとする。

（登記事項証明書等の職氏名の記載）

第百三十七条　登記事項証明書等に登記官が職氏名を記載するには、次のようにするものとする。

何法務局（何地方法務局）何支局（何出張所）

登記官　　何　某

（請求書の措置）

第百三十八条　登記官は、登記事項証明書等の交付の請求書には、作成した登記事項証明書等の通数及び枚数並びに登記手数料の額を記載しなければならない。

（閲覧）

第百三十九条　地図等又は登記簿の附属書類を閲覧させる場合には、次に掲げるところに留意しなければならない。

(1)　地図等又は附属書類の枚数を確認する等その抜取り及び脱落の防止に努めること。

(2)　地図等又は附属書類の汚損、記入及び改ざんの防止に厳重に注意すること。

(3)　利害関係を有する部分に限る閲覧にあっては、請求に係る部分以外を閲覧しないように厳重に注意すること。

(4)　閲覧者が筆記する場合には、毛筆及びペンの使用を禁ずること。

(5)　筆記の場合は、地図等又は附属書類を下敷にさせないこと。

（手数料を徴収しない場合）

第百四十条　国又は地方公共団体の職員が職務上登記事項証明書等の交付又は地図等若しくは登記簿の附属書類の閲覧を請求する場合には、その旨を証する所属長の証明書を提出させるものとする。この場合には、請求書に請求の具体的な理由を記載させるものとする。

第六章　雑則

（審査請求の受理）

第百四十一条　登記官は、法第百五十六条の審査請求について、行政不服審査法（昭和三十七年法律第百六十号）第九条第一項の規定に基づく審査請求書（行政手続等における情報通信の技術の利用に関する法律（平成十四年法律第百五十一号）第三条及び法務省の所管する法令の規定に基づく行政手続等における情報通信の技術の利用に関する規則（平成十五年法務省令第十一号）第三条の規定により行われた審査請求の情報の内容を印刷した書面を含む。以下同じ。）を受け取ったときは、登記事務日記帳に所要の事項を記載し、当該審査請求書にその年月日及び日記番号を記載するものとする。

（相当の処分）

第百四十二条　登記官は、法第百五十七条第一項の規定により相当の処分をしようとする場合には、事案の簡単なものを除き、当該登記官を監督する法務局又は地方法務局の長に内議するものとする。この場合には、審査請求書の写しのほか、審査請求に係る登記申請却下の決定書の写し、登記事項証明書、申請書の写しその他相当の処分の可否を審査するに必要な関係書類を併せて送付するものとする。

2　第百四十四条第一項の規定は、登記官を監督する法務局又は地方法務局の長が前項の内議につき指示しようとする場合について準用する。

3　規則第百八十六条の通知は、別記第100号様式による通知書によりするものとする。

4　登記官は、相当の処分をしたときは、その処分に係る却下決定の取消決定書その他処分の内容を記載した書面を二通作成して、その一通を審査請求人に交付し、他の一通を審査請求書類等つづり込み帳につづり込むものとする。

5　前項の場合には、登記官は、当該処分の内容を別記第101号様式による報告書により当該登記官を監督する法務局又は地方法務局の長に報告するものとする。

（審査請求事件の送付）

第百四十三条　法第百五十七条第二項の規定による審査請求事件の送付は、別記第102号様式による送付書に意見を付してするものとする。

2　前項の審査請求事件の送付をする場合には、審査請求書のほか、審査請求に係る登記申請却下の決定書の写し、登記事項証明書、申請書の写しその他審査請求の理由の有無を審査するに必要な関係書類を送付するものとする。

3　登記官は、審査請求事件を送付した場合には、審査請求書及び送付書の各写しを日記番号の順序に従って審査請求書類等つづり込み帳につづり込むものとする。

（審査請求についての裁決）

第百四十四条　法務局又は地方法務局の長が審査請求につき裁決をするには、次に掲げるところによるものとする。

(1)　地方法務局の長は、審査請求の内容に問題がある場合には、当該地方法務局を監督する法務局の長に内議すること。

(2)　法務局の長は、審査請求につき裁決をする場合又は内議を受けた場合において、審査請求の内容に特に問題があるときは、当職に内議すること。

2　法務局又は地方法務局の長は、審査請求につき裁決をしたときは、その裁決書の写しを添えて当職にその旨を報告（地方法務局の長にあっては、当該地方法務局を監督する法務局の長を経由して）するものとする。

第百四十五条　法務局又は地方法務局の長が審査請求につき裁決をしたときは、裁決書の謄本を審査請求人及び登記官に交付するものとする。

2　登記官が前項の裁決書の謄本を受け取ったときは、登記事務日記帳に所要の事項を記載し、審査請求書類等つづり込み帳につづり込んだ審査請求書の写しの次につづり込むものとする。

（登記の嘱託）

第百四十六条　この準則に規定する登記の申請に関する法の規定には当該規定を法第十六条第二項において準用する場合を含むものとし、この準則中「申請」、「申請人」及び「申請情報」にはそれぞれ嘱託、嘱託者及び嘱託情報を含むものとする。

12　不動産登記法の施行に伴う登記事務の取扱いについて（抄）

（平成一七年二月二五日法務省民二第四五七号法務局長、地方法務局長あて民事局長通達）

一　（略）
二　地図等に関する取扱い
(1)　電磁的記録に記録された地図等
ア　適用時期
(ア)　地図管理システムに登録されている地図又は地図に準ずる図面について、法第一四条第六項の規定による電磁的記録に記録された地図又は地図に準ずる図面（以下「電子地図」という。）とする取扱いは、平成一七年三月七日以後（以下「施行日後」という。）、速やかに開始するものとする。
(イ)　電子地図の取扱いを開始する際には、開始の日、電子地図の閲覧方法等について、登記所の適宜の箇所に掲示するなどの方法により周知を図るものとする。
イ　従前の地図又は地図に準ずる図面の閉鎖手続
地図又は地図に準ずる図面を電磁的記録に記録したときには、従前の地図又は地図に準ずる図面を閉鎖するものとされた（規則第一二条第一項、第四項）。この場合の閉鎖の日付は、電子地図としての取扱いを開始した日とするものとする。
ウ　地図管理システムに登録された電子地図の閉鎖
地図管理システムに登録された電子地図を閉鎖する場合には、規則第一二条第二項の規定にかかわらず、登記官の識別番号の記録を要しない。
エ　電子地図の副記録
地図管理システムに登録されている電子地図については、毎日の業務終了後に同システムの電子地図に記録されている情報と同一の情報を磁気テープに記録させ、これを副記録とするものとする。
オ　地図管理システムに登録された電子地図の閲覧
地図管理システムに登録された電子地図の閲覧は、閲覧用に印刷したもの（電子地図の一部をA3版の用紙に出力した認証文のないもの）によって行うものとする。

なお、請求人が地図又は地図に準ずる図面の平面直角座標系の番号又は記号、図郭線及びその座標値、精度区分等の情報の閲覧を希望する場合は、便宜、地図又は地図に準ずる図面の内容の全部を出力したもの（以下「補完図」という。）及び閉鎖した地図又は地図に準ずる図面を併せて閲覧に供して差し支えない。補完図は、電子地図としての取扱いを開始する前日までに、地図管理システムに登録されていた地図又は地図に準ずる図面と同一の情報の内容を出力したものを使用するものとする。補完図については、電子地図の記録事項に異動修正があったときであっても、再度、修正したものを出力することを要しない。
(2)　地図等の訂正
ア　地図又は地図に準ずる図面の訂正
地図又は地図に準ずる図面に表示された土地の区画（地図に準ずる図面にあっては、土地の位置又は形状。イの(イ)及びエにおいて同じ。）又は地番に誤りがあるときは、当該土地の表題部所有者若しくは所有権の登記名義人又はこれらの相続人その他の一般承継人（申出に係る地図等が表題登記のみがされている土地に係るときは表題部所有者、所有権の登記がある土地に係るときは所有権の登記名義人、これらの者に相続その他一般承継を生じているときはこれらの相続人その他の一般承継人となる。）は、その訂正の申出をすることができるとされた（規則第一六条第一項。以下「地図訂正等申出」という。）。

従前の取扱いによる地図又は地図に準ずる図面の訂正の申出手続は、登記官の職権の発動を促すものであり、その申出の要件、必要な添付書面、申出に対する対応方法等は定められていなかったが、規則に地図訂正等申出の手続を設けることにより、この申出をすることができる者の範囲、申出情報と併せて提供すべき情報、申出の却下事由等を定め、却下事由がない場合に限り、訂正をしなければならないことを明らかにしたものである。なお、地図訂正等申出は、職権による地図等の訂正手続を否定したものではない。

これらの申出権が認められる者以外の者からの申出については、地図訂正等申出の趣旨であるか否かを確認し、地図訂正等申出の趣旨である場合は、これを却下するものとし（同条第一三項第二号）、そうでない場合は、これを職権の発動を促す申出があったものとして取り扱って差し支えない（同条第一五項参照）。

イ　地図訂正等申出

(ア)　地図訂正等申出は、表題部所有者若しくは所有権の登記名義人又は相続人その他の一般承継人が二人以上ある場合には、そのうちの一人からすることができる。

(イ)　地図訂正等申出に係る表題部所有者若しくは所有権の登記名義人の氏名若しくは名称又は住所が登記簿に記録されている氏名又は名称及び住所と異なる場合において、地図訂正申出情報と併せて当該表題部所有者又は所有権の登記名義人の氏名若しくは名称又は住所についての変更又は錯誤若しくは遺漏があったことを証する市町村長、登記官その他の公務員が職務上作成した情報（公務員が職務上作成した情報がない場合にあっては、これに代わるべき情報）が提供されたときは、規則第一六条第一三項第二号の規定により当該地図訂正等申出を却下することを要しない。

(ウ)　地図又は地図に準ずる図面に表示された土地の区画に誤りがあることによる地図訂正等申出の際に添付された地積測量図（規則第一六条第五項第二号）に記録された地積が登記記録上の地積と異なる場合には、地図訂正等申出は、地積に関する更正の登記の申請と併せてしなければならないとされた（同条第一二項）。ただし、当該地積の差が、規則第七七条第四項において準用する第一〇条第四項の規定による地積測量図の誤差の限度内であるときは、当該申出は、地積に関する更正の登記の申請と併せてすることを要しない。

(エ)　地図訂正等申出をする場合において、地図又は地図に準ずる図面に表示された土地の区画若しくは位置若しくは形状又は地番の誤りが登記所に備え付けられている土地所在図、地積測量図又は閉鎖された地図若しくは地図に準ずる図面により確認できる場合には、その図面を特定する情報を提供すれば、規則第一六条第五項第一号の誤りがあることを証する情報の提供があったものと認めて差し支えない。

ウ　地図訂正等申出の調査

(ア)　地図訂正等申出に係る事項の調査に当たっては、地番の訂正を除き、実地調査をしなければならない。ただし、登記所備付けの資料等により訂正する事由が明らかである場合は、この限りでない。

(イ)　地図訂正等申出に係る事項の調査をした結果、規則第一六条第一三項各号に掲げる事由に該当する場合は、当該地図訂正等申出を却下しなければならない。

エ　地図訂正等申出情報の記録事項

地図訂正等申出に係る訂正の内容（規則第一六条第三項第五号）の記録方法は、次のとおりとする。

(ア)　地図又は地図に準ずる図面に表示された土地の区画に誤りがあることを理由とする場合において、土地所在図又は地積測量図（規則第一六条第五項第二号）を添付するときは、「別紙土地所在図のとおり」又は「別紙地積測量図のとおり」のように記録して差し支えない。

(イ)　地図又は地図に準ずる図面に表示された地番に誤りがあることを理由とするときは、「地図上の地番の表示「五番一」を「五番二」に、「五番二」を「五番一」に訂正」のように記録するものとする。

オ　職権による地図等の訂正

職権による地図、地図に準ずる図面又は建物所在図の訂正（規則第一六条第一五項）の手続は、職権による表示に関する登記についての手続に準ずるものとする（規則第九六条並びに準則第一六条第一項第一号後段、同条第二項第一号、第六〇条及び第六五条参照）。

カ　地図管理システムに登録されている電子地図の訂正票

地図管理システムに登録されている電子地図の訂正を行った場合においては、準則第一七条第一項第七号の規定にかかわらず、訂正票を作成し、適宜、別途保管するものとする。

キ　施行日前に提出された申出の取扱い

平成一七年三月六日以前（以下「施行日前」という。）に提出された地図等の訂正の申出については、なお従前の例による。

(3)　新住市街地登記令の土地の全部についての所在図の取扱い

不動産登記法及び不動産登記法の施行に伴う関係法律の整備等に伴う関係政令の整備等に関する政令（平成一七年政令第二四号）による改正後の新住宅市街地開発法等による不動産登記に関する政令（昭和四〇年政令第三三〇号。以下「新住市街地登記令」という。）第六条第三項（同令第一一条において首都圏の近郊整備地帯及び都市開発区域の整備に関する法律（昭和三三年法律第九八号）第三〇条の二の登記について準用する場合を含む。第三の五において同じ。）の規定により新住市街地登記令第六条第二項の土地の全部についての所在図は、新たに国土調査法（昭和二六年法律第一八〇号）第一九条第五項の規定による指定を受けた地図でなければならないとされた。

一二　土地所在図の訂正等

(1)　土地所在図の訂正等

土地所在図、地積測量図、建物図面又は各階平面図に誤りがあるときは、表題部所有者若しくは所有権の登記名義人又はこれらの相続人その他の一般承継人（申出に係る地図等が表題登記のみがされている土地に係るときは表題部所有者、所有権の登記がある土地に係るときは所有権の登記名義人、これらの者に相続その他一般承継を生じているときはこれらの相続人その他一般承継人となる。）は、その訂正の申出をすることができるとされた（規則第八八条第一項。以下「土地所在図訂正等申出」という。）。

この場合の土地所在図訂正等申出ができる事項は、規則に定める土地所在図、地積測量図、建物図面又は各階平面図の内容（規則第七六条から第七九条まで及び第八二条から第八四条まで）のすべてである。

(2)　土地所在図訂正等申出

ア　土地所在図訂正等申出は、申出に係る表題部所有者若しくは所有権の登記名義人又は相続人その他の一般承継人が二人以上ある場合には、そのうちの一人からすることができる。

イ　土地所在図訂正等申出に係る表題部所有者若しくは所有権の登記名義人の氏名若しくは名称又は住所が登記簿に記録されている氏名又は名称及び住所と異なる場合において、土地所在訂正等申出に係る申出情報と併せて当該表題部所有者又は所有権の登記名義人の氏名若しくは名称又は住所についての変更又は錯誤若しくは遺漏があったことを証する市町村長、登記官その他の公務員が職務上作成した情報（公務員が職務上作成した情報がない場合にあっては、これに代わるべき情報）が提供されたときは、規則第八八条第三項において準用する第一六条第一三項第二号の規定により当該土地所在図訂正等申出を却下することを要しない。

ウ　土地所在図、地積測量図、建物図面又は各階平面図の誤りがこれらの図面を添付情報とする更正の登記の申請によって訂正することができるものである場合には、土地所在図訂正等申出をすることはできないとされた（規則第八八条第一項ただし書）。

(3)　土地所在図訂正等申出の調査

ア　申出に係る事項の調査をした結果、申出に係る事項に却下すべき理由がないときは、土地所在図の訂正等をしなければならない（規則第八八条第三項において準用する規則第一六条第一二項及び第一三項）。

イ　土地所在図訂正等申出に係る事項の調査に当たっては、地番又は家屋番号の訂正を除き、実地調査をしなければならない。ただし、登記所備付けの資料等により訂正する事由が明らかである場合は、この限りでない。

(4)　土地所在図の訂正等の申出情報の記録事項

土地所在図の訂正等の申出情報に記録する事項のうち、申出に係る訂正の内容（規則第八八条第三項において準用する規則第一六条第三項第五号）については、「別添土地所在図のとおり」、「別添地積測量図のとおり」、「別添建物図面のとおり」又は「別添各階平面図のとおり」のように記録して差し支えない。

13　不動産登記法等の一部を改正する法律の施行に伴う筆界特定手続に関する事務の取扱いについて（抄）

（平成一七年一二月六日法務省民二第二七六〇号法務局長、地方法務局長あて法務省民事局長通達）

第一　筆界等

（筆界）

一　筆界特定の手続における「筆界」とは、表題登記がある一筆の土地（以下単に「一筆の土地」という。）とこれに隣接する他の土地（表題登記がない土地を含む。）との間において、当該一筆の土地が登記された時にその境を構成するものとされた二以上の点及びこれらを結ぶ直線をいう（法第一二三条第一号）。「当該一筆の土地が登記された時」とは、分筆又は合筆の登記がされた土地については、最後の分筆又は合筆の登記がされた時をいい、分筆又は合筆の登記がされていない土地については、当該土地が登記簿に最初に記録された時をいう。

（筆界特定）

二　「筆界特定」とは、一の筆界の現地における位置を特定することをいい、その位置を特定することができないときは、その位置の範囲を特定することを含む（法第一二三条第二号）。

（対象土地）

三　「対象土地」とは、筆界特定の対象となる筆界で相互に隣接する一筆の土地及び他の土地をいう（法第一二三条第三号）。「他の土地」には、表題登記がない土地を含む。筆界特定の申請があった場合において、筆界特定申請情報の内容及び地図又は地図に準ずる図面によれば申請に係る一筆の土地と他の土地とが相互に隣接しており、かつ、現地における土地の配列及び区画又は形状がおおむね地図又は地図に準ずる図面の表示と一致していると認められるときは、当該各土地を対象土地として取り扱って差し支えない。ただし、この場合においても、事実の調査の結果、当該各土地が相互に隣接する土地とは認められないときは、当該申請は、法第一三二条第一項第二号により却下する（一五参照）。

（関係土地）

四　「関係土地」とは、対象土地以外の土地（表題登記がない土地を含む。）であって、筆界特定の対象となる筆界上の点を含む他の筆界で対象土地の一方又は双方と接するものをいう（法第一二三条第四号）。筆界特定の申請があった場合において、筆界特定申請情報の内容及び地図又は地図に準ずる図面によれば、筆界特定の対象となる筆界上の点を含む他の筆界で対象土地と接しており、かつ、現地における土地の配列及び区画又は形状がおおむね地図又は地図に準ずる図面の表示と一致していると認められる土地は、関係土地として取り扱って差し支えない。

（所有権登記名義人等）

五　「所有権登記名義人等」とは、所有権の登記がある一筆の土地にあっては所有権の登記名義人又はその相続人その他の一般承継人を、所有権の登記がない一筆の土地にあっては表題部所有者又はその相続人その他の一般承継人、表題登記のない土地にあっては所有者をそれぞれいう（法第一二三条第五号）。所有権に関する仮登記の登記名義人は、所有権登記名義人等には含まれない。

（関係人）

六　「関係人」とは、対象土地の所有権登記名義人等であって筆界特定の申請人以外のもの及び関係土地の所有権登記名義人等をいう（法第一三三条第一項）。

14　筆界特定がされた場合における登記事務の取扱いについて

（平成一八年一月六日法務省民二第二七号法務局長、地方法務局長あて法務省民事局民事第二課長依命通知）

第一　筆界特定登記官の意見の伝達

筆界特定を行った筆界特定登記官は、筆界特定手続記録を管轄登記所に送付する場合において、対象土地について筆界特定に伴い地積に関する更正の登記又は地図等の訂正をすることが相当と認めるときは、管轄登記所の登記官に、その旨の意見を伝えるものとする。この場合の意見の伝達は、書面、電話その他の適宜の方法によって差し支えない。

第二　筆界特定手続記録の受領及び調査

筆界特定手続記録は、筆界特定の手続の終了後、遅滞なく、管轄登記所に送付され（規則第二三三条第一項）、管轄登記所において、所要の受領の手続をするものとされた（施行通達一五五）。

この場合には、管轄登記所の登記官は、当該筆界特定手続記録の受領の手続後、速やかに、第一の筆界特定登記官の意見及び筆界特定手続記録の内容を踏まえ、対象土地につき、地積に関する更正の登記又は地図等の訂正を職権ですることが可能かどうかを調査しなければならない。

第三　職権による登記及び地図訂正

一　職権での登記又は地図訂正をすべき場合

(1)　地積に関する更正の登記

管轄登記所の登記官は、筆界特定手続記録により、対象土地の筆界に係るすべての筆界点について、規則第七七条第一項第七号に掲げる事項であって、規則第一〇条第四項の規定に適合するものを確認することができる場合（筆界の一部を法第一四条第一項の地図その他の登記所に備え付けられた図面により確認することができる場合を含む。）において、かつ、対象土地の登記記録の地積に錯誤があると認められ、かつ、対象土地の表題部所有者若しくは所有権の登記名義人又はこれらの相続人その他の一般承継人に対し、適宜の方法により、地積に関する更正の登記の申請を促すものとし、その者が申請をしないときは、職権で対象土地について地積に関する更正の登記をするものとする。

(2) 地図等の訂正

管轄登記所の登記官は、次に掲げるすべての要件を満たす場合には、筆界特定により特定された筆界に基づき、対象土地の表題部所有者若しくは所有権の登記名義人又はこれらの相続人その他の一般承継人に対し、適宜の方法により、地図等の訂正の申出を促すものとし、その者が申出をしないときは、職権で法第一四条第一項の地図又は準則第一三条第一項の規定により備え付けられた図面（以下「地図等」という。）の訂正をするものとする。

なお、地図等の訂正をする場合において、当該土地の登記記録の地積に錯誤があるときには、(1)の地積に関する更正の登記と併せてしなければならない。

ア　対象土地の全体を一筆の土地とみなした場合に当該一筆の土地の区画を構成することとなる筆界に係るすべての筆界点を筆界特定手続記録によって確認することができること。

イ　これらの各筆界点の座標値が、地図等に記録されている当該各筆界点に対応する点の座標値と規則第一〇条第四項の誤差の限度内で一致すること。

二　立件

管轄登記所の登記官は、筆界特定手続記録の内容を調査した結果、職権で地積に関する更正の登記又は地図等の訂正をすることが相当であると認めた場合には、規則第九六条の規定による立件の手続を行うものとする。

三　筆界特定関係簿への記載

管轄登記所の登記官は、二の立件をした場合には、筆界特定関係簿中当該筆界特定の手続に係る項の備考欄に立件の年月日及び番号並びに登記の目的又は事件の種別を記載するものとする。

四　登記記録への記録

一の(1)に基づいて地積に関する更正の登記をする場合の記録例は、別紙のとおりとする。

五　地積測量図のつづり込み

一に基づき、職権で対象土地について地積に関する更正の登記又は地図等の訂正をしたときは、当該対象土地に係る規則第七七条第一項各号に掲げる事項を記載した図面を同条第二項から第四項までの規定に従って作成し、当該図面を、便宜、土地図面つづり込み帳につづり込むものとする。この場合には、規則第八五条第一項並びに準則第五五条第一項及び第三項に規定する手続に準ずるものとする。

なお、更正前の地積測量図は、閉鎖しなければならない（規則第八五条第二項）。

著者略歴
藤原　勇喜（ふじわら　ゆうき）
昭和42年３月　中央大学大学院法学研究科（民事法専攻）卒業
昭和42年４月　法務省入省
昭和58年４月　法務省民事局第三課補佐官
昭和61年４月　法務省民事局第一課補佐官
昭和63年４月　法務総合研究所教官兼任
平成２年４月　岡山地方法務局次長
平成３年４月　法務省民事局民事調査官
平成５年４月　法務省民事局登記情報管理室長
平成６年４月　高松法務局民事行政部長
平成７年８月　東京法務局民事行政部長
平成８年４月　同局総務部長
平成９年４月　仙台法務局長（～平成11年３月）
平成11年４月　退職
平成11年８月　大宮公証センター公証人（～平成21年12月）
平成12年４月　日本文化大学法学部非常勤講師(民法，破産法，平成26年３月)
平成13年６月　社団法人民事法情報センター理事（～平成19年６月）
平成18年４月　早稲田大学法学部非常勤講師（不動産登記法～平成25年３月）
現在　藤原民事法研究所代表
　　　地籍問題研究会監事（平成25年３月～）
著　書（主なもの）　登記原因証書に関する実証的研究（法務総合研究所法務研究報告書第66集第１号），登記原因証書の理論と実務（民事法情報センター），抵当証券の理論と実務（新日本法規出版），抵当証券のすべて（金融財政），渉外不動産登記（テイハン），不動産登記の実務上の諸問題（テイハン），相続・遺贈の登記（テイハン），登記情報システムの解説（テイハン），信託登記の理論と実務（民事法研究会），倒産法と登記実務（民事法研究会），体系不動産登記（テイハン），公正証書と不動産登記をめぐる諸問題（テイハン），公正証書アラカルト（公正証書とは、遺言、相続・朝陽会）など

公図の研究〔５訂増補版〕　　（定価は表紙に表示してあります。）

昭和61年１月25日　初版発行（４訂版までは，独立行政法人国立印刷局から発行）

平成30年８月31日　５訂増補版

著　者　藤原　勇喜
発　行　株式会社　朝陽会　　〒340-0003　埼玉県草加市稲荷２－２－７
電話（出版）048(951)2879

ISBN978-4-903059-54-9
C0032　¥3800E

事項索引

<と>

<な>

<に>

<の>

<は>

<ひ>

判例索引

法務省先例索引